소장용

우리말 어법

헷갈리고
잘 틀리는
우리말
바로쓰기

사전

우리말 어법은 곧 품격

정확한 우리말 표현으로 민감한 세상에서 빛나세요.

말하기와 쓰기의 기준을 제시하는 최고의 국어 어법 사전!

우리말을 정확하고 아름답게 사용하는 법을 알려 줘서 좋아요.

우리말의 미학과 논리를 담은 언어 예술의 백과사전이랄까요.

우리말 어법 사전으로 우리말 완벽하게 구사하세요.

우리말 어법 사전이라면 당신을 품격 있게 해줄 거예요.

우리말 어법 사전, 당신의 인생을 바꿔 줄 수 있어요.

더 나은 소통과 호감을 얻는 첫걸음, 우리말 어법 사전!!!

우리말 어법 사전

헷갈리고
잘 틀리는
우리말
바로쓰기

김종욱 지음

▸ 찾아보지 않는 단어가 90% 이상인 일반 국어사전이 아닌
  혼동되거나 많이 틀리는 1만여 단어를 엄선하여 수록한 사전

▸ 한글맞춤법, 어문규범, 표준어규정, 띄어쓰기 명쾌한 설명

▸ 글쓰기, 문장 다듬기 자료 대폭 수록

미문사

우리는 잠에서 깨어난 순간부터 잠이 들 때까지 SNS를 통해 상대방과 대화한다. 카톡, 메시지, 밴드, 블로그, 유튜브, 인스타그램 등 수많은 통신 수단을 통해 자신의 의견이나 정보를 전하고 상대방의 공감이나 동의를 얻기 위해 끊임없이 노력한다.

심각한 문제는 대학을 졸업하고 소위 최고의 인재라고 자부하는 사람들조차 '우리말' 맞춤법을 정확하게 구사하는 사람이 많지 않다는 사실이다.

연인과의 메시지 중에 이런 내용이 화제가 된 적이 있다.

"게임에서 어의없이 지고 말았어.", "속히 병이 낳기를 바래.", "그 정도 솜씨면 문안하다.", "친구와 오랫동안 예기를 했어."

참 부끄럽지 않은가? 영어 표현도 이렇게 엉터리로 하지는 않을 것이다. 차라리 영어로 의견을 교환했으면 더 좋지 않았을까 하는 생각까지 든다.

이런 연구 결과도 있다. 한 연구소에서 한글에 대한 인식과 맞춤법 이해 실태를 조사한 결과, 응답자의 91%가 '맞춤법을 빈번하게 틀리는 이성에 대한 호감도가 감소한다.'고 했다. '맞춤법'이 이성에 대한 호감도에 큰 영향을 미치고 있는 것이다. 특히 여대생은 맞춤법 틀리는 남자를 '좋아하지 않는다.'는 비율이 95%로 나타나 여성이 남성보다 맞춤법 오류에 민감하게 반응했다고 한다.

SBS 아나운서가 쓴 한글 맞춤법 교재 중에 이런 일화가 실려 있다. 여자 후배가 소개팅을 하기 위해 문자로 약속을 잡는데 남자가 "저기여, 언제가 좋으세염?" 하고 문자를 보내오는 통에 만나기도 전에 정이 떨어져 퇴짜를 놓았다고 한다. 맞춤법을 제대로 구사하지 않으면 장가도 못 가는 시대가 된 것이다. 취업 시험에도 맞춤법이 하나의 과목으로 들어가는 경우가 늘고 있으며, 서류 전형 결과가 합격 수준으로 높아도 맞춤법 등 국어 실력이 부족해 보이면 탈락시킨다고 한다.

이처럼 한글 맞춤법을 가볍게 보고 소홀히 했다가는 '큰코다치는' 시대가 온 것이다.

이 사전은 이렇게 중요한 우리 맞춤법 중에서 한국 사람들이 아주 잘 틀리고 혼동하는 알쏭달쏭한 우리말만을 엄선하여 수록한 교재이다. 일반 국어사전과는 전혀 다른 차별화된 사전이다. '집, 동생, 물건, 주택…' 이런 단어가 실린 일반 국어사전을 얼마나 찾아보는가? 반면에 이 사전은 거의 모든 단어를 최소 한두 번은 찾아볼 수 있는 단어를 수록하였다.

이 사전의 기본 표제어는 '올바른 말과 잘못된 말' 두 가지이다. 또 혼동하기 쉬운 말은 두 어휘의 뜻의 차이를 상세히 밝혔다.

부가 정보를 '오류노트', '띄어쓰기', '비교', '연습' 등으로 구성하였다. 주요 어휘는 '어법 꿀팁'에서 '한글 맞춤법, 표준어 규정' 등의 어떤 조항에 근거하여 그렇게 쓰이는지 설명하고, 해당 단어와 동의어 혹은 복수 표준어로 쓰이는 단어도 제시하였다.

이 사전은 일반적인 단어의 뜻을 정의하는 데 목적이 있지 않다. 즉 사물의 개념 정의를 이해하기 원하는 독자는 일반 국어사전을 찾아보면 될 것이다.

대한민국 국민이라면 국어를 잘 알아야 하고 맞춤법 사용에 더욱 관심을 기울여야 한다. 이 사전은 익히기 어려운 우리말이 많이 있지만 알고 싶어 애쓰는 우리 국민의 맞춤법 구사 능력을 한 단계 높이는 데 일조하기를 바라면서 정성을 다해 집필하였다.

2011년 '오류를 바로잡아 주는 국어 어휘 어법 사전'이라는 제명으로 초판을 발간한 이래 10여 년이 흘렀다.

그동안 우리말을 사랑하는 독자 여러분의 변함없는 성원에 힘입어 3차례의 개정판을 발간하였고 이제 새로운 내용을 추가하고 기존 내용을 보완하여 '우리말 어법 사전'이라는 제명으로 독자들 앞에 선보이게 됨을 기쁘게 생각한다.

2023년 11월
김종욱

일러두기

1. 표제어
1) 표제어 선정 및 표기 방식
기본적으로는 혼동하기 쉽거나 잘못 쓰기 쉬운 우리말을 표제어로 선정하였다.
올바른 표제어 항목에는 잘못된 말을, 잘못된 표제어 항목에는 올바른 말을 보여 주었다.

2) 기타 표제어 선정
뜻 구별, 어법, 띄어쓰기 등과 관련 있는 말도 표제어로 싣고 관련 정보를 보여 주었으며, 해당 표제어와 뜻의 차이가 있거나 혼동하기 쉬운 말도 함께 제시하였다.

2. 다양한 어휘·어법 정보
1) 띄어쓰기 정보
'상'이 '이론상, 관습상'과 같이 '그것과 관련된, 그것에 있어서'의 뜻으로 쓰일 때는 명사로 앞말과 붙여 씀을 나타낸다.

2) 비교
의미를 혼동하기 쉬우므로 잘 구별해야 할 단어 앞에 표시하였다. 전에는 '손자'는 올바른 말, '손주'는 잘못된 말이었으나 '손주'가 새로 표준어로 인정된 말이며 두 어휘가 어떤 뜻의 차이가 있는지 알게 된다.

3) 연습
어법, 뜻 구별, 띄어쓰기 등 익히기 어려운 학습 정보를 연습란을 통해 자연스럽게 익힐 수 있도록 하였다.

급냉(×)	'급속히 얼리거나 식힘'은 '급ㄹ
급랭急冷	급속히 얼리거나 식힘. 급냉(×
돋우다	¹감정, 기색 따위가 생겨나ㅈ 생기를 돋우다./신바람을 ㅌ 화를 돋우다. ³위로 높아지 ⁴정도를 보다 더 높게 하ㄷ 돋구다. [경찰대 '09]
딛다	'디디다(발을 올려놓고 서ㄷ 오류노트 축구 경기장에는 → 디딜. [국가직 7급 '07]. [수
-상上	✓띄어쓰기 ¹명사 뒤에 붙어 어서'의 뜻을 나타내는 말. 등 가상 공간이나 추상적 ㄱ 넷상./전설상./통신상.
섀시chassis	자동차의 차대. 샤시(×). [KE
손자孫子	자식의 아들. 비교 손주. [ㅈ
손주孫-	손자와 손녀를 아울러 이르
살지다	¹살이 많고 매우 튼실하다. ²땅이 기름지다. 예 거친 황 로 만들었다. 연습 (살진, 살 → 살진 암퇘지(현재 살이 많 퇘지(살이 많아진 암퇘지), ㅅ 아지고 있는 암퇘지)는 올바ㄹ '살지는 암퇘지'는 올바른 말ㅇ '살지는 암퇘지'는 잘못된 말ㅇ 는 현재 관형사형 어미는 '-(으 지다'는 '살지는 암퇘지'처럼 처럼 써야 한다. 반면에 '살찌 는 현재 관형사형 어미는 '-는 활용할 수 있다.

른 말이다.

예 의욕을 돋우다./
ﾐ이 나게 하다. 예
예 심지를 돋우다.
ﾐ을 돋우다. 비교

ﾐ.

발 딛을 틈이 없다.
ﾐ]

관련된, 그것에 있
ﾐ./관습상. ²컴퓨터
의 한 위치. 예 인터

ﾐ07]

15]

교 손자.

암탉이 걸어간다.
개척하여 살진 옥토
찐, 살찌는) 암퇘지.
의 암퇘지), 살찐 암
ﾐ퇘지(현재 살이 많
ﾐ이다.

사 '살지다'와 결합하
, 그러므로 형용사 '살
ﾐ 수 없고 '살진 암퇘지'
ﾐ사이며 동사와 결합하
ﾐ '살찌는 암퇘지'처럼

급랭^{흐㈎}
찰 '랭㉾'이 두음법칙에
따라 단어의 첫머리에
서는 ㄴ이 와서 '냉'으
로 표기하고 두 번째
음절 이하에서는 '랭'
으로 표기한다.

돋우다
'돋우다'와 '돋구다'는
흔히 혼동되므로 뜻의
차이를 잘 익혀 두자.

딛다
'딛다'는 '디디다'의 준
말이지만, '디디다'와
달리 모음 어미와 결합
하여 활용하지 않는다.

'섀시'와 '새시'
자동차의 차대는 '섀
시'이고 '알루미늄 따
위를 재료로 만든 창
의 틀'은 새시sash이
다. '섀시'와 '새시'의
뜻의 차이를 잘 구별
하자.

-상ᄂ
'상'이 ¹, ²번의 뜻으로
쓰일 때는 접미사로
앞말과 붙여 쓴다. '지
구상, 화면상, 좌표상'
과 같이 '물체의 위나
위쪽을 이르는 말'의
뜻으로 쓰일 때도 접
미사이므로 앞말과 붙
여 쓴다.

손주ᄑ
'손주'는 새로 표준어
로 지정된 말이다.

살지다
'살지다'는 형용사이므
로 '살지는'의 형태로
쓰일 수 없다. 형용사
'예쁘다'가 '예쁘는'으
로 활용할 수 없는 것
을 생각하면 쉽게 이
해할 수 있다.

3. 어법 꿀팁

1) 알기 쉬운 문법 정보
해당 표제어와 관련이 있는 문법 정보를 상세하게
보여 주었다. 즉 해당 표제어가 올바른지 그른지 근
거를 제시하고 해당 표제어의 어법 사항(두음법칙,
사잇소리 현상, 된소리되기, 탈락 등)을 설명하였다.

2) 용언의 활용 형태
용언이 활용할 때 변화하는 형태는 규칙적인 경우
가 많지만 이 변화 형태를 알지 못하면 매우 어렵게
느껴진다. 이에 용언 활용 시 염두에 두어야 할 변
화형을 다루었다.

3) 뜻 구별
'섀시'와 '새시' 등 두 말 모두 표준어이지만 서로 뜻
이 혼동되는 말을 골라 자세히 설명하였다.

4. 오류 노트
흔히 잘못 쓰는 오류 유형을 정리하여 올바로 익히
도록 하였다.

5. 국어 어법 시험 기출 문제
각급 시험 출제 어휘를 예시와 같이 표시하였다. 표
제어 '손자'는 2015년 지방직 7급 공무원 시험에 출
제된 단어임을 뜻한다. 이 밖에도 각종 공무원 시험,
국어/한국어 능력 시험, 사관학교 시험, 경찰대 시
험, 경찰공무원 시험, 기업체 직무 능력 시험, 수학
능력시험 등에 출제된 어휘를 표기하였다.

6. 알기 쉽게 설명한 어법 정보
흔히 잘못 쓰기 쉽고 헷갈리는 어법 관련 내용을 질
문과 답변의 형식으로 구성하였다.

차 례

나의 국어 어법 실력 수준 정도 테스트하기

이 사전을 학습하기 전에 당신의 실력이 어느 정도인지 확인해 보세요.

---

* 다음 문장을 읽고 틀린 부분을 찾아 고쳐 보세요.

1. 실수를 하고 나서 멋적은 듯 뒤도 돌아보지 않고 달아난다.

    (   )

2. 미국으로 출장 간 삼촌이 얼굴이 검게 그을은 모습으로 귀국했다.

    (   )

3. 그녀는 여행을 떠나기 위해 웃옷 두 벌과 아래옷 세 벌을 준비하였다.

    (   )

4. 순미는 영리하여 어떤 질문을 하여도 금새 이해한다.

    (   )

5. 내가 결석한 것은 집안일 때문이 아니예요.

    (   )

6. 나그네가 하룻밤만 재워 달라고 애원하자, 주인은 몹시 난처해 하고 있었다.

    (   )

7. 대취한 사람이 길 한 가운데 누워 있자, 운전사가 화를 내며 밖으로 나왔다.

    (   )

8. 그는 오랫동안 열심히 노력한 것으로 보여진다.

    (   )

9. 네가 이 지경이 된 것은 누구 잘못이라고 할 것도 없다구. 순전이 네 잘못이지.

    (   )

10. 아먼드는 장밋과의 낙엽 교목에 속한다.

    (   )

11. 뜨뜨미지근한 물 속으로 새앙쥐가 뛰어들었다.

    (   )

12. 썩은 볏짚 속에 사는 징그러운 굼뱅이가 난치병에 효과가 있단다.

    (   )

13. 옛부터 장형부모라 했으니 우리가 없는 동안 동생들 잘 보살피고 집 안 일도 잘 살펴야 한다.

    (   )

14. 이러다가 날갯바람 불고 비 쏟아지는 날에는 보리타작도 큰일이니 농사일을 추려 놓고 봅시다.

    (   )

15. 화창하게 개인 날 네가 그렇게 위로를 해 주니 내 마음이 좀 개는구나.

    (   )

16. 평화를 수호하고 권리를 보장하는 것이 매우 중요하다.

    (   )

17. 둘이 서울에 갔다 오자면 기차삯만 해도 사원이나 되는데, 그 많은 돈을 쓸데없이 내버려?

    (   )

18. 웅보는 대불이가 멀지 않아 또 큰 일이라도 저지를 것만 같아 작두 위에 선 기분이었다.

( )

19. 경노당에 앉아 있는 노인네들의 노랫소리는 취흥을 돋굴 만한 소리는 아니었다.

( )

20. 권투 선수로 이름을 떨쳤다는 그 사내는, 전성기를 증언이나 하듯 콧마루가 짜부러져 있었다.

( )

21. 이번 시험에서 우리 중 안되어도 세 명은 합격할 것 같다.

( )

22. 덩그랗게 자리잡은 초가집 마당으로 토끼 한 마리가 깡총깡총 뛰어간다.

( )

23. 시장에서 값비싼 물건을 사고 신용카드로 결재하였다.

( )

24. 장군은 바다 지도를 그려서 도체찰사에게 급히 전하고, 또 다시 총총이 백의종군의 길을 떠났다.

( )

25. 둘이 맞붙어서 다투는 싸움판에 절대로 끼여들지 마라.

( )

26. 팬더(panda)는 빽빽히 난 부드러운 털과 넓쩍한 이빨이 있으며, 나무를 재빨리 기어오른다.

( )

27. 경태는 같은 학교에 근무하는 한 선생님을 오랫동안 먼발치에서 혼자 바라보았다.

( )

28. 구두쇠가 왠일로 우리에게 저녁을 사 주지?

( )

29. 야경꾼이 딱딱이를 치며 순찰을 돌고 있다.

( )

30. 자식 안 되기를 바라는 부모 없다.

( )

31. 꼬리에는 털이 나 있고 뛰기를 잘하는 하늘다람쥐는 다람쥐과에 속한다.

( )

32. 우리 회사는 매 5년마다 해외 연수를 보내준다.

( )

33. 오빠와 한자리에 있으면 으레 그렇듯 정애의 고운 얼굴 한 구석에는 우수가 서려 있었다.

( )

34. 영미에게 그런 식으로 채이다니, 정말 기막힌 일이구나.

( )

35. 오얏나무는 장미과의 낙엽 활엽 교목이다. 높이는 10미터 가량이다. 잎은 어긋나고 거꾸로 된 달걀 모양 또는 타원형의 달걀 모양으로 가장자리에 둔한 톱니가 있다.

( )

36. 프레뷰(preview)는 영화를 개봉하기 전에 관계자를 초빙하여 미리 보게 하는 일이다. 제작자나 감독은 이를 통하여 관객의 반응을 예상하고, 최종 편집에서의 변경 여부를 가린다.

( )

37. 피로에 지친 그에게 기력을 북돋워/북돋아 주려고 쉴 곳을 마련해 주었다.

( )

38. 월드컵 우승을 축하하기 위해 광장에 모인 인파가 (수 십만 명/수십만 명/수 십 만 명/수십 만 명)은 족히 되어 보였다.

( )

39. 비지니스 호텔은 주로 비즈니스맨들이 출장과 같은 업무에 이용하는 숙박 시설이다.

( )

40. '물건을 도거리로 맡아서 팖. 또는 그렇게 하는 개인이나 조직'을 '도고(都賈)'라고 한다.

( )

41. 산악 지대인 만큼 여름철에도 대낮에 그렇게 따갑게 내리쬐던 햇빛만 엷어지면 갑자기 냉기가 돈다.

( )

42. 고모부는 위로 세 명의 형님이 계시다.

( )

43. 달리 뾰쪽한 수가 없는 문제를 가지고 온종일 생각에 잠긴 김 대리는 애달퍼서 눈물을 흘렸다.

( )

44. 네가 아무리 귀찮게 굶어 보아라. 나는 끄떡도 안는다.

( )

45. '황무지를 개간하고 도랑을 팖'의 뜻으로 쓰이는 말은 '간착(墾鑿)'이다.

( )

46. 녹물을 뿌린 듯 붉으래한 햇살이 풀밭에 깔리기 시작했다.

( )

47. 도둑놈의 갈고리는 사람의 옷이나 짐승의 털에 붙어서 매우 먼 곳으로 흩어져 퍼진다. 도둑놈의 갈구리가 부잣집 창문을 활짝 열어제쳤다.

( )

48. 가을내 탈곡을 하지 않고 벼의 낟알을 그대로 보관해 두었다.

( )

49. 이번에는 약이 오른 할머니가 할아버지를 업어 주겠다고 말했다. 장난삼아 할머니를 골려주려고 등에 업힌 할아버지가 무겁지 않으냐고 묻자 할머니가 말했다. "머리 속 텅 비었지, 간 콩알만하지, 쓸개 빠졌지. 무겁기는 뭐가 무겁소!"

( )

50. 그것 참 그럴 듯한 생각이구만 그래.

( )

51. '예, 아니오'로 대답하시오

( )

52. 나는 더 이상 당신의 잘못을 너그럽게 용서할 만큼 군자가 아니요.

( )

53. 승재는 예의가 바라서 누구에게나 환영을 받는다.

( )

54. 그 동안 기수를 보기만 해도 냉소를 보냈던 그녀가 웬지 기수를 찾아왔다.

( )

55. 새로 산 옷의 웃도리 품이 좁디 좁고 길이도 껑뚱하다.

( )

56. "아니, 그런 때문은 아니에요/아니예요/아녜요." 하고, 수정은 말투를 가누었다.

( )

57. 제가 사는 부락은 워낙 조그만해서 이름만 대면 누구라도 찾을 수 있어요.

( )

58. 눈에 비치는 것은 (청녹색/청록색) 하늘 그리고 (담록색/담녹색) 강물이었다.

( )

59. 제 나름대로는 일을 열심히 하느라고 한 게 결국은 이 모양이 되었습니다.

( )

60. 동생은 열심히 일하는 데 너는 항상 게으르지. 그런 점이 네가 성공하는데 장애 요소가 된 거야.

( )

61. 장마비가 쏟아지면 한강물은 순식간에 불기 시작한다.

( )

62. 음식물을 썪여 거름을 만들었다.

( )

63. 흰 종이에 파란색 글씨가 (쓰여/씌어/쓰이어/씌여) 있었다.

( )

64. 명나라가 일본과 화친하게 된다면 일본, 조선, 명나라 세 나라는 평안하게 지낼 수 있아옵니다.

( )

65. 잘못을 저지른 사람은 계순이가 (아니에요/아니요/아녜요/아녀요), 남숙이(에요/어요/여요/예요), 경태가 저의 손자(이어요/이에요/여요/예요)

( )

66. 그녀는 처음 만난 정호와 헤어지면서 말했다. "다음 날에 만나면 식사나 하죠." 그 다음 날 뜻밖에도 그녀에게서 전화가 걸려 왔다.

( )

67. 성격이 판이하게 다른 두 사람이 오랫동안 사이좋게 지내고 있다.

( )

68. 중장기적 견지에서 본다면 중소형주 시장 조정은 이제 그 끝이 얼마 남지 않았다.

( )

69. 그는 사람으로서 갖을 수 있는 모든 것을 다 가졌다.

( )

70. 미국 주식 밤새지 말고 낮에 거래하세요.

( )

진단평가 해답

1. 멋쩍은 2. 그은 3. 윗옷 4. 금세
5. 아니에요, 아니어요, 아녜요, 아녀요

6. 난처해하고 7. 한가운데 8. 보인다 9. 없다고, 순전히 10. 아몬드, 장미과

11. 뜨뜻미지근한, 물속, 생쥐 12. 굼벵이 13. 예부터, 집안일 14. 날개바람 15. 갠 날

16. 평화 수호와 권리 보장이 17. 기찻삯 18. 머지 않아, 큰일 19. 경로당, 돋울 20. 찌부러져

21. 맞는 문장 22. 덩그렇게, 깡충깡충 23. 결제 24. 또다시, 총총히 25. 맞붙어서, 끼어들지

26. 판다, 빽빽이, 넓적한 27. 오랫동안 28. 웬일 29. 딱따기 30. 안되기를

31. 다람쥣과 32. 5년마다 33. 한구석 34. 차이다 니 35. 자두나무, 10미터가량

36. 프리뷰 37. 맞는 문장 38. 수십만 명 39. 비즈 니스 40. 팜

41. 햇볕 42. 있으시다 43. 뾰족한, 애달파서 44. 굴어, 않는다 45. 팜

46. 불그레한 47. 도둑놈의갈고리는 사람의 옷이 나, 도둑놈의 갈고리가 부잣집 창문을, 열어젖혔 다 48. 가으내
49. 머릿속, 콩알만 하지 50. 그럴듯한, 생각이구 면그래

51. 아니요 52. 아니오 53. 발라서 54. 그동안, 왠 지 55. 윗도리, 좁디좁고, 껑뚱하다

56. 아니에요, 아녜요 57. 조그마해서 58. 청록색, 담녹색 59. 하노라고 60. 일하는데, 성공하는 데

61. 장맛비, 분기 62. 썩혀 63. '씌여'만 잘못된 말 64. 있사옵니다 65. 남숙이(여요/예요)

66. "다음날에 만나면 식사나 하죠." 그다음 날
67. 판이한 68. '견지에서 본다면'에서 '본다면' 삭 제 69. 가질 70. 밤새우지

평가 결과

구분	맞힌 개수	수준
최상	63개 이상	대단히 뛰어납니다
상	56개~62개	뛰어납니다
중	49개~55개	조금만 더 힘내세요
하	48개 미만	분발이 필요합니다.

나의 점수

나의 점수	/70개	수준 :

ㄱ 기역.

- 한글 자모의 첫째. 자음의 하나.
- 혀뿌리를 높여 뒷입천장에 붙였다가 뗄 때 나는 소리이다.
- 모음 사이에서는 울림소리가 되며 받침으로 쓰일 때는 혀뿌리를
  입천장에서 떼지 않고 발음한다.

ㄱ

-가[哥] ✓띄어쓰기 어떤 성씨 혹은 그 성씨를 가진 사람. 예 박가./김가./이가.

-가[哥]
'-가'는 앞말에 붙여 쓰는 접미사이다.

가가붓자식(×) '아버지가 다른 형제, 또는 성이 각기 다른 사람'은 '각아비자식'이 올바른 말이다.

가감변(×) '기계나 기관으로 들어가는 가스, 증기 따위의 흐름을 조절하는 판'은 '가감판'이 올바른 말이다.

가감판[加減瓣] 기계나 기관으로 들어가는 가스, 증기 따위의 흐름을 조절하는 판. 가감변(×).

가게 ✓띄어쓰기 규모가 작은, 물건을 파는 집. 예 담배 가게./옷 가게./꽃 가게./신발 가게.

가게
'가게'가 붙어 쓰이는 말은 한 단어가 아니므로 앞말과 띄어 쓴다.

가게방(×) '가게로 쓰는 방'은 '가겟방'이 올바른 말이다.

가게집(×) '가게를 벌여 장사하는 집'은 '가겟집'이 올바른 말이다.

가게채 가게로 쓰는 집채. 가겟채(×).

가게채
합성어에서 거센소리(ㅊ, ㅋ, ㅌ)나 된소리(ㄲ, ㄸ, ㅃ, ㅆ) 앞에 사이시옷을 붙이지 않는다.

가겟방[-房] 가게로 쓰는 방. 가게방(×).

가겟집 가게를 벌여 장사하는 집. 가게집(×).

가겟채(×) '가게로 쓰는 집채'는 '가게채'가 올바른 말이다.

가공스럽다[可恐-] 보기에 두려움을 주는 데가 있다.

　오류노트 상대 선수는 챔피언의 <u>가공스런</u> 펀치를 맞고 쓰러졌다. → 가공스러운.

가공스럽다[可恐-]
'가공스럽다'의 어간 '가공스럽-' 뒤에 '-은'이 오면 어간 말음 'ㅂ'이 '우'로 변하므로, '가공스러운'처럼 써야 된다.

가구장이[家具-] 가구 만드는 일을 직업으로 하는 사람. 가구쟁이(×).

가구장이[家具-]
어떤 일을 직업적으로 하는 사람은 '장이'로 쓴다.

가까이 한 지점에서 거리가 조금 떨어져 있는 상태로. 가까히(×).

가까이하다 ✓띄어쓰기 사람과 사람 사이를 친밀하게 만들다. 예 좋은 친구를 가까이하면 여러 가지로 도움이 된다.

가까이
부사의 끝음절이 분명히 '이'로만 소리 나므로 '이'로 표기한다.

가까히(×) '한 지점에서 거리가 조금 떨어져 있는 상태로'의 뜻으로 쓰이는 말은 '가까이'가 올바른 말이다.

가까이하다
'가까이하다'는 한 단어이므로 붙여 쓴다.

가깝다 [1]두 상소 사이의 서리가 짧다. [2]두 사람 사이가 다정하고 친하다. [3]성질이나 특성이, 기준이 되는 것과 비슷하다. 예 인간과 가까운 원숭이. [4]어떤 기준에서 멀리 떨어져 있지 않다. 예 자고 일어나 보니 저녁에 가까웠다. [5]촌수가 멀지 않다. 예 가까운 친척.

　오류노트 추석이 <u>가까와졌습니다.</u> → 가까워졌습니다.
[사회복지직 9급 '17]

가냘프다　몸이나 팔다리 따위가 몹시 가늘고 연약하다.

> **오류노트** 영숙이는 체구가 <u>가냘퍼서</u> 불쌍한 느낌이 들 정도였다. → 가냘파서.

> **'가냘프다'의 'ㅡ'가 중성 모음인데 '가냘파'처럼 양성 모음이 이어지는 이유는 무엇일까?**
> '가냘프다'는 '가냘프니', '가냘파서'처럼 활용한다. '가냘프다'의 어간 '가냘프-'의 끝 모음이 '으'인 경우 'ㅡ' 모음의 바로 앞의 모음('날'의 'ㅑ'가 양성 모음)을 기준으로 모음 조화가 적용된다. 따라서 양성 모음과 연결되어 '가냘파서'로 활용한다.

가느다랗다　매우 가늘다. 예 가느다란 동생의 다리가 약해 보인다. 가늘다랗다(×).

가는허리　허리의 뒤에 잘록하게 들어간 부분.

가늘다　물체의 굵기가 보통에 미치지 못하고 잘다.

> **오류노트** <u>가늘은</u> 빗방울이 시간이 흐를수록 점점 굵어졌다. → 가는.

가늘다랗다(×)　'매우 가늘다'의 뜻으로 쓰이는 말은 '가느다랗다'가 올바른 말이다.

가능하다^{可能-}　어떤 일을 할 수 있거나 될 수 있다.

> **오류노트** 미연아, 오늘은 <u>가능한</u> 일찍 집으로 와. → 가능한 한.

가다　한 장소에서 다른 장소로 이동하다. [연습] (가려야/갈래야/갈려야) 갈 수 없는 고향을 눈앞에 두고 눈물을 흘렸다. → 가려야.

가다랑어　등은 검은 청자색이고 배는 은백색인 고등엇과 바닷물고기의 한 종류. 가다랭이(×).

가다랭이(×)　'등은 검은 청자색이고 배는 은백색인 고등엇과 바닷물고기의 한 종류'의 뜻으로 쓰이는 말은 '가다랑어'가 올바른 말이다.

가동그리다(×)　'가볍고 간편하게 거두어서 싸다'의 뜻으로 쓰이는 말은 '가든그리다'가 올바른 말이다.

가는허리
'잔허리'와 함께 복수 표준어이다.

가능하다^{可能-}
'가능한'이 관형형이므로 뒤에 꾸며 줄 말 즉 의존 명사 '한'이 뒤따라야 한다.

가다
'가려야'는 '가다'의 어간 '가-'에 '-려야'가 붙은 말이다. '-려야'는 '-려고 하여야'가 줄어든 말이다.

가동률稼動率	생산 시설을 가동할 수 있는 최대 시간에 대한 실지 가동 시간의 비율. 가동율(×).
가동율(×)	'생산 시설을 가동할 수 있는 최대 시간에 대한 실지 가동 시간의 비율'은 '가동률'이 올바른 말이다.
가동그리다(×)	'가볍고 간편하게 거두어 싸다'의 뜻으로 쓰이는 말은 '가든그리다'가 올바른 말이다.
가득률稼得率	가공 무역에서 순이익으로 얻는 외화 획득 비율. 가득율 (×).
가득율(×)	'가공 무역에서 순이익으로 얻는 외화 획득 비율'은 '가득률'이 올바른 말이다.
가득이(×)	'수량 따위가 꽉 차게'의 뜻으로 쓰이는 말은 '가득히'가 올바른 말이다.
가득히	수량 따위가 꽉 차게. 가득이(×).
가든그리다	가볍고 간편하게 거두어 싸다. 가동그리다·가둥그리다(×).
가디건(×)	'앞자락이 틔어 단추로 채우게 되어 있는 털로 짠 스웨터'는 '카디건'이 올바른 말이다.
가뜩이	빈 데가 없을 만큼 사람이나 물건 따위가 많게. 가뜩히(×).
가뜩히(×)	'수량이 꽉 차게. 빈 데가 없을 만큼 사람이나 물건 따위가 많게'의 뜻으로 쓰이는 말은 '가뜩이'가 올바른 말이다.
가라안다(×)	'물 따위에 떠 있거나 섞여 있는 것이 밑바닥으로 내려앉다'의 뜻으로 쓰이는 말은 '가라앉다'가 올바른 말이다.
가라앉다	물 따위에 떠 있거나 섞여 있는 것이 밑바닥으로 내려앉다. 가라안다(×).
가락머리(×)	'두 가랑이로 나누어 땋아 늘인 머리'는 '가랑머리'가 올바른 말이다.
가락무(×)	'제대로 못 자라고 밑동이 몇 가랑이로 갈라진 무'는 가랑무'가 올바른 말이다.
가락엿	길고 가늘게 둥근 모양으로 뽑은 엿.
가락조개(×)	'껍데기는 갈색이고 가장자리는 자색이며 개펄의 진흙에 사는 백합과의 조개'의 뜻으로 쓰이는 말은 '가막조개'가 올바른 말이다.
가랑머리	두 가랑이로 나누어 땋아 늘인 머리. 가락머리(×).

가동률稼動率 '가동+률'의 형태. 앞말이 받침이 없거나(모음) '율'을 쓴다. 그 외에는 '률'을 쓴다.

가득률稼得率 '가득+률'의 형태. 앞말이 받침이 없거나 (모음) 'ㄴ' 받침 뒤에서는 '율'을 쓴다. 그외에는 '률'을 쓴다.

가득히 'ㄱ' 받침 뒤에서 '히'로 적는 말이다.

'가디건'은 잘못된 말 영문 철자를 보면 카디건(cardigan)으로 표기됨을 알 수 있다.

가뜩이 'ㄱ' 받침 다음에 '이'가 오는 경우이다.

가락엿 '가래엿'과 함께 복수 표준어이다.

가랑무	제대로 못 자라고 밑동이 몇 가랑이로 갈라진 무. 가락무(×).
가랑이	[1]하나의 몸에서 끝이 갈라져 두 갈래로 벌어진 부분. [2]'바짓가랑이'의 준말. 예 가랑이를 벌리고 앉다. 가랭이(×). [경찰대 '06]
가래날(×)	'가랫바닥의 끝부분에 끼우는 쇠'는 '가랫날'이 올바른 말이다.
가래엿	길고 가늘게 둥근 모양으로 뽑은 엿. 가락엿
가래토시(×)	'넓적다리 윗부분의 림프샘이 부어서 생겨 난 멍울'은 '가래톳'이 올바른 말이다.
가래톳	넓적다리 윗부분의 림프샘이 부어서 생겨 난 멍울. 가래토시(×). [경찰대 '06]
가랫날	가랫바닥의 끝부분에 끼우는 쇠. 가래날(×).
가랭이(×)	'하나의 몸에서 끝이 갈라져 두 갈래로 벌어진 부분'의 뜻으로 쓰이는 말은 '가랑이'가 올바른 표현이다.
가량假量	✔띄어쓰기 수나 양을 나타내는 말 뒤에 와서 '~ 정도'의 뜻을 나타내는 말. 예 오늘 아침 20세가량의 청년이 찾아왔다.
가령假令	가정해서 말을 하여. 가량(×). 예 가령 내가 그런 행운을 잡는다면 가난한 사람을 돕는 데 쓰겠다.
가로나비	옷감 따위의 가로로 잰 길이. 가로너비·가로넓이(×).
가로너비(×)	'옷감 따위의 가로로 잰 길이'는 '가로나비'가 올바른 말이다.
가로넓이(×)	'옷감 따위의 가로로 잰 길이'는 '가로나비'가 올바른 말이다.
가로놓이다	✔띄어쓰기 가로질러 놓이다. 예 가로놓여 있는 장애물을 건너가야만 우리의 목표를 달성할 수 있다.
가르강튀아Gargantua	프랑스 라블레의 풍자 소설.
가르랑	가래 따위가 목구멍에 걸려서 숨을 쉴 때 여기저기 닿거나 걸리는 소리. 예 목감기로 가래가 끓어 자꾸 가르랑거린다. 가르렁(×).
가르렁(×)	'가래 따위가 목구멍에 걸려서 숨 쉴 때 여기저기 닿거나 걸리는 소리'의 뜻으로 쓰이는 말은 '가르랑'이 올바른 말이다.
가르마	이마와 정수리 사이의 머리카락을 양쪽으로 가를 때 생기는 금. 가리마(×).

가랑이
'-내기, 냄비, 동댕이치다' 등을 제외하고는 'ㅣ' 역행 동화 현상에 의한 발음을 표준 발음으로 인정하지 않는다.

가래엿
'가락엿'과 함께 복수 표준어이다.

가량假量
접미사로 앞말에 붙여 쓴다.

가로놓이다
'가로놓이다'는 한 단어이므로 붙여 쓴다.

'가르렁'은 잘못된 말
'가르렁가르렁, 가르렁거리다, 가르렁대다'도 잘못된 표기이다.

가르치다 남에게 지식, 기술 따위를 익혀서 알게 하다. 예 국어 문법을 가르치다./ 예절 교육을 가르치다. 비교 가리키다. [수능 경기연합 '09학년도]

> ✏️오류노트 ¹선생님께서 분수와 덧셈을 <u>가리켜</u> 주신다. → 가르쳐. ²누나가 인공호흡 방법을 가르켜 주었다. → 가르쳐. ³아버지께서 사전 찾는 방법을 <u>가리쳐</u> 주셨다. → 가르쳐.

가르키다(×) '남에게 지식, 기술 따위를 익혀서 알게 하다'의 뜻으로 쓰이는 말은 '가르치다'가 올바른 말이다.

가름(×) '다른 것으로 바꾸어 대신함'은 '갈음'이 올바른 말이다.

가름
'쪼개거나 나누어 따로따로 되게 함'의 뜻으로는 '가름'이 올바른 말이다.

가름하다 ¹각각을 따로 나누다. ²상황이나 사물을 구별하거나 분별하다. 예 이번 대회의 우승은 선수들의 조그만 실수가 가름했다. [법원직 9급 '08]

가리다 보이거나 통하지 못하게 막다. 예 나무에 가려서 건물이 안 보인다. 가리우다(×).

가리마(×) '이마에서 정수리까지의 머리카락을 양쪽으로 가를 때 생기는 금'은 '가르마'가 올바른 말이다.

가리어지다 중간에 어떤 것이 가리게 되어 안 보이거나 드러나지 않게 되다. 예 해가 달의 그림자에 가리어졌다. 가리워지다(×).

가리어지다
가리다+어지다 → 가리어지다

가리우다(×) '보이거나 통하지 못하도록 막히다'의 뜻으로 쓰이는 말은 '가리다'가 올바른 말이다.

가리워지다(×) '중간에 어떤 것이 가리게 되어서 안 보이거나 드러나지 않게 되다'의 뜻으로 쓰이는 말은 '가리어지다'가 올바른 말이다.

'가리워지다'는 잘못된 말
'가리우다'가 잘못된 말이므로 '가리우다+어지다 → 가리워지다'도 잘못된 말이다.

가리치다(×) '남에게 지식, 기술 따위를 익혀서 알게 하다'의 뜻으로 쓰이는 말은 '가르치다'가 올바른 말이다.

가리키다 ¹손가락 따위로 어떤 방향을 나타내거나 알리다. 예 삼촌은 태풍으로 쓰러진 농작물을 가리키며 한숨을 지으셨다. ²시각이나 방향을 나타내어 알리다. 예 손목시계가 오후 6시를 가리키고 있다.

가리키다
'가르치다'를 써야 할 곳이나, '가리키다(손가락 따위로 어떤 방향을 나타내거나 알리다)'를 써야 할 곳에 '가리치다'라고 잘못 쓰는 경우가 있는데 혼동하지 않도록 주의해야 한다.

가마오지(×) '가마우짓과의 물새'를 통틀어 이르는 말은 '가마우지'가 올바른 말이다.

가마우지 가마우짓과의 물새를 통틀어 이르는 말. 가마오지(×).

가막조개 껍데기는 갈색이고 가장자리는 자색이며 개펄의 진흙에 사는 백합과의 조개. 가락조개(×).

가만이(×)	'움직임이 드러나지 않을 정도로 조용히'의 뜻으로 쓰이는 말은 '가만히'가 올바른 말이다.
가만히	[1]꼼짝을 하지 않고 말없이. [예] 의자에 가만히 앉아 있어라. [2]움직임이 드러나지 않을 정도로 조용히. [예] 수업 중에 배가 아파서 가만히 교실을 빠져나왔다. 가만이(×). [경찰대 '06]
가망(×)	'석탄 빛깔처럼 약간 밝고 짙은 빛깔이나 물감'은 '감장'이 올바른 말이다.
가무치(×)	'숭어와 비슷한 가물칫과의 민물고기'는 '가물치'가 올바른 말이다.
가물	오랫동안 비가 내리지 않아 건조하고 메마른 날씨. [예] 가물이 들어 농사가 흉년이다. [사회복지직 9급 '16]
가물다	오래 비가 오지 않아 땅의 물기가 바싹 마른다.
	⚠오류노트 [1]<u>가물</u>은 날씨가 오래 계속되어 걱정이다. → 가문. [2]작년은 홍수, 올해는 매우 <u>가뭄</u>. → 가뭄. [국가직 9급 '10]
가물음(×)	'오래 비가 내리지 않아 메마른 날씨'의 뜻으로 쓰이는 말은 '가뭄'이 올바른 말이다.
가물치	숭어와 비슷한 가물칫과의 민물고기. 검은 갈색의 얼룩무늬가 있고 눈은 작고 입은 크다. 가무치(×).
가뭄	오랫동안 비가 내리지 않아 건조하고 메마른 날씨. 가물음(×). [법원직 9급 '07]
가미(×)	'연줄을 질기고 세게 만들기 위하여 연줄에 먹이는 물질'은 '개미'가 올바른 말이다.
가벼이	무게가 기준이 되는 대상보다 적게. [예] 하찮은 것도 결코 가벼이 여기지 말아라. 가벼히(×).
가벼히(×)	'무게가 기준이 되는 대상보다 적게'의 뜻으로 쓰이는 말은 '가벼이'가 올바른 말이다.
가붓이	조금 가벼운 듯하게. [예] 형은 쌀 한 가마를 가붓이 들어올린다. 가붓히(×).
가붓히(×)	'조금 가벼운 듯하게'의 뜻으로 쓰이는 말은 '가붓이'가 올바른 말이다.
가비지^{garbage}	컴퓨터 프로그램 오류, 시스템의 오작동 등으로 기억 장치에 남아 있는 의미가 없는 정보.

가만히
부사의 끝음절이 '이'나 '히'로 소리 나는 것은 '히'로 표기한다.

가물
'가뭄'과 함께 복수 표준어이다.

가물다
'가물다'의 어간에 '-은'이 결합하면 받침 'ㄹ'이 탈락하여 '가문'으로 된다.

가뭄
'가물'과 함께 복수 표준어이다.

가붓이
'부사의 끝음절이 분명히 '이'로만 소리 나므로 '이'로 표기한다.

가쁘다   숨이 매우 차다.

> **✓오류노트** 마라톤 풀코스를 뛰는 도중 점점 숨이 <u>가뻐진</u><u>다</u>. → 가빠진다.

가사家事   집안 일. 살림살이에 관한 일. 가사일(×).

가사량家事量   세탁, 청소, 육아, 취사 따위 가정에서 기본적으로 해야 하는 일의 양. 가사양(×).

가사양(×)   '부엌일, 청소 등 가정에서 하는 일의 양'은 '가사량'이 올바른 말이다.

가사일(×)   '집안 일. 살림살이에 관한 일'은 '가사'가 올바른 말이다.

가상자리(×)   '둘레 혹은 끝에 해당하는 부분'은 '가장자리'가 올바른 말이다.

가새표標   '×'의 이름. 틀린 것을 표시하거나 알지만 고의로 드러내지 않음을 나타내는 기호. 예 틀린 답에 정확하게 가새표를 쳐서 100점을 맞았다.

가소롭다   행동이 격에 어긋나 눈꼴사납고 우습다.

> **✓오류노트** 이 녀석 하는 짓이 어지간히 <u>가소로와야지</u> 봐줄 수 없네. → 가소로워야지.

> **'가소롭다'의 '-롭-'이 양성 모음인데 뒤에 '와'가 아닌 '워'가 오는 이유가 무엇일까?**
> 'ㅏ, ㅗ'에 붙은 'ㅂ' 받침 뒤에 '-아'가 결합하는 경우에는 '워'로 적는다.
> (반갑+아 → 반가워, 가소롭+아 → 가소로워).
> '곱다, 돕다'만 예외로 '고와, 도와'로 적는다.
> (곱+아 → 고와, 돕+아 → 도와)

가스레인지gas range   가스를 연료로 하여 음식을 만드는 기구. 가스렌지(×). [국가직 9급 '10]

가스렌지(×)   '가스를 연료로 하여 음식을 만드는 기구'는 '가스레인지'가 올바른 말이다.

가스캣(×)   '실린더의 이음매나 파이프의 접합부 따위를 메우는 데 쓰는 얇은 판 모양의 패킹'의 뜻으로 쓰이는 말은 '개스킷'이 올바른 말이다.

가시랭이   풀이나 나무의 가시 부스러기. 예 손톱에 가시랭이가 들어가서 몹시 아프다./ 까스라기(×).

가쁘다
'가쁘다'의 어간 첫음절에 쓰인 모음 'ㅏ'가 양성 모음이므로 뒤에도 양성 모음이 온다.

가사량家事量
분량이나 수량을 나타내는 '量'이 순우리말이나 외래어 뒤에 올 때는 '양'으로, 한자어 다음에 올 때는 '량'으로 표기된다.

가새표標
'가위표'와 함께 복수 표준어이다.

가십난^{gossip欄} 신문 따위에서 개인의 사생활을 다룬 흥미 본위의 지면. 가십란(×).

가야금^{伽倻琴} 가야의 우륵이 처음으로 만들었다는 우리나라의 현악기. 오동나무 공명관에 12줄을 세로로 매어 기러기발을 받친 구조. 가얏고(×).

가얏고(×) '가야의 우륵이 처음으로 만든 우리나라의 현악기'는 '가야금'이 올바른 말이다.

가없다 끝이 없다. 예 부모님의 은혜는 가없다. 가이없다(×).

가엽다 불쌍하고 딱하다. 예 어미를 잃은 새끼 고양이가 매우 가엽다.

가엾다 불쌍하고 딱하다. 예 소년 가장으로 집안 살림을 도맡아 꾸려 나가는 친구가 가엾다.

가오리과(×) '몸은 넓은 마름모 형태이고 주둥이와 꼬리가 긴 홍어 목의 한 과'는 '가오릿과'가 올바른 말이다.

가오릿과^科 몸은 넓은 마름모 형태이고 주둥이와 꼬리가 긴 홍어 목의 한 과. 가오리과(×).

가외 사람(×) '꼭 있어야 할 사람이 아닌 사람'은 '가욋사람'이 올바른 말이다.

가외돈(×) '결정된 기준 또는 정도를 넘어서는 돈'은 '가욋돈'이 올바른 말이다.

가외일(×) '일정하게 하는 일 외의 일. 또는 필요 밖의 일'은 '가욋일'이 올바른 말이다.

가욋돈^{加外-} 결정된 기준 또는 정도를 넘어서는 돈. 예 진양이는 열심히 공부할 뿐 아니라 틈틈이 아르바이트를 하여 가욋돈을 번다. 가외돈(×).

가욋사람^{加外-} 꼭 있어야 할 사람이 아닌 사람. 가외 사람(×).

가욋일^{加外-} 일정하게 하는 일 외의 일. 또는 필요 밖의 일. 가외일(×). [국회 8급 '12]

가운데 발가락(×) '다섯 발가락 중에서 셋째 발가락'은 '가운뎃발가락'이 올바른 말이다.

가운데 손가락(×) '다섯 손가락 중에서 셋째 손가락'은 '가운뎃손가락'이 올바른 말이다.

가운데점(×) 문장 부호 '·'은 '가운뎃점'이 올바른 말이다.

가십난^{gossip欄}
'가십+난^欄'의 형태. '난' 앞에 한자어가 오면 '란'으로 표기하고, 순우리말이나 외래어가 오면 '난'으로 표기한다.

가엽다
'가엾다'와 함께 복수 표준어이다.

가욋돈^{加外-}
앞말의 끝소리가 울림소리이고 뒷말의 첫소리가 안울림 예사소리일 때, 뒤의 예사소리가 된소리로 변하는 '사잇소리 현상'이 일어난다.

가욋일^{加外-}
'가외+일'에서 뒷말의 첫소리 예사소리 앞에서 'ㄴㄴ' 소리가 덧나면 사이시옷이 들어간다.

가운데집(×)	'삼 형제 가운데서 둘째인 사람의 집'은 '가운뎃집'이 올바른 말이다.
가운뎃발가락	다섯 발가락 중에서 셋째 발가락. 가운데 발가락(×)
가운뎃손가락	다섯 손가락 중 셋째 손가락. 가운데 손가락(×)
가운뎃점標	문장 부호 '·'를 이르는 말. 가운데점(×).
가운뎃집	삼 형제 가운데서 둘째인 사람의 집. 예 가운뎃집의 자녀 수가 가장 많다. 가운데집(×).
가위날(×)	'추석' 또는 '가위에서 물건을 자르는 얇고 날카로운 부분'은 '가윗날'이 올바른 말이다.
가위표標	'×'의 이름. 틀린 것을 표시하거나 알지만 고의로 드러내지 않음을 나타내는 기호. 예 틀린 답에 가위표를 쳤다.
가윗날	¹추석. ²가위에서 물건을 자르는 얇고 날카로운 부분. 가위날(×).
가으내	가을철 내내. 예 바쁜 일이 있어 가으내 등산 한 번 못 갔다. 가을내(×).
가을갈이	이듬해의 농사를 위해 가을에 미리 논밭을 가는 일. 가을카리(×).
가을내(×)	'가을철 내내'의 뜻으로 쓰이는 말은 '가으내'가 올바른 말이다.
가을카리(×)	'이듬해의 농사를 위해 가을에 미리 논밭을 가는 일'은 '가을갈이'가 올바른 말이다.
가이없다(×)	'끝이 없다'의 뜻으로 쓰이는 말은 '가없다'가 올바른 말이다.
가자미	타원형으로 몸이 납작하며 두 눈은 오른쪽에 몰려 붙어 있는 바닷물고기. 가재미(×).
가자미눈	화가 나서 눈을 옆으로 흘기며 보는 눈. 예 그렇게 가자미눈을 뜨고 노려보니 겁이 나는구나. 가재미눈(×).
가장자리	둘레 혹은 끝에 해당하는 부분. 예 땅의 가장자리가 푹 패었다. 가상자리(×).
가재미(×)	'타원형으로 몸이 납작하며 두 눈은 오른쪽에 몰려 붙어 있는 바닷물고기'의 뜻으로 쓰이는 말은 '가자미'가 올바른 말이다.
가재미눈(×)	'화가 나서 눈을 옆으로 흘기며 보는 눈'은 '가자미눈'이 올바른 말이다.

가운뎃손가락
앞말의 끝소리가 울림소리이고 뒷말의 첫소리가 안울림 예사소리일 때, 뒤의 예사소리가 된소리로 변하는 '사잇소리 현상'이 일어난다.

가운뎃점은 다음과 같은 경우에 쓴다.
① 쉼표로 열거된 어구가 다시 여러 단위로 나누어질 때 쓴다. 예 영윤·병호, 용상·원규가 서로 짝이 되어 윷놀이를 하였다.
② 짝을 이루는 어구들 사이에 쓴다. 예 한(韓)·이(伊) 양국 간의 무역량이 늘고 있다.

가위표標
'가새표'와 함께 복수 표준어이다.

가으내
'가으내'는 '가을'과 '내'가 합쳐진 말로 'ㄹ' 받침이 탈락한 것이다.

가을갈이
예사소리로 발음하는 형태가 널리 쓰인다고 인정하여, 표준어로 삼은 말이다.

가정난(×)   '가정생활을 다룬 신문이나 잡지 등의 기사'는 '가정란'이 올바른 말이다.

가정란^{家庭欄}   주로 가정 생활을 다룬 신문이나 잡지 등의 기사. 가정난(×).

> **'가정+난**^欄**'의 형태에서 어떨 때 '란'을 쓰고 어떨 때 '난'을 쓸까?**
> '난'은 '구분된 지면'의 뜻으로 쓰이는데, '난' 앞에 한자어가 오면 '란'으로 표기하고, 순우리말이나 외래어가 오면 '난'으로 표기한다.

가져다주다   ✔띄어쓰기 어떤 것을 옮겨다가 가지게 하다. 예 행운을 가져다준다는 여신.

가증률^{加增率}   증권 따위의 거래에서 매매 가격이 액면 가격이나 불입 금액을 넘었을 때, 전체 금액에 대한 초과 부분의 비율. 가증율(×).

가증스럽다^{可憎-}   몹시 괘씸하고 얄밉다.

> ✏오류노트 그는 <u>가증스런</u> 배신자 앞에서 할 말을 잃었다. → 가증스러운.

가증율(×)   '증권 따위의 매매 가격이 액면 가격이나 불입 금액을 넘었을 때, 전체 금액에 대한 초과 부분의 비율'은 '가증률'이 올바른 말이다.

가지다   직업, 자격증 따위를 소유하다.

> ✏오류노트 기계공학 전공자가 <u>갖을</u> 수 있는 직업이 무엇일까? → 가질

가지런이(×)   '둘 이상의 사물이 층이 나지 않고 고르게'의 뜻으로 쓰이는 말은 '가지런히'가 올바른 말이다.

가지런히   둘 이상의 사물이 층이 나지 않고 고르게. 예 신발 두 켤레가 가지런히 놓여 있다. 가지런이(×).

가지수(×)   '종류의 수요'의 뜻으로 쓰이는 말은 '가짓수'가 올바른 말이다.

가짓말   사실이 아닌 것을 사실인 것처럼 꾸며 말을 함. 또는 그런 말. 예 제가 어찌 감히 할아버지 앞에서 가짓말을 할 수 있나요?

가짓수^數   종류의 수요. 예 반찬 가짓수가 많다. 가지수(×).

가져다주다
'가져다주다'는 한 단어이므로 붙여 쓴다. '가져다 드리다'는 한 단어가 아니므로 띄어 쓴다.

가증률^{加增率}
'가증+률^率'의 형태. 앞말이 받침이 없거나(모음) 'ㄴ' 받침 뒤에서는 '율'을 쓴다. 그 외에는 '률'을 쓴다.

가증스럽다^{可憎}
'가증스럽다'의 어간 '가증스럽-' 뒤에 '-은'이 오면 어간 말음 'ㅂ'이 '우'로 변하므로, '가증스러운'처럼 써야 된다.

가지다
'가지다'의 준말은 '갖다'이다. '갖다'의 어간 '갖' 뒤에 '-어', '-은' 등 모음으로 시작하는 어미가 오지 못한다. 대신, 자음으로 시작하는 어미만 올 수 있다. 따라서 '갖아', '갖은'처럼 활용하지 않으며 '가져', '가지는'처럼 활용한다. 이 외에도 '내디디다, 머무르다, 서두르다, 서투르다'의 준말 '내딛다, 머물다, 서둘다, 서툴다'도 모음 어미가 붙어 활용하지 않는다.

가짓수^數
순우리말과 한자어로 된 합성어로서 앞말이 모음으로 끝난 경우, 뒷말의 첫소리가 된소리로 나는 것은 사이시옷을 붙인다.

가톨릭^{Catholic} 가톨릭교회. 가톨릭교도. 가톨릭교. 카톨릭(×).

> **Catholic의 외래어 표기를 왜 카톨릭이라고 하지 않을까?**
> '카톨릭'이라고 생각하기 쉽지만, 전문 분야에서 쓰이는 관용을 인정하여 '가톨릭'으로 표기한다. '카톨릭교회, 카톨릭교도'도 잘못된 표기이므로 각각 '가톨릭교회, 가톨릭교도'와 같이 표기해야 한다.

가톨릭교^{Catholic教} 그리스도의 정통 교의를 믿는 종교. 로마 가톨릭교와 그리스 정교로 나뉜다. 카톨릭교(×).

가파르다 산이나 길 따위가 매우 비탈지다. 예 가파른 언덕을 넘어가면 우리 집이 보인다./계단이 너무 가파르니 오르기 힘들다.

> ✏ 오류노트 등산길이 너무 <u>가파라서</u> 숨이 턱까지 차올랐다.
> → 가팔라서.

> **'가파라서'로 표기하면 안 될까?**
> '가파르다'와 같은 '르' 불규칙 동사는 어간의 끝 음절 '르'가 어미 '-아, -어' 앞에서 'ㄹㄹ'로 바뀐다. 따라서 '가팔라서'로 활용한다.

가평(×) '노름 따위에서 남의 몫에서 조금 얻는 공것'은 '개평'이 올바른 말이다.

가흥^{嘉興}(×) '중국 저장성^{浙江省} 북쪽에 있는 도시'는 '자싱'이 올바른 말이다.

각^各 ✔ 띄어쓰기 낱낱의. 따로따로의. 예 각 가정./각 학교./각 지역./각 종목.

각다귀 생김새는 모기와 비슷하고 크기는 모기보다 더 큰 각다귓과의 곤충. 깍다귀(×).

각별이(×) '상대를 대하는 자세 따위가 유달리 특별하게'의 뜻으로 쓰이는 말은 '각별히'가 올바른 말이다.

각별히 상대를 대하는 자세 따위기 유달리 특별하게. 각별이(×).

각서리(×) '장타령꾼을 낮잡아 이르는 말'의 뜻으로 쓰이는 말은 '각설이'가 올바른 말이다.

각설이 '장타령꾼'을 낮잡아 이르는 말. 각서리(×).

각아붓자식(×) '아버지가 다른 형제, 또는 성이 각기 다른 사람'은 '각아비자식'이 올바른 말이다.

각^各
'각'은 관형사이므로 앞말과 띄어 쓴다.

각별히^{各別히}
부사의 끝음절이 '이'나 '히'로 소리 나는 것은 '히'로 표기한다.

각설이
명사 뒤에 '-이'가 붙어서 된 말은 그 명사의 원형을 밝히어 적는다.

각아비자식各-子息   아버지가 다른 형제. 또는 성이 각기 다른 사람. 각아붓자식(×).

각추렴各-   돈이나 물품 따위를 여러 사람들이 각자 내게 하여 거둠. 각출렴(×).

각출렴(×)   '돈이나 물품 따위를 여러 사람들이 각자 내게 하여 거둠'은 '각추렴'이 올바른 말이다.

각추렴各-
'추렴'은 '출렴出斂'에서 유래하였으나 현재는 순우리말로 인정된 말이다.

간(×)   '건물이나 기차 안, 책장 따위를 둘러막아 생긴 공간. 사방을 둘러막은 선의 안쪽. 집의 칸살의 수효를 세는 단위'는 '칸'이 올바른 말이다.

간間   ¹한 대상에서 다른 대상까지의 사이. 예 대구와 부산 간 거리./충주와 경주 간 시외버스. ²둘 사이의 관계. 예 숙부와 조카 간의 촌수./저 두 사람은 모녀간이다. ³어느 경우든지 관계없이. 예 자전거를 타든지 버스를 타든지 간에 오늘 안으로 도착해야 한다. [국가직 9급 '11]

> **'간**間**'의 여러 가지 쓰임**
> '간'이 앞의 1~3의 뜻으로 쓰일 때는 의존 명사로 앞말과 띄어 쓰고, '한 달간 머리를 못 깎았다.'처럼 명사 뒤에 붙어 기간(시간)을 뜻할 때는 접미사로 앞말과 붙여 쓴다. '형제간', '자매간', '고부간', '모녀간', '부부간' 등은 한 단어로 굳어진 것으로 앞말과 붙여 쓴다.

간간이間間-   시간적인 사이를 두고서 가끔씩. 간간히(×).

간간히(×)   '시간적인 사이를 두고서 가끔씩'의 뜻으로 쓰이는 말은 '간간이'가 올바른 말이다.

간간이間間-
첩어 명사 뒤에는 '-이'로 표기한다.

간니   젖니가 빠진 뒤에 나는 이. 간이(×).

간막이(×)   '둘러싸인 공간을 가로질러 막음. 또는 막은 물건'은 '칸막이'가 올바른 말이다.

간니
'이齒'가 합성어나 이에 준하는 말에서 '니' 또는 '리'로 소리 날 때에는 '니'로 적는다.

간사스럽다奸詐-   교활하게 거짓으로 남의 비위를 맞추는 태도가 있다.

> ✏️오류노트 그녀는 부자에게서 밭뙈기나 얻어 볼 양 온갖 간사스런 짓을 다 하고 있다. → 간사스러운.

간두다   '그만두다'의 준말. 예 누나는 교사 직을 간두었다.

간살(×)   '일정한 간격으로 어떤 건물이나 물건에 사이를 갈라서 나누는 살'은 '칸살'이 올바른 말이다.

간석지干潟地   조수가 드나드는 개펄.

간사스럽다奸詐-
'간사스럽다'의 어간 '간사스럽-' 뒤에 '-은'이 이어지면 어간 말음 'ㅂ'이 '우'로 변하므로, '간사스러운'처럼 써야 된다.

간소이(×)	'차림새 따위가 간략하고 소박하게'의 뜻으로 쓰이는 말은 '간소히'가 올바른 말이다.
간소히簡素-	차림새 따위가 간략하고 소박하게. 예 기념식은 성대하게 진행하는 것보다는 간소히 하더라도 정성을 다하는 것이 더 낫다. 간소이(×).
간수(×)	'집의 칸살의 수효'는 '칸수'가 올바른 말이다.
간쑤甘肅	중국의 성省의 하나. 성도는 란저우蘭州.
간이(×)	'젖니가 빠진 뒤에 나는 이'는 '간니'가 올바른 말이다.
간지럽히다	살갗을 비비거나 만지거나 하여 간지럽게 하다. 예 손바닥을 간지럽히다.
간지르다(×)	'살갗을 비비거나 만지거나 하여 간지럽게 하다'의 뜻으로 쓰이는 말은 '간질이다'가 올바른 말이다.
간질이다	살갗을 비비거나 만지거나 하여 간지럽게 하다. 예 발바닥을 간질이다. 간지르다(×). [지방직 7급 '15]
간쯔甘孜	중국 쓰촨四川성 북서부의 도시.
간척지干拓地	바다나 호수 따위를 둘러막고 물을 빼내어 만든 땅. 경작지 등으로 이용하게 개발한다.
간판장이看板-	간판을 그리거나 만들어 파는 일을 하는 사람을 낮잡아 이르는 말. 간판쟁이(×).
간판쟁이(×)	'간판을 만들어 파는 일을 하는 사람을 낮잡아 이르는 말'은 '간판장이'가 올바른 말이다.
간편이(×)	'간단하고 편리하게'의 뜻으로 쓰이는 말은 '간편히'가 올바른 말이다.
간편히簡便-	간단하고 편리하게. 예 인스턴트 식품은 간편히 먹을 수 있으나 몸에 그리 좋은 음식은 아니다. 간편이(×).
간호사看護師	의사가 치료할 수 있도록 도와주고 환자를 돌보는 사람. 간호원(×).
간호원(×)	'의사가 치료할 수 있도록 도와주고 환자를 돌보는 사람'은 '간호사'가 올바른 말이다.
갈가리	여러 갈래로 갈라지거나 찢어진 모양. 갈갈이(×).
갈가마귀(×)	'까마귀보다 다소 작은 까마귓과의 새'는 '갈까마귀'가 올바른 말이다.

간소히簡素-
부사의 끝음절이 '이'나 '히'로 소리 나는 것은 '히'로 표기한다.

간지럽히다
'간질이다'와 함께 복수 표준어이다.

간질이다
'간지럽히다'와 함께 복수 표준어이다.

간척지干拓地
간석지를 개발하여 농토 등 땅으로 이용하게 한 것이 '간척지'이다.

간편히
부사의 끝음절이 '이'나 '히'로 소리 나는 것은 '히'로 표기한다.

간호원
'간호원'은 '간호사'의 이전 용어이다.

갈갈이(×)	'여러 갈래로 갈라지거나 찢어진 모양'은 '갈가리'가 올바른 말이다.
갈겨쓰다	✔띄어쓰기 글씨를 되는 대로 마구 쓰다. 예 글씨를 갈겨써 놔서 무슨 내용인지 전혀 알 수 없다. 날려쓰다(×).
갈까마귀	까마귀보다 다소 작은 까마귓과의 새. 갈가마귀(×).
갈대잎(×)	'갈대의 잎'의 뜻으로 쓰이는 말은 '갈댓잎'이 올바른 말이다.
갈댓잎	갈대의 잎. 갈대잎(×).
갈락토스galactose	당류, 다당류, 글리코사이드 등의 가수 분해로 얻는 단당류의 하나. 갈락토오스.
갈락토오스galactose	당류, 다당류, 글리코사이드 등의 가수 분해로 얻는 단당류의 하나. 갈락토스.
갈매기살	돼지의 가로막 부위에 있는 살. 갈매깃살(×).
갈매깃살(×)	'돼지의 가로막 부위에 있는 살'은 '갈매기살'이 올바른 말이다.
갈모(×)	'물레(도자기, 사기그릇 만드는 기구)의 밑에 끼우는 고리'는 '갓모'가 올바른 말이다.
갈범(×)	'몸에 칡덩굴 같은 무늬가 있는 범'은 '칡범'이 올바른 말이다.
갈비국(×)	'소갈비를 넣고 끓인 음식'은 '갈빗국'이 올바른 말이다.
갈비대(×)	'갈비뼈 하나하나의 뼈대'는 '갈빗대'가 올바른 말이다.
갈비뼈	좌우 열두 쌍의 흉곽을 구성하는 뼈. 갈빗뼈(×).
갈비살(×)	'갈비뼈와 같이 여러 갈래로 갈라진 것'은 '갈빗살'이 올바른 말이다.
갈비집(×)	'소, 돼지 따위의 갈비 고기를 파는 집'은 '갈빗집'이 올바른 말이다.
갈비탕	소갈비를 도막내어 푹 삶은 국. 갈빗탕(×).
갈빗국	소갈비를 넣고 끓인 음식. 갈비국(×).
갈빗대	갈비뼈 하나하나의 뼈대. 갈비대(×).
갈빗뼈(×)	'좌우 열두 쌍의 흉곽을 구성하는 뼈'는 '갈비뼈'가 올바른 말이다.
갈빗살	갈비뼈와 같이 여러 갈래로 갈라진 것. 갈비살(×).

갈갈이
'가을갈이'의 준말은
'갈갈이'이다.

갈겨쓰다
'갈겨쓰다'는 한 단어
이므로 붙여 쓴다.

갈댓잎
순우리말로 된 합성어
로서 앞말이 모음으로
끝난 경우, 뒷말의 첫
소리 모음 앞에서 'ㄴ
ㄴ' 소리가 덧나는 것
은 사이시옷을 붙인다.

갈비뼈, 갈비탕
합성어에서 뒷말의 첫
소리가 각각 된소리
(ㅃ)와 거센소리(ㅌ)이
므로 사이시옷이 들어
가지 않는다.

갈빗국
순우리말로 된 합성
어로서 앞말이 모음
으로 끝난 경우, 뒷말
의 첫소리가 된소리
로 나는 것은 사이시
옷을 붙인다.

갈빗집	소, 돼지 따위의 갈비 고기를 파는 집. 갈비집(×).
갈빗탕(×)	'소갈비를 도막내어 푹 삶은 국'은 '갈비탕'이 올바른 말이다.
갈신장이(×)	'걸신들린 것처럼 음식에 지나치게 욕심을 내는 사람'은 '걸신쟁이'가 올바른 말이다.
갈음	다른 것으로 바꾸어 대신함. 가름(×). [국가직 9급 '22]. [서울시 9급 '21]
갈음하다	원래의 것을 다른 것으로 바꾸어 대신하다. 예 오늘 수고비는 극장 예매권으로 갈음하겠다. 가름하다(×). [법원직 9급 '08]. [지방직 9급 '12]. [국가직 9급 '13]. [서울시 9급 '21]
갈치	갈칫과의 바닷물고기. 칼치(×).
갈치과(×)	'갈치, 분장어 등 몸이 길고 꼬리지느러미가 없는, 조기 강 농어목의 한 과'는 '갈칫과'가 올바른 말이다.
갈칫과^{-科}	갈치, 분장어 등 몸이 길고 꼬리지느러미가 없는, 조기 강 농어목의 한 과. 갈치과(×).
갈퀴손(×)	'다른 물체를 감아올리는 가지나 잎이 실처럼 변하여 줄기를 지탱하는 가는 덩굴'은 '덩굴손'이 올바른 말이다.
감감무소식^{-無消息}	소식이나 연락이 전혀 없음. 예 1시간 안에 돌아온다던 사람이 저녁때까지도 감감무소식이다.
감감소식^{-消息}	소식이나 연락이 전혀 없음.
감격스럽다^{感激-}	마음에 깊이 느끼어 크게 감동이 되는 듯하다.
	✔오류노트 너무 감격스런 나머지 아무 말도 할 수 없었다. → 감격스러운.
감비아^{Gambia}	아프리카 서쪽 끝에 있는 공화국. 수도는 반줄(Banjul).
감자국(×)	'감자를 넣어 끓인 국'은 '감잣국'이 올바른 말이다.
감잣국	감자를 넣어 끓인 국. 감자국(×).
감장	석탄 빛깔처럼 약간 밝고 짙은 빛깔이나 물감. 가맘(×).
감탕	몹시 질어서 질퍽질퍽한 진흙. 검탕(×).
갑^匣	물건을 담는 조그마한 상자. 예 성냥갑./비눗갑. 곽(×).
갑어치(×)	'일정한 값에 해당되는 분량 또는 가치'의 뜻으로 쓰이는 말은 '값어치'가 올바른 말이다.
갑자기	미처 생각할 틈도 없이 급히. 갑짜기(×).

갈빗탕으로 쓸 수 없는 이유
합성어에서 뒷말의 첫소리가 거센소리(ㅌ)이므로 사이시옷이 들어가지 않는다.

'갈음하다'와 '가름하다'
'가름하다'는 '각각으로 따로 나누다. 사물이나 상황을 구별하거나 분별하다'의 뜻으로 쓰이므로 두 낱말의 뜻의 차이를 잘 구별하자.

감감무소식^{-無消息}
'감감소식'과 함께 복수 표준어이다.

감감소식^{-消息}
'감감무소식'과 함께 복수 표준어이다.

감격스럽다^{感激-}
'감격스럽다'의 어간 '감격스럽-' 뒤에 '-은'이 오면 어간 말음 'ㅂ'이 '우'로 변하므로, '감격스러운'처럼 써야 된다.

갑^匣
순우리말 계열의 단어가 생명력을 잃고 그에 대응되는 한자어 계열의 단어가 널리 쓰이면, 한자어 계열의 단어를 표준어로 삼는다.

갑자기
'ㄱ, ㅂ' 받침 뒤에서 나는 된소리는, 같은 음절이나 비슷한 음절이 겹쳐 나는 경우가 아니면 된소리로 적지 아니한다.

갑작스럽다	미처 생각할 겨를이 없이 급하게 일어난 데가 있다.
	⚠️오류노트 그는 <u>갑작스런</u> 병으로 교직 생활을 그만두었다. → 갑작스러운.
갑절	어떤 수나 양을 두 번 더한 만큼. 예 태풍이 농작물에 피해를 끼쳐 농산물 가격이 평소의 갑절이나 올랐다.
	⚠️오류노트 컴퓨터를 이용하여 문제를 풀면 손으로 계산할 때보다 몇 <u>갑절</u> 많은 수량을 계산할 수 있다. → 곱절. [법원행정처 9급 '07]
갑짜기(×)	'미처 생각할 틈도 없이 급히'의 뜻으로 쓰이는 말은 '갑자기'가 올바른 말이다.
값어치	일정한 값에 해당되는 분량 또는 가치. 예 너의 지원 값어치는 억만금 이상이다. 갑어치(×).
갓난아기	갓난아이를 귀엽게 이르는 말. 갓난애기(×).
갓난애기(×)	'갓난아이를 귀엽게 이르는 말'은 '갓난아기'가 올바른 말이다.
갓모	물레(도자기, 사기그릇 만드는 기구)의 밑에 끼우는 고리. 갈모(×).
갓장이	갓을 만들고 고치는 일을 업으로 하는 사람. 예 할아버지는 평생을 갓장이로 업을 영위하셨다. 갓쟁이(×).
갓쟁이(×)	'갓을 만들고 고치는 일을 업으로 하는 사람'은 '갓장이'가 올바른 말이다.
강^江	**✔️띄어쓰기** 길고 넓게 흐르는 내. 예 영산강./낙동강./미시시피강.

고유명사나 외래어가 '강, 산, 해, 섬' 등과 합쳐진 말의 띄어쓰기

외래어나 고유어, 한자어가 아래 제시된 말과 결합하는 경우, 앞에 오는 말의 어종에 관계없이 '콜로라도강', '파미르고원', '아라비아반도', '노령산맥', '리어왕', '워싱턴주'처럼 앞말과 붙여 쓴다.
가街, 강江, 고원高原, 곶串, 관關, 궁宮, 만灣, 반도半島, 부府, 사寺, 산山, 산맥山脈, 섬, 성城, 성省, 어語, 왕王, 요窯, 인人, 족族, 주州, 주洲, 평야平野, 해海, 현縣, 호湖 (총 26항목)

강강수월래^{强羌水越來}(×)	'강강술래'를 한자를 빌려서 쓴 말.

갑작스럽다
'갑작스럽다'의 어간 '갑작스럽-' 뒤에 '-은'이 오면 어간 말음 'ㅂ'이 'ㅜ'로 변하므로, '갑작스러운'처럼 써야 된다.

갑절
'갑절'은 '배倍'의 뜻으로만 쓰이므로 '몇 갑절'로는 쓰지 않는다. '몇 곱절'이 옳은 표기이다.

갓장이
'-장이'는 어떤 일을 직업적으로 하는 사람을 이르는 말이다.

강^江
'강'이 순우리말이나 한자어와 연결될 때는 앞말과 붙여 쓴다. 외래어 다음에도 붙여 쓴다.

ㄱ

강강술래 정월 대보름날이나 팔월 한가위에 남부 지방에서 행하는 민속놀이. [한국어교육검정 '09]

강건하다剛健- 의지나 기상이 굳고 건전하다.

> ✔오류노트 정신이 <u>강건지</u> 못하면 큰일을 해낼 수 없다. → 강건치.

강남콩(×) '여름에 흰색이나 자주색 꽃이 총상 꽃차례로 피는 콩과의 한해살이풀'은 '강낭콩'이 올바른 말이다.

강낭콩 여름에 흰색이나 자주색 꽃이 총상 꽃차례로 피는 콩과의 한해살이풀. 강남콩(×). [경북교육 9급 '10]. [한국어교육검정 '11]. [서울시 9급 '16]. [서울시 9급 '20]

강냉이 외줄기에 열매는 둥글고 길쭉하며, 낱알이 여러 줄로 박혀 있고 녹말이 풍부한 볏과의 한해살이풀.

강도江都(×) '중국 장쑤성江蘇省에 있는 현'의 뜻으로 쓰이는 말은 '장두'가 올바른 말이다.

강문江門(×) '중국 광둥성廣東省 중부 주장珠江강 서쪽 끝에 있는 도시'는 '장먼'이 올바른 말이다.

강벌(×) '강가의 넓은 벌판'은 '강펄'이 올바른 말이다.

강생康生(×) '산둥성山東省 주석을 지냈으며, 1973년 공산당 부주석이 된 중국의 정치가'는 '캉성'이 올바른 말이다.

강소주-燒酒 안주 없이 먹는 소주. 깡소주(×). [서울시 9급 '11]. [국가직 7급 '13]

강수량降水量 비, 눈, 우박, 안개 따위로 일정 기간 동안 일정한 장소에 내린 물의 양.

강술 안주 없이 마시는 술. [예] 그렇게 강술을 많이 마셨는데 병이 안 날 수가 없지. 깡술(×).

강음江陰(×) '중국 장쑤성江蘇省 남부에 있는 도시'는 '장인'이 올바른 말이다.

강자江孜(×) '중국 티베트 남부, 시짱 자치구西藏自治區에 있는 도시'는 '장쯔'가 올바른 말이다.

강정康定(×) '중국 쓰촨성四川省 서부에 있는 도시'는 '캉딩'이 올바른 말이다.

강종(×) '짧은 다리를 모으고 힘 있게 솟구쳐 뛰는 모양'은 '강중'이 올바른 말이다.

강건하다剛健-
'-하지'가 줄 때는 '-하' 앞의 받침이 안울림소리(ㄱ, ㅂ, ㅅ)로 끝나면 '-하-' 전체가 준다. 그 외에는 '-하-'와 합해져서 거센소리로 된다. 강건하지 → 강건치.

강낭콩
'강남콩江南-'에서 온 말이지만 어원 의식이 약해져서 변한 형태가 널리 쓰이는 것은 그것을 표준어로 삼는다.

강냉이
'옥수수'와 함께 복수 표준어이다.

강소주-燒酒
'강'은 '다른 것이 섞이지 않은'의 뜻이다.

'강우량'과 '강설량'과 '강수량'
'일정한 시간에 일정한 장소에 내린', '비의 양'은 '강우량'이고, '눈의 양'은 '강설량'이다. '강수량'은 '강우량'과 '강설량'을 합한 양이다.

강술
비슷한 발음의 형태가 쓰일 경우, 그 의미 차이가 없고 그중 하나가 더 널리 쓰이면 그 형태만을 표준어로 삼는다.

강종강종(×)   '짧은 다리를 모으고 자꾸 힘 있게 솟구쳐 뛰는 모양'은 '강중강중'이 올바른 말이다.

강중   짧은 다리를 모으고 힘 있게 솟구쳐 뛰는 모양. 강종(×).

강중강중   짧은 다리를 모으고 자꾸 힘 있게 솟구쳐 뛰는 모양. 강종 강종(×).

강진江津(×)   '중국 충칭重慶 직할시에 속한 도시'는 '장진'이 올바른 말이다.

강청江青(×)   '상하이上海 신극계에서 활동하다 마오쩌둥毛澤東과 결혼하여 문화 대혁명 때에 활약한 사람'은 '장칭'이 올바른 말이다.

강퍅하다(×)   '성격이 원만하지 않고 까다롭고 고집이 세다'의 뜻으로 쓰이는 말은 '강퍅하다'가 올바른 말이다.

강퍅하다剛愎-   성격이 원만하지 않고 까다롭고 고집이 세다. 강퍅하다(×).

강펄江-   강가의 넓은 벌판. 강벌(×).

강호江戶(×)   '일본 '도쿄'의 옛 이름'은 '에도'가 올바른 말이다.

갖다   '가지다'의 준말. 예 발표회를 갖다.

> **오류노트** 진실한 친구를 많이 <u>갖은</u> 윤선이가 부럽다. → 가진.

갖은   여러 가지를 골고루 다 갖춘. 예 갖은 고생을 다 겪었다./ 갖은 양념을 넣어 만든 음식. [공사·공단 언어 능력]

같다   ✔띄어쓰기 서로 비교하여 다르지 않다.

> **오류노트** ¹하는 짓이 유치하고 꼭 어린아이 <u>같애</u>. → 같아. ²<u>이 같이</u> 맑은 날씨는 처음 본다. → 이같이. ³<u>너같은</u> 사람이 존경을 받을 수 있어. → 너 같은. [경찰대 '09]. [복지 9급 '12]. [국가직 9급 '16]. [경찰직 2차 필기 '16]. [경찰직 '20]

같잖다   행동이나 모양새가 제격에 맞지 않고 눈꼴사납다. 예 제 주제도 모르고 같잖게 굴고 있네. 같잖다(×).

같잖다(×)   '행동이나 모양새가 제격에 맞지 않고 눈꼴사납다'의 뜻으로 쓰이는 말은 '같잖다'가 올바른 말이다.

개-   ✔띄어쓰기 일부 명사 앞에 붙어, '값어치가 없는', '좋지 않은', '참된 것이 아닌' 등의 뜻으로 쓰이는 말. 예 개복숭아./개살구./개떡./개죽음.

-개   ✔띄어쓰기 일부 동사 어간 뒤에 붙어, '별로 크지 않은 물건'의 뜻으로 쓰이는 말. 예 지우개./덮개.

강중
'깡충'이 맞고 '깡총'이 틀린 말이듯, '강중'이 맞고 '강종'은 틀린 말이다.

갖다
'갖다'는 '가지다'의 준말이지만, '가지다'와 달리 모음 어미와 결합하여 활용하지 않는다.

같다
²⁴같이'가 '처럼'의 뜻으로 쓰인 조사이다. 따라서 '이같이'로 붙여 쓴다. ³같은'은 조사가 아니고 '같다'의 활용형이다. 따라서 '너 같은'과 같이 띄어 쓴다.

개-
'개-'는 접두사로 뒤에 오는 말과 붙여 쓴다.

-개
'-개'는 접미사로 앞에 오는 말과 붙여 쓴다.

개값(×)　　'아주 낮은 값'은 '갯값'이 올바른 말이다.

개과(×)　　'개, 너구리, 여우, 늑대 따위 포유강 식육목의 한 과'는 '갯과'가 올바른 말이다.

개구䓫舊(×)　　'중국 윈난성雲南省 남부에 있는 시'는 '거주'가 올바른 말이다.

개구장이(×)　　'지나치게 짓궂은 장난을 하는 아이'는 '개구쟁이'가 올바른 말이다.

개구쟁이　　지나치게 짓궂은 장난을 하는 아이. 개구장이(×). [대전·충남 교행직 9급 '06]

개나리봇짐(×)　　'먼 길을 걸어서 여행할 때 보자기로 싸서 등에 메고 다니는 작은 짐'은 '괴나리봇짐'이 올바른 말이다.

개다　　궂거나 흐린 날씨가 맑아지다. 개이다(×).

> ✔오류노트 오전 내내 소나기가 내리더니만 오후 들어 언제 그랬냐는 듯 날씨가 활짝 개였다. → 개었다. [경북교육 9급 '13]

개다리밥상(×)　　'상다리 모양이 개의 다리처럼 휜 조그만 밥상'은 '개다리소반'이 올바른 말이다.

개다리소반-小盤　　상다리 모양이 개의 다리처럼 휜 조그만 밥상. 개다리밥상(×).

개리　　겨울에 호수나 하구에 떼 지어 살며 기러기 크기만 한, 오릿과의 새. 개리새(×).

개리새(×)　　'겨울에 호수나 하구에 떼 지어 살며 기러기 크기만 한, 오릿과의 새'는 '개리'가 올바른 말이다.

개미　　연줄을 질기고 세게 만들기 위하여 연줄에 먹이는 물질. 가미(×).

개발開發　　[1]자원 따위를 개척하여 발전시킴. 예 우라늄 광산 개발. [2]소질이나 지식 따위를 더 나아지게 이끎. 예 기술 개발, 능력 개발. [3]산업이나 경제 따위를 발전시켜 유용하게 함. 예 경제 개발 5개년 계획. [4]새로운 것을 고안해 냄. 예 신제품 개발.

개발새발　　개의 발과 새의 발이라는 뜻으로, 글씨를 되는대로 아무렇게나 써 놓은 모양을 이르는 말. 비교 괴발개발. [경북교육 9급 '10]. [한국어교육검정 '12]. [국회 8급 '13]

개발쇠발(×)　　'고양이의 발과 개의 발'에서 '글씨를 아무렇게나 써 놓은 모양'은 '괴발개발'이 올바른 말이다.

개구쟁이
'개구쟁이'는 '개구+쟁이'의 형태로 나누어지지 않으므로 단일어로 본다.

개다
'개이다'가 잘못된 말이므로 그 활용 형태인 '개여, 개인, 개였다'도 잘못된 말이다. 따라서 '개어, 갠, 개었다'로 바꾸어야 한다.

개다리소반-小盤
순우리말 계열보다 한자어 계열의 단어가 널리 쓰이면 한자어 계열의 단어를 표준어로 삼는다.

개발과 계발의 차이점
계발은 일깨워 주는 것으로 사람에게 주로 쓰고, 개발은 사람과 사물에 두루 쓸 수 있다.

개비	[1]가늘게 쪼갠 나무토막이나 기름한 토막의 한 개. [2]짤막하게 쪼개진 도막을 세는 단위. 예 담배 한 개비만 주세요./성냥 20개비. 개피·까치(×).	
개수個數	한 개 한 개 낱개로 셀 수 있는 물건의 수효. 갯수(×). [KBS 한국어 '07]. [선관위 '08]. [국회 8급 '12]	**개수個數** '개수'는 한자어로 된 말로 사이시옷을 붙이지 않는다.
개수대-臺	음식물이나 그릇을 씻을 수 있게 한 대. 개숫대(×).	
개수물(×)	'음식물이나 그릇을 씻을 때 쓰는 물'은 '개숫물'이 올바른 말이다.	
개수통-桶	음식물, 그릇을 씻기 위한 물을 담는 통. 개숫통(×).	**개수통-桶** '설거지통'과 함께 복수 표준어이다.
개숫대(×)	'부엌에서 음식물이나 그릇을 씻을 수 있게 한 대'는 '개수대'가 올바른 말이다.	
개숫물	음식물이나 그릇을 씻을 때 쓰는 물. 개수물(×).	**개숫물** '설거지물'과 함께 복수 표준어이다.
개숫통(×)	'음식물이나 그릇을 씻기 위한 물을 담는 통'은 '개수통'이 올바른 말이다.	
개스킷	실린더의 이음매나 파이프의 접합부 따위를 메우는 데 쓰는 얇은 판 모양의 패킹. 가스캣(×).	
개울	골짜기나 들에 흐르는 작은 물줄기. 개울탕(×).	
개울탕(×)	'개울골짜기나 들에 흐르는 작은 물줄기'는 '개울'이 올바른 말이다.	
개이다(×)	'궂거나 흐린 날씨가 맑아지다'의 뜻으로 쓰이는 말은 '개다'가 올바른 말이다.	
개펄	갯가의 개흙 땅. 갯벌.	**개펄** '개펄'은 '갯벌'과 동의어로 쓰인다.
개평	노름 따위에서 남의 몫에서 조금 얻어 가지는 공것. 가평(×).	
개평군(×)	'노름에서 남의 몫에서 공짜로 얻어 가지는 사람'은 '개평꾼'이 올바른 말이다.	
개평꾼	노름에서 남의 몫에서 공짜로 얻어 가지는 사람. 개평군(×).	**개평꾼** '어떤 일을 하는 사람'에 낮잡는 뜻을 더하는 접미사는 '-꾼'이다.
개피, 까치(×)	'가늘게 쪼갠 나무토막이나 기름한 토막의 한 개'의 뜻으로 쓰이는 말은 '개비'가 올바른 말이다.	
객적다(×)	'말과 행동, 생각 등이 쓸데없고 싱겁다'의 뜻으로 쓰이는 말은 '객쩍다'가 올바른 말이다.	
객주집(×)	'지난 날, 나그네에게 술이나 음식을 팔고 손님을 묵어 가게 하는 영업을 하던 집'의 뜻으로 쓰이는 말은 '객줏집'이 올바른 말이다.	

객줏집^{客主-}	지난 날, 나그네에게 술이나 음식을 팔고 손님을 묵어가게 하는 영업을 하던 집. 객주집(×).
객쩍다	말과 행동, 생각 따위가 쓸데없고 매우 싱겁다. 객적다(×). [충북 9급 '07]
갤갤(×)	'암탉이 알을 배기 위하여 수탉을 부르는 소리'는 '골골'이 올바른 말이다.
갯가재	몸은 연갈색이고 등에 붉은 줄이 있으며 머리 위에 두 쌍의 더듬이와 한 쌍의 다리가 있고 밤에 새우, 갯지렁이 따위를 잡아먹고 사는 갯가잿과의 동물. 바다가재(×).
갯값	아주 낮은 값. 개값(×).
갯고둥	껍데기는 원뿔 모양이고 단단하며 흰 띠가 있는 갯고둥과의 동물. 갯다슬기(×).
갯과^科	'개, 너구리, 늑대' 따위 포유강 식육목의 한 과. 개과(×).
갯다슬기(×)	'껍데기는 원뿔 모양이고 단단하며 흰 띠가 있는 갯고둥과의 동물'은 '갯고둥'이 올바른 말이다.
갯벌	바닷물이 드나드는 모래톱. 개펄.
갯수(×)	'한 개 한 개 낱개로 셀 수 있는 물건의 수효'는 '개수'가 올바른 말이다.
갱신^{更新}	법률 등에서 유효 기간이 끝난 후 기간을 다시 연장함. 예 계약 갱신. 비교 경신. [세무직 9급 '07]
갱엿	검은빛의 엿.
갱의실^{更衣室}(×)	'옷 갈아입는 방'은 '경의실'이 올바른 말이다.
갱정^{更正}(×)	'바르게 고침'은 '경정'이 올바른 말이다.
갱질^{更迭}(×)	'어떤 직위에 있는 사람을 다른 사람으로 바꿈'은 '경질'이 올바른 말이다.
거꾸로	순서나 방향 따위가 반대로 되게. 꺼꾸로(×).
거둥거리다(×)	'물건 따위를 가볍고 간편하게 거두어 싸다'의 뜻으로 쓰이는 말은 '거든그리다'가 올바른 말이다.
거둬들이다	곡식 따위를 한곳에 모으거나 수확하다. 걷어들이다(×).
거든그리다	물건 따위를 가볍고 간편하게 거두어 싸다. 거둥거리다(×).
-거라	해라할 자리에서 명령의 뜻을 나타내는 말. 예 이제 그만 가거라.

객쩍다
'객쩍다'는 '객^客'에 '그런 것을 느끼게 하는 데가 있음'의 뜻을 나타내는 말 '-쩍다'가 붙어서 된 말이다.

갯값
순우리말로 된 합성어로서 앞말이 모음으로 끝난 경우, 뒷말의 첫소리가 된소리로 나는 것은 사이시옷을붙인다.

갯벌
'갯벌'은 '개펄'과 동의어로 쓰인다.

'갱신^{更新}'과 '경신^{更新}'
'경신'은 '육상, 마라톤 등 기록 경기에서, 이전 기록을 넘어섬'의 뜻이다. 예 세계 기록 경신.

갱엿
'검은엿'과 함께 복수 표준어이다.

거든그리다
의미 차이가 없고 비슷한 발음의 몇 형태가 쓰일 경우, 그중 더 널리 쓰이는 한 형태만을 표준어로 삼는다.

거령맞다	외모나 행동 따위가 말쑥하지 못하여 격에 어울리지 아니하다. 계량맞다(×).
거름	땅을 기름지게 하여 식물이 잘 자라도록 주는 물질. [국가직 7급 '15]
거리다	'어떠한 상태가 끊이지 않고 계속됨'의 뜻을 더하는 말. '-거리다'가 붙어 동사가 된다.
거매지다(×)	'거멓게 되다'의 뜻으로 쓰이는 말은 '거메지다'가 올바른 말이다.
거머리과(×)	'지렁이 따위 환형동물 거머리강 턱거머리목의 한 과'는 '거머릿과'가 올바른 말이다.
거머릿과^科	지렁이 따위 환형동물 거머리강 턱거머리목의 한 과. 거머리과(×).
거멍(×)	'검은 빛깔이나 물감'은 '검정'이 올바른 말이다.
거메지다	거멓게 되다. 예 하루 종일 땡볕을 쐬더니 그의 얼굴은 거메져 있었다. 거매지다(×).
거무튀튀하다	지저분해 보일 만큼 탁하게 거무스름하다. 거무틱틱하다(×).
거무틱틱하다(×)	'지저분해 보일 만큼 탁하게 거무스름하다'의 뜻으로 쓰이는 말은 '거무튀튀하다'가 올바른 말이다.
거북스럽다	보기에 거북한 데가 있다. ⚠오류노트 그는 속이 <u>거북스런지</u> 자꾸 토한다. → 거북스러운지.
거북하다	¹몸의 움직임이 자연스럽지 못하다. 예 감기에 걸려 움직이기 거북하다. ²마음이 어색하고 편하지 않다. 예 심하게 다툰 친구와 같이 있으려니 매우 거북하다. ⚠오류노트 누나와 함께 성인 영화를 보았는데 내용이 전혀 <u>거북치</u> 않았다. → 거북지.
거스러미	손톱이나 발톱 뒤의 살 껍질 또는 나무의 결 따위가 가시처럼 터져 나타나는 부분. 꺼스러기·꺼스렁이·꺼시러기(×).
거스르다	어떤 일이 되어가는 상황과 반대되는 태도를 취하다. 거스리다(×).
거스리다(×)	'일이 되어가는 상황과 반대되는 태도를 취하다'의 뜻으로 쓰이는 말은 '거스르다'가 올바른 말이다.

거름 '걸다'의 '걸-'에 '-음'이 붙어서 된 것이지만, 본뜻에서 멀어진 것이므로 원형을 밝히어 적지 아니한다.

거리다 '대다'와 함께 복수 표준어이다.

거메지다 '거-'의 음성 모음이 뒤의 음성 모음 '-메'와 어울려 쓰인다.

거북스럽다 '거북스럽다'의 어간 '거북스럽-' 뒤에 '-은'이 오면 어간 말음 'ㅂ'이 '우'로 변하므로, '거북스러운'처럼 써야 된다.

거북하다 '-하' 앞의 받침이 'ㄱ', 'ㄷ', 'ㅂ', 'ㅅ' 등일 경우는 '-하'전체가 줄어든다. 거북하지 → 거북지.

ㄱ

거슴츠레하다 술 취하거나 졸려서 눈이 감길 듯하다. 거슴치레하다(×).

거슴치레하다(×) '술 취하거나 졸려서 눈이 감길 듯하다'의 뜻으로 쓰이는 말은 '거슴츠레하다·게슴츠레하다'가 올바른 말이다.

거시기 사람이나 사물의 이름이 바로 생각나지 않거나 바로 말하기 곤란할 때 쓰는 말. 거시키(×). [경북교육 9급 '10]. [복지 9급 '11]

거시키(×) '사람이나 사물의 이름이 바로 생각나지 않거나 바로 말하기 곤란할 때 쓰는 말'은 '거시기'가 올바른 말이다.

거언지(×) '젖소의 품종의 하나'는 '건지'가 올바른 말이다.

거위배 배 속의 회충으로 일어나는 병.

거저먹다 힘을 안 들이고 일을 하거나 가지다. 예 노력을 하지 않고 거저먹으려는 태도는 옳지 않다고 본다. 거져먹다(×).

거적대기(×) '낡개의 거적이나 조각'은 '거적때기'가 올바른 말이다.

거적때기 낡개의 거적이나 조각. 거적대기(×).

거져먹다(×) '힘을 안 들이고 일을 하거나 가지다'의 뜻으로 쓰이는 말은 '거저먹다'가 올바른 말이다.

거주箇舊 중국 윈난성雲南省 남부에 있는 시. 개구(×).

거짓말장이(×) '거짓말을 잘하는 사람'은 '거짓말쟁이'가 올바른 말이다.

거짓말쟁이 거짓말을 잘하는 사람. 거짓말장이(×).

거추장스럽다 물건 따위가 무겁거나 커서 다루기 어렵고 주체스럽다. 거치장스럽다(×).

거치다 오고 가는 중에 어느 곳을 잠시 지나거나 들르다. 예 수원을 거쳐 대구에 갔다. [경북 지방직 9급 '06]

거치장스럽다(×) '물건 따위가 무겁거나 커서 다루기 어렵고 주체스럽다'의 뜻으로 쓰이는 말은 '거추장스럽다'가 올바른 말이다.

거치적거리다 ¹거추장스럽게 자꾸 여기저기 거치거나 닿다. ²거추장스러워서 자꾸 거슬리거나 방해되다. 비교 걸리적거리다.

거칠다 살결 따위가 곱지 않고 험하다.

> 오류노트 ¹거칠은 피부 → 거친. ²아카시아 나무는 표면이 매우 거칠음. 피부에 충분한 탄력과 보습을 부여해 거칠음과 잔주름을 개선시켜 주는 주름 개선 크림이 있습니다. → 거칢

거슴츠레하다
'게슴츠레하다'와 함께 복수 표준어이다.

거시기
'거시기'는 새로운 단어로 굳어진 것으로 보아, 거센소리로 나지 않는 형태를 표준어로 삼는다.

거위배
'횟배'와 함께 복수 표준어이다.

거적때기
'-대기'와 '-때기' 중에서 '-때기'를 표준어로 규정하고 있다. 이때의 '-때기'는 '비하'의 뜻을 나타내는 말이다. 예 등때기./배때기./판때기.

거짓말쟁이
'-장이'는 어떤 일을 직업적으로 하는 사람을 이르는 말이다.

거칠다
'거칠다' '만들다' 등 어간 마지막에 'ㄹ' 받침이 있는 경우 'ㄹ' 받침 뒤에서 'ㅡ'가 탈락되어 '거칢', '만듦'과 같이 활용한다.

거풀(×) '여러 겹으로 이루어진 껍질 혹은 껍데기의 층을 세는 단위'는 '꺼풀'이 올바른 말이다.

걱정스럽다 걱정이 되어 마음이 편하지 않은 데가 있다.

> ✔오류노트 나를 외국으로 유학을 떠나보내면서 어머니는 <u>걱정스런</u> 표정을 지으셨다. → 걱정스러운.

건갈이^乾(×) '논에 물을 대지 않고 마른 상태에서 가는 일'은 '마른갈이'가 올바른 말이다.

건너마을(×) '건너편에 있는 마을'은 '건넛마을'이 올바른 말이다.

건너방(×) '안방에서 대청 너머 맞은편에 있는 방'은 '건넌방'이 올바른 말이다.

건너산(×) '건너편에 있는 산'은 '건넛산'이 올바른 말이다.

건너집(×) '건너편에 있는 집'은 '건넛집'이 올바른 말이다.

건넌마을(×) '건너편에 있는 마을'은 '건넛마을'이 올바른 말이다.

건넌방^房 안방에서 대청 너머 맞은편에 있는 방. 건너방(×).

건넛마을 건너편에 있는 마을. 건너마을·건넌마을(×).

건넛산^山 건너편에 있는 산. 건너산(×).

건넛집 건너편에 있는 집. 건너집(×).

건달군(×) '건달을 낮잡아 이르는 말'의 뜻으로 쓰이는 말은 '건달꾼'이 올바른 말이다.

건달꾼^{乾達} 건달을 낮잡아 이르는 말. 건달군(×).

-건대 뒤의 내용이 말하는 사람이 보거나 듣거나 바라는 등의 내용임을 미리 밝히는 말. 예 예상하건대 올해 농사 역시 대풍이 될 것이다. [공사·공단 언어 능력]. [국가직 7급 '15]

건더기 국물 있는 음식 속에 들어 있는 국물 이외의 것. 예 건더기만 먹고 찌꺼기는 버려라. 건데기(×).

건덕^{建德}(×) '중국 저장성^{浙江省} 중서부, 첸탕강^{錢塘江} 상류에 있는 도시'는 '젠더'가 올바른 말이다.

건데기(×) '국물 있는 음식 속에 들어 있는 국물 이외의 것'은 '건더기'가 올바른 말이다.

건드렁거리다(×) '큰 물체가 매달려 조금 느리게 자꾸 흔들리다'의 뜻으로 쓰이는 말은 '근드렁거리다'가 올바른 말이다.

걱정스럽다
'걱정스럽다'의 어간 '걱정스럽-' 뒤에 '-은'이 오면 어간 말음 'ㅂ'이 '우'로 변하므로, '걱정스러운'처럼 써야 된다.

건넛마을
'건넛산'과 함께 사이시옷이 들어가는 말이다.

건달꾼
'어떤 일을 하는 사람'에 낮잡는 뜻을 더하는 접미사는 '꾼'이다.

-건대
'-건대'를 '-건데'로 혼동하지 않도록 주의하자.

건드리다	조금 움직일 만큼 손으로 만지거나 무엇으로 대다. 건들 이다(×).
건들이다(×)	'조금 움직일 만큼 손으로 만지거나 무엇으로 대다'는 '건 드리다'가 올바른 말이다.
건지guernsey	젖소의 품종의 하나. 거언지(×).
걷어들이다(×)	'곡식 따위를 한곳에 모으거나 수확하다'의 뜻으로 쓰이는 말은 '거둬들이다(거두어들이다)'가 올바른 말이다.
걷어부치다(×)	'옷소매나 바짓가랑이 따위를 걷어 올리다'의 뜻으로 쓰 이는 말은 '걷어붙이다'가 올바른 말이다. [서울시 7급 '17]
걷어붙이다	옷소매나 바짓가랑이 따위를 걷어서 올리다. [예] 팔을 걷어 부치고 설거지를 하다. 걷어부치다(×).
걷잡다	한 방향으로 쏠려 흘러가는 형세 따위를 붙들어 잡다. [예] 화재로 걷잡을 수 없는 불길. [경찰대 '07]. [기상 9급 '11]. [서 울시 7급 '11]

> **'걷잡다'와 '겉잡다'는 어떤 차이가 있을까?**
> '걷잡다'와 '겉잡다'를 혼동하는 경우가 많으므로 주의하자.
> '걷잡다'는 '형세 따위를 붙들다'의 뜻이고 '겉잡다'는 '대충
> 겉으로 보고 짐작하여 헤아리다'의 뜻이다.

걷히다	¹안개 따위가 없어지다. ²돈이나 물건 따위가 받아들여지다.

> **오류노트** 태풍 피해민들을 위한 성금이 많이 <u>거쳤다</u>. →
> 걷혔다. [경북 지방직 9급 '06]

걸리적거리다	¹거추장스럽게 자꾸 여기저기 걸리거나 닿다. ²거추장스 럽거나 성가시어 자꾸 거슬리거나 방해가 되다. [비교] 거 치적거리다.
걸맞다	어떤 것을 다른 것에 견주어 볼 때 서로 비슷하다.

> **오류노트** 영어 실력 면에서 효준이에 <u>걸맞는</u> 친구는 찾기
> 가 쉽지 않다. → 걸맞은. [국가직 9급 '10]

걸신장이(×)	'걸신들린 것처럼 음식에 지나치게 욕심을 내는 사람'은 '걸신쟁이'가 올바른 말이다.
걸신쟁이	걸신들린 것처럼 음식에 지나치게 욕심을 내는 사람. 걸 신장이(×).
걸어가다	[✔띄어쓰기] 목적지를 향하여 발로 걸어서 나아가다.

건지guernsey
'건지'는 단모음으로
표기한다.

걷히다
기본형이 '걷히다'이므
로 과거 활용형도 '걷
혔다'로 표기해야 한
다. '어느 장소에 잠깐
들르다'의 뜻으로 쓰이
는 '거치다'와 구별해
쓰자.

걸맞다
'걸맞다'가 형용사이므
로 어간 '걸맞-'에 '-은'
이 이어져야 한다.

걸어가다
'걸어가다'는 한 단어
이므로 붙여 쓴다.

걸죽하다(×)	'액체가 묽지 않고 아주 진하다'의 뜻으로 쓰이는 말은 '걸쭉하다'가 올바른 말이다.
걸쭉하다	액체가 묽지 않고 아주 진하다. 걸죽하다(×).
걸판지다	매우 푸지다.
걸핏하면	조금이라도 무슨 일이 있기만 하면 곧바로. 얼씬하면·얼핏하면(×).
검은엿	검은빛의 엿.
검정	검은 빛깔이나 물감. 거멍(×).
검줄(×)	'부정한 것의 침범이나 접근을 막기 위하여 매는 새끼줄'은 '금줄'이 올바른 말이다.
검지(×)	'바둑돌의 검은 알'은 '흑지'가 올바른 말이다.
검탕(×)	'갯가나 냇가 따위에 깔려 있는, 몹시 질어서 질퍽질퍽한 진흙'은 '감탕'이 올바른 말이다.
겁장이(×)	'겁이 많은 사람을 낮추어 이르는 말'은 '겁쟁이'가 올바른 말이다.
겁쟁이^世	겁이 많은 사람을 낮추어 이르는 말. 예 동생은 쥐만 보아도 크게 놀라는 겁쟁이다. 겁장이(×).
겉잡다	대충 겉으로 보고 짐작하여 헤아리다. 예 겉잡아 계산해 봐도 아주 큰 금액이다. [서울시 9급 '21]
겉저고리	저고리를 껴입을 때 맨 겉에 입는 저고리. 웃저고리(×).
겉저리(×)	'무, 배추 따위를 익히지 않고 절여서 바로 무쳐 먹는 반찬'은 '겉절이'가 올바른 말이다.
겉절이	무, 배추 따위를 익히지 않고 절여서 바로 무쳐 먹는 반찬. 겉저리(×).
겉창^窓	창문 겉에 덧달려 있는 문짝.
겉치레	겉으로만 보기 좋도록 꾸며서 드러냄. 예 겉치레로 하는 말은 진실감이 없다. 겉치례(×).
겉치레말(×)	'겉으로만 보기 좋도록 꾸며서 드러내는 말'은 '겉치렛말'이 올바른 말이다.
겉치렛말	겉으로만 보기 좋도록 꾸며서 드러내는 말. 예 그는 진실한 사람이라 형식적으로 남을 위하는 겉치렛말은 절대 하지 않는다. 겉치레말(×).

검은엿
'갱엿'과 함께 복수 표준어이다.

겉잡다
'형세를 붙들어 잡다'의 '걷잡다'와 '대충 헤아리다'의 '겉잡다'를 혼동하지 않도록 하자.

겉창^窓
'덧창'과 함께 복수 표준어이다.

겉치레(×)   '겉으로만 보기 좋도록 꾸며서 드러냄'은 '겉치레'가 올바른 말이다.

겉치마   치마를 껴입을 때 맨 겉에 입는 치마. 웃치마(×).

게걸스럽다   몹시 먹고 싶거나 하고 싶은 욕심에 사로잡힌 듯하다.

> ✔오류노트 저 사람의 <u>게걸스런</u> 먹성 좀 보게. 며칠은 꼬박 굶은 것 같군. → 게걸스러운.

게걸음   게와 같이 옆으로 걸어가는 걸음. 모재비걸음(×).

게걸장이(×)   '매우 게걸스러운 사람을 낮추어 이르는 말'은 '게걸쟁이'가 올바른 말이다.

게걸쟁이   매우 게걸스러운 사람. 예 수시로 폭식을 하는 형은 대단한 게걸쟁이이다. 게걸장이(×).

-게끔   '-게'의 힘줌말. -게시리(×).

게놈^{Genom}   생물의 생존을 위해 개개의 생물체가 가진 최소한도의 염색체 쌍. 지놈(×).

게량맞다(×)   '외모나 행동 따위가 말쑥하지 못하여 격에 어울리지 아니하다'의 뜻으로 쓰이는 말은 '거령맞다'가 올바른 말이다.

게슴츠레하다   술 취하거나 졸려서 눈이 감길 듯하다. 거슴치레하다(×).

-게시리(×)   '-게의 힘줌말'은 '-게끔'이 올바른 말이다.

게시판^{揭示板}   사람들에게 전할 내용을 내붙이거나 내걸어 볼 수 있도록 한 판. 계시판(×). [국가직 9급 '13]

게으름장이(×)   '태도나 품성이 게으른 사람'은 '게으름쟁이'가 올바른 말이다.

게으름쟁이   태도나 품성이 게으른 사람. 예 동화 속의 게으름쟁이는 결국 거지 신세가 되었다. 게으름장이(×).

게을러빠지다   매우 게으르다. 게을러터지다. [한국어교육검정 '11]

게을러터지다   매우 게으르다. 예 그렇게 게을러터져서야 무슨 큰일을 이루겠느냐. 게을러빠지다.

겨땀(×)   '겨드랑이에서 나는 땀'은 '곁땀'이 올바른 말이다.

겨웁다(×)   '참거나 견뎌 내기 어렵다'의 뜻으로 쓰이는 말은 '겹다'가 올바른 말이다.

겨우내   겨울철 내내. 예 겨우내 강추위가 몰아쳤다. 겨울내(×).

게걸스럽다
'게걸스럽다'의 어간 '게걸스럽-' 뒤에 '-은'이 오면 어간 말음 'ㅂ'이 '우'로 변하므로, '게걸스러운'처럼 써야 된다.

게걸쟁이
'-쟁이'는 '그것이 나타내는 속성을 많이 가진 사람'의 뜻을 더하는 말이다.

-게끔
의미가 같은 형태의 단어가 몇 가지 있을 경우, 가장 널리 쓰이는 단어만을 표준어로 삼는다.

게슴츠레하다
'거슴츠레하다'와 함께 복수 표준어이다.

게시판^{揭示板}
'揭示板'의 '揭'는 본음에 따라 '게'로 적는다.

게을러빠지다
'게을러터지다'와 함께 복수 표준어이다.

게을러터지다
'게을러빠지다'와 함께 복수 표준어이다.

겨우내
'겨우내'는 '겨울'과 '내'가 합쳐진 말로 'ㄹ' 받침이 탈락한 것이다.

겨울내(×)	'겨울철 내내'의 뜻으로 쓰이는 말은 '겨우내'가 올바른 말이다.	
겨자가루(×)	'겨자씨를 빻은 가루'의 뜻으로 쓰이는 말은 '겨잣가루'가 올바른 말이다.	겨잣가루 순우리말로 된 합성어로서 앞말이 모음으로 끝난 경우, 뒷말의 첫소리가 된소리로 나는 것은 사이시옷을 붙인다.
겨잣가루	겨자씨를 빻은 가루. 겨자가루(×).	
견마(×)	'남이 탄 말의 고삐를 잡고 말을 모는 일'은 '경마'가 올바른 말이다.	
견습見習(×)	'학업이나 실무 따위를 배워 익힘'은 '수습'이 올바른 말이다.	
견지살(×)	'닭 겨드랑이 부분의 하얀색 살'은 '견짓살'이 올바른 말이다.	
견짓살	닭 겨드랑이 부분의 하얀색 살. 견지살(×).	
결구結句	문장, 편지 따위의 끝을 맺는 글귀. 결귀(×).	
결귀(×)	'문장, 편지 따위의 끝을 맺는 글귀'는 '결구'가 올바른 말이다.	
결산 연도決算年度	일정 기간 동안의 경제 활동 계산을 마감하는 연도. 결산년도(×).	결산 연도決算年度 한 단어가 아니므로 뒷말의 첫머리에 두음 법칙을 적용하여 '결산 연도'처럼 표기한다.
결산년도(×)	'일정 기간 동안의 경제 활동 계산을 마감하는 연도'는 '결산 연도'가 올바른 말이다.	
결석률缺席率	출석할 사람 수(날수)에 대한 결석한 사람 수(날수)의 비율. 결석율(×).	결석률缺席率 '결석+율/률'의 형태. 앞말이 받침이 없거나 (모음) 'ㄴ' 받침 뒤에서는 '율'을 쓴다. 그 외에는 '률'을 쓴다.
결석율(×)	'출석할 사람 수(날수)에 대한 결석한 사람 수(날수)의 비율'은 '결석률'이 올바른 말이다.	
결재決裁	결정권을 가진 윗사람이 아랫사람이 제출한 안건을 검토 후 허가하거나 승인함. 예 서류 결재. [삼성직무적성 '06]	'결재決裁'와 '결제決濟' '승인하는 것'은 '결재'이고, '대금을 주고받아 서로의 거래 관계를 완료하는 것은 '결제'이다.
결제決濟	거래 대금 등을 주고받아 매매 당사자 간 거래 관계를 끝맺음. 예 자금 결제. 비교 결재. [국어능력인증 '06]. [공사·공단 언어 능력]. [복지 9급 '11]. [사회복지직 9급 '16]	
겸상兼床	둘 이상의 사람이 마주 앉아 음식을 먹을 수 있도록 차린 상. 맞상(×).	겸상兼床 순우리말 계열보다 한자어 계열의 단어가 널리 쓰이면 한자어 계열의 단어를 표준어로 삼는다.
겸연적다(×)	'매우 미안하여 어색하다'의 뜻으로 쓰이는 말은 '겸연쩍다'가 올바른 말이다.	
겸연쩍다	매우 미안하여 어색하다. 예 친구에게 실수한 일을 겸연쩍어하다. 겸연적다(×).	겹겹이 첩어 명사 뒤에는 '-이'로 표기한다.
겹겹이	여러 겹으로. 겹겹히(×).	

겹겹히(×)	'여러 겹으로'의 뜻으로 쓰이는 말은 '겹겹이'가 올바른 말이다.
겹궁	북이나 장구의 북면을 왼손으로 '쿠궁' 소리가 나게 겹으로 치는 일. 겹북(×).
겹다	참거나 견뎌 내기 어렵다. 겨웁다(×).
겹북(×)	'북이나 장구의 북면을 왼손으로 '쿠궁' 소리가 나게 겹으로 치는 일'은 '겹궁'이 올바른 말이다.
겹지르다(×)	'신체의 근육이나 관절을 잘못 움직여서 다치다'의 뜻으로 쓰이는 말은 '겹질리다'가 올바른 말이다.
겹질리다	신체의 근육이나 관절 따위를 잘못 움직여서 다치다. 예 동생은 달리다가 넘어져서 발목을 겹질렸다. 겹지르다(×). [국회 8급 '11]
경구警句	사상이나 진리를 짧고 예리하게 나타낸 문구. 경귀(×).
경귀(×)	'사상이나 진리를 짧고 예리하게 나타낸 문구'는 '경구'가 올바른 말이다.
경노당(×)	'노인들이 모여 즐길 수 있도록 마련한 공간'은 '경로당'이 올바른 말이다.
경노석(×)	'노인들을 위해 마련한 좌석'의 뜻으로 쓰이는 말은 '경로석'이 올바른 말이다.
경로당敬老堂	노인들이 모여 즐길 수 있게 마련한 공간. 경노당(×).
경로석敬老席	노인들을 위해 마련한 좌석. 경노석(×).
경마	남이 탄 말의 고삐를 잡고 말을 모는 일. 견마(×).
경망스럽다輕妄-	행동이나 말이 가볍고 방정맞은 데가 있다. 오류노트 그의 경망스런 태도에 실망했다. → 경망스러운.
경박스럽다輕薄-	언행이 신중하지 못하고 가벼운 데가 있다. 오류노트 노신사는 지적인 외모와는 딴판으로 경박스런 언행을 했다. → 경박스러운.
경사스럽다慶事-	경사로 여겨 기뻐하고 즐거워할 만하다. 오류노트 오늘처럼 경사스런 날에는 마음껏 놀고 마시자. → 경사스러운.
경산瓊山(×)	'중국 하이난성海南省 하이커우시海口市의 구區 이름'은 '충산'이 올바른 말이다.

경구警句
한자 '句'가 붙어서 이루어진 단어는 '귀'를 인정하지 아니하고 '구'로 통일한다.

경로당敬老堂
노老는 첫 음절에 올 때는 두음법칙에 의해서 '노'로 표기하고 두 번째 음절 이하에 올 때는 '로'로 표기한다.

경망스럽다輕妄-
'경망스럽다'의 어간 '경망스럽-' 뒤에 '-은'이 오면 어간 말음 'ㅂ'이 '우'로 변하므로, '경망스러운'처럼 써야 된다.

경박스럽다輕薄-
'경박스럽다'의 어간 '경박스럽-' 뒤에 '-은'이 오면 어간 말음 'ㅂ'이 '우'로 변하므로, '경박스러운'처럼 써야 된다.

경사스럽다慶事-
'경사스럽다'의 어간 '경사스럽-' 뒤에 '-은'이 오면 어간 말음 'ㅂ'이 '우'로 변하므로, '경사스러운'처럼 써야 된다.

경신更新 [1]이미 있던 것을 고쳐 새롭게 함. 갱신. 예 계약 경신. [2]육상, 마라톤 등 기록경기에서, 이전 기록을 넘어섬. 예 아시아 기록을 경신하다.

경의실更衣室 옷을 갈아입는 방. 갱의실(×).

경작률耕作率 총경지 면적 중 실지 경작 면적의 비율. 경작율(×).

경작율(×) '총경지 면적에서 실지 경작 면적이 차지하는 비율'은 '경작률'이 올바른 말이다.

경쟁률競爭率 경쟁의 비율. 경쟁율(×).

경쟁율(×) '경쟁의 비율'은 '경쟁률'이 올바른 말이다.

경정 바르게 고침. 갱정(×).

경질 어떤 직위에 있는 사람을 다른 사람으로 바꿈. 갱질(×).

경첩(×) '이십사절기의 하나로 우수와 춘분 사이에 있으며, 양력 3월 5일경'은 '경칩'이 올바른 말이다.

경칩驚蟄 이십사절기의 하나로 우수와 춘분 사이에 있으며, 양력 3월 5일경. 경첩(×).

곁눈 얼굴은 안 움직이면서 눈알만 옆으로 굴려 보는 눈. 옆눈(×).

곁땀 겨드랑이에서 나는 땀. 겨땀(×).

곁땀내(×) '겨드랑이에서 나는 비위에 거슬리는 냄새'는 '암내'가 올바른 말이다.

계날(×) '계원이 모여 결산을 하는 날'은 '곗날'이 올바른 말이다.

계발啓發 슬기, 재능, 사상 따위를 일깨워 줌. 예 숨은 자질 계발./외국어 능력 계발. [세무직 9급 '07]. [경찰대 '09]. [국가직 7급 '10]

> **'개발'과 '계발'은 어떤 차이가 있을까?**
> 기본적으로 '개발'과 '계발' 모두 어떤 상태를 더 낫게 한다는 뜻이 있지만 '계발'은 사람의 '재능, 사상'과 관련하여 쓰고, '개발'은 '능력, 재능' 외에 '기술, 제품' 등 물질적인 것을 포함한다. 또 '개발'은 상태를 개선한다는 뜻으로 쓰고 '계발'은 숨어 있는 것을 더 나아지게 한다는 뜻으로 쓴다.

계서鷄西 '중국 헤이룽장성黑龍江省 무단강牡丹江 동북쪽에 있는 도시'는 '지시'가 올바른 말이다.

계시다 '윗사람이 있다'라는 뜻의 높임말. [경찰직 3차 필기 '15]

> ✎오류노트 의문 사항이 <u>계시면</u> 언제든지 문의해 주시기 바랍니다. → 있으시면.

'경신'更新과 '갱신'更新
'경신'은 '갱신'과 동어로 '법률에서 유효 기간이 끝난 후 기간을 다시 연장함'의 뜻 외에 '종전 기록을 깨뜨림'이란 뜻도 있다.

경작률耕作率
'경작+율/률'의 형태. 앞말이 받침이 없거나 (모음) 'ㄴ' 받침 뒤에서는 '율'을 쓴다. 그 외에는 '률'을 쓴다.

경칩驚蟄
겨울잠을 자던 개구리 따위가 깨어 꿈틀거리기 시작한다는 시기이다.

계시다
'있다'의 높임말은 '계시다'이다. 그러나 '소유'의 뜻으로 쓰일 때의 높임말은 '-시-'를 넣어 '있으시다'라고 쓴다.

계시판(×)	'사람들에게 전할 내용을 내붙이거나 내걸어 볼 수 있도록 한 판'은 '게시판'이 올바른 말이다.
계일(×)	'계를 이끌어 나가는 데 필요한 여러 가지 일'은 '곗일'이 올바른 말이다.
계정난(×)	'부기에서, 계정 과목을 기입하는 난'은 '계정란'이 올바른 말이다.
계정란計定欄	부기에서, 계정 과목을 기입하는 난. 계정난(×).
계집애	시집 안 간 어린 여자 아이를 낮추어 이르는 말. 기집애(×).
계피가루(×)	'계피를 곱게 빻은 가루'는 '계핏가루'가 올바른 말이다.
계핏가루桂皮-	계피를 곱게 빻은 가루. 계피가루(×).
곗날契-	계원이 모여 결산을 하는 날. 계날(×). [국회 8급 '12]. [서울시 지방직 7급 '16]
곗일契-	계를 이끌어 나가는 데 필요한 여러 가지 일. 계일(×).
고(×)	'논에 물이 넘어 들어오거나 나가게 하기 위하여 만든 좁은 통로'는 '물꼬'가 올바른 말이다.
고간(×)	'물건을 보관하여 두는 곳'은 '곳간'이 올바른 말이다.
고개길(×)	'고개를 넘어 다닐 수 있게 나 있는 길'은 '고갯길'이 올바른 말이다.
고개놀이(×)	'농악에서, 벙거지에 달린 상모를 돌리는 연기'는 '고갯놀이'가 올바른 말이다.
고개마루(×)	'고개의 가장 높은 장소'는 '고갯마루'가 올바른 말이다.
고개심(×)	'목을 지탱하는 고개의 힘'은 '고갯심'이 올바른 말이다.
고개장단(×)	'고개를 움직여 맞추는 장단'은 '고갯장단'이 올바른 말이다.
고개짓(×)	'고개를 아래위로 혹은 좌우로 흔들거나 끄덕이는 짓'은 '고갯짓'이 올바른 말이다.
고갯길	고개를 넘어 다닐 수 있게 나 있는 길. [예] 고갯길이 경사가 심해서 넘기 힘들다. 고개길(×).
고갯놀이	농악에서, 벙거지에 달린 상모를 돌리는 연기. 고개놀이(×).
고갯마루	고개의 가장 높은 장소. 고개마루(×).
고갯심	목을 지탱하는 고개의 힘. 고개심(×).
고갯장단	고개를 움직여 맞추는 장단. 고개장단(×).

계정란計定欄
'계정+난欄'의 형태. '난'은 '구분된 지면'의 뜻으로 쓰이는데, '난' 앞에 한자어가 오면 '란'으로 표기하고, 순우리말이나 외래어가 오면 '난'으로 표기한다. '계정'이 한자어이므로 '계정난'이 아니라 '계정란'으로 표기된 예이다.

곗날
한자어와 순우리말로 된 합성어로 앞말이 모음으로 끝난 경우, 뒷말의 첫소리 'ㄴ' 앞에서 'ㄴ' 소리가 덧나면 사이시옷을 붙인다.

'고개마루'로 쓸 수 없는 이유
순우리말로 된 합성어에서 앞말이 모음으로 끝나고 뒷말의 첫소리 'ㅁ' 앞에서 'ㄴ'이 덧나는 말은 사이시옷을 붙인다.

고갯놀이
순우리말로 된 합성어에서 앞말이 모음으로 끝나고 뒷말이 'ㄴ'으로 시작되면 앞말의 끝소리에 'ㄴ' 소리가 덧난다.

고갯마루
순우리말로 된 합성어에서 앞말이 모음으로 끝나고 뒷말이 'ㅁ'으로 시작되면 앞말의 끝소리에 'ㄴ' 소리가 덧난다.

고갯짓	고개를 아래위로 혹은 좌우로 흔들거나 끄덕이는 짓. 고 개짓(×).
고급스럽다高級-	물건 따위의 품질이 뛰어나고 값이 비싼 듯하다.
	오류노트 사장님은 <u>고급스런</u> 외제 승용차를 타고 다닌다. → 고급스러운.
고기국(×)	'고기를 넣고 끓인 국'은 '고깃국'이 올바른 말이다.
고기덩어리(×)	'덩어리로 된 짐승의 고기'는 '고깃덩어리'가 올바른 말이다.
고기덩이(×)	'덩어리로 된 짐승의 고기'는 '고깃덩이'가 올바른 말이다.
고기밥	물고기를 낚기 위한 미끼 또는 물고기에게 먹이로 주는 밥. 고깃밥(×).
고기배(×)	'어선'의 뜻으로 쓰이는 말은 '고깃배'가 올바른 말이다.
고기소	고기를 얻기 위해 기르는 소. 고깃소(×).
고기점(×)	'고깃덩이에서 떼어 낸 작은 조각'은 '고깃점'이 올바른 말이다.
고깃간間	소나 돼지 따위 짐승을 잡아서 그 고기를 파는 가게.
고깃국	고기를 넣어 끓인 국. 고기국(×).
고깃덩어리	덩어리로 된 짐승의 고기. 고깃덩이. 고기덩어리(×).
고깃덩이	덩어리로 된 짐승의 고기. 고깃덩어리. 고기덩이(×).
고깃밥(×)	'물고기를 낚기 위한 미끼 또는 물고기에게 먹이로 주는 밥'은 '고기밥'이 올바른 말이다.
고깃배	어선. 고기배(×).
고깃소(×)	'고기를 얻기 위해 기르는 소'는 '고기소'가 올바른 말이다.
고깃점點	고깃덩이에서 떼어 낸 작은 조각. 고기점(×).
고까	어린아이의 알록달록하고 고운 옷이나 신발 따위를 이르는 말.
고까신	어린아이의 알록달록하고 고운 신을 이르는 말.
고까옷	어린아이의 알록달록하고 고운 옷을 이르는 말. [국가직 9급 '11]
고깔	농악대 따위가 쓰는 위 끝이 뾰족하게 생긴 모자. 꼬깔(×).
고깝다	야속하고 서운하여 마음이 언짢다.
	오류노트 그는 자기보다 나이 어린 사람에게 가르침을 받는 것을 무척 <u>고까와하고</u> 있다. → 고까워하고.

고급스럽다高級-
'고급스럽다'의 어간 '고급스럽-' 뒤에 '-은'이 오면 어간 말음 'ㅂ'이 '우'로 변하므로, '고급스러운'처럼 써야 된다.

고깃간間
'푸줏간'과 함께 복수 표준어이다.

고깃덩이
순우리말로 된 합성어로서 앞말이 모음으로 끝난 경우, 뒷말의 첫소리가 된소리로 나는 것은 사이시옷을 붙인다.

고까
'꼬까', '때때'와 함께 복수 표준어이다.

고까신
'꼬까신', '때때신'과 함께 복수 표준어이다.

고까옷
'꼬까옷', '때때옷'과 함께 복수 표준어이다.

고깝다
어간의 끝 'ㅂ'이 'ㅜ'로 바뀌는 것은 '워'로 적는다.

ㄱ

고냉지(×) '위도가 낮고 표고가 600미터 이상 되는 높고 한랭한 곳' 은 '고랭지'가 올바른 말이다.

고니시 유키나가^{小西行長} 임진왜란 때에 선봉장으로 조선에 출병하여 평양 까지 침공한 일본의 무장. 소서 행장(×).

고두밥(×) '약밥 따위를 만들 때 쓰기 위해 물에 쌀을 불려서 시루에 찐 밥'은 '지에밥'이 올바른 말이다.

고들배기(×) '여름철에 노란 꽃이 피고 어린잎과 뿌리는 식용하는 국 화과의 두해살이풀'의 뜻으로 쓰이는 말은 '고들빼기'가 올바른 말이다.

고들빼기 여름철에 노란 꽃이 피고 어린잎과 뿌리는 식용하는 국화 과의 두해살이풀. 고들배기(×).

고등학교^{高等學校} ✔️띄어쓰기 중학교를 졸업한 사람에게 고등 보통 교육과 실업 교육을 실시하는 학교.

고랑쇠(×) '수갑의 속된말'은 '쇠고랑'이 올바른 말이다.

고랭지^{高冷地} 위도가 낮고 표고가 600미터 이상 되는 높고 한랭한 곳. 고냉지(×).

고르다 여럿 중에서 가려내거나 뽑다.

> ⚠️오류노트 읽을 책을 <u>골르려고</u> 서점에 다녀왔다. → 고르 려고. [공사·공단 언어 능력]

고리탑탑하다 행동이나 사고방식이 고리삭고 시원한 맛이 없이 몹시 따 분하다. 코리탑탑하다(×).

고막(×) '껍데기에 부챗살 모양의 도드라진 줄기가 있는 돌조갯과 의 조개'는 '꼬막'이 올바른 말이다.

-고말고 ✔️띄어쓰기 상대의 물음에 대하여 긍정의 뜻으로 답할 때 쓰는 말. 예 기쁘냐고? 당연히 기쁘고말고.

고맙다 남의 은혜나 도움을 받아 마음이 흐뭇하고 즐겁다.

> ⚠️오류노트 선배님들의 관심과 배려에 대단히 <u>고바와하고</u> 있습니다. → 고마워하고.

고물(×) '굵은 나무를 가로지르고, 그 위에 산자를 엮어 진흙을 두 껍게 바른 반자'는 '고미'가 올바른 말이다.

고미 굵은 나무를 가로지르고, 그 위에 산자를 엮어 진흙을 두 껍게 바른 반자. 고물(×).

고두밥
'아주 되게 지어져 고 들고한한 밥'의 뜻으로 는 '고두밥'이 올바른 말이다.

고들빼기
'고들-빼기'로 형태소 가 분석되므로 '빼기' 로 표기한다.

고등학교
고등학교는 한 단어이 므로 붙여 쓴다.

고랭지^{高冷地}
지대가 높은, 찬 지방 의 뜻인 '고^高-냉지^{冷地}' 로 분석되지 않고 지 대가 높고 찬, 지방의 뜻인 '고랭^{高冷}-지^地'로 분석하는 것이 타당하 므로 '고랭지'로 표기 한다.

-고말고
'-고말고'는 종결 어미 로 앞말과 붙여 쓴다.

고맙다
어간의 끝 'ㅂ' 이 'ㅜ' 로 바뀌는 것은 '워'로 적는다.

고봉밥^{高捧-}	수북하게 담은 밥. 높은밥(×).
고삿(×)	'시골의 좁은 골목길'의 뜻으로 쓰이는 말은 '고샅'이 올바른 말이다.
고삿	초가지붕을 일 때 쓰는 새끼. 고샅(×). [경북교육 9급 '10]
고샅	시골의 좁은 골목길. 고삿(×). [서울시 9급 '20]
고샅(×)	'초가지붕을 일 때 쓰는 새끼'의 뜻으로 쓰이는 말은 '고삿'이 올바른 말이다.
고생길^{苦生-}	고되고 힘든 일에서 벗어나기 어려운 상황을 이르는 말. 고생줄(×).
고생스럽다^{苦生-}	보기에 일이나 생활 따위에 어렵고 고된 데가 있다.

오류노트 고생스런 어린 시절을 보내고 나서 꽃 피는 춘삼월을 맞았다. → 고생스러운.

고생줄(×)	'고되고 힘든 일에서 벗어나기 어려운 상황'은 '고생길'이 올바른 말이다.
고수레	야외에서 음식을 먹거나 굿을 할 때, 음식을 조금 떼어 던지는 일. 고시례(×).
고스란이(×)	'손을 대지 않아서 줄어들거나 변하지 않고 원래대로 온전하게'의 뜻으로 쓰이는 말은 '고스란히'가 올바른 말이다.
고스란히	손을 대지 않아서 줄어들거나 변하지 않고 원래대로 온전하게. 고스란이(×).
고시례(×)	'야외에서 음식을 먹거나 굿을 할 때, 음식을 조금 떼어 던지는 일'은 '고수레'가 올바른 말이다.
고양이과(×)	'고양이, 호랑이 등 부드러운 근육과 날카로운 이와 발톱을 가지고 있는 포유강 식육목^{食肉目}의 한 과'는 '고양잇과'가 올바른 말이다.
고양잇과^{-科}	고양이, 호랑이 등 부드러운 근육과 날카로운 이와 발톱을 가지고 있는 포유강 식육목^{食肉目}의 한 과. 고양이과(×).
고요이(×)	'조용하고 평화롭게'의 뜻으로 쓰이는 말은 '고요히'가 올바른 말이다.
고요히	조용하고 평화롭게. 고요이(×).
고운대	토란의 줄거리.
고원^{高原}	**✓띄어쓰기** 보통 해발 고도 600미터 이상에 있는 넓은 벌판.

고봉밥^{高捧-}
순우리말 계열보다 한자어 계열의 말이 널리 쓰이면 한자어 계열 단어를 표준어로 삼는 예이다.

고생스럽다^{苦生-}
'고생스럽다'의 어간 '고생스럽-' 뒤에 '-은'이 오면 어간 말음 'ㅂ'이 '우'로 변하므로, '고생스러운'처럼 써야 된다.

고스란히
'-하다'가 붙는 어근 뒤에 '히'가 붙는 예이다. '고스란하다'의 어근 '고스란-' 뒤에 '-히'가 붙어, '고스란히'와 같이 쓰인다.

고요히
부사의 끝음절이 '이'나 '히'로 소리 나는 것은 '히'로 표기한다.

고운대
'토란대'와 함께 복수 표준어이다.

고원^{高原}
'고원'은 앞말과 붙여 쓴다. 예 개마고원./콜로라도고원.

고이	정성을 다하여. 겉모양 따위가 보기에 산뜻하고 아름답게. 고히(×).

고이
부사의 끝음절이 분명히 '이'로만 소리 나므로 '이'로 표기한다.

-고자 | 특정한 행동을 할 의도가 있음을 나타내는 말. 예 그는 남을 섬기고자 노력했다. -고저(×). [지방직 9급 '10]. [국가직 9급 '13]

고장물 | 무엇을 씻거나 빨거나 흐리게 하여 혼탁하거나 더러워진 물. 예 일주일 동안 계속 입었던 셔츠를 빠니 고장물이 많이 나온다. 꼬장물(×).

-고저(×) | '특정한 행동을 할 의도가 있음을 나타내는 말'은 '-고자'가 올바른 말이다.

고정난(×) | '신문, 잡지 따위에 비슷한 종류의 기사가 고정적으로 실리는 난'은 '고정란'이 올바른 말이다.

고정란固定欄 | 신문, 잡지 따위에 비슷한 종류의 기사가 고정적으로 실리는 난. 고정난(×).

고정란固定欄
'고정+난欄'의 형태. '난'은 '구분된 지면'의 뜻으로 쓰이는데, '난' 앞에 한자어가 오면 '란'으로 표기하고, 순 우리말이나 외래어가 오면 '난'으로 표기한다. '고정'이 한자어이므로 '고정난'이 아니라 '고정란'으로 표기된 예이다.

고주 | 안둘렛간을 감싸고 있는 기둥. 고줏대(×).

고줏대高柱(×) | '안둘렛간을 감싸고 있는 기둥'은 '고주'가 올바른 말이다.

고즈넉이 | 조용하고 아늑하게. 또는 말없이 다소곳하거나 잠잠히. 고즈넉히(×).

고즈넉이
'ㄱ' 받침 뒤에 '이'가 오는 경우이다.

고즈넉히(×) | '조용하고 아늑하게, 또는 말없이 다소곳하거나 잠잠히'의 뜻으로 쓰이는 말은 '고즈넉이'가 올바른 말이다.

고집스럽다固執- | 보기에 고집을 부리는 태도가 있다.

✏ 오류노트 아저씨의 고집스런 성격은 아무도 못 말린다. → 고집스러운.

고집스럽다固執-
'고집스럽다'의 어간 '고집스럽-' 뒤에 '-은'이 오면 어간 말음 'ㅂ'이 '우'로 변하므로, '고집스러운'처럼 써야 된다.

고집장이(×) | '고집이 센 사람'은 '고집쟁이'가 올바른 말이다.

고집쟁이固執- | 고집이 센 사람. 고집장이(×).

고집통이固執- | 고집이 매우 세어서 융통성이 없는 성질. 또는 그런 성질을 가진 사람. 고집퉁이(×).

고집통이固執-
'고집통'과 함께 복수 표준어이다. '고집통'에 '-이'가 붙어 '고집통이'가 된 말이므로 '고집퉁이'로 잘못 쓰지 않도록 주의하자.

고집퉁이(×) | '고집이 매우 세어서 융통성이 없는 성질. 또는 그런 성질을 가진 사람'은 '고집통이'가 올바른 말이다.

고차庫車(×) | '중국 신장웨이우얼 자치구에 있는 오아시스 지대'는 '쿠처'가 올바른 말이다.

고추(×) | '굽히거나 구부리지 아니하고 곧게'의 뜻으로 쓰이는 말은 '곧추'가 올바른 말이다.

ㄱ

고추가루(×)	'붉은 고추를 말려서 빻은 가루'는 '고춧가루'가 올바른 말이다.
고춤(×)	'고의나 바지의 허리를 접어서 여민 사이'는 '괴춤'이 올바른 말이다.
고춧가루	붉은 고추를 말려서 빻은 가루. 고추가루(×).
고치	곤충의 알, 애벌레 따위를 보호하기 위해 벌레가 실을 내어 지은 집. 꼬치(×).
고패줄(×)	'고패에 걸쳐서 올리거나 내리는 줄'은 '고팻줄'이 올바른 말이다.
고팻줄	고패에 걸쳐서 올리거나 내리는 줄. 고패줄(×).
고프다	배 속이 비어 음식을 먹고 싶다. 〔✔오류노트〕 하루 종일 굶었더니 배가 <u>고퍼진다</u>. → 고파진다.
-고프다	'-고 싶다'가 줄어든 말. 〔예〕 그 섬에 가고프다.
고히(×)	'정성을 다하여'는 '고이'가 올바른 말이다.
곡간(×)	'물건을 간직하여 두는 곳'은 '곳간'이 올바른 말이다.
곡부曲阜(×)	'중국 산둥성山東省 서부 쓰수이泗水강 남쪽 기슭에 있는 도시'는 '취푸'가 올바른 말이다.
곡자(×)	'나무나 쇠를 이용하여 90도 각도로 만든 자'는 '곱자'가 올바른 말이다.
곤난(×)	'매우 딱하고 어려운 상황에 처함'은 '곤란'이 올바른 말이다.
곤두박이다	높은 데서 거꾸로 내리박다. 곤두박히다(×).
곤두박히다(×)	'높은 데서 거꾸로 내리박다'의 뜻으로 쓰이는 말은 '곤두박이다'가 올바른 말이다.
곤란困難	매우 딱하고 어려운 상황에 처함. 〔예〕 화재로 집을 잃고 곤란에 빠진 친구를 돕기 위한 모금 운동을 펼쳐 나가기로 했다. 곤난(×).
곤명昆明(×)	'중국 윈난성雲南省 중부에 있는 도시'는 '쿤밍'이 올바른 말이다.
곤욕스럽다困辱-	곤욕을 느끼게 하는 데가 있다. 〔✔오류노트〕 형은 자신을 모욕하는 상사의 면전에 있기가 몹시 <u>곤욕스런지</u> 고개를 푹 숙이고 있었다. → 곤욕스러운지.

고춧가루
순우리말로 된 합성어로서 앞말이 모음으로 끝난 경우, 뒷말의 첫소리가 된소리로 나는 것은 사이시옷을 붙인다.

고프다
'고프다'의 어간 첫음절에 쓰인 모음이 'ㅗ'로 양성 모음이므로 뒤에도 양성 모음이 와서 '고파'처럼 쓰인다.

곤란困難
속음으로 소리 나므로 소리 나는 대로 '곤란'으로 표기한다.

곤욕스럽다
'곤욕스럽다'의 어간 '곤욕스럽-' 뒤에 '-은'이 오면 어간 말음 'ㅂ'이 '우'로 변하므로, '곤욕스러운'처럼 써야 된다.

곧추	굽히거나 구부리지 아니하고 곧게. 고추(×).
골골	암탉이 알을 배기 위하여 수탉을 부르는 소리. 걀걀(×).
골다	잠을 잘 때 거친 숨결이 콧구멍을 울리어 드르렁 소리를 내다.
골덴(×)	'우단과 비슷한 골이 지게 짠 옷감'은 '코르덴'이 올바른 말이다.
골리다	상대편을 놀리어 약을 올리거나 골이 나게 하다.
골목장이(×)	'골목에서 더 들어간 좁은 공간'은 '골목쟁이'가 올바른 말이다.
골목쟁이	골목에서 더 들어간 좁은 공간. 골목장이(×).
골뱅이	다슬기류, 우렁이류 따위 몸이 나선형 모양의 껍데기 속에 들어 있는 연체동물. 골벵이(×).
골벵이(×)	'다슬기류, 우렁이류 따위 몸이 나선형 모양의 껍데기 속에 들어 있는 연체동물'은 '골뱅이'가 올바른 말이다.
골아떨어지다(×)	'매우 피곤하거나 술에 취하거나 하여 정신을 잃고 자다'의 뜻으로 쓰이는 말은 '곯아떨어지다'가 올바른 말이다.
골치거리(×)	'괴롭고 귀찮거나 처리하기 어려운 일'은 '골칫거리'가 올바른 말이다.
골치덩어리(×)	'속 썩이는 일이나 사람을 속되게 이르는 말'은 '골칫덩어리'가 올바른 말이다.
골치덩이(×)	'속 썩이는 일이나 사람을 속되게 이르는 말'은 '골칫덩이'가 올바른 말이다.
골칫거리	괴롭고 귀찮거나 처리하기 어려운 일. 골치거리(×).
골칫덩어리	속 썩이는 일이나 사람을 속되게 이르는 말. 골치덩어리(×).
골칫덩이	속 썩이는 일이나 사람을 속되게 이르는 말. 골치덩이(×).
곫기다(×)	'피부의 곪은 곳에 단단한 멍울이 생기다'의 뜻으로 쓰이는 말은 '곰기다'가 올바른 말이다.
곯다	[1]물건의 속이 상하다. 예 수박의 속이 곯았다. [2]골병이 들다. 예 강도한테 맞아서 몸이 많이 곯았다. [3]음식을 모자라게 먹거나 굶다. 예 배를 곯지 말고 꼭 챙겨 먹어라. 비교 골다.
곯리다	'물건의 속이 상하다. 골병이 들다. 음식을 모자라게 먹거나 굶다'의 뜻의 사동 표현. 즉 물건의 속이 상하게 하다, 골병이 들게 하다, 음식을 모자라게 먹거나 굶게 하다. 비교 골리다.

골다
'상하다', '굶다'의 뜻으로 쓰이는 '곯다'와 혼동하지 않도록 하자.

골리다
'상하게 하다', '굶게 하다'의 뜻으로 쓰이는 '곯리다'와 혼동하지 않도록 하자.

'골치거리'로 쓸 수 없는 이유
순우리말로 된 합성어로서 앞말이 모음으로 끝난 경우, 뒷말의 첫소리가 된소리로 나는 것은 사이시옷을 붙인다.

골칫거리, 골칫덩이
순우리말로 된 합성어로서 앞말이 모음으로 끝난 경우, 뒷말의 첫소리가 된소리로 나는 것은 사이시옷을 붙인다.

곯아떨어지다	매우 피곤하거나 술에 취하거나 하여 정신을 잃고 자다. 골아떨어지다(×).	
곰곰	여러모로 깊이 생각하는 모양.	**곰곰** '곰곰이'와 함께 복수 표준어이다.
곰곰이	여러모로 깊이 생각하는 모양. [예] 곰곰이 생각해 보니까 내가 잘못했어. 곰곰히(×). [지방직 7급 '10]. [소방직 '21]	**곰곰이** 부사 뒤에서 '이'로 적는 예이다.
곰곰히(×)	'여러모로 깊이 생각하는 모양'은 '곰곰이'가 올바른 말이다.	
곰기다	피부의 곪은 곳에 단단한 멍울이 생기다. [예] 뾰루지 난 자리가 곰겨서 매우 아프다. 곪기다(×).	**곰기다** '곪다'가 맞는 표기임을 유추하여 '곪기다'도 올바른 표기로 잘못 알기 쉬우나 '곰기다'가 올바른 표기임에 주의하자.
곰방대	칼로 썬 담배를 피우는 데에 쓰는 짧은 담뱃대. 곰방이(×).	
곰방이(×)	'칼로 썬 담배를 피우는 데에 쓰는 짧은 담뱃대'는 '곰방대'가 올바른 말이다.	
곰살갑다	보기보다 성질이 부드럽고 상냥하다. 곰살곱다(×).	
곰살곱다(×)	'보기보다 성질이 부드럽고 상냥하다'의 뜻으로 쓰이는 말은 '곰살갑다'가 올바른 말이다.	
곰팡이	균사(菌絲)로 되어 있으며, 홀씨로 번식하는 하등 균류. 곰팽이(×).	
곰팽이(×)	'균사(菌絲)로 되어 있으며, 홀씨로 번식하는 하등 균류'는 '곰팡이'가 올바른 말이다.	
곱다	보거나 듣기에 아름답다. **오류노트** [1]언니의 자태는 너무나 <u>고와</u>. → 고와. [2]동생의 <u>고은</u> 얼굴. → 고운 얼굴.	**곱다** '곱-'과 같은 단음절 어간에 어미 '-아'가 연결되면 '와'로 된다.
곱배기(×)	'한 그릇에 두 그릇의 몫을 담은 음식의 분량'은 '곱빼기'가 올바른 말이다.	
곱빼기	한 그릇에 두 그릇의 몫을 담은 음식의 분량. 곱배기(×). [광주 소방직 '06]. [지방직 9급 '08]. [지방직 7급 '10]. [서울시 9급 '11]. [국회 8급 '12]	**곱빼기** '곱빼기'는 '곱' 뒤에 '그런 특성이 있는 사람이나 물건'의 뜻을 더하는 접미사 '-빼기'가 붙은 것이다.
곱사등이	등이 굽고 큰 혹 같은 것이 튀어 나온 사람. 꼽사등이(×).	
곱살스럽다	성질이나 생김새가 얌전하고 예쁘장한 구석이 있다. [예] 곱살스러운 얼굴의 그녀는 마음씨도 비단결처럼 곱다. 곱상스럽다(×).	
곱상스럽다(×)	'성질이나 생김새가 얌전하고 예쁘장한 구석이 있다'의 뜻으로 쓰이는 말은 '곱살스럽다'가 올바른 말이다.	

ㄱ

곱수머리, 꼽슬머리(×)	'머리털이 고불고불하게 말려 있음. 또는 그런 머리털을 가진 사람'은 '곱슬머리'가 올바른 말이다.
곱슬머리	고불고불 말려 있는 머리털이나 그러한 머리털을 가진 사람. 곱수머리·꼽슬머리(×).
곱은창자(×)	'소의 작은창자'는 '곱창'이 올바른 말이다.
곱자	나무나 쇠를 이용하여 90도 각도로 만든 자. 곡자(×).
곱장이(×)	'곱절'을 속되게 이르는 말은 '곱쟁이'가 올바른 말이다.
곱쟁이	'곱절'을 속되게 이르는 말. 곱장이(×).
곱절	¹어떤 수나 양을 두 번 더한 만큼. ²일정한 수나 양이 그 수만큼 거듭됨을 이르는 말. 예 이 나라는 지난 10년 동안 국민 소득이 몇 곱절이나 늘었다고 한다.
곱질리다(×)	'충격을 심하게 받아 과도하게 접혀서 삔 지경에 이르다'의 뜻으로 쓰이는 말은 '접질리다'가 올바른 말이다.
곱창	소의 작은창자. 곱은창자(×).
곳	✓띄어쓰기 공간적인 또는 추상적인 일정한 자리나 지역. 예 조용한 곳에 가서 이야기 좀 하자.
곳간庫間	물건을 보관하여 두는 곳. 고간(×). [국가직 7급 '08]. [국회 8급 '12]. [국가직 9급 '21]
공골차다(×)	'속이 꽉 차서 실속이 있다'의 뜻으로 쓰이는 말은 '옹골차다'가 올바른 말이다.
공극률孔隙率	암석이나 토양의 입자와 입자 사이에 있는 빈틈이 차지하는 비율. 공극율(×).
공극율(×)	'암석이나 토양의 입자와 입자 사이에 있는 빈틈이 차지하는 비율'은 '공극률'이 올바른 말이다.
공기돌(×)	'공기놀이에 쓰는 작고 동그란 돌'은 '공깃돌'이 올바른 말이다.
공기밥(×)	'공기에 담은 밥'의 뜻으로 쓰이는 말은 '공깃밥'이 올바른 말이다. [군무원 9급 '22]
공깃돌	공기놀이에 쓰는 작고 동그란 돌. 공기돌(×).
공깃밥	공기에 담은 밥. 예 공깃밥을 먹고 그렇게 힘든 일을 어찌하려고 하느냐? 공기밥(×).
공난(×)	'책, 서류, 공책 따위의 지면에 글자 없이 비워 둔 칸이나 줄'은 '공란'이 올바른 말이다.

곱슬머리
'곱슬머리'와 함께 '고수머리'도 표준어이다.

곱절
갑절은 '배倍'의 뜻으로만 쓰인다. '세 배, 네 배, 다섯 배' 등은 '몇 곱절'의 형태로 표기한다.

곳
'이, 저, 그'가 붙은 '이곳, 저곳, 그곳'은 한 단어이므로 붙여 쓴다.

곳간庫間
'한자어로 이루어진 말이지만 사이시옷을 붙이는 단어 중 하나이다.

공극률孔隙率
'공극+율/률'의 형태. 앞말이 받침이 없거나 (모음) 'ㄴ' 받침 뒤에서는 '율'을 쓴다. 그 외에는 '률'을 쓴다. '공극'의 '극'이 'ㄱ' 받침으로 끝나는 경우이므로 '률'을 써서 '공극률'처럼 나타낸다.

공깃밥
순우리말로 된 합성어로서 앞말이 모음으로 끝난 경우, 뒷말의 첫소리가 된소리로 나는 것은 사이시옷을 붙인다.

공념불(×)   '실제로 행하지 않고 내용이 따르지 않는 주장이나 말'은 '공염불'이 올바른 말이다.

공란空欄   책, 서류, 공책 따위의 지면에 글자 없이 비워 둔 칸이나 줄. 공난(×).

공실률空室率   업무용 빌딩에서 비어 있는 사무실이 차지하는 비율. 공실율(×).

공실율(×)   '업무용 빌딩에서 비어 있는 사무실이 차지하는 비율'은 '공실률'이 올바른 말이다.

공염불空念佛   실제로 행하지 않고 내용이 따르지 않는 주장이나 말. 공념불(×). [기상 9급 '11]

> **'공염불'로 써야 하는 이유는 무엇일까?**
> 접두사처럼 쓰이는 한자가 붙어서 된 말 또는 합성어에서는 뒷말의 첫소리가 'ㄴ' 소리로 나더라도 두음 법칙에 따라 적는다. '빈'의 뜻을 나타내는 접두사 '공'에, 독립성이 있는 단어 '염불'이 붙은 구조로 두음 법칙을 적용하여 '공염불'로 적는다.

공정률工程率   전체 목표 중에서 일이 진척된 비율. 예 이제 학교 강당의 신축 공사 공정률이 80%를 넘었다. 공정율(×).

공정율(×)   '전체 목표 중에서 일이 진척된 비율'은 '공정률'이 올바른 말이다.

공짜   일을 하거나 돈을 들이지 않고 거저 얻은 물건. 예 공짜 너무 바라지 마라. 이마 벗겨진다. 꽁짜(×).

과감이(×)   '과단성이 있고 용감하게'의 뜻으로 쓰이는 말은 '과감히'가 올바른 말이다.

과감히果敢-   과단성이 있고 용감하게. 예 일단 승산이 있다고 판단되면 과감히 도전하라. 과감이(×). [경찰대 '09]

과남(×)   '분수에 지나침'의 뜻으로 쓰이는 말은 '과람'이 올바른 말이다.

과녁   활이나 총 따위를 쏠 때 목표로 세워 놓은 물건.

> ✏️ 오류노트 화살 10발을 과녁에 모두 <u>맞췄다</u>. → 맞혔다.

과람過濫   분수에 지나침. 예 숙부에게서 과람한 도움을 받았습니다. 과남(×).

과망가니즈산過manganese酸   과망가니즈산 바륨 수용액을 묽은 황산으로 처리하여 얻는 일가─價의 산.

공실률空室率
'공실+율/률率'의 형태. 앞말이 받침이 없거나 (모음) 'ㄴ' 받침 뒤에서는 '율'을 쓴다. 그 외에는 '률'을 쓴다.

과감히果敢-
부사의 끝음절이 '이'나 '히'로 소리 나는 것은 '히'로 표기한다.

과녁
'목표물에 적중하다'의 뜻으로 쓰이는 말은 '맞추다'가 아니라 '맞히다'이다.

과망가니즈산過manganese酸
이전 용어는 '과망간산'이다.

과망가니즈산 칼륨^{過manganese酸Kalium} 열분해하거나 강염기성 용액을 첨가하면 산소를 내는 자주색의 기둥 모양 결정. 이전 용어는 '과망간산 칼륨'이다.

과망간산 '과망가니즈산'의 이전 용어.

과망간산 칼륨 '과망가니즈산 칼륨'의 이전 용어.

과산화질소(×) '일산화질소가 산소에 접촉하여 생기는 적갈색의 기체'는 '이산화질소'가 올바른 말이다.

곽(×) '물건을 담는 조그마한 상자'는 '갑'이 올바른 말이다.

관두다 '고만두다'의 준말. 예 친구한테 아니꼬운 소리를 듣고 반박을 하려다 관뒀다.

관련짓다^{關聯-} ✓띄어쓰기 둘 이상을 서로 관련되게 하다. 예 이 일과는 절대 관련지어 생각하지 마라.

관상장이(×) '얼굴을 통해 운명이나 수명 따위를 판정하는 직업을 가진 사람을 낮추어 이르는 말'은 '관상쟁이'가 올바른 말이다.

관상쟁이^{觀相-} 얼굴을 통해 운명이나 수명 따위를 판정하는 직업을 가진 사람을 낮추어 이르는 말. 관상장이(×).

관서^{關西}(×) '중국 한구관^{函谷關} 서쪽의 땅'은 '관시'가 올바른 말이다.

관솔 송진이 많이 엉긴, 소나무의 가지나 옹이. 관술(×).

관술(×) '송진이 많이 엉긴, 소나무의 가지나 옹이'는 '관솔'이 올바른 말이다.

관시^{關西} 중국 한구관^{函谷關} 서쪽의 땅. 관서(×).

관자뼈^{貫子-} 머리뼈 바닥과 옆면의 중간에 있는 뼈. 뼈 속에 가운데귀와 속귀가 있다.

괄새(×) '교만한 마음에서 남을 낮추거나 하찮게 대함'은 '괄시'가 올바른 말이다.

괄시^{恝視} 교만한 마음에서 남을 낮추거나 하찮게 대함. 괄새(×).

광고난(×) '신문이나 잡지 따위에서 광고를 싣는 난'은 '광고란'이 올바른 말이다.

광고란^{廣告欄} 신문이나 잡지 따위에서 광고를 싣는 난. 광고난(×).

광대뼈 빰과 관자놀이 사이에 내민 뼈.

광동^{廣東}(×) '중국 광둥성^{廣東省}에 있는 도시'는 '광둥'이 올바른 말이다.

광둥^{廣東} 중국 광둥성^{廣東省}에 있는 도시. 광동(×).

관련짓다^{關聯-}
'관련짓다'는 한 단어이므로 붙여 쓴다. '연관 짓다'는 구로 보아 띄어 쓴다.

관상쟁이^{觀相-}
'관상'에 '-쟁이'가 붙어 낮추는 뜻으로 쓰였다.

관자-뼈^{貫子-}
'광대뼈'와의 뜻 차이를 잘 익혀 두자.

광고난^{廣告欄}
'광고+난^欄'의 형태. '난'은 '구분된 지면'의 뜻으로 쓰이는데, '난' 앞에 한자어가 오면 '란'으로 표기하고, 순우리말이나 외래어가 오면 '난'으로 표기한다. '광고'가 한자어이므로 '광고난'이 아니라 '광고란'으로 표기된 예이다.

광대뼈
'광대뼈'는 뺨의 튀어나온 부분을 이루는 뼈를 이른다.

광량자(×)	'빛의 입자'의 뜻으로 쓰이는 말은 '광양자'가 올바른 말이다.
광서성廣西省(×)	'목재와 임업 생산물의 주요 산지이며 수상 교통이 발달한 중국 남서부의 성'은 '광시성'이 올바른 말이다.
광시성廣西省	목재와 임업 생산물의 주요 산지이며 수상 교통이 발달한 중국 남서부의 성. 광서성(×).
광양자光量子	빛의 입자. 광량자(×).
광우리(×)	'대, 싸리 따위로 엮어 만든 둥근 그릇'은 '광주리'가 올바른 말이다.
광주리	대, 싸리 따위로 엮어 만든 둥근 그릇. 광우리(×). [법원직 9급 '07]. [서울시 9급 '16]
괜스레	까닭이나 실속이 없이. 괜시리(×).
괜시리(×)	'까닭이나 실속이 없이'의 뜻으로 쓰이는 말은 '괜스레'가 올바른 말이다.
괴나리봇짐補-	먼 길을 걸어서 여행할 때 보자기로 싸서 메고 다니는 작은 짐. 개나리봇짐(×).
괴로이	몸이나 마음이 편하지 않고 고통스럽게. 괴로히(×).
괴로히(×)	'몸이나 마음이 편하지 않고 고통스럽게'의 뜻으로 쓰이는 말은 '괴로이'가 올바른 말이다.
괴롭다	몸이나 마음이 편하지 않고 고통스럽다.

광주리
의미가 똑같은 형태가 몇 가지 있을 경우, 가장 널리 쓰이는 단어만을 표준어로 삼는다.

괴로이
'ㅂ' 불규칙 용언의 어간 뒤에서 '이'로 표기하는 예이다.

> 오류노트 이슬이가 내 잘못으로 선생님께 꾸중을 들었다. 오늘 하루 종일 마음이 너무나 <u>괴로와서</u> 견딜 수가 없었다. → 괴로워서.

'괴롭다'가 '괴로워'로 활용하는 이유는?
어간 끝 'ㅂ'이 'ㅜ'로 바뀔 때에, '돕-', '곱-'과 같은 단음절 어간에 어미 '-아'가 결합되어 '와'로 소리 나는 것은 제외하고(도와, 고와), 그 밖의 경우 모두 '워'로 적는다. 따라서 '괴롭다'는 '괴로와'가 아닌 '괴로워'처럼 활용한다.

괴발개발	고양이의 발과 개의 발이라는 뜻으로, 글씨를 되는대로 아무렇게나 써 놓은 모양을 이르는 말. [비교] 개발새발. 개발쇠발(×). [법원직 9급 '08]. [지방직 7급 '11]
괴상망측하다怪常罔測-	매우 괴이하고 이상하다. 예 괴상망측한 일이 일어났다. 괴상망칙하다(×).

괴발개발
'개발새발'은 새로 표준어로 지정된 말이다.

괴상망측하다怪常罔測-
'괴상망칙하다'가 비표준어이므로 '망칙하다' 역시 비표준어이다.

괴상망칙하다(×)	'매우 괴이하고 이상하다'의 뜻으로 쓰이는 말은 '괴상망측하다'가 올바른 말이다.
괴임(×)	'물건의 밑을 받쳐서 안정시킴'의 뜻으로 쓰이는 말은 '굄'이 올바른 말이다.
괴임돌(×)	'물건이 기울어지거나 쓰러지지 않도록 아래를 받쳐 괴는 돌'은 '굄돌'이 올바른 말이다.
괴임목(×)	'물건의 밑을 받쳐서 괴는 나무'는 '굄목'이 올바른 말이다.
괴춤	고의나 바지의 허리를 접어서 여민 사이. 고춤(×).
괴팍하다	남과 잘 사귀지 못하고 까다롭고 별나다. 예 그는 성격이 괴팍하여 남과 잘 어울리지 못한다. 괴퍅하다(×).
괴퍅하다(×)	'남과 잘 사귀지 못하고 까다롭고 별나다'의 뜻으로 쓰이는 말은 '괴팍하다'가 올바른 말이다.
굄	물건의 밑을 받쳐서 안정시킴. 괴임(×).
굄돌	물건이 기울어지거나 쓰러지지 않도록 아래를 받쳐 괴는 돌. 괴임돌(×).
굄목	물건의 밑을 받쳐서 괴는 나무. 괴임목(×).
교자상交子床	사각형 모양으로 음식을 차려 놓는 큰 상. 교잣상(×).
교잣상(×)	'사각형 모양으로 음식을 차려 놓는 큰 상'은 '교자상'이 올바른 말이다.
교정보다校正-	원고와 교정지를 대조하여 오자나 탈자, 배열, 따위를 바로잡다.
교환률(×)	'일정 기간 동안 사용 중인 제품 중에서 바꾸어 준 비율'은 '교환율'이 올바른 말이다.
교환율交換率	일정 기간 동안 사용 중인 제품 중에서 바꾸어 준 비율. 교환률(×).
구감(×)	'거울로 삼아 본받을 만한 모범'은 '귀감'이 올바른 말이다.
구경군(×)	'구경하는 사람'은 '구경꾼'이 올바른 말이다.
구경꾼	구경하는 사람. 구경군(×).
구구절절이	글의 내용이나 사연이 매우 상세하고 간곡하게. 구구절절히(×).
구구절절히(×)	'글의 내용이나 사연이 매우 상세하고 간곡하게'의 뜻으로 쓰이는 말은 '구구절절이'가 올바른 말이다.

괴팍하다
어원은 '괴퍅하다'이지만 모음이 단순화된 형태인 '괴팍하다'를 표준어로 삼았다.

굄
'괴임'은 '괴다'의 피동형인 '괴이다'의 명사형이지만 피동 형태를 인정하지 않는다.

교정보다校正-
'준보다'와 함께 복수 표준어이다.

교환율交換率
'교환+율/률率'의 형태. 앞말이 받침이 없거나 (모음) 'ㄴ' 받침 뒤에서는 '율'을 쓴다. 그 외에는 '률'을 쓴다. '교환'의 '환'이 'ㄴ' 받침으로 끝나는 경우이므로 '율'을 써서 '교환율'처럼 나타낸다.

구경꾼
'어떤 일 때문에 모인 사람'의 뜻을 더하는 접미사는 '-꾼'이다.

구글^句(×)	'한시^{漢詩} 따위에서 두 마디가 한 덩이씩 되게 지은 글'은 '귀글'이 올바른 말이다.	
구두끈	구두에 매는 끈. 구둣끈(×).	구두끈 '구두끈'은 뒷말의 첫소리가 된소리이므로 사이시옷을 붙이지 않는다.
구두발(×)	'구두를 신은 발'은 '구둣발'이 올바른 말이다.	
구두방(×)	'구두를 수선하거나 만들어 파는 가게'는 '구둣방'이 올바른 말이다.	
구두솔(×)	'구두 닦는 솔'은 '구둣솔'이 올바른 말이다.	
구두장이	구두를 만들거나 고치는 일을 업으로 삼는 사람을 낮추어 이르는 말. 구두쟁이(×).	구두장이 '장이'는 기술을 가진 사람 즉 장인을 이르고, '쟁이'는 그러한 속성을 가진 사람을 얕잡아 이르는 말이다.
구두쟁이(×)	'구두를 만들거나 고치는 일을 업으로 삼는 사람을 낮추어 이르는 말'은 '구두장이'가 올바른 말이다.	
구두점^{句讀點}	마침표와 쉼표 등 글을 마치거나 쉴 때 찍는 점. 구둣점(×).	구두점^{句讀點} '구두점'은 한자어로서 사이시옷을 붙이지 않는다.
구두주걱(×)	'플라스틱 따위로 만들어 구두에 발이 잘 들어가도록 뒤축에 대는 기구'는 '구둣주걱'이 올바른 말이다.	
구두창	구두 바닥에 대는 창. 구둣창(×).	구두창 '구두창'은 뒷말의 첫소리가 거센소리이므로 사이시옷을 붙이지 않는다.
구둣끈(×)	'구두에 매는 끈'은 '구두끈'이 올바른 말이다.	
구둣발	구두를 신은 발. 구두발(×).	
구둣방·^房	구두를 수선하거나 만들어 파는 가게. 구두방(×).	구둣방 순우리말로 된 합성어로서 앞말이 모음으로 끝난 경우, 뒷말의 첫소리가 된소리로 나는 것은 사이시옷을 붙인다.
구둣솔	구두 닦는 솔. 구두솔(×).	
구둣점(×)	'마침표와 쉼표 등 글을 마치거나 쉴 때 찍는 점'은 '구두점'이 올바른 말이다.	
구둣주걱	플라스틱 따위로 만들어 구두에 발이 잘 들어가도록 뒤축에 대는 기구. 구두주걱(×).	
구둣창(×)	'구두 바닥에 대는 창'은 '구두창'이 올바른 말이다.	
구들고래(×)	'불길과 연기가 빠져나가도록 방의 구들장 밑으로 낸 길'은 '방고래'가 올바른 말이다.	
구들재	방고래에 앉은 그을음과 재.	구들재 '구재'와 함께 복수 표준어이다.
구레나룻	턱에서부터 귀밑까지 나 있는 수염. 구렛나루(×). [지방직 7급 '10]. [서울시 9급 '11]	
구렛나루(×)	'턱에서부터 귀밑까지 나 있는 수염'은 '구레나룻'이 올바른 말이다.	구레나룻 '구레나룻'은 '구레+나룻'에서 온 말이다.

-구려	말하는 이가 새로이 알게 된 사실에 관심을 갖고 주의 깊게 살핌을 나타내는 말. 또는 상대에게 권함을 나타내는 말. [예] 마루를 빌려주었더니 이제는 아주 안방을 내놓으라는 격이구려. -구료(×). [서울시 9급 '10]
구료(×)	'말하는 이가 새로이 알게 된 사실에 관심을 갖고 주의 깊게 살핌을 나타내는 말, 또는 상대에게 권함을 나타내는 말'은 '-구려'가 올바른 말이다.
구룡九龍(×)	'중국 동남부 주룽 반도의 중심 도시'는 '주룽'이 올바른 말이다.
구루마(×)	'바퀴를 달아서 굴러가게 만든 기구'는 '수레'가 올바른 말이다.
구르다	돌면서 옮겨 가다. 어떤 장소에서 누워서 뒹굴다. 굴르다(×).
구름량(×)	'구름의 양'은 '구름양'이 올바른 말이다.
구름양量	구름의 양. 구름량(×).
구리빛(×)	'붉은빛을 많이 띤 갈색'은 '구릿빛'이 올바른 말이다.
구릿빛	붉은빛을 많이 띤 갈색. [예] 방학 동안에 해수욕장에 가서 며칠을 보냈더니 얼굴이 구릿빛으로 변했다. 구리빛(×).
-구만, -구면(×)	'흔히 감탄의 뜻을 수반하여, 말하는 사람이 새로이 알게 된 사실에 관심을 갖고 주의 깊게 살핌을 나타내는 말'은 '-구먼'이 올바른 말이다.
-구먼	흔히 감탄의 뜻을 수반하여, 말하는 사람이 새로이 알게 된 사실에 관심을 갖고 주의 깊게 살핌을 나타내는 말. [예] 기계 작동법을 설명해 주었더니 이제는 기술이 제법 늘었구먼. -구만·-구면(×).
구법句法	시문詩文 따위의 구절을 만들거나 배열하는 방법. 귀법(×).
구비구비(×)	'여러 개의 굽이. 또는 휘어서 굽은 곳곳'은 '굽이굽이'가 올바른 말이다.
구석	모퉁이의 안쪽. 구석장이(×).
구석장이(×)	'모퉁이의 안쪽'의 뜻으로 쓰이는 말은 '구석'이 올바른 말이다.
구스르다(×)	'남을 그럴듯한 말로 부추겨서 마음이 움직이게 하다'의 뜻으로 쓰이는 말은 '구슬리다'가 올바른 말이다.
구슬리다	남을 그럴듯한 말로 부추겨서 마음이 움직이게 하다. [예] 그는 아무리 어르고 구슬려도 막무가내였다. 구스르다(×).

-구려
'-구려'는 모음의 발음 변화를 인정하여, 발음이 바뀌어 굳어진 형태를 표준어로 삼은 말이다.

구름양量
분량, 수량을 나타내는 '量'이 순우리말이나 외래어 뒤에 오면 '양'으로, 한자어 다음에 올 때는 '량'으로 표기된다.

구릿빛
순우리말로 된 합성어로서 앞말이 모음으로 끝난 경우, 뒷말의 첫소리가 된소리로 나는 것은 사이시옷을 붙인다.

구법句法
한자 '句'가 붙어서 이루어진 단어는 '귀'를 인정하지 아니하고 '구'로 통일하였다.

구슬리다
흔히 '구스르다'로 잘못 쓰는 경우가 많으므로 주의하자.

구슬사탕(×)	'동그랗고 작은 사탕'은 '알사탕'이 올바른 말이다.
구시렁거리다	마음에 들지 않아 군소리를 듣기 싫게 자꾸 하다. 예 그는 부모님의 구시렁거리는 소리가 싫다고 가출을 했다. 궁시렁거리다·꾸시렁거리다(×).
구어박다	일정한 장소에서 꼼짝을 하지 못하고 지내다. 또는 그렇게 하도록 시키다. 구워박다(×).
구워박다(×)	'일정한 장소에서 꼼짝을 하지 못하고 지내다. 또는 그렇게 하도록 시키다'의 뜻으로 쓰이는 말은 '구어박다'가 올바른 말이다.
구이양^{貴陽}	중국 구이저우성^{貴州省}의 중남부에 있는 도시. 귀양(×).
구인난(×)	'신문 따위에서 구인 광고를 싣는 난'은 '구인란'이 올바른 말이다.
구인란^{求人欄}	신문 따위에서 구인 광고를 싣는 난. 구인난(×).
구재	방고래에 앉은 그을음과 재.
구절^{句節}	한 토막의 말이나 글. 귀절(×).
구절풀이^{句節-}	구절 중 이해하기 어려운 것을 알기 쉽게 밝히어 말함. 귀절풀이(×).
구점^{句點}	구절 끝에 찍는 점. 귀점(×).
구지(×)	'고집을 부려 구태여'의 뜻으로 쓰이는 말은 '굳이'가 올바른 말이다.
구태어(×)	'일부러 애써'의 뜻으로 쓰이는 말은 '구태여'가 올바른 말이다.
구태여	일부러 애써. 예 구태여 남의 호의를 사양하는 이유가 무엇이냐? 구태어(×).
국물	찌개 따위 음식에서 건더기 이외의 물. 말국·멀국(×).
국수물	국수를 삶은 물. 국숫물(×).
국수발(×)	'국수의 가락'의 뜻으로 쓰이는 말은 '국숫발'이 올바른 말이다.
국수집(×)	'국숫발을 만들어 파는 집. 국수를 파는 음식점'은 '국숫집'이 올바른 말이다.
국숫물(×)	'국수를 삶은 물'의 뜻으로 쓰이는 말은 '국수물'이 올바른 말이다.

구어박다
의미 차이가 없고 비슷한 발음의 몇 형태가 쓰일 경우, 그중 더 널리 쓰이는 한 형태만을 표준어로 삼는다.

구재
'구들재'와 함께 복수 표준어이다.

구절^{句節}
'구절', '구절풀이', '구점' 등 한자 '句'가 붙어서 이루어진 단어는 '귀'를 인정하지 아니하고 '구'로 통일하였다.

국물
의미가 똑같은 형태가 몇 가지 있을 경우, 그중 가장 널리 쓰이는 단어만을 표준어로 삼는다.

국숫발	국수의 가락. 국수발(×).	
국숫집	국숫발을 만들어 파는 집. 국수를 파는 음식점. 국수집(×).	
군	✔️**띄어쓰기** 친구나 아랫사람을 친근하게 부르거나 이르는 말. 이향원 군/최 군, 나 좀 도와주게.	군 '군'은 의존 명사로 앞말과 띄어 쓴다.
-군(×)	'어떤 일을 습관적 또는 전문적으로 하는 사람'의 뜻을 나타내는 말은 '-꾼'이 올바른 말이다.	
군軍	✔️**띄어쓰기** '군대'를 이르는 말. 예 광복군/유엔군/유럽군.	군軍 '군'은 앞말과 붙여 쓴다.
군더더기	꼭 필요하지 않은데 덧붙어 있는 것. 군더덕지(×).	
군더덕지(×)	'꼭 필요하지 않은데 덧붙어 있는 것'은 '군더더기'가 올바른 말이다.	
군도목(×)	'한자의 훈에 관계없이 음과 새김을 고려하여 사물의 이름을 적는 방법'은 '군두목'이 올바른 말이다.	
군두목	한자의 훈에 관계없이 음과 새김을 고려하여 사물의 이름을 적는 방법. 군도목(×).	
굳이	고집을 부려 구태여. 구지(×).	굳이 용언을 부사로 바꾸는 접미사 '-이'가 붙은 말이다.
굴렁쇠	어린이들이 쇠붙이 따위로 만든 둥근 테를 굴렁대로 굴리며 노는 놀이기구. 굴레바퀴(×).	
굴레바퀴(×)	'어린이들이 쇠붙이 따위로 만든 둥근 테를 굴렁대로 굴리며 노는 놀이기구'는 '굴렁쇠'가 올바른 말이다.	
굴르다(×)	'돌면서 옮겨 가다. 어떤 장소에서 누워서 뒹굴다'의 뜻으로 쓰이는 말은 '구르다'가 올바른 말이다.	
굴삭기掘削機(×)	'땅속의 흙이나 암석 따위를 파내서 처리하는 기계'는 '굴착기'가 올바른 말이다.	굴삭기 '굴삭기'는 일본어 투이므로 '굴착기'로 쓰자.
굴절률屈折率	빛이나 전자파가 하나의 매질에서 다른 매질로 들어갈 때, 입사각의 사인(sine)과 굴절각의 사인에 대하여 보이는 비. 굴절율(×).	굴절률屈折率 '굴절+율/률'의 형태. 앞말이 받침이 없거나 (모음), 'ㄴ' 받침 뒤에서는 '율'을 쓴다. 그 외에는 '률'을 쓴다.
굴절율(×)	'빛이나 전자파가 하나의 매질에서 다른 매질로 들어갈 때, 입사각의 사인(sine)과 굴절각의 사인에 대하여 보이는 비'는 '굴절률'이 올바른 말이다.	
굴착기掘鑿機	땅속의 흙이나 암석 따위를 파내서 처리하는 기계. 굴삭기(×).	
굵다랗다	물건의 둘레가 매우 굵다. 예 과수원의 사과가 사람 머리만큼 굵다랄 정도로 대풍이 들었네. 굵따랗다(×).	

굵따랗다(×)	'물건의 둘레가 매우 굵다'의 뜻으로 쓰이는 말은 '굵다랗다'가 올바른 말이다.

왜 '굵따랗다'가 아니고 '굵다랗다'라고 써야 할까?

'굵다랗다, 굵적거리다, 늙수그레하다'처럼 겹받침에서 뒤의 것이 발음될 경우 그 어간의 형태를 밝히어 적는다는 한글 맞춤법 규정에 따른 것이다.

굼뱅이(×)	'매미의 애벌레'의 뜻으로 쓰이는 말은 '굼벵이'가 올바른 말이다.
굼벵이	매미의 애벌레. 굼뱅이(×). [서울시 9급 '10]
굽다	¹불에 익히거나 타게 하다. 예 고기를 굽다. ²나무를 태워 숯을 만들다. 예 숯을 굽다. **오류노트** 고구마는 <u>구어</u> 먹어야 제맛이다. → 구워.
굽도리	방 안 벽의 맨 아랫부분.
굽슬(×)	'고개나 허리를 가볍게 구푸렸다 펴는 모양'은 '굽실'이 올바른 말이다.
굽슬굽슬(×)	'허리 따위를 자꾸 구부렸다 펴는 모양'은 '굽실굽실'이 올바른 말이다.
굽신거리다	허리 따위를 자꾸 구부렸다 펴다. 예 경비 아저씨가 입주 주민에게 굽신거리고 있다. 굽실거리다.
굽신굽신	허리 따위를 자꾸 구부렸다 펴는 모양. 예 그는 한자리에 서서 허리만 굽신굽신 바라보며 웃는다. 굽실굽실.
굽실	고개나 허리를 가볍게 구푸렸다 펴는 모양. 굽슬(×).
굽실거리다	허리 따위를 자꾸 구푸렸다 펴다. 굽신거리다.
굽실굽실	허리 따위를 자꾸 구푸렸다 펴는 모양. 굽신굽신.
궁금해하다	**✔띄어쓰기** 궁금하게 생각하다.
궁둥이춤(×)	'엉덩이를 흔들면서 추는 춤'의 뜻으로 쓰이는 말은 '엉덩이춤'이 올바른 말이다.
궁떨다(×)	'어렵고 궁한 상황이 드러나 보이게 행동하다'의 뜻으로 쓰이는 말은 '궁상떨다'가 올바른 말이다.
궁상떨다窮狀-	어렵고 궁한 상황이 겉으로 드러나 보이게 행동하다. 예 자신의 처지를 한탄하며 궁상떠는 모습을 보니 참으로 안타깝다. 궁떨다(×).

굼벵이
'굼벵이'는 '굼벙이'에서 유래한 말로 'ㅣ'역행 동화 현상에 의해 '굼벵이'로 변화한 말이다.

굽다
'굽다'는 어간의 끝소리 'ㅂ'이 모음 앞에서 '오/우'로 바뀌는 ㅂ 불규칙 용언으로 '굽-+어'가 '구워'처럼 활용한다.

굽도리
'굽돌+이'의 구성이지만 본뜻에서 멀어진 것이므로 원형을 밝히어 적지 아니한다.

굽실
'허리를 굽혔다가 펴는 모양'의 뜻으로 '굽슬'을 쓰면 그것은 잘못된 말이다. 하지만 '털이나 실 따위가 구불구불하게 말려 있는 모양'의 뜻으로 쓰이는 말은 '굽슬'이 올바른 표기이다. 예 형은 굽슬굽슬 말린 머리를 하고 있다.

궁금해하다
'궁금해하다', '미안해하다'에서의 '-해하다'는 앞말과 붙여 쓴다.

궁상떨다窮狀-
준말 또는 본말 중에서 널리 쓰이는 것을 표준어로 정했다.

ㄱ

궁시렁거리다(×)   '못마땅하여 군소리를 듣기 싫도록 자꾸 하다'는 '구시렁 거리다'가 올바른 말이다.

궁장이^{弓匠}   활 만드는 일을 직업으로 삼는 사람. 궁쟁이(×).

궁쟁이(×)   '활 만드는 일을 직업으로 삼는 사람'은 '궁장이'가 올바른 말이다.

궁터^弓(×)   '활을 쏘기 위한 시설 갖추어 놓은 곳'은 '활터'가 올바른 말이다.

귀가길(×)   '집으로 돌아오는 길'은 '귀갓길'이 올바른 말이다.

귀감^{龜鑑}   거울로 삼아 본받을 만한 모범. 구감(×).

귀갓길^{歸家-}   집으로 돌아오는 길. 귀가길(×).

귀개(×)   '귀지를 파내는 기구'의 뜻으로 쓰이는 말은 '귀이개'가 올바른 말이다.

귀고리   여자들이 귓불에 다는 장식품. 귀걸이. 귀엣고리(×). [복지 9급 '11]

귀글   한시^{漢詩} 따위에서 두 마디가 한 덩이씩 되게 지은 글. 구글(×).

귀대기, 귓때기(×)   '귀의 속된말'의 뜻으로 쓰이는 말은 '귀때기'가 올바른 말이다.

귀댁^{貴宅}   상대의 집안을 높여 이르는 말. 귀택(×).

귀동이(×)   '남들에게 특히 귀염 받는 아이'는 '귀둥이'가 올바른 말이다.

귀둥이^{貴-}   남들에게 특히 귀염 받는 아이. 귀동이(×).

귀때   주전자의 부리같이 그릇의 한쪽에 바깥쪽으로 내밀어 만든 구멍. 기때(×).

귀때기   '귀'의 속된말. 귀대기·귓때기(×).

귀띰, 귀뜸(×)   '상대에게 미리 은밀히 일깨워 주어 눈치로 알아차릴 수 있게 함'의 뜻으로 쓰이는 말은 '귀띔'이 올바른 말이다.

귀띔   상대가 은밀히 알아차릴 수 있게 살며시 일깨워 줌. 귀띰· 귀뜸(×).

귀리짚(×)   '귀리 열매를 떨어낸 뒤에 남는 짚'은 '귀릿짚'이 올바른 말이다.

귀릿짚   귀리 열매를 떨어낸 뒤에 남는 짚. 귀리짚(×).

귀머거리   귀가 먹어 소리를 듣지 못하는 사람. 귀먹어리(×).

귀갓길^{歸家-}
한자어와 우리말로 된 합성어로서 앞말이 모음으로 끝난 경우, 뒷말의 첫소리가 된소리로 나는 것은 사이시옷을 붙인다.

귀고리
의미 차이가 없고 비슷한 발음의 몇 형태가 쓰일 경우, 그중 더 널리 쓰이는 한 형태만을 표준어로 삼는다.

귀글
'구'와 '귀'로 혼동이 심한 '句'의 음을 '구'로 통일하였다. 그러나 '句'의 훈과 음은 '글귀 구'이기 때문에 '글귀, 귀글'은 '귀' 형태를 인정한다.

귀둥이^{貴-}
'귀둥이'는 양성 모음이 음성 모음으로 바뀐 형태를 표준어로 인정하는 말이다.

귀띔
의미 차이가 없고 비슷한 발음의 몇 형태가 쓰일 경우, 그중 더 널리 쓰이는 한 형태만을 표준어로 삼는다.

귀머거리
어간에 '-이'나 '-음' 이외의 모음으로 시작된 접미사가 붙어서 명사로 바뀐 것으로 그 어간의 원형을 밝히어 적지 아니한다.

귀먹다	귀가 어두워져 소리를 잘 듣지 못하게 되다. 귀멀다(×).
귀먹어리(×)	'귀가 먹어 소리를 듣지 못하는 사람'은 '귀머거리'가 올바른 말이다.
귀멀다(×)	'귀가 어두워져 소리를 잘 듣지 못하게 되다'의 뜻으로 쓰이는 말은 '귀먹다'가 올바른 말이다.
귀밑대기(×)	'귀밑'의 속된 말은 '귀밑때기'가 올바른 말이다.
귀밑때기	'귀밑'의 속된 말. 귀밑대기(×).
귀밑머리	이마 한가운데에서 좌우로 나누어 귀 뒤로 넘겨 땋은 머리. 뺨에서 귀 가까이에 난 머리털. 귓머리(×).
귀밥(×)	'귓바퀴 밑에 붙은 살'은 '귓밥'이 올바른 말이다.
귀법句法(×)	'시문詩文 따위의 구절을 만들거나 배열하는 방법'은 '구법'이 올바른 말이다.
귀병(×)	'귀에 생기는 병'은 '귓병'이 올바른 말이다.
귀불(×)	'귓바퀴 밑에 붙어 있는 살'은 '귓불'이 올바른 말이다.
귀속뼈(×)	'고막과 속귀 사이를 연결하는 뼈'는 '귓속뼈'가 올바른 말이다.
귀싸대기	'귀와 뺨이 맞닿은 자리'를 낮잡아 이르는 말. 귀쌈(×).
귀쌈(×)	'귀와 뺨이 맞닿은 자리를 낮잡아 이르는 말'은 '귀싸대기'가 올바른 말이다.
귀양貴陽(×)	'중국 구이저우성貴州省의 중남부에 있는 도시'는 '구이양'이 올바른 말이다.
귀에지(×)	'귓구멍 속에 끼어 있는 때'는 '귀지'가 올바른 말이다.
귀엣고리(×)	'여자들이 귓불에 다는 장식품'은 '귀고리'가 올바른 말이다.
귀이개	귀지를 파내는 기구. 귀개(×). [지방직 7급 '12]
귀절(×)	'한 토막의 말 또는 글'은 '구절'이 올바른 말이다.
귀절풀이(×)	'구절 중 이해하기 어려운 것을 알기 쉽게 밝히어 말함'은 '구절풀이'가 올바른 말이다.
귀점(×)	'구절 끝에 찍는 점'은 '구점'이 올바른 말이다.
귀지	귓구멍 속에 끼어 있는 때. 귀에지(×). [공사·공단 언어 능력]
귀찮다	마음에 성이 차지 않아 괴롭거나 성가시다. 예 한밤중에 오는 전화를 받기가 귀찮다. 귀치않다(×).

귀밑머리
방언이던 '귀밑머리'가 널리 쓰이고 표준어이던 '귓머리'가 안 쓰이게 되어 '귀밑머리'를 표준어로 삼았다.

귀병
순우리말과 한자어로 된 합성어로서 앞말이 모음으로 끝난 경우, 뒷말의 첫소리가 된소리로 나는 것은 사이시옷을 붙인다.

'귀절'로 쓰지 않는 이유
'구'와 '귀'로 혼동이 심한 '句'의 음을 '구'로 통일하였다.

귀지
의미 차이가 없고 비슷한 발음의 몇 형태가 쓰일 경우, 그중 더 널리 쓰이는 한 형태만을 표준어로 삼는다.

귀찮다
준말이 널리 쓰이고 본말이 잘 쓰이지 않는 경우에는, 준말만을 표준어로 삼는다.

귀치않다(×)	'마음에 성이 차지 않아 괴롭거나 성가시다'의 뜻으로 쓰이는 말은 '귀찮다'가 올바른 말이다.	
귀택(×)	'상대의 집안을 높여 이르는 말'의 뜻으로 쓰이는 말은 '귀댁'이 올바른 말이다.	
귀퉁이(×)	'마음의 한구석이나 부분. 물건의 모퉁이나 삐죽 나온 부분. 귀의 언저리'는 '귀퉁이'가 올바른 말이다.	
귀퉁머리	'귀퉁이'를 낮잡아 이르는 말.	
귀퉁배기	'귀퉁이'를 낮잡아 이르는 말. [국회 8급 '11]	귀퉁배기 '귀퉁머리'와 함께 복수 표준어이다.
귀퉁이	마음의 한구석이나 부분. 물건의 모퉁이나 삐죽 나온 부분. 귀의 언저리. 귀통이(×).	
귓때기(×)	'귀의 속된말'은 '귀때기'가 올바른 말이다.	
귓머리(×)	'이마 한가운데에서 좌우로 나누어 귀 뒤로 넘겨 땋은 머리. 뺨에서 귀 가까이에 난 머리털'은 '귀밑머리'가 올바른 말이다.	
귓밥	귓바퀴 밑에 붙은 살. 귀밥(×). [서울시 7급 '10]. [국회 8급 '12]. [경찰직 1차 필기 '16]. [국가직 9급 '16]. [서울시 지방직 7급 '16]	귓밥 순우리말로 된 합성어로서 앞말이 모음으로 끝난 경우, 뒷말의 첫소리가 된소리로 나는 것은 사이시옷을 붙인다.
귓방울(×)	'귓바퀴 밑에 붙어 있는 살'은 '귓불'이 올바른 말이다.	
귓병病	귀에 생기는 병. 귀병(×). [국회 8급 '12]. [경찰직 1차 필기 '16]	
귓볼(×)	'귓바퀴의 밑에 붙어 있는 살'은 '귓불'이 올바른 말이다.	
귓불	귓바퀴 밑에 붙어 있는 살. 귀불·귓방울·귓볼(×).	
귓속말	남의 귀 가까이에 입을 대고 소곤거리는 말. 귀엣말.	귓속말 '귀엣말'과 동의어이다.
귓속뼈	고막과 속귀 사이를 연결하는 뼈. 귀속뼈(×).	
그곳	✔띄어쓰기 '거기'를 이르는 말. 예 그곳에 내가 좋아하는 꽃이 많이 피어 있다. [지역농협 '12]	그곳, 그날, 그다음 한 단어이므로 붙여 쓴다.
그날	✔띄어쓰기 앞에서 이미 말한 날.	
그다음	✔띄어쓰기 어떤 것에 뒤를 이어서 오는 때나 자리. 예 그다음은 진숙이 차례이다.	
그동안	✔띄어쓰기 앞서 이미 말한 만큼의 시간적 간격. 또는 일정한 기간 동안.	그동안, 그따위, 그때 한 단어이므로 붙여 쓴다.
그따위	✔띄어쓰기 그러한 범위에 속하는 대상을 낮잡아 이르는 말. 예 일을 그따위로 하려면 아예 하지도 마라.	
그때	✔띄어쓰기 앞서 이미 말한 시간상의 어떤 때.	

그래	✓**띄어쓰기** 듣는 사람에게 말의 내용을 강조함을 나타내는 말. 예 날이 화창하군그래./오늘은 특별히 기분이 매우 좋아보이는구먼그래.	**그래** '군', '구먼' 등 종결 어미 뒤에 쓰이는 보조사로 앞말과 붙여 쓴다.
그러네	그러하네. 형용사 어간(그렇-)의 끝 받침 'ㅎ'이 어미 '-네' 혹은 모음 앞에서 줄어들 때는 준 대로 적는다. 'ㅎ'을 탈락시키지 않고 쓰는 '그렇네'도 표준형으로 인정한다.	
그러다	상태, 모양, 성질 따위가 그렇게 되게 하다. '그리하다'의 준말. ✏**오류노트** 집으로 돌아왔다. <u>그리고 나서</u> 곧바로 세수를 했다. → 그러고 나서. [국회 8급 '13]	**그러다** '나다'는 항상 동사 뒤에 오는 말이다. '그리고'는 동사가 아니라 접속 부사이므로 연결 관계가 잘못되었다.
그러므로	앞의 내용이 뒤의 내용의 이유나 근거가 되는 접속 부사. 그럼으로(×).	
그러한즉	✓**띄어쓰기** 그렇기 때문에. 그러하므로.	**그러한즉** '-ㄴ즉'은 앞의 내용이 뒤의 내용의 근거나 이유임을 나타내는 연결 어미로 붙여서 쓴다.
그런대로	✓**띄어쓰기** 만족스럽지는 않으나 그런 정도로. 예 네가 준 컴퓨터 그런대로 쓸 만하다.	**그런대로** 한 단어이므로 '그런대로'처럼 붙여 쓴다.
그럴듯하다	✓**띄어쓰기** 제법 그렇다고 여길 만하다. 예 그럴듯한 말솜씨로 선전하다.	

> **'그럴듯하다'는 의미에 따라 띄어쓰기가 달라질까?**
> '제법 그렇다고 여길 만하다, 제법 훌륭하다'의 뜻으로 쓸 때에는 한 단어이므로 붙여서 쓴다. 반면에 형용사 '그렇다'의 활용형인 '그럴'이나 동사 '그러다'의 활용형인 '그럴'에 '듯하다'를 붙인 '그럴 듯하다'는 띄어 쓰는 것이 원칙이고 붙여 쓰는 것도 허용한다.

그럼으로(×)	'앞의 내용이 뒤의 내용의 이유나 근거가 되는 접속 부사'는 '그러므로'가 올바른 말이다. ✏**오류노트** 우리는 친한 친구 간에도 서로 존중해야 한다. <u>그럼으로</u> 우리 모두가 밝고 명랑한 사회를 이룰 수 있다. → 그러므로(×).	**그럼으로(써)** '그렇게 하는 것으로(써)'이다. 왼쪽 예문은 이유나 근거가 되는 말이 아니기 때문에 '그러므로'를 쓸 수 없다. '그럼으로(써)'를 써야 한다.
그렇네	형용사 어간(그렇-)과 어미 '-네'가 합쳐서 이루어진 말. 그러네.	**그렇다** 형용사 '그렇다'의 어간 끝 받침 'ㅎ'이 '네' 앞에서 줄어지는 경우 준 대로 적는다. 'ㅎ'을 탈락시키지 않고 쓰는 '그렇네'도 표준형으로 인정한다.
그렇다	상태, 모양, 성질 따위가 그와 같다. ✏**오류노트** 암. <u>그렇구 말구</u>. → 그렇고 말고. 요즘 상황이 그저 <u>그렇네</u>. → 그러네. 그렇네 모두 쓸 수 있다.	

그렇잖다 '그렇지 않다'가 줄어든 말. 그렇찮다(×). [국가직 7급 '12]

그렇찮다(×) '그렇지 않다'가 줄어든 말은 '그렇잖다'가 올바른 말이다.

> 그렇잖다
> 어미 '-지' 뒤에 '않-'이 붙어 '-잖-'이 된 것이다(그렇지 않다 → 그렇잖다).

그려 ✓띄어쓰기 듣는 사람에게 말의 내용을 강조함을 나타내는 말. 예 날이 화창하군그려./오늘은 특별히 기분이 좋아보이는구먼그려./좋은 소식을 들으니 너무나 반갑네그려./눈이 옵니다그려. [지방직 7급 '16년]

> 그려
> 이 경우의 '그려'는 보조사로 앞말과 붙여 쓴다.

그르다 어떤 일이 이치에 맞지 않다. 글르다(×).

그리웁다(×) '어떤 대상을 보고 싶은 마음이 간절하다'의 뜻으로 쓰이는 말은 '그립다'가 올바른 말이다.

> '그리웁다'는 잘못된 말
> '그립다'가 '그리우니', '그리운' 등으로 활용하므로 '그리웁다'도 맞는 표기로 잘못 판단하기 쉬우나 '그립다'가 올바른 표기이다.

그림장이(×) '화가를 낮잡아 이르는 말'은 '그림쟁이'가 올바른 말이다.

그림쟁이 '화가'를 낮잡아 이르는 말. 그림장이(×).

그립다 어떤 대상을 보고 싶은 마음이 간절하다. 그리웁다(×).

그만 때(×) '그만큼 된 때'의 뜻은 '그맘때'가 올바른 말이다.

그만두다 ✓띄어쓰기 [1]하던 일을 그치고 안 하다. 예 사업을 그만두다. [2]할 일이나 하려고 하던 일을 안 하다. 예 친구 집에 가려다가 그만두었다. [국가직 7급 '07]

> 그만두다
> 한 단어이므로 '그만두다'처럼 붙여 쓴다.

그맘때 ✓띄어쓰기 그만큼 된 때. 예 우리집은 매년 그맘때면 친척들로 붐볐었다. 그만 때(×).

그스르다(×) [1]'불에 겉을 다소 타게 되다'의 뜻으로 쓰이는 말은 '그슬리다'가 올바른 말이다. [2]'햇볕이나 연기 따위를 오래 쬐어 검게 되다'의 뜻으로 쓰이는 말은 '그을리다'가 올바른 말이다.

그슬리다 불에 겉을 다소 타게 되다(하다). 그스르다(×). [해사 '07]

> 그슬리다
> '그슬리다'는 '그슬다'의 피동사 또는 사동사이다.

그으르다(×) '햇볕 또는 연기 따위를 오래 쬐어 검게 되다'의 뜻으로 쓰이는 말은 '그을다'가 올바른 말이다.

그으름(×) '물질이 불에 탈 때 나오는 검은 가루'는 '그을음'이 올바른 말이다.

그윽이 깊숙하여 아늑하고 고요하게. 예 깊은 산속까지 그윽이 풍기는 봄꽃 향기. 그윽히(×).

> 그윽이
> '-하다'가 붙을 수 있는 말로서 '-이'로만 발음되므로 '그윽이'로 표기한다.

그윽히(×) '깊숙하여 아늑하고 고요하게'의 뜻으로 쓰이는 말은 '그윽이'가 올바른 말이다.

그을다 햇볕 또는 연기 따위를 오래 쬐어 검게 되다. 그으르다(×).

> 오류노트 삼촌은 얼굴이 검게 그을은 건강한 모습으로 귀국하셨다. → 그은.

그을리다	햇볕이나 연기 따위를 오래 쐬어 검게 되다. 그스르다(×). [해사 '07]
그을음	물질이 불에 탈 때 나오는 검은 가루. 그으름·끄을음(×).
그제서야	앞서 이미 말한 바로 그때에 이르러서야 비로소. 그제야.
그제야	앞서 이미 말한 바로 그때에 이르러서야 비로소. 그제서야.
그중^{-中}	✔띄어쓰기 범위가 정해진 여럿 가운데. 예 낚시터에서 붕어를 여러 마리 잡았는데 그중에서 제일 큰 것 한 마리만 남기고 놓아 주었다. [지방직 9급 '19]
극대값(×)	'어떤 함수가 극대일 때의 값'은 '극댓값'이 올바른 말이다.
극대치^{極大値}	어떤 함수가 극대일 때의 수치. 극댓치(×).
극댓값^{極大-}	어떤 함수가 극대일 때의 값. 극대값(×).
극댓치(×)	'어떤 함수가 극대일 때의 수치'는 '극대치'가 올바른 말이다.
극성떨다^{極盛-}	몹시 드세거나 과격하게 행동하다. 극성부리다.
극성부리다^{極盛-}	몹시 드세거나 과격하게 행동하다. 극성떨다.
극성스럽다^{極盛-}	성질이나 행동이 몹시 드세거나 지나치게 적극적인 데가 있다.
	✔오류노트 그 가수는 극성스런 팬들의 시달림에 노이로제에 걸릴 지경이었다. → 극성스러운.
극소값(×)	'어떤 함수가 극소일 때의 함숫값'은 '극솟값'이 올바른 말이다.
극소치^{極小値}	어떤 함수가 극소일 때의 수치. 극솟치(×).
극솟값^{極小-}	어떤 함수가 극소일 때의 수치. 극소값(×).
극솟치(×)	'어떤 함수가 극소일 때의 수치'는 '극소치'가 올바른 말이다.
극쟁이, 극정이(×)	'쟁기와 비슷하게 생겨 땅을 가는 데 쓰는 농기구'는 '극젱이'가 올바른 말이다.
극젱이	쟁기와 비슷하게 생겨 땅을 가는 데 쓰는 농기구. 극쟁이·극정이(×).
근근이^{僅僅-}	어렵사리 겨우. 예 끼니도 잇기 어려울 정도로 근근이 버티며 열심히 노력하더니 크게 성공하였다. 근근히(×).
근근히(×)	'어렵사리 겨우'의 뜻으로 쓰이는 말은 '근근이'가 올바른 말이다.

그을리다
'그을리다'는 '그을다'의 피동사 또는 사동사이다.

그중
합성어이므로 '그중'처럼 붙여 쓴다.

극댓값^{極大-}
극댓값은 '極大'라는 한자어와 값이라는 순우리말이 어울려 이루어진 말로 사이시옷을 붙인다.

극대치^{極大値}
극대치는 極大値와 같이 한자어로만 이루어진 말이다. 한자어는 일부를 제외하고 사이시옷을 붙이지 않는다.

극성떨다^{極盛-}
'극성부리다'와 함께 복수 표준어이다.

극성스럽다^{極盛-}
'극성스럽다'의 어간 '극성스럽-' 뒤에 '-은'이 오면 어간 말음 'ㅂ'이 '우'로 변하므로, '극성스러운'처럼 써야 된다.

극솟값^{極小-}
극솟값은 '極小'라는 한자어와 값이라는 고유어가 어울려 이루어진 말로 사이시옷을 붙인다.

근근이^{僅僅-}
'근근이'는 끝 음절이 분명히 '-이'로 나므로 '근근히'가 아니라 '근근이'로 표기한다.

ㄱ

근대국(×)	'근대 잎으로 끓인 국'의 뜻으로 쓰이는 말은 '근댓국'이 올바른 말이다.	
근댓국	근대의 잎으로 끓인 국. 근대국(×).	
근드렁거리다	큰 물체가 매달려 조금 느리게 자꾸 흔들리다. 건드렁거리다(×).	**근드렁거리다** '-거리다'와 '-대다'는 동의어이다. 따라서 '건드렁거리다'가 비표준어이므로 '건드렁대다'도 비표준어이다.
근사값(×)	'근사계산으로 얻은 수치로 참값에 가까운 값'은 '근삿값'이 올바른 말이다.	
근사치^{近似値}	근사계산으로 얻은 참값에 가까운 수치. 근삿치(×).	
근삿값^{近似-}	근사계산으로 얻은 수치로 참값에 가까운 값. 근사값(×).	
근삿치(×)	'근사계산으로 얻은 참값에 가까운 수치'는 '근사치'가 올바른 말이다.	

근심스럽다　보기에 마음이 놓이지 않아 속을 태우는 데가 있다.

> **오류노트** 어머니는 다리를 다친 아들을 보며 <u>근심스런</u> 표정을 지으셨다. → 근심스러운.

근심스럽다
'근심스럽다'의 어간 '근심스럽-' 뒤에 '-은'이 오면 어간 말음 'ㅂ'이 '우'로 변하므로, '근심스러운'처럼 써야 된다.

글구(×)	'글의 구 혹은 절'의 뜻으로 쓰이는 말은 '글귀'가 올바른 말이다.	
글귀^{-句}	글의 구나 절. 예 일곱 살 때 글귀가 트인 그는 후에 큰 학자가 되었다. 글구(×).	**글귀^{-句}** '구'와 '귀'로 혼동이 심한 '句'의 음을 '구'로 통일하였다. 그러나 '句'의 훈과 음은 '글귀 구'이기 때문에 '글귀, 귀글'은 '귀' 형태를 인정한다.
글라이신^{glycine}	젤라틴·피브로인 등의 동물 단백질에 다량으로 함유되어 있는 단맛이 나는 아미노산. 글리신.	
글러브	권투, 야구, 하키, 펜싱 따위 운동 경기를 할 때 손에 끼는 장갑. 글로브(×).	**글라이신^{glycine}** '글리신'과 동의어로 쓰인다.
글로브(×)	'권투, 야구, 하키, 펜싱 따위 운동 경기를 할 때 손에 끼는 장갑'은 '글러브'가 올바른 말이다.	
글루코스^{glucose}	흰 결정으로, 단맛이 있고 물에 잘 녹으며 환원성이 있는 단당류의 하나. 글루코오스.	**글루코스^{glucose}** '글루코오스'와 동의어로 쓰인다.
글루코오스^{glucose}	흰 결정으로, 단맛이 있고 물에 잘 녹으며 환원성이 있는 단당류의 하나. 글루코스.	
글르다(×)	'어떤 일이 이치에 맞지 않다'의 뜻으로 쓰이는 말은 '그르다'가 올바른 말이다.	
글리신^{glycine}	젤라틴·피브로인 등의 동물 단백질에 다량으로 함유되어 있는 단맛이 나는 아미노산. 글라이신.	

글리코겐^{glycogen}	동물의 간장이나 근육 따위에 들어 있는 동물성 다당류. 글리코젠.	글리코겐^{glycogen} '글리코젠'과 동의어로 쓰인다.

글리코겐^{glycogen} 동물의 간장이나 근육 따위에 들어 있는 동물성 다당류. 글리코젠.

글장이(×) '글 쓰는 일을 직업적으로 하는 사람을 낮잡아 이르는 말'은 '글쟁이'가 올바른 말이다.

글쟁이 글 쓰는 일을 직업적으로 하는 사람을 낮잡아 이르는 말. 글장이(×).

금니 금으로 만든 이. 금이(×).

금새(×) '금시에'가 줄어든 말은 '금세'가 올바른 말이다.

금세 '금시에'가 줄어든 말 예 순미는 영리하여 어떤 질문도 금세 이해한다. 금새(×). [서울시 9급 '07]. [법원직 9급 '08]. [서울시 9급 '13]. [기상 9급 '13]. [지방직 9급 '15]

왜 '금세'로 써야 하는가?
'금새'로 잘못 쓰는 경우가 있다. '금세'는 '금시^{今時}'+'에'로 구성된 말이므로 '금새'가 아니라 '금세'로 써야 올바르다.

금실^{琴瑟} 부부간의 사랑. 금슬.

금싸라기^金 아주 드물고 귀중한 것. 예 금싸라기 같은 땅이라 팔지 않을 것이다. 금싸래기(×).

금싸래기(×) '아주 드물고 귀중한 것'은 '금싸라기'가 올바른 말이다.

금액난(×) '돈의 액수를 적는 난'은 '금액란'이 올바른 말이다.

금액란^{金額欄} 돈의 액수를 적는 난. 금액난(×).

금이^金(×) '금으로 만든 이'의 뜻으로 쓰이는 말은 '금니'가 올바른 말이다.

금주^{錦州}(×) '중국 랴오닝성^{遼寧省}의 공업 도시'는 '진저우'가 올바른 말이다.

금주만^{金州灣}(×) '중국 랴오닝반도^{遼寧半島} 서쪽에 있는 만'은 '진저우만'이 올바른 말이다.

금줄 부정한 것의 침범이나 접근을 막기 위하여 매는 새끼줄. 검줄(×).

금화^{金華}(×) '중국 저장성^{浙江省} 중부에 있는 도시'는 '진화'가 올바른 말이다.

글리코겐 71

급급이(×)　'매우 급하게'의 뜻으로 쓰이는 말은 '급급히'가 올바른 말이다.

급급히急急-　매우 급하게.

급냉(×)　'급속히 얼리거나 식힘'은 '급랭'이 올바른 말이다.

급랭急冷　급속히 얼리거나 식힘. 급냉(×).

급자기　미처 생각할 틈도 없이 매우 급하게. 급작이(×).

급작스럽다　미처 생각할 겨를이 없이 매우 급하게 일어난 데가 있다.

> ✔오류노트 그 조종사는 <u>급작스런</u> 사고로 두 눈을 잃었다.
> → 급작스러운.

급작이(×)　'미처 생각할 틈도 없이 매우 급하게'의 뜻으로 쓰이는 말은 '급자기'가 올바른 말이다.

기공률　다공질 재료에서 비어 있는 부분이 그 전체 부피에서 차지하는 비율. 기공율(×).

기다랗다　아주 길거나 예상했던 것보다 길다. 길다랗다(×).

기대값(×)　'어떤 사건이 일어날 때 얻어지는 양과 그 사건이 일어날 확률을 곱하여 얻어지는 가능성의 값'은 '기댓값'이 올바른 말이다.

기댓값期待-　어떤 사건이 일어날 때 얻어지는 양과 그 사건이 일어날 확률을 곱하여 얻어지는 가능성의 값. 기대치. 기대값(×).

기때(×)　'주전자의 부리같이 그릇의 한쪽에 바깥쪽으로 내밀어 만든 구멍'은 '귀때'가 올바른 말이다.

기련祁連(×)　'중국 간쑤성甘肅省 서쪽 치롄 산 지역'은 '치롄'이 올바른 말이다.

기련산祁連山(×)　'중국 간쑤성甘肅省 서쪽에 있는 산'은 '치롄산'이 올바른 말이다.

기륭基隆(×)　'대만 북부에 있는, 대만에서 가장 큰 항구 도시'는 '지룽'이 올바른 말이다.

-기 마련　명사 구실을 하도록 만드는 '-기'에 '마련'이 연결된 말. 예 사람은 어떤 상황에 부딪혀도 살아가기 마련이다.

기브스(×)　'석고 가루를 단단히 굳게 하여 만든 붕대'는 '깁스'가 올바른 말이다.

기사거리(×)　'잡지 따위에 실을 만한 소재'는 '기삿거리'가 올바른 말이다.

<hr>

급급히　부사의 끝음절이 '이'나 '히'로 소리 나는 것은 '히'로 표기한다.

급랭急冷　찰 '랭冷'이 두음법칙에 따라 단어의 첫머리에서는 ㄴ이 와서 '냉'으로 표기하고 두 번째 음절 이하에서는 '랭'으로 표기한다.

급자기　'갑자기'는 우리 귀에 익숙해져서 맞는 말이라는 것을 바로 알 수 있는데 '급자기'는 왠지 모르게 낯선 말이다. 그런데 '급자기'는 '갑자기'의 큰말로 옳은 표기이다.

급작스럽다　'급작스럽다'의 어간 '급작스럽-' 뒤에 '-은'이 오면 어간 말음 'ㅂ'이 '우'로 변하므로, '급작스러운'처럼 써야 된다.

기댓값期待-　'기댓값'은 한자어 '期待'와 순우리말 '값'이 합쳐진 말로 '값'이 [깝]으로 발음되므로 사이시옷을 붙인다.

'-기 마련'과 '-게 마련'　'-기 마련'과 '-게 마련' 모두 올바른 말이다. 예 비밀은 언젠가는 새어 (나가기, 나가게) 마련이다.

기산산맥祁山山脈(×)   '중국 간쑤성甘肅省과 칭하이성青海省 사이에 있는 산맥'은 '치산산맥'이 올바른 말이다.

기산岐山(×)   '중국 산시성陝西省에 있는 산'은 '치산산'이 올바른 말이다.

기삿거리記事-   잡지 따위에 실을 만한 소재. 기사거리(×).

기세부리다氣勢   남에게 자기의 기운이나 태도를 드러내 보이다.

기세피우다氣勢   남에게 자기의 기운이나 태도를 드러내 보이다.

기수淇水(×)   '중국 허난성河南省 안양시安陽市를 남서로 흐르는 강'은 '치수이강'이 올바른 말이다.

기스(×)   '어떤 물건의 이지러지거나 깨어지거나 상한 자국'은 '흠'이 올바른 말이다.

기승떨다氣勝-   성미가 강하고 억척스러워 좀처럼 굽히려고 하지 않다.

기승부리다氣勝-   성미가 강하고 억척스러워 좀처럼 굽히려고 하지 않다.

기양岐陽(×)   '중국 산시성陝西省의 치산산岐山山 남쪽에 있는 지역'은 '치양'이 올바른 말이다.

기어이期於-   어떠한 일이 있어도 꼭. 결국에 가서는. 기여이(×).

기어코期於-   어떠한 일이 있어도 꼭. 결국에 가서는.

-기에   어떤 원인이나 이유 또는 근거를 나타내는 말. 예 새로 전학 온 여자 친구가 얼마나 예쁘기에 모두들 잘 보이려고 하지? 비교 -길래. [복지 9급 '12]

기여이(×)   '어떠한 일이 있어도 꼭. 결국에 가서는'의 뜻으로 쓰이는 말은 '기어이'가 올바른 말이다.

기와장(×)   '기와 낱장'의 뜻으로 쓰이는 말은 '기왓장'이 올바른 말이다.

기와장이   기와를 지붕에 이는 일을 직업으로 삼는 사람. 기와쟁이(×).

기와쟁이(×)   '기와를 지붕에 이는 일을 직업으로 삼는 사람'은 '기와장이'가 올바른 말이다.

기와집   기와로 지붕을 인 집. 기왓집(×).

기왓장   기와 낱장. 기와장(×).

기왓집(×)   '기와로 지붕을 인 집'은 '기와집'이 올바른 말이다.

기우다(×)   '옷 등의 떨어지거나 해어진 곳에 다른 조각을 대거나 혹은 그대로 꿰매다'의 뜻으로 쓰이는 말은 '깁다'가 올바른 말이다.

오류노트 할머니가 구멍 난 양말을 <u>기우고</u> 계신다. → 깁고.

기세부리다氣勢
'기세피우다'와 함께 복수 표준어이다.

기세피우다氣勢
'기세부리다'와 함께 복수 표준어이다.

기승떨다氣勝-
'기승부리다'와 함께 복수 표준어이다.

기어이期於-
'기어코'와 함께 복수 표준어이다.

기어코期於-
'기어이'와 함께 복수 표준어이다.

-기에
'-기에'의 구어적 표현은 '-길래'이다.

기와집
뒷말의 첫소리가 된소리로 나지 않으므로 사이시옷을 받쳐 적지 않는다.

기울다	한쪽이 비스듬히 낮아지거나 비뚤어지다. 연습 '서쪽으로 (기욺, 기울음, 기욺)'의 뜻을 가진 한자를 쓰시오. → 기욺.
기입난(×)	'써넣는 난'의 뜻으로 쓰이는 말은 '기입란'이 올바른 말이다.
기입란記入欄	써넣는 난. 기입난(×).
기준률(×)	'근본이 되는 운율'은 '기준율'이 올바른 말이다.
기준시가基準時價	양도 또는 취득 당시의 실지 거래가액을 알 수 없는 경우에 과세 물건의 크기를 획일적인 방법으로 정한 과세 기준이 되는 가액. 기준싯가(×).
기준싯가(×)	'양도 또는 취득 당시의 실지 거래가액을 알 수 없는 경우에 과세 물건의 크기를 획일적인 방법으로 정한 과세 기준이 되는 가액'은 '기준시가'가 올바른 말이다.
기준율基準率	근본이 되는 운율. 기준률(×).
기지개	피곤할 때 몸을 펴고 팔다리를 뻗음. 기지게(×).
기지게(×)	'피곤할 때 몸을 펴고 팔다리를 뻗음'의 뜻으로 쓰이는 말은 '기지개'가 올바른 말이다.
기집애(×)	'시집 안 간 어린 여자 아이를 낮추어 이르는 말'은 '계집애'가 올바른 말이다.
기차간汽車間	기차 승객이나 짐이 들어갈 수 있게 만들어 놓은 칸. 기찻간(×).
기차길(×)	'기차가 오고 가는 길'의 뜻으로 쓰이는 말은 '기찻길'이 올바른 말이다.
기찻간(×)	'기차 승객이나 짐이 들어갈 수 있게 만들어 놓은 칸'은 '기차간'이 올바른 말이다.
기찻값(×)	'기차를 타는 데 치르는 돈'은 '기찻삯'이 올바른 말이다.
기찻길汽車-	기차가 다니는 길. 기차길(×). [국회 8급 '11]
기찻삯汽車-	기차를 타는 데 치르는 돈. 기찻값(×).
기탁하다寄託-	어떤 일을 부탁하여 맡겨 두다.

오류노트 사장님이 모교에 이천만 원을 <u>기탁키로</u> 결정하였다. → 기탁기로.

긱겁(×)	'잔뜩 겁을 먹음'의 뜻으로 쓰이는 말은 '끽겁'이 올바른 말이다.

기울다 어간 끝이 'ㄹ'인 말의 명사형은 'ㄹ' 뒤에 명사형 어미 '-ㅁ'을 붙여 'ㄻ'으로 쓴다.

기입란記入欄 '기입+난'의 형태. '난' 앞에 한자어가 오면 '란'으로 표기하고, 고유어나 외래어가 오면 '난'으로 표기한다.

기준율基準率 '기준+율/률'의 형태. 앞말이 받침이 없거나 (모음)'ㄴ' 받침 뒤에서는 '율'을 쓴다. 그 외에는 '률'을 쓴다. '기준'의 '준'이 'ㄴ' 받침으로 끝나는 경우이므로 '율'을 써서 '기준율'처럼 나타낸다.

기차간汽車間 '기차간'은 한자어만으로 이루어진 합성어이므로 사이시옷을 넣지 않는다.

기찻삯汽車- '배삯, 품삯, 바느질삯'과 같이 일을 하거나 혜택을 받고 품값으로 주는 돈을 말할 때는 '값'이 아니라 '삯'을 쓴다.

기탁하다寄託- '하기'가 줄 때는 '-하' 앞의 받침이 안울림소리(ㄱ, ㅂ, ㅅ)로 끝나는 경우 '기탁하기 → 기탁기'와 같이 '-하-' 전체가 준다.

길녁(×)	'길의 옆이나 부근'의 뜻으로 쓰이는 말은 '길녘'이 올바른 말이다.
길녘	길의 옆이나 부근. 예 가을을 맞아 길녘에 코스모스가 가득 피어 우리를 맞이해 준다. 길녁(×).
길다	두 물체의 끝이 서로 멀다. ⚠오류노트 잠을 자다 몇 번이나 깼다. 겨울밤은 얼마나 길<u>은지</u> 모르겠다. → 긴지.
길다랗다(×)	'아주 길거나 예상했던 것보다 길다'의 뜻으로 쓰이는 말은 '기다랗다'가 올바른 말이다.
-길래	'-기에'의 구어적 표현. 예 산 넘어 남촌에는 누가 살길래.
길안^{吉安}(×)	'중국 장시성^{江西省} 중부의 도시'는 '지안'이 올바른 말이다.
길앞잡이(×)	'길을 안내해 주는 사람이나 사물'은 '길잡이'가 올바른 말이다.
길잡이	길을 안내해 주는 사람이나 사물. 길앞잡이(×).
길죽길죽(×)	'여럿이 모두 약간 긴 모양'은 '길쭉길쭉'이 올바른 말이다.
길죽하다(×)	'약간 길다'의 뜻으로 쓰이는 말은 '길쭉하다'가 올바른 말이다.
길직하다(×)	'길이가 매우 긴 듯하다'의 뜻으로 쓰이는 말은 '길찍하다'가 올바른 말이다.
길쭉길쭉	여럿이 모두 약간 긴 모양. 길죽길죽(×).
길쭉이	약간 길게. 길쭉히(×).
길쭉하다	약간 길다. 예 손톱이 길쭉하다/코가 길쭉하다. 길죽하다(×).
길쭉히(×)	'약간 길게'의 뜻으로 쓰이는 말은 '길쭉이'가 올바른 말이다.
길찍하다	길이가 매우 긴 듯하다. 길직하다(×).
김	홍조류 보라털과의 조류. 해태(×).
김밥	김 위에 밥을 펴 놓고 여러 가지 반찬으로 소를 박아 둘둘 말아 싸서 썰어 먹는 음식. ⚠오류노트 다음과 같이 예사소리와 된소리 발음을 모두 인정한다. [김: 밥/김: 빱]
김치국(×)	'김치의 국물. 김치를 넣어 끓인 국'은 김칫국'이 올바른 말이다.

길다 '길다'의 어간에 '-ㄴ'이 결합하면 받침 'ㄹ'이 탈락하여 '긴'으로 된다.

길잡이 의미가 똑같은 형태가 몇 가지 있을 경우, 그 중 가장 널리 쓰이는 단어만을 표준어로 삼는다.

길쭉이 'ㄱ' 받침 뒤에 '이'가 오는 경우이다.

길쭉하다 흔히 '길죽하다'처럼 잘못 쓰는 경우가 있으므로 주의하자.

길찍하다 흔히 된소리 발음 표기가 잘못된 것이라고 판단하여 '길직하다'로 써야 한다고 생각하기 쉬우나 '길찍하다'가 올바른 말이다.

김치덥밥(×)	'김치를 볶아 밥 위에 얹어 먹는 음식'은 '김치덮밥'이 올바른 말이다.
김치덮밥	김치를 볶아 밥 위에 얹어 먹는 음식. 김치덥밥(×).
김치독(×)	'김치를 담는 오지그릇이나 질그릇'은 '김칫독'이 올바른 말이다.
김치찌개	김치를 넣어 끓인 찌개. 김치찌게(×).
김치찌게(×)	'김치를 넣어 끓인 찌개'는 '김치찌개'가 올바른 말이다.
김칫국	김치의 국물. 김치를 넣어 끓인 국. 김치국(×).
김칫독	김치를 담는 오지그릇이나 질그릇. 김치독(×).
깁다	옷 등의 떨어지거나 해어진 곳에 다른 조각을 대거나 혹은 그대로 꿰매다. 기우다(×).
깁스Gips	석고 가루를 단단히 굳게 하여 만든 붕대. 기브스(×). [법원 9급 '10]
깃들다	아늑하게 서려 들다. 감정, 생각, 노력 따위가 어리거나 스며 있다. [예] 해가 지고 어둠이 깃들었다. /어머니의 정성이 깃든 반찬. [비교] 깃들이다.
깃들이다	동물이나 사람 등이 어떤 장소에 살거나 그 장소에 자리 잡다. [예] 참새가 향나무 숲에 깃들였다. [충북 9급 '07]
깃저고리	깃과 섶을 달지 않은, 갓난아이의 저고리.
깊다랗다	매우 깊다. 깊따랗다(×).
깊따랗다(×)	'매우 깊다'의 뜻으로 쓰이는 말은 '깊다랗다'가 올바른 말이다.
깊숙이	매우 깊고 으슥하게. 깊숙히(×).
깊숙히(×)	'매우 깊고 으슥하게'의 뜻으로 쓰이는 말은 '깊숙이'가 올바른 말이다.
까까중	까까머리. 또는 그런 머리를 한 중.
까끄라기	보리 따위의 깔끄러운 수염. 깔그랑이(×).
까끄럽다(×)	'까끄라기 따위가 살에 닿아서 따끔거리는 느낌이 있다'의 뜻으로 쓰이는 말은 '깔끄럽다'가 올바른 말이다.
까다롭다	성미나 식성 따위가 원만하지 못하고 별스럽다. 까닭스럽다(×). [서울시 7급 '11]. [지방직 7급 '12]. [한국어교육검정 '12]

> **오류노트** 형은 식성이 너무 <u>까다로와</u> 안 먹는 음식이 너무나 많다. → 까다로워.

김칫국
'김치+국'은 순우리말끼리 합쳐진 말이며, '국'이 된소리로 나므로 사이시옷을 붙인다.

깃들다
'깃들다'가 기본형이므로 활용할 때에도 '깃들어'처럼 바뀐다. '깃들이어(깃들여)'로 쓰지 않도록 주의한다.

깃들이다
'깃들이다'가 기본형이므로 활용할 때에도 '깃들이어(깃들여)'처럼 바뀐다. '깃들어'로 쓰지 않도록 주의한다.

깃저고리
'배내옷', '배냇저고리'와 함께 복수 표준어이다.

깊숙이
'ㄱ' 받침 뒤에 '이'가 오는 경우이다.

까까중
'중대가리'와 함께 복수 표준어이다.

까다롭다
어간의 끝 'ㅂ'이 'ㅜ'로 바뀔 때에, 모음이 'ㅗ'인 단음절 어간 뒤에 결합하는 '-아'의 경우만 '와'로 적고(도와, 고와), 그 외는 모두 '워'로 표기한다.

까닭스럽다   '성미나 식성 따위가 원만하지 못하고 별스럽다'의 뜻으로 쓰이는 말은 '까다롭다'가 올바른 말이다.

까딱   고개 따위를 아래위로 가볍게 한 번 움직이는 모양. 예 선생님은 내 질문에 고개를 까딱하셨다. 까땍(×).

까딱하면   자칫하면, 약간이라도 실수를 하면. 예 까딱하면 1년 수고가 헛일이 되니 신중하게 해라. 까땍하면(×).

까딱하면
의미 차이가 없고 비슷한 발음의 몇 형태가 쓰일 경우, 그중 더 널리 쓰이는 한 형태만을 표준어로 삼는다.

까땍(×)   '고개 따위를 아래위로 가볍게 한 번 움직이는 모양'은 '까딱'이 올바른 말이다.

까땍하면(×)   '자칫하면, 약간이라도 실수를 하면'의 뜻으로 쓰이는 말은 '까딱하면'이 올바른 말이다.

까망(×)   '깜은 빛깔이나 물감'은 '깜장'이 올바른 말이다.

까맣다   깜깜한 밤처럼 짙게 검다. 연습 얼굴에 숯을 칠했는데 네가 보기에 어느 정도 (까맣니, 까마니)? → 까맣니, 까마니 모두 올 수 있다.

까맣다
'까맣다'의 어간 '까맣-'에 '-으니'가 붙어서 '까마니'처럼 활용한다.

까매지다   까맣게 되다. 까메지다(×).

까메지다(×)   '까맣게 되다'의 뜻으로 쓰이는 말은 '까매지다'가 올바른 말이다.

까매지다
양성 모음 다음에는 양성 모음이 오는 경우이다. '까'에 양성 모음이 있으므로 '메'가 아닌 '매'가 온다.

까무라지다(×)   '정신이 가물가물하여지다'의 뜻으로 쓰이는 말은 '까무러지다'가 올바른 말이다.

까무라치다(×)   '얼마 동안 정신을 잃고 죽은 사람처럼 기절하다'의 뜻으로 쓰이는 말은 '까무러치다'가 올바른 말이다.

까무러지다   정신이 가물가물하여지다. 까무라지다(×).

까무러치다   얼마 동안 정신을 잃고 죽은 사람처럼 기절하다. 예 어머니는 아들이 교통사고를 당했다는 소식을 듣고 까무러쳤다. 까무라치다(×).

까무러지다, 까무러치다
음성 모음 다음에는 음성 모음이 오는 경우이다. '무'에 음성 모음이 있으므로 '라'가 아닌 '러'가 온다.

까발기다(×)   '비밀 따위를 샅샅이 들추어내다'의 뜻으로 쓰이는 말은 '까발리다'가 올바른 말이다.

까발리다   비밀 따위를 샅샅이 들추어내다. 예 둘만의 비밀로 영원히 간직하겠다던 비밀을 모조리 까발렸다. 까발기다(×).

까스라기(×)   '풀이나 나무의 가시 부스러기'는 '가시랭이'가 올바른 말이다.

까슬까슬   피부나 물건의 거죽이 매끄럽지 않고 까칠한 모양. 까실까실(×).

'까스라기'와 '까끄라기'
'가시 부스러기'의 뜻으로는 '까스라기'는 틀리고 '가시랭이'가 올바른 말이다. '벼, 보리 따위의 낟알 껍질에 붙은 깔끄러운 수염'을 뜻하는 말은 '까끄라기'라고 쓴다.

까실까실(×)	'피부나 물건의 거죽이 매끄럽지 않고 까칠한 모양'은 '까슬까슬'이 올바른 말이다.
까옥	까마귀 우는 소리. 까욱(×).
까욱(×)	'까마귀 우는 소리'의 뜻으로 쓰이는 말은 '까옥'이 올바른 말이다.
까지	✔띄어쓰기 범위를 나타내는 말. 예 나가면서까지도 말썽을 피우는구나.
까치(×)	'가늘게 쪼갠 나무토막'은 '개비'가 올바른 말이다.
까치다리(×)	'선반 따위의 나무를 받치는 나무나 쇠'는 '까치발'이 올바른 말이다.
까치발	선반 따위의 나무를 받치는 나무나 쇠. 까치다리(×).
까탈스럽다	성미나 취향 따위가 원만하지 않고 별스러워 맞춰 주기에 어려운 데가 있다.
까페(×)	'커피나 술 혹은 가벼운 서양 음식을 파는 가게'의 뜻으로 쓰이는 말은 '카페'가 올바른 말이다.
깍다(×)	'금액을 낮추어 줄이다. 머리털이나 잔디 따위를 자르다'의 뜻으로 쓰이는 말은 '깎다'가 올바른 말이다.
깍다귀(×)	'생김새는 모기와 비슷하고 크기는 모기보다 더 큰 각다귓과의 곤충'은 '각다귀'가 올바른 말이다.
깍두기	무를 네모나게 썰어서, 고춧가루와 함께 양념하여 버무린 김치. 깍뚜기(×). [법원직 9급 '08]. [수능 '11학년도]. [국회 8급 '11]
깍듯이	예의범절을 매우 잘 갖추어. 예 삼촌은 아버지께 깍듯이 인사를 하신다. 깍듯히·깎듯히·깎듯이(×).
깍듯히, 깎듯히, 깎듯이(×)	'예의범절을 매우 잘 갖추어'의 뜻으로 쓰이는 말은 '깍듯이'가 올바른 말이다.
깍뚜기(×)	'무를 네모나게 썰어서, 고춧가루와 함께 양념을 하여 버무린 김치'는 '깍두기'가 올바른 말이다.
깍아지르다(×)	'벼랑 따위가 반듯하게 깎아 세운 듯 가파르다'는 '깎아지르다'가 올바른 말이다.
깍쟁이	남을 배려하는 데 인색한 사람. 깍정이(×).
깍정이(×)	'남을 배려하는 데 인색한 사람'은 '깍쟁이'가 올바른 말이다.
깍지	콩 따위의 꼬투리에서 알맹이를 까내고 남은 껍질. 깎지(×).

까지
'까지'는 조사이므로 앞말과 붙여 쓴다.

까치발
의미가 똑같은 형태의 단어가 몇 가지 있을 경우, 그중 가장 널리 쓰이는 단어만을 표준어로 삼는다.

까탈스럽다
'까탈스럽다'는 비표준어였으나 새로 표제어로 인정된 말이다. '까탈스럽다'는 '가탈스럽다'보다 센 느낌을 주는 말이다.

깍두기
'ㄱ, ㅂ' 받침 뒤에서 나는 된소리는, 같은 음절이나 비슷한 음절이 겹쳐 나는 경우가 아니면 된소리로 적지 않는다.

깍듯이
기본형 '깍듯하다'는 '깎다'의 뜻과 관계가 없는 말이다. 또 분명히 '이'로 소리 나므로 '히'로 표기하지 않는다.

깍쟁이
'깍쟁이'는 모음의 발음 변화를 인정하여, 발음이 바뀌어 굳어진 형태를 표준어로 삼은 말이다.

깍지
'깍지'는 '열 손가락을 서로 엇갈리게 바짝 맞추어 잡은 상태'의 뜻으로도 쓰인다.

깍지방(×)	'콩깍지를 보관하는 방'은 '깍짓방'이 올바른 말이다.
깍지손(×)	'깍지 낀 손. 또는 활시위를 잡아당기는 손'은 '깍짓손'이 올바른 말이다.
깍짓방	콩깍지를 보관하는 방. 깍지방(×).
깍짓손	깍지 낀 손. 또는 활시위를 잡아당기는 손. 깍지손(×).
깎다	금액을 낮추어 줄이다. 머리털이나 잔디 따위를 자르다. 깍다(×).
깎아지르다	벼랑 따위가 반듯하게 깎아 세운 듯 가파르다. 깍아지르다(×).
깍지(×)	'콩 따위의 꼬투리에서 알맹이를 까내고 남은 껍질'은 '깍지'가 올바른 말이다.
깐보다(×)	'남을 하찮게 낮추어 보다'의 뜻으로 쓰이는 말은 '깔보다'가 올바른 말이다.
깔금하다(×)	'생김새 따위가 매끈하고 깨끗하다'의 뜻으로 쓰이는 말은 '깔끔하다'가 올바른 말이다.
깔끄랑이(×)	'보리 따위의 깔끄러운 수염'은 '까끄라기'가 올바른 말이다.
깔끄럽다	까끄라기 따위가 살에 닿아서 따끔거리는 느낌이 있다. 까끄럽다(×).
깔끔하다	생김새 따위가 매끈하고 깨끗하다. 깔금하다(×).
깔대기, 깔다기(×)	'액체를 병 따위에 부을 때에 쓰는 삼각형 모양의 기구'는 '깔때기'가 올바른 말이다.
깔딱(×)	'딸꾹질하는 소리'는 '딸꾹'이 올바른 말이다.
깔때기	액체를 병 따위에 부을 때에 쓰는 삼각형 모양의 기구. 깔대기·깔다기(×).
깔보다	남을 하찮게 낮추어 보다. 예 자기보다 약한 사람을 깔보는 일은 좋지 않다. 깐보다(×).
깔쭈기(×)	'둘레를 톱니처럼 깔쭉깔쭉한 모양으로 만든 주화'는 '깔쭉이'가 올바른 말이다.
깔쭉이	둘레를 톱니처럼 깔쭉깔쭉한 모양으로 만든 주화. 깔쭈기(×)
깜박이(×)	'자동차의 방향 지시등'은 '깜빡이'가 올바른 말이다.
깜부기	보리 등이 깜부깃병에 걸려서 이삭이 까맣게 된 것. 깜북이(×).
깜북이(×)	'보리 등이 깜부깃병에 걸려서 이삭이 까맣게 된 것'은 '깜부기'가 올바른 말이다.

깍짓손
'깍지+손'은 순우리말끼리 합쳐진 말이며, '손'이 된소리로 나므로 사이시옷을 붙인다.

깐보다
'깐보다'가 '어떤 형편이나 기회에 대하여 마음속으로 가늠하다'의 뜻으로 쓰일 때에는 올바른 말이다.

깔때기
한 단어 안에서 'ㄴ, ㄹ, ㅁ, ㅇ' 받침 다음이 된소리로 나면 다음 음절의 첫소리를 된소리로 표기한다.

깔쭉이
'-하다'나 '-거리다'가 붙는 어근에 '-이'가 붙어서 명사가 된 것은 그 원형을 밝히어 적는다.

깜빡이 자동차의 방향 지시등. 깜박이(×).

깜장 깜은 빛깔이나 물감. 까망(×).

깡다구 매우 끈질기게 버텨 나가는 오기. 예 벌써 사흘째 물 한 모금 먹지 않고 단식하는 걸 보면 그 친구 깡다구 하나는 대단해. 깡다귀(×).

깡다귀(×) '매우 끈질기게 버텨 나가는 오기'의 뜻으로 쓰이는 말은 '깡다구'가 올바른 말이다.

깡똥 조금 짧은 다리로 가볍게 뛰는 모양. 깡뚱(×).

깡뚱(×) '조금 짧은 다리로 가볍게 뛰는 모양'은 '깡똥'이 올바른 말이다.

깡보리밥(×) '보리쌀로만 지은 밥'은 '꽁보리밥'이 올바른 말이다.

깡소주(×) '안주 없이 먹는 소주'는 '강소주'가 올바른 말이다.

깡술(×) '안주 없이 마시는 술'은 '강술'이 올바른 말이다.

깡쫑(×) '짧은 다리를 모으고 힘 있게 솟구쳐 뛰는 모양'은 '깡쭝'이 올바른 말이다.

깡쭝 짧은 다리를 모으고 힘 있게 솟구쳐 뛰는 모양. 예 어린 동생이 깡충 뛰며 놀고 있다. 깡쫑(×).

깡총(×) '짧은 다리를 한데 모으고 힘차게 솟구쳐 뛰는 모양'은 '깡충'이 올바른 말이다.

깡총깡총(×) '짧은 다리를 한데 모으고 힘차게 자꾸 솟구쳐 뛰는 모양'은 '깡충깡충'이 올바른 말이다.

깡충 짧은 다리를 한데 모으고 힘차게 솟구쳐 뛰는 모양. 깡총(×).

깡충깡충 짧은 다리를 한데 모으고 힘차게 자꾸 솟구쳐 뛰는 모양. 깡총깡총(×). [수능 '06학년도]. [국어능력인증 '07]. [복지 9급 '11]. [한국어교육검정 '11]. [군무원 9급 '22]

깨꽃 꿀풀과의 한해살이풀. 깻꽃(×).

깨끗이 사물이 더럽지 않게. 빛깔 따위가 흐리지 않고 맑게. 깨끗히(×). [경찰대 '08]. [공사·공단 언어 능력]. [지방직 7급 '15]

깨끗하다 사물이 더럽지 않다. 빛깔 따위가 흐리지 않고 맑다.

✏️오류노트 ¹옷차림이 깨끗치 못하다. → 깨끗지. ²마을 어귀가 깨끗찮다. → 깨끗잖다. [국가직 7급 '07]. [공사·공단 언어 능력]

깜장 의미 차이가 없고 비슷한 발음의 몇 형태가 쓰일 경우, 그중 더 널리 쓰이는 한 형태만을 표준어로 삼는다.

깡똥 '강동'보다 아주 센 느낌을 주는 말이다.

깡쭝 '강중'보다 아주 센 느낌을 주는 말이다.

깡충 양성 모음이 음성 모음으로 바뀌어 굳어진 단어는 음성 모음 형태를 표준어로 삼는다.

깡충깡충 양성 모음이 음성 모음으로 바뀌어 굳어진 단어는 음성 모음 형태를 표준어로 삼는다.

깨끗이 부사의 끝음절이 분명히 '이'로만 소리 나므로 '이'로 표기한다.

깨끗하다 '-하' 앞의 받침이 'ㄱ', 'ㄷ', 'ㅂ', 'ㅅ'일 경우에는 '-하' 전체가 줄어든다. '깨끗하지'에서 '-하' 앞의 받침이 'ㅅ'이므로 '-하' 전체가 줄어 '깨끗지, 깨끗고'와 같은 형태가 된다.

깨끗히(×)	'사물이 더럽지 않게. 빛깔 따위가 흐리지 않고 맑게'의 뜻으로 쓰이는 말은 '깨끗이'가 올바른 말이다.
깨뜨리다, 깨트리다	단단한 물건을 쳐서 조각나게 하다. 예 병아리들이 단단한 알껍데기를 깨뜨리고 알에서 깨어나 삐악거리고 있다. 깨치다(×).
깨묵(×)	'깨를 기름을 짜고 남은 찌꺼기'는 '깻묵'이 올바른 말이다.
깨잎(×)	'깨의 잎'은 '깻잎'이 올바른 말이다.
깨치다(×)	'단단한 물건을 쳐서 조각나게 하다'의 뜻으로 쓰이는 말은 '깨뜨리다'가 올바른 말이다.
깻꽃(×)	'꿀풀과의 한해살이풀'은 '깨꽃'이 올바른 말이다.
깻묵	깨를 기름을 짜고 남은 찌꺼기. 깨묵(×).
깻잎	깨의 잎. 예 깻잎 된장. 깨잎(×). [국회 8급 '12]
꺼꾸로(×)	'순서나 방향 따위가 반대로 되게'의 뜻으로 쓰이는 말은 '거꾸로'가 올바른 말이다.
꺼름칙하다, 꺼림직하다(×)	'마음에 걸려 매우 언짢은 느낌이 있다'의 뜻으로 쓰이는 말은 '꺼림칙하다'가 올바른 말이다.
꺼리다	어떤 일이 해가 될까 봐 싫어하거나 피하다.
꺼림칙하다	마음에 걸려 매우 언짢은 느낌이 있다. 예 어린 동생한테 잘해 주지 않고 함부로 대한 것이 꺼림칙하다. 꺼름칙하다·꺼림직하다(×).
꺼무숙하다(×)	'약간 껌다'의 뜻으로 쓰이는 말은 '꺼뭇하다'가 올바른 말이다.
꺼무테테하다(×)	'어지럽고 깨끗지 않을 정도로 탁하게 꺼무스름하다'의 뜻으로 쓰이는 말은 '꺼무튀튀하다'가 올바른 말이다.
꺼무튀튀하다	어지럽고 깨끗지 않을 정도로 탁하게 꺼무스름하다. 예 오랫동안 햇볕에 노출되어 피부가 꺼무튀튀하게 변하였다. 꺼무테테하다(×).
꺼뭇하다	약간 껌다. 예 밤길을 가는데 꺼뭇한 물체가 내 옆을 재빨리 스쳐 지나갔다. 꺼무숙하다(×).
꺼스러기(×)	'손톱이나 발톱 뒤의 살 껍질 또는 나무의 결 따위가 가시처럼 터져 나타나는 부분'은 '거스러미'가 올바른 말이다.
꺼스렁이(×)	'손톱이나 발톱 뒤의 살 껍질 또는 나무의 결 따위가 가시처럼 터져 나타나는 부분'은 '거스러미'가 올바른 말이다.

'깨뜨리다'와 '깨치다'
'공식을 깨치다'에서처럼 '일의 이치 따위를 깨달아 알다'는 '깨치다'로 쓴다는 것에 주의하자.

깻묵
순우리말로 된 합성어로서 앞말이 모음으로 끝난 경우, 뒷말의 첫소리 'ㄴ, ㅁ' 앞에서 'ㄴ' 소리가 덧나는 것은 사이시옷을 붙인다.

깻잎
순우리말로 된 합성어로서 앞말이 모음으로 끝난 경우, 뒷말의 첫소리 모음 앞에서 'ㄴㄴ' 소리가 덧나는 것은 사이시옷을 붙인다.

꺼리다
'삼가하다'는 틀리고 '삼가다'가 맞는 것에서 '꺼려하다'는 틀리고 '꺼리다'가 맞는 표기로 유추하는 경우가 있으나 '꺼려하다'도 맞는 표기이다.

꺼뭇하다
'꺼무스름하다'와 복수 표준어이다.

꺼슬꺼슬	살결 따위의 거죽이 꺼칠하거나 뻣뻣한 모양. 꺼실꺼실(×).	꺼슬꺼슬 '꺼슬꺼슬'보다 여린 느낌을 주는 말은 '거슬거슬'이다.
꺼시러기(×)	'손톱이나 발톱 뒤의 살 껍질 또는 나무의 결 따위가 가시처럼 터져 나타나는 부분'은 '거스러미'가 올바른 말이다.	
꺼실꺼실(×)	'살결 따위의 거죽이 꺼칠하거나 뻣뻣한 모양'은 '꺼슬꺼슬'이 올바른 말이다.	
꺼풀	여러 겹으로 이루어진 껍질 혹은 껍데기의 층을 세는 단위. 거풀(×).	꺼풀 '꺼풀'과 '까풀'은 복수 표준어이다. 그러므로 '쌍꺼풀'과 '쌍까풀', '눈꺼풀'과 '눈까풀'도 모두 복수 표준어이다.
꺽쇠(×)	'두 개의 물체가 벌어지지 않도록 양 끝을 꺾어 'ㄷ' 자 모양으로 만든 쇠토막'은 '꺾쇠'가 올바른 말이다.	
꺾쇠	두 개의 물체가 벌어지지 않도록 양 끝을 꺾어 'ㄷ' 자 모양으로 만든 쇠토막. 꺽쇠(×).	꺾쇠 '꺾쇠'에서 '꺾-'은 '꺾다'의 어근이다.
껄떼기(×)	'횡격막이 떨려 들숨이 방해 받아 목구멍에서 잇따라 소리가 나는 증세'는 '딸꾹질'이 올바른 말이다.	
껍데기	사물의 겉을 싸고 있는 단단한 물질. [법원직 9급 '08]. [경찰대 '08]	'껍질'과 '껍데기' 달걀이나 조개 따위의 겉부분은 단단하므로 '껍질'로 쓰지 않고 '껍데기'로 써야 한다. 또 '껍떼기'처럼 된소리로 잘못 표기하지 않도록 하자.
껍벅(×)	'큰 눈이 갑자기 잠깐 감겼다 뜨이는 모양'은 '끔뻑'이 올바른 말이다.	
껍벅껍벅(×)	'빛 따위가 어두워졌다 밝아졌다 하는 모양. 큰 눈이 자꾸 감겼다 뜨였다 하는 모양'은 '끔뻑끔뻑'이 올바른 말이다.	
꿱꿱(×)	'목청을 높여 자꾸 세게 지르는 소리'는 '꿱꿱'이 올바른 말이다.	
껴얹다(×)	'액체나 가루 따위를 흩어지게 뿌리다'의 뜻으로 쓰이는 말은 '끼얹다'가 올바른 말이다.	
꼬기꼬기(×)	'고겨져서 잔금이 생기게 자꾸 고기는 모양'은 '꼬깃꼬깃'이 올바른 말이다.	
꼬깃꼬깃	고겨져서 잔금이 생기게 자꾸 고기는 모양. 예 범인의 호주머니에서 사건의 내막이 기록된 꼬깃꼬깃한 메모지가 발견되었다. 꼬기꼬기(×).	
꼬까	어린아이의 알록달록하고 고운 옷이나 신발 따위를 이르는 말.	꼬까 '고까', '때때'와 함께 복수 표준어이다.
꼬까신	어린아이의 알록달록하고 고운 신을 이르는 말.	꼬까신 '고까신', '때때신'과 함께 복수 표준어이다.
꼬까옷	어린아이의 알록달록하고 고운 옷을 이르는 말.	꼬까옷 '고까옷', '때때옷'과 함께 복수 표준어이다.
꼬깔(×)	'농악대 따위가 쓰는 위 끝이 뾰족하게 생긴 모자'는 '고깔'이 올바른 말이다.	

꼬냑(×)	'프랑스 코냐크 지방에서 생산하는 고급 술'은 '코냑'이 올바른 말이다.

'꼬냑'은 틀린 말
무성 파열음(p, t, k)은 거센소리(ㅍ, ㅌ, ㅋ)로 적는다.

꼬느다   [1]다소 무게가 나가는 물건의 한쪽 끝을 잡고 위로 올려 들어서 내뻗치다. 예 학생들이 두 손으로 의자를 꼬느고 벌을 서고 있다. [2]마음을 단단히 가다듬고 벼르다. 예 그는 원수에게 굴욕을 당한 후 복수할 날만을 꼬느고 있다. 꼲다(×).

꼬라비(×)   '차례의 맨 끝은 '꼴찌'가 올바른 말이다.

꼬로록, 꼬르르(×)   '배 속에서 끓는 소리'는 '꼬르륵'이 올바른 말이다.

꼬르륵   배 속에서 끓는 소리. 예 이틀을 꼬박 굶었더니 꼬르륵 소리가 난다. 꼬로록·꼬르르(×).

꼬르륵
'꼬르륵'의 큰말은 '꾸르륵'이다.

꼬리깃(×)   '새, 닭 따위의 꽁지와 깃'은 '꽁지깃'이 올바른 말이다.

꼬리표   화물이나 우편 등으로 물건을 부칠 때, 주소나 이름 따위를 적어 매다는 표. 꼬릿표(×).

꼬릿표(×)   '화물이나 우편 등으로 물건을 부칠 때, 주소나 이름 따위를 적어 매다는 표'는 '꼬리표'가 올바른 말이다.

꼬리표
비유적으로 '어떤 사람에게 늘 따라다니는 좋지 못한 평판'의 뜻으로 쓰이기도 한다.

꼬마동이(×)   '어린아이를 귀엽게 이르는 말'은 '꼬마둥이'가 올바른 말이다.

꼬마둥이   어린아이를 귀엽게 이르는 말. 꼬마동이(×).

꼬마둥이
'-동이'는 '-둥이'의 잘못된 말이다.

꼬막   껍데기에 부챗살 모양의 도드라진 줄기가 있는 돌조갯과의 조개. 고막(×).

꼬불탕꼬불탕   여러 부분이 느슨하게 고부라져 있는 모양. 예 외할머니 댁은 버스에서 내려 꼬불탕꼬불탕한 산길을 한 시간 정도 가야 나온다. 꼬불통꼬불통(×).

꼬막
흔히 '꼬막'을 이유 없이 된소리로 잘못 쓰는 말이라고 착각하여 '고막'이 옳다고 생각하기 쉬우나 '꼬막'이 맞는 말이다.

꼬불통꼬불통(×)   '여러 부분이 느슨하게 고부라져 있는 모양'은 '꼬불탕꼬불탕'이 올바른 말이다.

꼬시다   '꾀다'를 속되게 이르는 말.

꼬이다   남을 속이거나 부추겨서 자기 의도대로 끌다.

꼬시다
'꼬시다'는 비표준어였으나 표준어로 인정된 말이다.

꼬임질(×)   '남을 꾀어넘기는 일'의 뜻으로 쓰이는 말은 '꾐질'이 올바른 말이다.

꼬잡다(×)   '손톱 따위로 살을 당기거나 비틀다'의 뜻으로 쓰이는 말은 '꼬집다'가 올바른 말이다.

꼬장물(×)   '무엇을 씻거나 빨거나 흐리게 하여 혼탁하거나 더러워진 물'은 '고장물'이 올바른 말이다.

꼬질대(×)	'총열 안을 청소하거나 총포에 화약을 잴 때 사용하는 쇠 꼬챙이'는 '꽂을대'가 올바른 말이다.
꼬집다	손톱 따위로 살을 당기거나 비틀다. 예 화가 난 동생이 손톱으로 어깨를 꼬집었다. 꼬잡다(×).
꼬창이(×)	'끝이 뾰족하고 가늘면서 긴 쇠나 나무 따위의 물건'은 '꼬 챙이'가 올바른 말이다.
꼬챙이	끝이 뾰족하고 가늘면서 긴 쇠나 나무 따위의 물건. 꼬창 이(×).
꼬치(×)	'곤충의 알, 애벌레 따위를 보호하기 위해 벌레가 실을 내 어 지은 집'은 '고치'가 올바른 말이다.
꼭	어떤 일이 있어도 틀림없이. 조금도 어김없이. 꼭히(×).
꼭두각시	남의 부림에 따라 움직이는 사람 또는 조직. 꼭둑각시(×). [국가직 7급 '07]
꼭둑각시(×)	'남의 부림에 따라 움직이는 사람 또는 조직'은 '꼭두각시' 가 올바른 말이다.
꼭지미역	낱올로 된 것을 한 줌 안에 들어올 만큼씩 모아서 잡아맨 미역. 총각미역(×).
꼭지점(×)	'각을 이루고 있는 두 변이 만나는 점'은 '꼭짓점'이 올바 른 말이다. [국가직 9급 '21]
꼭짓점	각을 이루고 있는 두 변이 만나는 점. 꼭지점(×).
꼭히(×)	'어떤 일이 있어도 틀림없이. 조금도 어김없이'의 뜻으로 쓰이는 말은 '꼭'이 올바른 말이다.
꼲다(×)	'다소 무게가 나가는 물건의 한쪽 끝을 잡고 위로 올려 들 어서 내뻗치다'의 뜻으로 쓰이는 말은 '꼬느다'가 올바른 말이다.
꼴뚜기	꼴뚜깃과의 바닷물고기. 꼴뚝이(×).
꼴찌	차례의 맨 끝. 꼬라비(×).
꼼꼼이(×)	'허점이 없이 차분하고 조심스럽게'의 뜻으로 쓰이는 말 은 '꼼꼼히'가 올바른 말이다.
꼼꼼장이(×)	'허점이 없이 차분하고 조심스럽게 행동하는 사람'은 '꼼 꼼쟁이'가 올바른 말이다.
꼼꼼쟁이	헛점이 없이 차분하고 조심스럽게 행동하는 사람. 꼼꼼장 이(×).

꼬집다
'꼬집다'의 피동형은 '꼬집히다'이다. '꼬잡다'는 잘못된 말이며, 이것의 피동형인 '꼬잡히다' 역시 잘못된 말이다.

꼭두각시
의미 차이가 없고 비슷한 발음의 몇 형태가 쓰일 경우, 그중 더 널리 쓰이는 한 형태만을 표준어로 삼는다.

꼭짓점
'꼭지+점'은 순우리말끼리 합쳐진 말이며, '점'이 된소리로 나므로 사이시옷을 붙인다.

꼼꼼히	허점이 없이 차분하고 조심스럽게. [예] 문제를 꼼꼼히 읽어야 답을 제대로 구해 낼 수가 있다. 꼼꼼이(×). [수능모의 '03학년도]. [한국어교육검정 '11]
꼽사등이(×)	'등이 굽고 큰 혹 같은 것이 튀어 나온 사람'은 '곱사등이'가 올바른 말이다.
꽁무니바람	뒤쪽에서 불어오는 바람. 꽁지바람(×).
꽁보리밥	보리쌀로만 지은 밥. 깡보리밥·맨보리밥(×).
꽁수줄(×)	'연의 꽁숫달에 매어 가운데 줄과 한군데로 모이는 줄'은 '꽁숫줄'이 올바른 말이다.
꽁숫줄	연의 꽁숫달에 매어 가운데 줄과 한군데로 모이는 줄. 꽁수줄(×).
꽁지깃	새, 닭 따위의 꽁지와 깃. 꼬리깃(×).
꽁지바람(×)	'뒤쪽에서 불어오는 바람'은 '꽁무니바람'이 올바른 말이다.
꽁짜(×)	'일을 하거나 돈을 들이지 않고 거저 얻은 물건'은 '공짜'가 올바른 말이다.
꽁트(×)	'단편 소설보다 짧은 소설, 혹은 프랑스의 실증주의 작가'는 '콩트'가 올바른 말이다.
꽂을대	총열 안을 청소하거나 총포에 화약을 잴 때 사용하는 쇠꼬챙이. 꼬질대(×).
꽃도미	참돔과 비슷하나 크기는 다소 작으며 색이 붉은 도밋과의 바닷물고기. 청록색의 작은 얼룩점이 흩어져 있다.
꽃받기(×)	'꽃잎을 제일 바깥쪽에서 받치고 있는 꽃의 보호 기관'은 '꽃받침'이 올바른 말이다.
꽃받침	꽃잎을 바깥쪽에서 받치고 있는 꽃의 보호 기관. 꽃받기(×).
꽃봉오리	꽃망울만 맺히고 아직 피지 않은 꽃. [예] 꽃봉오리가 막 터질 듯이 부풀어 있었다. 꽃봉우리(×).
꽃봉우리(×)	'꽃망울만 맺히고 아직 피지 않은 꽃'은 '꽃봉오리'가 올바른 말이다.
꽃향기香氣	꽃에서 나는 향내. 꽃내.
꽃향내香	꽃에서 나는 향내. 꽃향기.
꾀까다롭다	괴상하고 별스럽게 까다롭다. [예] 그는 성미가 꾀까다로워서 사람들이 곁에 가기를 꺼린다. 꾀까닭스럽다(×).

꼼꼼히
부사의 끝음절이 '이'나 '히'로 소리 나는 것은 '히'로 표기한다.

꽁숫줄
순우리말로 된 합성어로서 앞말이 모음으로 끝난 경우, 뒷말의 첫소리가 된소리로 나는 것은 사이시옷을 붙인다.

꽁짜
'꽁짜'처럼 된소리로 표기하는 경우가 있으나 '공짜'가 올바른 말이다.

꽃도미
'붉돔'과 함께 복수 표준어이다.

꽃받기
'은산 별신제의 의식 절차'의 뜻으로 쓰일 때는 '꽃받기'가 올바른 말이다.

'봉오리'와 '봉우리'
'봉오리'는 꽃을 말할 때, '봉우리'는 산을 말할 때 쓴다.

꽃향기
'꽃향내'와 함께 복수 표준어이다.

꽃향내
'꽃향기'와 함께 복수 표준어이다.

꾀까닭스럽다(×) '괴상하고 별스럽게 까다롭다'의 뜻으로 쓰이는 말은 '꾀까다롭다'가 올바른 말이다.

꾀다 ¹사람이 한곳에 모이다. ²벌레가 한곳에 모여들어 뒤끓다. ³남을 유혹하다. 꾀이다(×).

꾀병장이(×) '꾀병을 잘 부리는 사람'은 '꾀병쟁이'가 올바른 말이다.

꾀병쟁이 꾀병을 잘 부리는 사람. 예 내 친구는 몸이 조금 아파도 결석을 하는 꾀병쟁이다. 꾀병장이(×).

꾀병쟁이
기술자에게는 '-장이'가 붙는 형태를, 그 외에는 '-쟁이'가 붙는 형태를 표준어로 삼는다.

꾀이다(×) '사람이 한곳에 모이다. 벌레가 한곳에 모여들어 뒤끓다. 남을 유혹하다'의 뜻으로 쓰이는 말은 '꾀다'가 올바른 말이다.

꾀임(×) '어떠한 일을 할 기분이 생기도록 남을 꾀어 속이거나 부추기는 일'은 '꾐'이 올바른 말이다.

> **'꾀임'이 왜 틀린 말일까?**
> '꾐'은 '꾀다'의 명사형이다. 즉 기본형이 '꾀다'이므로 '꾀고', '꾀니', '꾐' 등으로 활용한다. 기본형이 '꾀이다'라면 '꾀이고', '꾀이니', '꾀임' 등으로 활용할 것이나, '꾀이다'는 잘못된 말이다.

꾀장이(×) '꾀를 잘 쓰는 사람'은 '꾀쟁이'가 올바른 말이다.

꾀쟁이 꾀를 잘 쓰는 사람. 꾀장이(×).

꾐 어떠한 일을 할 기분이 생기도록 남을 꾀어 속이거나 부추기는 일. 예 사기꾼의 꾐에 넘어가다. 꾀임(×).

꾐질 남을 꾀어넘기는 일. 예 그는 남의 꾐질에 잘 속아 넘어간다. 꼬임질(×).

꾸다(×) '방귀를 몸 밖으로 내보내다'의 뜻으로 쓰이는 말은 '뀌다'가 올바른 말이다.

꾸러미 꾸리어 싼 물건. 예 어머니가 시장에서 달걀 꾸러미를 사 오셨다. 꾸레미(×).

꾸러미
'달걀 열 개를 묶어 세는 단위'의 뜻으로도 쓰인다.

꾸레미(×) '꾸리어 싼 물건'은 '꾸러미'가 올바른 말이다.

꾸르르(×) '배 속이 매우 끓는 소리. 액체가 빈 구멍을 빠져나가는 큰 소리'는 '꾸르륵'이 올바른 말이다.

꾸르륵 배 속이 매우 끓는 소리. 액체가 빈 구멍을 빠져나가는 큰 소리. 꾸르르(×).

꾸불텅꾸불텅
'꾸불텅꾸불텅'의 작은말은 '꼬불탕꼬불탕'이다.

꾸불텅꾸불텅 길 따위가 느슨하게 구부러져 있는 모양. 꾸불통꾸불통(×).

꾸불통꾸불통(×)	'길 따위가 느슨하게 구부러져 있는 모양'은 '꾸불텅꾸불텅'이 올바른 말이다.
꾸시렁거리다(×)	'마음에 들지 않아 군소리를 듣기 싫게 자꾸 하다'의 뜻으로 쓰이는 말은 '구시렁거리다'가 올바른 말이다.
꾸어주다(×)	'돈 따위를 후에 받기로 하고 남에게 빌려주다'의 뜻으로 쓰이는 말은 '뀌어주다'가 올바른 말이다.
꾸지람	아랫사람의 잘못을 꾸짖는 말. 꾸지럼(×).
꾸지럼(×)	'아랫사람의 잘못을 꾸짖는 말'은 '꾸지람'이 올바른 말이다.
-꾼	어떤 일을 습관적 또는 전문적으로 하는 사람. 예 사냥꾼./낚시꾼./품팔이꾼. -군(×).
꿀꾸리(×)	'돼지의 어린이말'은 '꿀꿀이'가 올바른 말이다.
꿀꿀이	돼지의 어린이말. 꿀꾸리(×)
꿋꿋이	의지, 태도, 마음가짐, 결심 따위가 매우 굳세게. 예 여러분은 살면서 어떤 어려움이 닥치더라도 꿋꿋이 버티고 자라 훌륭한 사람이 되길 바랍니다. 꿋꿋히(×)
꿋꿋히(×)	'의지, 태도, 마음가짐, 결심 따위가 매우 굳세게'의 뜻으로 쓰이는 말은 '꿋꿋이'가 올바른 말이다.
꿍꿍이셈	남에게 감추고 속으로만 일을 꾸며 우물쭈물하는 속셈. 예 하루 종일 방에 틀어박혀 있는 것을 보니 무슨 꿍꿍이셈이라도 있는 모양이군. 꿍수(×).
꿍수(×)	'남에게 감추고 속으로만 일을 꾸며 우물쭈물하는 속셈'은 '꿍꿍이셈'이 올바른 말이다.
꿱꿱	목청을 높여 자꾸 세게 지르는 소리. 꾁꾁(×).
뀌다	방귀를 몸 밖으로 내보내다. 꾸다(×).
뀌어주다	돈 따위를 후에 받기로 하고 빌려주다. 예 한 달 전에 뀌어준 돈을 아직까지도 받지 못하고 있다. 꾸어주다(×).
끄나불(×)	'남의 앞잡이 노릇을 하는 사람'은 '끄나풀'이 올바른 말이다.
끄나풀	남의 앞잡이 노릇을 하는 사람. 끄나불(×). [경북교육 9급 '10]. [한국마사회 '11]. [서울시 9급 '16]
끄덩이	머리털, 실 따위의 뭉친 끝. 끄뎅이(×).
끄뎅이(×)	'머리털, 실 따위의 뭉친 끝'의 뜻으로 쓰이는 말은 '끄덩이'가 올바른 말이다.

꾸어주다
'꾸어주다'는 잘못된 말 '뒤에 도로 갚기로 하고 남의 것을 얼마 동안 빌려 쓰다'의 뜻으로 쓰이는 말이 '꾸다'인 데서 유추하여 '꾸어주다'가 맞는 말로 혼동하기 쉬우므로 주의하자.

꾼
'-꾼'을 흔히 '-군'으로 잘못 쓰기 쉽다. 그런데 어떤 일을 습관적으로 또는 전문적으로 하는 사람의 뜻으로 '-군'이 쓰이지는 않는다.

꿀꿀이
'-하다'나 '-거리다'가 붙는 어근에 '-이'가 붙어서 명사가 된 것은 그 원형을 밝히어 적는다.

꿋꿋이
어근이 'ㅅ'으로 끝나는 말에는 부사화 접미사 '-이'를 붙인다.

뀌어주다
'남에게 돈은 빌리다'의 뜻으로 '꾸다'를 쓰는 것에서, '돈을 빌려주다'의 뜻으로 '꾸어주다'가 맞는 것으로 혼동할 수 있으므로 주의하자.

끄덩이
'ㅣ' 역행 동화 현상에 의한 발음은 원칙적으로 표준 발음으로 인정하지 않는 것을 표준어로 삼도록 규정하고 있다.

끄을음(×)   '물질이 불에 탈 때 나오는 검은 가루'는 '그을음'이 올바른 말이다.

끄적거리다   [1]글씨나 그림 따위를 되는 대로 자꾸 쓰거나 그리다. [2]원하지 않는 음식을 마지못해 굼뜨게 먹다. [비교] 끼적거리다. [국회 8급 '13]

끄적끄적   글씨나 그림 따위를 되는 대로 자꾸 쓰거나 그리는 모양.

끄지르다   주책없이 마구 돌아다니다. [예] 밤늦게 어디를 끄질러 다니는지 모르겠다. 끄질르다(×).

끄질르다(×)   '주책없이 마구 돌아다니다'의 뜻으로 쓰이는 말은 '끄지르다'가 올바른 말이다.

끔뻑   큰 눈이 갑자기 잠깐 감겼다 뜨이는 모양. 껌벅(×).

끔뻑끔뻑   빛 따위가 어두워졌다 밝아졌다 하는 모양. 큰 눈이 자꾸 감겼다 뜨였다 하는 모양. 껌벅껌벅(×).

끔찍스럽다   보기에 정도가 지나쳐 놀랄 만한 데가 있다.

> ✔ 오류노트 오늘 아침에 일어난 끔찍스런 교통사고를 보고 심장이 멎는 것 같았다. → 끔찍스러운.

끔찍이   성의나 정성이 대단하고 극진하게. 또는 정도가 놀랄 정도로 지나치게. 끔찍히(×). [한국어교육검정 '08]. [지방직 7급 '10]

끔찍히(×)   '성의나 정성이 대단하고 극진하게. 또는 정도가 놀랄 정도로 지나치게'의 뜻으로 쓰이는 말은 '끔찍이'가 올바른 말이다.

끝   [발음] 시간, 공간, 사물 따위에서 마지막 한계가 되는 곳. [발음 연습] 다음을 정확하게 발음해 보자. 끝이[   ], 끝을[   ], 끝만[   ] → 끝이[끄치], 끝을[끄틀], 끝만[끈만]

끝장   일의 마지막. 막장(×).

끼룩   어떤 것을 내다보거나 목구멍에 걸린 것을 삼키기 위해 목을 길게 빼어 앞으로 내미는 모양. 낄룩(×).

끼어들다   남의 순서나 자리인데도 제 순서나 자리인 양 틈 사이를 비집고 들어서다. 끼여들다(×). [수능 '05학년도]. [국가직 9급 '08]. [경찰대 '09]

끼얹다   액체나 가루 따위를 흩어지게 뿌리다. 껴얹다(×).

끄적거리다
'끼적거리다'도 표준어로 지정된 말이다.

끔찍스럽다
'끔찍스럽다'의 어간 '끔찍스럽-' 뒤에 '-은'이 오면 어간 말음 'ㅂ'이 '우'로 변하므로, '끔찍스러운'처럼 써야 된다.

끔찍이
'ㄱ' 받침 뒤에 '이'가 오는 경우이다.

구개음화를 적용하는 발음
흔히 '끝을'을 [끄츨]로, '끝은'은 [끄츤]으로 잘못 발음하는 경우가 있다. 이는 구개음화가 해당되지 않는 말을 구개음화로 잘못 발음해서 일어나는 현상이다.
받침 'ㄷ, ㅌ'이 [ㅈ, ㅊ]으로 소리 나는 게 구개음화. 다만 뒤에 조사나 어미가 오고, 그 모음이 'ㅣ'일 때만 생기는 현상이다. '같이, 붙이다, 여닫이'는 [가치, 부치다, 여다지]지만 '같은, 붙을, 여닫아'는 [가튼, 부틀, 여다다]로 발음해야 한다. 마찬가지로 '끝을'은 [끄틀]로, '끝은'은 [끄튼]으로 발음해야 한다.

끼여들다(×)   '남의 순서나 자리로 제 자리인 양 틈 사이를 비집고 들어
서다'의 뜻으로 쓰이는 말은 '끼어들다'가 올바른 말이다.

> **왜 '끼어들다'가 맞고 '끼여들다'는 틀릴까?**
>
> '끼다(사동)+들다'가 맞는지, '끼이다(피동)+들다'가 맞는지
> 생각하자. '끼다'는 '끼어, 끼고'로 활용되므로 '끼다+들다'
> 도 '끼어들다'로 활용하며, '끼이다'는 '끼이어, 끼이고'로 활
> 용되므로 '끼이다+들다'도 '끼여들다'로 활용한다. 그런데
> '남의 순서나 자리를 비집고 들어서는 일'은 피동이 아니므
> 로 '끼이다'가 될 수 없다. 따라서 '끼다+들다'의 형태로 써
> 야 한다. 즉 '끼어들다'가 맞다. [예] 왜 남의 일에 공연히 끼
> 어들어 비난을 받는지 모르겠다.

끼적거리다   ¹글씨나 그림 따위를 되는 대로 자꾸 쓰거나 그리다.
²원하지 않는 음식을 마지못해 굼뜨게 먹다. [예] 며칠 앓고
나더니 숟가락을 몇 번 끼적거리다가 이내 숟가락을 놓는
다. [비교] 끄적거리다.

끼적끼적   ¹글씨나 그림 따위를 되는 대로 자꾸 쓰거나 그리는 모양.
²원하지 않는 음식을 마지못해 굼뜨게 먹는 모양. 끄적끄
적.

끽겁   잔뜩 겁을 먹음. 긱겁(×).

낄룩(×)   '어떤 것을 내다보거나 목에 걸린 것을 삼키려고 목을 빼
어 앞으로 내미는 모양'은 '끼룩'이 올바른 말이다.

끼어들다
흔히 '끼여들다'로 잘
못 혼동해 쓰는 말이므
로 주의하자.

어색한 글문장 다듬기

1. 도지사는 교통관계자들과 도민의 안전에 관하여 협의하였다.
→ 도지사는 교통관계자들을 만나 도민의 안전에 관하여 협의하였다.

2. 평화를 수호하고 인권을 보장하는 것이 매우 중요하다.
→ 평화 수호와 인권 보장이 매우 중요하다.

3. 고려는 태조 왕건에 의해 건국되었다.
→ 고려는 태조 왕건이 건국하였다.

4. 이 설문 조사 결과는 학생들의 순화 용어 사용 개선책을 시급히 마련해야 한다는 점을 암시해 주고 있다.
→ 학생들의 순화 용어 사용 개선책을 시급히 마련해야 한다는 점을 이 설문조사 결과에서 알 수 있다.

5. 우리의 목표는 세계 제패에 있다.
→ 우리의 목표는 세계 제패이다.

6. 이번 선거에 있어서 부정행위를 엄단할 예정입니다.
→ 이번 선거에서 부정행위를 엄단할 예정입니다.

7. 우리나라는 전자제품의 품질에 관하여 세계 최고입니다.
→ 우리나라는 전자제품의 품질이 세계 최고입니다.

8. 우리 반의 마라톤 참가자 명단은 기 통보하였습니다.
→ 우리 반의 마라톤 참가자 명단은 이미 통보하였습니다.

9. 발열이 있으면 지체없이 보건실로 통보하여 주시기 바랍니다.
→ 발열이 있으면 곧바로 보건실로 통보하여 주시기 바랍니다.

10. 밤 동안 멧돼지가 밭에 들어온 것으로 보여진다.
→ 밤 동안 멧돼지가 밭에 들어온 것으로 보인다.

11. 시행 일자 2023.03.10
→ 시행 일자 2023.03.10.

12. 할머니는 동생이 자는 모습이 귀엽데요.
→ 할머니는 동생이 자는 모습이 귀엽대요.

13. 국가를당사자로하는계약에관한법률을 읽어 보았다.
→ '국가를 당사자로 하는 계약에 관한 법률'을 읽어 보았다.

14. 산출 내역서가 너무 복잡해서 이해하기 어렵다.
→ 산출 명세서가 너무 복잡해서 이해하기 어렵다.

15. 영주가 왔다. 그리고, 혜민이도 왔다.
→ 영주가 왔다. 그리고 혜민이도 왔다.

16. 우리나라는 2050년을 탄소 중립의 목표 년도로 내걸었다.
→ 우리나라는 2050년을 탄소 중립의 목표 연도로 내걸었다.

17. 동 건은 주민 투표에 붙이는 것이 좋겠습니다.
→ 이 일은 주민 투표에 부치는 것이 좋겠습니다.

18. 20개 수도권 소재 주요 기업의 지방 이전을 추진하고 있다.
→ 수도권에 있는 20개 주요 기업을 지방으로 이전하는 일을 추진하고 있다.

19. 국내 여행업을 운영 중인 회사를 방문했다.
→ 국내 여행업을 운영하고 있는 회사를 방문했다.

20. 제주특별자치도 소재 임야를 구입했다.
→ 제주특별자치도에 있는 임야를 구입했다.

21. 화재 예방에 만전을 기하여 주시기 바랍니다.
→ 화재 예방에 힘을 쏟아 주시기 바랍니다.

22. 이 일은 연기하지 말고 바로 처리하는 것이 좋겠다고 사료됩니다.
→ 이 일은 연기하지 말고 바로 처리하는 것이 좋겠다고 생각합니다.

23. 다양한 지식과 정보 제공을 위하여 교육을 실시할 예정입니다.
→ 다양한 지식과 정보를 제공하기 위하여 교육을 실시할 예정입니다.

24. 계약 시 일부 금액만 입금하면 됩니다.
→ 계약할 때 일부 금액만 입금하면 됩니다.

25. 정관 변경 허가를 득하지 않고 등기를 변경하면 안 됩니다.
→ 정관 변경 허가를 받지 않고 등기를 변경하면 안 됩니다.

26. 금연 직원들에 대하여 격려금을 지불할 예정입니다.
→ 금연 직원들에게 격려금을 지급할 예정입니다.

27. 우리 회사는 재단법인으로써 지역사회 발전에 이바지하였다.
→ 우리 회사는 재단법인으로서 지역사회 발전에 이바지하였다.

28. 동 사업의 일환으로 시행되는 것이 공공 와이파이 사업입니다.
→ 이러한 사업의 하나로 시행되는 것이 공공 와이파이 사업입니다.

29. 일주일간의 매출 확대 워크샵이 홍천의 펜션에서 열린다.
→ 일주일간의 매출 확대 워크숍이 홍천의 펜션에서 열린다.

30. 귀 구단으로부터 야구 기구를 대여하고자 합니다.
→ 귀 구단으로부터 야구 기구를 대여받고자 합니다.

31. 편의점에서 물건을 사고 신용카드로 결제하였다.
→ 편의점에서 물건을 사고 신용카드로 결제하였다.

32. 신제품 개발 계획을 결재하러 사장실로 들어갔다.
→ 신제품 개발 계획을 결재하러 사장실로 들어갔다.

33. 우리 회사는 매 1년마다 2개의 연차 휴가가 생긴다.
→ 우리 회사는 1년마다 2개의 연차 휴가가 생긴다.

34. 면제 대상 여부 확인 및 면제 절차를 완료할 수 있다.
→ 면제 대상으로 확인되면 곧바로 감면 절차를 마칠 수 있다.

35. 이 교회는 3년 동안 무료급식을 시행한바 있다.
→ 이 교회는 3년 동안 무료급식을 시행한 바 있다.

36. "신발을 훔친 적이 딱 한번 있다"고 말했어요.
→ "신발을 훔친 적이 딱 한 번 있다"라고 말했어요.

37. 그는 회사를 발전시키는데 공을 세웠다.
→ 그는 회사를 발전시키는 데 공을 세웠다.

38. 효율성 제고를 위한 방안을 생각해 보세요.
→ 효율성을 높이기 위한 방안을 생각해 보세요.

39. 양국간 협력의 범위가 점차 확대·심화되어 나아가야 합니다.
→ 양국 간 협력의 범위를 점차 확대·심화하여 나아가야 합니다.

40. '한미 자유무역협정(FTA)에 기반한 미국의 한국산 전기차 세제지원 촉구 결의안'을 채택했습니다.

→ '한미 자유무역협정(FTA)에 기반을 둔 미국의 한국산 전기차 세제지원 촉구 결의안'을 채택했습니다.

41. 근로 능력 없는 장애율 50% 이상자

→ 근로 능력이 없으며 장애율이 80% 이상인 사람

42. 우리 군에서는 유휴 농지를 활용 방안도 검토 중이다.

→ 우리 군에서는 유휴 농지를 활용하는 방안도 검토 중이다.

43. 교회, 지역사회가 함께하는 행사를 구상하고 있다.

→ 교회와 지역사회가 함께하는 행사를 구상하고 있다.

44. 두 회사 간 협력을 지속 추진합시다.

→ 두 회사 간 협력을 지속적으로 추진합시다.

45. 여러 가지 사업을 운영하고 있는 회사

→ 여러 가지 사업을 운영하는 회사

46. 특목고는 서울대 합격율이 높다.

→ 특목고는 서울대 합격률이 높다.

47. 담배를 피우는 사람은 그 회사에 일체 입사할 수 없다.

→ 담배를 피우는 사람은 그 회사에 일절 입사할 수 없다.

48. 어디가 입구인지 않보인다.

→ 어디가 입구인지 안 보인다.

49. 얼마나 배가 고팠든지 밥을 두그릇이나 비웠다.

→ 얼마나 배가 고팠던지 밥을 두 그릇이나 비웠다.

50. 가까이 가서 보니 신부가 참 예쁘대.

→ 가까이 가서 보니 신부가 참 예쁘데.

51. 그 친구의 말이 맞다면 네 말도 맞다.

→ 그 친구의 말이 맞는다면 네 말도 맞는다.

52. 너 학교에 지각했지? 아니오, 지각하지 않았어요.

→ 너 학교에 지각했지? 아니요, 지각하지 않았어요.

53. 기회가 주어지면 절대 놓치지 않을 거야.

→ 기회가 오면 절대 놓치지 않을 거야.

54. 휴식한다는 것은 즐거운 것이다.

→ 휴식은 즐거운 일이다.

55. 그가 거짓말을 하고 있다는 것에 대한 증거를 찾고 있다.

→ 그가 거짓말한다는 증거를 찾고 있다.

56. 인재는 적재적소에 배치시켜야 한다.

→ 인재는 적재적소에 배치해야 한다.

57. 유독가스를 취급하는 데 있어 주의해야 할 점은 무엇인가요?

→ 유독가스를 취급할 때 주의할 점은 무엇인가요?

58. 미연이가 착한 사람으로 바뀐 것은 향순이를 만나고부터였다.

→ 미연이는 향순이를 만난 후 착한 사람으로 바뀌었다.

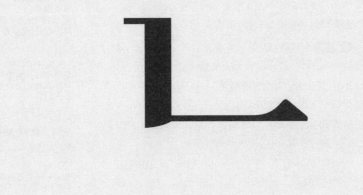

ㄴ **니은.**

- 한글 자모의 둘째.
- 자음의 하나. 혀끝을 윗잇몸에 붙였다가 떼면서 코 안의 공명을 일으키는 소리이다.
- 받침으로 쓰이는 경우에는 혀끝을 떼지 않고 소리 낸다.

-ㄴ대 ‘-ㄴ다고 해’가 줄어든 말. 예 내일 아침까지는 돌려준대./저녁 모임에 참석한대. [국가직 7급 ’15]

-ㄴ 데다가 ✔띄어쓰기 관형사형 어미 ‘-ㄴ’에 의존 명사 ‘데’, 보조사 ‘-다가’가 합쳐져 된 말.

-ㄴ바 ✔띄어쓰기 받침이 없는 동사의 어간 따위에 붙어, ‘하였더니, 하고 보니까’의 뜻으로, 앞말을 미리 제시하여 뒷말을 설명하는 데 쓰이는 연결 어미. 예 시험지를 채점한바 타의 추종을 불허할 정도로 너의 점수가 높았다.

-ㄴ즉 ✔띄어쓰기 앞말의 내용이 뒤에 오는 말의 이유나 근거를 나타내는 어미. 예 말인즉 당연히 옳다.

나가사키長崎 조선, 철강 공업이 발달한 일본 나가사키 현 남부에 있는 항구 도시. 장기(×).

나귀 말과 비슷하나 작고 병에 대한 저항력이 강하여 부리기에 적당한 말과의 짐승. 당나귀.

나그네길(×) ‘여행을 하는 길’의 뜻으로 쓰이는 말은 ‘나그넷길’이 올바른 말이다.

나그넷길 여행을 하는 길. 예 인생은 나그넷길이라는 말이 옳은 것 같다. 나그네길(×).

나기(×) ‘한 지역에서 태어나고 자라서 그 지역의 특성을 지니고 있는 사람. 그런 특성을 지닌 사람.’은 ‘내기’가 올바른 말이다.

나꿔채다(×) ‘남의 물건을 순식간에 빼앗거나 가로채다. 무엇을 갑자기 세차게 잡아당기다’의 뜻으로 쓰이는 말은 ‘낚아채다’가 올바른 말이다.

나날이 매일매일 조금씩. 예 너의 국어 실력이 나날이 향상되는구나. 날날이(×).

나라奈良 일본 나라현 북부에 있는 관광 도시. 내량(×).

나라님 한 나라의 임금. 나랏님(×).

나라돈(×) ‘국고에 속하는 현금’은 ‘나랏돈’이 올바른 말이다.

나라말 한 나라의 국민이 쓰는 말. 예 우리의 나라말은 한국어이다. 나랏말(×).

나라빚(×) ‘한 나라가 지고 있는 빚’은 ‘나랏빚’이 올바른 말이다.

나라일(×) ‘나라에 관한 일. 또는 나라의 정치에 관한 일’은 ‘나랏일’이 올바른 말이다.

-ㄴ대
‘-ㄴ데’와 혼동하여 쓰지 않도록 주의하자. 예 네 동생 참 미인인데./날씨가 더운데 목욕 좀 해라.

-ㄴ 데다가
‘데’는 ‘일’이나 ‘것’의 뜻을 나타내는 말로서 띄어 쓴다. 예 상옥이는 착한 데다가 공부도 잘한다.

-ㄴ바
‘-는바’, ‘-은바’, ‘-던바’도 역시 ‘-ㄴ바’와 같은 연결 어미로 앞말과 붙여 쓴다.

-ㄴ즉
‘-는즉’은 앞말과 붙여 쓴다.

나귀
‘당나귀’와 함께 복수 표준어이다.

나그넷길
‘나그네+길’은 순우리말끼리 합쳐진 말이며, ‘길’이 된소리로 나므로 사이시옷을 붙인다.

나날이
끝소리가 ‘ㄹ’인 말과 딴 말이 어울릴 때 ‘ㄹ’ 소리가 나지 않는 것은 아니 나는 대로 적는다. 곧, [날날이]로 소리 나지 않고 [나날이]로 소리 나므로 소리대로 ‘나날이’로 적는다.

나랏님(×)	'한 나라의 임금'의 뜻으로 쓰이는 말은 '나라님'이 올바른 말이다.
나랏돈	국고에 속하는 현금. 나라돈(×).
나랏말(×)	'한 나라의 국민이 쓰는 말'의 뜻으로 쓰이는 말은 '나라말'이 올바른 말이다.
나랏빚	한 나라가 지고 있는 빚. 나라빚(×).
나랏일	나라에 관한 일. 또는 나라의 정치에 관한 일. 나라일(×).
나래	'날개'의 문학적 표현. 예 나래를 활짝 펴고 날아가는 저 새를 보라.
나레이션(×)	'영화, 연극 따위에서 장면에 안 나타나면서 그 내용이나 줄거리를 장외場外에서 해설함'은 '내레이션'이 올바른 말이다.
나레이터(×)	'영화, 연극 따위에서 장면에 안 나타나면서 그 내용이나 줄거리를 장외場外에서 해설하는 사람'은 '내레이터'가 올바른 말이다.
나루배(×)	'나루 사이를 오고가며 사람이나 짐 따위를 실어 나르는 조그마한 배'의 뜻으로 쓰이는 말은 '나룻배'가 올바른 말이다.
나루터	나룻배가 도착하고 떠나는 일정한 곳. 예 나루터에는 강을 건너려는 사람들로 북적이고 있다. 나룻터(×). [지방직 9급 '10]. [국회 8급 '12]
나룻배	나루 사이를 오고가며 사람이나 짐 따위를 실어 나르는 조그마한 배. 예 예전에 다리가 놓이지 않았을 때는 나룻배를 이용하여 외부로 나갈 수 있었다. 나루배(×). [국회 8급 '12]
나룻터(×)	'나룻배가 도착하고 떠나는 일정한 곳'은 '나루터'가 올바른 말이다. [지방직 9급 '10]
나르다	물건을 한곳에서 다른 곳으로 옮기다. 예 가마니로 모래를 나르다. 날르다(×).
나른이(×)	'지쳐서 고단하고 기운이 없이'의 뜻으로 쓰이는 말은 '나른히'가 올바른 말이다.
나른히	지쳐서 고단하고 기운이 없이. 예 우리들은 점심을 먹고 운동장 가에 나른히 앉아 있었다. 나른이(×).
나리	지체가 높거나 권세가 있는 사람. 나으리(×).

나랏돈
'나라+돈'은 순우리말끼리 합쳐진 말이며, '돈'이 된소리로 나므로 사이시옷을 붙인다.

나랏일
[나란닐]처럼 뒷말의 첫소리 모음 앞에서 'ㄴㄴ' 소리가 덧나므로 사이시옷을 받치어 적는다.

나래
'나래'도 표준어로 지정되었다.

나루터
합성어에서 뒷말의 첫소리가 거센소리(ㅋ, ㅊ, ㅌ, ㅍ 등)일 경우에는 사이시옷을 쓰지 않는다. '나루+터'에서 '터'의 'ㅌ'이 거센소리이다.

나룻배
'나루+배'는 순우리말끼리 합쳐진 말이며, '배'가 된소리로 나므로 사이시옷을 붙인다.

'나르다'와 '날다'
'공중을 떠서 움직여 가다'의 뜻으로 '날다'를 써야 하는데, '나르다'로 잘못 쓰는 경우가 있으니 주의하자.

나른히
부사의 끝음절이 '이'나 '히'로 소리 나는 것은 '히'로 표기한다.

나마	(✔띄어쓰기) ¹받침 없는 체언에 붙어, 만족하지 못하지만 아쉬운 대로 함을 나타내는 보조사. [예] 그나마 없었으면 얼마나 아쉬웠겠니? ²'이다'나 받침 없는 용언의 어간에 붙어, '-지만'의 뜻으로 쓰이는 연결 어미. [예] 만족스럽지는 못하나마 그런 대로 쓸 수는 있겠다.	나마 보조사나 어미 모두 앞말과 붙여 쓴다.
나무	(✔띄어쓰기) 줄기나 가지가 목질로 된 여러해살이 식물.	나무 '나무'가 들어가는 '가시나무', '감람나무', '과일나무', '떡갈나무', '사과나무', '졸참나무' 등은 한 단어이므로 붙여 쓴다.
나무가지(×)	'나무의 줄기에서 뻗어 난 가지'는 '나뭇가지'가 올바른 말이다.	
나무개비(×)	'가늘고 길게 쪼개진 나뭇조각'은 '나뭇개비'가 올바른 말이다.	
나무꾼	땔나무를 하는 사람. [예] 우리나라의 전래동화 중 나무꾼과 선녀 이야기가 가장 기억에 남는다. 나무군(×).	나무꾼 어떤 일을 직업적으로 하는 사람은 '-꾼'을 쓴다.
나무라다	잘못한 점을 꾸짖어 알아차리도록 말하다. 나무래다(×). [국어능력인증 '07]	나무라다 어간 '나무라-'에 어미 '-아'가 결합하여 '나무라'가 된다.
나무람	잘못을 꾸짖는 일이나 말. [예] 반찬을 엎질러서 누나한테 심한 나무람을 들었다. 나무램(×).	
나무래다(×)	'잘못한 점을 꾸짖어 알아차리도록 말하다'의 뜻으로 쓰이는 말은 '나무라다'가 올바른 말이다.	
나무램(×)	'잘못을 꾸짖는 일이나 말'은 '나무람'이 올바른 말이다.	나무집 콘크리트 따위를 재료로 하여 지은 집이 아니고 나무를 재료로 하여 지은 집을 뜻한다.
나무잎(×)	'나무의 잎'의 뜻으로 쓰이는 말은 '나뭇잎'이 올바른 말이다.	
나무조각(×)	'나무를 잘게 쪼개서 나눈 조각'은 '나뭇조각'이 올바른 말이다.	나뭇가지 순우리말로 된 합성어로서 앞말이 모음으로 끝난 경우, 뒷말의 첫소리가 된소리로 나는 것은 사이시옷을 붙인다.
나무집	나무로 만든 집.	
나뭇가지	나무의 줄기에서 뻗어 난 가지. [예] 나뭇가지에 까치가 앉아 있다. 나무가지(×). [한국어교육검정 '06]. [경찰대 '07]	
나뭇개비	가늘고 길게 쪼개진 나뭇조각. 나무개비(×).	나뭇잎 순우리말로 된 합성어로서 앞말이 모음으로 끝난 경우, 뒷말의 첫소리 모음 앞에서 'ㄴㄴ' 소리가 덧나는 것은 사이시옷을 붙인다.
나뭇군(×)	'땔나무를 하는 사람'은 '나무꾼'이 올바른 말이다.	
나뭇잎	나무의 잎. 나무잎(×). [서울시 7급 '10]. [서울시 지방직 7급 '16]	
나뭇조각	나무를 잘게 쪼개서 나눈 조각. 나무조각(×).	
나뭇집	나무를 파는 집. [예] 우리 할아버지가 어렸을 적에는 동네에 나뭇집이 많이 있었다고 한다.	나뭇집 '나뭇집'과 '나무로 만든 집'을 뜻하는 '나무집'의 뜻의 차이를 잘 구별하자.
나부대다	얌전하게 있지 못하고 가볍게 졸랑거리다. 나분대다(×).	

나부라기(×) '종이나 헝겊 따위의 가늘고 긴 조각'은 '나부랭이'가 올바른 말이다.

나부랭이 종이나 헝겊 따위의 가늘고 긴 조각. 나부라기(×).

나분대다(×) '얌전하게 있지 못하고 가볍게 촐랑거리다'의 뜻으로 쓰이는 말은 '나부대다'가 올바른 말이다.

나붓이 작은 것이 약간 넓고 평평한 듯하게. 나붓히(×).

나붓히(×) '작은 것이 약간 넓고 평평한 듯하게'의 뜻으로 쓰이는 말은 '나붓이'가 올바른 말이다.

나색(×) '마음에 느낀 것을 얼굴에 드러냄. 또는 그 얼굴색'은 '내색'이 올바른 말이다.

나염(×) '피륙에 부분적으로 착색하여 무늬가 나타나도록 염색하는 방법'은 '날염'이 올바른 말이다.

나으리(×) '지체가 높거나 권세가 있는 사람'은 '나리'가 올바른 말이다.

나이값(×) '나이에 어울리는 말과 행동'은 '나잇값'이 올바른 말이다.

나이롱(×) '가볍고 탄력성이 강하나 습기 흡수력이 약한 합성 섬유의 하나'의 뜻으로 쓰이는 말은 '나일론'이 올바른 말이다.

나이박이(×) '겉으로 들어나 보이는 것보다 나이가 많은 사람'은 '나이배기'가 올바른 말이다.

나이배기 겉으로 들어나 보이는 것보다 나이가 많은 사람. 나이박이(×).

나이살(×) '지긋한 나이를 낮잡아 이르는 말'은 '나잇살'이 올바른 말이다.

나일론nylon 가볍고 탄력성이 강하나 습기 흡수력이 약한 합성 섬유의 하나. 나이롱(×).

나잇값 나이에 걸맞은 언행. 예 그 친구는 어른이 되었지만 나잇값도 못하고 다닌다. 나이값(×).

나잇살 지긋한 나이를 낮잡아 이르는 말. 예 나잇살이나 먹은 사람이 그렇게 철이 없어서야 원. 나이살(×).

나즈막하다(×) '목소리가 꽤 낮다'의 뜻으로 쓰이는 말은 '나지막하다'가 올바른 말이다.

나즈막히(×) '목소리가 제법 낮게'의 뜻으로 쓰이는 말은 '나지막이'가 올바른 말이다.

나부랭이
'나부랭이'는 '-내기/-냄비/동댕이치다'와 같이 'ㅣ' 역행 동화 현상을 인정하여 표준어로 삼은 말이다.

나붓이
부사의 끝음절이 분명히 '이'로만 소리 나므로 '이'로 표기한다.

나이배기
'박다'의 뜻이 남아 있으면 '박이'가 되고 그렇지 않으면 '배기'가 된다. '나이배기'는 '박다'의 뜻이 남아 있지 않은 말이다.

나잇값
'나이+값'은 순우리말끼리 합쳐진 말이며, '값'이 된소리로 나므로 사이시옷을 붙인다.

나잇살
'나이+살'은 순우리말끼리 합쳐진 말이며, '살'이 된소리로 나므로 사이시옷을 붙인다.

ㄴ

나즉하다(×)	'목소리가 제법 낮다'의 뜻으로 쓰이는 말은 '나직하다'가 올바른 말이다.
나지막이	목소리가 제법 낮게. 예 담 너머에서 나지막이 나를 부르는 소리가 들렸다. 나즈막히(×).
나지막하다	목소리가 꽤 낮다. 예 동굴 속에서 나지막한 소리가 들렸다. 나즈막하다(×).
나직이	소리가 매우 낮게. 나직히(×). [한국어교육검정 '08]
나직하다	목소리가 제법 낮다. 예 어머니와 동생이 나직하게 무슨 이야기를 나누고 있었다. 나즉하다(×).
나직히(×)	'소리가 매우 낮게'의 뜻으로 쓰이는 말은 '나직이'가 올바른 말이다.
나찌, 나찌스(×)	'히틀러를 당수로 한 독일의 파시스트당'은 '나치스'가 올바른 말이다.
나치스^{Nazis}	히틀러를 당수로 한 독일의 파시스트당. 나찌·나찌스(×).
나침반^{羅針盤}	항공이나 항해 따위에 쓰는 지리적인 방향 지시 계기.
나침판^{羅針-}	항공이나 항해 따위에 쓰는 지리적인 방향 지시 계기.
나프탈렌^{naphthalene}	타르에서 얻는 비늘 모양의 흰색 또는 무색 결정으로, 방부제나 방충제, 방취제로 쓰이는 방향족 탄화수소. 나프탈린(×).
나프탈린(×)	'타르에서 얻는 비늘 모양의 흰색 또는 무색 결정으로, 방부제나 방충제, 방취제로 쓰이는 방향족 탄화수소'는 '나프탈렌'이 올바른 말이다.
낙구^{落句}	시부^{詩賦}의 끝 구절. 낙귀(×).
낙귀(×)	'시부^{詩賦}의 끝 구절'은 '낙구'가 올바른 말이다.
낙낙장송(×)	'가지가 아래로 길게 늘어진 키 큰 소나무'는 '낙락장송'이 올바른 말이다.
낙락장송^{落落長松}	가지가 아래로 길게 늘어진 키 큰 소나무. 낙낙장송(×).
낙상^{落傷}	넘어지거나 떨어져서 다침. 또는 그런 상처. 낙성(×).
낙성(×)	'넘어지거나 떨어져서 다침. 또는 그런 상처'는 '낙상'이 올바른 말이다.
낙성^{洛城}(×)	'중국 뤄양의 다른 이름'은 '뤄청'이 올바른 말이다.
낚시꾼	취미 삼아 또는 직업으로 낚시를 가지고 고기잡이하는 사람. 낚싯꾼·낚시군(×). [국가직 9급 '21]

나지막이
부사의 끝 음절이 분명히 [이]로만 나므로 '이'로 표기한다.

나직이
부사의 끝 음절이 분명히 [이]로만 나므로 '이'로 표기한다.

나침반^{羅針盤}
'나침판'과 함께 복수 표준어이다.

나침판^{羅針-}
'나침반'과 함께 복수 표준어이다.

낙구^{落句}
한자 '句'가 붙어서 이루어진 단어는 '귀'를 인정하지 아니하고 '구'로 통일하였다.

낙락장송^{落落長松}
한자어에서 반복되는 두 음절의 제1 음절은 두음 법칙에 따라 적고, 제2 음절은 본음대로 적는다.

낚시꾼
'어떤 일을 습관적으로 하는 사람' 또는 '어떤 일을 즐겨 하는 사람'의 뜻을 나타내는 말은 '-꾼'이다. '낚시꾼'은 뒷말의 첫소리가 된소리이므로 사이시옷을 붙이지 않는다.

낚시대(×)	'낚싯줄에 매어 물고기를 잡는 도구'는 '낚싯대'가 올바른 말이다.
낚시밥(×)	'낚시의 끝부분에 꿰는 물고기의 먹이'는 '낚싯밥'이 올바른 말이다.
낚시배(×)	'낚시로 고기잡이하는 데 쓰는 배'는 '낚싯배'가 올바른 말이다.
낚시봉(×)	'낚싯줄 끝부분에 매달아 낚싯밥이 가라앉게 하는 작은 납덩이'는 '낚싯봉'이 올바른 말이다.
낚시줄(×)	'낚싯대에 다는 가늘고 질긴 끈'은 '낚싯줄'이 올바른 말이다.
낚싯꾼, 낚시군(×)	'취미 삼아 또는 직업으로 낚시를 가지고 고기잡이하는 사람'은 '낚시꾼'이 올바른 말이다.
낚싯대	낚싯줄에 매어 물고기를 잡는 도구. 낚시대(×).
낚싯밥	낚시의 끝부분에 꿰는 물고기의 먹이. 낚시밥(×).
낚싯배	낚시로 고기잡이하는 데 쓰는 배. 낚시배(×).
낚싯봉	낚싯줄 끝부분에 매달아 낚싯밥이 가라앉게 하는 작은 납덩이. 낚시봉(×).
낚싯줄	낚싯대에 다는 가늘고 질긴 끈. 낚시줄(×).
낚아채다	남의 물건을 순식간에 빼앗거나 가로채다. 무엇을 갑자기 세차게 잡아당기다. 나꿔채다(×).
난구難句	이해하기 어려운 문장이나 구절. 난귀(×).
난귀(×)	'이해하기 어려운 문장이나 구절'은 '난구'가 올바른 말이다.
난닝南寧	중국 남서부에 있는 도시. 남녕(×).
난데사람(×)	'다른 지방에서 온 사람'의 뜻으로 쓰이는 말은 '난뎃사람'이 올바른 말이다.
난뎃사람	다른 지방에서 온 사람. 난데사람(×).
난로가(×)	'난로의 가까운 둘레'의 뜻으로 쓰이는 말은 '난롯가'가 올바른 말이다.
난로불(×)	'난로에 피워 놓은 불'의 뜻으로 쓰이는 말은 '난롯불'이 올바른 말이다.
난롯가煖爐-	난로의 가까운 둘레. 난로가(×).
난롯불煖爐-	난로에 피워 놓은 불. 난로불(×).

'낚싯대'로 표기할 수 없는 이유
순우리말로 된 합성어로서 앞말이 모음으로 끝난 경우, 뒷말의 첫소리가 된소리로 나므로 사이시옷을 붙여 '낚싯대'처럼 표기해야 한다.

낚싯대, 낚싯밥, 낚싯배, 낚싯봉
합성어이며 순우리말이고 뒷말이 된소리로 나는 등 사이시옷의 조건을 모두 갖춘 말들이다.

낚아채다
'낚다'의 어간 모음이 'ㅏ'이므로 어미를 '-아'로 적는다.

난뎃사람
'난데'는 '다른 고장이나 지방'의 뜻이다. '난데+사람'은 순우리말끼리 합쳐진 말이며, '사'가 된소리로 나므로 사이시옷을 붙인다.

난롯가煖爐-
한자어와 우리말로 된 합성어로서 앞말이 모음으로 끝난 경우, 뒷말의 첫소리가 된소리로 나는 것은 사이시옷을 붙인다.

난링산맥南嶺山脈	중국 남부에 동서로 걸쳐서 있는 산맥. 남령산맥(×).
난봉군(×)	'언행이 나쁘고 주색에 빠져 추저분한 사람'은 '난봉꾼'이 올바른 말이다.
난봉꾼	언행이 나쁘고 주색에 빠져 추저분한 사람. 난봉군(×).
난봉장이(×)	'언행이 나쁘고 주색에 빠져 추저분한 사람'은 '난봉쟁이'가 올바른 말이다.
난봉쟁이	언행이 나쁘고 주색에 빠져 추저분한 사람. 난봉꾼. 난봉장이(×).
난서蘭嶼(×)	'대만의 남쪽 끝, 동쪽 해상에 있는 섬'은 '란위'가 올바른 말이다.
난센스nonsense	이치에 안 맞거나 평범하지 않은 말이나 일. [예] 난센스 퀴즈를 잘도 푼다. 넌센스(×). [서울시 9급 '13]. [서울시 9급 '16]
난양	중국의 허난성河南省 서남부에 있는 도시. 남양(×).
난장이(×)	'기형적으로 키가 작은 사람'은 '난쟁이'가 올바른 말이다.
난쟁이	기형적으로 키가 작은 사람. 난장이(×). [서울시 7급 '11]
난주蘭州(×)	'중국 간쑤성甘肅省에 있는 도시로 간쑤성의 성도'는 '란저우'가 올바른 말이다.
난징南京	중국 장쑤성江蘇省 남서쪽에 있는 도시. 남경(×).
난창南昌	중국 장시성江西省에 있는 도시. 남창(×).
낟가리	낟알이 붙은 곡식을 쌓은 더미. 낱가리(×).
낟알	껍질을 벗기지 아니한 곡식의 알. 🔴 **오류노트** 탈곡하지 않은 벼의 **낱알**을 가마니에 넣어서 방앗간에 맡겼다. → 낟알.
날개짓(×)	'날개를 치는 짓'의 뜻으로 쓰이는 말은 '날갯짓'이 올바른 말이다.
날개쭉지(×)	'날개가 몸에 붙어 있는 부분'은 '날갯죽지'가 올바른 말이다.
날개털	조류의 날개에 있는 깃털. 날갯털(×).
날갯죽지	날개가 몸에 붙어 있는 부분. 날개쭉지(×).
날갯짓	날개를 치는 짓. [예] 논에 앉아 있던 두루미가 날갯짓을 하더니 건너 강가로 날아갔다. 날개짓(×). [국회 8급 '11]

난봉꾼
'어떤 일을 습관적으로 하는 사람' 또는 '어떤 일을 즐겨 하는 사람'의 뜻을 더하는 접미사는 '-꾼'이다.

난센스nonsense
'nonsense'의 발음을 외래어 표기법에 따라 적으면 '난센스'가 된다.

'낟알'과 '낱알'
껍질이 그대로 있는 것은 '낟알'이고 하나하나 따로따로인 알은 '낱알'이다.

날개털
'날개'와 '털'로 이루어진 합성어이다. '털'의 첫소리가 거센소리이다. 거센소리 앞에는 사이시옷이 들어가지 않는다.

날갯짓
'날개+짓'은 순우리말끼리 합쳐진 말이며, '짓'이 된소리로 나므로 사이시옷을 붙인다.

날갯털(×)	'조류의 날개에 있는 깃털'은 '날개털'이 올바른 말이다.
날굴(×)	'절이거나 익히지 않은 굴'은 '생굴'이 올바른 말이다.
날날이(×)	'매일매일 조금씩'의 뜻으로 쓰이는 말은 '나날이'가 올바른 말이다.
날다	공중에 떠서 한 곳에서 다른 곳으로 움직여 가다.

> 💢 **오류노트** 형은 하늘을 <u>날으는</u> 조종사가 되고 싶대. → 나는. [대전·충남 교행직 9급 '06].

날다
'날다'는 '나니, 나는'과 같이 활용하며 'ㄹ'이 탈락되는 말이다.

날땅(×)	'아무것도 안 깐 땅바닥'의 뜻으로 쓰이는 말은 '맨땅'이 올바른 말이다.
날락들락(×)	'자꾸 들어갔다 나갔다 하는 모양'은 '들락날락'이 올바른 말이다.
날려쓰다(×)	'글씨를 되는 대로 마구 쓰다'의 뜻으로 쓰이는 말은 '갈겨쓰다'가 올바른 말이다.
날르다(×)	'한 장소에서 다른 장소로 물건을 옮기다'의 뜻으로 쓰이는 말은 '나르다'가 올바른 말이다.
날름	혀, 손 따위를 재빠르게 내밀었다 들이는 모양. 또는 무엇을 재빠르게 받아 가지는 모양. 例 동생은 실수할 때면 혀를 날름 내미는 버릇이 있다. 낼름(×).
날세다(×)	'행동이 매우 재빠르다'의 뜻으로 쓰이는 말은 '날쌔다'가 올바른 말이다.
날쌔다	행동이 매우 재빠르다. 例 독수리가 날쌔게 움직여 새를 잡았다. 날세다(×).
날염捺染	피륙에 부분적으로 착색하여 무늬가 나타나도록 염색하는 방법. 나염(×).
날자(×)	'어느 달 며칠에 해당하는 그날'은 '날짜'가 올바른 말이다.
날짜	어느 달 며칠에 해당하는 그날. 날자(×).
날카로이	끝이 뾰족하거나 날이 서 있게. 날카로히(×). [대전·충남 교행직 9급 '06]
날카로히(×)	'끝이 뾰족하거나 날이 서 있게'의 뜻으로 쓰이는 말은 '날카로이'가 올바른 말이다.
날품군(×)	'하루하루 치러 주는 품삯을 받아 생활하는 사람'은 '날품꾼'이 올바른 말이다.

'날르다'로 쓸 수 없는 이유
'나르다'는 '날라', '날라서'처럼 활용지만 '나르다'의 어간이 '날르-'가 아니다. '나르다'는 'ㄹ' 불규칙 동사이다.

날염捺染
한자의 원음대로 '날염'으로 표기한다.

날짜
소리 나는 대로 '날짜'로 표기하는 말이다.

날카로이
부사의 끝음절이 분명히 '이'로만 소리 나므로 '이'로 표기한다.

날품꾼 하루하루 치러 주는 품삯을 받아 생활하는 사람. 예 대학교에 거액을 기부한 부자가 젊은 시절 날품꾼 생활을 하며 고생을 많이 했다고 한다. 날품군(×).

남경南京(×) '중국 장쑤성江蘇省 남서쪽에 있는 도시'는 '난징'이 올바른 말이다.

남녀男女 남자와 여자. 남여(×).

남녀노소男女老少 남자와 여자, 늙은이와 젊은이. 예 남녀노소 할 것 없이 광장에 모여 월드컵 축구를 열렬히 응원했다. 남여노소(×).

남녀(×) '남쪽'의 뜻으로 쓰이는 말은 '남녘'이 올바른 말이다.

남녕南寧(×) '중국 남서부에 있는 도시'는 '난닝'이 올바른 말이다.

남녘南- 남쪽. 남녀(×).

남령산맥南嶺山脈(×) '중국 남부에 동서로 걸쳐 있는 산맥'은 '난링산맥'이 올바른 말이다.

남비(×) '음식을 끓이거나 익히거나 삶는 데 쓰는 용구'는 '냄비'가 올바른 말이다.

남사스럽다 남들에게 놀림과 조롱을 받을 듯하다. 예 형제끼리 치고받고 싸우다니 남사스러워 어쩔 줄을 모르겠다. 남우세스럽다. [국회 8급 '13]

남양南陽(×) '중국의 허난성河南省 서남부에 있는 도시'는 '난양'이 올바른 말이다.

남여(×) '남자와 여자'의 뜻으로 쓰이는 말은 '남녀'가 올바른 말이다.

남여노소(×) '남자와 여자, 늙은이와 젊은이'는 '남녀노소'가 올바른 말이다.

남우세스럽다 남들에게 놀림과 조롱을 받을 듯하다. 예 남우세스럽게 바람을 피우고 다니다니. 남사스럽다.

남정네 여자들이 사내를 가리켜 이르는 말. 남편네(×).

남존녀비(×) '남자를 여자보다 더 대우하고 존중하는 일'은 '남존여비'가 올바른 말이다.

남존여비男尊女卑 남자를 여자보다 더 대우하고 존중하는 일. 남존녀비(×).

남짓이 크기, 부피 등이 어느 한도에 차고 약간 남는 정도로. 남짓히(×).

남녀노소男女老少
두음법칙과 관련된 말이다. '男女'의 '女'는 단어의 첫머리가 아니므로 '녀'로 적는다. '老少'의 '老'는 단어의 첫머리이므로 '로'로 적지 않고 '노'로 적는다.

남사스럽다
'남우세스럽다'와 함께 복수 표준어이다.

남우세스럽다
'남사스럽다'와 함께 복수 표준어이다.

남존여비男尊女卑
접두사처럼 쓰이는 한자가 붙어서 된 말이나 합성어에서, 뒷말의 첫소리가 'ㄴ'소리로 나더라도 두음 법칙에 따라 적는다.

남짓이
'남짓이'는 'ㅅ' 받침 뒤에서 '-이'로 표기하는 말에 해당된다.

남짓히(×)   '크기, 부피 등이 어느 한도에 차고 약간 남는 정도로'의 뜻으로 쓰이는 말은 '남짓이'가 올바른 말이다.

남창南昌(×)   '중국 장시성江西省에 있는 도시'의 뜻으로 쓰이는 말은 '난창'이 올바른 말이다.

남편네(×)   '여자들이 사내를 가리켜 이르는 말'은 '남정네'가 올바른 말이다.

납득하다納得-   남의 말이나 행동을 잘 알아 이해하다. 예 너의 의견을 남들이 납득할 수 있게 차근히 말해 보아라.

     🖋오류노트 타당한 이유와 근거를 들어 말해도 <u>납득치</u> 못할 때에는 어떻게 해야 할까? → 납득지.

납작   바닥에 몸을 바짝 붙이고 재빠르게 엎드리는 모양. 예 적군이 수류탄을 던졌을 때 바닥에 납작 엎드려 목숨을 구했다. 납짝(×). [수능 '11학년도]

납작코   콧날이 우뚝하지 못하고 납작하게 퍼진 코. 빈대코(×).

납짝(×)   '바닥에 몸을 바짝 붙이고 재빠르게 엎드리는 모양'은 '납작'이 올바른 말이다.

낫낫이   성격이 매우 부드럽고 상냥하게. 예 여인은 남자 앞에 다가와 낫낫이 사랑의 감정을 표현했다. 낫낫히(×).

낫낫히(×)   '성격이 매우 부드럽고 상냥하게'의 뜻으로 쓰이는 말은 '낫낫이'가 올바른 말이다.

낭낭하다(×)   '소리가 맑고 똑똑하다'의 뜻으로 쓰이는 말은 '낭랑하다'가 올바른 말이다.

낭떠러지   깎아지른 듯이 험한 언덕. 낭떨어지(×).

낭떨어지(×)   '깎아지른 듯이 험한 언덕'은 '낭떠러지'가 올바른 말이다.

낭랑하다   소리가 맑고 똑똑하다. 예 그 가수의 낭랑한 목소리가 대중들의 인기를 끄는 비결이다. 낭낭하다(×).

낯바대기   눈, 코, 입 따위가 있는 얼굴의 바닥의 속된말. 낯판대기(×).

낯빛   얼굴의 빛깔이나 드러나는 기색. 예 어머니께서 내 잘못을 알고 계시는지 낯빛이 안 좋으시다. 낯색(×).

낯색(×)   '얼굴의 빛깔이나 드러나는 기색'은 '낯빛'이 올바른 말이다.

납득하다納得-
'-하' 앞의 받침이 'ㄱ', 'ㄷ', 'ㅂ', 'ㅅ'일 경우에는 '-하-' 전체가 줄어든다. '납득하지'에서 '-하-' 앞의 받침이 'ㄱ'이므로 '-하-' 전체가 줄어 '납득지, 납득고자'로 된다.

납작
'납작'의 된소리되기는 자연스러운 음운 규칙으로 어법에 따라 '납작하다'로 표기한다.

낭랑하다
한 단어 안에서 같은 음절이나 비슷한 음절이 겹쳐 나는 부분은 같은 글자로 적는다. 그러나 제2 음절 이하의 '朗'은 본음대로 '랑'으로 적는다.

낯바대기
'낯바대기'는 '낯'의 속된말이다.

낯설다   서로 알지 못하여 서먹서먹하다.

> ✏️ 오류노트 낯설은 타향을 방문하니 모든 것이 불편하다 → 낯선.

> **왠지 낯선 단어 '낯설다'**
> '낯설다'에 '-은'이 연결될 경우에는 '낯설은'처럼 되지 않고 'ㄹ'이 탈락하여 '낯선'과 같이 된다. 명사형은 '낯설음'이 아니라 '낯섦'과 같이 표기한다.

낯설다
'낯설-'의 뒤에 '-은'이 오면, 'ㄹ'이 탈락된다.

낯판대기(×)   '눈, 코, 입 따위가 있는 얼굴의 바닥의 속된말'은 '낯바대기'가 올바른 말이다.

낫가리(×)   '낟알이 붙은 곡식을 쌓은 더미'는 '낟가리'가 올바른 말이다.

낱알   하나하나 따로따로인 알. 예 이 약은 낱알로는 팔지 않는다./약국에서 사 온 약을 꺼내어 낱알을 세어 보았더니 정확하게 100개가 들어 있었다.

낳다   배 속의 아이, 새끼, 알을 몸 밖으로 내놓다.

> ✏️ 오류노트 네가 하루 빨리 병을 낳았으면 좋겠어. → 나았으면.

내^의   ✔️띄어쓰기 일정한 시간이나 공간의 범위 안. 예 3일 내/수시간 내/기일 내/건물 내에서는 금연이다./체육관 내에서 정숙하자. [경찰대 '09]. [복지 9급 '11]

내^의
'내'는 의존 명사이므로 앞말과 띄어 쓴다.

내가(×)   '냇물의 가장자리'의 뜻으로 쓰이는 말은 '냇가'가 올바른 말이다.

-내기   ¹한 지역에서 태어나고 자라서 그 지역의 특성을 지니고 있는 사람. 예 서울내기/경상도내기. ²그런 특성을 지닌 사람. 예 신출내기/풋내기.

-내기
내기는 '나부랭이/-냄비/동댕이치다'와 같이 'ㅣ' 역행 동화 현상을 인정하여 표준어로 삼은 말이다.

내노라하다(×)   '한 분야의 제일이 될 만하다'의 뜻으로 쓰이는 말은 '내로라하다'가 올바른 말이다.

내동당이치다(×)   '되는 대로 힘껏 마구 내던지다'의 뜻으로 쓰이는 말은 '내동댕이치다'가 올바른 말이다.

내동댕이치다   되는 대로 힘껏 마구 내던지다. 예 화가 나서 숟가락을 마당으로 내동댕이쳤다. 내동당이치다(×).

내동댕이치다
'-내기, 냄비, (내)동댕이치다'를 제외하고는 'ㅣ' 역행 동화 현상에 의한 발음을 표준 발음으로 인정하지 않는다.

내둑(×)   '냇물과 닿아 있는 땅에 쌓아 놓은 둑'은 '냇둑'이 올바른 말이다.

내딛다	'내디디다(발을 옮겨 현재의 위치에서 다른 장소로 이동하다)'의 준말. 예 결혼식을 올리고 새 인생의 첫 발을 내딛다. **오류노트** 새로운 사업을 위한 첫발을 <u>내딛었다</u>. → 내디뎠다.
내량奈良(×)	'일본 나라 현 북부에 있는 관광 도시'는 '나라'가 올바른 말이다.
내레이션narration	영화, 연극 따위에서 장면에 안 나타나면서 그 내용이나 줄거리를 장외場外에서 해설함. 나레이션(×).
내레이터narrator	영화, 연극 따위에서 장면에 안 나타나면서 그 내용이나 줄거리를 장외場外에서 해설하는 사람. 나레이터(×).
내려깔다(×)	'눈꺼풀을 내려 눈길을 아래로 보내다'의 뜻으로 쓰이는 말은 '내리깔다'가 올바른 말이다.
내려비추다(×)	'위에서 아래를 향해 비추다'의 뜻으로 쓰이는 말은 '내리비추다'가 올바른 말이다.
내려쌓다(×)	'아래 방향으로 쌓다'의 뜻으로 쓰이는 말은 '내리쌓다'가 올바른 말이다.
내로라하다	한 분야의 제일이 될 만하다. 예 우리나라에서 내로라하는 화가가 그린 그림이니 어련하겠습니까? 내노라하다(×). [지방직 7급 '12]. [지방직 9급 '16]
내리글씨	**✔띄어쓰기** 글줄을 세로로 써 내려가는 글씨.
내리깔다	**✔띄어쓰기** 눈꺼풀을 내려 눈길을 아래로 보내다. 예 화가나서 눈을 내리깔고 보다. 내려깔다(×).
내리막길	높은 곳에서 낮은 곳으로 이어지는 경사진 길. 예 이제부터는 내리막길이니 힘이 덜 들 거야. 내림길(×).
내리비추다	위에서 아래를 향해 비추다. 예 군인 아저씨가 해변 초소에서 손전등을 내리비추고 있다. 내려비추다(×).
내리쌓다	아래 방향으로 쌓다. 내려쌓다(×).
내림길(×)	'높은 곳에서 낮은 곳으로 이어지는 경사진 길'은 '내리막길'이 올바른 말이다.
내물(×)	'내에 흐르는 물'의 뜻으로 쓰이는 말은 '냇물'이 올바른 말이다.
내버들(×)	'냇가에 자라는 버드나뭇과의 낙엽 활엽 관목'은 '냇버들'이 올바른 말이다.

내딛다
'내디디다'의 준말은 '내딛다'이며 이 말의 어간 '내딛-'에 모음으로 시작하는 어미(-어)가 오는 것을 인정하지 않는다.

'내려깔다'는 잘못된 말
'내리'는 '위에서 아래로'의 뜻으로 쓰이는 말이다. '내리'가 붙은 말을 '내려깔다', '내려비추다', '내려쌓다'라고 쓰는 경우가 있는데 이는 잘못된 표기이다. '내리깔다', '내리비추다', '내리쌓다'라고 표기해야 한다.

내리글씨
'세로글씨'와 함께 복수 표준어이다.

내리깔다
'내리깔다'는 한 단어이므로 붙여 쓴다.

내비게이션^{navigation} 지도를 나타내거나 지름길을 안내하여 자동차 운전을 도와주는 장치나 프로그램. 네비게이션(×). [기상 9급 '13]. [서울시 9급 '13]

내색^色 마음에 느낀 것을 얼굴에 드러냄. 또는 그 얼굴색. 예 형은 입사 시험에 낙방했지만 가족들 앞에서 실망의 내색을 전혀 보이지 않았다. 나색(×).

내숭 겉으로는 순해 보이나 속으로는 엉뚱한 마음을 먹음. 예 좋으면 좋다고 말해. 내숭 떨지 말고. 내흉(×).

내숭스럽다 온유하게 보이는 겉모양과 달리 속으로는 엉큼한 데가 있다. 내흉스럽다(×).

내음 향기롭거나 나쁘지 않은 냄새를 이르는 말. 주로 다른 명사 뒤에 붙어, 문학적 표현에 쓰이는 말.

내프킨(×) '양식을 먹을 때, 손이나 입을 닦는 데 쓰는 휴지나 수건'은 '냅킨'이 올바른 말이다.

내흉(×) '겉으로는 순해 보이나 속으로는 엉뚱한 마음을 먹음'의 뜻으로 쓰이는 말은 '내숭'이 올바른 말이다.

내흉스럽다(×) '온유하게 보이는 겉모양과 달리 속으로는 엉큼한 데가 있다'의 뜻으로 쓰이는 말은 '내숭스럽다'가 올바른 말이다.

낼름(×) '혀, 손 따위를 재빠르게 내밀었다 들이는 모양. 또는 무엇을 재빠르게 받아 가지는 모양'은 '날름'이 올바른 말이다.

냄비 음식을 끓이거나 익히거나 삶는 데 쓰는 용구. 남비(×). [경북교육 9급 '10]. [법원직 9급 '12]

냅킨^{napkin} 양식을 먹을 때, 손이나 입을 닦는 데 쓰는 휴지나 수건. 내프킨(×).

냇가 냇물의 가장자리. 내가(×). [국회 8급 '12]. [경찰직 1차 필기 '16]

냇둑 냇물과 닿아 있는 땅에 쌓아 놓은 둑. 내둑(×).

냇물 내에 흐르는 물. 내물(×). [국회 8급 '12]

냇버들 냇가에 자라는 버드나뭇과의 낙엽 활엽 관목. 내버들(×).

냉냉하다(×) '온도가 몹시 낮아서 차다. 태도가 정답지 않고 매우 차다'의 뜻으로 쓰이는 말은 '냉랭하다'가 올바른 말이다.

냉랭하다^{冷冷-} ¹온도가 몹시 낮아서 차다. ²태도가 정답지 않고 매우 차다. 냉냉하다(×).

내색^色
의미 차이가 없고 비슷한 발음의 몇 형태가 쓰일 경우, 더 널리 쓰이는 한 형태만을 표준어로 삼는다.

내숭스럽다
의미 차이가 없고 비슷한 발음의 몇 형태가 쓰일 경우, 더 널리 쓰이는 한 형태만을 표준어로 삼는다.

내음
새로 표준어로 지정된 말이다.

냄비
'ㅣ' 역행 동화 현상에 의한 표기는 표준어로 인정하지 않지만 '냄비'는 예외로 표준어로 정했다.

냅킨^{napkin}
단모음 다음의 어말 무성 파열음 [p], [t], [k]는 받침으로 적는다. 곧 '냅킨'이 올바른 말이다.

냇가
순우리말로 된 합성어로서 앞말이 모음으로 끝난 경우, 뒷말의 첫소리가 된소리로 나는 것은 사이시옷을 붙인다.

냇물
순우리말로 된 합성어로서 앞말이 모음으로 끝난 경우, 뒷말의 첫소리 'ㅁ' 앞에서 'ㄴ' 소리가 덧나는 것은 사이시옷을 붙인다.

냉랭하다^{冷冷-}
한자어에서 반복되는 두 음절의 제1 음절은 두음 법칙에 따라 적고, 제2 음절은 본음대로 적는다.

냉이국(×) '고추장과 된장을 섞어 푼 물에 냉이를 넣고 끓인 국'은 '냉잇국'이 올바른 말이다.

냉잇국 고추장과 된장을 섞어 푼 물에 냉이를 넣고 끓인 국. 냉이국(×).

냠냠 아이가 음식을 맛있게 먹는 소리나 모양. 얌얌·얌냠 (×). [공사·공단 언어 능력]

냠냠거리다 아이가 음식을 맛있게 먹는 소리를 자꾸 내다. 예 어린 조카가 냠냠거리면서 옥수수를 먹는 모습이 무척 귀엽다. 얌얌거리다(×).

냠냠이 먹고 싶은 음식을 이르는 어린이 말. 얌얌이(×).

냥 귀금속 따위의 무게를 잴 때 쓰는 단위.

> 오류노트 이제 남아 있는 것은 금 세 냥뿐이다. → 석 냥.

너 듣는 사람이 친구나 아랫사람일 경우 그 사람을 가리키는 말.

> 오류노트 내 곁에 너가 있어서 나는 행복해. → 네가.

너 수량이 넷임을 나타내는 말.

3, 4를 나타내는 우리말

수량 단위를 나타내는 '돈, 말, 발, 푼' 앞에는 '서, 너'를 써서 '서 돈, 너 말'처럼 적는다. '냥, 되, 섬, 자' 앞에는 '석, 넉'을 써서 '석 냥, 넉 되'처럼 적는다. 즉 '돈, 말, 발, 푼, 냥, 되, 섬, 자' 앞에는 '세', '네' 같은 수관형사가 올 수 없음을 알 수 있다.

너가(×) '이인칭 대명사 '너'에 주격 조사 '가'가 붙은 말'은 '네가'가 올바른 말이다.

너구리과(×) '바위너구리, 오리너구리, 주머니너구리' 따위에 생물 분류학상의 단위인 '과科'가 붙여 쓰이는 말은 '너구릿과'가 올바른 말이다.

너구릿과科 포유강의 한 과. 너구리과(×).

너댓(×) '넷이나 다섯쯤 되는 수'의 뜻으로 쓰이는 말은 '네댓'이 올바른 말이다.

-너라 해라할 자리에 쓰여 명령을 나타내는 말. 예 어서 집으로 돌아오너라.

냠냠 의미 차이가 없고 비슷한 발음의 몇 형태가 쓰일 경우, 더 널리 쓰이는 한 형태만을 표준어로 삼는다.

냠냠거리다 의미 차이가 없고 비슷한 발음의 몇 형태가 쓰일 경우, 더 널리 쓰이는 한 형태만을 표준어로 삼는다.

냠냠이 의미 차이가 없고 비슷한 발음의 몇 형태가 쓰일 경우, 더 널리 쓰이는 한 형태만을 표준어로 삼는다.

너 조사 '가' 앞에 '너'나 '니'를 붙여 '너가', '니가'라고 쓰는 것은 잘못된 표기이다.

너 '돈', '말', '발', '푼' 등 단위를 나타내는 말 앞에서는 넷을 뜻할 때 '네 돈, 네 말, 네 발'로 쓰지 않고 '너 돈, 너 말, 너 발, 너 푼'과 같이 쓴다.

너름새	시원스럽게 말로 떠벌려서 일을 추진하는 솜씨. 예 누나는 성격이 쾌활하고 너름새가 있어 사람들이 잘 따른다. 널음새(×).
너머	높이나 경계로 가로질러 막은 사물의 저쪽. 또는 그 공간. 예 산 너머 남쪽에는 누가 살까. [경북 지방직 9급 '06]. [국가직 7급 '07]. [기상 9급 '11]
너부렁이	헝겊 따위의 잘고 하찮은 오라기. 어떤 부류의 사람 또는 물건을 낮잡아 이르는 말. 너부렝이(×).
너부렝이(×)	'헝겊 따위의 잘고 하찮은 오라기. 어떤 부류의 사람 또는 물건을 낮잡아 이르는 말'은 '너부렁이'가 올바른 말이다.
너부시	큰 사람이 아주 공손히 머리 숙여 절하는 모양. 예 어머니는 20년 만에 만난 은사를 향해 너부시 인사를 하셨다. 너붓이(×).
너붓이(×)	'큰 사람이 아주 공손히 머리 숙여 절하는 모양'은 '너부시'가 올바른 말이다.
너스래(×)	'수다를 떨며 늘어놓는 말이나 행동'은 '너스레'가 올바른 말이다.
너스레	수다를 떨며 늘어놓는 말이나 행동. 예 너스레를 떨다. 너스래(×).
넉근하다(×)	'크기나 수량 따위가 기준에 넘치다'의 뜻으로 쓰이는 말은 '넉넉하다'가 올바른 말이다.
넉넉이(×)	'크기나 수량 따위가 기준에 넘치게'의 뜻으로 쓰이는 말은 '넉넉히'가 올바른 말이다.
넉넉하다	크기나 수량 따위가 기준에 넘치다. 넉근하다(×).

오류노트 여행할 차비가 <u>넉넉치</u> 않구나. → 넉넉지. [서울시 9급 '07]. [국가직 9급 '17]

넉넉히	크기나 수량 따위가 기준에 넘치게. 예 이 일을 하는데 넉넉히 잡아서 5일은 걸리겠다. 넉넉이(×).
넋두리(×)	'마음에 차지 않아 불평을 늘어놓으며 하소연하는 말'은 '넋두리'가 올바른 말이다.
넉살스래(×)	'부끄러워하지 않고 비위가 좋으며 끈질기게'의 뜻으로 쓰이는 말은 '넉살스레'가 올바른 말이다.
넉살스레	부끄러워하지 아니하고 비위가 좋으며 끈질기게. 넉살스래(×).

'너머'와 '넘어'
흔히 혼동해서 쓰는 말이다. '너머'는 '어떤 곳의 저쪽'을 가리키는 말로 명사이다. '넘어'는 '높은 곳의 위를 지나서'라는 뜻의 부사이다. 부사는 동작을 나타내는 말을 꾸미는 구실을 한다.

너붓이
'조금 넓고 평평한 듯하게'의 뜻으로는 '너붓이'가 올바른 말이다.

'넉근하다'는 잘못된 말 '무엇을 하는 데에 모자람이 없이 넉넉하다'의 뜻으로 쓰이는 '너끈하다'는 올바른 말이다.

넉넉하다
'-하-' 앞의 받침이 'ㄱ', 'ㄷ', 'ㅂ'일 경우에는 '-하-' 전체가 줄어든다. '넉넉하지'에서 '-하-' 앞의 받침이 'ㄱ'이므로 '-하-' 전체가 줄어 '넉넉지'와 같은 형태가 된다.

넋두리	마음에 차지 않아 불평을 늘어놓으며 하소연하는 말. 너두리(×).
넌센스(×)	'이치에 안 맞거나 평범하지 않은 말이나 일'은 '난센스'가 올바른 말이다.
넌즈시(×)	'밖으로 드러나지 않도록 가만히'의 뜻으로 쓰이는 말은 '넌지시'가 올바른 말이다.
넌지시	밖으로 드러나지 않도록 가만히. 예 광용이에게 그 여학생을 정말 좋아하느냐고 넌지시 물어봤다. 넌즈시(×).
널다랗다(×)	'매우 넓다'의 뜻으로 쓰이는 말은 '널따랗다'가 올바른 말이다.
널따랗다	매우 넓다. 예 널따란 새 집으로 이사를 하게 되어서 너무 기쁘다. 널다랗다(×). [국가직 7급 '08]. [서울시 9급 '11]
널부러뜨리다(×)	'너저분하게 널리 퍼뜨리다'의 뜻으로 쓰이는 말은 '널브러뜨리다'가 올바른 말이다.
널브러뜨리다	너저분하게 널리 퍼뜨리다. 예 막내 동생의 방은 항상 옷과 학용품들이 널브러뜨려져 있다. 널부러뜨리다(×).
널부러지다(×)	'너저분하게 흐트러지거나 흩어지다'는 '널브러지다'가 올바른 말이다.
널브러지다	너저분하게 흐트러지거나 흩어지다. 널부러지다(×).
널빤지	넓고 판판한 나뭇조각. 널판지(×). [서울시 9급 '11]. [국회 8급 '13]
널음새(×)	'시원스럽게 말로 떠벌려서 일을 추진하는 솜씨'는 '너름새'가 올바른 말이다.
널직하다(×)	'매우 넓다'의 뜻으로 쓰이는 말은 '널찍하다'가 올바른 말이다.
널찍이	매우 넓게. 널찍히(×).
널찍하다	매우 넓다. 널직하다(×). [국가직 7급 '12]
널찍히(×)	'매우 넓게'의 뜻으로 쓰이는 말은 '널찍이'가 올바른 말이다.
널판대기(×)	'넓고 판판한 나뭇조각'은 '널판때기'가 올바른 말이다.
널판때기板	넓고 판판한 나뭇조각. 널판대기(×).
널판지(×)	'넓고 판판한 나뭇조각'의 뜻으로 쓰이는 말은 '널빤지'가 올바른 말이다.

넋두리
명사 뒤에 자음으로 시작된 접미사가 붙어서 된 말은 그 명사나 어간의 원형을 밝히어 적는다.

널따랗다
'널따랗다'는 겹받침(넓)의 끝소리가 드러나 아니하므로 소리 나는 대로 '널따랗다'로 적는다.

널빤지
'널빤지'가 '널판지'보다 널리 쓰이기 때문에 '널빤지'를 표준어로 삼았다.

널찍이
'널찍이'는 겹받침(넓)의 끝소리가 드러나지 아니하므로 '널찍이'로 적는다.

널찍하다
'널찍하다'는 겹받침(넓)의 끝소리가 드러나지 아니하므로 소리 나는 대로 '널찍하다'로 적는다.

널판때기板
'널판때기'가 맞고 '널판대기'가 잘못된 말인 것처럼 '판때기'가 맞고 '판대기'는 잘못된 말이다.

넓적넓적(×)   '물음에 답하거나 어떤 것을 받아먹을 때 입을 단번에 닫았다 벌렸다 하는 모양'은 '넙적넙적'이 올바른 말이다.

넓적다리   다리에서 무릎 관절 위쪽에 있는 다리. 넙적다리(×).

넓적대다(×)   '물음에 답하거나 어떤 것을 받아먹을 때 입을 단번에 닫았다 벌렸다 하다'의 뜻으로 쓰이는 말은 '넙적대다'가 올바른 말이다.

넓적하다   평평하고 얇으며 매우 넓다. 예 중심이의 뒤통수는 매우 넓적하게 생겼다. 넙적하다(×).

넓죽(×)   '입을 단번에 닫았다 벌렸다 하는 모양. 바닥에 몸을 대고 단번에 엎드리는 모양'은 '넙죽'이 올바른 말이다.

넓직하다(×)   '매우 넓다'의 뜻으로 쓰이는 말은 '널찍하다'가 올바른 말이다.

넘어   높은 부분의 위를 지나서. 예 그 편치 못한 몸으로 저 높은 산을 넘어서 갈 수 있겠느냐.

넙적넙적   물음에 답하거나 어떤 것을 받아먹을 때 입을 단번에 닫았다 벌렸다 하는 모양. 예 동물원의 물개가 사육사가 주는 먹이를 넙적넙적 잘도 받아먹는다. 넓적넓적(×).

넙적다리(×)   '다리에서 무릎 관절 위쪽에 있는 다리'는 '넓적다리'가 올바른 말이다.

넙적대다   입을 단번에 닫았다 벌렸다 하며 말대답을 하거나 무엇을 받아먹다. 넓적대다(×).

넙적하다(×)   '평평하고 얇으며 매우 넓다'의 뜻으로 쓰이는 말은 '넓적하다'가 올바른 말이다.

넙죽   입을 단번에 닫았다 벌렸다 하는 모양. 바닥에 몸을 대고 단번에 엎드리는 모양. 넓죽(×).

넙죽이   입을 단번에 닫았다 벌렸다 하는 모양. 바닥에 몸을 대고 단번에 엎드리는 모양. 넙죽히(×).

넙죽히(×)   '입을 단번에 닫았다 벌렸다 하는 모양. 바닥에 몸을 대고 단번에 엎드리는 모양'은 '넙죽이'가 올바른 말이다.

넙치국(×)   '넙치를 넣고 끓인 국'의 뜻으로 쓰이는 말은 '넙칫국'이 올바른 말이다.

넙칫국   넙치를 넣고 끓인 국. 넙치국(×).

넓적다리
겹받침의 뒤엣것이 발음되는 경우 그 겹받침을 그대로 표기한다. 즉 '넓적다리'는 [넙쩍따리]처럼 뒤엣것이 발음되므로 겹받침을 다 적는다.

'넓죽'으로 표기할 수 없는 이유
의미상 '넓다'와는 관련이 없는 말이므로 '넓-'이 들어가지 않는다.

'넓적하다'로 표기할 수 없는 이유
겹받침의 뒤엣것이 발음되는 경우 그 겹받침을 그대로 표기한다. 즉 '넓적하다'는 [넙쩍하다]처럼 뒤엣것이 발음되므로 겹받침을 다 적는다.

넙죽
의미상 '넓다'와는 관련이 없는 말이므로 '넓-'이 들어가지 않는다.

넙죽이
얼굴이 넙죽한 사람을 놀림조로 이르는 말은 명사 '넓죽이'를 쓴다. '넙죽이'는 부사로 쓰이는 경우만 표준어이다.

넝쿨 다른 물건을 감아 나가면서 길게 뻗어 나가는 식물의 줄기. [국어능력인증 '06]. [서울시 9급 '11]

넷 수가 넷임을 나타내는 말.

> **✔오류노트** 황금 네 돈 → 넉 돈, 쌀 네 말 → 너 말, 길이가 네 자인 생선 → 넉 자, 동전 네 푼을 가지고 있다. → 너 푼.

네 윗사람의 부름에 대답하거나 묻는 말에 긍정하여 대답할 때 쓰는 말. [예] 네, 알겠습니다.

네가 이인칭 대명사 '너' 다음에 주격 조사 '가'가 붙은 말. 너가·니가(×).

네댓 넷이나 다섯쯤 되는 수. [예] 강아지 네댓 마리가 서로 뒤엉켜 장난을 하며 놀고 있다. 너댓(×).

네비게이션(×) '지도를 나타내거나 지름길을 안내하여 자동차 운전을 도와주는 장치나 프로그램'은 '내비게이션'이 올바른 말이다.

네째(×) '순서로 네 번째인 차례(차례의)'는 '넷째'가 올바른 말이다.

네트워크network 방송에서, 지역 방송국을 연결하여 동시에 같은 프로그램을 방송하는 체제. 네트웍(×).

네트웍(×) '방송에서, 지역 방송국을 연결하여 동시에 같은 프로그램을 방송하는 체제'는 '네트워크'가 올바른 말이다.

넷째 순서로 네 번째인 차례(차례의). 네째(×).

넹큼, 닁큼(×) '망설이지 않고 한번에 재빨리'의 뜻으로 쓰이는 말은 '닁큼'이 올바른 말이다.

녁(×) '시간상 어떤 때의 무렵. 어느 방향'은 '녘'이 올바른 말이다.

년놈(×) '계집과 사내를 아울러 낮잡아 이르는 말'은 '연놈'이 올바른 말이다.

년대年代 10년, 100년, 1000년 단위의 해 뒤에 쓰여, 그 단위의 첫 해부터 다음 단위로 넘어가기 전까지의 기간.

년도年度 일정한 기간 단위로서의 그해. [예] 2014년도 출생자./그는 몇 년도에 태어났느냐?

녘 시간상 어떤 때의 무렵. 어느 방향. 녁(×). [기상 9급 '13]

노구교蘆溝橋(×) '중국 베이징 시의 남쪽의 융딩강永定江에 놓인 다리'는 '루거우차오'가 올바른 말이다.

넝쿨
'덩굴'과 함께 복수 표준어이다.

네
'예'와 함께 복수 표준어이다.

네댓
'네댓'은 '네다섯'과 동의어로 쓰인다.

둘째, 셋째, 넷째
'두째, 세째, 네째'와 같은 형태를 버리고, '둘째, 셋째, 넷째'의 형태를 표준어로 정했다.

년대年代
'2010년대'처럼 수를 나타내는 말 뒤에 쓰일 때는 '년대'로 적는다.

년도年度
'해'를 뜻하는 말이 의존 명사로 쓰이면 '년도'로 표기한다. 그러나 단어의 첫머리에 올 때는 '연도'로 표기한다.

녘
'녘'은 시간과 공간의 뜻으로 두루 쓰인다.

노다지(×)	'시간의 흐름에 따라 달라지지 않고 항상'은 '언제나'가 올바른 말이다.
노동량勞動量	노동을 한 양. 예 이 공장의 노동량이 전국에서 제일 많다고 한다. 노동양(×).
노동양(×)	'노동을 한 양'은 '노동량'이 올바른 말이다.
-노라고	말하는 이가 자기 행동에 대한 목적이나 의도를 나타내는 연결 어미. 예 나 나름대로는 최선을 다하노라고 했는데 결과가 신통치 않았다./사랑을 다해 사랑하였노라고 자신 있게 말할 수 있다. 비교 -느라고.

> ✏️오류노트 밤늦게까지 과제를 하노라고 늦게 일어났습니다. → 하느라고. [서울시 지방직 7급 '16]

-노라면	~을 하다가 보면. 예 세상을 사노라면 궂은일도 있지만 좋은 일도 많이 생길 거야./열심히 공부하노라면 성공할 날이 오겠지. 느라면(×).
노란자위(×)	'알의 동그랗고 노란 부분'은 '노른자위'가 올바른 말이다.
노랑	노란 빛깔이나 물감.

> ✏️오류노트 노랑색 풍선을 띄웠다. → 노랑, 노란색.

노랑이	마음이 좁고 인색한 사람. 노랭이(×).
노랗다	밝고 선명하게 노르다.

> ✏️오류노트 ¹영희 머리가 노랗니 얼굴이 매우 밝아 보인다. → 노라니, 노랗니 모두 쓸 수 있다. ²요 며칠 사이에 단풍잎이 노레졌다. → 노래졌다. [지방직 간호 8급 '22]

> **색깔을 나타내는 말은 어떻게 활용할까?**
> ¹형용사 어간 끝의 받침 'ㅎ'이 어미 '-니'나 모음 앞에서 줄어질 때는 준 대로 적었다. 예를 들면 '파랗다'는 파라니, '빨갛다'는 '빨가니', '하얗다'는 '하야니'와 같이 적었다. 그런데 '파랗니, 빨갛니, 하얗니'와 같이 'ㅎ'을 탈락시키지 않고 쓰는 것도 인정하게 되었다. ²'노랗다'의 어간에 '-어지다'가 연결되면 '노래지다'가 된다.

노래가락(×)	'노래의 곡조'의 뜻으로 쓰이는 말은 '노랫가락'이 올바른 말이다.
노래말(×)	'노래를 전제로 쓴 글'은 '노랫말'이 올바른 말이다.

노동량
분량이나 수량을 나타내는 '量'이 순우리말이나 외래어 뒤에 올 경우는 '양'으로, 한자어 다음에 올 때는 '량'으로 표기된다.

'-노라고'와 '-느라고'
밤늦게까지 과제를 한 것이 원인, 늦게 일어난 것이 결과이다. 앞 내용이 원인일 경우에는 '-느라고'를 쓴다.

노랑
'노랑'에 '색'의 뜻이 있으므로 '노랑색'으로 쓰면 뜻이 중복된다. '노랑'이라고 하든지 '노란색'이라고 써야 한다.

노랫가락
'노래+가락'은 순우리말끼리 합쳐진 말이며, '가락'의 '가'가 된소리로 나므로 사이시옷을 붙인다.

'노래말'로 표기할 수 없는 이유
순우리말로 된 합성어로서 앞말이 모음으로 끝난 경우, 뒷말의 첫소리 'ㅁ' 앞에서 'ㄴ' 소리가 덧나므로 사이시옷을 붙여 '노랫말'처럼 표기해야 한다.

노래소리(×)   '노래 부르는 소리'의 뜻으로 쓰이는 말은 '노랫소리'가 올바른 말이다.

노랫가락   노래의 곡조. 노래가락(×).

노랫말   노래를 전제로 쓴 글. 노래말(×). [지방직 9급 '19]

노랫소리   노래를 부르는 소리. 노래소리(×).

노랭이(×)   '마음이 좁고 인색한 사람'은 '노랑이'가 올바른 말이다.

노른자빛(×)   '노른자위의 빛깔처럼 밝은 빛'은 '노른잣빛'이 올바른 말이다.

노른자위   알의 동그랗고 노란 부분. 노란자위(×).

노른잣빛   노른자위의 빛깔처럼 밝은 빛. 노른자빛(×).

노름   화투, 트럼프 따위를 써서 돈이나 재물 따위를 내기하는 일. [예] 노름에 손대는 사람 치고 성공한 사람 못 보았다. 놀음(×).

노름군(×)   '노름으로 시간의 대부분을 보내는 사람'은 '노름꾼'이 올바른 말이다.

노름꾼   노름으로 시간의 대부분을 보내는 사람. 노름군(×).

노릇   ¹맡은 바 구실. [예] 부모 노릇 하기가 점점 더 어려워지고 있다. ² '그 직업'을 낮잡아 이르는 말. [예] 대리 노릇.

노릇노릇   여러 군데가 노르스름한 모양. [예] 호박고구마를 찌면 노릇노릇해진다. 누릿누릿(×).

노리개   여자들의 한복 저고리 고름 따위에 몸치장으로 다는 물건. 놀이개(×). [서울시 7급 '11]

노리개감(×)   '노리개로 삼을 만한 물건'은 '노리갯감'이 올바른 말이다.

노리갯감   노리개로 삼을 만한 물건. 노리개감(×).

노성魯省(×)   '중국 산둥성山東省의 다른 이름'은 '루성'이 올바른 말이다.

노털(×)   '늙은 남자를 속되게 이르는 말'은 '노틀'이 올바른 말이다.

노틀   늙은 남자를 속되게 이르는 말. 노털(×).

녹녹하다(×)   '만만하고 다루기 쉽다'의 뜻으로 쓰이는 말은 '녹록하다'가 올바른 말이다.

녹두나물綠豆(×)   '녹두를 길러 싹을 낸 나물'은 '숙주나물'이 올바른 말이다.

노름
'놀다'의 '놀-'에 '-음'이 붙어서 된 것이나, 본뜻에서 멀어진 것이므로 원형을 밝혀 적지 않는다.

노름꾼
'어떤 일을 습관적으로 하는 사람' 또는 '어떤 일을 즐겨 하는 사람'의 뜻을 나타내는 말은 '-꾼'이다.

노릇
'노릇' 앞에는 항상 명사가 오며 '노릇 하다'처럼 띄어 쓴다.

노리개
'놀놀이'이라는 말에 명사를 만드는 '-이'가 결합한 '노리'에 도구를 뜻하는 '-개'가 붙은 것이나, 본뜻에서 멀어진 것이므로 원형을 밝혀 적지 않는다.

녹녹하다
'촉촉한 기운이 약간 있다'의 뜻으로 쓰이는 말은 '녹녹하다'가 올바른 말이다.

녹록하다^{碌碌-} 만만하고 다루기 쉽다. 녹녹하다(×).

> **✏오류노트** 결승전에서 <u>녹록치</u> 않은 상대를 만났다. → 녹록지.

녹슬다 쇠붙이가 산화하여 빛이 변하다. 녹쓸다(×).

> **✏오류노트** <u>녹슬은</u> 기찻길 위를 걸었다. → 녹슨.

녹쓸다(×) '쇠붙이가 산화하여 빛이 변하다'의 뜻으로 쓰이는 말은 '녹슬다'가 올바른 말이다.

녹이다 얼었던 것을 열을 받아 액체가 되게 하다. [예] 냉동 명태를 뜨거운 물에 녹였다. 녹히다(×).

녹항^{鹿港}(×) '대만 타이중^{臺中}현에 있는 무역항'은 '루강'이 올바른 말이다.

녹히다(×) '얼었던 것을 열을 받아 액체가 되게 하다'의 뜻으로 쓰이는 말은 '녹이다'가 올바른 말이다.

논배미 논두렁으로 둘러싸인 논의 구역. 논빼미(×).

논병아리 논병아릿과의 철새. 농병아리(×).

논빼미(×) '논두렁으로 둘러싸인 논의 구역'은 '논배미'가 올바른 말이다.

논설난(×) '신문이나 잡지 따위에서 논설을 싣는 난'은 '논설란'이 올바른 말이다.

논설란^{論說欄} 신문이나 잡지 따위에서 논설을 싣는 난. 논설난(×).

논평난(×) '신문에서 논평을 싣는 지면으로 정하여 놓은 난'은 '논평란'이 올바른 말이다.

논평란^{論評欄} 신문에서 논평을 싣는 지면으로 정하여 놓은 난. 논평난(×).

놀다 재미난 일이나 놀이 따위를 하며 즐겁게 지내다. [연습] '해수욕'은 바닷물에서 헤엄을 치거나 즐기며 (놂, 놀음, 놈)이다. → 놂.

놀라다 ¹예상하지 못한 일이 발생하여 가슴이 두근거리다. [예] 놀란 토끼 벼랑 바위 쳐다보듯 한다. ²훌륭한 것이나 신기한 것을 보고 매우 감동하다. [예] 거북선의 정교함을 보고 놀라지 않을 수 없었다. ³갑자기 무서움을 느끼다. [예] 동물원의 사자를 보고 놀라다.

> **✏오류노트** 할아버지가 돌아가셨다는 소식을 듣고 얼마나 <u>놀랬는지</u> 모른다. → 놀랐는지. [지방직 9급 '08]

녹록하다^{碌碌-}
'-하다' 앞의 받침이 'ㄱ', 'ㄷ', 'ㅂ'이면 '-하' 전체가 줄어든다.

녹슬다
'녹슬-'에 '-은'이 연결되면 'ㄹ'이 탈락되어 '녹슨'이 된다.

녹이다
'녹이다'의 '-이-'는 사동의 뜻을 나타내는 접미사이다.

논설란^{論說欄}
'논설+난^欄'의 형태. '난'은 '구분된 지면'의 뜻으로 쓰이는데, '난' 앞에 한자어가 오면 '란'으로 표기하고, 순우리말이나 외래어가 오면 '난'으로 표기한다. '논설'이 한자어이므로 '논설난'이 아니라 '논설란'으로 표기된 예이다.

놀다
어간 끝이 'ㄹ'인 말의 명사형은 'ㄹ' 뒤에 명사형 어미 '-ㅁ'을 붙여 'ㄻ'으로 쓴다.

'놀라다'와 '놀래다'의 차이점
행동의 주체가 자기 자신일 경우에는 '놀라다'라고 써야 한다. 따라서 '놀랐는지'가 올바른 말이다. 남을 놀라게 하는 경우에는 '놀래다'로 써야 한다.

놀랍다	[1]감동할 정도로 훌륭하거나 굉장하다. 예 한 시간 만에 저 높은 산을 올랐다니 정말 놀랍다. [2]갑작스러워 두려움이나 흥분에 휩싸이다. 예 놀랍게도 우리 반에서 항상 1등 하던 친구가 대학에 불합격하였다.

> ✏️ **오류노트** 아버지는 한 달 만에 내 키가 3센티미터나 컸다는 소식을 듣고 <u>놀라와하셨다</u>. → 놀라워하셨다.

<table>
<tr><td>놀래다</td><td>남을 놀라게 하다. 예 순정이는 술래를 놀래 주기 위해 뒤에서 살금살금 다가갔다.</td></tr>
</table>

> **'놀래다'가 어떤 경우에 맞는 말일까?**
>
> '놀래다'가 남을 놀라게 하다(사동)의 뜻을 가질 때에는 올바른 말이 된다. 이때는 앞에 '~을(를)' 형태가 와야 한다. 예 나는 영윤이 뒤에서 갑자기 나타나서 눈을 가림으로써 그를 놀래 주었다.

놀음(×)	'화투, 트럼프 따위를 써서 돈이나 재물 따위를 내기하는 일'은 '노름'이 올바른 말이다.
놀이	✓띄어쓰기 여러 사람이 모여 노는 일. 예 공놀이./광대놀이./기차놀이./마당놀이./쥐불놀이.
놀이개(×)	'여자들의 한복 저고리 고름 따위에 몸치장으로 다는 물건'은 '노리개'가 올바른 말이다.
놀이군(×)	'놀음놀이를 하는 사람'은 '놀이꾼'이 올바른 말이다.
놀이꾼	놀음놀이를 하는 사람. 놀이군(×).
놀이배(×)	'뱃놀이를 하는 배'의 뜻으로 쓰이는 말은 '놀잇배'가 올바른 말이다.
놀잇감	놀이 또는 아동 교육 현장 따위에서 활용되는 물건이나 재료.
놀잇배	뱃놀이를 하는 배. 놀이배(×).
놈	✓띄어쓰기 사람을 낮잡거나 흘하게 이르는 말.
놈팡이	사내를 낮잡아 이르는 말. 놈팽이(×).
놈팽이(×)	'사내를 낮잡아 이르는 말'은 '놈팡이'가 올바른 말이다.
놋갓장이	놋그릇을 만드는 일을 직업으로 하는 사람. 놋갓쟁이(×).
놋갓쟁이(×)	'놋그릇 만드는 일을 직업으로 하는 사람'은 '놋갓장이'가 올바른 말이다.
농군農軍	농민을 달리 이르는 말. 농꾼(×).

놀랍다
어간의 끝 'ㅂ'이 'ㅜ'로 바뀔 때에, '고와, 도와'와 같이 모음이 'ㅗ'인 단음절 어간 뒤에 결합하는 '-아'의 경우만 '와'로 적고, 그 밖의 말은 모두 '워'로 적는다.

놀이
'공놀이', '기차놀이' 등은 한 단어로 붙여 쓴다. '비눗방울 놀이', '주사위 놀이' 등은 한 단어가 아니므로 띄어 쓴다. '교수놀이', '병원놀이'처럼 모방, 흉내'를 뜻하는 말은 한 단어로 인정하여 붙여 쓴다.

놀잇감
'장난감'만 표준어로 인정받았으나 '놀잇감'도 새로 표준어로 인정하게 되었다.

놈
'놈'이 붙는 말 중에서 '그놈', '고놈', '이놈', '저놈' 등은 한 단어이므로 붙여 쓴다. '좋은 놈', '나쁜 놈'은 한 단어가 아니므로 띄어 쓴다.

놋갓장이
'-장이'는 '그것과 관련된 기술을 가진 사람'의 뜻을 더하는 말이다.

농꾼(×)　　'농민을 달리 이르는 말'은 '농군'이 올바른 말이다.

농병아리(×)　　'논병아릿과의 철새'의 뜻으로 쓰이는 말은 '논병아리'가 올바른 말이다.

농사길(×)　　'논이나 밭에 농사일을 하기 위해 낸 길'은 '농삿길'이 올바른 말이다.

농사꾼農事-　　농사짓는 사람을 달리 이르는 말. 농삿군(×).

농사일農事-　　농사짓는 일. 예 아버지는 30년 동안 농사일에 종사하셨다. 농삿일(×).

농사집(×)　　'농사를 직업으로 삼는 사람의 집'은 '농삿집'이 올바른 말이다.

농삿군(×)　　'농사짓는 사람을 달리 이르는 말'은 '농사꾼'이 올바른 말이다.

농삿길農事-　　논이나 밭에 농사일을 하기 위하여 만들어 놓은 길. 농사길(×).

농삿일(×)　　'농사짓는 일'의 뜻으로 쓰이는 말은 '농사일'이 올바른 말이다.

농삿집農事-　　농사를 직업으로 삼는 사람의 집. 농사집(×).

농안農安(×)　　'중국 지린성吉林省 창춘시長春市에 있는 도시'는 '눙안'이 올바른 말이다.

농지거리弄-　　함부로 하는 장난이나 농담. 예 어른한테는 되는대로 농지거리를 하면 안 된다. 농지꺼리(×). [지방직 9급 '11]

농지꺼리(×)　　'함부로 하는 장난이나 농담'은 '농지거리'가 올바른 말이다.

높다랗다　　매우 높다. 예 영순이는 높다란 건물의 맨 꼭대기 층에 산다. 높따랗다(×). [국가직 7급 '08]. [국가직 7급 '12]

높따랗다(×)　　'매우 높다'의 뜻으로 쓰이는 말은 '높다랗다'가 올바른 말이다.

높은밥(×)　　'수북하게 담은 밥'의 뜻으로 쓰이는 말은 '고봉밥'이 올바른 말이다.

높이다　　높게 하다. 예 우리 학교 양궁 선수들이 세계 선수권에서 우승함으로써 학교의 명예를 높였다. 높히다(×). [경찰대 '09]

높히다(×)　　'높게 하다'의 뜻으로 쓰이는 말은 '높이다'가 올바른 말이다.

농사꾼農事-
'-꾼'은 '어떤 일을 전문적으로 하거나 잘하는 사람', '어떤 일을 습관적으로 하거나 즐겨 하는 사람', '어떤 일 때문에 모인 사람'의 뜻이 있다. 여기서는 '어떤 일을 전문적으로 하는 사람'의 뜻으로 썼다.

농사일農事-
뒷말의 첫소리 모음 앞에서 'ㄴㄴ' 소리가 덧나면 사이시옷을 받쳐 적는다. '농사일'은 [농사일]로 소리 나므로 사이시옷을 받쳐 적지 않는다.

농지거리弄-
의미가 똑같은 형태가 몇 가지 있을 경우, 널리 쓰이는 단어만을 표준어로 삼는다.

높다랗다
어간 뒤에 자음으로 시작되는 접미사가 붙어서 된 말은 그 명사나 어간의 원형을 밝혀 적는다. 높따랗다(×).

높이다
사동을 뜻하는 접미사는 '-이-'와 '-히-'가 있다. '높다'는 '-이-'가 붙어 사동의 뜻이 된다.

놓아주다　✔띄어쓰기 속박의 상태에서 자유로운 상태가 되게 해 주다. 예 잡은 물고기를 놓아주다.

놓이다　물체가 일정한 곳에 놓아지다.

✏오류노트 책상 위에 연필이 <u>놓여져</u> 있다. → 놓여.

뇌쇄惱殺　애가 타도록 몹시 괴로워함. 또는 그렇게 괴롭힘. 뇌쇠(×).

뇌쇠(×)　'애가 타도록 몹시 괴로워함. 또는 그렇게 괴롭힘'은 '뇌쇄'가 올바른 말이다.

뇌졸중腦卒中　뇌의 이상으로 신체 마비, 언어 장애 따위를 일으키는 증상. 뇌졸증(×).

뇌졸증(×)　'뇌의 이상으로 신체 마비, 언어 장애를 일으키는 증상'은 '뇌졸중'이 올바른 말이다.

누구　잘 알지 못하는 사람을 가리키는 인칭 대명사.

✏오류노트 아침에 방문한 그 사람이 <u>누구에요</u>? → 누구예요.

누누이累累-　여러 번 반복하여. 예 수업 시간에 졸지 말라고 누누이 강조했는데 잘 이행되지 않고 있다. 누누히(×).

누누히(×)　'여러 번 반복하여'의 뜻으로 쓰이는 말은 '누누이'가 올바른 말이다.

누더기　누덕누덕 기운 옷. 누데기(×).

누데기(×)　'누덕누덕 기운 옷'의 뜻으로 쓰이는 말은 '누더기'가 올바른 말이다.

누래지다(×)　'누렇게 되다'의 뜻으로 쓰이는 말은 '누레지다'가 올바른 말이다.

누레지다　누렇게 되다. 예 우리 집에는 가보로 전해 내려오는 누레진 고서적이 몇 권 있다. 누래지다(×).

누룽밥(×)　'솥의 밑바닥에 눌어붙은 밥'은 '누룽지'가 올바른 말이다.

누룽지　솥의 밑바닥에 눌어붙은 밥. 누룽밥(×).

누르다　물체에 힘을 가하다. 눌르다(×).

누른밥(×)　'솥의 밑바닥에 눌어붙은 밥에 물을 부어 불린 밥'은 '눌은밥'이 올바른 말이다.

누릿누릿(×)　'여러 군데가 노르스름한 모양'은 '노릇노릇'이 올바른 말이다.

놓아주다
'놓아주다'는 한 단어로 된 합성어이므로 붙여 쓴다.

놓이다
'놓여'에 피동의 뜻이 있으므로 여기에 다시 피동의 뜻을 나타내는 '져'를 덧붙일 필요가 없다.

뇌졸중腦卒中
흔히 병의 하나라고 생각하고 병의 뜻을 나타내는 '증'을 떠올려 '뇌졸증'이라고 잘못 표기한다. 하지만 '뇌졸중'의 한자 '中'을 알면 혼동하지 않게 된다.

누구
받침이 없는 말 뒤에는 '-이에요, -이어요' 혹은 준 말 형태인 '-예요, -여요'가 온다.

누더기
'-하다'나 '-거리다'가 붙을 수 없는 어근에 '-이'나 또는 다른 모음으로 시작되는 접미사가 붙어서 명사가 된 것은 그 원형을 밝혀 적지 않는다.

누레지다
모음 조화와 관련된 말이다. '누-'가 음성 모음이므로 뒤에 음성 모음이 온다.

-누만(×)	'동사 어간이나 어미 뒤에 붙어 감탄의 뜻을 나타내는 종결 어미'는 '-누먼'이 올바른 말이다.
-누먼	동사 어간이나 어미 뒤에 붙어 감탄의 뜻을 나타내는 종결 어미. 예 날이 이제야 새누먼. -누만(×).
누진률(×)	'수량 따위가 더하여 감에 따라 가격 등이 점점 높아지는 비율'은 '누진율'이 올바른 말이다.
누진율累進率	수량 따위가 더하여 감에 따라 가격 등이 점점 높아지는 비율. 누진률(×).
눅눅이(×)	'물기로 젖은 기운이 약간 있게'의 뜻으로 쓰이는 말은 '눅눅히'가 올바른 말이다.
눅눅하다	다소 물기로 젖은 기운이 있다. 예 장마가 오래 계속되어 집안의 옷들이 눅눅해졌다. 눙눅하다(×).
눅눅히	물기로 젖은 기운이 약간 있게. 눅눅이(×).
눈곱	눈에서 나오는 진득진득한 액. 눈꼽(×).
눈깜짜기(×)	'눈을 자주 깜짝거리는 사람'은 '눈깜짝이'가 올바른 말이다.
눈깜짝이	눈을 자주 깜짝거리는 사람. 눈깜짜기(×).
눈꼬리	귀 쪽으로 가늘게 좁혀진 눈의 가장자리. 예 미연이는 눈꼬리가 위로 올라갔다.
눈꼽(×)	'눈에서 나오는 끈적끈적한 액'은 '눈곱'이 올바른 말이다.
눈대중	눈으로 대충 어림잡아 헤아림.
눈살	눈에 독기를 띠며 쏘아보는 시선. 예 눈살이 따갑다. 눈쌀(×).
눈쌀(×)	'눈에 독기를 띠며 쏘아보는 시선'은 '눈살'이 올바른 말이다.
눈쌀미(×)	'잠시 보고 나서 어떤 일을 바로 해내는 능력'은 '눈썰미'가 올바른 말이다.
눈썰미	잠시 보고 나서 어떤 일을 바로 해내는 재주. 눈쌀미(×).
눈앞	오류노트 ¹눈으로 볼 수 있는 아주 가까운 곳. 예 눈앞에 일어난 일을 모르다니! ²아주 가까운 장래. 예 눈앞에 다가온 시험.
눈어림	눈으로 대충 어림잡아 헤아림.

-누먼
'-누만'이 아니고 '-누먼'이 올바른 말이다. 이와 관련해서 '-구먼'도 익혀 둘 필요가 있다. '-구만'은 잘못된 말이고, '구먼'이 올바른 말이다. 예 회사가 참 크구먼.

누진율
'누진+율/률率'의 형태. 앞말이 받침이 없거나(모음) 'ㄴ' 받침 뒤에서는 '율'을 쓴다. 그 외에는 '률'을 쓴다. '누진'의 '진'이 'ㄴ' 받침으로 끝나는 경우이므로 '율'을 써서 '누진율'처럼 나타낸다.

눅눅히
한 단어 안에서 같은 음절이나 비슷한 음절이 겹쳐 나는 부분은 같은 글자로 적는다.

눈깜짝이
'-하다'나 '-거리다'가 붙는 어근에 '-이'가 붙어서 명사가 된 것은 그 원형을 밝혀 적는다.

눈꼬리
기존의 표준어 '눈초리'에 별도의 표준어로 추가 인정된 말이다.

눈대중
'눈어림'과 함께 복수 표준어이다.

눈앞
'매우 가까움'의 뜻으로 쓰이는 '눈앞'은 붙여 쓴다.

눈어림
'눈대중'과 함께 복수 표준어이다.

눈에가시(×)	'매우 싫거나 미워서 눈에 언짢은 사람'은 '눈엣가시'가 올바른 말이다.
눈엣가시	매우 싫거나 미워서 눈에 언짢은 사람. 눈에가시(×).
눈초리	어떤 대상을 바라볼 때 눈에 나타나는 표정. 예 매서운 눈초리. 비교 눈꼬리. [국가직 9급 '16]
눈치꾼	남의 눈치를 보아 가며 행동하는 사람. 예 직장 생활 10년에 눈치꾼이 다 되었다. 눈칫꾼(×).
눈치밥(×)	'남의 눈치를 보며 얻어먹는 밥'은 '눈칫밥'이 올바른 말이다.
눈칫꾼(×)	'남의 눈치를 보아 가며 행동하는 사람'은 '눈치꾼'이 올바른 말이다.
눈칫밥	남의 눈치를 보며 얻어먹는 밥. 예 친구 집에 눌러앉아 눈칫밥을 얻어먹고 있다. 눈치밥(×).
눌러붙다(×)	'뜨거운 바닥에 약간 타서 붙다'의 뜻으로 쓰이는 말은 '눌어붙다'가 올바른 말이다.
눌르다(×)	'물체에 힘을 가하다'의 뜻으로 쓰이는 말은 '누르다'가 올바른 말이다.
눌어붙다	뜨거운 바닥에 약간 타서 붙다. 예 밥통에 있는 콩나물밥이 눌어붙어 있다. 눌러붙다(×).
눌은밥	솥의 밑에 눌어붙은 밥에 물을 부어 불린 밥. 예 눌은밥이 구수하다. 누른밥(×).
눙눅하다(×)	'다소 물기로 젖은 기운이 있다'의 뜻으로 쓰이는 말은 '녹눅하다'가 올바른 말이다.
눙안	중국 지린성吉林省 창춘시長春市에 있는 도시. 농안(×).
느긋이	만족하여 마음 여유가 있게. 예 수능 시험에서 최선을 다한 만큼 진인사대천명이라고 느긋이 기다려 보겠다. 느긋히(×).
느긋히(×)	'만족하여 마음 여유가 있게'의 뜻으로 쓰이는 말은 '느긋이'가 올바른 말이다.
-느라고	앞의 내용이 뒤 내용의 원인이 됨을 나타내는 말. 예 공부하느라고 저녁도 못 먹었다.
-느라면(×)	'~을 하다가 보면'의 뜻으로 쓰이는 말은 '-노라면'이 올바른 말이다.
느리광이	게으르거나 행동이 느린 사람.

ㄴ

눈초리
'눈초리'는 '눈에 나타나는 표정'의 뜻 외에도 '귀 쪽으로 가늘게 좁혀진 눈의 가장자리'의 뜻도 있다.

눈치꾼
'꾼'의 첫소리가 된소리 'ㄲ'이므로 사이시옷이 올 수 없다.

'눌르다'로 쓸 수 없는 이유
'누르다'는 '르' 불규칙 동사이므로 '누르고, 누르니'로 활용한다. 즉 어간 '누르-'에 '-다'가 붙어 기본형이 '누르다'가 된다.

느긋이
부사의 끝음절이 분명히 '이'로만 소리 나므로 '이'로 표기한다.

-느라고
예문은 '공부하는 것 때문에 저녁을 못 먹었다'라는 뜻으로, 저녁을 못 먹은 것은 공부하는 것이 원인이 된다.

느림보 게으르거나 행동이 느린 사람.

느즈막히(×) '시간이나 기한이 아주 늦게'의 뜻으로 쓰이는 말은 '느지막이'가 올바른 말이다.

느지막이 시간이나 기한이 매우 늦게. 느즈막히(×).

늑장 느릿느릿 꾸물거리는 태도. 늦장.

-는구려 감탄의 뜻으로, 새로 알게 된 사실에 관심을 갖고 살핌을 나타내는 말. 예 결국은 가는구려. -는구료(×).

-는구료(×) '감탄의 뜻으로, 새로 알게 된 사실에 관심을 갖고 살핌을 나타내는 말'은 '-는구려'가 올바른 말이다.

-는구만(×) '감탄의 뜻으로, 새로 알게 된 사실에 관심을 갖고 살핌을 나타내는 말'은 '-는구먼'이 올바른 말이다.

-는구먼 감탄의 뜻으로, 새로 알게 된 사실에 관심을 갖고 살핌을 나타내는 말. 예 늦총각이 장가를 가는구먼. -는구만(×).

늘 계속하여 언제나. 늘상(×).

늘그막 늙어 가는 무렵. 예 늘그막에 이렇게 고생할 줄은 몰랐다. 늙으막(×). [서울시 9급 '11]

늘름 혀, 손 따위를 재빠르게 내밀었다 들이는 모양. 예 음식을 내놓기가 무섭게 늘름 먹어 치우는구나. 닐름(×).

늘리다 수, 세력, 살림, 실력 등을 원래 있던 것보다 크거나 많게 하다. 예 학생 수를 대폭 늘리다. 재산을 배로 늘리다. [해사 '07]. [수능 '09학년도]. [기상 9급 '13]. [국가직 9급 '13]

늘상*常* '계속하여 언제나'는 '늘'이 올바른 말이다.

늘어놓다 ✔띄어쓰기 줄을 지어 벌여 놓다. 예 장난감을 늘어놓고 노는 영수는 어머니한테 자주 야단을 맞는다.

늘이다 원래보다 길이를 길게 하다.

✔오류노트 ¹엿가락을 길게 늘렸다. → 늘였다. ²공부 시간을 좀 더 늘여야 경쟁자들을 따라갈 수 있을 것이다. → 늘려야. [해사 '07]. [서울시 7급 '11]. [서울시 9급 '13]

늘쩍거리다(×) '천천히 느리게 행동하다'의 뜻으로 쓰이는 말은 '늘쩡거리다'가 올바른 말이다.

늘쩡거리다 천천히 느리게 행동하다. 늘쩍거리다(×).

늙으막(×) '늙어 가는 즈음'은 '늘그막'이 올바른 말이다.

늠늠하다(×) '생김새나 태도가 의젓하고 당당하다'의 뜻으로 쓰이는 말은 '늠름하다'가 올바른 말이다.

느림보 '느리광이'와 함께 복수 표준어이다.

-는구려 '-구려'는 모음의 발음 변화를 인정하여, 발음이 바뀌어 굳어진 형태를 표준어로 삼았다.

-는구먼 '-는구먼'이 맞고 '-는구만'이 잘못된 말인 것처럼 '-구먼'이 맞고 '-구만'은 잘못된 말이다.

늘그막 '늘그막'처럼 소리 나는 대로 적는 것을 표준으로 삼은 말이다.

늘리다 '원래보다 크거나 많게 하다'의 '늘리다'는 '늘려, 늘리고, 늘리면'과 같이 활용한다.

늘어놓다 '늘어놓다'는 한 단어이므로 붙여 쓴다.

늘이다 '원래보다 길게 하다'의 '늘이다'는 '늘여, 늘이고, 늘이면'처럼 활용한다. '수나 세력을 많게 하다'는 '늘리다'이다.

늠름하다	생김새나 태도가 의젓하고 당당하다. 늠늠하다(×).
능수능란하다	어떤 일의 수행 솜씨가 익숙하다. 예 능수능란한 컴퓨터 다루는 솜씨. 능숙능란하다(×).
능숙능란하다(×)	'어떤 일의 수행 솜씨가 익숙하다'의 뜻으로 쓰이는 말은 '능수능란하다'가 올바른 말이다.
능이(×)	'서투른 데가 없고 익숙하게'의 뜻으로 쓰이는 말은 '능히'가 올바른 말이다.
능청스럽다	속으로는 엉큼한 마음을 숨기고 겉으로는 천연스럽게 행동하는 데가 있다.

오류노트 친구의 가방을 감춰 놓고 모르는 척하는 저 능청스런 녀석 좀 보게. → 능청스러운.

능히	서투른 데가 없고 익숙하게. 능이(×).
늦깎이(×)	'뒤늦게 어떤 일을 시작한 사람'은 '늦깎이'가 올바른 말이다.
늦깎이	나이가 든 후 뒤늦게 중이 되거나 어떤 일을 시작한 사람. 늦깍이(×).
늦동이(×)	'뒤늦게 낳은 자식'은 '늦둥이'가 올바른 말이다.
늦둥이	뒤늦게 낳은 자식. 늦동이(×).
늦장	느릿느릿하는 태도. 늑장.
늴름(×)	'혀, 손 따위를 재빠르게 내밀었다 들이는 모양'은 '늘름'이 올바른 말이다.
늴리리야	굿거리장단으로 부르는 경기 민요의 하나. 닐리리야·릴리리야(×). [경찰대 '06]
닁큼	머뭇거리지 않고 단번에 빨리. 닝큼·넹큼(×).
-니만큼	✓띄어쓰기 앞말이 뒷말의 원인이나 근거가 됨을 나타내는 말. 예 최선을 다했으니만큼 결과는 두렵지 않다.
닐리리야(×)	'굿거리장단으로 부르는 경기 민요의 하나'는 '늴리리야'가 올바른 말이다.
님	✓띄어쓰기 사람의 이름 뒤에 붙어 그 사람을 높여 이르는 말. 예 김순자 님/ 우일선 님/ 박상희 님/ 정석헌 님.
닝샤성寧夏省	중국 북서부에 있는 옛 성. 영하성(×).
닝큼(×)	'머뭇거리지 않고 단번에 빨리'의 뜻으로 쓰이는 말은 '닁큼'이 올바른 말이다.
닢	돈 따위를 세는 단위. 예 동전 두 닢. 잎(×).

늠름하다
뒤의 글자 '름'은 첩어적 성격이 없으므로 본음대로 적는다.

능청스럽다
'능청스럽다'의 어간 '능청스럽-' 뒤에 '-은'이 오면 어간 말음 'ㅂ'이 '우'로 변하므로, '능청스러운'처럼 써야 된다.

능히
부사의 끝음절이 '이'나 '히'로 소리 나는 것은 '히'로 표기한다.

늦둥이
'-둥이'는 '그러한 성질이 있거나 그와 긴밀한 관련이 있는 사람'의 뜻을 더하는 말이다.

닁큼
자음을 첫소리로 가지고 있는 음절의 '늬'는 'ㅣ'로 소리 나는 경우가 있더라도 '늬'로 적는다.

-니만큼
-니만큼은 어미로 앞말과 붙여 쓴다.

님
이름 뒤의 '님'은 의존 명사로 '김순자 님'처럼 띄어 쓴다. 신분이나 직위를 나타내는 말이나 사람이 아닌 것을 인격화하여 높일 때 쓰는 '님'은 접미사이므로 붙여 쓴다. 예 과장님./ 소장님./ 해님./ 달님.

좋은 글을 쓰려면?

1 | 군더더기 표현이나 중복 표현을 쓰지 않는다.

① 판이하다/판이하게 다르다

영화 '바그다드 카페' 국적과 인종, 성격도 판이하게 다른 두 여인의 유쾌하고도 진실한 우정 그려

▶ '판이하다(判異-)'는 '아주 다르다'의 뜻이므로 굳이 '다른'이 다시 올 필요가 없다. 따라서 '판이한 두 여인'이라고 표기하면 된다.

② 받다/수여받다

이번 인사에는 소방장에서 소방위로 7명, 소방교에서 소방장으로 2명이 승진하는 등 총 9명이 승진돼 임용장을 수여받았다.

▶ '수여(受與)'는 '상장 등을 받음'의 뜻으로 쓰이는 말이다. 그러므로 뒤에 '받다'가 중복하여 올 필요가 없다.

③ 수확하다/수확을 거두다

올해 유래 없는 가뭄과 가을비로 인해 수확이 다소 저조할 것으로 예상했으나 예상 밖의 수확을 거두었다.

▶ '수확(收穫)'은 '익은 농작물을 거두어들임'의 뜻으로 쓰이는 말이다. 따라서 뒤에 '거두다'라는 말이 다시 올 필요가 없다.

④ 회의하다/회의를 품다

소크라테스는 철학자로서 전쟁에 회의를 품었다.

▶ '회의(懷疑)'는 '의심을 품음'의 뜻으로 쓰이는 말이다. 따라서 뒤에 '품다'가 온다면 군더더기 표현이다.

⑤ 비축하다/비축해 두다

이 경기를 위해 주전급 선수들이 맞춤형 전술 훈련을 한 데다, 후반 승부수를 띄울 만한 충분한 체력을 비축해 두었다.

▶ '비축(備蓄)'은 '만약의 경우를 대비하여 미리 갖추어 모아 두거나 저축함'의 뜻으로 쓰이는 말이다. '두다'의 의미가 있으므로 굳이 '비축해 두다'라고 표현할 필요가 없다.

⑥ 견지에서/견지에서 본다면

중장기적 견지에서 본다면 코스닥 중소형주 시장 조정은 이제 그 끝이 얼마 남지 않았다.

▶ '견지(見地)'는 '어떤 사물을 판단하거나 관찰하는 입장'의 뜻으로 '보다'의 의미가 있는 말이다. 따라서 중복하여 '견지에서 본다면'으로 표현할 필요가 없다. '견지에서'라고 표현하는 것이 알맞다.

---

2 | 문장은 짧게 쓴다.

복잡하고 긴 문장은 내용별로 단락을 지어 문단으로 나누어 쓴다. 각각의 문단은 여러 개의 짧은 문장으로 나누어 쓴다.

① 허가를 얻어 시행하게 한 후 2019. 01.01.자로 …

▶ 허가를 얻어 시행하게 하였다. 그 뒤 2019.01.01.자로 …

② 착각한 나머지

▶ 착각하였다. 그리하여 …

③ 지도·감독하여야 함에도 불구하고

▶ 지도·감독하여야 했다. 그런데도 불구하고

④ 신청을 하여야 하므로

▶ 신청을 하여야 한다. 그러므로 …

⑤ 하도록 되어 있으므로 재결 신청을 지연하여

▶ 하도록 되어 있다. 그러므로 재결 신청을 지연하여 …

좋은 글을 쓰려면?

3 | 명사구(~함/있음/것을)를 동사구로 바꾸어 쓴다.

① 요청하여야 함에도
  ▶ 요청하여야 하는 데도
② 허가함에 있어
  ▶ 허가하면서
③ 잘못 규정함으로써
  ▶ 잘못 규정하였기 때문에
④ 기부금을 제공할 것을 요구
  ▶ 기부금을 제공하도록 요구

⑤ 지급 불필요 경비
  ▶ 지급할 필요가 없는 경비
⑥ 용역 지연 발주로
  ▶ 용역 발주를 지연하여
⑦ 검토 없이
  ▶ 검토하지 않고
⑧ 결재 없이
  ▶ 결재를 받지 않고

---

4 | 합성명사는 생략된 토씨(조사) 등을 살려서 쓴다.

① 그의 실력 발휘를 할 수 없게 되었다.
  ▶ 그의 실력을 발휘할 수 없게 되었다.
② 면세사업면허를 하면서
  ▶ 면세사업을 면허하면서
③ 재심의 청구를 할 수 있습니다.
  ▶ 재심의를 청구할 수 있습니다.
④ 경쟁력 있는 상품판매를 하였다.
  ▶ 경쟁력 있는 상품을 판매하였다.
⑤ 소유권 이전을 하지 않고 거주하였다.
  ▶ 소유권을 이전하지 않고 거주하였다.
⑥ 공유수면 매립면허를 할 때 필요하다.
  ▶ 공유수면의 매립을 면허할 때 필요하다.
⑦ 지난달에 실시계획 승인을 하였다.
  ▶ 지난달에 실시계획을 승인하였다.
⑧ 실태조사를 할 때 유의할 사항
  ▶ 실태를 조사할 때 유의할 사항

---

5 | 쉬운 말을 사용한다

① 도처에 화재 발생 우려가 있다.
  ▶ 여기저기에 화재가 발생할 위험이 있다.
② 20억 원만 사장될 우려(염려)가 있다.
  ▶ 20억 원의 투자 효과를 기대하기 어렵게 되었다.
③ 무역 적자는 주로 수출 부진에 기인한다.
  ▶ 무역 적자는 주로 수출 부진에 원인이 있다.
④ 장사를 곧잘 하여 재산이 불어난 것을 기화로 남편을 졸랐다.
  ▶ 장사를 곧잘 하여 재산이 불어난 것을 이용하여 남편을 졸랐다.
⑤ 불요불급한 사안은 차후에 논의하자.
  ▶ 긴요하지 않은 문제는 나중에 논의하자.
⑥ 복구 시 소요되는 돈을 현재 가치로 추정해 보자.
  ▶ 복구할 때 드는 돈을 현재 가치로 추정해 보자.
⑦ QR코드를 스캔하면 시건 장치가 열리면서 사용이 시작되고
  ▶ QR코드를 스캔하면 시건 장치가 열리면서 사용할 수 있고
⑧ 근무 태도를 점검할 때 복명서에 기록해야 한다.
  ▶ 근무 태도를 점검할 때 보고서에 기록해야 한다.

ㄷ 디귿.

- 한글 자모의 셋째. 자음의 하나.
- 혀끝을 윗잇몸에 붙여 콧길을 막았다가 떼면서 내는 소리이다.
- 받침으로 쓰일 때는 혀끝을 떼지 않고 소리 낸다.
- 혀의 모양은 'ㄴ'과 같으나 'ㄴ'보다 강하게 소리 낸다.

다가가다 ✓띄어쓰기 어떤 대상 쪽으로 가까이 가다. 예 우리는 낯선 사람 옆으로 살금살금 다가갔다.

다가오다 ✓띄어쓰기 어떤 대상이 있는 쪽으로 더 가까이 옮기어 오다. 예 약속한 날이 다가오자 우리는 모두 마을 회관에 모였다.

다강 유전大港油田 중국 톈진天津 남쪽 보하이만渤海灣 부근의 유전. 대항 유전(×).

다달이 달마다. 매달. 예 나는 다달이 10만 원씩 저축을 하고 있다. 달달이(×).

다독거리다 손으로 사방으로 흩어진 물건을 모아 가볍게 두드려 누르다. 예 바닷가에서 흙을 다독거려 모래성을 쌓고 있다. 다둑거리다(×).

다둑거리다(×) '손으로 사방으로 흩어진 물건을 모아 가볍게 두드려 누르다'의 뜻으로 쓰이는 말은 '다독거리다'가 올바른 말이다.

다듬이돌(×) '방망이로 옷을 두드려 반드럽게 할 때 밑에 받치는 돌'은 '다듬잇돌'이 올바른 말이다.

다듬잇돌 방망이로 옷을 두드려 반드럽게 할 때 밑에 받치는 돌. 다듬이돌(×).

다디달다 ✓띄어쓰기 매우 달다. 예 다디단 초콜릿./다디단 아카시아 벌꿀. 달디달다(×).

다락논(×) '가파르게 기운 산골짜기에 좁고 길며 여러 층으로 되어 있는 논'은 '다랑논'이 올바른 말이다.

다랑논 가파르게 기운 산골짜기에 좁고 길며 여러 층으로 되어 있는 논. 다락논(×).

다랑어魚 배는 희고 등은 검푸르며 살은 검붉은 고등엇과의 바닷물고기. 다랭이(×).

다랭이(×) '배는 희고 등은 검푸르며 살은 검붉은 고등엇과의 바닷물고기'는 '다랑어'가 올바른 말이다.

다롄大連 중국 랴오둥遼東반도의 남쪽에 있으며 중화학 공업이 발달한 항만 도시. 대련(×).

다르다 서로 같지 아니하다. [국가직 9급 '22]

오류노트 내 의견은 너의 의견과 완전히 틀려. → 달라.

다가가다 '다가가다'는 한 단어이므로 붙여 쓴다.

다가오다 '다가오다'는 한 단어이므로 붙여 쓴다.

다달이 끝소리가 'ㄹ'인 말과 딴 말이 어울릴 적에 'ㄹ' 소리가 나지 아니하는 것은 아니 나는 대로 적는다.

다듬잇돌 '다듬이+돌'은 순우리말끼리 합쳐진 말이며, '돌'이 된소리로 나므로 사이시옷을 붙인다.

다디달다 '다디달다'는 한 단어이므로 붙여 쓴다.

다랑어魚 '다랑어'가 맞고 '다랭이'는 잘못된 말이다. 그러므로 '참다랑어'가 맞고 '참다랭이'는 잘못된 말이다.

다리다	옷의 주름이나 구김 따위를 펴고 줄을 세우기 위하여 다리미로 문지르다. 예 정기 휴가를 나온 형이 군복을 다리미로 다리고 있다.

오류노트 어머니는 마당에서 한약을 <u>다리고</u> 계신다. → 달이고.

다리돌(×)	'도랑을 건너기 위하여 띄엄띄엄 놓은 돌'은 '다릿돌'이 올바른 말이다.
다리마디(×)	'다리의 뼈마디'의 뜻으로 쓰이는 말은 '다릿마디'가 올바른 말이다.
다리몽뎅이(×)	'다리의 속된 말'의 뜻으로 쓰이는 말은 '다리몽둥이'가 올바른 말이다.
다리몽둥이	'다리'의 속된 말. 다리몽뎅이(×).
다리살(×)	'다리에 붙어 있는 살'은 '다릿살'이 올바른 말이다.
다릿돌	도랑을 건너기 위하여 띄엄띄엄 놓은 돌. 다리돌(×).
다릿마디	다리의 뼈마디. 예 오래달리기를 하였더니 다릿마디가 쑤시고 아프다. 다리마디(×).
다릿살	다리에 붙어 있는 살. 다리살(×).
-다마다	**띄어쓰기** 상대의 물음에 대하여 긍정의 뜻으로 답할 때 쓰는 말. 예 암, 그렇다마다./철수는 착하다마다.
다바산맥^{大巴山脈}	중국 쓰촨성四川省과 산시성陝西省 경계에 있는 산맥. 대파산맥(×).
다볘산맥^{大別山脈}	중국의 허난河南성, 후베이湖北성, 안후이安徽성의 경계를 따라 뻗은 산맥. 대별산맥(×).
다쉐산맥^{大雪山脈}	중국 쓰촨성四川省 서쪽에 있는 산맥. 대설산맥(×).
다시마국(×)	'다시마를 넣고 끓인 국'은 '다시맛국'이 올바른 말이다.
다시마자반(×)	'다시마를 잘게 잘라서 기름에 튀긴 반찬'은 '부각'이 올바른 말이다.
다시맛국	다시마를 넣고 끓인 국. 다시마국(×).
다알리아(×)	'멕시코 원산의 관상용 식물로, 고구마 모양의 뿌리로 번식하는 국화과의 여러해살이풀'은 '달리아'가 올바른 말이다.
다예 철산^{大冶鐵山}	중국 양쯔강揚子江의 남부에 있는 광산. 대야 철산(×).

다리다
간장, 한약 따위를 물을 부어 끓이는 것은 '달이다'로 써야 한다.

다릿돌
'다리+돌'은 순우리말끼리 합쳐진 말이며, '돌'이 된소리로 나므로 사이시옷을 붙인다.

-다마다
'-다마다'는 종결 어미로 앞말과 붙여 쓴다.

다시맛국
'다시마+국'은 순우리말끼리 합쳐진 말이며, '국'이 된소리로 나므로 사이시옷을 붙인다.

다위링산맥^{大庾嶺山脈} 중국 장시성^{江西省}과 광둥성^{廣東省}의 경계의 산맥. 대유령
산맥(×).

다음날 ✔띄어쓰기 특별히 정해지지 않은 미래의 어느 날.

> **붙여 쓴 '다음날'과 띄어 쓴 '다음 날'은 뜻이 어떻게 다를까?**
>
> '다음날'과 같이 붙여 쓰면 정해지지 않은 미래의 막연한 어느 날을 뜻한다. '다음 날'과 같이 띄어 쓰면 정해진 날의 다음에 오는 날을 뜻한다. 다음 예문을 보고 띄어쓰기에 따라 뜻이 다름을 확인해 보자.
> 그는 처음 만난 자인이와 헤어지면서 말했다. "다음날에 만나면 식사나 하죠." 그 다음 날 뜻밖에도 그녀에게서 전화가 걸려 왔다.

다음날
'다음날'과 '다음 날'처럼 띄어쓰기에 따라 뜻이 달라짐을 잘 알아 두자.

다이(×) '다른 물건의 밑에 대는 데 쓰는 물건'은 '받침'이 올바른 말이다.

다이나믹^{dynamic}(×) '동적^{動的}이고 힘참'의 뜻으로 쓰이는 말은 '다이내믹'이 올바른 말이다.

다이내믹 동적^{動的}이고 힘참. 다이나믹(×). [공사·공단 언어 능력]

다이내믹
외래어 표기법에 따라 'dynamic[daɪnǽmɪk]'은 '다이내믹'으로 표기한다.

다이아나(×) '로마 신화에 나오는 여신(디아나)의 영어 이름'은 '다이애나'가 올바른 말이다.

다이아스테이스^{diastase} 녹말을 엿당, 소량의 덱스트린, 포도당으로 가수분해 하는 효소. 디아스타제. 아밀라아제. 아밀레이스.

다이아스타아제^{diastase}
'디아스타아제', '아밀라아제', '아밀레이스' 등이 모두 동의어로 쓰인다.

다이애나^{Diana} 로마 신화에 나오는 여신 '디아나'의 영어 이름. 다이아나(×).

다이크로뮴산 칼륨^{dicromium酸Kalium} 다이크로뮴산 나트륨 용액에 칼륨 화합물의 염을 넣어 만든 주황색 결정.

다이크로뮴산 칼륨
'중크롬산 칼륨'은 '다이크로뮴산 칼륨'의 전용어이다.

다이톈주^{戴天仇} 쑨원^{孫文}의 비서를 지낸 중국의 정치가(1882~1949). 대천구(×).

다칭산^{大靑山} 몽골 초원과의 경계를 이루는 중국 구이쑤이^{貴綏} 평원 북부에 있는 산. 대청산(×).

닥달(×) '남을 심하게 짓눌러 기를 꺾거나 혼을 냄'의 뜻으로 쓰이는 말은 '닦달'이 올바른 말이다.

닦달 남을 심하게 짓눌러 기를 꺾거나 혼을 냄. 예 아버지는 어머니의 끈질긴 닦달에 굴복하여 담배를 끊으셨다. 닥달(×). [사회복지직 9급 '16]

닦달
'물건을 손질하고 매만짐'의 뜻으로도 쓰인다.

단간방(×) '한 칸으로 된 방'의 뜻으로 쓰이는 말은 '단칸방'이 올바른 말이다.

단간집(×) '단 한 칸의 방이 딸린 작은 집'의 뜻으로 쓰이는 말은 '단칸집'이 올바른 말이다.

단골 지붕마루를 틀 때에 수키와 사이 기왓고랑에 막아 대는 반 동강의 기와. 당골(×).

단구短句 자수字數가 적은 글귀. 단귀(×).

단귀(×) '자수字數가 적은 글귀'는 '단구'가 올바른 말이다.

단기서段祺瑞(×) '안후이성安徽省 출신의 중국 정치가(1865~1936)'는 '돤치루이'가 올바른 말이다.

단동丹東(×) '압록강 근처의 교통 중심지로, 중국 랴오둥遼東반도에 있는 도시'는 '단둥'이 올바른 말이다.

단둥丹東 압록강 근처의 교통 중심지로, 중국 랴오둥遼東반도에 있는 도시. 단동(×).

단바람에(×) '휴식을 취하지 않고 곧바로'의 뜻으로 쓰이는 말은 '단숨에'가 올바른 말이다.

단박 그 자리에서 바로. 예 그는 은밀히 거래하자는 두목의 제안을 단박에 거절하였다. 담박(×).

단백하다(×) '음식이 느끼하지 않고 산뜻하다'의 뜻으로 쓰이는 말은 '담백하다'가 올바른 말이다.

단속것(×) '바짓가랑이가 넓고 밑부분이 막힌 여자 속옷의 하나'의 뜻으로 쓰이는 말은 '단속곳'이 올바른 말이다.

단속곳單- 바짓가랑이가 넓고 밑부분이 막힌 여자 속옷의 하나. 단속것(×).

단숨에單- 휴식을 취하지 않고 곧바로. 예 서진이는 숙제를 단숨에 해치우지 않으면 다른 일을 못하는 성격이다. 단바람에(×).

단오날(×) '음력 5월 5일로, 단오떡을 먹고 창포물로 머리 감으며 그네를 뛰고 씨름을 하는 우리나라 명절'은 '단옷날'이 올바른 말이다.

단옷날端午- 매년 음력 5월 5일로, 단오떡을 먹고 창포물로 머리 감으며 그네를 뛰고 씨름을 하는 우리나라 고유의 명절. 단오날(×).

단일어單一語 하나의 실질 형태소로 이루어진 말. 강, 어머니, 아버지 따위.

단구短句 한자 '句'가 붙어서 이루어진 단어는 '귀'를 인정하지 아니하고 '구'로 통일하였다.

단박 주로 '단박에' 꼴로 쓰인다.

단속곳單- '다리통이 넓고 바지 모양인 여자들의 아랫도리 속옷 가운데 맨 속에 입는 것'은 '속속곳'이라고 한다.

단옷날端午- '단오'와 함께 복수 표준어이다. 한자어 '단오端午'와, 순우리말 '날'이 결합된 합성어로, [다논날]처럼 'ㄴ' 소리가 덧나므로 사이시옷을 받치어 '단옷날'과 같이 표기한다.

단청장이^{丹靑-} 옛날식 건물의 천장이나 기둥 등에 그림이나 무늬를 그리는 일을 업으로 하던 사람. 단청쟁이(×).

단청쟁이(×) '옛날식 건물의 천장이나 기둥 등에 그림이나 무늬를 그리는 일을 업으로 하던 사람'은 '단청장이'가 올바른 말이다.

단촐하다(×) '가족이나 조직원이 적어서 가뿐하다'의 뜻으로 쓰이는 말은 '단출하다'가 올바른 말이다.

단추고리(×) '끈이나 헝겊 등으로 만들어서 단추를 끼우는 고리'는 '단춧고리'가 올바른 말이다.

단추구멍(×) '단추를 끼우는 구멍'은 '단춧구멍'이 올바른 말이다.

단출하다 가족이나 조직원이 적어서 가뿐하다. [예] 우리 가족은 우리 부부와 아들 하나의 단출한 가정이라 생활비가 거의 들지 않는다. 단촐하다(×). [국가직 7급 '10]

단춧고리 끈이나 헝겊 등으로 만들어서 단추를 끼우는 고리. 단추고리(×).

단춧구멍 단추를 끼우는 구멍. 단추구멍(×).

단칸방^{單-房} 한 칸으로 된 방. [예] 단칸방 생활 끝에 드디어 새 아파트로 이사를 했다. 단간방(×).

단칸집^{單-} 단 한 칸의 방이 딸린 작은 집. [예] 언니는 결혼 10년 만에 단칸집 신세를 면했어요. 단간집(×).

닫집 궁궐의 옥좌 위나 사찰의 불좌 위에 설치한 집 모형. 닷집(×).

닫치다 ¹문, 뚜껑, 서랍 따위를 꼭꼭 또는 세게 닫다. [예] 문을 힘껏 닫쳤다. ²입을 굳게 다물다. [예] 꿀 먹은 벙어리처럼 입을 닫치고 있다. [기상 9급 '11]

닫히다 ¹문, 뚜껑, 서랍 따위가 도로 제자리로 가 막히다. ²영업 따위가 얼마 동안 멈추게 되다. ³입이 다물게 되다.

> **[오류노트]** 문이 굳게 닫혀져 있다. → 닫혀

> **'문이 '닫치다'일까 '닫히다'일까?**
> 문 따위를 닫을 때 '닫치다'를 쓴다. 입을 다무는 것도 '닫치다'이다. 바람에 문이 저절로 제자리로 가서 막힐 때는 '닫히다'를 쓴다. 즉 '닫치다'는 사동의 뜻으로, '닫히다'는 피동의 뜻으로 쓰인다.

단청장이
'-장이'는 '그것과 관련된 기술을 가진 사람'의 뜻을 나타내는 말이다.

단출하다
'깡충깡충', '오순도순' 등과 같이 모음조화에 어긋난 말을 표준어로 인정한 말이다.

단춧구멍
'단추+구멍'은 순우리말끼리 합쳐진 말이며, '구멍'의 '구'가 된소리로 나므로 사이시옷을 붙인다.

닫히다
'닫혀'에 피동의 뜻이 있으므로 여기에 더하여 '져'를 덧붙일 필요가 없다.

달가락(×) 　'작고 단단한 물건이 부딪쳐 흔들리며 맞닿을 때 나는 소리'는 '달그락'이 올바른 말이다.

달가와하다(×) 　'불만이나 거리낌이 없이 마음에 흡족해하다'의 뜻으로 쓰이는 말은 '달가워하다'가 올바른 말이다.

달가워하다 　불만이나 거리낌이 없이 마음에 흡족해하다. 예 아버지는 누나의 해외 유학을 달가워하지 않으셨다. 달가와하다(×).

> **'달갑다'의 '-갑-'이 양성 모음인데 왜 '달가와'가 되지 않고 '달가워'가 될까?**
> 'ㅏ, ㅗ'에 붙은 'ㅂ' 받침 뒤에 '-아'가 결합하는 경우에는 '워'로 적는다.(달갑+아 → 달가워, 가소롭+아 → 가소로워). 그러나 '곱다, 돕다'는 예외적으로 '고와', '도와'로 적는다.

> 달가워하다
> '달갑다, 달가워하다'는 부정의 뜻을 나타내는 말과 어울려 쓰인다.

달그락 　작고 단단한 물건이 부딪쳐 흔들리며 맞닿을 때 나는 소리. 예 가방 속에 있는 빈 반찬통들이 부딪쳐 달그락거린다. 달가락(×).

달그락거리다 　작고 단단한 물건이 부딪쳐 흔들리면서 맞닿는 소리가 자꾸 나다. 달그락대다.

> 달그락거리다
> '달그락거리다'와 '달그락대다'는 동의어이다.

달달이(×) 　'달마다. 매달'의 뜻으로 쓰이는 말은 '다달이'가 올바른 말이다.

달디달다(×) 　'매우 달다'의 뜻으로 쓰이는 말은 '다디달다'가 올바른 말이다.

> 달달이
> 끝소리가 'ㄹ'인 말과 딴 말이 어울릴 적에 'ㄹ' 소리가 나지 아니하는 것은 아니 나는 대로 적는다.

> **'달디달다'로 표기하지 않는 이유는 무엇일까?**
> 어간 끝 받침 'ㄹ'은 'ㄷ, ㅈ, -아' 앞에서 줄지 않는 게 원칙이나, 관용적으로 'ㄹ'이 줄어진 형태가 굳어져 쓰이는 것은 준대로 '다디달다'와 같이 표기한다.

달리아^dahlia 　멕시코 원산의 관상용 식물로, 고구마 모양의 뿌리로 번식하는 국화과의 여러해살이풀. 다알리아(×).

달보(×) 　'키도 작고 몸집도 작은 사람'의 뜻으로 쓰이는 말은 '딸보'가 올바른 말이다.

달이다 　간장 따위를 끓여서 진하게 만들다. 한약 따위가 우러나게 물을 부어 끓이다. 예 보약을 달이다. [기상 9급 '13]

담군(×) 　'무거운 물건을 나르며 날품을 파는 사람'은 '담꾼'이 올바른 말이다.

> '달이다'와 '다리다'
> '다리미로 줄이나 구김을 펴다'의 뜻으로 쓰이는 '다리다'와 혼동해서 쓰기 쉬운 말이므로 뜻의 차이를 잘 구별하자.

ㄷ

담그다   김치 따위를 만들기 위해서 재료를 버무리거나 물 따위를 부어서 익도록 그릇에 넣어 두다.

> ✏오류노트 [1]우리는 해마다 김치를 직접 <u>담아</u> 먹는다. → 담가. [2]<u>담궈서</u> 먹는 김치가 맛있다. → 담가서. [법원행정처 9급 '07]. [경북교육 9급 '10]. [지방직 9급 '12]

> **김치는 담그는 것일까 담는 것일까?**
> 김치를 만드는 일은 '담구다'나 '담다'가 아니고 '담그다'가 맞다. '담그다'처럼 어간이 '으'로 끝나는 말에 '-아', '-았-' 등의 어미가 결합하면 '으'가 탈락하여 '담가' '담갔-'처럼 된다. 기본형이 '담다'라면 '담고', '담는'처럼 활용할 텐테, '담그다'이므로 '담그고', '담그는'처럼 활용한다.

담꾼   무거운 물건을 나르며 날품을 파는 사람. 담군(×).

담녹색淡綠色   엷은 녹색. 담록색(×).

> **똑같이 '녹색'인데 왜 '담녹색'과 '청록색'처럼 표기가 다를까?**
> '淡綠色'은 '담淡+녹(록)색綠色'의 구조로 '綠'이 음절의 처음에 오기 때문에 '록색'이 아니라 두음 법칙에 따라 '녹색'이 되어 '담녹색'으로 표기한다.
> '靑綠色'은 '청녹(록)靑綠+색色'의 구조로 '綠'이 음절의 처음에 오지 않기 때문에 '청녹'이 아니라 '청록'이 되어 '청록색'으로 표기한다.

담뇨(×)   '털 혹은 털과 솜을 섞은 섬유를 짜거나 눌러서 만든 요'의 뜻으로 쓰이는 말은 '담요'가 올바른 말이다.

담백하다   음식이 느끼하지 않고 산뜻하다. 예 담백한 음식이 먹고 싶다. / 나는 담백한 고등어구이가 먹고 싶다. 단백하다(×).

담록색(×)   '엷은 녹색'의 뜻으로 쓰이는 말은 '담녹색'이 올바른 말이다.

담바고타령(×)   '담배에 대하여 노래한 조선 시대 민요의 하나'의 뜻으로 쓰이는 말은 '담바귀타령'이 올바른 말이다.

담바귀타령   담배에 대하여 노래한 조선 시대 민요의 하나. 담바고타령(×).

담박(×)   '그 자리에서 즉시'의 뜻으로 쓰이는 말은 '단박'이 올바른 말이다.

담배	담뱃잎을 말려서 가공한 기호품.

✎오류노트 담배를 <u>태다</u> → 태우다.

담배갑(×)	'담배를 담는 작은 갑. 또는 담배를 포장한 갑'은 '담뱃갑'이 올바른 말이다.
담배값(×)	'담배의 가격'은 '담뱃값'이 올바른 말이다.
담배꽁초	피우다가 남은 작은 담배 도막. 담배꽁추(×).
담배꽁추(×)	'담배를 피우다가 남은 작은 도막'은 '담배꽁초'가 올바른 말이다.
담배불(×)	'피우고 있는 담배에 붙은 불'은 '담뱃불'이 올바른 말이다.
담배세(×)	'담배에 매긴 세금'은 '담뱃세'가 올바른 말이다.
담배순(×)	'담배의 싹'은 '담뱃순'이 올바른 말이다.
담배잎(×)	'담배의 잎'은 '담뱃잎'이 올바른 말이다.
담배진(×)	'담배에서 우러난 진'은 '담뱃진'이 올바른 말이다.
담배통桶	담배설대 아래에 맞추어 담배를 담는 통. 담뱃통(×).
담뱃갑匣	담배를 담는 작은 갑. 또는 담배를 포장한 갑. 담배갑(×).
담뱃값	담배의 가격. 담배값(×). [서울시 지방직 7급 '16]
담뱃꽁초(×)	'피우다가 남긴 작은 담배 도막'은 '담배꽁초'가 올바른 말이다.
담뱃불	피우고 있는 담배에 붙은 불. 담배불(×).
담뱃세稅	담배에 매긴 세금. 담배세(×).
담뱃순筍	담배의 싹. 담배순(×).
담뱃잎	담배의 잎. 담배잎(×).
담뱃진津	담배에서 우러난 진. 담배진(×).
담뱃통(×)	'담배설대 아래에 맞춰 담배를 담는 통'은 '담배통'이 올바른 말이다.
담벼락	담이나 벽의 겉면. 예 담쟁이덩굴이 담벼락을 타고 올라가 있다. 담벽(×).
담벽(×)	'담이나 벽의 겉면'은 '담벼락'이 올바른 말이다.
담싹	'왈칵 달려들어 냉큼 물거나 움켜잡는 모양'은 '답삭'이 올바른 말이다.

담배
담배를 '태다'는 '태우다'로 써야 한다. 또 담배를 '피다'도 잘못된 말이므로 '피우다'로 써야 한다.

담배꽁초
의미가 똑같은 형태가 몇 가지 있을 경우, 그 중 가장 널리 쓰이는 단어만을 표준어로 삼는다.

담배통桶
합성어에서 뒷말의 첫소리가 거센소리나 된소리일 때는 사이시옷을 받치어 적지 않는다.

담뱃갑匣
'담뱃갑'은 순우리말과 한자어로 된 합성어로서 앞말이 모음으로 끝난 경우, 뒷말의 첫소리가 된소리로 나는 것은 사이시옷을 붙인다.

담뱃잎
순우리말로 된 합성어로서 앞말이 모음으로 끝난 경우, 뒷말의 첫소리 모음 앞에서 'ㄴㄴ' 소리가 덧나는 것은 사이시옷을 붙인다.

'담뱃통'으로 표기할 수 없는 이유
합성어에서 뒷말의 첫소리가 거센소리일 때는 사이시옷을 받치어 적지 않는다.

담쏙	손으로 조금 탐스럽게 쥐거나 팔로 정답게 안는 모양. 담쑥(×).
담쑥(×)	'손으로 조금 탐스럽게 쥐거나 팔로 정답게 안는 모양'은 '담쏙'이 올바른 말이다.
담요	털 혹은 털과 솜을 섞은 섬유를 짜거나 눌러서 만든 요. 담뇨(×).
담장이덩굴(×)	'덩굴손으로 담에 달라붙어 올라가며 잎은 심장 모양인 포도과의 낙엽 활엽 덩굴나무'는 '담쟁이덩굴'이 올바른 말이다.
담쟁이덩굴	덩굴손으로 담에 달라붙어 올라가며 잎은 심장 모양인 포도과의 낙엽 활엽 덩굴나무. 담장이덩굴(×). [국가직 9급 '11]
답답이(×)	'숨이 막힐 정도로 갑갑하게'의 뜻으로 쓰이는 말은 '답답히'가 올바른 말이다.
답답하다	걱정, 근심 따위로 가슴이 갑갑하다.
	⚠️오류노트 우리 아파트는 동棟 사이의 거리가 매우 넓어 전혀 <u>답답치</u> 않다 → 답답지.
답답히	숨이 막힐 정도로 갑갑하게. 답답이(×).
답삭	왈칵 달려들어 냉큼 물거나 움켜잡는 모양. 예 강아지가 고등어를 답삭 물고 달아났다. 답싹(×).
닷새날(×)	'다섯째 되는 날'은 '닷샛날'이 올바른 말이다.
닷샛날	다섯째 되는 날. 닷새날(×).
닷집(×)	'궁궐의 옥좌 위나 사찰의 불좌 위에 설치한 집 모형'은 '닫집'이 올바른 말이다.
-당棟	✔️띄어쓰기 수나 단위를 나타내는 말 뒤에 붙어 '마다'의 뜻으로 쓰이는 말. 예 가구당 1명씩 회의에 참석해 주세요./시간당 1만 원/킬로미터당 500원.
당고의(×)	'저고리 위에 덧입는 여성용 한복의 하나'의 뜻으로 쓰이는 말은 '당의'가 올바른 말이다.
당골(×)	'지붕마루를 를 때에 수키와 사이 기왓고랑에 막아 대는 반 동강의 기와'는 '단골'이 올바른 말이다.
당기다(×)	'매우 켕기게 되다'의 뜻으로 쓰이는 말은 '땅기다'가 올바른 말이다.

담요
'담요'는 앞 단어나 접두사의 끝이 자음이고 뒤 단어나 접미사의 첫음절이 '이, 야, 여, 요, 유'에 해당하는 말이다.

답답하다
'-하-' 앞의 받침이 'ㄱ', 'ㄷ', 'ㅂ', 'ㅅ'일 경우에는 '-하-' 전체가 줄어들어 '답답지, 답답고'와 같은 형태가 된다.

답답히
부사의 끝음절이 '이'나 '히'로 소리 나는 것은 '히'로 표기한다.

-당棟
'당'은 접미사로 앞말과 붙여 쓴다.

당기다(×)	'불이 옮아 붙다. 또는 옮아 붙게 하다'의 뜻으로 쓰이는 말은 '댕기다'가 올바른 말이다.	당기다 '불을 붙게 하다'의 뜻으로 쓰일 때는 '당기다'가 잘못된 표기이지만 '사람이나 물건 등을 힘을 들여 일정한 방향으로 다가오게 하다' 등의 뜻으로 쓰일 때는 올바른 말이다.
당기다	[1]어떤 방향으로 좋아하는 마음이 생기다. 예 연인을 향한 애틋한 마음이 당기다. [2]식욕이 돋우어지다. 예 역시 어머니가 만드신 음식에 입맛이 당기는구나. [3]사람이나 그물 따위를 원하는 방향으로 가까이 오게 하다. 예 미끼를 문 붕어를 보고 낚싯줄을 당기다. [4]정해진 일정을 앞으로 옮기다. 예 누나의 결혼 날짜를 1주일 당기다. 땅기다(×).	
당나귀唐-	말과 비슷하나 작고 병에 대한 저항력이 강하여 부리기에 적당한 말과의 짐승.	당나귀 '나귀'와 함께 복수 표준어이다.
당당이(×)	'다른 사람에게 내세울 만큼 떳떳하게'의 뜻으로 쓰이는 말은 '당당히'가 올바른 말이다.	
당당히堂堂-	다른 사람에게 내세울 만큼 떳떳하게. 예 우리 학교 농구팀이 전국 배구 선수권 대회에서 당당히 우승을 하였다. 당당이(×).	당당히堂堂- 부사의 끝음절이 '이'나 '히'로 소리 나는 것은 '히'로 표기한다.
당산唐山(×)	'중국 허베이성河北省 동북부에 있는 광공업 도시'는 '탕산'이 올바른 말이다.	
당소의唐紹儀(×)	'위안스카이袁世凱의 직계 관료로 쑨원의 호법 운동護法運動에 참가하였으며, 중화민국 국무원 총리를 지낸 중국의 정치가'는 '탕사오이'가 올바른 말이다.	
당의唐衣	저고리 위에 덧입는 여성용 한복의 하나. 당고의(×).	
당적唐笛(×)	'중국에서 들어온 저의 하나'의 뜻으로 쓰이는 말은 '소금'이 올바른 말이다.	
당체(×)	'부정을 나타내는 말과 함께 쓰여 '도무지', '영'의 뜻으로 쓰이는 말은 '당최'가 올바른 말이다.	당최 '당초'에 '에'가 합해져서 된 말로 '없다', '모르겠다' 등 부정의 뜻이 있는 말이 뒤따른다.
당최	부정을 나타내는 말과 함께 쓰여 '도무지', '영'의 뜻으로 쓰이는 말. 예 네가 하는 말을 당최 알아듣지 못하겠다. 당체(×).	
당하다當-	✔띄어쓰기 바람직하지 않은 뜻으로 쓰이는 일부 명사 뒤에 붙어, 그 명사를 피동사가 되게 하는 말. 예 거부당하다./무시당하다./체포당하다.	당하다 '미행당하다'와 같이 '당하다'가 '명사' 뒤에 올 때는 붙여 쓴다. '친구에게 창피를 당하다'와 같이 '당하다'가 조사 뒤에 올 때나 '꼼짝없이 당했다'와 같이 부사 뒤에 올 때는 앞말과 띄어 쓴다.
당항라唐亢羅	세 올이나 다섯 올씩 걸러 짠, 중국에서 만든 피륙의 하나. 당황라(×).	

당황라(×) '세 올이나 다섯 올씩 걸러 짠, 중국에서 만든 피륙의 하나'는 '당항라'가 올바른 말이다.

닿다 ¹한 물체가 다른 물체와 서로 붙어 사이에 빈틈이 없게 되다. 예 팔과 팔이 닿았다. ²목적지에 가서 이르다. 예 2일간 보트를 저어 무인도에 닿았다. ³어떤 장소나 정도에 미치다. 예 힘닿는 데까지 도와줄게. ⁴서로 인연이나 관련이 맺어지다. 예 알고 보니 친가 쪽으로 닿는 사람이네.

> ✏️ **오류노트** 몸에 <u>다은</u> 삼베 이불이 까슬까슬했다. → 닿은.

닿다
'다은'으로 소리 나지만 어간 '닿-'을 밝혀 표기해야 한다.

대 초본 식물의 줄기. 가늘고 긴 막대. 대공(×).

-대 '다고(라고) 해'가 줄어든 말. 예 내일 선생님께서 방문하신대.

> ✏️ **오류노트** 영순이는 마을에서 소문난 <u>효녀라데</u>. → 효녀라대. 진양이는 공부를 <u>잘한데</u>. → 잘한대. [국가직 7급 '10]

'예쁘대'와 '예쁘데'는 어떤 뜻의 차이가 있을까?
'-대'는 남으로부터 들은 내용을 간접적으로 전달할 때 쓴다. '-데'는 자기가 직접 겪어서 알게 된 사실을 말할 때 쓴다. '예쁘대'는 '남들이 예쁘다고 해'로, '예쁘데'는 '내가 보니 예쁘더라'로 바꿔 생각하면 이해하기 쉽다.

대對 ✔️ **띄어쓰기** 사물과 사물의 대비나 대립을 나타내는 말. 예 우리 팀이 삼 대 일로 이겼다./민주주의 대 공산주의. [공사·공단 언어 능력]

대對
'대'는 의존 명사이므로 앞말, 뒷말과 띄어 쓴다.

대代 ✔️ **띄어쓰기** ¹사람의 나이를 10년 단위로 묶어서 나타내는 말. 예 십 대 청소년. ²시대가 이어지고 있는 동안. 예 조선 영조 대에 일어난 사건.

대代
사람의 나이를 10년 단위로 묶어서 나타내는 '대'와, 시대를 나타내는 '대'는 앞말과 띄어 쓴다. 다만, '물건 값으로 치르는 돈'의 뜻으로 쓰일 때는 앞말과 붙여 쓴다. 예 잡지대./신문대.

대가代價 공들이거나 희생을 하여 얻는 결과. 예 너를 도와준 대가가 겨우 이것이냐? 댓가(×). [KBS한국어 '07]. [공사·공단 언어 능력]. [지방직 9급 '16]

대가지(×) '대나무의 가지'의 뜻으로 쓰이는 말은 '댓가지'가 올바른 말이다.

대가집(×) '여러 대를 이어 세력이 있고 번창한 집안'은 '대갓집'이 올바른 말이다.

대갓집大家- 여러 대를 이어 세력이 있고 번창한 집안. 예 그는 대갓집 맏딸과 결혼한 후 한 달 후에 미국으로 이민을 갔다. 대가집(×).

대갚음^對 남에게 입은 은혜나 남에게 당한 원한을 그대로 갚음.

> **'갚음'이 들어가는 말**
>
> 대갚음: 남에게 입은 은혜나 원한을 그대로 갚음.
> 앙갚음: 남이 해를 준 대로 그에게 해를 줌.
> 안갚음: 까마귀 새끼가 자라서 늙은 어미에게 먹이를 물어다 주는 일. 자식이 커서 부모를 봉양하는 일.

대견스럽다 보기에 흐뭇하고 자랑스러운 데가 있다.

> **오류노트** 영윤이는 학교에 다녀온 후 어머니 가게 일을 돌보는 <u>대견스런</u> 아들이다. → 대견스러운.

> 대견스럽다
> '대견스럽다'의 어간 '대견스럽-' 뒤에 '-은'이 오면 어간 말음 'ㅂ'이 '우'로 변하므로, '대견스러운'처럼 써야 된다.

대고리(×) '가늘게 쪼갠 댓개비로 만든 고리'는 '댓고리'가 올바른 말이다.

대공(×) '초본 식물의 줄기. 가늘고 긴 막대'는 '대'가 올바른 말이다.

대구^{對句} 비슷한 어조나 어세를 가진 것으로 짝 지은 둘 이상의 글귀. 대귀(×).

대구법^{對句法} 비슷한 어조를 가진 어구끼리 짝을 지어 나타내는 수사법. 대귀법(×).

> 대구법^{對句法}
> 한자 '句'가 붙어서 이루어진 단어는 '귀'를 인정하지 아니하고 '구'로 통일하였다.

대귀(×) '비슷한 어조나 어세를 가진 것으로 짝 지은 둘 이상의 글귀'는 '대구'가 올바른 말이다.

대귀법(×) '비슷한 어조를 가진 어구끼리 짝을 지어 나타내는 수사법'은 '대구법'이 올바른 말이다.

대남^{臺南}(×) '대만^{臺灣} 남서쪽에 있는, 대만 최고^{最古}의 도시'는 '타이난'이 올바른 말이다.

대노^{大怒}(×) '크게 화를 냄'은 '대로'가 올바른 말이다. [서울시 9급 '21]

대님 남자들의 한복 바짓가랑이 끝을 접어서 발목을 졸라매는 끈. 댓님(×).

-대다 '어떠한 상태가 끊이지 않고 계속됨'의 뜻을 더하는 말. 예 철렁대며 노을빛을 받아 반짝이는 바다 물결.

> -대다
> '-거리다'와 함께 복수 표준어이다.

대동^{臺東}(×) '대만 타이둥현^{臺東縣}에 있는 제당 공업이 발달한 도시'는 '타이둥'이 올바른 말이다.

대련^{大連}(×) '중국 랴오둥^{遼東}반도의 남쪽에 있으며 중화학 공업이 발달한 항만 도시'는 '다롄'이 올바른 말이다.

대로   ✔띄어쓰기 ¹앞에서 언급한 그 모양과 같이. 예 한눈을 팔지 말고 가르쳐 주는 대로 해라. ²어떤 일이 일어나는 그 즉시. 예 물건이 나오는 대로 빠짐없이 다 샀다. ³어떤 상태가 매우 심함을 나타내는 말. 예 지칠 대로 지친 마음. ⁴가능한 한 최대한으로. 예 될 수 있는 대로 빨리 가자. ⁵그 모양과 같이. 예 누가 뭐라고 해도 나는 내 뜻대로 하겠다. ⁶각각. 따로따로. 예 친구는 친구대로 나는 나대로 각자 갈 길을 갔다. [경찰대 '07]. [지방직 9급 '08]. [세무직 9급 '07]. [국가직 7급 '15] . [지방직 9급 '16]. [경찰직 1차 필기 '16]. [서울시 9급 '16]

대로

1~4처럼 동사나 형용사 뒤에 붙어 '그 모양과 같이, 즉시' 등의 뜻을 나타내는 말은 의존 명사이며 앞말과 띄어 쓴다. 5,6처럼 명사나 대명사 뒤에 붙어 '그 모양과 같이, 각각'의 뜻을 나타내는 말은 조사이며 앞말과 붙여 쓴다.

대로大怒   크게 화를 냄. 대노(×). [서울시 9급 '21]

대로大怒

'로怒'는 '성낼 로'인데 단어의 첫머리에서는 두음 법칙에 따라 '노'가 된다. 따라서 '노怒하다'처럼 쓴다. '로'가 2음절에 오면 본음 그대로 '대로大怒'처럼 표기한다.

대마 해류對馬海流(×)   '제주도 남동 해역에서 대한 해협을 거쳐 동해로 흐르는 난류'는 '쓰시마 해류'가 올바른 말이다.

대마 해협對馬海峽(×)   '일본 쓰시마 섬과 이키 섬 사이의 해협'은 '쓰시마 해협'이 올바른 말이다.

대물림代-   가업 따위를 자손에게 남겨 주어 이어 나감. 되물림(×).

대밑둥(×)   '나무줄기에서 뿌리에 가까운 부분'은 '밑동'이 올바른 말이다.

대바람(×)   '어떤 일을 당하여 망설이지 않고 곧바로'의 뜻으로 쓰이는 말은 '댓바람'이 올바른 말이다.

대별산맥大別山脈(×)   '중국의 허난河南성, 후베이湖北성, 안후이安徽성의 경계를 따라 뻗은 산맥'은 '다볘산맥'이 올바른 말이다.

대복시大僕寺(×)   '예전에 궁중의 수레와 말을 관리하는 일을 맡아 보던 관청'은 '태복시'가 올바른 말이다.

대북臺北(×)   '대만臺灣 북쪽에 있는 도시로 대만의 수도'는 '타이베이'가 올바른 말이다.

대설산맥大雪山脈(×)   '중국 쓰촨성四川省 서쪽에 있는 산맥'은 '다쉐산맥'이 올바른 말이다.

대속(×)   '대의 속'은 '댓속'이 올바른 말이다.

대수臺數   '대臺'로 세는 차, 기계 따위의 수. 댓수(×).

대수臺數

'대수'는 한자어로 이루어진 말이므로 사이시옷을 붙이지 않는다.

대수로이   중요하거나 대단하게 여길 만하게. 예 조그만 뾰두라지를 대수로이 생각하지 않고 방치했다가 곪아 터지는 바람에 고생을 했다. 대수로히(×).

대수로이

부사의 끝음절이 분명히 '이'로만 소리 나므로 '이'로 표기한다.

대수로히(×)   '중요하거나 대단하게 여길 만하게'의 뜻으로 쓰이는 말은 '대수로이'가 올바른 말이다.

대수풀(×)	'대나무로 이루어진 숲'은 '대숲'이 올바른 말이다.
대숲	대나무로 이루어진 숲. 대수풀(×).
대쉬(×)	'줄표. 구기 경기 또는 권투에서, 상대 진영이나 상대 선수를 향해 저돌적으로 공격해 들어가는 일'은 '대시'가 올바른 말이다.
대쉬하다(×)	'일을 앞뒤 생각 않고 추진하다'의 뜻으로 쓰이는 말은 '대시하다'가 올바른 말이다.
대시^{dash}	¹줄표. ²구기 경기 또는 권투에서, 상대 진영이나 상대 선수를 향해 저돌적으로 공격해 들어가는 일. 대쉬(×).
대시하다^{dash-}	일을 앞뒤 생각 않고 추진하다. 대쉬하다(×).
대싸리(×)	'비를 만드는 데 쓰는 명아줏과의 한해살이풀'은 '댑싸리'가 올바른 말이다.
대야 철산^{大冶鐵山}(×)	'중국 양쯔강^{揚子江}의 남부에 있는 광산'은 '다예 철산'이 올바른 말이다.
대유령산맥^{大庾嶺山脈}(×)	'중국 장시성^{江西省}과 광둥성^{廣東省}의 경계의 산맥'은 '다위링산맥'이 올바른 말이다.
대잎(×)	'대나무의 잎'은 '댓잎'이 올바른 말이다.
대잠(×)	'깊이 든 잠'은 '한잠'이 올바른 말이다.
대장장이	쇠 연장 만드는 일을 직업으로 하는 사람. 대장쟁이(×).
대장쟁이(×)	'쇠 연장 만드는 일을 하는 직업으로 하는 사람'은 '대장장이'가 올바른 말이다.
대중^{臺中}(×)	'대만^{臺灣} 중서부에 있는, 농업과 상업이 발달한 도시'의 뜻으로 쓰이는 말은 '타이중'이 올바른 말이다.
대중 요법(×)	'겉으로 나타난 병의 증상에 대응하여 처치하는 치료 방법'은 '대증 요법'이 올바른 말이다.
대증 요법^{對症療法}	겉으로 나타난 병의 증상에 대응하여 처치하는 치료 방법. 대중 요법(×).
대지르다	찌를 것처럼 대들다. 대질르다(×).
대질르다(×)	'찌를 것처럼 대들다'의 뜻으로 쓰이는 말은 '대지르다'가 올바른 말이다.
대쪽	성질 따위가 곧은 것을 비유하여 이르는 말. 예 대쪽 같은 성미를 가진 삼촌은 조그만 실수도 용납하지 않는다. 댓쪽(×).

대시^{dash}
¹번의 '대시'는 문장 부호 '―'을 이르는 말로, 앞에서 말한 내용을 다른 말로 부연하거나 보충할 때에 사용한다.

대장장이
어떤 일을 직업적으로 하는 사람에게는 '-장이'를 붙인다.

대쪽
'같다'와 어울려 '대쪽 같다'의 형태로 쓰인다.

대창(×)	'대나무 줄기 속의 안벽에 붙은 아주 얇고 흰 꺼풀'은 '대청'이 올바른 말이다.	
대천구^{戴天仇}(×)	'쑨원^{孫文}의 비서를 지낸 중국의 정치가'는 '다이톈주'가 올바른 말이다.	
대청	대나무 줄기 속의 안벽에 붙은 아주 얇고 흰 꺼풀. 대창(×).	
대청산^{大靑山}(×)	'몽골 초원과의 경계를 이루는 중국 구이쑤이^{貴綏} 평원 북부에 있는 산'은 '다칭산'이 올바른 말이다.	
대파산맥^{大巴山脈}(×)	'중국 쓰촨성^{四川省}과 산시성^{陝西省} 경계에 있는 산맥'은 '다바산맥'이 올바른 말이다.	

대패날(×)	'대패에 끼우는 쇠로 된 날'은 '대팻날'이 올바른 말이다.	'대패날'로 표기할 수 없는 이유 순우리말로 이루어진 합성어로서 앞말이 모음으로 끝나고 뒷말의 첫소리 'ㄴ' 앞에서 'ㄴ'이 덧나는 말은 사이시옷을 붙인다.
대패밥(×)	'대패질할 때 깎여 나오는 얇고 긴 나뭇조각'은 '대팻밥'이 올바른 말이다.	
대패손(×)	'대팻집 위에 가로로 대어 손으로 붙잡을 수 있게 덧붙여 놓은 부분'은 '대팻손'이 올바른 말이다.	
대패집(×)	'대팻날을 박는 나무틀'은 '대팻집'이 올바른 말이다.	
대패침^鍼(×)	'곪은 데를 째는 침'은 '바소'가 올바른 말이다.	
대팻날	대패에 끼우는 쇠로 된 날. 대패날(×).	대팻날, 대팻밥, 대팻손, 대팻집 '대패'가 들어가서 합성어를 이루는 말들로, 'ㄴ' 소리가 덧나거나 된소리로 소리 나므로 사이시옷을 붙이는 말이다.
대팻밥	대패질할 때 깎여 나오는 얇고 긴 나뭇조각. 대패밥(×).	
대팻손	대팻집 위에 가로로 대어 손으로 붙잡을 수 있게 덧붙여 놓은 부분. 대패손(×).	
대팻집	대팻날을 박는 나무틀. 대패집(×).	

대포잔(×)	'대폿술을 마실 때 쓰는 술잔'은 '대폿잔'이 올바른 말이다.	
대포장이(×)	'허풍을 잘 떨거나 거짓말을 잘하는 사람을 비유하는 말'은 '대포쟁이'가 올바른 말이다.	
대포쟁이^{大砲-}	허풍을 잘 떨거나 거짓말을 잘하는 사람을 비유하는 말. 예 내 친구는 없는 일도 사실처럼 꾸며 말하기를 자주 하여 대포쟁이라는 별명이 붙었다. 대포장이(×).	대포쟁이^{大砲-} '-쟁이'가 붙어 '그것이 나타내는 속성을 많이 가진 사람'의 뜻을 더한다.
대포집(×)	'대폿술을 파는 집'은 '대폿집'이 올바른 말이다.	대폿집 '대포+집'은 순우리말끼리 합쳐진 말이며, '집'이 된소리로 나므로 사이시옷을 붙인다.
대폿잔^盞	대폿술을 마실 때 쓰는 술잔. 대포잔(×).	
대폿집	대폿술을 파는 집. 대포집(×).	

대표값(×)	'평균값, 최빈값 등 자료의 특성을 나타내는 수의 값'은 '대푯값'이 올바른 말이다.
대푯값代表-	평균값, 최빈값 등 자료의 특성을 나타내는 수의 값. 대표값(×).
대항 유전大港油田(×)	'중국 톈진天津 남쪽 보하이만渤海灣 부근의 유전'은 '다강 유전'이 올바른 말이다.
댁宅	✓띄어쓰기 ¹남의 집이나 가정을 높여서 이르는 말. 예 아저씨 댁에 갔다 오너라./뉘 댁 자제인지 잘 키웠군. ²남을 높여 그의 아내를 이르는 말. 예 박 서방 댁이 왔다 갔어./강 씨 댁이 몸이 아프다고 합니다.
댁내宅內	남의 집안을 높여 이르는 말. 예 댁내 두루 평안하시기를 기원하옵니다. 택내(×).
댑싸리	비를 만드는 데 쓰는 명아줏과의 한해살이풀. 대싸리(×).
댓가(×)	'공들이거나 희생을 하여 얻는 결과'는 '대가'가 올바른 말이다.
	오류노트 그렇게 충고를 했건만 마이동풍으로 흘려버리더니, 값비싼 댓가를 치렀다고 생각해라. → 대가.
댓가지	대나무의 가지. 대가지(×).
댓가치(×)	'가늘고 길게 깎은 대나무 조각'은 '댓개비'가 올바른 말이다.
댓개비	가늘고 길게 깎은 대나무 조각. 댓가치(×).
댓고리	가늘게 쪼갠 댓개비로 만든 고리. 대고리(×).
댓님(×)	'남자들의 한복 바짓가랑이 끝을 접어서 발목을 졸라매는 끈'의 뜻으로 쓰이는 말은 '대님'이 올바른 말이다.
댓돌	집채의 낙숫물이 떨어지는 곳 안쪽으로 돌려 가며 놓은 돌.
댓바람	어떤 일을 당하여 망설이지 아니하고 곧바로. 예 형이 시험에 합격했다는 소식을 듣자마자 나는 댓바람에 집으로 달려갔다. 대바람(×).
댓속	대의 속. 대속(×).
댓수(×)	'대臺로 세는 차, 기계 따위의 수'의 뜻으로 쓰이는 말은 '대수'가 올바른 말이다.

대푯값代表- '대푯값'은 代表라는 한자어와 값이라는 순우리말이 어울려 이루어진 말로 사이시옷을 붙인다.

댁宅 '강릉댁', '처남댁'처럼 댁宅이 '아내'의 뜻을 나타낼 경우에는 접미사로서 앞말과 붙여 쓴다.

댑싸리 두 말이 어울릴 적에 'ㅂ' 소리가 덧나는 것은 소리대로 적는다.

'댓가'로 표기할 수 없는 이유 한자어는 두 음절로 된 6개의 예외 단어를 제외하고 사이시옷을 붙이지 않는다.

댓가지 순우리말로 된 합성어로서 앞말이 모음으로 끝난 경우, 뒷말의 첫소리가 된소리로 나는 것은 사이시옷을 붙인다.

댓돌 '툇돌'과 함께 복수 표준어이다.

댓속 순우리말로 된 합성어로서 앞말이 모음으로 끝난 경우, 뒷말의 첫소리가 된소리로 나는 것은 사이시옷을 붙인다.

댓순(×)   '대의 땅속줄기에서 나오는 어린 싹'은 '죽순'이 올바른 말이다.

댓잎   대나무의 잎. 대잎(×).

댓쪽(×)   '성질 따위가 곧은 것을 비유하여 이르는 말'은 '대쪽'이 올바른 말이다.

댕기다   불이 옮아 붙다. 또는 그렇게 하다. 예 담배에 성냥불을 댕겼다./ 아궁이에 불을 댕기다. 당기다(×).

-더구려   경험하여 새로 알게 된 사실을 전달하며, 알게 된 사실에 주목함을 나타내는 말. -더구료(×).

-더구료(×)   '경험하여 새로 알게 된 사실을 전달하며, 알게 된 사실에 주목함을 나타내는 말'은 '-더구려'가 올바른 말이다.

-더구만(×)   '경험하여 새로 알게 된 사실을 전달하며, 알게 된 사실에 주목함을 나타내는 말'은 '-더구먼'이 올바른 말이다.

-더구먼   경험하여 새로 알게 된 사실을 전달하며, 알게 된 사실에 주목함을 나타내는 말. 예 그 친구 참 똑똑하더구먼. -더구만(×).

더껑이   액체의 거죽에 덩어리로 굳거나 말라서 생긴 꺼풀. 덧겅이(×).

더께   몹시 찌든 물건에 앉은 거친 때. 더케·덕지(×).

더덕이(×)   '헐거나 상처 부위에서 나온 고름, 진물 따위가 말라붙어 생긴 껍질'은 '딱지'가 올바른 말이다.

더러   어떤 행동이 미치는 대상을 나타내는 조사.

    🖋오류노트 날더러 그 어려운 일을 하라고? → 나더러.

더버기   한곳에 수북이 쌓이거나 많이 붙은 상태나 그런 물건. 예 나는 바닷가로 놀러가서 진흙 더버기를 하였다. 더베기(×).

더베기(×)   '한곳에 수북이 쌓이거나 많이 붙은 상태나 그런 물건'은 '더버기'가 올바른 말이다.

더부룩이   수염 따위가 길고 많이 나서 혼란스럽게. 예 아저씨는 더부룩이 기른 수염을 쓰다듬고 있다. 더부룩히(×).

더부룩히(×)   '수염 따위가 길고 많이 나서 혼란스럽게'의 뜻으로 쓰이는 말은 '더부룩이'가 올바른 말이다.

댓잎
순우리말로 된 합성어로서 앞말이 모음으로 끝난 경우, 뒷말의 첫소리 모음 앞에서 'ㄴㄴ' 소리가 덧나는 것은 사이시옷을 붙인다.

-더구려
'-구려'는 모음의 발음 변화를 인정하여, 발음이 바뀌어 굳어진 형태를 표준어로 삼은 말이다.

-더구먼
'-더구먼'은 '-더군'의 본말이다.

더껑이
'굳거나 마른 꺼풀'의 뜻으로는 맞는 말이지만, '찌든 때'의 뜻으로는 '더껑이'가 아니라 '더께'가 맞는 말이다.

더러
'더러'는 '나, 너'와 같은 체언에 바로 붙는다. '날'이나 '널' 등 목적어가 붙어 줄어든 말과 어울려 쓰이지 않는다.

더우기(×)	'모양, 성질 따위가 그와 같을 뿐만 아니라 더'의 뜻으로 쓰이는 말은 '더욱이'가 올바른 말이다.	
더욱이	모양, 성질 따위가 그와 같을 뿐만 아니라 더. 예 지금까지 마음으로 저를 돌봐 주셨는데 더욱이 물질로 도와주신다니 감개무량합니다. 더우기(×).	**더욱이** 부사에 '-이'가 붙어서 역시 부사가 되는 경우에 그 어근이나 부사의 원형을 밝히어 적는다.
더 이상^{以上}	✔띄어쓰기 계속하여. 또는 그 위에 보태어. 예 더 이상 변명은 듣고 싶지 않다.	**더 이상**^{以上} '너의 잘못을 더 이상 문제 삼지 않겠다.'에서 '더 이상'은 부사 '더'와, '이상'이 합쳐진 말이므로 띄어 쓴다.
더케(×)	'몹시 찌든 물건에 앉은 거친 때'는 '더께'가 올바른 말이다.	
더퍼리(×)	'성질, 버릇 따위가 침착지 못하고 덜렁대는 사람'은 '더펄이'가 올바른 말이다.	**더펄이** '-하다'나 '-거리다'가 붙는 어근에 '-이'가 붙어서 명사가 된 것은 그 원형을 밝히어 적는다.
더펄이	침착하지 못하고 덜렁거리는 성격을 가진 사람. 더퍼리(×).	
덕시글거리다(×)	'곤충이나 동물 따위가 집단으로 모여 자꾸 어수선하게 들끓다'의 뜻으로 쓰이는 말은 '득시글거리다'가 올바른 말이다.	
덕지(×)	'헌데나 상처에서 피, 고름, 진물 따위가 나와 말라붙어 생긴 껍질'은 '딱지'가 올바른 말이다.	
덕지(×)	'몹시 찌든 물건에 앉은 거친 때'의 뜻으로 쓰이는 말은 '더께'가 올바른 말이다.	
덕천가강^{德川家康}(×)	'일본의 에도 막부의 초대 쇼군(1543~1616)'은 '도쿠가와 이에야스'가 올바른 말이다.	
-던가	¹과거의 사실에 대한 물음을 나타내는 말. 예 그가 집에 있던가? ²과거의 사실에 대해 자기 스스로에게 묻는 물음이나 추측을 나타내는 말. 예 내가 정말 그런 행동을 했던가?/ 그가 진정 그녀를 사랑했었던가? [삼성직무적성 '08]	**'-던가'와 '-든가'** '-던가'는 과거 일에 대한 물음이나 추측을 나타내는 말이고, '-든가'는 선택의 뜻을 나타내는 말이다.
-던걸	경험하여 알게 된 사실이, 상대가 이미 알고 있던 사실과 다르거나 기대와 다를 때 쓰는 말. 예 그 사람 술 한 잔 전혀 못하던걸/ 선생님은 아직도 결혼을 하지 않으셨던걸. -든걸(×).	
-던고	과거 사실에 대해 자기 스스로 또는 상대에게 묻는 말. 예 내가 왜 공부를 소홀히 했던고?/ 어머니는 뭘 하시던고? -든고(×).	

-던들	'지난 일과 반대되는 일이었으면 보다 나았을 것'이란 뜻으로 하는 말. 예 힘들어도 참았던들 일이 이렇게 커지지 않았을 텐데. -든들(×).
-던지	지난 일을 회상하며 막연한 의심이나 가정, 추측을 나타내는 말. 예 졸업한 연도가 언제던지 기억이 안 나./뭘 했던지 알 수가 없어. [소방직 '22]. [법원직 9급 '22]
덤터기	남에게 뒤집어씌우거나 남에게서 넘겨받은 허물이나 책임. 예 본인이 저질러 놓은 과오를 남에게 덤터기를 씌웠다. 덤테기(×).
덤테기(×)	'남에게 뒤집어씌우거나 남에게서 넘겨받은 허물이나 책임'은 '덤터기'가 올바른 말이다.
덥석	갑자기 달려들어 단번에 물거나 움켜잡는 모양. 덥썩(×).
덥썩(×)	'갑자기 달려들어 단번에 물거나 움켜잡는 모양'은 '덥석'이 올바른 말이다.
덥이다(×)	'사물의 온도를 높이다'의 뜻으로 쓰이는 말은 '덥히다'가 올바른 말이다. [국가직 7급 '15]
덥히다	사물의 온도를 높이다. 예 날씨가 추워 식은 밥을 덥혀서 먹자. 덥이다(×).
덧거리(×)	'씨름에서, 자기의 다리로 상대편의 다리를 걸어 당기면서 가슴으로 상대편의 몸을 밀어 넘어뜨리는 기술'은 '덧걸이'가 올바른 말이다.
덧걸이	씨름에서, 자기의 다리로 상대편의 다리를 걸어 당기면서 가슴으로 상대편의 몸을 밀어 넘어뜨리는 기술. 덧거리(×).
덧겅이(×)	'액체의 거죽에 덩어리로 굳거나 말라서 생긴 꺼풀'은 '더껑이'가 올바른 말이다.
덧니	배냇니를 제때에 뽑지 않아서 배냇니 곁에 겹쳐 난 이. 덧이(×).
덧밥(×)	'반찬이 될 만한 요리를 밥 위에 얹어 먹는 음식'은 '덮밥'이 올바른 말이다.
덧이(×)	'배냇니를 제때에 뽑지 않아서 배냇니 곁에 겹쳐 난 이'는 '덧니'가 올바른 말이다.
덧창	창문 곁에 덧달려 있는 문짝. 예 겉창을 달아매어 바람이 들어오지 못하게 하였다.

-던지
'-던지'는 과거에 대한 회상을 나타내는 말이다. '-든지'는 대상들 중에서 어느 것이든 선택될 수 있음을 나타내는 말이다. 예 가든지 말든지 마음대로 하게.

덥석
ㄱ, ㅂ 받침 뒤에서 나는 된소리는, 같은 음절이나 비슷한 음절이 겹쳐나는 경우가 아닌 경우 된소리로 적지 아니한다.

덥히다
'덥다'의 어간 '덥-'에 사동 접미사 '히'가 붙어 이루어진 말이다.

덧니
'이(齒)'가 합성어로서 '니' 또는 '리'로 소리 날 때에는 '니'로 적는다.

덧창
'겉창'과 함께 복수 표준어이다.

덩굴 다른 물건을 감으면서 길게 뻗어 나가는 식물의 줄기. 덩쿨(×). [공사·공단 언어 능력]. [복지 9급 '11]. [국회 8급 '13]

덩굴
'넝쿨'과 함께 복수 표준어이다.

덩굴손 다른 물체를 감아올리는 가지나 잎이 실처럼 변하여 줄기를 지탱하는 가는 덩굴. 갈퀴손(×).

덩이, 덩어리 ✔띄어쓰기 그러한 성질이 있거나 그런 일을 일으키는 사람이나 사물. 예 골칫덩이./심술덩이.

> **'덩이'와 '덩어리'의 띄어쓰기**
> '골칫덩이, 골칫덩어리'처럼 '덩이'나 '덩어리'가 붙으면 한 단어로 보아 붙여 쓴다. 예 동생은 우리 집안의 골칫덩어리이다.

덩치값(×) '덩치에 어울리는 말과 행동'은 '덩칫값'이 올바른 말이다.

덩칫값 덩치에 어울리는 말과 행동. 예 그는 아직 덩칫값도 못 하는 사람이다. 덩치값(×).

덩칫값
'덩치+값'은 순우리말끼리 합쳐진 말이며, '값'이 된소리로 나므로 사이시옷을 붙인다.

덩쿨(×) '다른 물건을 감으면서 길게 뻗어 나가는 식물의 줄기'는 '덩굴'이 올바른 말이다.

덮밥 반찬이 될 만한 요리를 밥 위에 얹어 먹는 음식. 덧밥(×). [공사·공단 언어 능력]

> **'회덮밥', '달걀덮밥'** 등은 사전에 붙여 쓰는 것으로 나오지만 '새우덮밥', '소고기덮밥' 등은 대사전에도 나오지 않는다. 그렇다면 원칙적으로 사전에 나오지 않으면 띄어 쓰므로 이들 단어는 '새우 덮밥', '소고기 덮밥'처럼 띄어 써야 할까?
>
> 사전에 표제어로 나오든 나오지 않든 간에 음식 이름은 '김치볶음밥, 김치찌개, 감자조림, 새우튀김, 쇠고기덮밥, 도토리묵무침'처럼 붙여 쓰는 것이 원칙이다. '덮밥'도 '쇠고기덮밥, 달걀덮밥'처럼 '~로 덮은 밥'을 의미한다. 즉 '음식명'이므로 붙여 쓰는 것이 올바르다.

덮이다 물건 따위가 겉으로 드러나지 않게 천 따위에 얹어 씌워지다. 예 학교 벽이 담쟁이덩굴로 덮였다. 덮히다(×). [국회 8급 '10]. [국가직 7급 '15]

덮히다(×) '물건 따위가 겉으로 드러나지 않게 천 따위에 얹어 씌워지다'의 뜻으로 쓰이는 말은 '덮이다'가 올바른 말이다.

데	✔뛰어쓰기 ¹'곳'이나 '장소'의 뜻. 예 갈 데 없는 가엾은 처지. ²'일'이나 '것'의 뜻을 나타내는 말. 예 싹이 나와 꽃이 피는 데 3개월이 걸렸다. ³'조건이나 경우 또는 사정'의 뜻을 나타내는 말. 예 배 아픈 데 먹는 약. [간호사관 '08]. [해사 '08]. [경찰대 '08]. [소방직 '21]

데
국어 어법을 학습하는 이들이 가장 많이 혼동하고 어려워하는 단어 중의 하나가 바로 '데'이다. '데'는 의존 명사로 쓰이는 경우 앞말과 띄어 쓴다. 어미로 쓰이는 '-데'는 붙여 쓴다.

⚠오류노트 ¹그날 해야 할 일을 바로 하지 않는 점, 그것이 네가 성공하는데 장애 요소가 된 거야. → 성공하는 데('성공하는 일'의 뜻으로 의존 명사이다). ²도서실에서 공부하고 있는 데 친구가 찾아왔다. → 있는데('있다. 그런데'의 뜻으로 어미이다.)

'데'를 언제 띄어 쓰고 언제 붙여 쓸까?
앞의 ¹⁻³번의 뜻으로 쓰이는 '데'는 의존 명사로 앞말과 띄어 쓴다. 의존 명사 '데'와 띄어쓰기에서 혼동되는 것으로 '-ㄴ(는)데'가 있다. '-ㄴ(는)데'는 어떤 일을 뒤에서 설명하기 위하여 그 대상과 관계있는 상황을 미리 말할 때에 쓰는 말로 '~한다. 그런데'로 풀이할 수 있다. 예를 들어 '동생은 열심히 공부하는데 너는 항상 게을러.'에서 '공부하는데'는 '공부한다. 그런데'로 풀이할 수 있으며 이 경우는 앞말과 붙여 쓴다.

-데	직접 겪어서 안 사실을 그대로 옮겨 와서 말함을 나타내는 말. 예 어제 승재네 집에 가 보았더니, 강아지가 새끼를 네 마리나 나았데. [사회복지직 9급 '16]. [서울시 9급 '16]
데구루루	다소 크고 단단한 물건이 구르는 소리. 또는 그 모양. 데그르르(×).
데굴데굴	큰 물건이 잇따라 구르는 모양. 예 동생은 장난감을 사 주지 않는다고 마당에서 데굴데굴 구른다. 데글데글(×).
데그르르(×)	'다소 크고 단단한 물건이 구르는 소리. 또는 그 모양'은 '데구루루'가 올바른 말이다. 연습 동전이 마루 위로 (데구루루, 데그르르, 떼구루루, 대구루루) 굴렀다. → '데그르르'만 틀리고 나머지는 모두 올바르다.
데글데글(×)	'큰 물건이 잇따라 구르는 모양'은 '데굴데굴'이 올바른 말이다.
데다(×)	'식은 것이나 찬 것을 덥게 하다'의 뜻으로 쓰이는 말은 '데우다'가 올바른 말이다.
데릴사위감(×)	'데릴사위로 삼을 만한 사람'은 '데릴사윗감'이 올바른 말이다.

데굴데굴
'데굴데굴'의 센말은 '떼굴떼굴'이 맞는 말이다.

'데다'와 '데우다'
'데다'는 '불 따위로 살이 상하다'의 뜻이며 목적어를 취하지 않는다. 따라서 '식은 찌개를 데다'는 잘못된 표현이다. '식은 찌개를 데우다'라고 해야 한다.

데릴사윗감	데릴사위로 삼을 만한 사람. 데릴사위감(×).
데뷔^{début}	처음으로 등장을 함. 데뷰(×).
데뷰(×)	'처음으로 등장함'은 '데뷔'가 올바른 말이다.
데생^{dessin}	선에 의하여 어떤 이미지를 그려 내는 기술. 뎃생(×).
데스크탑(×)	'사무 자동화를 위해 개인의 책상 위에 설치할 수 있는 소형 컴퓨터'는 '데스크톱'이 올바른 말이다.
데스크톱^{desktop}	사무 자동화를 위해 개인의 책상 위에 설치할 수 있는 소형 컴퓨터. 데스크톱 컴퓨터. 데스크탑(×). [서울시 7급 '11]
데우다	식은 것이나 찬 것을 덥게 하다. 데다(×).
데이타(×)	'기초나 바탕이 되는 자료'는 '데이터'가 올바른 말이다.
데이터^{data}	기초나 바탕이 되는 자료. 데이타(×).
뎃생(×)	'선에 의하여 어떤 이미지를 그려 내는 기술'은 '데생'이 올바른 말이다.
도깨비불	밤중에 물체에 있는 인(燐)의 작용으로 번쩍거리는 파란 불꽃. 여우불(×).
도긴개긴	비슷하여 견주어 볼 필요가 없음. 도찐개찐(×).
도찐개찐(×)	'비슷하여 견주어 볼 필요가 없음'은 '도긴개긴'이 올바른 말이다.
도나캐나	대수롭지 않은 아무나. 또는 무엇이나. 되나캐나(×).
도너츠(×)	'베이킹파우더, 설탕, 달걀 따위를 넣어 버무려 기름에 튀긴 과자'는 '도넛'이 올바른 말이다.
도넛^{doughnut}	베이킹파우더, 설탕, 달걀 따위를 넣어 버무려 기름에 튀긴 과자. 도나쓰·도너츠(×). [한국어교육검정 '10]. [서울시 9급 '13]. [서울시 9급 '16]
도덕률	도덕적 행위의 기준이 되는 보편타당한 법칙. 도덕율(×).
도덕율(×)	'도덕적 행위의 기준이 되는 보편타당한 법칙'은 '도덕률'이 올바른 말이다.
도두	위로 높게. 예 흙을 도두 쌓았다. 돋우(×).
도두보다	실제 존재하는 것보다 더 낫게 보다. 예 그는 새로 만나는 사람들을 도두보는 성격이다. 돋우보다(×).
도드리장단	보통 빠르기의 국악 장단의 하나. 도들이장단(×).

데릴사윗감
'사위로 삼을 만한 사람'은 '사윗감'이 맞는 말이다.

데생^{dessin}
'데생'의 뜻으로 쓰이는 우리말 한자어로 '소묘'가 있다.

데우다
'덥게 하다'를 '데다'로 잘못 쓰지 않도록 주의하자.

도넛
외래어 표기 원칙에 따라 단모음 뒤에 오는 어말 무성 파열음 [t]는 받침으로 적는다.

도덕률
'도덕+律'의 형태. 앞말이 받침이 없거나 (모음) 'ㄴ' 받침 뒤에서는 '율'을, 그 외에는 '률'을 쓴다. '도덕'의 'ㄱ'이 그 외의 경우이므로 '률'을 써서 '도덕률'처럼 나타낸다.

도들이장단(×)	'보통 빠르기의 국악 장단의 하나'의 뜻으로 쓰이는 말은 '도드리장단'이 올바른 말이다.
도떼기시장	고물, 중고 물품 등을 사고파는 시끌벅적하고 무질서한 시장. 돗데기시장(×).

도떼기시장
'도깨비시장'과 동의어로 쓰이는 말이다.

> *** 어법상 옳은 것을 찾아보자.**
> 1) 입사 시험에 합격하신 것을 축하드립니다.
> 2) 고객님, 주문하신 물건이 나오셨습니다.
> 3) 어른들이 묻자 안절부절하며 어쩔 줄 몰라 했다.
> 4) 이어서 회장님의 인사 말씀이 계시겠습니다.
>
> 정답: 1

도랑	폭이 좁고 작은 개울. 또랑(×).
도량道場	불도를 수행하는 절이나 사람이 모인 곳. 도장(×).
도련님	결혼 안 한, 남편의 남동생을 높여 이르는 말. 되련님(×).
도로레, 도로래(×)	'홈이 파진 바퀴에 줄을 걸어서 올리고 내려서 물건을 움직이는 장치'는 '도르래'가 올바른 말이다.
도르래	홈이 파진 바퀴에 줄을 걸어서 오르내려 물건을 움직이는 장치. 도로레·도로래(×).
도리깨열(×)	'도리깨채의 끝에 달아서 벼, 보리, 깨 등의 이삭을 휘둘러 떨어내는 나뭇가지'는 '도리깻열'이 올바른 말이다.
도리깻열	도리깨채의 끝에 달아서 벼, 보리, 깨 등의 이삭을 휘둘러 떨어내는 나뭇가지. 도리깨열(×). [서울시 지방직 7급 '16]
도마도(×)	'여름에 붉은 열매가 열리는 가짓과의 한해살이풀'은 '토마토'가 올바른 말이다.
도망군(×)	'피하거나 쫓기어 몰래 달아나는 사람'은 '도망꾼'이 올바른 말이다.
도망꾼逃亡-	피하거나 쫓기어 몰래 달아나는 사람. 도망군(×).
도매값(×)	'도매로 파는 가격'은 '도맷값'이 올바른 말이다.
도맷값都賣-	도매로 파는 가격. 도매값(×).
도매금都賣金	각각의 차이를 무시하고 같은 무리로 취급받음. 도매급(×).
도매급(×)	'각각의 차이를 무시하고 같은 무리로 취급받음'은 '도매금'이 올바른 말이다.

도량道場
'무예를 닦는 곳'의 뜻으로 쓰일 때는 '도장'이라고 표기한다.

도리깻열
순우리말로 된 합성어로서 앞말이 모음으로 끝난 경우, 뒷말의 첫소리 모음 앞에서 'ㄴㄴ' 소리가 덧나는 것은 사이시옷을 붙인다.

도망꾼逃亡-
'어떤 일을 하는 사람'에 낮잡는 뜻을 더하는 접미사는 '꾼'이다.

도맷값都賣-
'도맷값'은 '都賣'라는 한자어와 '값'이라는 순우리말이 어울려 이루어진 말로 사이시옷을 붙인다.

도문^{圖們}(×)	'중국 지린성^{吉林省} 옌볜^{延邊} 조선족 자치주에 있는 도시'의 뜻으로 쓰이는 말. 투먼.
도배장이^{塗褙-}	도배를 직업으로 하는 사람. 도배쟁이(×).
도배쟁이(×)	'도배를 직업으로 하는 사람'은 '도배장이'가 올바른 말이다.
도스토예프스키(×)	'가난한 사람들, 죄와 벌 따위 작품을 남긴 제정 러시아의 소설가'는 '도스토옙스키'가 올바른 말이다.
도스토옙스키^{Dostoevskii}	'가난한 사람들', '죄와 벌' 따위 작품을 남긴 제정 러시아의 소설가. 도스토예프스키(×).
도야지(×)	'멧돼짓과의 포유류'의 뜻으로 쓰이는 말은 '돼지'가 올바른 말이다.
도와주다	✔띄어쓰기 남을 위해 애써 주다.
도요토미 히데요시^{豊臣秀吉}	임진왜란을 일으킨 일본의 무장·정치가(1536~1598). 풍신수길(×).
도장(×)	'불도를 수행하는 절이나 사람이 모인 곳'은 '도량'이 올바른 말이다.
도저이(×)	'아무리 하려고 해도'의 뜻으로 쓰이는 말은 '도저히'가 올바른 말이다.
도저히^{到底-}	아무리 하려고 해도. 도저이(×).
도쿠가와 이에야스^{德川家康}	일본의 에도 막부의 초대 쇼군(1543~1616). 덕천가강(×).
도토마리(×)	'베틀의 채머리 위에 얹어 놓고 날실을 감는 틀'은 '도투마리'가 올바른 말이다.
도투마리	베틀의 채머리 위에 얹어 놓고 날실을 감는 틀. 도토마리(×).
독거노인^{獨居老人}	가족 없이 혼자 살아가는 노인. 독고노인(×).
독고노인(×)	'가족 없이 혼자 살아가는 노인'은 '독거노인'이 올바른 말이다.
독자난(×)	'신문이나 잡지 따위에서 독자의 글을 싣는 난'은 '독자란'이 올바른 말이다.
독자란^{讀者欄}	신문이나 잡지 따위에서 독자의 글을 싣는 난. 독자난(×).
독장치다^{獨場-}	어떠한 판을 혼자서 휩쓸다.

도와주다
한 단어로 굳어진 합성어이므로 붙여 쓴다.

도저히
부사의 끝음절이 '이'나 '히'로 소리 나는 것은 '히'로 표기한다.

독자란^欄
'독자+난^欄'의 형태. '난'은 '구분된 지면'의 뜻으로 쓰이는데, '난' 앞에 한자어가 오면 '란'으로 표기하고, 순우리말이나 외래어가 오면 '난'으로 표기한다. '독자'가 한자어이므로 '독자난'이 아니라 '독자란'으로 표기된 예이다.

독장치다
'독판치다'와 함께 복수 표준어이다.

독판치다獨- 어떠한 판을 혼자서 휩쓸다.

돈가스豚kasu 돼지고기 너비 튀김. 돈까스(×).

돈까스(×) '돼지고기 너비 튀김'은 '돈가스'가 올바른 말이다.

돈나물(×) '5~6월에 노란 꽃이 피며 어린잎과 줄기는 나물로 먹는 돌나물과의 여러해살이풀'은 '돌나물'이 올바른 말이다.

돈놀이 돈을 빌려 주고 이자를 받는 일. 빚놀이(×).

돈닢 금속으로 만든 돈의 낱개. 돈잎(×).

돈잎(×) '금속으로 만든 돈의 낱개'는 '돈닢'이 올바른 말이다.

돈황敦煌(×) '불교 유적지로 유명한 중국 간쑤성甘肅省 북서부에 있는 도시'는 '둔황'이 올바른 말이다.

돈황석굴敦煌石窟(×) '중국 둔황 남동쪽에 있는 석굴 사원'은 '둔황석굴'이 올바른 말이다.

돋구다 안경의 도수 따위를 더 높게 하다.

> ✔오류노트 경로당에서 들려오는 노랫소리는 가히 취흥을 **돋굴** 만하였다. → 돋울. [지방직 9급 '13]

돋다 ¹해 따위가 하늘에 솟아오르다. 예 밝은 해가 돋아 올랐다. ²입맛이 당기다. 예 배가 고프니 입맛이 돋는다. ³새싹 등이 겉으로 나오거나 나타나다. 예 나무에 싹이 돋는다. ⁴살갗에 무엇이 우툴두툴하게 내밀다. 예 좁쌀만 한 종기가 손등에 돋았다.

돋우(×) '위로 높게'의 뜻으로 쓰이는 말은 '도두'가 올바른 말이다.

돋우다 ¹감정, 기색 따위가 생겨나게 하다. 예 의욕을 돋우다./생기를 돋우다./신바람을 돋우다. ²성이 나게 하다. 예 화를 돋우다. ³위로 높아지게 하다. 예 심지를 돋우다. ⁴정도를 보다 더 높게 하다. 예 목청을 돋우다. 비교 돋구다. [경찰대 '09]

돋우보다(×) '실제 존재하는 것보다 더 낫게 보다'의 뜻으로 쓰이는 말은 '도두보다'가 올바른 말이다.

돋치다 돋아서 내밀다. 예 날개가 돋치다. 돋히다(×).

돋히다(×) '돋아서 내밀다'의 뜻으로 쓰이는 말은 '돋치다'가 올바른 말이다.

독판치다 '독장치다'와 함께 복수 표준어이다.

돈가스 외래어 표기에서 파열음은 된소리를 쓰지 않는다.

'돋구다'와 '돋우다' 안경의 도수를 올리는 것은 '돋구다', 흥을 높게 하는 것은 '돋우다'이다.

돋다 '돋다'는 자동사이므로 뒤에 목적어가 올 수 없다. 따라서 '생기를 돋다'처럼 쓰지 않는다. '생기를 돋우다'처럼 표기해야 한다.

돋우다 '돋우다'와 '돋구다'는 흔히 혼동되므로 뜻의 차이를 잘 익혀 두자.

'돋히다'로 표기할 수 없는 이유 능동의 뜻으로 쓰이므로 '돋-'에 피동의 뜻이 있는 '-히-'가 올 수 없다. 능동의 뜻인 '-치-'가 와야 한다.

돌	아기가 태어나고부터 1년이 되는 날. 돐(×). [지방직 9급 '10]
돌나물	5~6월에 노란 꽃이 피며 어린잎과 줄기는 나물로 먹는 돌나물과의 여러해살이풀. 돈나물·돋나물·돗나물·돐나물(×).
돌려주다	✔띄어쓰기 빌리거나 뺏거나 받거나 한 것을 주인에게 도로 주거나 갚다. 예 빌린 책을 돌려주다.
돌맹이(×)	'자갈보다 크고 돌덩이보다 작은 돌'은 '돌멩이'가 올바른 말이다.
돌멩이	자갈보다 크고 돌덩이보다 작은 돌. 돌맹이(×).
돌베개	돌로 만든 베개. 돌베게(×).
돌베게(×)	'돌로 만든 베개'의 뜻으로 쓰이는 말은 '돌베개'가 올바른 말이다.
돌부리	땅 위로 나온 돌멩이의 뾰족한 부분. 돌뿌리(×).
돌뿌리(×)	'땅 위로 나온 돌멩이의 뾰족한 부분'은 '돌부리'가 올바른 말이다.
돌잔치	첫돌이 되는 날에 베푸는 잔치. 돐잔치(×). [국회 8급 '12]
돌잡이	돌날에 돌상에 실, 돈 따위를 벌여 놓고 아이로 하여금 마음대로 골라잡게 하는 일. 돐잡이(×).
돌장이	돌을 깎고 다듬어 물건을 만드는 사람. 돌쟁이(×).
돌쟁이(×)	'돌을 깎고 다듬어 물건을 만드는 사람'은 '돌장이'가 올바른 말이다.
돌쩌구(×)	'문설주에 문을 달아 열고 닫는 데 쓰이는 쇠붙이'의 뜻으로 쓰이는 말은 '돌쩌귀'가 올바른 말이다.
돌쩌귀	문설주에 문을 달아 열고 닫는 데 쓰이는 쇠붙이. 돌쩌구(×).
돌하루방(×)	'돌로 만든 할아버지라는 의미의 제주도 말'은 '돌하르방'이 올바른 말이다.
돌하르방	돌로 만든 할아버지라는 의미의 제주도 말. 돌하루방(×).
돐(×)	'아기가 태어나고부터 1년이 되는 날'은 '돌'이 올바른 말이다.
돐잔치(×)	'첫돌이 되는 날에 베푸는 잔치'는 '돌잔치'가 올바른 말이다.

돌려주다
'돌려주다'는 한 단어이므로 붙여 쓴다.

돌멩이
'멩이'는 '돌' 뒤에만 쓰이는 '특이 형태소'이다.

돌부리
이유 없이 된소리로 쓰지 않도록 주의하자.

돌잡이
태어난 지 1년을 뜻하는 말은 '돌'로 표기한다.

돌장이
'-장이'는 '그것과 관련된 기술을 가진 사람'의 뜻을 더하는 말이다.

돌하르방
'하르방'은 '할아버지'란 뜻의 제주도 방언이다.

'돐잔치'는 잘못된 말
태어난 지 1년을 뜻하는 말은 '돌'이므로 '돐잔치', '돐잡이'도 잘못된 말이다.

돐잡이(×) '돌날에 돌상에 실, 돈 따위를 벌여 놓고 아이로 하여금 마음대로 골라잡게 하는 일'은 '돌잡이'가 올바른 말이다.

돗데기시장(×) '고불, 중고 물품 등을 사고파는 시끌벅적하고 무질서한 시장'은 '도떼기시장'이 올바른 말이다.

돗자리 왕골 따위의 줄기로 만든 자리. 돌자리(×).

동가리(×) '어떤 물건의 짤막하게 잘린 부분이나 쓰고 남아 짤막하게 된 부분'은 '동강'이 올바른 말이다.

동갑나기(×) '나이가 같은 사람'은 '동갑내기'가 올바른 말이다.

동갑내기 나이가 같은 사람. 동갑나기(×). [수능모의 '07학년도]

동강 어떤 물건의 짤막하게 잘린 부분이나 쓰고 남아 짤막하게 된 부분. 동가리(×).

동거동락(×) '괴로움도 즐거움도 함께함'은 '동고동락'이 올바른 말이다.

동고동락^{同苦同樂} 괴로움도 즐거움도 함께함. 동거동락(×).

동관^{潼關}(×) '중국 산시성^{陝西省} 동쪽 끝에 있는 현'은 '퉁관'이 올바른 말이다.

동구능^{東九陵}(×) '경기도 구리시에 있는 조선 시대의 아홉 능'은 '동구릉'이 올바른 말이다.

동구릉^{東九陵} 경기도 구리시에 있는 조선 시대의 아홉 능. 동구능(×).

동그라미 동그랗게 생긴 모양. 동그래미(×).

동그랗다 또렷하게 동글다.

> **✏ 오류노트** 내 짝의 얼굴은 <u>동그렇다</u>. → 동그랗다.

'동그레-'는 왜 잘못된 말일까?

모음 조화에 따라서 표기하는 말이다. '동그-'의 '동-'은 양성 모음 'ㅗ'가 있으므로 뒤에 양성 모음인 'ㅏ'와 어울린다. 따라서 '동그랗다', '동그란', '동그래'와 같이 활용한다. 반면에 '둥그-'의 '둥-'은 음성 모음 'ㅜ'가 있으므로 뒤에 음성 모음인 'ㅓ'와 어울린다. 따라서 '둥그렇다', '둥그런', '둥그레'와 같이 활용한다.

동그래미(×) '동그랗게 생긴 모양'은 '동그라미'가 올바른 말이다.

동난젓(×) '방게를 간장에 넣어 담근 젓'은 '방게젓'이 올바른 말이다.

동갑내기
흔히 '동갑나기'로 잘못 표기하는 말이므로 주의해야 한다.

동구릉^{東九陵}
'릉^陵'이 단어의 처음에 오거나, 순우리말이나 외래어 뒤에 올 때는 '능'으로, 그 외는 '릉'으로 표기한다.

동그라미
'-하다'나 '-거리다'가 붙을 수 없는 어근에 '-이'나 다른 모음으로 시작되는 접미사가 붙어 명사로 된 것은 그 원형을 밝히어 적지 않는다.

동냥꾼(×) '돈이나 물건 따위를 구걸하러 다니는 사람'은 '동냥아 치'가 올바른 말이다.

동냥아치 돈이나 물건 따위를 구걸하러 다니는 사람. 동냥꾼(×).

동녁(×) '동쪽'의 뜻으로 쓰이는 말은 '동녘'이 올바른 말이다.

동녘^{東·} 동쪽. 예 동녘에 해가 뜨고 있다. 동녁(×).

동당이치다(×) '물건 따위를 들어서 냅다 내던지다'의 뜻으로 쓰이는 말은 '동댕이치다'가 올바른 말이다.

동댕이치다 물건 따위를 들어서 냅다 내던지다. 동당이치다(×).

동무니 윷놀이에서, 한 개의 말에 합쳐진 묶음을 세는 단위. 동 사니(×).

동병상련^{同病相憐} 같은 병을 앓는 사람끼리 서로 불쌍하게 여긴다는 의 미에서, 힘든 처지에 있는 사람끼리 서로 불쌍하게 여 김. 동병상린(×).

동병상린(×) '같은 병을 앓는 사람끼리 서로 불쌍하게 여긴다는 의 미에서, 힘든 처지에 있는 사람끼리 서로 불쌍하게 여 김'은 '동병상련'이 올바른 말이다.

동북 지방^{東北地方}(×) '중국 헤이룽장성^{黑龍江省}, 지린성^{吉林省}, 랴오닝성^{遼寧省}의 세 성으로 이루어지는 북동부 지역'은 '둥베이 지방'이 올 바른 말이다.

동사니(×) '윷놀이에서, 한 개의 말에 합쳐진 묶음을 세는 단위'는 '동무니'가 올바른 말이다.

동안 ✔️띄어쓰기 어느 한 시기에서 다른 한 시기까지 시간의 길이. 예 며칠 동안./ 아버지가 안 계시는 동안에 실컷 놀았다./하루 동안 잠을 잤다.

> **'동안'은 반드시 앞말과 띄어 써야 할까?**
> '동안'은 시간을 나타내는 의존 명사로 앞말과 띄어 쓴다. 그 러므로 '다섯 시간동안', '방학동안'과 같이 붙여 쓰는 것은 잘못이다. 그러나 '오랫동안', '그동안' '한동안'과 같은 말은 한 단어로 간주하므로 앞말과 붙여 써야 한다.

-동이(×) '그러한 성질이 있거나 그와 긴밀한 관련이 있는 사람' 의 뜻을 나타내는 말은 '-둥이'가 올바른 말이다.

동인^{銅仁}(×) '중국 구이저우성^{貴州省} 동북부에 있는 도시'는 '퉁런'이 올바른 말이다.

동녘^{東·}
'녘'은 '어떤 때의 무렵' 으로 '동녘', '새벽녘', '저녁녘'과 같이 '녘'의 형태를 밝혀 적는다.

동댕이치다
'되는 대로 힘껏 마구 내던지다'의 뜻은 '내 동당이치다'가 아니고 '내동댕이치다'가 올 바른 말이다.

동병상련^{同病相憐}
'憐'은 불쌍히 여길 련 (연)과 이웃 린(인)의 두 가지 독음과 뜻이 있다.

동안
'동안'이 붙어 한 단어 로 되는 말을 잘 익혀 두자.

동자꾼(×)   '밥 짓는 여자 하인'은 '동자아치'가 올바른 말이다.

동자아치   밥 짓는 여자 하인. 동자꾼·동자어미(×).

동자어미(×)   '밥 짓는 여자 하인'은 '동자아치'가 올바른 말이다.

동조개(×)   '껍데기는 회백색을 띤 누런 갈색이며, 안쪽은 흰색인 개량조갯과의 연체동물'은 '동죽'이 올바른 말이다.

동죽   껍데기는 회백색을 띤 누런 갈색이며, 안쪽은 흰색인 개량조갯과의 연체동물. 동조개(×).

동지날(×)   '이십사절기의 하나로 매년 양력 12월 22일경이 되는 날'은 '동짓날'이 올바른 말이다.

동지달(×)   '음력으로 11월 달'은 '동짓달'이 올바른 말이다.

동짓날^{冬至-}   이십사절기의 하나로 매년 양력 12월 22일경이 되는 날. 동지날(×).

동짓달^{冬至-}   음력으로 11월 달. 동지달(×).

동치미국(×)   '동치미 국물'의 뜻으로 쓰이는 말은 '동치밋국'이 올바른 말이다.

동치밋국   동치미의 국물. 동치미국(×).

동태국(×)   '동태를 넣어 끓인 국'은 '동탯국'이 올바른 말이다.

동탯국^{凍太-}   동태를 넣어 끓인 국. 동태국(×).

동파(×)   '움 속에서 겨울에 자란 누런빛의 파'는 '움파'가 올바른 말이다.

돋자리(×)   '왕골 따위의 줄기로 만든 자리'는 '돗자리'가 올바른 말이다.

돤치루이^{段祺瑞}   안후이성^{安徽省} 출신의 중국 정치가(1865~1936). 단기서(×).

돼먹다   '되다'를 속되게 이르는 말. 예 돼먹지 않은 말을 잘도 하는구나. 되먹다(×).

돼지   멧돼짓과의 포유류. 도야지(×).

돼지감자   줄기는 잔털이 있으며, 땅속줄기는 감자 모양이고 덩이줄기는 알코올의 원료와 사료로 쓰기도 하는 국화과의 여러해살이풀.

돼지우리   돼지를 가두어 기르는 곳. 돼지울(×).

돼지울(×)   '돼지를 가두어 기르는 곳'은 '돼지우리'가 올바른 말이다.

동자아치
'-아치'는 '그 일에 종사하는 사람'의 뜻을 더하는 말이다.

'동지날'로 표기할 수 없는 이유
한자어 동지^{冬至}와 순우리말 '날'로 된 합성어로서 앞말이 모음으로 끝난 경우, 뒷말의 첫소리 'ㄴ' 앞에서 'ㄴ' 소리가 덧나는 것은 사이시옷을 붙인다.

동짓달^{冬至-}
'동짓달'은 한자어 '冬至'와 순우리말 '달'이 합쳐진 말로 '달'이 [딸]로 발음되므로 사이시옷을 붙인다.

돼먹다
주로 뒤에 부정의 말이 뒤따른다.

돼지감자
'뚱딴지'와 함께 복수 표준어이다.

되갚음(×)	'남에게 입은 은혜나 남에게 당한 원한을 그대로 갚음'은 '대갚음'이 올바른 말이다.
되나캐나(×)	'대수롭지 않은 아무나. 또는 무엇이나'의 뜻으로 쓰이는 말은 '도나캐나'가 올바른 말이다.
되뇌다	한번 한 말을 자꾸 되풀이하다. 예 그는 부모님에게 잘못한 일을 되뇌어 후회했다. 되뇌이다(×).
되뇌이다(×)	'한번 한 말을 자꾸 되풀이하다'의 뜻으로 쓰이는 말은 '되뇌다'가 올바른 말이다.
되다	¹어떤 신분이나 지위에 놓이다. 예 형은 대학을 마치고 초등학교 선생님이 되었다. ²일이 이루어지다. 예 사업이 원하는 대로 척척 되고 있다. ³어떤 때가 오다. 예 마침내 가을이 되다.

오류노트 저녁때가 <u>되서</u> 과제를 다 마칠 수 있었다. → 되어서, 돼서. [경찰직 3차 필기 '15]. [사회복지직 9급 '17]

왜 '저녁때가 되서'라고 표기하면 안 될까?
'되다'의 어간 '되-' 뒤에 연결 어미 '-어서'를 붙여 '되어서'라고 하거나 줄어든 형태인 '돼서'라고 표기하면 올바른 말이 된다. 그런데 '-서'라는 연결 어미는 없으므로 '되-' 뒤에 바로 '-서'를 붙여 '되서'라고 표기할 수 없다.

되람직하다(×)	'얼굴은 동글고 납작하며 키는 작고 몸매가 단정하다'의 뜻으로 쓰이는 말은 '되람직하다'가 올바른 말이다.
되람직하다	얼굴은 동글고 납작하며 키는 작고 몸매가 단정하다. 예 우리 선생님은 연세가 많으신데도 되람직하게 생기셔서 젊어 보이신다. 되람직하다(×).
되레	'도리어'의 준말. 되려(×). 예 살림 밑천을 마련하려고 주식 투자를 하였는데 되레 큰 손해만 보았다.
되려(×)	'도리어'의 준말은 '되레'가 올바른 말이다.
되련님(×)	'결혼 안 한, 남편의 남동생을 높여 이르는 말'은 '도련님'이 올바른 말이다.
되먹다(×)	'되다를 속되게 이르는 말'의 뜻으로 쓰이는 말은 '돼먹다'가 올바른 말이다.
되물림(×)	'가업 따위를 자손에게 남겨 주어 이어 나감'은 '대물림'이 올바른 말이다.

되뇌다
'다시'의 뜻을 나타내는 '되'에 '되풀이하다'의 뜻을 나타내는 '뇌다'가 붙은 말이다.

되다
'되다'가 동사나 형용사를 만드는 접미사일 경우에는 붙여 쓴다. 예 이용되다./진실되다.

되람직하다
'되람직하다'는 '도리암직하다'의 준말이다.

'되먹다'가 맞는 표기인 경우
'돼먹다'는 '되어'와 '먹다'가 합쳐서 이루어진 말이다. 그런데, '먹다 둔 것을 다시 먹다'의 뜻은 '되먹다'가 맞는 표기이다.

되통스럽다 어리석고 둔하거나 성격이 찬찬하지 못하여 일을 잘 저지를 듯하다. 예 그는 성격이 되통스러워서 일을 그르치는 경우가 한두 번이 아니다. 되퉁스럽다(×).

되퉁스럽다(×) '어리석고 둔하거나 성격이 찬찬하지 못하여 일을 잘 저지를 듯하다'의 뜻으로 쓰이는 말은 '되통스럽다'가 올바른 말이다.

된소리되기 예사소리(ㄱ, ㄷ, ㅂ, ㅅ, ㅈ)가 된소리(ㄲ, ㄸ, ㅃ, ㅆ, ㅉ)로 발음되는 현상.

될성부르다 ✔띄어쓰기 잘될 가능성이 있어 보이다. 예 남을 진심으로 대하는 모습을 보니 될성부른 어린이 같다./될성부른 나무는 떡잎부터 알아본다는 말이 있다.

됫바가지(×) '곡식 따위를 담아서 수량을 세는 데 쓰는 그릇(되)을 속되게 이르는 말'은 '됫박'이 올바른 말이다.

됫박 곡식 따위를 담아 수량을 세는 데 쓰는 그릇(되)을 속되게 이르는 말. 됫바가지(×).

두겁 길고 가느다란 물건의 끝에 씌우는 물건. 예 유성 펜의 두겁을 열었다. 두껍(×).

두꺼비과(×) '두꺼비, 물두꺼비 등 양서강 개구리목의 한 과'는 '두꺼빗과'가 올바른 말이다.

두꺼빗과-料 두꺼비, 물두꺼비 등 양서강 개구리목의 한 과. 두꺼비과(×).

두껍(×) '길고 가느다란 물건의 끝에 씌우는 물건'은 '두겁'이 올바른 말이다.

> **'두껍'이 틀린 말인데 '붓두껍'도 당연히 틀린 말이겠지?**
> 가는 물건의 끝에 끼우는 '두겁'을 '두껍'으로 표기하는 것은 잘못이지만 '붓촉에 끼워 두는 뚜껑'의 뜻으로 이미 하나의 단어로 굳어져서 사람들이 그렇게 인식하므로 '붓두껍'이라고 쓴다. '붓뚜껑'은 잘못된 말이다.

두껍다 두께나 특정 집단의 규모가 보통의 정도보다 크다. 예 두꺼운 이불./두꺼운 종이. [법원행정처 9급 '07].

두더쥐(×) '앞뒤 다리는 짧고 발바닥이 넓고 큰 삽 모양인 두더짓과의 포유류'는 '두더지'가 올바른 말이다.

두더지 앞뒤 다리는 짧고 발바닥이 넓고 큰 삽 모양인 두더짓과의 포유류. 두더쥐(×).

두동무니	윷놀이에서, 두 동이 한데 포개어져 가는 말.
두동사니	윷놀이에서, 두 동이 한데 포개어져 가는 말.
두둑이	매우 두껍게. 또는 넉넉하거나 풍부하게. 두둑히(×). [서울시 7급 '11]
두둑히(×)	'매우 두껍다. 또는 넉넉하거나 풍부하다'의 뜻으로 쓰이는 말은 '두둑이'가 올바른 말이다.
두둘두둘	물체나 피부의 겉 부분에 고르지 않게 불룩하게 솟아 나오거나 붙어 있는 모양. 예 두드러기가 피부에 두둘두둘하게 났다. 두들두들(×).
두드러기	음식이나 약의 잘못된 섭취 혹은 환경의 변화로 생기는 피부병의 하나. 두드레기(×). [지방직 7급 '11]
두드레기(×)	'음식이나 약의 잘못된 섭취 혹은 환경의 변화로 생기는 피부병의 하나'의 뜻으로 쓰이는 말은 '두드러기'가 올바른 말이다.
두들두들(×)	'물체나 피부의 겉 부분에 고르지 않게 불룩하게 솟아 나오거나 붙어 있는 모양'은 '두둘두둘'이 올바른 말이다.
두랄루민duralumin	알루미늄, 구리, 마그네슘, 망간을 섞어 만든 가벼운 합금. 듀랄루민(×).
두레논(×)	'여러 사람이 공동으로 농사를 짓는 논'은 '두렛논'이 올바른 말이다.
두레일(×)	'여러 사람이 공동으로 농사를 짓는 일'은 '두렛일'이 올바른 말이다.
두렛논	여러 사람이 공동으로 농사를 짓는 논. 두레논(×).
두렛일	여러 사람이 공동으로 농사를 짓는 일. 예 예전에 우리 조상들은 두렛일을 하며 상부상조하였다. 두레일(×). [국가직 7급 '12]. [서울시 지방직 7급 '16]
두루마기	소매, 무, 섶, 깃 따위로 구성되어 있고 옷자락은 무릎까지 길게 내려오며 주로 외출 시에 입는 우리나라 고유의 옷. 두루막이(×).
두루마리	길게 이어 돌돌 만 종이나 물건. 예 두루마리 화장지./두루마리 족보를 대대로 간직하다. 두루말이(×).
두루막이(×)	'소매, 무, 섶, 깃 따위로 구성되어 있고 옷자락은 무릎까지 내려오며 외출 시 입는 우리나라 고유의 옷'은 '두루마기'가 올바른 말이다.

두동무니
'두동사니'와 함께 복수 표준어이다.

두동사니
'두동무니'와 함께 복수 표준어이다.

두둑이
부사의 끝 음절이 '이'로만 소리 나는 경우에는 '이'로 적는다.

두드러기
'-하다'나 '-거리다'가 붙을 수 없는 어근에 '-이'나 다른 모음으로 시작되는 접미사가 붙어서 명사가 된 것은 그 원형을 밝혀 적지 아니한다.

두렛논
순우리말로 된 합성어로 앞말이 모음으로 끝난 경우, 뒷말의 첫소리 ㄴ 앞에서 'ㄴ' 소리가 덧나는 것은 사이시옷을 붙인다.

두렛일
순우리말로 된 합성어로 앞말이 모음으로 끝난 경우, 뒷말의 첫소리 모음 앞에서 'ㄴㄴ' 소리가 덧나는 것은 사이시옷을 붙인다.

두루마리
'두루-'와 '말-'이 합쳐져 이루어진 '두루말-'에 다시 접미사 '-이'가 결합하여 이루어진 말이다.

두루말이(×)	'길게 이어 돌돌 말 종이나 물건'은 '두루마리'가 올바른 말이다.
두루뭉수리	말이나 행동 따위가 분명하지 않은 사람을 놀려서 이르는 말. 예 그는 두루뭉수리라 어떻게 사회생활에 적응할지 걱정을 많이 듣는다. 두리뭉수리(×).
두루뭉술하다	¹모나거나 튀지 않고 둥그스름하다. 예 얼굴이 두루뭉술하다. ²말이나 행동 따위가 철저하거나 분명하지 아니하다. 예 말이 두루뭉술하여 알아듣기 힘들다. 비교 두리뭉실하다.
두르다	수건, 치마 따위로 둘레를 돌려 감거나 휘감다. 예 허리에 수건을 두르다. 둘치다(×).
두릅나무	줄기에 가시가 많으며 어린순은 나물로 먹을 수 있고, 나무껍질, 뿌리는 약재로 쓰이는 두릅나뭇과의 낙엽 활엽 관목. 드릅나무(×).
두리뭉수리(×)	'말이나 행동 따위가 분명하지 않은 사람을 놀려서 이르는 말'은 '두루뭉수리'가 올바른 말이다.
두리뭉실하다	¹특별히 모나거나 튀지 않고 둥그스름하다. 예 턱이 두리뭉실하다. ²말이나 태도 따위가 확실하거나 분명하지 아니하다. 예 다들 작정하고 왔으니 두리뭉실하게 넘어가지 말고 끝장을 보도록 하자. 비교 두루뭉술하다.
두리번거리다	눈을 크게 뜨고 여기저기 자꾸 살펴보다. 예 도둑이 집으로 들어와 두리번거린다. 두릿거리다(×).
두리번두리번	눈을 크게 뜨고 여기저기 자꾸 살펴보는 모양. 예 술래가 된 영순이가 부엌 안을 두리번두리번 하더니 이내 밖으로 나갔다. 두릿두릿(×).
두릿거리다(×)	'눈을 크게 뜨고 여기저기 자꾸 살펴보다'의 뜻으로 쓰이는 말은 '두리번거리다'가 올바른 말이다.
두릿두릿(×)	'눈을 크게 뜨고 여기저기 자꾸 살펴보는 모양'은 '두리번두리번'이 올바른 말이다.
두말	✔띄어쓰기 이랬다저랬다 하는 말. 이렇다 저렇다 불평하거나 덧붙이는 말. ✔오류노트 세상에서 가장 아름답다는 게 두 말할 것없이 바로 사랑이라는데 하지만 난 사랑하면 아픈데 행복은 잠시였지. → 두말 할 것 없이.

두루뭉수리
'두루뭉수리'는 '뭉수리'와 같은 뜻으로 쓰인다.

두루뭉술하다
'두루뭉술하다'는 '두리뭉실하다'와 비교하면서 익히도록 하자.

두리뭉실하다
'두리뭉실하다'는 새로 표준어로 지정된 말이다.

두리번거리다
'두리번거리다'는 '두리번대다'와 같은 뜻으로 쓰인다.

두말
'두말'은 한 단어이므로 붙여 쓴다.

두말없다

✔️ 띄어쓰기 이렇다 저렇다 불평을 하거나 덧붙이는 말이 없다. 예 어머니는 용돈을 달라고 말씀드리면 두말없이 주신다.

두메길(×) '두메에 난 길'은 '두멧길'이 올바른 말이다.

두멧길 두메에 난 길. 두메길(×).

두부국(×) '두부를 넣고 끓인 국'은 '두붓국'이 올바른 말이다.

두붓국豆腐- 두부를 넣고 끓인 국. 두부국(×).

두 살바기(×) '두 살 먹은 아이'의 뜻으로 쓰이는 말은 '두 살배기'가 올바른 말이다.

두 살배기 두 살 먹은 아이. 두 살바기(×).

두째(×) '순서로 보아 앞에서 두 번째가 되는 차례. 또는 그런 차례의'뜻으로 쓰이는 말은 '둘째'가 올바른 말이다.

> **'둘째'는 항상 맞고 '두째'는 항상 틀리는 말일까?**
> 반드시 그렇지는 않다. '첫째는 어떻고, 둘째는 어떻다'처럼 순서상 두 번째의 뜻으로 쓰일 때는 '둘째'로 표기한다. 하지만 '열두째, 스물두째, 서른두째'처럼 십 단위 이상의 서수사에 쓰일 때에는 '두째'가 맞는 표기이다.

두텁다 사람들 사이의 관계나 신의, 믿음 따위가 굳고 깊다. 예 교분이 두텁다.

> ✏️오류노트 ¹푸짐하고 <u>두터운</u> 계란말이. → 두꺼운. ²<u>두터운</u> 선수층을 보유하게 되었다. → 두꺼운.

두툼하다 매우 두껍다. 예 날이 추워 두툼한 이불을 덮고 잤다. 두틈하다(×).

두틈하다(×) '매우 두껍다'의 뜻으로 쓰이는 말은 '두툼하다'가 올바른 말이다.

둑 물의 범람을 막기 위하여 설치하는, 흙이나 콘크리트 따위로 만든 구축물. 뚝(×).

둔계屯溪(×) '중국 안후이성安徽省 동남쪽 경계에 있는 도시'는 '툰시'가 올바른 말이다.

둔황敦煌 불교 유적지로 유명한 중국 간쑤성甘肅省 북서부에 있는 도시. 돈황(×).

둔황석굴敦煌石窟 중국 둔황 남동쪽에 있는 석굴 사원. 돈황석굴(×).

두말없다
'두말없다'는 한 단어이므로 붙여 쓴다.

두붓국豆腐-
한자어와 순우리말로 된 합성어로 앞말이 모음으로 끝나고, 뒷말의 첫소리가 된소리로 나므로 사이시옷을 붙인다.

두 살배기
'배기'는 '그 나이를 먹은 아이', '그것이 들어 있거나 차 있음' 등의 뜻이 있다. '배기'가 들어가는 말의 예. 네 살배기./알배기./진짜배기.

두째
서수사가 아닌 다음 경우에는 '둘째'로 쓴다.
* 열두 개째의 뜻은 '열둘째'로 쓴다.
* 스물두 개째의 뜻은 '스물둘째'로 쓴다.

두툼하다
'두툼하다'는 '두텁다'가 아닌 '두껍다'와 뜻이 가까운 말임에 유의하자.

둑
예사소리로 낼 것을 이유 없이 된소리로 내지 않도록 주의하자.

둘러리(×)	'결혼식에서 신랑·신부 옆에 서서 입장을 도와주는 사람. 또는 주된 인물 주변에서 그를 돕는 인물을 얕잡아 이르는 말'은 '들러리'가 올바른 말이다.

'둘러리'는 잘못된 말 원순 모음으로 변하는 환경이 아닌데 원순 모음으로 발음하는 것은 표준 발음이 아니다.

둘러메다 ✔띄어쓰기 물건을 들어서 어깨에 메다. 예 가방을 둘러메고 집을 나섰다. 둘쳐메다(×).

둘러메다
'둘러메다'는 한 단어이므로 붙여 쓴다.

둘러싸다 주위를 빙 둘러서 감싸다. 둥글게 에워싸다. 어떤 것을 행동이나 관심의 중심으로 삼다. 예 김장독을 헌 포대기로 둘러싸다./학교의 무상급식 실시 문제를 둘러싸고 각계각층의 의견이 분분하다.

　✎오류노트 손흥민 선수가 인천 공항에 들어서자 수많은 축구 팬들이 그의 주위를 빙 <u>둘러쌓았다</u>. → 둘러쌌다.

둘러싸이다 ✔띄어쓰기 주위가 빙 둘러서 감싸지다. 둥글게 에워싸이다. 예 삼면이 바다로 둘러싸인 우리나라. 둘러쌓이다(×).

둘러싸이다
'둘러싸이다'는 한 단어이므로 붙여 쓴다.

둘러쌓다 ✔띄어쓰기 둘레를 빙 둘러서 쌓다. 예 돌을 둘러쌓아 담을 만들었다. 비교 둘러싸다.

둘러쌓다
'둘러쌓다'는 한 단어이므로 붙여 쓴다.

'둘러싸다'와 '둘러쌓다'는 어떤 뜻의 차이가 있을까?
'둘러싸다'는 보자기로 감싸듯, 병풍을 치듯이 둘러서 에워싸는 것을 말한다. '둘러쌓다'는 물건을 겹겹이 포개 주위가 높아지게 하는 것을 뜻한다. 즉 '둘러싸다'는 옆으로 감싸는 모습, '둘러쌓다'는 아래에서 위로 쌓는 모습을 떠올리자.

둘러쌓이다(×) '주위가 빙 둘러서 감싸지다. 둥글게 에워싸이다'의 뜻으로 쓰이는 말은 '둘러싸이다'가 올바른 말이다.

둘러업다 ✔띄어쓰기 번쩍 들어서 업다. 예 벼 가마니를 둘러업고 논둑으로 갔다. 둘쳐업다(×).

둘러업다
'둘러업다'는 한 단어이므로 붙여 쓴다.

둘째 순서로 보아 앞에서 두 번째가 되는 차례. 또는 그런 차례의. 두째(×).

둘쳐메다(×) '물건을 들어서 어깨에 메다'의 뜻으로 쓰이는 말은 '둘러메다'가 올바른 말이다.

둘쳐업다(×) '번쩍 들어서 업다'의 뜻으로 쓰이는 말은 '둘러업다'가 올바른 말이다.

둘치다(×) '수건, 치마 따위로 둘레를 돌려 감거나 휘감다'의 뜻으로 쓰이는 말은 '두르다'가 올바른 말이다.

| 둥그래지다(×) | '둥그렇게 되다'의 뜻으로 쓰이는 말은 '둥그레지다'가 올바른 말이다. |

둥그렇다 또렷하게 둥글다. 예 캠프파이어를 하기 위해 친구들은 둥그런 모양으로 둘러섰다.

> **오류노트** 내가 학교를 그만둔다는 말에, 영미는 놀라서 둥그래진 눈으로 잠시 나를 뚫어지게 쳐다보았다. → 둥그레진.

둥그러다 둥그렇다 '둥그-'의 '둥-'은 음성 모음 'ㅜ'가 있으므로 뒤에 음성 모음인 'ㅓ'와 어울린다. 따라서 '둥그렇다', '둥그런', '둥그레'와 같이 활용한다.

둥그레지다 둥그렇게 되다. 예 정수는 동생이 넘어져 다쳤다는 소식을 듣고 두 눈이 둥그레졌다. 둥그래지다(×).

둥근파(×) '땅속 비늘줄기는 둥글넓적한 모양이며, 매운 맛과 독특한 향기가 있어 음식의 재료로 널리 쓰는 백합과의 두해살이풀'은 '양파'가 올바른 말이다.

둥긋이 둥근 듯하게. 둥긋히(×).

둥긋히(×) '둥근 듯하게'의 뜻으로 쓰이는 말은 '둥긋이'가 올바른 말이다.

둥긋이 부사의 끝음절이 분명히 '이'로만 소리 나므로 '이'로 표기한다.

둥베이 지방東北地方 중국 헤이룽장성黑龍江省, 지린성吉林省, 랴오닝성遼寧省의 세 성으로 이루어지는 북동부 지역. 동북 지방(×).

-둥이 '그러한 성질이 있거나 그와 긴밀한 관련이 있는 사람'의 뜻을 나타내는 말. 예 귀염둥이/ 바람둥이. -동이(×).

-둥이 '막둥이', '쌍둥이'처럼 '-둥이'를 표준어로 삼았다.

뒤간(×) '대소변을 보게 만들어 놓은 장소'의 뜻으로 쓰이는 말은 '뒷간'이 올바른 말이다.

뒤꼍 집 뒤에 있는 뜰이나 마당. 예 뒤꼍에 장독대가 놓여 있다. 뒤안·뒷겻·뒷곁(×). [국어능력인증 '07]

뒤꽁무니 사물의 맨 뒤나 맨 끝. 예 여자의 뒤꽁무니를 따라다니다. 뒷꽁무니(×). [국가직 9급 '08]

뒤꽁무니 '뒤'+'꽁무니'로 이루어진 합성어로서, 뒷말 '꽁'의 첫소리가 된소리이므로 사이시옷을 붙이지 않는다.

뒤꽂이 연봉, 귀이개 등 쪽 찐 머리 뒤에 덧꽂는 비녀 이외의 물건. 뒷꽂이(×).

뒤꿈치 발뒤꿈치의 준말. 뒷꿈치(×). 예 뒤꿈치에 상처가 났다. [국어능력인증 '07]. [국회 8급 '13]

뒤꿈치 '뒤꿈치'가 사이시옷을 붙이지 않는 것처럼 '발뒤꿈치' 역시 사이시옷을 붙이지 않는다.

뒤끝 일의 맨 나중이나 끝. 어떤 일이 있은 바로 뒤. 좋지 않은 감정이 있은 다음에도 여전히 남아 있는 감정. 예 비 온 뒤끝이라 하늘이 파란 물감을 뿌려 놓은 것처럼 깨끗하고 맑다./ 자고로 사람은 뒤끝이 깨끗해야 한다고 했다. 뒷끝(×).

뒤덮이다	빈 곳이 없을 정도로 온통 덮이다. 예 가을 산은 단풍이 들어 온통 붉은빛으로 뒤덮였다. 뒤덮히다(×).	**뒤덮이다** 기본형은 '뒤덮다'이며 피동 접미사 '-이-'가 붙어 '뒤덮이다'로 표기한다.
뒤덮히다(×)	'빈 곳이 없을 정도로 온통 덮이다'의 뜻으로 쓰이는 말은 '뒤덮이다'가 올바른 말이다.	
뒤따르다	사람의 뒤를 따르다. 어떤 일의 결과로 생기다. 뒷따르다(×).	
뒤딱지	시계 따위의 뒤에 붙은 뚜껑. 뒷딱지(×).	
뒤땅	윷놀이에서, 상대의 말이 모두 앞섰을 때 뒤에 있는 말밭들. 뒷땅(×).	
뒤뜨락(×)	'집채의 뒤에 있는 뜰'의 뜻으로 쓰이는 말은 '뒤뜰'이 올바른 말이다.	
뒤뜰	집채의 뒤에 있는 뜰. 뒤뜨락(×). [KBS한국어 '07]. [국어능력인증 '07]. [국가직 7급 '15]	**뒤뜰** 사이시옷을 넣어서 '뒷뜰'처럼 잘못 표기하는 경우가 있는데 뒷말의 첫소리가 된소리이므로 사이시옷을 붙일 수 없다.
뒤룩거리다	군살이 처지도록 살이 몹시 쪄서 둔하게 움직이다. 예 살이 쪄서 뒤룩거리는 돼지. 디룩거리다(×).	
뒤룩뒤룩	군살이 처지도록 살이 몹시 쪄서 뚱뚱한 모양. 디룩디룩(×).	
뒤머리(×)	'뒤통수. 머리의 뒤쪽에 난 머리털'은 '뒷머리'가 올바른 말이다.	**'뒤머리'로 표기할 수 없는 이유** 순우리말로 된 합성어로서 앞말이 모음으로 끝난 경우, 뒷말의 첫소리 'ㅁ' 앞에서 'ㄴ' 소리가 덧나므로 사이시옷을 붙여 '뒷머리'처럼 표기해야 한다.
뒤면(×)	'물체의 뒤쪽 면'은 '뒷면'이 올바른 말이다.	
뒤물(×)	'국부나 항문을 씻는 물. 또는 씻는 일'은 '뒷물'이 올바른 말이다.	
뒤발질(×)	'뒷발로 차는 짓'은 '뒷발질'이 올바른 말이다.	
뒤뿌리	척수 신경의 경부^{莖部}에서 둘로 갈라진 것의 뒤쪽 것. 뒷뿌리(×).	**뒤뿌리** '뒤'+'뿌리'로 이루어진 합성어로서, 뒷말 '뿌'의 첫소리가 된소리이므로 사이시옷을 붙이지 않는다.
뒤설거지(×)	'큰일이 끝난 후 하는 설거지나 뒤처리'는 '뒷설거지'가 올바른 말이다.	
뒤소리(×)	'일이 다 끝나고 뒤에서 하는 불평 따위. 앞에 나서지 않고 뒤에서 하는 쑥덕공론'은 '뒷소리'가 올바른 말이다.	
뒤손질(×)	'일차적으로 일을 마치고 나서 다시 손을 대어 마무리하는 일'의 뜻으로 쓰이는 말은 '뒷손질'이 올바른 말이다.	
뒤수발(×)	'나서지 않고 뒤에서 표 나지 않게 도움'은 '뒷수발'이 올바른 말이다.	

뒤수습(×)	'일을 끝내고 뒤끝을 거두어 마무리하는 일'은 '뒷수습'이 올바른 말이다.
뒤안, 뒷곁(×)	'집 뒤에 있는 뜰이나 마당'은 '뒤꼍'이 올바른 말이다.
뒤어금니	앞어금니 안쪽에 있는 이. 뒷어금니(×).
뒤옺(×)	'윷판의 처음부터 둘레를 따라 아홉째 자리인 뒷밭과 뒷걸 사이'는 '뒷윷'이 올바른 말이다.
뒤일(×)	'뒤에 일어나는 일'의 뜻으로 쓰이는 말은 '뒷일'이 올바른 말이다.
뒤재비(×)	'멱살이나 머리를 움켜잡고 싸우는 짓'은 '드잡이'가 올바른 말이다.
뒤주	쌀 같은 곡식을 담아 두는 세간. 쌀궤(×).
뒤짐(×)	'두 손을 허리 뒤로 하여 마주 잡는 일'은 '뒷짐'이 올바른 말이다.
뒤쪽	향하고 있는 방향과 반대되는 쪽. 뒷쪽(×).
뒤차[車]	뒤에 오는 차. 뒷차(×).
뒤차기	태권도 발 기술의 한 가지. 뒤에 있는 상대편을 발끝이나 뒤꿈치로 차서 공격하는 기술. 뒷차기(×).
뒤차축	뒤에 있는 차축. 뒷차축(×).
뒤창[窓]	신이나 구두의 뒷바닥에 대는 창. 뒷창(×).
뒤채	한 울타리 안의 뒤에 있는 집채. 예 뒤채에 농기구를 보관하고 있다. 뒷채(×).
뒤처리[處理]	일이 일어난 뒤 뒤끝을 처리하는 일. 예 영수는 동네의 큰일이 있을 때마다 뒤처리를 도맡아 한다. 뒷처리(×).
뒤처지다	어떤 수준에 속하지 못하고 뒤로 처지게 되다. 예 남보다 뒤처지지 않기 위해 열심히 노력한다. 뒤쳐지다(×). [지방직 9급 '16]
뒤쳐지다(×)	'어떤 수준에 속하지 못하고 뒤로 처지게 되다'의 뜻으로 쓰이는 말은 '뒤처지다'가 올바른 말이다.
뒤축	신이나 버선 따위의 발뒤꿈치가 닿는 부분. 뒷축(×). [국어능력인증 '07]
뒤춤	허리 뒤의 바지춤. 예 준현이는 뒤춤에서 고구마를 꺼내 나에게 주었다. 뒷춤(×).

'뒤안'은 비표준어
'뒤꼍'의 뜻으로 '뒤안'이라고 쓰면 잘못된 말이지만 '늘어선 집들의 뒤쪽으로 나 있는 길'의 뜻으로 쓰이는 '뒤안길'은 표준어이므로 주의하자.

뒤어금니
'뒤'+'어금니'로 이루어진 합성어이지만 사이시옷을 붙이는 조건에 해당되지 않는다.

뒤차[車]
'뒤'+'차'로 이루어진 합성어로서, 뒷말 '차'의 첫소리가 거센소리이므로 사이시옷을 붙이지 않는다.

뒤창[窓]
'뒤'+'창'으로 이루어진 합성어로서, 뒷말 '창'의 첫소리가 거센소리이므로 사이시옷을 붙이지 않는다.

'뒤쳐지다'가 맞는 표기인 경우
'물건이 뒤집혀서 젖혀지다'의 뜻으로는 '뒤쳐지다'가 올바른 말이다.

뒤춤
'뒤'+'춤'으로 이루어진 합성어로서, 뒷말 '춤'의 첫소리가 거센소리이므로 사이시옷을 붙이지 않는다.

뒤치다꺼리	일을 마친 후 뒷일을 말끔히 정리함. 예 우리 집의 뒤치다꺼리는 항상 큰언니 차지다. 뒤치닥거리(×). [한국어교육검정 '10]
뒤치닥거리(×)	'일을 마친 후 뒷일을 말끔하게 정리하는 일'은 '뒤치다꺼리'가 올바른 말이다.
뒤치락	엎어진 것이나 자빠진 것을 젖히거나 엎어 놓는 모양. 뒷치락(×).
뒤치락거리다	엎어진 것이나 자빠진 것을 자꾸 젖히거나 엎어 놓다. 뒷치락거리다(×).
뒤탈	어떤 일의 뒤에 생기는 걱정거리. 예 잔칫날 음식을 많이 먹고 뒤탈이 났다. 뒷탈(×).
뒤턱	턱이 두 개인 물건의 뒤쪽에 있는 턱. 뒷턱(×).
뒤틀림	물건이 꼬이거나 틀어짐. 뒷틀림(×).
뒤판板	물건의 뒤쪽이나 뒷면의 판. 뒷판(×).
뒤편便	뒤로 있는 쪽. 뒷편(×). [국가 9급 '10]
뒤폭幅	옷의 뒤편 조각. 뒷폭(×).
뒤표지表紙	책의 뒷면 표지. 뒷표지(×).
뒤풀이	모임 따위를 끝낸 후에 이어서 서로 모여 즐기는 일. 예 회사 창립 기념식을 마치고 나서 간단하게 뒤풀이를 했다. 뒷풀이(×). [KBS한국어 '07]. [한국어교육검정 '09]. [서울시 9급 '17]
뒷간間	대소변을 보게 만들어 놓은 장소. 뒤간(×).
뒷갈망	일이 벌어진 뒤에 그 뒤끝을 처리하는 일. 예 일을 벌여 놓고 뒷갈망도 못하니 안타깝구나. 뒷갈무리(×).
뒷갈무리(×)	'일이 일어난 후 그 뒤끝을 처리하는 일'은 '뒷갈망'이 올바른 말이다.
뒷겻(×)	'집 뒤에 있는 뜰이나 마당'은 '뒤꼍'이 올바른 말이다.
뒷꽁무니(×)	'사물의 맨 뒤나 맨 끝'은 '뒤꽁무니'가 올바른 말이다.
뒷꽂이(×)	'연봉, 귀이개 등 쪽 찐 머리 뒤에 덧꽂는 비녀 이외의 물건'의 뜻으로 쓰이는 말은 '뒤꽂이'가 올바른 말이다.
뒷꿈치(×)	'발뒤꿈치의 준말'은 '뒤꿈치'가 올바른 말이다.

뒤치다꺼리
비슷한 발음의 몇 형태가 쓰일 경우, 그 의미에 차이가 없고 그중 하나가 널리 쓰이면, 그 한 형태만을 표준어로 삼는다는 규정에 따라 '뒤치닥거리'를 버리고, '뒤치다꺼리'를 표준어로 삼는다.

뒤탈
'뒤'+'탈'로 이루어진 합성어로서, 뒷말 '탈'의 첫소리가 거센소리이므로 사이시옷을 붙이지 않는다.

뒤표지表紙
'뒤'+'표지'로 이루어진 합성어로서, 뒷말 '표지'의 첫소리가 거센소리이므로 사이시옷을 붙이지 않는다.

뒷갈망
순우리말로 된 합성어로 앞말이 모음으로 끝난 경우, 뒷말의 첫소리가 된소리로 나는 것은 사이시옷을 붙인다.

'뒷꽁무늬'로 표기할 수 없는 이유
합성어에서 뒷말의 첫소리가 된소리나 거센소리일 때에는 사이시옷을 붙이지 않는다. '꽁'의 첫소리가 된소리이므로 사이시옷이 들어가면 안 된다.

뒷끝(×) '일의 맨 나중이나 끝. 어떤 일이 있은 바로 뒤. 좋지 않은 감정이 있은 다음에도 여전히 남아 있는 감정'은 '뒤끝'이 올바른 말이다.

뒷대야(×) '국부나 항문을 씻을 때 쓰는 대야'는 '뒷물대야'가 올바른 말이다.

뒷따르다(×) '사람의 뒤를 따르다. 어떤 일의 결과로 생기다'의 뜻으로 쓰이는 말은 '뒤따르다'가 올바른 말이다.

뒷딱지(×) '시계 따위의 뒤에 붙은 뚜껑'은 '뒤딱지'가 올바른 말이다.

뒷땅(×) '윷놀이에서, 상대의 말이 모두 앞섰을 때 뒤에 있는 말밭들'은 '뒤땅'이 올바른 말이다.

뒷말 일이 끝난 뒤에 뒷공론으로 하는 말.

뒷머리 뒤통수. 머리의 뒤쪽에 난 머리털. 뒤머리(×).

뒷면 물체의 뒤쪽 면. 뒤면(×). [공사·공단 언어 능력]

뒷물 국부나 항문을 씻는 물. 또는 씻는 일. 뒤물(×).

뒷물대야 국부나 항문을 씻을 때 쓰는 대야. 뒷대야(×).

뒷발질 뒷발로 차는 짓. 뒤발질(×).

뒷부분 ✔️띄어쓰기 물체의 뒤쪽에 있는 부분.

뒷뿌리(×) '척수 신경의 경부^{莖部}에서 둘로 갈라진 것의 뒤쪽 것'은 '뒤뿌리'가 올바른 말이다.

뒷설거지 큰일이 끝난 후 하는 설거지나 뒤처리. [예] 손님 접대를 마치고 뒷설거지를 하느라 바쁘다. 뒤설거지·뒷설겆이(×).

뒷소리 일이 다 끝나고 뒤에서 하는 불평 따위. 앞에 나서지 않고 뒤에서 하는 쑥덕공론. 뒤소리(×).

뒷손질 일차적으로 일을 마치고 나서 다시 손을 대어 마무리하는 일. [예] 뒷손질을 줄이기 위해서 취나물을 채취하면서 깨끗하게 다듬었다. 뒤손질(×).

뒷수발 나서지 않고 뒤에서 표 나지 않게 도움. 뒤수발(×).

뒷수습^{-收拾} 일을 끝내고 뒤끝을 거두어 마무리하는 일. [예] 알찬 사람은 일을 벌인 후에 뒷수습을 잘한다. 뒤수습(×).

뒷어금니(×) '앞어금니 안쪽에 있는 이'는 '뒤어금니'가 올바른 말이다.

'뒷끝'으로 표기할 수 없는 이유
합성어에서 뒷말의 첫소리가 된소리나 거센소리일 때에는 사이시옷을 붙이지 않는다. '끝'의 첫소리가 된소리이므로 사이시옷이 들어가면 안 된다.

뒷말
'뒷소리'와 함께 복수 표준어이다.

뒷발질
순우리말로 된 합성어로서 앞말이 모음으로 끝난 경우, 뒷말의 첫소리가 된소리로 나는 것은 사이시옷을 붙인다.

뒷부분
한 단어이므로 붙여 쓴다.

뒷설거지
'설거지'를 '설겆이'로 혼동하여 쓰는 것처럼 '뒷설거지'를 '뒷설겆이'로 잘못 쓰는 경우가 있으므로 주의해야 한다.

뒷소리
'뒷말'과 함께 복수 표준어이다.

뒷수습^{-收拾}
순우리말과 한자어로 된 합성어로서 앞말이 모음으로 끝난 경우, 뒷말의 첫소리가 된소리로 나는 것은 사이시옷을 붙인다.

뒷윷	윷판의 처음부터 둘레를 따라 아홉째 자리인 뒷밭과 뒷걸 사이. 뒤윷(×). [서울시 지방직 7급 '16]
뒷일	뒤에 일어나는 일. 예 뒷일은 내가 책임질 터이니 너는 맡은 일이나 열심히 해라. 뒤일(×). [국회 8급 '12]
뒷짐	두 손을 허리 뒤로 돌려 마주 잡는 일. 뒤짐(×).
뒷쪽(×)	'향하고 있는 방향과 반대되는 쪽'은 '뒤쪽'이 올바른 말이다.
뒷차(×)	'뒤에 오는 차'의 뜻으로 쓰이는 말은 '뒤차'가 올바른 말이다.
뒷차기(×)	'태권도 발 기술의 한 가지. 뒤에 있는 상대편을 발끝이나 뒤꿈치로 차서 공격하는 기술'은 '뒤차기'가 올바른 말이다.
뒷차축(×)	'뒤에 있는 차축'은 '뒤차축'이 올바른 말이다.
뒷창(×)	'신이나 구두의 뒷바닥에 대는 창'은 '뒤창'이 올바른 말이다.
뒷채(×)	'한 울타리 안의 뒤에 있는 집채'는 '뒤채'가 올바른 말이다.
뒷처리(×)	'일이 일어난 뒤 뒤끝을 처리하는 일'은 '뒤처리'가 올바른 말이다. [군무원 9급 '22]
뒷축(×)	'신이나 버선 따위의 발뒤꿈치가 닿는 부분'은 '뒤축'이 올바른 말이다.
뒷춤(×)	'허리 뒤의 바지춤'의 뜻으로 쓰이는 말은 '뒤춤'이 올바른 말이다.
뒷치락(×)	'엎어진 것이나 자빠진 것을 젖히거나 엎어 놓는 모양'은 '뒤치락'이 올바른 말이다.
뒷치락거리다(×)	'엎어진 것이나 자빠진 것을 자꾸 젖히거나 엎어 놓다'의 뜻으로 쓰이는 말은 '뒤치락거리다'가 올바른 말이다.
뒷탈(×)	'어떤 일의 뒤에 생기는 걱정거리'는 '뒤탈'이 올바른 말이다.
뒷턱(×)	'턱이 두 개인 물건의 뒤쪽에 있는 턱'은 '뒤턱'이 올바른 말이다.
뒷틀림(×)	'물건이 꼬이거나 틀어짐'은 '뒤틀림'이 올바른 말이다.
뒷판(×)	'물건의 뒤쪽이나 뒷면의 판'은 '뒤판'이 올바른 말이다.

뒷윷
순우리말로 된 합성어로서 앞말이 모음으로 끝난 경우, 뒷말의 첫소리 모음 앞에서 'ㄴㄴ' 소리가 덧나는 것은 사이시옷을 붙인다.

뒷일
순우리말로 된 합성어로서 앞말이 모음으로 끝난 경우, 뒷말의 첫소리 모음 앞에서 'ㄴㄴ' 소리가 덧나는 것은 사이시옷을 붙인다.

'뒷창'으로 쓸 수 없는 이유
'뒤'+'창'으로 이루어진 합성어로서, 뒷말 '창'의 첫소리가 거센소리이므로 사이시옷을 붙이지 않는다.

'뒷춤'으로 쓸 수 없는 이유
'뒤'+'춤'으로 이루어진 합성어로서, 뒷말 '춤'의 첫소리가 거센소리이므로 사이시옷을 붙이지 않는다.

'뒷턱'으로 쓸 수 없는 이유
'뒤'+'턱'으로 이루어진 합성어로서, 뒷말 '턱'의 첫소리가 거센소리이므로 사이시옷을 붙이지 않는다.

뒷편(×) '뒤로 있는 쪽'의 뜻으로 쓰이는 말은 '뒤편'이 올바른 말이다.

> **'뒷탈, 뒷편'으로 표기할 수 없는 이유**
>
> 합성어에서 사이시옷을 붙일 수 있는 조건이 있고, 붙일 수 없는 조건이 있다. 뒷말의 첫소리가 된소리나 거센소리일 때에는 사이시옷을 붙이지 않는다. '탈'의 'ㅌ'과 '편'의 'ㅍ'이 거센소리이므로 사이시옷을 붙일 수 없다. '뒤탈', '뒤편'처럼 사이시옷을 붙이지 않고 써야 올바른 말이 된다.

뒷폭(×) '옷의 뒤편 조각'의 뜻으로 쓰이는 말은 '뒤폭'이 올바른 말이다.

뒷표지(×) '책의 뒷면 표지'의 뜻으로 쓰이는 말은 '뒤표지'가 올바른 말이다.

뒷풀이(×) '모임 따위를 끝낸 후에 이어서 서로 모여 즐기는 일'은 '뒤풀이'가 올바른 말이다.

뒹굴다 누워서 여기저기 구르다. 예 잔디밭에 누워서 뒹굴며 놀았다. / 주말에는 하루 종일 방 안에서 뒹굴며 지내는 것이 보통이다. 딩굴다(×).

듀랄루민(×) '알루미늄, 구리, 마그네슘, 망간을 섞어 만든 가벼운 합금'의 뜻으로 쓰이는 말은 '두랄루민'이 올바른 말이다.

드라이크리닝(×) '물 대신 벤젠 따위로 때를 빼는 세탁 방법'은 '드라이클리닝'이 올바른 말이다.

드라이클리닝^{dry cleaning} 물 대신 벤젠 따위로 때를 빼는 세탁 방법. 드라이크리닝(×). [공사·공단 언어 능력]. [기상 9급 '13]

드러나다 안 보이게 되던 것이 보이다. 알려지지 않은 것이 알려지게 되다. 예 선행은 말 안 해도 드러나게 마련이다. / 오랫동안 저질렀던 비리가 수면 위로 드러났다. 들어나다(×). [국민연금 '13]

드릅나무(×) '줄기에 가시가 많으며 어린순은 나물로 먹을 수 있고, 나무껍질, 뿌리는 약재로 쓰이는 두릅나뭇과의 낙엽 활엽 관목'의 뜻으로 쓰이는 말은 '두릅나무'가 올바른 말이다.

드리(×) '그만큼 담을 수 있는 용량'의 뜻으로 쓰이는 말은 '들이'가 올바른 말이다.

'뒷풀이'로 쓸 수 없는 이유
'뒤'+'풀이'로 이루어진 합성어로서, 뒷말 '풀이'의 첫소리가 거센소리이므로 사이시옷을 붙이지 않는다.

드러나다
두 개의 용언이 어울려 한 개의 용언이 될 적에, 앞말의 본뜻이 유지되고 있는 것은 그 원형을 밝히어 적고, 그 본뜻에서 멀어진 것은 밝히어 적지 아니한다.

들이
'들이닥치다, 들이퍼붓다'와 같이 '몹시', '마구', '갑자기'의 뜻을 더하는 접두사 '들이-'와, '리터들이'와 같이 '그만큼 담을 수 있는 용량'의 뜻을 더하는 접미사도 함께 알아두자.

드리다

✔띄어쓰기 ¹정성을 바치다. 인사 따위를 여쭙다. 예 말씀드리다./인사드리다/기도드리다/부탁드리다/감사드리다. ²'주다'의 높임말. 예 선물 드리다.

'드리다'를 띄어 쓰기도 하고 붙여 쓰기도 할까?
'말씀드리다'처럼 '공손한 행위를 하다'의 뜻으로 동사를 만드는 말로 쓰일 때는 앞말과 붙여 쓴다. 예 인사드리다. ²번처럼 물건을 주는 행위 즉 '선물 드리다'와 같이 '남에게 무엇을 주다'의 뜻으로 쓰일 때는 앞말과 띄어 쓴다.

드물다

¹흔하지 않다. ²시간의 간격이 잦지 않다. ³공간의 사이가 뜨다.

❗오류노트 요즘 같은 주식의 폭락장에서 이렇게 강하게 위로 움직인 종목도 아주 드물은 경우입니다. → 드문.

드물다
'드물다'의 어간에 '-ㄴ'이 결합하면 'ㄹ'이 탈락하여 '드문'과 같이 된다.

드잡이

멱살이나 머리를 움켜잡고 싸우는 짓. 예 이권 문제를 놓고 의견이 충돌하여 드잡이하였다. 뒤재비(×).

득시글거리다

곤충, 동물 따위가 집단으로 모여 자꾸 어수선하게 들끓다. 예 지저분한 하수구에는 구더기 떼가 득시글거린다. 덕시글거리다(×).

득시글거리다
'득시글거리다'는 '득시글대다'와 동의어로 쓰인다.

-든가

'든지'의 뜻으로 쓰이는 말.

❗오류노트 어디던가 네가 가는 곳이라면 이 세상 끝까지 따라가겠어. → 어디든가(어디든지).

-든가
'과거의 사실에 대한 물음을 나타내는 말'인 '-던가'와 잘 구별하여 쓰자.

-든걸(×)

'경험하여 알게 된 사실이, 상대가 이미 알고 있던 사실과 다르거나 기대와 다를 때 쓰는 말'은 '-던걸'이 올바른 말이다.

-든고(×)

'과거 사실에 대해 자기 스스로 또는 상대에게 묻는 말'은 '-던고'가 올바른 말이다.

든든이(×)

'굳세게 되게. 충분히 먹어서 허전하지 않게, 알차고 튼실하게, 뜻이나 생각이 야무지게'의 뜻으로 쓰이는 말은 '든든히'가 올바른 말이다.

든든히

굳세게 되게. 충분히 먹어서 허전하지 않게, 알차고 튼실하게, 뜻이나 생각이 야무지게. 예 야근을 하려면 저녁을 든든히 먹어라. 든든이(×).

-든들(×)

'지난 일과 반대되는 일이었으면 보다 나았을 것이란 의미로 하는 말'은 '던들'이 올바른 말이다.

든지	[1]어느 것이 선택되어도 차이가 없는 둘 이상의 일을 나열함을 나타내는 말. 든가. [예] 복숭아든지 참외든지 마음대로 먹어라. [2]열거된 것들 중에서 어느 것이든 선택될 수 있음을 나타내는 말. [예] 가든지 말든지 알아서 해라. [국가직 7급 '07]. [공사·공단 언어 능력]. [서울 9급 '13]. [경찰직 3차 필기 '15]. [서울시 지방직 7급 '16]. [법원직 9급 '22]

든지
어느 것이 선택되어도 차이가 없는 경우에 쓰는 말은 '든지'이다.

> **오류노트** 지금 배가 고파 견딜 수 없는데 밥이<u>던지</u> 떡이던지 가릴 처지냐. → 든지.

들	두 개 이상의 사물을 나열할 때, 그 열거한 사물 모두를 가리키거나, 그 밖에 같은 종류의 사물이 더 있음을 나타내는 말. [예] 가전제품에는 TV, 냉장고, 에어컨 들이 있다. [사회복지직 9급 '17]

들
나열할 때의 여러 사물을 가리키는 '들'은 의존 명사로 띄어 쓰지만, '사람들', '짐승들'처럼 복수의 뜻을 나타내는 '-들'은 접미사로 붙여 쓴다.

들것	환자나 물건을 운반하는 데 쓰는 기구의 하나. [예] 상대편 선수와 부딪쳐서 부상을 입고 들것에 실려 나가다. 들채(×).
들기름	들깨로 짠 기름. 들깨기름(×).
들깨기름(×)	'들깨로 짠 기름'은 '들기름'이 올바른 말이다.
들깨묵(×)	'들기름을 짜고 남은 찌끼'의 뜻으로 쓰이는 말은 '들깻묵'이 올바른 말이다.
들깻묵	들기름을 짜고 남은 찌끼. 들깨묵(×).
들녁(×)	'들이 있는 지역'의 뜻으로 쓰이는 말은 '들녘'이 올바른 말이다.
들녘	들이 있는 지역. 들녁(×).
들락거리다	자꾸 들어왔다 나갔다 하다. 들랑거리다.
들락날락	자꾸 들어갔다 나갔다 하는 모양. [예] 자습 시간에 공부에 열중하지 못하고 자꾸 들락날락하고 있다. 날락들락(×).
들랑거리다	자꾸 들어왔다 나갔다 하다. 들락거리다.
들랑날랑	자꾸 들어갔다 나갔다 하는 모양. [예] 채은이는 지난 달보다 나빠진 시험 성적표를 받고 들랑날랑한다.
들러리	결혼식에서 신랑·신부 옆에 서서 입장을 도와주는 사람. 또는 주된 인물 주변에서 그를 돕는 인물을 얕잡아 이르는 말. [예] 호주에서는 신부 들러리로 캥거루를 활용한다. 둘러리(×).

들깻묵
순우리말로 된 합성어로서 앞말이 모음으로 끝난 경우, 뒷말의 첫소리 'ㅁ' 앞에서 'ㄴ' 소리가 덧나는 것은 사이시옷을 붙인다.

들락거리다
'들랑거리다'와 함께 복수 표준어이다.

들락날락
'들랑날랑'과 함께 복수 표준어이다.

들랑거리다
'들락거리다'와 함께 복수 표준어이다.

들랑날랑
'들락날락'과 함께 복수 표준어이다.

들르다	지나가는 도중에 잠깐 들어가 머무르다. 들리다(×).

> **✔오류노트** 학교 가는 길에 문방구에 <u>들려</u> 연필을 샀다. → 들러. [경찰대 '07]. [해사 '07]. [국가직 9급 '08]. [공사·공단 언어능력]. [경북교육 9급 '10]. [국민연금 '13]. [지방직 9급 '16]

들리다(×) · '지나가는 도중에 잠깐 들어가 머무르다'의 뜻으로 쓰이는 말은 '들르다'가 올바른 말이다.

들어가다 · ✔띄어쓰기 밖에서 안으로 향하여 가다.

들어나다(×) · '안 보이게 되던 것이 보이다. 알려지지 않은 것이 알려지게 되다'의 뜻으로 쓰이는 말은 '드러나다'가 올바른 말이다.

들어닥치다(×) · '갑자기 어느 곳에 다다르다'의 뜻으로 쓰이는 말은 '들이닥치다'가 올바른 말이다.

들여마시다(×) · '공기 따위를 몸 안으로 빨아들이다. 마구 마시다'의 뜻으로 쓰이는 말은 '들이마시다'가 올바른 말이다.

들여쉬다(×) · '숨 따위를 들이켜 쉬다'의 뜻으로 쓰이는 말은 '들이쉬다'가 올바른 말이다.

-들이 · ✔띄어쓰기 그만큼 담을 수 있는 용량. 예 한 말들이. 드리(×).

들이닥치다 · ✔띄어쓰기 갑자기 어느 곳에 다다르다. 들어닥치다(×).

들이마시다 · ✔띄어쓰기 공기 따위를 몸 안으로 빨아들이다. 마구 마시다. 들여마시다(×).

들이쉬다 · ✔띄어쓰기 숨 따위를 들이켜 쉬다. 들여쉬다(×).

들이켜다 · 물 따위를 마구 마시다. 예 세 시간 동안 등산을 하였더니 갈증이 나서 물을 세 컵이나 들이켰다. 들이키다(×).

들이키다(×) · '물 따위를 마구 마시다'의 뜻으로 쓰이는 말은 '들이켜다'가 올바른 말이다.

> **'들이키다'는 잘못된 말인데 올바른 말이 될 때도 있을까?**
> '물을 마시다'의 뜻으로 쓰일 때는 '들이켜다'가 맞고 '들이키다'가 잘못된 말이지만, '짐을 안으로 옮기다'의 뜻으로 쓰일 때는 '들이키다'가 올바른 말이다.

들짐승 · ✔띄어쓰기 들에 사는 짐승.

들채(×) · '환자나 물건을 운반하는 데 쓰는 기구의 하나'의 뜻으로 쓰이는 말은 '들것'이 올바른 말이다.

'들리다'로 표기할 수 없는 이유 '들르다'의 어간 '들르-'에 '-어'가 결합한 것이므로 '들러'라고 표기해야 한다.

들어가다 '들어가다'는 한 단어이므로 붙여 쓴다.

-들이 수량을 나타내는 명사구 뒤에 붙어 쓰는 말로 앞말과 붙여 쓴다.

들이닥치다 '들이닥치다'는 한 단어이므로 붙여 쓴다.

들이마시다 '들이마시다'는 한 단어이므로 붙여 쓴다.

들이쉬다 '들이쉬다'는 한 단어이므로 붙여 쓴다.

들짐승 '들짐승'은 한 단어이므로 붙여 쓴다.

들추다
속이 드러나게 들어 올리다. 무엇을 찾으려고 자꾸 뒤지다. 감추어진 일이나 지난 일 따위를 드러나게 하다. [예] 이불을 들추다./ 수학책을 들추다./ 지난날의 과오를 하나하나 들추어내다. 들치다(×).

들치다(×)
'속이 드러나게 들어 올리다. 무엇을 찾으려고 자꾸 뒤지다. 감추어진 일이나 지난 일 따위를 드러나게 하다'의 뜻으로 쓰이는 말은 '들추다'가 올바른 말이다.

들큰하다(×)
'약간 단 맛이 있다'의 뜻으로 쓰이는 말은 '들큼하다'가 올바른 말이다.

들큼하다
약간 단 맛이 있다. [예] 닭을 특유의 들큼한 맛이 깊게 우려 나오도록 푹푹 삶아 국물을 내서 닭곰탕을 만들었다. 들큰하다(×).

듬뿍이
그릇이 넘칠 정도로 매우 수북하게. [예] 밥을 듬뿍이 퍼 담고 자리에 앉았다. 듬뿍히(×).

듬뿍히(×)
'그릇이 넘칠 정도로 매우 수북하게'의 뜻으로 쓰이는 말은 '듬뿍이'가 올바른 말이다.

듯
✔띄어쓰기 짐작이나 추측의 뜻을 나타내는 말. [예] 몸이 아픈 듯 자꾸 배를 쥐고 얼굴을 찡그리고 있다. [국민연금 '07]

-듯
뒤의 내용이 앞의 내용과 거의 같음을 나타내는 말. [예] 영미는 아기에게 말하듯 항상 조용히 속삭여 말한다.

듯하다
✔띄어쓰기 '것 같다'의 뜻으로 추측의 뜻을 나타내는 보조 형용사. [예] 눈이 올 듯하다./저기 산 넘어 오시는 사람이 서진이 아버지인 듯하다. [공사·공단 언어 능력]

등
사람이나 동물의 몸통에서 가슴과 배의 반대쪽 부분. 등치(×).

등교길(×)
'등교하는 길'은 '등굣길'이 올바른 말이다.

등굣길登校-
등교하는 길. 등교길(×). [국가직 9급 '08]. [경찰 1차 필기 '17]

등대불(×)
'등대에서 비춰지는 불빛'의 뜻으로 쓰이는 말은 '등댓불'이 올바른 말이다.

등댓불燈臺-
등대에서 비춰지는 불빛. 등대불(×).

등룡문(×)
'힘든 관문을 통과하여 크게 출세함'은 '등용문'이 올바른 말이다.

들치다
'천막을 들치고 안을 들여다보다'처럼 '물건의 한쪽 끝을 쳐들다'의 뜻으로는 '들치다'가 올바른 말이다.

듯
'듯'은 '듯이'의 준말로 의존 명사이며 앞말과 띄어 쓴다.

-듯
예문처럼 '-듯' 앞에 어간이 오는 경우에는 '-듯'이 연결 어미로 쓰인 것이다.

듯하다
보조 용언은 앞말과 띄어 쓰는 것이 원칙이다. '눈이 올듯 하다'처럼 띄어 쓰지 않도록 하자.

등물	팔다리를 뻗고 위로 올린 사람의 등 부분을 물로 씻어 주는 일.
등살(×)	'매우 귀찮게 구는 짓'은 '등쌀'이 올바른 말이다.
등쌀	매우 귀찮게 구는 짓. [예]친구들 등쌀에 떠밀려서 극장에 갔다. 등살(×).
등용문登龍門	힘든 관문을 통과하여 크게 출세함. 등룡문(×).
등치(×)	'사람이나 동물의 몸통에서 가슴과 배의 반대쪽 부분'은 '등'이 올바른 말이다.
-디-	✔띄어쓰기 형용사의 뜻을 강조하기 위하여 어간을 반복하여 쓰는 말. [예]푸르디푸른 가을 하늘./높디높은 산./차디찬 손./곱디고운 단풍.
디딜방아	발로 디디어 곡식을 찧는 방아. 손방아(×).
디룩거리다(×)	'군살이 처지도록 살이 몹시 쪄서 둔하게 움직이다'의 뜻으로 쓰이는 말은 '뒤룩거리다'가 올바른 말이다.
디룩디룩(×)	'군살이 처지도록 살이 몹시 쪄서 뚱뚱한 모양'은 '뒤룩뒤룩'이 올바른 말이다.
디스켈(×)	'자료 입력이나 파일 저장에 사용하는 컴퓨터의 외부 기억 장치의 한 가지'의 뜻으로 쓰이는 말은 '디스켓'이 올바른 말이다.
디스켓diskette	자료 입력이나 파일 저장에 사용하는 컴퓨터의 외부 기억 장치의 한 가지. 디스켈(×). [지방직 9급 '08]. [공사·공단 언어 능력]. [지방직 9급 '13]
디아스타아제Diastase	녹말을 엿당, 소량의 덱스트린, 포도당으로 가수 분해하는 효소. 다이아스테이스·아밀아라제·아밀레이스.
디지탈(×)	'자료를 수치로 바꾸어 처리하거나 숫자로 나타내거나 하는 것'의 뜻으로 쓰이는 말은 '디지털'이 올바른 말이다.
디지탈카메라(×)	'필름 없이 디지털 방식으로 사진을 찍는 카메라'는 '디지털카메라'가 올바른 말이다.
디지털digital	자료를 수치로 바꾸어 처리하거나 숫자로 나타내거나 하는 것. 디지탈(×). [지방직 9급 '08]. [공사·공단 언어 능력]. [서울시 9급 '13]
디지털카메라digital camera	✔띄어쓰기 필름 없이 디지털 방식으로 사진을 찍는 카메라. 디지탈카메라(×).

등물 '목물'과 함께 복수 표준어이다.

등살 '등살'은 등에 있는 근육을 뜻할 때는 맞는 말이다.

등용문登龍門 '등용문'은 '등-용문'처럼 분석되는 합성어이다.

-디- '푸르디 푸른', '높디 높은'처럼 띄어 쓰지 않도록 주의하자.

디스켓diskette 외래어의 받침으로 'ㄷ, ㅈ, ㅊ, ㅋ, ㅌ, ㅍ' 등은 쓰지 않는다.

디지털카메라 '디지털카메라'는 한 단어이므로 붙여 쓴다.

딛다	'디디다(발을 올려놓고 서다)'의 준말.
	✏️**오류노트** 축구 경기장에는 관중들로 발 <u>딛을</u> 틈이 없다.
	→ 디딜. [국가직 7급 '07]. [수능 '08학년도]
딥다	세차게 마구. '들입다'의 준말. 예 영주는 내 이야기는 듣지도 않고 딥다 화부터 냈다. 딥따(×).
딥따(×)	'세차게 마구'의 뜻으로 쓰이는 '들입다'의 준말은 '딥다'가 올바른 말이다.
딩굴다(×)	'누워서 여기저기 구르다'의 뜻으로 쓰이는 말은 '뒹굴다'가 올바른 말이다.
딩링丁玲	좌익 작가 연맹에 가입하여 항일 운동을 하였으며, '태양은 쌍간_{雙乾}강을 비춘다' 등을 저술한 중국의 작가 (1907~1986). 정령(×).
따갑다	열이 매우 높다. 살을 찌를 만큼 아픈 느낌이 있다. 따거웁다·따겁다(×).
따거웁다, 따겁다(×)	'열이 매우 높다. 살을 찌를 만큼 아픈 느낌이 있다'의 뜻으로 쓰이는 말은 '따갑다'가 올바른 말이다.
따는(×)	'남의 행위나 말을 긍정하여 그럴 듯도 하다는 뜻을 나타내는 말'은 '딴은'이 올바른 말이다.
따님	남의 딸을 높여 이르는 말. 딸님(×).
따듯하다	덥지 않을 만큼 온도가 알맞게 높다. 예 난방 온도 조절기를 올려 방 안 온도를 따듯하게 했다.
따따부따	딱딱한 말씨로 따지며 다투는 소리나 모양. 예 말끝마다 따따부따 따지는 이유가 무엇이야. 따따부타(×).
따따부타(×)	'딱딱한 말씨로 따지며 다투는 소리나 모양'은 '따따부따'가 올바른 말이다.
따뜻이	덥지 않을 만큼 온도가 적당히 높게. 따뜻히(×).
따뜻하다	덥지 않을 만큼 온도가 알맞게 높다.
따뜻히(×)	'덥지 않을 만큼 온도가 적당히 높게'의 뜻으로 쓰이는 말은 '따뜻이'가 올바른 말이다.
따로	같이 있거나 서로 섞이지 아니하고 홀로 떨어져서. 따로이(×).
따로이(×)	'같이 있거나 서로 섞이지 아니하고 홀로 떨어져서'의 뜻으로 쓰이는 말은 '따로'가 올바른 말이다.

딛다
'딛다'는 '디디다'의 준말이지만, '디디다'와 달리 모음 어미와 결합하여 활용하지 않는다.

따님
끝소리가 'ㄹ'인 말과 딴 말이 어울릴 적에 'ㄹ' 소리가 나지 아니하는 것은 아니 나는 대로 적는다.

따듯하다
'따뜻하다'와 함께 복수 표준어이다.

따뜻이
부사의 끝음절이 분명히 '이'로만 소리 나므로 '이'로 표기한다.

따사롭다 따뜻한 기운이 조금 있다.

> ✏️오류노트 마음이 트이면 눈매도 <u>따사로와진대</u>. → 따사로워진대.
>
> **'따사로와'라고 쓸 수 없는 이유는 무엇일까?**
> '어간의 끝 'ㅂ'이 'ㅜ'로 바뀔 때에, '돕-', '곱-'과 같은 단음절 어간에 어미 '-아'가 결합되어 '와'로 소리 나는 것은 제외하고(도와, 고와), 그 밖의 경우 모두 '워'로 적는다.

따사롭다
'ㅏ, ㅗ'에 붙은 'ㅂ' 받침 뒤에 '-아'가 결합하는 경우에는 '워'로 적는다(반갑+아 → 반가워, 따사롭+아 → 따사로워).

딱다구리(×) '쇠딱따구리, 크낙새 따위 송곳처럼 뾰족하고 날카로운 부리로 나무에 구멍을 파고 그 속의 벌레를 잡아먹는 딱따구릿과의 새'는 '딱따구리'가 올바른 말이다.

딱따구리 쇠딱따구리, 크낙새 따위 송곳처럼 뾰족하고 날카로운 부리로 나무에 구멍을 파고 그 속의 벌레를 잡아먹는 딱따구릿과의 새. 딱다구리(×). [지방직 7급 '11]. [서울시 9급 '11]. [국가직 9급 '21]

딱따구리
'-하다'나 '-거리다'가 붙을 수 없는 어근에 '-이'나 또는 다른 모음으로 시작되는 접미사가 붙어서 명사가 된 것은 그 원형을 밝히어 적지 아니한다.

딱따기 메뚜깃과의 곤충, 예전에 야경 돌 때 소리를 내던 나무 토막. 딱딱이(×).

딱딱이(×) '메뚜깃과의 곤충, 예전에 야경 돌 때 소리를 내던 나무 토막'은 '딱따기'가 올바른 말이다.

딱정이(×) '헌데나 곪은 자리에서 고름, 진물 따위가 말라붙어 생긴 껍질'은 '딱지'가 올바른 말이다.

딱지 헌데나 곪은 자리에서 고름, 진물 따위가 말라붙어 생긴 껍질. 더덕이·덕지·딱정이·딱장이·딱쟁이·딱젱이(×).

딱지
'ㄱ, ㅂ' 받침 뒤에서 나는 된소리는, 같은 음절이나 비슷한 음절이 겹쳐 나는 경우가 아니면 된소리로 적지 않는다.

딴눈 다른 곳을 보는 눈. 헛눈(×).

딴생각 ✓띄어쓰기 엉뚱한 생각 또는 다른 데로 쓰는 생각. 예 일을 할 때는 딴생각하면 안 된다.

딴생각
'딴생각'은 한 단어이므로 붙여 쓴다.

딴은 남의 행위나 말을 긍정하여 그럴 듯도 하다는 뜻을 나타내는 말. 예 네 이야기를 들어보니 딴은 그럴 만도 하구나. 따는(×).

딴전 그 일과는 아주 딴 짓으로 하는 일. 예 공부는 안 하고 딴전을 피우다 형에게 혼났다. 딴청.

딴전
'딴청'과 함께 복수 표준어이다.

딴청 그 일과는 아주 딴 짓으로 하는 일. 탄전.

딸가락(×) '단단하고 작은 물건이 서로 부딪쳐 나는 소리'는 '딸그락'이 올바른 말이다.

ㄷ

딸각발이(×) '신이 없어 날씨가 맑은 때에도 나막신을 신는다는 의미로, 가난한 선비를 이르는 말'은 '딸깍발이'가 올바른 말이다.

딸곡질, 딸국질, 딱국질(×) '횡격막 경련, 근육 이상 등으로 들숨이 방해를 받아 목구멍에서 나는 이상한 소리'는 '딸꾹질'이 올바른 말이다.

딸그락 단단하고 작은 물건이 서로 부딪쳐 나는 소리. 딸가락(×).

딸깍발이 신이 없어 날씨가 맑은 때에도 나막신을 신는다는 의미로, 가난한 선비를 이르는 말. 딸각발이(×).

딸꾹 딸꾹질하는 소리. 깔딱(×).

딸꾹질 횡격막이 떨려 들숨이 방해 받아 목구멍에서 잇따라 소리가 나는 증세. 껄떼기·딸곡질·딸국질·딱국질(×).

딸나미(×) '딸을 귀엽게 이르는 말'은 '딸내미'가 올바른 말이다.

딸내미 딸을 귀엽게 이르는 말. 딸나미·딸래미(×).

딸님(×) '남의 딸을 높여 이르는 말'은 '따님'이 올바른 말이다.

딸래미(×) '딸을 귀엽게 이르는 말'은 '딸내미'가 올바른 말이다

딸보 키도 작고 몸집도 작은 사람. 달보(×).

땅거미 해가 지고 나서 어두컴컴해질 때까지의 어스레한 동안. 땅꺼미(×).

땅군(×) '뱀을 잡아 파는 사람'은 '땅꾼'이 올바른 말이다.

땅기다 몹시 켕기어지다. 예 넘어져 다친 상처가 몹시 땅긴다. 당기다(×).

땅기다(×) '어떤 방향으로 좋아하는 마음이 생기다. 식욕이 돋우어지다. 그물 따위를 원하는 방향으로 가까이 오게 하다. 정해진 일정을 앞으로 옮기다'의 뜻으로 쓰이는 말은 '당기다'가 올바른 말이다.

땅꺼미(×) '해가 지고 나서 어두컴컴해질 때까지의 어스레한 동안'은 '땅거미'가 올바른 말이다.

땅꾼 뱀을 잡아 파는 사람. 땅군(×).

때 ✔띄어쓰기 시간의 어떤 순간이나 부분. 예 어느 때고 좋은 시간에 나를 찾아와라.

때굴때굴 작은 물건이 잇따라 굴러가는 모양. 때글때글(×).

딸그락
'딸그락'의 여린말은 '달그락'이며 큰말은 '떨그럭'이다.

딸내미
'아들'을 귀엽게 이르는 말은 '아들내미'이다.

딸님
'남의 아들을 높여 이르는 말'은 '아드님'이다.

땅기다
'켕기어지다'의 뜻으로 쓰일 때는 '땅기다'가 맞는 말이지만 '좋아하는 마음이 생기다, 식욕이 돋우어지다'의 뜻으로 쓰일 때는 잘못된 말임에 주의하자.

땅꾼
'-꾼'은 '어떤 일을 전문적으로 하는 사람'을 이르는 말이다.

때
'이때', '접때', '그때'는 한 단어로 인정하여 붙여 쓴다.

때굴때굴
'때굴때굴'은 '대굴대굴'의 센말이다.

때글때글(×)   '작은 물건이 잇따라 굴러가는 모양'은 '때굴때굴'이 올바른 말이다.

때깔   과일 따위에서 눈에 선뜻 보이는 태와 빛깔. 예 때깔 좋은 사과. 땟깔(×).

때때   어린아이의 알록달록하고 고운 옷이나 신발 따위를 이르는 말.

때때신   어린아이의 알록달록하고 고운 신을 이르는 말.

때때옷   어린아이의 알록달록하고 고운 옷을 이르는 말.

땍대구루루   작고 단단한 물건이 빨리 굴러 가는 소리나 모양. 땍대그르르(×).

땍대그르르(×)   '작고 단단한 물건이 빨리 굴러 가는 소리나 모양'은 '땍대구루루'가 올바른 말이다.

땍대글땍대글(×)   '작고 단단한 물건이 다른 물건에 잇따라 부딪치면서 굴러 가는 소리나 모양'은 '땍때굴땍때굴'이 올바른 말이다.

땍때굴땍때굴   작고 단단한 물건이 다른 물건에 잇따라 부딪치면서 굴러 가는 소리나 모양. 땍대글땍대글(×).

땔감   불을 때는 데 쓰는 재료.

땜장이   쇠붙이에 땜질하는 일을 직업으로 하는 사람. 땜쟁이(×).

땜쟁이(×)   '쇠붙이에 땜질하는 일을 직업으로 하는 사람'은 '땜장이'가 올바른 말이다.

땟깔(×)   '과일 따위에서 눈에 선뜻 보이는 태와 빛깔'은 '때깔'이 올바른 말이다.

땟목(×)   '엮은 통나무를 물에 띄워 사람이나 물건을 운반하도록 하는 것'은 '뗏목'이 올바른 말이다.

땡초(×)   '중답지 아니한 중'을 낮잡아 이르는 말은 '땡추'가 올바른 말이다.

땡추   중답지 아니한 중을 낮잡아 이르는 말. 땡초(×).

떠꺼머리   결혼할 나이가 넘은 남자나 여자가 길게 땋아 늘인 머리. 예 떠꺼머리를 한 누나가 머리를 나풀거리며 나에게로 온다. 떡거머리(×).

떠다밀다   세게 힘을 주어 앞으로 나아가도록 하다. 책임을 남에게 덮어씌우다. 떼다밀다(×).

때때 '고까', '꼬까'와 함께 복수 표준어이다.

때때신 '고까신', '꼬까신'과 함께 복수 표준어이다.

때때옷 '고까옷', '꼬까옷'과 함께 복수 표준어이다.

'땍대그르르'는 잘못된 표기 '땍대그르르'가 잘못된 표기이므로 여린말인 '댁대그르르'도 잘못된 표기임을 미루어 알 수 있다.

땔감 '땔거리'와 함께 복수 표준어이다.

땜장이 '-장이'는 '그것과 관련된 기술을 가진 사람'의 뜻을 나타내는 말이다.

땡추 '땡추'는 '땡추중'과 동의어로 쓰인다.

떠버리   자주 수다스럽게 떠드는 사람을 낮잡아 이르는 말. 예 아버지는 떠버리 약장수를 따라다니셨다. 떠벌이(×).

떠벌리다   실제 일어난 이야기를 과장하여 늘어놓다. 예 지용이는 사실을 다소 과장하여 떠벌리는 습관이 있다. 떠벌이다(×).

떠벌이(×)   '자주 수다스럽게 떠드는 사람을 낮잡아 이르는 말'의 뜻으로 쓰이는 말은 '떠버리'가 올바른 말이다.

떠벌이다(×)   '실제 일어난 이야기를 과장하여 늘어놓다'의 뜻으로 쓰이는 말은 '떠벌리다'가 올바른 말이다.

떡거머리(×)   '결혼할 나이가 넘은 남자나 여자가 길게 땋아 늘인 머리'는 '떠꺼머리'가 올바른 말이다.

떡방아간(×)   '곡식을 찧어 떡을 만드는 방앗간'은 '떡방앗간'이 올바른 말이다.

떡방앗간   곡식을 찧어 떡을 만드는 방앗간. 예 참새가 떡방앗간을 그냥 지나치지 못한다더니 그게 바로 너를 두고 하는 말이구나. 떡방아간(×).

떡볶기(×)   '떡가래를 일정한 길이로 잘라 여러 가지 채소와 고기를 섞고 양념하여 볶은 음식'은 '떡볶이'가 올바른 말이다.

떡볶이   떡가래를 일정한 길이로 잘라 여러 가지 채소와 고기를 섞고 양념하여 볶은 음식. 떡볶기(×). [소방직 '20].

떨구다   시선을 아래로 향하다. 아래로 떨어지게 하다. 가진 물건을 빠뜨려 흘리다. 간격이 벌어지게 하다. 뒤에 처지게 하다. 비교 떨어뜨리다.

떨떠름하다   떫은맛이 있다. 어딘지 모르게 내키지 않다. 예 김 대리는 청소하고 퇴근하라는 반장의 말에 떨떠름한 표정을 지었다. 떨뜨름하다(×).

떨뜨름하다, 떫더름하다(×)   '떫은맛이 있다. 어딘지 모르게 내키지 않다'의 뜻으로 쓰이는 말은 '떨떠름하다'가 올바른 말이다.

떨어뜨리다   아래로 떨어지게 하다. 가진 물건을 빠뜨려 흘리다. 간격이 벌어지게 하다. 뒤에 처지게 하다. 옷이나 신 따위를 해어지게 하여 못 쓰게 만들다. 비교 떨구다. [복지 9급 '11]

떨어먹다(×)   '재산이나 금전 등을 함부로 써서 모조리 없애다'의 뜻으로 쓰이는 말은 '털어먹다'가 올바른 말이다.

떠벌이다
'떠벌이다'는 '떠벌리다'의 잘못으로 쓰이기도 하지만, '굉장한 규모로 차리다'의 뜻으로 쓰일 때는 맞는 표기이다.

떡방앗간
순우리말과 한자어로 된 합성어로서 앞말이 모음으로 끝난 경우 뒷말의 첫소리가 된소리로 나는 것은 사이시옷을 붙인다.

떡볶이
'떡볶이'는 '떡'+'볶+이'로 분석할 수 있다.

떨구다
현재 표준어와 별도의 표준어로 추가 인정된 말이다.

떨어뜨리다
'떨구다'에 없는 '옷이나 신 따위를 해어지게 하여 못 쓰게 만들다'의 뜻이 있다.

떳떳하다 남에게 굽실대지 않고 당당하다.

> **오류노트** ¹나는 평생 동안 <u>떳떳치</u> 못한 행동은 절대 하지 않았다. → 떳떳지. ²너희들은 스스로 <u>떳떳찮은</u> 행동을 했으니 남을 대할 면목이 없겠지. → 떳떳잖은.

> **'떳떳지'가 맞고 '떳떳치'가 틀린 이유는 무엇일까?**
> '-하-' 앞의 받침이 'ㄱ', 'ㄷ', 'ㅂ', 'ㅅ'일 경우에는 '-하-' 전체가 줄어들고, 받침이 없는 모음이나, 'ㄴ', 'ㄹ', 'ㅇ'일 경우에는 'ㅏ'만 줄어든다. '떳떳하지'에서 '-하-' 앞의 받침이 'ㅅ'이므로 '-하-' 전체가 줄어 '떳떳지'가 된다. 또 '떳떳하지 않은'에서 '-하-' 전체가 줄면 '떳떳지 않은 → 떳떳잖은'이 된다.

떼거리 목적이나 행동을 같이하는 무리를 속되게 이르는 말. 떼거지(×).

'떼거리'와 '떼거지'
'천재지변 따위로 졸지에 헐벗게 된 많은 사람을 비유적으로 이르는 말'은 '떼거지'가 올바른 말이다.

떼거지(×) '목적이나 행동을 같이하는 무리'를 속되게 이르는 말은 '떼거리'가 올바른 말이다.

떼구루루 다소 크고 단단한 물건이 단단한 바닥에 떨어져 구르는 소리나 모양. 떼그르르(×).

떼구루루
'떼구루루'는 '데구루루'의 센말이다.

떼굴떼굴 큰 물건이나 사람이 계속하여 구르는 모양. 예 덜 익은 감을 먹은 동생이 땅바닥에서 떼굴떼굴 구르고 있다. 떼글떼글(×).

떼굴떼굴
'데굴데굴'의 센말이다.

떼그르르(×) '다소 크고 단단한 물건이 단단한 바닥에 떨어져 구르는 소리나 모양'의 뜻으로 쓰이는 말은 '떼구루루'가 올바른 말이다.

'떼그르르'는 잘못된 말
'떼그르르'가 잘못된 표기이므로 여린말인 '데그르르'도 잘못된 표기임을 미루어 알 수 있다.

떼글떼글(×) '큰 물건이나 사람이 계속하여 구르는 모양'은 '떼굴떼굴'이 올바른 말이다.

'떼글떼글'은 잘못된 말
'떼글떼글'이 잘못된 표기이므로 여린말인 '데글데글'도 잘못된 표기임을 미루어 알 수 있다.

떼기(×) '경계를 지어 놓은 논밭의 구획'은 '뙈기'가 올바른 말이다.

떼다밀다(×) '세게 힘을 주어 앞으로 나아가도록 하다. 책임을 남에게 덮어씌우다'의 뜻으로 쓰이는 말은 '떠다밀다'가 올바른 말이다.

떼목(×) '엮은 통나무를 물에 띄워 사람이나 물건을 운반하도록 하는 것'의 뜻으로 쓰이는 말은 '뗏목'이 올바른 말이다.

떼장이(×) '막무가내로 떼를 쓰는 사람'은 '떼쟁이'가 올바른 말이다.

ㄷ

떼다   수표나 어음, 증명서 따위의 문서를 만들어 주거나 받다.

> **❗오류노트** 내일까지 주민 등록 초본을 한 통 <u>띠어</u> 오세요.
> → 떼어.

떼쟁이   막무가내로 떼를 쓰는 사람. 떼장이(×).

뗏목   엮은 통나무를 물에 띄워 사람이나 물건을 운반하도록 하는 것. 뗏목·떼목(×).

또다시   **✔띄어쓰기** 거듭하여 다시. 예 이런 불상사를 또다시 일으키면 절대 용납하지 않을 것이다.

또랑(×)   '폭이 좁고 작은 개울'은 '도랑'이 올바른 말이다.

또래   나이나 어떤 분야의 수준이 서로 엇비슷한 무리. 예 동생 또래의 나이. 또레(×).

또레(×)   '나이나 어떤 분야의 수준이 서로 엇비슷한 무리'는 '또래'가 올바른 말이다.

또아리(×)   '짚 따위로 틀어서 만든 것으로 짐을 일 때 머리에 받치는 물건'은 '똬리'가 올바른 말이다. [지방직 9급 '17]

똑닥똑닥(×)   '시계 따위가 계속하여 돌아가는 소리'는 '똑딱똑딱'이 올바른 말이다.

똑딱똑딱   시계 따위가 계속하여 돌아가는 소리. 똑닥똑닥(×).

똑똑이(×)   '또렷하고 분명하게'의 뜻으로 쓰이는 말은 '똑똑히'가 올바른 말이다.

똑똑히   또렷하고 분명하게. 똑똑이(×).

똬리   짚 따위로 틀어서 만든 것으로 짐을 일 때 머리에 받치는 물건. 또아리(×). [기상 9급 '11]. [국회 8급 '11]

뙈기   경계를 지어 놓은 논밭의 구획. 예 아버지는 밭 한 뙈기 없는 시골에서 태어나 많은 고생을 하셨다고 한다. 떼기(×).

뚜렷이   흐리지 않고 매우 분명하게. 예 남산 전망대에서 망원경으로 보니 인천 앞바다가 뚜렷이 보인다. 뚜렷히(×).

뚜렷히(×)   '흐리지 않고 매우 분명하게'의 뜻으로 쓰이는 말은 '뚜렷이'가 올바른 말이다.

뚜장이(×)   '결혼 중매인을 낮잡아 이르는 말'은 '뚜쟁이'가 올바른 말이다.

뗏목*
순우리말과 한자어로 된 합성어로서 앞말이 모음으로 끝난 경우 뒷말의 첫소리 'ㅁ' 앞에서 'ㄴ' 소리가 덧나는 것은 사이시옷을 붙인다.

또다시
'또다시'는 한 단어이므로 붙여 쓴다.

똑딱똑딱
한 단어 안에서 같은 음절이나 비슷한 음절이 겹쳐 나는 부분은 같은 글자로 적는다.

똑똑이
'똑똑이'가 '또렷하고 분명하게'의 뜻으로는 잘못이지만 '똑똑한 아이'라는 뜻으로는 올바른 말이다.

뙈기
수량을 나타내는 말 뒤에 쓰여 논밭의 구획을 세는 단위로 쓰일 때는 의존 명사로 앞말과 띄어 쓴다.

뚜렷이
어간 말음의 받침 'ㅅ' 뒤에는 '-이'가 붙는다.

뚜쟁이   결혼 중매인을 낮잡아 이르는 말. 뚜장이(×).

뚝(×)   '물의 범람을 막기 위하여 설치하는, 흙이나 콘크리트 따위로 만든 구축물'은 '둑'이 올바른 말이다.

뚝배기   찌개를 끓일 때 쓰는 질그릇. 예 뚝배기보다 장맛이라고 했다. 뚝빼기(×).

뚝빼기(×)   '찌개를 끓일 때 쓰는 질그릇'은 '뚝배기'가 올바른 말이다.

뚱딴지   줄기는 잔털이 있으며, 땅속줄기는 감자 모양이고 덩이줄기는 알코올의 원료와 사료로도 쓰기도 하는 국화과의 여러해살이풀.

뛰어넘다   ✔띄어쓰기 ¹몸을 솟구쳐서 높거나 넓은 물건이나 장소를 넘다. 예 허들을 뛰어넘다. ²차례를 걸러서 나아가다. 예 한 학년을 뛰어넘어 월반하였다. ³어려운 일 따위를 이겨 내다. 예 난관을 뛰어넘다. ⁴일정한 범위나 표준에서 벗어나다. 예 자인이의 성적은 예상을 훨씬 뛰어넘었다.

뛰엄(×)   '두 발을 모아 몸을 솟구쳐 앞으로 나아가는 짓'은 '뜀'이 올바른 말이다.

뜀   두 발을 모아 몸을 솟구쳐 앞으로 나아가는 짓. 뛰엄(×).

뜨개질   실, 털실로 옷이나 장갑 따위를 뜨는 일. 뜨게질(×). [서울시 9급 '16]

뜨게질(×)   '실, 털실로 옷이나 장갑 따위를 뜨는 일'은 '뜨개질'이 올바른 말이다.

뜨내기군(×)   '정해진 거처 없이 떠돌아다니는 사람'은 '뜨내기꾼'이 올바른 말이다.

뜨내기꾼   정해진 거처 없이 떠돌아다니는 사람. 뜨내기군(×).

뜨락   ¹집 안의 앞뒤나 좌우로 가까이 딸려 있는 빈터. ²'뜰'을 추상적 공간으로 비유하여 이르는 말. [국회 8급 '13]

-뜨리다   강조의 뜻을 나타내는 접미사. 예 넘어뜨리다./떨어뜨리다.

뜬눈   ✔띄어쓰기 밤에 잠을 자지 못한 눈. 예 수재민들은 밤새 쏟아지는 집중호우로 불안에 떨면서 만일의 사태에 대비해 뜬눈으로 밤을 새웠다.

뚝배기
한 형태소 내부에 있어서 'ㄱ, ㅂ' 받침 뒤에서 [빼기]로 발음되는 경우는 '-배기'로 적는다. 다른 형태소 뒤에서 [빼기]로 발음되는 것은 모두 '빼기'로 적는다.
예 고들빼기./ 그루빼기./ 대갈빼기./ 머리빼기.

뚱딴지
'돼지감자'와 함께 복수 표준어이다.

뛰어넘다
'뛰어넘다'는 한 단어이므로 붙여 쓴다.

뜨내기꾼
'어떤 일을 하는 사람'에 낮잡는 뜻을 더하는 접미사는 '-꾼'이다.

뜨락
현재 표준어와 별도의 표준어로 추가 인정된 말이다.

-뜨리다
'-트리다'와 함께 복수 표준어이다.

뜬눈
'뜬눈'은 한 단어이므로 붙여 쓴다.

뜸단지(×) ‘부항을 붙이는 데 쓰는 조그마한 단지’는 ‘부항단지’가 올바른 말이다.

뜸배질(×) ‘소가 뿔로 물건을 닥치는 대로 받는 일’은 ‘뜸베질’이 올바른 말이다.

뜸베질 소가 뿔로 물건을 닥치는 대로 받는 일. 뜸배질(×).

띄다 ¹눈에 보이다. ²다른 사람보다 훨씬 두드러지다. ³어떤 소리를 듣기 위해 청각 신경이 긴장되다. ⁴글자 사이의 간격을 벌어지게 하다. [해사 '09]

> **다음 ‘띄다’의 뜻은 어디에 속할까?**
> • 인기척 소리에 귀가 번쩍 띄었다.
> → ³번 ‘눈에 보이다’의 뜻.
> • 얼굴에 홍조를 띠다.
> → ‘띄다’의 뜻과 관계없다. ‘띠다’가 맞다.
> • 한 칸을 띄우고 쓰시오.
> → ⁴번 ‘간격을 벌어지게 하다’의 뜻.
> • 지나치게 눈에 띄는 행동은 삼가라.
> → ¹번 ‘눈에 보이다’의 뜻.
> • 맞춤법에 맞게 띄어 쓰시오.
> → ⁴번 ‘간격을 벌어지게 하다’의 뜻.
> • 요즘 시대에 보기 드물게 눈에 띄는 효녀.
> → ²번 ‘두드러지다’의 뜻.

띄엄띄엄 간격이 가까이 있지 않고 다소 떨어져 있는 모양. 띠엄띠엄(×).

띠다 ¹띠나 끈 등을 두르다. [예] 머리가 흘러내리지 않도록 머리띠를 띠다. ²물건을 몸에 지니다. [예] 비밀문서를 띠고 노인을 찾아갔다. ³사명, 직책 따위를 가지다. [예] 위대한 사명을 띠고 나아가다. ⁴특정한 색 따위를 가지다. [예] 붉은색을 띤 카네이션. ⁵감정이나 표정 따위가 드러나다. [예] 미소를 띤 얼굴. ⁶어떤 성질을 가지다. [예] 진보적 성향을 띤 정치인. [해사 '08]. [지방직 9급 '12]

띄다 ‘띄다’와 ‘띠다’의 뜻의 차이를 잘 구별하자.

띠다 ‘띄다’와 ‘띠다’의 뜻의 차이를 잘 구별하자.

복수 표준어

가는허리/잔허리
가락엿/가래엿
가물거리다/가물대다
가뭄/가물
가새표/가위표
가엾다/가엽다
간지럽히다/간질이다
감감무소식/감감소식
강냉이/옥수수
개수통/설거지통
개숫물/설거지물
갱엿/검은엿
-거리다/-대다
거무스레하다/거무스름하다
거슴츠레하다/게슴츠레하다
거위배/횟배
겉창/덧창
게을러빠지다/게을러터지다
고깃간/푸줏간
고까/꼬까/때때
고까신/꼬까신/때때신
고까옷/꼬까옷/때때옷
고린내/코린내
고운대/토란대
곰곰/곰곰이

관계없다/상관없다
괴다/고이다
교정보다/준보다
구들재/구재
구린내/쿠린내
귀퉁머리/귀퉁배기
극성떨다/극성부리다
기세부리다/기세피우다
기승떨다/기승부리다
기어이/기어코
깃저고리/배내옷/배냇저고리
까풀/꺼풀
깨뜨리다/깨트리다
꺼림하다/께름하다
꺼무스름하다/꺼뭇하다
꼬리별/살별
꽃도미/붉돔
꽃향기/꽃향내
꾀다/꼬이다
나귀/당나귀
나부랭이/너부렁이
나침반/나침판
남녘/남쪽
남사스럽다/남우세스럽다
내리글씨/세로글씨

넝쿨/덩굴
네/예
눈까풀/눈꺼풀
눈대중/눈어림
느리광이/느림보
늦모/마냥모
다기지다/다기차다
다달이/매달
-다마다/-고말고
단오/단옷날
닭의장/닭장
댓돌/툇돌
독장치다/독판치다
동녘/동쪽
동자기둥/쪼구미
돼지감자/뚱딴지
된통/되게
두동무니/두동사니
뒷갈망/뒷감당
뒷말/뒷소리
들락거리다/들랑거리다
들락날락/들랑날랑
등물/목물
딴전/딴청
땅콩/호콩

땔감/땔거리

떨어뜨리다/떨어트리다

뜨리다/트리다

뜬것/뜬귀신

마룻줄/용총줄

마파람/앞바람

만날/맨날

만치/만큼

말동무/말벗

매갈이/매조미

매통/목매

먹새/먹음새

먹을거리/먹거리

멀찌감치/멀찌가니/멀찍이

멍게/우렁쉥이

멱통/산멱/산멱통

면치레/외면치레

면화씨/목화씨

모내기/모심기

모내다/모심다

모쪼록/아무쪼록

목판되/모되

묏자리/못자리

무심결/무심중

물봉숭아/물봉선화

물부리/빨부리

물심부름/물시중

물추리나무/물추리막대

물타작/진타작

민둥산/벌거숭이산

밑층/아래층

바깥벽/밭벽

바른/오른

바른손/오른손

바른쪽/오른쪽

바른편/오른편

발그스레하다/발그스름하다

발모가지/발목쟁이

백마/흰말

버들강아지/버들개지

버러지/벌레

변덕맞다/변덕스럽다

보조개/볼우물

보통내기/여간내기/예사내기

복사뼈/복숭아뼈

볼따구니/볼퉁이/볼때기

봉숭아/봉선화

부서뜨리다/부서트리다

부스럭거리다/부스럭대다

부침개질/부침질/지짐질

북녘/북쪽

불똥앉다/등화앉다

불사르다/사르다

비발/비용

뾰두라지/뾰루지

살쾡이/삵

삽살개/삽사리

상두꾼/상여꾼

상씨름/소걸이

새앙/생강

새뿔/새앙뿔/생강뿔

생철/양철

서녘/서쪽

서럽다/섧다

서방질/화냥질

성글다/성기다

세간/세간살이

-세요/-셔요

소가죽/쇠가죽

소고기/쇠고기

소기름/쇠기름

소머리/쇠머리

소머릿살/쇠머릿살

소뼈/쇠뼈

송이/송이버섯

수수깡/수숫대

술안주/안주

-스레하다/-스름하다

시늉말/흉내말

시새/세사

신/신발

신주보/독보

심술꾸러기/심술쟁이

쌉싸래하다/쌉싸름하다

쌍까풀/쌍꺼풀

쏟뜨리다/쏟트리다

쐬다/쏘이다

씁쓰레하다/씁쓰름하다
아귀세다/아귀차다
아래위/위아래
아무튼/어쨌든/여하튼
앉음새/앉음앉음
알은척/알은체
애갈이/애벌갈이
애꾸눈이/외눈박이
양념감/양념거리
어금버금하다/어금지금하다
어기여차/어여차
어린순/애순
어림잡다/어림치다
어이없다/어처구니없다
어저께/어제
언덕바지/언덕배기
얼렁뚱땅/엄벙뗑
여왕벌/장수벌
여쭈다/여쭙다
여태/입때
여태껏/이제껏/입때껏
역성들다/역성하다
연달다/잇달다
엿가락/엿가래
엿기름/엿길금
엿반대기/엿자박
오른쪽/오른편
오사리잡놈/오색잡놈
옥수수/강냉이

옥수수떡/강냉이떡
옥수수묵/강냉이묵
옥수수밥/강냉이밥
옥수수튀김/강냉이튀김
외겹실/외올실/홑실
외손잡이/한손잡이
왼쪽/왼편
욕심꾸러기/욕심쟁이
우레/천둥
우렛소리/천둥소리
우지/울보
으세요/으셔요
을러대다/을러메다
의심스럽다/의심쩍다
이에요/이어요
이틀거리/당고금
일일이/하나하나
일찌감치/일찌거니
입찬말/입찬소리
자리옷/잠옷
자물쇠/자물통
자장면/짜장면
장가가다/장가들다
재롱떨다/재롱부리다
저만큼/저만치
제가끔/제각기
좀처럼/좀체
죄다/조이다
줄꾼/줄잡이

중매/중신
짚단/짚못
쬐다/쪼이다
차차/차츰
책씻이/책거리
척/체
천연덕스럽다/천연스럽다
철따구니/철딱서니
추어올리다/추어주다
축가다/축나다
출렁거리다/출렁대다
친친/칭칭
침놓다/침주다
태껸/택견
토담/흙담
통꼭지/통젖
파자쟁이/해자쟁이
편지투/편지틀
품새/품세
한턱내다/한턱하다
해웃값/해웃돈
허섭스레기/허접쓰레기
헛갈리다/헷갈리다
혼자되다/홀로되다
흠가다/흠나다/흠지다

ㄹ 리을.

- 한글 자모의 넷째. 자음의 하나.
- 혀끝을 윗잇몸에 가볍게 대었다가 떼면서 내는 소리이다.
- 받침으로 쓰일 때는 혀끝을 윗잇몸에 붙이고 혀의 양쪽으로 숨을 흘려 내는 소리가 된다.

-ㄹ거나   자기 자신이나 상대의 의견을 물어볼 때에 쓰는 말. -ㄹ꺼나(×).

> **✓오류노트** 내 여동생을 진정 <u>책임질꺼나</u>? → 책임질거나?

-ㄹ걸   **✓띄어쓰기** [1]말하는 사람이 상대의 생각이나 의견이 잘못되었다고 가볍게 반박하며 하는 말. [예] 너보다 더 예쁠걸./ 그는 오지 않을걸. [2]그렇게 하지 않은 것에 대해 가벼운 뉘우침이나 아쉬움을 나타내는 말. [예] 공부를 좀 더 열심히 할걸./ 내가 그랬다고 사과할걸 그랬어. -ㄹ껄(×). [수능모의 '11학년도]

-ㄹ게   앞으로 어떻게 하겠다는 다짐을 나타내는 말. -ㄹ께(×). [국가직 7급 '15]. [법원직 9급 '16]

> **✓오류노트** 알았어. 앞으로는 가끔 <u>전화할께</u>. → 전화할게. [경찰대 '07]. [지방직 9급 '10]. [한국어교육검정 '11]

-ㄹ고(×)   '현재 미정인 일에 대해 의문이나 추측을 나타내는 말. 현재 미정인 일에 대해 자신 혹은 상대의 의사를 묻는 말'은 '-ㄹ꼬'가 올바른 말이다.

-ㄹ꺼나(×)   '자기 자신이나 상대의 의견을 물어볼 때에 쓰는 말'은 '-ㄹ거나'가 올바른 말이다.

-ㄹ께(×)   '앞으로 어떻게 하겠다는 다짐을 나타내는 말'은 '-ㄹ게'가 올바른 말이다.

-ㄹ꼬   [1]현재 미정인 일에 대해 의문이나 추측을 나타내는 말. [예] 나는 왜 이리 하는 일마다 실패할꼬? / 저 기이하게 생긴 것이 무엇일꼬? [2]현재 미정인 일에 대해 자신 혹은 상대의 의사를 묻는 말. [예] 우리 언제 다시 만날꼬. -ㄹ고(×).

-ㄹ는지   추측, 실현 가능성에 대한 의문을 나타내는 말. [예] 눈이 올는지 하늘에 구름이 잔뜩 끼었구나. -ㄹ런지·-ㄹ른지(×). [기상 9급 '13]. [경찰직 '21]

-ㄹ라면, -ㄹ려면(×) '어떤 일을 이루려고 하면'의 뜻으로 쓰이는 말은 '-려면'이 올바른 말이다.

-ㄹ래도, -ㄹ려도(×) '~려고 해도'의 뜻으로 쓰이는 말은 '-려도'가 올바른 말이다.

-ㄹ런지, -ㄹ른지(×) '추측, 실현 가능성에 대한 의문을 나타내는 말'은 '-ㄹ는지'가 올바른 말이다.

-ㄹ걸
'-ㄹ걸'이 가벼운 반박, 뉘우침, 아쉬움을 뜻할 때는 어미로서 붙여 쓰고, '걸'이 '것을'을 줄인 말인 경우에는 의존 명사로서 앞말과 띄어 쓴다. [예] 먹을 걸(것을) 먹어야지 너는 보이는 것은 다 먹으려 하는구나.

-ㄹ게
상대편에게 어떤 행동을 하겠다고 약속하는 뜻을 나타내는 종결 어미이다.

-ㄹ꼬
'ㄹ' 이외의 받침 있는 용언 어간이나 어미 '-었-' 뒤에 붙어 '-ㄹ꼬'와 같은 뜻으로 쓰이는 말은 '-을꼬'이다. [예] 이 많은 사과를 누가 다 먹었을꼬?

-ㄹ는지
'-ㄹ는지'는 미래에 일어날 일에 의문을 나타내는 말이다.

-ㄹ려고(×)	'어떤 의도가 있거나, 어떤 일이 일어날 조짐이 있음을 나타내는 말'은 '-려고'가 올바른 말이다.
-ㄹ려야(×)	'~려고 하여야'가 줄어든 말'은 '-려야'가 올바른 말이다.
-ㄹ뿐더러	✔**띄어쓰기** 어떤 일이 그것 외에 다른 일이 더 있음을 나타내는 말. 예 자인이는 공부도 잘할뿐더러 운동 실력도 뛰어나다./솔지는 얼굴이 예쁠뿐더러 마음씨도 착하다./승재는 몸도 튼튼할뿐더러 항상 남을 배려하는 인격을 갖추었다. [국가직 9급 '17]
-ㄹ소냐(×)	'강하게 부정하여, 그럴 리가 있겠느냐'의 뜻으로 쓰이는 말은 '-ㄹ쏘냐'가 올바른 말이다.
-ㄹ손가(×)	'강하게 부정하여, 그럴 리가 있겠느냐'의 뜻으로 쓰이는 말은 '-ㄹ쏜가'가 올바른 말이다.
-ㄹ쏘냐	강하게 부정하여, 그럴 리가 있겠느냐. 예 항상 최선을 다하는 미정이에게 내가 무엇을 해 준들 아까울쏘냐?/당신을 애타게 그리는 마음을 그 누가 알쏘냐? /형이 베풀어 준 도움에 그 어떤 것으로도 보답이 될쏘냐? -ㄹ소냐(×).
-ㄹ쏜가	강하게 부정하여, 그럴 리가 있겠느냐. 예 인간만사 설움 중에 이내 설움 같을쏜가?/ 눈길을 걷는데 눈 아니 밟을쏜가? -ㄹ손가(×).
라이선스^{license}	외국에서 개발된 제품이나 제조 기술의 특허권. 또는 그것의 사용을 허가하는 일. 라이센스(×).
라이센스(×)	'외국에서 개발된 제품이나 제조 기술의 특허권. 또는 그것의 사용을 허가하는 일'은 '라이선스'가 올바른 말이다.
라이신^{lysine}	알부민, 젤라틴, 히스톤 따위에 함유되어 있는 염기성 필수 아미노산. 리신.
락타아제^{lactase}	젖당을 가수 분해 하여 갈락토스를 생성하는 효소. 락테이스.
락테이스^{lactase}	젖당을 가수 분해 하여 갈락토스를 생성하는 효소. 락타아제.
락토글로부린(×)	'포유류의 젖 속에 들어 있는 글로불린을 통틀어 이르는 말'은 '락토글로불린'이 올바른 말이다.
락토글로불린^{lactoglobulin}	포유류의 젖 속에 들어 있는 글로불린을 통틀어 이르는 말. 락토글로부린(×).

-ㄹ뿐더러
'-ㄹ뿐더러'는 연결 어미로 앞말과 붙여 쓴다. '잘할 뿐더러'처럼 잘못 띄어 쓰는 경우가 있으므로 주의하자.

-ㄹ쏘냐
예전부터 널리 쓰여져서, 관용에 따라 된소리로 표기하는 말이다.

-ㄹ쏜가
흔히 '-ㄹ손가'처럼 잘못 쓰는 경우가 있으므로 주의하자.

라이신^{lysine}
'라이신'은 '리신'과 동의어로 쓰인다.

락타아제^{lactase}
'락테이스'와 동의어로 쓰인다.

란위蘭嶼	대만의 남쪽 끝, 동쪽 해상에 있는 섬. 난서(×).
란저우蘭州	중국 간쑤성甘肅省에 있는 도시로 간쑤성의 성도. 난주(×).
랍스터lobster	바닷가재. 롭스터(×).
랑데부rendez-vous	¹남녀 간의 밀회. ²둘 이상의 우주선끼리 도킹 비행을 위해서 우주 공간에서 만나는 일. 랑데뷰(×). [KBS한국어 '07]. [국가직 9급 '08]. [공사·공단 언어 능력]
랑데뷰(×)	'남녀간의 밀회. 우주선끼리 도킹 비행을 위해서 우주 공간에서 만남'은 '랑데부'가 올바른 말이다.
래인(×)	'육상 경기장이나 수영 경기장의 코스'는 '레인'이 올바른 말이다.
랴오둥반도遼東半島	랴오닝성遼寧省의 남해안에서 남서 방향으로 튀어나온 반도. 요동반도.
랴오양遼陽	중국 랴오닝성遼寧省 선양瀋陽에 있는 상공업 도시. 요양(×).
랴오중카이廖仲愷	국민당의 좌파 지도자로 쑨원孫文이 이끄는 혁명전쟁에 참가한 중국의 정치가(1877~1925). 요중개(×).
랴오청즈廖承志	신중국 성립 후 중일 국교 회복에 힘쓴 중국의 정치가(1908~1983). 요승지(×).
랴오핑廖平	육역관 총서六譯館叢書를 저술한 중국 청나라 때의 학자(1852~1932). 요평(×).
량수밍梁漱溟	향촌 건설 운동에 힘써 중국 문화 발전에 기여한 중국의 사회 운동가(1893~1988). 양수명(×).
량치차오梁啓超	'중국 역사 연구법', '청대 학술 개론' 따위를 저술한 중국 청나라 때의 정치가(1873~1929). 양계초(×).
러닝running	달리는 일. 러닝셔츠. 런닝(×). [서울시 7급 '11]
러닝셔츠running shirt	경기할 때 입는 소매 없는 셔츠. 런닝샤쯔(×).
러쉬아워(×)	'출퇴근 따위로 교통이 몹시 혼잡한 시간'은 '러시아워'가 올바른 말이다.
러시아워rush hour	출퇴근 따위로 교통이 몹시 혼잡한 시간. 러쉬아워(×).
럭스lux	빛의 밝기를 나타내는 단위. 1칸델라인 광원에서 1미터 떨어진 곳에 광원과 직각으로 놓인 면의 밝기가 1럭스이다. 룩스(×).
런닝(×)	'달리는 일. 러닝셔츠'는 '러닝'이 올바른 말이다.
런닝샤쯔(×)	'소매 없는 셔츠'는 '러닝셔츠'가 올바른 말이다.

랑데부rendez-vous
흔히 '랑데뷰'처럼 잘못 쓰는 경우가 있으니 혼동하지 말자.

러닝running
'running shoes'는 '러닝슈즈', 'running mate'는 '러닝메이트'로 표기한다.

러시아워rush hour의 발음 [rʌʃauə]에서 [ʃ]는 '시'로 표기한다.

레닛^{rennet} 레닌^{rennin}을 함유하는 응고 효소. 렌넷(×).

레이다 마이크로파의 반사파를 받아 물체의 상태나 위치를 비추어 목표 물체를 찾아내는 장치. 레이더.

레이더^{radar} 마이크로파의 반사파를 받아 물체의 상태나 위치를 비추어 목표 물체를 찾아내는 장치. 레이다.

레인^{lane} 육상 경기장이나 수영 경기장의 코스. 래인(×).

레인지^{range} 전기, 가스 따위를 이용한 취사용 기구. 렌지(×).

레저^{leisure} 잠을 자거나 일하는 시간 이외의 자유로운 시간. 여가를 이용하여 즐기는 놀이나 오락. 레져(×).

레져(×) '잠을 자거나 일하는 시간 이외의 자유로운 시간. 여가를 이용하여 즐기는 놀이나 오락'은 '레저'가 올바른 말이다.

왜 '레져'가 아닌 '레저'로 표기할까?
외래어 표기에서 이중모음 '져, 죠, 쥬, 챠, 츄' 등은 인정하지 않고 '저, 조, 주, 차, 추'로 표기한다. 즉 vision은 '비젼'이 아닌 '비전'으로 Christian은 '크리스쳔'이 아닌 '크리스천'으로 표기한다. 'joy hall'은 이중모음을 인정하지 않으므로 '조이홀'로 표기한다.

레크레이션(×) '피로 회복을 위하여 함께 모여 놀거나 운동 따위를 즐김'의 뜻으로 쓰이는 말은 '레크리에이션'이 올바른 말이다.

레크리에이션^{recreation} 피로 회복을 위하여 함께 모여 놀거나 운동 따위를 즐김. 레크레이션(×). [기상 9급 '13]. [서울시 9급 '21]

레포트(×) '과제로 제출하는 소논문. 연구, 조사 등의 결과물'은 '리포트'가 올바른 말이다.

렌넷(×) '레닌^{rennin}을 함유하는 응고 효소'의 뜻으로 쓰이는 말은 '레닛'이 올바른 말이다.

렌지(×) '전기, 가스 따위를 이용한 취사용 기구'는 '레인지'가 올바른 말이다.

-려고 어떤 의도가 있거나, 어떤 일이 일어날 조짐이 있음을 나타내는 말. 예 남보다 앞서려고 피나는 노력을 했다./ 잔뜩 찌푸린 하늘을 보니 곧 비가 오려고 하는 예감이 든다. -ㄹ려고(×).

-려도 ~려고 해도. 예 호수를 건너가려도 건널 방도가 없네. 연습 친구를 (만나려도, 만날래도, 만날려도) 시간이 나지 않아. → 만나려도. -ㄹ래도(×).

레이더^{radar}
'레이더'와 '레이다'는 동의어이다.

레인지^{range}
'가스', '가스오븐', '전자'가 붙은 말도, 각각 '가스레인지', '가스오븐레인지', '전자레인지'가 맞는 말이다.

렌지
'외래어 표기법' 제2장 표 1 국제음성 기호와 한글 대조표에 따라 '레인지'로 적는다.

레크리에이션^{recreation}
흔히 '레크레이션'으로 잘못 표기하는 경우가 있으므로 주의하자.

-려고
'앞서다', '오다'의 활용형에서 'ㄹ'을 붙여 '앞설려고', '올려고'처럼 잘못 쓰는 경우가 있으므로 주의하자.

-려면	어떤 일을 이루려고 하면. [예] 건강하려면 음식을 제대로 먹어야 한다. [연습] ¹훌륭한 사람이 (되려면, 될라면, 될려면) 많이 노력해야 한다. → 되려면. ²김 박사님을 (만나려면, 만날려면) 한 시간 일찍 방문해라. → 만나려면. -ㄹ라면(×).	
-려야	려고 하여야. [예] 그는 강해서 힘으로 이기려야 이길 수 없다. -ㄹ려야(×). [국가직 7급 '10]. [지방직 간호 8급 '22]	
-령領	✔띄어쓰기 그 나라의 영토. [예] 한국령./프랑스령.	
롄윈강連雲港	중국 장쑤성江蘇省 동북부의 도시. 연운항(×).	
로고 타이프logotype	회사의 이름이나 상품의 이름에서 문자를 짜 맞추어 특별하게 디자인하거나 레터링을 한 것. 로고타입(×).	
로고 타입	'회사의 이름이나 상품의 이름에서 문자를 짜 맞추어 특별하게 디자인하거나 레터링을 한 것'은 '로고타이프(logotype)'가 올바른 말이다.	
-로구려	말하는 이가 새로 알게 된 사실에 관심을 갖고 주의 깊게 살핌을 나타내는 말. [예] 위기를 슬기롭게 헤쳐 나가는 것을 보니 큰 인물이로구려. -로구료(×).	
-로구료(×)	'말하는 사람이 새로 알게 된 사실에 관심을 갖고 주의 깊게 살핌을 나타내는 말'의 뜻으로 쓰이는 말은 '-로구려'가 올바른 말이다.	
-로구만(×)	'감탄의 뜻을 수반하여, 말하는 사람이 새로이 알게 된 사실에 관심을 갖고 주의 깊게 살핌을 나타내는 말'은 '-로구먼'이 올바른 말이다.	
-로구먼	감탄의 뜻을 수반하여, 말하는 사람이 새로 알게 된 사실에 관심을 갖고 주의 깊게 살핌을 나타내는 말. [예] 당신 참 훌륭한 사람이로구먼. -로구만(×).	
로마자Roma字	라틴어를 표기하는 문자. 그리스 문자에서 유래한 음소 문자이다. 자음자 18개, 모음자 4개, 반모음자 1개 등 자모는 23자이다.	
로보트(×)	'작업과 조작이 자동적으로 이루어지게 만든 기계 장치'는 '로봇'이 올바른 말이다.	
로봇robot	작업과 조작이 자동적으로 이루어지게 만든 기계 장치. [예] 산업용 로봇이 등장하면서 많은 노동자가 일자리를 잃게 되었다. 로보트(×). [국가직 9급 '08]. [서울시 9급 '10]. [국회 8급 '12]. [서울시 9급 '16]	

로서	지위나 신분, 자격, 처지 따위를 나타내거나 '어떤 시점을 기준으로 말하면'의 뜻을 나타내는 격 조사. [예] 핏줄로서는 내 윗사람이 한 명도 남지 않았다. [경찰대 '06]. [국어능력인증 '06]. [국가직 7급 '10]. [지방직 9급 '12]. [지역농협 '12]

ㄹ

'로서'는 사람에게만 쓰일까?

'로서'가 '지위, 자격, 신분'을 나타낸다고 하여, '사람'인 경우에만 '로서'를 쓰는 것은 아니다. 사람이 아닌 경우에도 다음의 예처럼 '로서'가 붙을 수 있다. [예] 순서를 표시하는 접두사로서(접두사의 자격으로) 뒷말과 붙여 쓴다./현재로서는(현재를 기준으로 말하면) 병의 원인을 알 수가 없다./이 질문은 지금으로서는(지금을 기준으로 말하면) 답해 줄 수 없다./갈릴리는 예수가 활동한 중요 무대로서 성서와 관계있는 유적이 많다.(예수 활동의 무대는 곧 갈릴리이다. 즉 '예수 활동 무대'는 '갈릴리'와 동격의 관계이다.)

로써	어떤 일의 수단, 방법이나 도구, 어떤 물건의 재료나 원료 따위를 나타내는 격 조사. [예] [1]무기로써(수단) 반란군을 진압했다. [2]쌀로써(재료) 술을 만들었다. [3]어머니는 매실로써(수단) 조미료를 대신하신다. [국가직 7급 '10]. [국가직 9급 '13]. [서울시 9급 '17]. [국가직 9급 '18]. [지방직 9급 '21]
로얄젤리(×)	'여왕벌이 될 새끼를 기르기 위하여 꿀벌이 분비한 하얀 자양분의 액체'는 '로열젤리'가 올바른 말이다.
로얄티(×)	'남의 특허권, 상표권 따위의 공업 소유권이나 저작권 따위를 사용하고 지급하는 값'은 '로열티'가 올바른 말이다.
로열젤리royal jelly	여왕벌이 될 새끼를 기르기 위하여 꿀벌이 분비한 하얀 자양분의 액체. 로얄젤리(×).
로열티royalty	남의 특허권, 상표권 따위의 공업 소유권이나 저작권 따위를 사용하고 지급하는 값. 로얄티(×). [기상 9급 '13]
로즈마리(×)	'가지나 잎은 주로 향료로 쓰고 약용 식물로 재배하는 꿀풀과의 관목'은 '로즈메리'가 올바른 말이다.
로즈메리rosemary	가지나 잎은 주로 향료로 쓰고 약용 식물로 재배하는 꿀풀과의 관목. 로즈마리(×).
로타리(×)	'교통정리를 위하여 네거리 등에 둥글게 설치해 놓은 교차로'는 '로터리'가 올바른 말이다.
로터리rotary	교통정리를 위하여 네거리 등에 둥글게 설치해 놓은 교차로. 로타리(×).

롭스터(×)   '바닷가재'는 '랍스터'가 올바른 말이다.

루강鹿港   대만 타이중^{臺中}현에 있는 무역항. 녹항(×).

루거우차오蘆溝橋   중국 베이징시의 남쪽의 융딩강^{永定江}에 놓인 다리. 노구 교(×).

루성魯省   중국 산둥성^{山東省}의 다른 이름. 노성(×).

루이진瑞金   교통의 요지로 농산물의 집산이 활발한, 중국 장시성^{江西省}과 푸젠성^{福建省} 경계에 있는 도시. 서금(×).

룩스(×)   '빛의 밝기를 나타내는 단위'의 뜻으로 쓰이는 말은 '럭스'가 올바른 말이다.

룽먼龍門   룽먼 석굴로 유명한, 중국 허난성^{河南省} 뤄양^{洛陽}의 남쪽에 있는 유적지. 용문(×).

룽산 문화龍山文化   신석기 시대 후기 중국 황허^{黃河}강의 중·하류 지역에서 번성한 문화. 용산 문화(×).

룽취안요龍泉窯   중국 저장성^{浙江省} 룽취안현^{龍泉縣}에 있던 중국 최대의 청자 제작지. 용천요(×).

뤄청洛城   중국 뤄양의 다른 이름. 낙성(×).

뤼다旅大   중국 랴오닝성^{遼寧省} 랴오둥반도^{遼東半島}의 다롄^{大連}과 뤼순^{旅順}및 그 부근 지역을 합쳐서 이루어진 도시. 여대(×).

뤼순旅順   중국 랴오닝성^{遼寧省} 랴오둥반도^{遼東半島}의 남쪽에 있는 항구 도시. 여순(×).

류머티스(×)   '관절, 근육 따위의 통증이나 경화를 초래하여 운동하기 어려운 병'의 뜻으로 쓰이는 말은 '류머티즘'이 올바른 말이다.

류머티즘rheumatism   관절, 근육 따위의 통증이나 경화를 초래하여 운동하기 어려운 병. 류머티스(×).

류보청劉伯承   국방 위원회 부주석 등을 지낸 중국의 군인. 정치가 (1892~1986). 유백승(×).

류저우柳州   중국 광시좡족^{廣西壯族} 자치구 중앙부에 있는 상공업 도시. 유주(×).

류탸오후柳條湖   중국 랴오닝성^{遼寧省} 선양^{瀋陽} 북쪽에 있는 지역. 유조호(×).

류푸劉復   중국대자전을 편찬하고 국제 음표 기호에 의거 중국어 표기를 시행한 중국의 언어학자(1891~1934). 유복(×).

류머티즘^{rheumatism}
류머티즘에는 관절 류 머티즘·근육 류머티즘· 류머티즘열 등이 있다.

률率   모음이나 ㄴ 받침 이외의 받침 있는 일부 명사 뒤에 붙어 '비율'의 뜻을 나타내는 말. 연습 경쟁(율, 률)/ 방어(율, 률)/사망(율, 률)/입학(율, 률) /출생(율, 률)/취업(율, 률)/수익(율, 률)/ 반사(율, 률)/ 출산(율, 률).

리더쉽(×)   '한 단체를 이끌어 가는 지도자로서의 능력'은 '리더십'이 올바른 말이다.

리더십leadership   한 단체를 이끌어 가는 지도자로서의 능력. 예 리더십이 강한 사람이 성공하기 쉽다. 리더쉽(×). [법원 9급 '10]. [서울시 9급 '10]. [서울시 9급 '13]. [경찰직 1차 필기 '16]. [서울시 9급 '16]. [소방직 '21]

리더취안李德全   중화 인민 공화국 수립 후 위생부장 등을 지낸 중국의 정치가(1896~1972). 이덕진(×).

-리만큼   ✔띄어쓰기 '~할 정도로'의 뜻을 나타내는 말. 예 후회하리만큼 게으른 생활 태도를 꾸짖었다. -을이만큼(×).

리모컨remote control   멀리 떨어져 있는 기기나 기계류를 제어하는 장치. 리모콘(×). [기상 9급 '13]

리모콘(×)   '멀리 떨어져 있는 기기나 기계류를 제어하는 장치'는 '리모컨'이 올바른 말이다.

리산산驪山   중국 산시성陝西省 린퉁현臨潼縣에 있는 산. 여산(×).

리시놀레산   계면 활성제 원료로 쓰이며, 올레산에서 유도되는 히드록시산. 리시놀산(×).

리시놀산(×)   '계면 활성제 원료로 쓰이며, 올레산에서 유도되는 히드록시산'의 뜻으로 쓰이는 말은 '리시놀레산'이 올바른 말이다.

리신lysine   알부민, 젤라틴, 히스톤 따위에 함유되어 있는 염기성 필수 아미노산. 라이신.

리파아제lipase   중성 지방을 지방산과 글리세린으로 가수 분해를 하는 효소. 리페이스.

리페이스lipase   중성 지방을 지방산과 글리세린으로 가수 분해를 하는 효소. 리파아제.

리포트report   과제로 제출하는 소논문. 연구, 조사 등의 결과물. 레포트(×). [공사·공단 언어 능력]. [서울시 9급 '10]

린뱌오林彪   중국 지원군 총사령관을 지냈으며 문화 혁명을 추진한 중국의 군인·정치가(1907~1971). 임표(×).

률率
'率' 앞이 모음인 말은 '방어', '반사'인데, '율'을 붙이므로 각각 '방어율', '반사율'로 표기한다. '率' 앞이 ㄴ 받침인 말은 출산인데, '율'을 붙이므로 '출산율'로 표기한다. 나머지는 '率' 앞이 모음도 아니고 ㄴ 받침을 가진 말도 아니므로 '경쟁률', '사망률', '입학률', '출생률', '취업률', '수익률'로 표기한다.

리더십leadership
leadership의 발음 [liːdəʃip]에서 [ʃ]는 '시'로 표기한다.

-리만큼
'-리만큼'은 앞말과 붙여 쓰는 어미이다.

리신lysine
'리신'은 '라이신'과 동의어로 쓰인다.

리파아제lipase
'리파아제'는 '리페이스'와 동의어로 쓰인다.

리페이스lipase
'리페이스'는 '리파아제'와 동의어로 쓰인다.

린수林서 '요몽妖夢', '형생전荊生傳' 따위를 저술한 중국 청나라 말기의 작가(1852~1924). 임서(×).

린위탕林語堂 루쉰魯迅과 함께 신문학 운동을 벌였으며 '우리 국토', '우리 국민', '북경 호일北京好日' 등의 작품을 저술한 중국의 작가. 임어당(×).

릴리리야(×) '경기 민요의 하나로 닐리리야를 후렴구로 가짐'의 뜻으로 쓰이는 말은 '닐리리야'가 올바른 말이다.

림프샘lymph¯ 포유류의 림프관에 있는 둥글거나 길쭉한 모양의 부푼 곳. 림프절(×).

림프절(×) '포유류의 림프관에 있는 둥글거나 길쭉한 모양의 부푼 곳'의 뜻으로 쓰이는 말은 '림프샘'이 올바른 표현이다.

링거Ringer 중증 환자에게 주사하는 혈액 대용액. 링게르(×). [광주 소방직 '06]

링게르(×) '중증 환자에게 주사하는 혈액 대용액'은 '링거'가 올바른 말이다.

'릴리리야'가 아닌 '닐리리야'로 써야 하는 이유
자음을 첫소리로 가지고 있는 음절의 '늬'는 [ㅣ]로 발음한다는 규정에 따른 것이다.

링거ringer
'링거'는 흔히 '링게르'로 잘못 쓰는 말이므로 주의하자.

문장 부호

문장 부호는 글에서 문장의 구조를 드러내거나 글쓴이의 의도를 전달하기 위하여 사용하는 부호이다.
문장 부호의 이름과 사용법은 다음과 같이 정한다.

1. 마침표(.)

(1) 서술, 명령, 청유 등을 나타내는 문장의 끝에 쓴다.
- 예 젊은이는 나라의 기둥입니다.
- 예 제 손을 꼭 잡으세요.
- 예 집으로 돌아갑시다.
- 예 가는 말이 고와야 오는 말이 곱다.

> **붙임 1** 직접 인용한 문장의 끝에는 쓰는 것을 원칙으로 하되, 쓰지 않는 것을 허용한다.(ㄱ을 원칙으로 하고, ㄴ을 허용함.)
> 예 ㄱ. 그는 "지금 바로 떠나자."라고 말하며 서둘러 짐을 챙겼다.
> ㄴ. 그는 "지금 바로 떠나자"라고 말하며 서둘러 짐을 챙겼다.

> **붙임 2** 용언의 명사형이나 명사로 끝나는 문장에는 쓰는 것을 원칙으로 하되, 쓰지 않는 것을 허용한다.(ㄱ을 원칙으로 하고, ㄴ을 허용함.)
> 예 ㄱ. 목적을 이루기 위하여 몸과 마음을 다하여 애를 씀.
> ㄴ. 목적을 이루기 위하여 몸과 마음을 다하여 애를 씀
> 예 ㄱ. 결과에 연연하지 않고 끝까지 최선을 다하기.
> ㄴ. 결과에 연연하지 않고 끝까지 최선을 다하기
> 예 ㄱ. 신입 사원 모집을 위한 기업 설명회 개최.
> ㄴ. 신입 사원 모집을 위한 기업 설명회 개최
> 예 ㄱ. 내일 오전까지 보고서를 제출할 것.
> ㄴ. 내일 오전까지 보고서를 제출할 것

다만, 제목이나 표어에는 쓰지 않음을 원칙으로 한다.
- 예 압록강은 흐른다
- 예 꺼진 불도 다시 보자
- 예 건강한 몸 만들기

(2) 아라비아 숫자만으로 연월일을 표시할 때 쓴다.
- 예 1919. 3. 1.
- 예 10. 1.~10. 12.

(3) 특정한 의미가 있는 날을 표시할 때 월과 일을 나타내는 아라비아 숫자 사이에 쓴다.
- 예 3.1 운동
- 예 8.15 광복

> **붙임** 이때는 마침표 대신 가운뎃점을 쓸 수 있다.
> 예 3 · 1 운동 예 8 · 15 광복

(4) 장, 절, 항 등을 표시하는 문자나 숫자 다음에 쓴다.
- 예 가. 인명
- 예 ㄱ. 머리말
- 예 Ⅰ. 서론
- 예 1. 연구 목적

> **붙임** '마침표' 대신 '온점'이라는 용어를 쓸 수 있다.

2. 물음표(?)

(1) 의문문이나 의문을 나타내는 어구의 끝에 쓴다.
- 예 점심 먹었어?
- 예 이번에 가시면 언제 돌아오세요?
- 예 제가 부모님 말씀을 따르지 않을 리가 있겠습니까?
- 예 남북이 통일되면 얼마나 좋을까?
- 예 다섯 살짜리 꼬마가 이 멀고 험한 곳까지 혼자 왔다?
- 예 지금?
- 예 뭐라고?
- 예 네?

> **붙임 1** 한 문장 안에 몇 개의 선택적인 물음이 이어질 때는 맨 끝의 물음에만 쓰고, 각 물음이 독립적일 때는 각 물음의 뒤에 쓴다.
> 예 너는 중학생이냐, 고등학생이냐?
> 예 너는 여기에 언제 왔니? 어디서 왔니? 무엇하러 왔니?

> **붙임 2** 의문의 정도가 약할 때는 물음표 대신 마침표를 쓸 수 있다.
> 예 도대체 이 일을 어쩐단 말이냐.
> 예 이것이 과연 내가 찾던 행복일까.

다만, 제목이나 표어에는 쓰지 않음을 원칙으로 한다.
- 예 역사란 무엇인가
- 예 아직도 담배를 피우십니까

(2) 특정한 어구의 내용에 대하여 의심, 빈정거림 등을 표시할 때, 또는 적절한 말을 쓰기 어려울 때 소괄호 안에 쓴다.
- 예 우리와 의견을 같이할 사람은 최 선생(?) 정도인 것 같다.

예 30점이라, 거참 훌륭한(?) 성적이군.
예 우리 집 강아지가 가출(?)을 했어요.

(3) 모르거나 불확실한 내용임을 나타낼 때 쓴다.
예 최치원(857~?)은 통일 신라 말기에 이름을 떨쳤던 학자이자 문장가이다.
예 조선 시대의 시인 강백(1690?~1777?)의 자는 자청이고, 호는 우곡이다.

3. 느낌표(!)

(1) 감탄문이나 감탄사의 끝에 쓴다.
예 이거 정말 큰일이 났구나!
예 어머!

> 붙임 감탄의 정도가 약할 때는 느낌표 대신 쉼표나 마침표를 쓸 수 있다.
> 예 어, 벌써 끝났네.
> 예 날씨가 참 좋군.

(2) 특별히 강한 느낌을 나타내는 어구, 평서문, 명령문, 청유문에 쓴다.
예 청춘! 이는 듣기만 하여도 가슴이 설레는 말이다.
예 이야, 정말 재밌다!
예 지금 즉시 대답해!
예 앞만 보고 달리자!

(3) 물음의 말로 놀람이나 항의의 뜻을 나타내는 경우에 쓴다.
예 이게 누구야!   예 내가 왜 나빠!

(4) 감정을 넣어 대답하거나 다른 사람을 부를 때 쓴다.
예 네!   예 네, 선생님!
예 흥부야!   예 언니!

4. 쉼표(,)

(1) 같은 자격의 어구를 열거할 때 그 사이에 쓴다.
예 근면, 검소, 협동은 우리 겨레의 미덕이다.
예 충청도의 계룡산, 전라도의 내장산, 강원도의 설악산은 모두 국립 공원이다.
예 집을 보러 가면 그 집이 내가 원하는 조건에 맞는지, 살기에 편한지, 망가진 곳은 없는지 확인해야 한다.
예 5보다 작은 자연수는 1, 2, 3, 4이다.

다만,
(가) 쉼표 없이도 열거되는 사항임이 쉽게 드러날 때는 쓰지 않을 수 있다.
예 아버지 어머니께서 함께 오셨어요.

예 네 돈 내 돈 다 합쳐 보아야 만 원도 안 되겠다.
(나) 열거할 어구들을 생략할 때 사용하는 줄임표 앞에는 쉼표를 쓰지 않는다.
예 광역시: 광주, 대구, 대전…….

(2) 짝을 지어 구별할 때 쓴다.
예 닭과 지네, 개와 고양이는 상극이다.

(3) 이웃하는 수를 개략적으로 나타낼 때 쓴다.
예 5, 6세기   예 6, 7, 8개

(4) 열거의 순서를 나타내는 어구 다음에 쓴다.
예 첫째, 몸이 튼튼해야 한다.
예 마지막으로, 무엇보다 마음이 편해야 한다.

(5) 문장의 연결 관계를 분명히 하고자 할 때 절과 절 사이에 쓴다.
예 콩 심은 데 콩 나고, 팥 심은 데 팥 난다.
예 저는 신뢰와 정직을 생명과 같이 여기고 살아온바, 이번 비리 사건과는 무관하다는 점을 분명히 밝힙니다.
예 떡국은 설날의 대표적인 음식인데, 이걸 먹어야 비로소 나이도 한 살 더 먹는다고 한다.

(6) 같은 말이 되풀이되는 것을 피하기 위하여 일정한 부분을 줄여서 열거할 때 쓴다.
예 여름에는 바다에서, 겨울에는 산에서 휴가를 즐겼다.

(7) 부르거나 대답하는 말 뒤에 쓴다.
예 지은아, 이리 좀 와 봐.
예 네, 지금 가겠습니다.

(8) 한 문장 안에서 앞말을 '곧', '다시 말해' 등과 같은 어구로 다시 설명할 때 앞말 다음에 쓴다.
예 책의 서문, 곧 머리말에는 책을 지은 목적이 드러나 있다.
예 원만한 인간관계는 말과 관련한 예의, 즉 언어 예절을 갖추는 것에서 시작된다.
예 호준이 어머니, 다시 말해 나의 누님은 올해로 결혼한 지 20년이 된다.
예 나에게도 작은 소망, 이를테면 나만의 정원을 가졌으면 하는 소망이 있어.

(9) 문장 앞부분에서 조사 없이 쓰인 제시어나 주제어의 뒤에 쓴다.
예 돈, 돈이 인생의 전부이더냐?
예 열정, 이것이야말로 젊은이의 가장 소중한 자산이다.
예 지금 네가 여기 있다는 것, 그것만으로도 나는 충분히 행복해.

예 저 친구, 저러다가 큰일 한번 내겠어.
예 그 사실, 넌 알고 있었지?

(10) 한 문장에 같은 의미의 어구가 반복될 때 앞에 오는 어구 다음에 쓴다.
예 그의 애국심, 몸을 사리지 않고 국가를 위해 헌신한 정신을 우리는 본받아야 한다.

(11) 도치문에서 도치된 어구들 사이에 쓴다.
예 이리 오세요, 어머님.
예 다시 보자, 한강수야.

(12) 바로 다음 말과 직접적인 관계에 있지 않음을 나타낼 때 쓴다.
예 갑돌이는, 울면서 떠나는 갑순이를 배웅했다.
예 철원과, 대관령을 중심으로 한 강원도 산간지대에 예년보다 일찍 첫눈이 내렸습니다.

(13) 문장 중간에 끼어든 어구의 앞뒤에 쓴다.
예 나는, 솔직히 말하면, 그 말이 별로 탐탁지 않아.
예 영호는 미소를 띠고, 속으로는 화가 치밀어 올라 잠시라도 견딜 수 없을 만큼 괴로웠지만, 그들을 맞았다.

> **붙임 1** 이때는 쉼표 대신 줄표를 쓸 수 있다.
> 예 나는 — 솔직히 말하면 — 그 말이 별로 탐탁지 않아.
> 예 영호는 미소를 띠고 — 속으로는 화가 치밀어 올라 잠시라도 견딜 수 없을 만큼 괴로웠지만 — 그들을 맞았다.

> **붙임 2** 끼어든 어구 안에 다른 쉼표가 들어 있을 때는 쉼표 대신 줄표를 쓴다.
> 예 이건 내 것이니까 — 아니, 내가 처음 발견한 것이니까 — 절대로 양보할 수 없다.

(14) 특별한 효과를 위해 끊어 읽는 곳을 나타낼 때 쓴다.
예 내가, 정말 그 일을 오늘 안에 해 낼 수 있을까?
예 이 전투는 바로 우리가, 우리만이, 승리로 이끌 수 있다.

(15) 짧게 더듬는 말을 표시할 때 쓴다.
예 선생님, 부, 부정행위라니요? 그런 건 새, 생각조차 하지 않았습니다.

> **붙임** '쉼표' 대신 '반점'이라는 용어를 쓸 수 있다

5. 가운뎃점(·)

(1) 열거할 어구들을 일정한 기준으로 묶어서 나타낼 때 쓴다.
예 민수 · 영희, 선미 · 준호가 서로 짝이 되어 윷놀이를 하였다.
예 지금의 경상남도 · 경상북도, 전라남도 · 전라북도, 충청남도 · 충청북도 지역을 예부터 삼남이라 일러 왔다.

(2) 짝을 이루는 어구들 사이에 쓴다.
예 한(韓) · 이(伊) 양국 간의 무역량이 늘고 있다.
예 우리는 그 일의 참 · 거짓을 따질 겨를도 없었다.
예 하천 수질의 조사 · 분석
예 빨강 · 초록 · 파랑이 빛의 삼원색이다.

다만, 이때는 가운뎃점을 쓰지 않거나 쉼표를 쓸 수도 있다.
예 한(韓) 이(伊) 양국 간의 무역량이 늘고 있다.
예 우리는 그 일의 참 거짓을 따질 겨를도 없었다.
예 하천 수질의 조사, 분석
예 빨강, 초록, 파랑이 빛의 삼원색이다.

(3) 공통 성분을 줄여서 하나의 어구로 묶을 때 쓴다.
예 상 · 중 · 하위권
예 금 · 은 · 동메달
예 통권 제54 · 55 · 56호

> **붙임 1** 이때는 가운뎃점 대신 쉼표를 쓸 수 있다.
> 예 상, 중, 하위권
> 예 금, 은, 동메달
> 예 통권 제54, 55, 56호

6. 쌍점(:)

(1) 표제 다음에 해당 항목을 들거나 설명을 붙일 때 쓴다.
예 문방사우: 종이, 붓, 먹, 벼루
예 일시: 2014년 10월 9일 10시
예 흔하진 않지만 두 자로 된 성씨도 있다.(예: 남궁, 선우, 황보)
예 올림표(♯): 음의 높이를 반음 올릴 것을 지시한다.

(2) 희곡 등에서 대화 내용을 제시할 때 말하는 이와 말한 내용 사이에 쓴다.
예 김 과장: 난 못 참겠다.
예 아들: 아버지, 제발 제 말씀 좀 들어 보세요.

(3) 시와 분, 장과 절 등을 구별할 때 쓴다.
예 오전 10:20(오전 10시 20분)
예 두시언해 6:15(두시언해 제6권 제15장)

(4) 의존명사 '대'가 쓰일 자리에 쓴다.
> 예 65:60(65 대 60)
> 예 청군:백군(청군 대 백군)

> **붙임** 쌍점의 앞은 붙여 쓰고 뒤는 띄어 쓴다. 다만, (3)과 (4)에서는 쌍점의 앞뒤를 붙여 쓴다.

7. 빗금(/)

(1) 대비되는 두 개 이상의 어구를 묶어 나타낼 때 그 사이에 쓴다.
> 예 먹이다/먹히다
> 예 남반구/북반구
> 예 금메달/은메달/동메달
> 예 ( )이/가 우리나라의 보물 제1 호이다.

(2) 기준 단위당 수량을 표시할 때 해당 수량과 기준 단위 사이에 쓴다.
> 예 100미터/초   예 1,000원/개

(3) 시의 행이 바뀌는 부분임을 나타낼 때 쓴다.
> 예 산에/산에/피는 꽃은/저만치 혼자서 피어 있네

다만, 연이 바뀜을 나타낼 때는 두 번 겹쳐 쓴다.
> 예 산에는 꽃 피네 / 꽃이 피네 / 갈 봄 여름 없이 / 꽃이 피네 // 산에 / 산에 / 피는 꽃은 / 저만치 혼자서 피어 있네

> **붙임** 빗금의 앞뒤는 (1)과 (2)에서는 붙여 쓰며, (3)에서는 띄어 쓰는 것을 원칙으로 하되 붙여 쓰는 것을 허용한다. 단, (1)에서 대비되는 어구가 두 어절 이상인 경우에는 빗금의 앞뒤를 띄어 쓸 수 있다.

8. 큰따옴표(" ")

(1) 글 가운데에서 직접 대화를 표시할 때 쓴다.
> 예 "어머니, 제가 가겠어요."
>   "아니다. 내가 다녀오마."

(2) 말이나 글을 직접 인용할 때 쓴다.
> 예 나는 "어, 광훈이 아니냐?" 하는 소리에 깜짝 놀랐다.
> 예 밤하늘에 반짝이는 별들을 보면서 "나는 아무 걱정도 없이 가을 속의 별들을 다 헬 듯합니다."라는 시구를 떠올렸다.
> 예 편지의 끝머리에는 이렇게 적혀 있었다.
>   "할머니, 편지에 사진을 동봉했다고 하셨지만 봉투 안에는 아무것도 없었어요."

9. 작은따옴표(' ')

(1) 인용한 말 안에 있는 인용한 말을 나타낼 때 쓴다.
> 예 그는 "여러분! '시작이 반이다.'라는 말 들어 보셨죠?"라고 말하며 강연을 시작했다.

(2) 마음속으로 한 말을 적을 때 쓴다.
> 예 나는 '일이 다 틀렸나 보군.' 하고 생각하였다.
> 예 '이번에는 꼭 이기고야 말겠어.' 호연이는 마음속으로 몇 번이나 그렇게 다짐하며 주먹을 불끈 쥐었다.

10. 소괄호(( ))

(1) 주석이나 보충적인 내용을 덧붙일 때 쓴다.
> 예 니체(독일의 철학자)의 말을 빌리면 다음과 같다.
> 예 2014. 12. 19. (금)
> 예 문인화의 대표적인 소재인 사군자(매화, 난초, 국화, 대나무)는 고결한 선비 정신을 상징한다.

(2) 우리말 표기와 원어 표기를 아울러 보일 때 쓴다.
> 예 기호(嗜好), 자세(姿勢)
> 예 커피(coffee), 에티켓(étiquette)

(3) 생략할 수 있는 요소임을 나타낼 때 쓴다.
> 예 학교에서 동료 교사를 부를 때는 이름 뒤에 '선생(님)'이라는 말을 덧붙인다.
> 예 광개토(대)왕은 고구려의 전성기를 이끌었던 임금이다.

(4) 희곡 등 대화를 적은 글에서 동작이나 분위기, 상태를 드러낼 때 쓴다.
> 예 현우: (가쁜 숨을 내쉬며) 왜 이렇게 빨리 뛰어?
> 예 "관찰한 것을 쓰는 것이 습관이 되었죠. 그러다 보니, 상상력이 생겼나 봐요." (웃음)

(5) 내용이 들어갈 자리임을 나타낼 때 쓴다.
> 예 우리나라의 수도는 ( )이다.
> 예 다음 빈칸에 알맞은 조사를 쓰시오.
>   민수가 할아버지( ) 꽃을 드렸다.

(6) 항목의 순서나 종류를 나타내는 숫자나 문자 등에 쓴다.
> 예 사람의 인격은 (1) 용모, (2) 언어, (3) 행동, (4) 덕성 등으로 표현된다.
> 예 (가) 동해, (나) 서해, (다) 남해

11. 중괄호({ })

(1) 같은 범주에 속하는 여러 요소를 세로로 묶어서 보일 때 쓴다.

예 주격 조사 $\left\{ \begin{array}{c} 이 \\ 가 \end{array} \right\}$

예 국가의 성립 요소 $\left\{ \begin{array}{c} 영토 \\ 국민 \\ 주권 \end{array} \right\}$

(2) 열거된 항목 중 어느 하나가 자유롭게 선택될 수 있음을 보일 때 쓴다.

예 아이들이 모두 학교{에, 로, 까지} 갔어요.

12. 대괄호([ ])

(1) 괄호 안에 또 괄호를 쓸 필요가 있을 때 바깥쪽의 괄호로 쓴다.

예 어린이날이 새로 제정되었을 당시에는 어린이들에게 경어를 쓰라고 하였다.[윤석중 전집(1988), 70쪽 참조]

예 이번 회의에는 두 명[이혜정(실장), 박철용(과장)]만 빼고 모두 참석했습니다.

(2) 고유어에 대응하는 한자어를 함께 보일 때 쓴다.

예 나이[年歲] 예 낱말[單語] 예 손발[手足]

(3) 원문에 대한 이해를 돕기 위해 설명이나 논평 등을 덧붙일 때 쓴다.

예 그것[한글]은 이처럼 정보화 시대에 알맞은 과학적인 문자이다.

예 신경준의 《여암전서》에 "삼각산은 산이 모두 돌 봉우리인데, 그 으뜸 봉우리를 구름 위에 솟아 있다고 백운(白雲)이라 하며 [이하 생략]"

예 그런 일은 결코 있을 수 없다.[원문에는 '업다'임.]

13. 겹낫표(『 』)와 겹화살괄호(《 》)

책의 제목이나 신문 이름 등을 나타낼 때 쓴다.

예 우리나라 최초의 민간 신문은 1896년에 창간된 『독립신문』이다.

예 『훈민정음』은 1997년에 유네스코 세계 기록 유산으로 지정되었다.

예 《한성순보》는 우리나라 최초의 근대 신문이다.

예 윤동주의 유고 시집인 《하늘과 바람과 별과 시》에는 31편의 시가 실려 있다.

붙임 겹낫표나 겹화살괄호 대신 큰따옴표를 쓸 수 있다.

예 우리나라 최초의 민간 신문은 1896년에 창간된 "독립신문"이다.

예 윤동주의 유고 시집인 "하늘과 바람과 별과 시"에는 31편의 시가 실려 있다.

14. 홑낫표(「 」)와 홑화살괄호(〈 〉)

소제목, 그림이나 노래와 같은 예술 작품의 제목, 상호, 법률, 규정 등을 나타낼 때 쓴다.

예 「국어 기본법 시행령」은 「국어 기본법」에서 위임된 사항과 그 시행에 필요한 사항을 규정함을 목적으로 한다.

예 이 곡은 베르디가 작곡한 「축배의 노래」이다.

예 사무실 밖에 「해와 달」이라고 쓴 간판을 달았다.

예 〈한강〉은 사진집 《아름다운 땅》에 실린 작품이다.

예 백남준은 2005년에 〈엄마〉라는 작품을 선보였다.

붙임 홑낫표나 홑화살괄호 대신 작은따옴표를 쓸 수 있다.

예 사무실 밖에 '해와 달'이라고 쓴 간판을 달았다.

예 '한강'은 사진집 "아름다운 땅"에 실린 작품이다.

15. 줄표(—)

제목 다음에 표시하는 부제의 앞뒤에 쓴다.

예 이번 토론회의 제목은 '역사 바로잡기 — 근대의 설정 —'이다.

예 '환경 보호 — 숲 가꾸기 —'라는 제목으로 글짓기를 했다.

다만, 뒤에 오는 줄표는 생략할 수 있다.

예 이번 토론회의 제목은 '역사 바로잡기 — 근대의 설정'이다.

예 '환경 보호 — 숲 가꾸기'라는 제목으로 글짓기를 했다.

붙임 줄표의 앞뒤는 띄어 쓰는 것을 원칙으로 하되, 붙여 쓰는 것을 허용한다.

16. 붙임표(-)

(1) 차례대로 이어지는 내용을 하나로 묶어 열거할 때 각 어구 사이에 쓴다.

예 멀리뛰기는 도움닫기-도약-공중 자세-착지의 순서로 이루어진다.

예 김 과장은 기획-실무-홍보까지 직접 발로 뛰었다.

(2) 두 개 이상의 어구가 밀접한 관련이 있음을 나타내고자 할 때 쓴다.
　예 드디어 서울-북경의 항로가 열렸다.
　예 원-달러 환율
　예 남한-북한-일본 삼자 관계

17. 물결표(〜)

기간이나 거리 또는 범위를 나타낼 때 쓴다.
　예 9월 15일〜9월 25일
　예 김정희(1786〜1856)
　예 서울〜천안 정도는 출퇴근이 가능하다.
　예 이번 시험의 범위는 3〜78쪽입니다.

> **붙임** 물결표 대신 붙임표를 쓸 수 있다.
> 예 9월 15일-9월 25일
> 예 김정희(1786-1856)
> 예 서울-천안 정도는 출퇴근이 가능하다.
> 예 이번 시험의 범위는 3-78쪽입니다.

18. 드러냄표(˙)와 밑줄(＿)

문장 내용 중에서 주의가 미쳐야 할 곳이나 중요한 부분을 특별히 드러내 보일 때 쓴다.
　예 한글의 본디 이름은 훈민정음이다.
　예 중요한 것은 왜 사느냐가 아니라 어떻게 사느냐이다.
　예 지금 필요한 것은 지식이 아니라 실천입니다.
　예 다음 보기에서 명사가 아닌 것은?

> **붙임** 드러냄표나 밑줄 대신 작은따옴표를 쓸 수 있다.
> 예 한글의 본디 이름은 '훈민정음'이다.
> 예 중요한 것은 '왜 사느냐'가 아니라 '어떻게 사느냐'이다.
> 예 지금 필요한 것은 '지식'이 아니라 '실천'입니다.
> 예 다음 보기에서 명사가 '아닌' 것은?

19. 숨김표(○, ×)

(1) 금기어나 공공연히 쓰기 어려운 비속어임을 나타낼 때, 그 글자의 수효만큼 쓴다.
　예 배운 사람 입에서 어찌 ○○○란 말이 나올 수 있느냐?
　예 그 말을 듣는 순간 ×××란 말이 목구멍까지 치밀었다.

(2) 비밀을 유지해야 하거나 밝힐 수 없는 사항임을 나타낼 때 쓴다.

(3) 1차 시험 합격자는 김○영, 이○준, 박○순 등 모두 3명이다.
　예 육군 ○○ 부대 ○○○ 명이 작전에 참가하였다.
　예 그 모임의 참석자는 김×× 씨, 정×× 씨 등 5명이었다.

20. 빠짐표(□)

(1) 옛 비문이나 문헌 등에서 글자가 분명하지 않을 때 그 글자의 수효만큼 쓴다.
　예 大師爲法主□□賴之大□薦

(2) 글자가 들어가야 할 자리를 나타낼 때 쓴다.
　예 훈민정음의 초성 중에서 아음(牙音)은 □□□의 석 자다.

21. 줄임표(……)

(1) 할 말을 줄였을 때 쓴다.
　예 "어디 나하고 한번……." 하고 민수가 나섰다.

(2) 말이 없음을 나타낼 때 쓴다.
　예 "빨리 말해!" "……."

(3) 문장이나 글의 일부를 생략할 때 쓴다.
　예 '고유라는 말은 문자 그대로 본디부터 있었다는 뜻은 아닙니다. …… 같은 역사적 환경에서 공동의 집단생활을 영위해 오는 동안 공동으로 발견된, 사물에 대한 공동의 사고방식을 우리는 한국의 고유 사상이라 부를 수 있다는 것입니다.

(4) 머뭇거림을 보일 때 쓴다.
　예 "우리는 모두…… 그러니까…… 예외 없이 눈물만…… 흘렸다."

> **붙임 1** 점은 가운데에 찍는 대신 아래쪽에 찍을 수도 있다.
> 예 "어디 나하고 한번......" 하고 민수가 나섰다.
> 예 "실은...... 저 사람...... 우리 아저씨일지 몰라."
>
> **붙임 2** 점은 여섯 점을 찍는 대신 세 점을 찍을 수도 있다.
> 예 "어디 나하고 한번…" 하고 민수가 나섰다.
> 예 "실은... 저 사람... 우리 아저씨일지 몰라."
>
> **붙임 3** 줄임표는 앞말에 붙여 쓴다. 다만, (3)에서는 줄임표의 앞뒤를 띄어 쓴다.
>
> **붙임 4** 끼어든 어구 안에 다른 쉼표가 들어 있을 때는 쉼표 대신 줄표를 쓴다.
> 예 이건 내 것이니까 — 아니, 내가 처음 발견한 것이니까 — 절대로 양보할 수 없다.

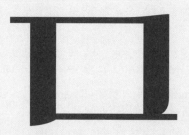

ㅁ 미음.

- 한글 자모의 다섯째.
- 자음의 하나. 입술을 다물어 입 안을 비우고 목에서 나오는 소리를 콧구멍을 통하여 내보내어 내는 소리이다.
- 받침으로 쓰일 때는 입술을 떼지 않고 소리 낸다.

마구간^{馬廐間} 말을 넣어 기르는 곳. 마굿간(×). [국가직 9급 '08]. [경찰대 '09]

마굿간(×) '말을 기르는 곳'은 '마구간'이 올바른 말이다.

마냥(×) '두 대상이 비슷함을 나타내는 비교격 조사'는 '처럼'이 올바른 말이다.

마는 종결 어미 '-다', '-냐' 등에 붙어 앞 내용을 인정하지만 그에 대해 반대되는 상황을 나타내는 말. [예] 자고 싶다마는 내일의 좋은 성적을 위해 졸음을 참고 공부를 하고 있다. [한국어교육검정 '11]

마니아^{mania} 어떤 일에 혼신을 다해 임하는 사람. [예] 영수는 영화 마니아다. 매니아(×). [서울시 7급 '10]. [서울시 지방직 7급 '16]

마다 ✔띄어쓰기 '낱낱이 모두'의 뜻을 나타내는 말. [예] 사람마다 생각이 다르다. [경찰직 '20]

마다하다 거절하거나 싫다고 하다. [예] 좋은 혼처 자리를 다 마다하더니 뒤늦게 후회하는구나.

　✔오류노트 그는 어려운 일을 <u>마다 않고</u> 열심히 한다. → 마다하지 않고.

마당밟기(×) '음력 정월 대보름날 농악대가 마을을 돌며 지신에게 연중 무사를 빌고 행하는 민속놀이의 하나'는 '지신밟기'가 올바른 말이다.

마디줄(×) '음악에서, 보표^{譜表} 위에 세로로 그어서 마디를 구분하는 줄'은 '마딧줄'이 올바른 말이다.

마딧줄 음악에서, 보표^{譜表} 위에 세로로 그어서 마디를 구분하는 줄. 마디줄(×).

마뜩잖다 마음에 들 만하지 않다. 마뜩찮다(×).

　✔오류노트 <u>마뜩찮은</u> 선물이지만 받아 주세요. → 마뜩잖은.

마뜩찮다(×) '마음에 들 만하지 않다'의 뜻으로 쓰이는 말은 '마뜩잖다'가 올바른 말이다.

마뜩하다 (주로 '마뜩하지'의 꼴로 '아니하다'나 '못하다' 등과 함께 부정의 뜻으로 쓰여) 마음에 들 만하다. [예] 아버지는 대학원에 간다는 아들의 의견이 마뜩하지 않았다. 맛득하다(×).

마루구멍(×) '마룻바닥에 난 구멍'은 '마룻구멍'이 올바른 말이다.

마구간^{馬廐間}
'마구'와 '간'은 '한자+한자'의 구성으로 사이시옷을 받쳐 적지 않는 단어이다.

마다
'마다'는 조사이므로 앞말과 붙여 쓴다.

마다하다
'마다'가 홀로 쓰이지 않고 반드시 '마다하다'의 형태로만 쓰인다.

마딧줄
순우리말로 된 합성어로서 앞말이 모음으로 끝난 경우, 뒷말의 첫소리가 된소리로 나는 것은 사이시옷을 붙인다.

마뜩잖다
'-하' 앞의 받침이 'ㄱ', 'ㄷ', 'ㅂ', 'ㅅ'일 경우에는 '-하' 전체가 줄어들고, 받침이 없는 모음이나, 'ㄴ', 'ㄹ', 'ㅇ'일 경우에는 'ㅏ'만 줄어든다. '마뜩하지'에서 '-하' 앞의 받침이 'ㄱ'이므로 '-하' 전체가 줄어 '마뜩지'와 같은 형태가 된다. 또 '마뜩하지 않은'에서 '-하' 전체가 줄면 '마뜩지 않은'·'마뜩잖은'이 된다.

마루바닥(×)	'마루의 바닥'의 뜻으로 쓰이는 말은 '마룻바닥'이 올바른 말이다.
마룻구멍	마룻바닥에 난 구멍. 마루구멍(×).
마룻바닥	마루의 바닥. 마루바닥(×).
마른갈이	논에 물을 대지 아니하고 마른 상태에서 가는 일. 건갈이(×).
마리수(×)	'짐승, 물고기, 새 등 마리를 단위로 하여 헤아리는 수'는 '마릿수'가 올바른 말이다.
마릿수^數	짐승, 물고기, 새 등 마리를 단위로 하여 헤아리는 수. 마리수(×).
마마자국(×)	'마마를 앓고 나은 뒤 딱지가 떨어지고 생기는 얽은 자국'은 '마맛자국'이 올바른 말이다.
마맛자국^{媽媽-}	마마를 앓고 나은 뒤 딱지가 떨어지고 생기는 얽은 자국. 마마자국(×).
마바람(×)	'남풍을 달리 이르는 이름'은 '마파람'이 올바른 말이다.
마바리^{馬-}	말에 실은 짐. 또는 짐을 실은 말. 마발이(×).
마발이(×)	'말에 실은 짐. 또는 짐을 실은 말'은 '마바리'가 올바른 말이다.
마사지^{massage}	손바닥이나 손가락 끝으로 피부나 근육에 자극을 주는 미용법. 맛사지(×).
마소	말과 소. 말소(×).
마술장이(×)	'마술사를 낮추어 이르는 말'은 '마술쟁이'가 올바른 말이다.
마술쟁이^{魔術-}	마술사를 낮추어 이르는 말. 마술장이(×).
마쉬멜로우(×)	'젤라틴, 달걀 흰자, 향료, 식용 색소 따위를 섞어 거품을 일으켜 굳힌 양과자'는 '마시멜로'가 올바른 말이다.
마시멜로^{marshmallow}	젤라틴, 달걀 흰자, 향료, 식용 색소 따위를 섞어 거품을 일으켜 굳힌 양과자. 마쉬멜로우(×).
마실	이웃에 놀러 다니는 일. 마을. [서울시 지방직 7급 '16]
마실꾼	이웃집에 놀러 다니는 사람. 마을꾼.
마오둔^{茅盾}	1927년 장편 소설로 혁명 문학파의 비판을 받았으며, 1930년 좌익 작가 연맹에 가입하여 지도적 역할을 한 중국의 소설가·평론가(1896~1981). 모순(×).

마룻구멍
순우리말로 된 합성어로서 앞말이 모음으로 끝난 경우, 뒷말의 첫소리가 된소리로 나는 것은 사이시옷을 붙인다.

마릿수^數
순우리말과 한자어로 된 합성어로서 앞말이 모음으로 끝난 경우 뒷말의 첫소리가 된소리로 나는 경우 사이시옷을 붙인다.

마맛자국^{媽媽-}
한자어와 순우리말로 된 합성어로 앞말이 모음으로 끝나고, 뒷말의 첫소리가 된소리로 나므로 사이시옷을 붙인다.

마소
끝소리가 'ㄹ'인 말과 딴 말이 어울릴 적에 'ㄹ' 소리가 나지 아니하는 것은 아니 나는 대로 적는다.

마실꾼
'마을꾼'과 함께 복수 표준어이다.

마을	이웃에 놀러 다니는 일. 마실. 예 마을을 다녀오다 사나운 개에게 물렸다. [서울시 지방직 7급 '16]
마을꾼	¹이웃집에 놀러 다니는 사람. ²이웃집에 놀러 다니기를 유난히 즐기는 사람. 마실꾼.
마음먹다	✔띄어쓰기 무엇을 하겠다는 생각을 하다. 예 홀어머니께 효도를 다하겠다고 마음먹다.
마이더스(×)	'만지는 것마다 황금으로 바꾸는 재주를 얻었으나 이것이 능사가 아님을 깨닫고 그 능력을 버렸다는, 그리스 신화에 나오는 왕'은 '미다스'가 올바른 말이다.
마지않다	✔띄어쓰기 '마지아니하다'의 준말로, 앞의 동작을 강조하는 말. 예 우리 학생들을 자식처럼 사랑하시는 김영윤 선생님을 존경해 마지않습니다.
마추다(×)	'두 사물을 마주 대다. 틀리지 않게 하다. 미리 부탁하여 구입하기로 약속하다. 어떤 대상을 무엇에 맞게 하다'의 뜻으로 쓰이는 말은 '맞추다'가 올바른 말이다.
마춤(×)	'원하는 규격에 따라 물건을 만들도록 미리 부탁함, 또는 그렇게 하여 만든 물건'의 뜻으로 쓰이는 말은 '맞춤'이 올바른 말이다.
마춤옷(×)	'몸에 맞추어 지은 옷'의 뜻으로 쓰이는 말은 '맞춤옷'이 올바른 말이다.
마치	못을 박거나 무엇을 두드리는 데 쓰는 작은 연장.
마파람	남풍을 달리 이르는 말. 마바람·맛바람(×).
마혜麻鞋	삼이나 노 따위로 짚신처럼 삼은 신. 망혜(×).
마후라(×)	'추위를 막거나 멋을 내기 위하여 목에 두르는 천'은 '머플러'가 올바른 말이다.
막내동이(×)	'한집안의 막내'는 '막내둥이'가 올바른 말이다.
막내둥이	한집안의 막내. 예 내가 우리 집 막내둥이다. 막내동이(×).
막냇동생	맨 끝의 아우. 막내아우.
막동이(×)	'한집안의 막내아들을 귀엽게 이르는 말'은 '막둥이'가 올바른 말이다.
막둥이	한집안의 막내아들을 귀엽게 이르는 말. 막동이(×).
막장(×)	'일의 마지막'의 뜻으로 쓰이는 말은 '끝장'이 올바른 말이다.

마을꾼
'이웃집에 놀러 다니는 일'의 뜻으로 쓰이는 말은 '마을' 혹은 '마실'이다.

마음먹다
'마음먹다'는 한 단어로 붙여 쓴다.

마지않다
'마지않다'는 한 단어이므로 붙여 쓴다.

'마춤'으로 쓸 수 없는 이유
기본형이 '마추다'라면 '마춤', '마춤옷' 등이 맞을 것이나 기본형이 '맞추다'이므로 반드시 '맞춤', '맞춤옷'과 같이 써야 한다.

마치
망치와 비슷한 모양이지만 망치에 비해 작고 자루는 가볍다.

마파람
동풍은 '샛바람', 서풍은 '하늬바람'이라고 한다.

마혜
'마혜'를 '미투리'라고도 한다.

막내둥이
원래 '둥이'는 '아이'를 뜻하는 '童'에 '-이'가 붙은 말이지만 '-동이'가 변한 말 '-둥이'를 표준어로 삼았다.

만	앞말의 내용과 비교하여 앞말의 정도에 도달함을 나타내는 보조사. 예 송아지만 한 개. / 언니가 동생만 못하다. [경찰대 '09]. [한국어교육검정 '09]. [국회 8급 '11]

'송아지만 한 개'가 맞고 '송아지 만한 개'가 틀리는 이유는 무엇일까?
'만'을 보조 용언으로서 쓰이는 '만하다'와 혼동하여 '송아지 만한 개'처럼 띄어쓰기 쉽다. 하지만 보조 용언 '만하다'는 반드시 용언 뒤에 오며 '먹을 만하다'처럼 띄어 쓴다. '송아지만 한 개'의 '만 한'은 체언 뒤에 보조사 '만'이 오고 뒤에 동사 '하다'가 이어진 말이다. 여기에서의 '하다'는 동사이므로 앞말과 띄어 쓴다.

만	(✓띄어쓰기) 얼마 동안 계속되었음을 뜻하는 말. 예 십오 년 만에 만나는 친구야 반갑구나./이게 얼마 만인가? [공사·공단 언어 능력]. [한국어교육검정 '08]. [국가직 9급 '17]. [사회복지직 9급 '17]
만날	매일같이 계속하여서. 예 입학시험이 코앞인데 너는 만날 놀기만 하니? [복지 9급 '12]
만두국(×)	'만두를 넣고 끓인 국'의 뜻으로 쓰이는 말은 '만둣국'이 올바른 말이다. [소방직 '20]
만두소饅頭-	만두 속에 넣는 재료. 만두속(×).
만두속(×)	'만두 속에 넣는 재료'의 뜻으로 쓰이는 말은 '만두소'가 올바른 말이다.
만둣국饅頭-	만두를 넣고 끓인 국. 만두국(×). [한국어교육검정 '10]
만들다	새로운 상태를 이루어 내다. (오류노트) 장영실이 각종 물시계, 해시계 등을 만들음. → 만듦.
만만찮다	손쉽게 다룰 수 있는 정도가 아니다. 만만챦다(×). [국가직 7급 '12]
만만챦다(×)	'손쉽게 다룰 수 있는 정도가 아니다'의 뜻으로 쓰이는 말은 '만만찮다'가 올바른 말이다.
만석군(×)	'연간 곡식 만 섬을 수확할 만한 땅을 가진 큰 부자'는 '만석꾼'이 올바른 말이다.
만석꾼萬石-	연간 곡식 만 섬을 수확할 만한 땅을 가진 큰 부자. 만석군(×).

만 '만'은 의존 명사로 앞말과 띄어 쓴다.

만날 '맨날'과 함께 복수 표준어이다.

만둣국饅頭- 한자어와 순우리말로 된 합성어로 앞말이 모음으로 끝나고, 뒷말의 첫소리가 된소리로 나므로 사이시옷을 붙인다.

만들다 '거칠다', '만들다' 등 어간 마지막에 'ㄹ' 받침이 있는 경우 'ㄹ' 받침 뒤에서 'ㅡ'가 탈락되어 '거칢', '만듦'과 같이 활용한다.

만만찮다 '-하지' 뒤에 '않-'이 어울려 '-찮-'이 될 적에는 준 대로 적는다.(만만하지 않다→만만찮다)

만석꾼 '어떤 사물이나 특성을 가진 사람'의 뜻을 나타내는 접미사는 '-꾼'이다.

만수산萬壽山(×)   '중국 청나라 때의 이궁離宮이 있는, 베이징 교외의 산'은 '완서우산'이 올바른 말이다.

만저우리滿洲里   몽골과 러시아의 국경에 있으며 시베리아 철도로 이어지는 도시. 만주리(×).

만족스럽다滿足-   매우 만족할 만한 데가 있다.

> ✏오류노트 우리 팀은 9회말 극적인 찬스에서 <u>만족스런</u> 점수를 얻었다. → 만족스러운. [국회 8급 '12]

만주리滿洲里(×)   '몽골과 러시아의 국경에 있으며 시베리아 철도로 이어지는 도시'는 '만저우리'가 올바른 말이다.

만지작거리다   가볍게 주무르듯 자꾸 만지다. 예 남 앞에만 서면 부끄러워 호주머니를 만지작거리는 동생이 안타깝다. 매무작거리다(×).

만치   ✔띄어쓰기 ¹바로 앞에서 언급한 정도의 수량이나 정도임을 나타내는 말. ²바로 앞의 내용이 근거임을 나타내는 말. ³앞말과 정도가 비슷함을 나타내는 말.

만큼   ✔띄어쓰기 ¹바로 앞에서 언급한 정도의 수량이나 정도임을 나타내는 말. 예 베푼 만큼 대접받는다. ²바로 앞의 내용이 근거임을 나타내는 말. 예 수없이 타이른 만큼 이젠 제대로 할 거야. ³앞말과 정도가 비슷함을 나타내는 말. 예 나도 너만큼은 할 수 있어. [경찰대 '06]. [세무직 9급 '07]. [국가직 7급 '08]. [지방직 9급 '08]. [공사·공단 언어능력]. [기상 9급 '13]. [서울시 9급 '16]. [사회복지직 9급 '17]

> **'만큼'을 붙여 쓸 때와 띄어 쓸 때를 어떻게 구별할까?**
> 용언(동사, 형용사) 뒤에 붙어 '정도나 근거'를 나타내는 말은 의존 명사이며 앞말과 띄어 쓴다. 예 노력한 만큼 돌아온다(동사 뒤에 옴)./그는 착한 만큼 사랑을 받는다(형용사 뒤에 옴). ³번처럼 체언(명사, 대명사 따위) 뒤에 붙어 정도가 비슷함을 나타내는 말은 조사이며 앞말과 붙여 쓴다. 예 그만큼 부지런한 사람도 없다.

만하다   ✔띄어쓰기 앞에서 언급한 정도의 가치가 있음을 나타내는 말. 예 청소년들이 읽을 만한 책. [국회 8급 '13]. [지방직 9급 '16]. [서울시 9급 '21]

맏물   과일 따위를 수확할 때 그해 들어서 제일 처음 거두어들인 것. 첫물(×).

만족스럽다
'만족스럽다'의 어간 '만족스럽-' 뒤에 '-은'이 오면 어간 말음 'ㅂ'이 '우'로 변하므로, '만족스러운'처럼 써야 된다.

만치
'만큼'과 함께 복수 표준어이다.

만큼
'만치'와 함께 복수 표준어이다.

만하다
보조 용언은 앞말과 띄어 쓰는 것이 원칙이다. '청소년들이 읽을만 한 책'처럼 잘못 띄어 쓰는 경우가 있으므로 주의하자.

맏상제^喪制	부모가 세상을 떠나 상중에 있는 맏아들. 맏상주(×).
맏상주^喪主(×)	'부모가 세상을 떠나 상중에 있는 맏아들'은 '맏상제'가 올바른 말이다.
맏손주^孫	맏손자와 맏손녀를 아울러 이르는 말.
맏어머니(×)	'아버지 맏형의 아내. 또는 아버지 형의 아내'는 '큰어머니'가 올바른 말이다.
말겻(×)	'남이 말하는 중에 참견하는 말'은 '말곁'이 올바른 말이다.
말곁	남이 말하는 중에 참견하는 말. 말겻(×).
말곳말곳하다(×)	'생기 있으며 맑고 환하다'의 뜻으로 쓰이는 말은 '말긋말긋하다'가 올바른 말이다.
말긋말긋하다	생기 있으며 맑고 환하다. 말곳말곳하다(×).
말꼼히(×)	'눈을 똑바로 뜨고 조용히 한곳만 바라보는 모양'은 '말끄러미'가 올바른 말이다.
말끄러미	눈을 똑바로 뜨고 조용히 한곳만 바라보는 모양. 말꼼히(×).
말다	어떤 일이나 행동을 하지 않거나 그만두다. 연습 그런 소리 (마, 말아). → '마', '말아' 모두 쓸 수 있다.
말동무	더불어 이야기할 만한 친구.
말똥말똥	딴생각이 없이 동그랗게 눈만 뜨고 말끄러미 쳐다보는 모양. 말뚱말뚱(×).
말뚱말뚱(×)	'딴생각이 없이 동그랗게 눈만 뜨고 말끄러미 쳐다보는 모양'은 '말똥말똥'이 올바른 말이다.
말레이시아^Malaysia	아시아 남동부 말레이반도와 보르네오섬 북부를 차지하는 나라. 말레이지아(×). [KBS한국어 '07]
말레이지아(×)	'아시아 남동부 말레이반도와 보르네오섬 북부를 차지하는 나라'는 '말레이시아'가 올바른 말이다.
말몰이꾼	말을 이용하여 짐을 운반해 주는 일을 직업으로 하는 사람. 말몰잇군(×).
말몰잇군(×)	'말을 이용하여 짐을 운반해 주는 일을 직업으로 하는 사람'은 '말몰이꾼'이 올바른 말이다.
말발	듣는 이로 하여금 그 말을 따르게 할 수 있는 말의 힘. 말빨(×).

맏손주^孫
'손주'는 새로 표준어로 지정된 말이다. 이에 따라 '맏손주'도 새로 표준어로 지정되었다.

말다
명령형 어미 '-아', '-아라', '-아요' 따위가 결합할 때는 어간 끝의 'ㄹ'이 탈락하기도 하고 탈락하지 않기도 한다. 이전에는 '마, 마라, 마요'만 쓰였는데, 'ㄹ'이 탈락하지 않고 널리 쓰임에 따라 '말아, 말아라, 말아요'도 어문 규범에 맞는 표기로 인정되었다.

말동무
'말벗'과 함께 복수 표준어이다.

말똥말똥
'말똥말똥'은 '생기가 있는 모양'을 나타내는 말이고 '멀뚱멀뚱'은 '생기가 없는 모양'을 나타내는 말이다.

말빨(×)　'듣는 이로 하여금 그 말을 따르게 할 수 있는 말의 힘'은 '말발'이 올바른 말이다.

말벗　더불어 이야기할 만한 친구. 예 나의 어린 시절 시골에서의 말벗이라고는 누이동생이 전부였다.

말소(×)　'말과 소의 뜻으로 쓰이는 말은 '마소'가 올바른 말이다.

말썽군(×)　'자주 말썽을 일으키는 사람'은 '말썽꾼'이 올바른 말이다.

말썽꾼　자주 말썽을 일으키는 사람. 말썽군(×).

말쑥이　말끔하고 깨끗하게. 예 어린애로만 알았던 아들이 양복을 말쑥이 차려 입고 나니 어른스럽게 느껴진다. 말쑥히(×).

말쑥히(×)　'말끔하고 깨끗하게'의 뜻으로 쓰이는 말은 '말쑥이'가 올바른 말이다.

말없이　✔띄어쓰기 아무런 말도 하지 않고. 예 멀어져가는 연인의 뒷모습을 보며 말없이 눈물짓는 누나의 모습이 애처롭다.

말타아제Maltase　맥아당을 두 분자의 포도당으로 가수 분해를 하는 효소. 말테이스.

말테이스maltase　맥아당을 두 분자의 포도당으로 가수 분해를 하는 효소. 말타아제.

맘모스(×)　'대형, 대규모의. 약 1만 년 전까지 살았던 코끼릿과의 화석 포유동물'의 뜻으로 쓰이는 말은 '매머드'가 올바른 말이다.

맛갈(×)　'음식 맛의 성질'의 뜻으로 쓰이는 말은 '맛깔'이 올바른 말이다.

맛갈스럽다(×)　'음식이 구미에 당길 정도로 맛있다'의 뜻으로 쓰이는 말은 '맛깔스럽다'가 올바른 말이다.

맛깔　음식 맛의 성질. 맛갈(×).

맛깔스럽다　입에 당길 만큼 음식의 맛이 있다. 맛갈스럽다(×)

　✔오류노트 어머니는 <u>맛깔스런</u> 새우젓을 사 오셨다. → 맛깔스러운.

맛나니(×)　'음식 맛을 내려고 음식물에 넣는 조미료'는 '맛난이'가 올바른 말이다.

말벗
'말동무'와 함께 복수 표준어이다.

'말소'로 쓰지 않는 이유
'ㄹ'이 'ㄴ, ㄷ, ㅅ, ㅈ' 앞에서 탈락한 말들은 어원적인 형태를 밝혀 적지 않는 경우에 해당한다.

말썽꾼
'어떤 일을 습관적으로 하는 사람' 또는 '어떤 일을 즐겨 하는 사람'의 뜻을 더하는 접미사는 '-꾼'이다.

말쑥이
'말쑥-'의 'ㄱ' 받침 뒤에서와 같이, 부사의 끝음절이 분명히 '이'로만 소리 나면 '이'로 표기한다.

말없이
'말없이'는 한 단어이므로 붙여 쓴다.

말타아제maltase
'말타아제'는 '말테이스'와 동의어로 쓰인다.

맛깔스럽다
'맛깔스럽다'의 어간 '맛깔스럽-' 뒤에 '-은'이 오면 어간 말음 'ㅂ'이 '우'로 변하므로, '맛깔스러운'처럼 써야 된다.

맛난이	음식 맛을 내려고 음식물에 넣는 조미료. 맛나니(×).
맛득하다(×)	'마음에 들 만하다'의 뜻으로 쓰이는 말은 '마뜩하다'가 올바른 말이다.
맛바람, 마바람(×)	'남풍을 달리 이르는 말'은 '마파람'이 올바른 말이다.
맛배기, 맛빼기(×)	'맛으로 먹거나 맛을 보이기 위해 음식의 일부를 차려 놓은 것'은 '맛보기'가 올바른 말이다.
맛보기	맛으로 먹거나 맛을 보이기 위해 음식의 일부를 차려 놓은 것. 예 할인 매장의 식품점 여기저기를 다니며 맛보기로 진열한 음식을 먹었다. 맛배기·맛빼기(×).
맛사지(×)	'손바닥이나 손가락 끝으로 피부나 근육에 자극을 주는 미용법'은 '마사지'가 올바른 말이다.
망가지다	물건이 찌그러지거나 부서져서 못 쓰게 되다.
망개지다(×)	'물건이 찌그러지거나 부서져서 못 쓰게 되다'의 뜻으로 쓰이는 말은 '망그러지다'가 올바른 말이다.
망건장이	망건 만드는 일을 직업으로 하는 사람. 망건쟁이(×).
망건쟁이(×)	'망건 만드는 일을 직업으로 하는 사람'은 '망건장이'가 올바른 말이다.
망그러지다	물건이 찌그러지거나 부서져서 못 쓰게 되다. 예 하루 종일 만든 개집이 한순간에 망그러졌다. 망개지다(×).
망녕(×)	'죽은 사람의 영혼. 정신이 흐려서 정상이 아닌 상태'의 뜻으로 쓰이는 말은 '망령'이 올바른 말이다.
망령亡靈	죽은 사람의 영혼. 정신이 흐려서 정상이 아닌 상태. 망녕(×).
망신스럽다亡身-	망신을 당하는 느낌이 있다. ✔오류노트 너는 왜 매일 망신스런 행동을 하고 다니느냐. → 망신스러운.
망측하다罔測-	사리에 맞지 않거나 어이가 없어 보기가 민망하다. 예 어떤 사람이 망측하게 백주대로에서 속옷을 내리고 가려운 곳을 긁고 있다. 망칙하다(×).
망치	불에 달군 쇠나 단단한 물건을 두드리는 데 쓰는 쇠 연장.
망칙하다(×)	'사리에 맞지 않거나 어이가 없어 보기가 민망하다'의 뜻으로 쓰이는 말은 '망측하다'가 올바른 말이다.

맛보기
'맛보다'의 어간 '맛보-'에 명사형 어미 '-기'가 붙은 말이다.

'맛사지'로 표기하지 않는 이유
외래어 표기에서 된소리에 가까운 발음은 표기에 반영하지 않는다.

망가지다
'망가지다'는 '망그러지다'와 동의어이다.

망그러지다
'망그러지다'는 '망가지다'와 동의어이다.

망신스럽다
'망신스럽다'의 어간 '망신스럽-' 뒤에 '-은'이 오면 어간 말음 'ㅂ'이 '우'로 변하므로, '망신스러운'처럼 써야 된다.

망혜(×) '삼이나 노 따위로 짚신처럼 삼은 신'은 '마혜'가 올바른 말이다.

맞다 말이나 답이 틀리지 않다. 맛, 온도, 습도 따위가 적당하다.

> **오류노트** 그래, 네 말이 정말 <u>맞다</u>. → 맞는다

'맞다'와 '맞는다'
'맞다'는 형용사가 아니고 동사이다. 동사는 현재형으로 활용될 때 어간에 '-ㄴ(는)'이라는 선어말 어미가 붙으므로 '맞다'라고 표기하면 안 된다. '맞는다'라고 표기해야 한다.

맞두래(×) '두 사람이 마주 서서 줄 두 가닥씩을 쥐고 지하의 물을 퍼 올리는 농기구'의 뜻으로 쓰이는 말은 '맞두레'가 올바른 말이다.

맞두레 두 사람이 마주 서서 줄 두 가닥씩 쥐고 지하의 물을 퍼 올리는 농기구. 맞두래(×).

맞바라기, 맞은바라기 앞으로 마주 바라보이는 곳. 예 맞은바라기에 우뚝 서 있는 큰 건물이 우리 집이다. 맞바래기·맞은바래기(×).

맞바라기, 맞은바라기
'-내기, 냄비, 동댕이치다'를 제외하고는 'ㅣ' 역행 동화 현상에 의한 발음을 표준 발음으로 인정하지 않는다.

맞바래기, 맞은바래기(×) '앞으로 마주 바라보이는 곳'은 '맞바라기, 맞은바라기'가 올바른 말이다.

맞상床(×) '둘 이상의 사람이 마주 앉아 음식을 먹을 수 있도록 차린 상'은 '겸상'이 올바른 말이다.

맞은편便

> **✓띄어쓰기** 서로 마주 바라보이는 편. 예 맞은편에 보이는 건물이 우리 학교이다.

> **오류노트** 우체국 <u>맞은 편</u>에 병원이 있다. → 맞은편.

맞은편便
'맞은편'은 한 단어이므로 붙여 쓴다.

맞추다 [1]두 사물을 마주 대다. 예 탈골된 뼈를 맞추다. [2]틀리지 않게 하다. 예 박자를 맞추다. [3]미리 부탁하여 구입하기로 약속하다. 예 한복을 맞추다. [4]어떤 대상을 무엇에 맞게 하다. 예 학업 청취도가 낮은 사람에게 수업 진도를 맞추다. 마추다(×). [충북 9급 '07]. [경찰대 '08]. [지방직 9급 '13]. [경찰직 2차 필기 '16]

> **오류노트** 알쏭달쏭한 퀴즈를 낼 테니 답을 <u>맞춰</u> 봐. → 맞혀 봐.

맞추다
문제에 대한 답은 '맞추다'가 아니라 '맞히다'이다. 따라서 '맞히-'+'-어'의 구성인 '맞혀'라고 표기해야 한다.

맞춤 원하는 규격에 따라 물건을 만들도록 미리 부탁함, 또는 그렇게 하여 만든 물건. 예 맞춤 구두를 신으니 발이 편하다. 마춤(×).

맞춤옷 몸에 맞추어 지은 옷. 예 맞춤옷이 네 몸에 딱 어울리는구나. 마춤옷(×).

맞춤옷
'마추다'는 '맞추다'의 잘못이다. 따라서 명사형도 '마춤'으로 쓸 수 없고 '맞춤'으로 써야 한다. '맞춤'에 '옷'이 붙으면 '맞춤옷'이 된다.

맞히다 ¹문제의 답을 틀리지 않게 하다. 예 20문항 중에 정답을 19개 맞혔다. ²눈, 비 따위가 내려서 닿게 하다. 예 화분을 밖에 내놓아 비를 맞히다. ³좋지 않은 일을 당하게 하다. 예 만날 약속을 하고 바람을 맞히다. ⁴침, 주사 따위로 치료를 받게 하다. 예 병원에 가서 감기 걸린 아이에게 주사를 맞혔다. [경찰직 2차 필기 '16]. [법원직 9급 '16]

> 오류노트 내가 작성한 시험지를 선생님이 불러 주시는 정답과 맞혀 보고 나서야 모든 문제를 다 맞추었다는 것을 알았다. → 맞춰, 맞혔다(맞히었다).[해사 '06]. [기상 9급 '11]. [서울시 9급 '13]

맞히다
시험지와 문제를 서로 대조해 보는 것은 '맞추다', 틀리지 않다는 '맞히다'로 적어야 한다.

맡아보다 ✓띄어쓰기 어떤 일에 대한 책임을 지고 담당하여 직무를 수행하다. 예 학교의 총무 업무를 맡아보다.

맡아보다
'맡아보다'는 한 단어이므로 붙여 쓴다.

맡아 하다 ✓띄어쓰기 어떤 일을 책임을 지고 담당하다. 예 집안일은 당신이 전적으로 맡아 하세요.

맡아 하다
'맡아 하다'는 '맡다'와 '하다'가 각각의 단어로 이루어진 말로 띄어 쓴다.

매每 ✓띄어쓰기 하나하나의 모든. 또는 각각의. 예 매 경기마다 이겼다.

매
'매'는 관형사이므로 뒷말과 띄어 쓴다.

매과(×) '육식성인 매, 황조롱이 따위 조기강 황새목의 한 과'의 뜻으로 쓰이는 말은 '맷과'가 올바른 말이다.

매기다 일정한 기준에 따라 사물의 값이나 등수 따위를 정하다. 예 전교생을 성적순에 따라 등수를 매기다./과일과 채소의 등급을 매기다.

매기다
서열, 등수 등을 정하는 것은 '매기다'인데 '메기다'로 잘못 쓰는 경우가 있으므로 주의해야 한다.

매뉴얼manual 프로그램이나 기계 등의 조작 방법을 설명한 지침서. 메뉴얼(×).

매니아(×) '어떤 일에 혼신을 다해 임하는 사람'은 '마니아'가 올바른 말이다.

매다 ¹끈 따위의 양 끝을 엇걸어서 풀어지지 않도록 마디를 만들다. 예 축구화 끈을 매다/넥타이를 매다. ²고정된 것에 줄 따위로 잇대어 묶어 달아나지 못하도록 하다. 예 당나귀를 말뚝에 매다. ³논이나 밭의 풀을 뽑다. 예 논에서 김을 매다.

'매다'와 '메다'
뚫려 있는 것이 막히거나, 물건을 어깨에 올려놓거나, 감정에 북받쳐 목소리가 잘 안 나오는 경우에는 '메다'를 쓴다.

매마르다(×) '땅이 기름지지 않다. 살결이 윤기가 없다'의 뜻으로 쓰이는 말은 '메마르다'가 올바른 말이다.

매머드mammoth ¹대형, 대규모. ²약 1만 년 전까지 살았던 코끼릿과의 화석 포유동물. 맘모스(×).

매무새	옷을 입는 맵시. 옷을 입은 모양새. 예 여배우의 한복 입은 매무새가 매우 아름답다.
매무작거리다(×)	'가볍게 주무르듯 자꾸 만지다'의 뜻으로 쓰이는 말은 '만지작거리다'가 올바른 말이다.
매부리코	매부리처럼 코끝이 아래로 삐죽하게 숙은 코 메부리코(×).
매스껍다	¹태도나 행동 따위가 비위에 거슬리게 아니꼽다. ²먹은 것이 토할 것처럼 자꾸 울렁울렁하는 느낌이 들다. 매시껍다(×).
매시껍다(×)	'태도나 행동 따위가 비위에 거슬리게 아니꼽다. 먹은 것이 토할 것처럼 자꾸 울렁울렁하는 느낌이 들다'의 뜻으로 쓰이는 말은 '매스껍다'가 올바른 말이다.
맥주병麥酒甁	맥주를 담는 병. 맥줏병(×).
맥주집(×)	'맥주를 파는 집'의 뜻으로 쓰이는 말은 '맥줏집'이 올바른 말이다.
맥줏병(×)	'맥주를 담는 병'의 뜻으로 쓰이는 말은 '맥주병'이 올바른 말이다.
맥줏집麥酒-	맥주를 파는 집. 맥주집(×). [서울시 9급 '17]

비슷한 말인데도 '맥주병', '맥줏집'처럼 표기가 다른 이유는?
'맥주병'은 한자어로만 된 합성어이므로 사이시옷이 붙지 않고, '맥줏집'은 한자어와 우리말이 합쳐진 합성어로서 뒷말의 첫소리가 된소리로 소리 나므로 사이시옷이 들어간다. 한자어로만 이루어진 합성어는 몇 개의 예외를 제외하고는 사이시옷을 붙이지 않는다.

맨	✔띄어쓰기 ¹그 이상은 더 할 수가 없을 정도나 경지에 있음을 나타내는 말. 예 그녀를 사랑한다는 맨 처음 고백은 힘들었다. ²다른 것이 없는. 예 맨발./맨손 체조.
맨날	매일같이 계속하여. 예 기말고사가 진행 중인데 너는 맨날 놀기만 하니? [국회 8급 '13]
맨땅	아무것도 안 깐 땅바닥. 날땅(×).
맨보리밥(×)	'보리쌀만으로 지은 밥'은 '꽁보리밥'이 올바른 말이다.
맨송맨송	¹몸에 털이 없이 반반한 모양. ²산에 나무가 없어 반반한 모양. ³취하려고 술을 마셨는데도 취하지 않고 정신이 멀쩡한 모습. 비교 맨숭맨숭.

매무새
'매무새'와 글자가 비슷하여 혼동하는 말로 '매무시'가 있다. '매무시'는 '옷을 대충 입고 나서 매만지는 뒷단속'의 뜻으로 쓰인다.

'매스껍다'와 '메스껍다'
'매스껍다'와 '메스껍다'는 둘 다 표준어이며 '아니꼽다', '토하는 느낌이 들다'의 뜻으로 쓰이는 점도 같다. 다만, 정도에 있어 '메스껍다'가 '매스껍다'보다 강하다.

맥주병麥酒甁
'맥주병'은 한자어로만 이루어진 합성어이므로 사이시옷을 붙이지 않는다.

맨
¹의 '맨'은 관형사로 다음에 오는 말과 띄어 쓴다. ²의 '맨'은 접두사이며 다음에 오는 말과 붙여 쓴다.

맨날
'만날'과 함께 복수 표준어이다.

맨숭맨숭	[1]몸에 털이 없이 반반한 모양. [2]산에 나무가 없어 반반한 모양. [3]취하려고 술을 마셨는 데도 취하지 않고 정신이 멀쩡한 모습.
맬더스(×)	저서 '인구론'으로 유명한 영국의 경제학자(1766~1834)는 '맬서스'가 올바른 말이다.
맬서스^{Malthus,Thomas Robert}	'인구론' 등을 저술한 영국의 경제학자(1766~1834). 맬더스(×).
맵다	고추의 맛처럼 입 속이 화끈거리는 맛이 있다. 연습 냉면에 겨잣가루를 그렇게 많이 넣으니 얼마나 (맵냐, 매우냐)? → '맵냐', '매우냐' 모두 맞는 표기이다.
맵시	아름답게 다듬은 모양새. 예 가수 이슬비가 팬들로부터 청바지 맵시가 잘 어울리는 미녀로 선정되는 기쁨을 누렸다. 맵씨(×).
맵쌀, 멧쌀(×)	'메벼를 찧어서 얻은, 찹쌀보다 끈기가 적은 쌀'은 '멥쌀'이 올바른 말이다.
맵씨(×)	'아름답게 다듬은 모양새'의 뜻으로 쓰이는 말은 '맵시'가 올바른 말이다.
맵자다(×)	'모양이 어울려서 맵시가 있다'의 뜻으로 쓰이는 말은 '맵자하다'가 올바른 말이다.
맵자하다	모양이 어울려서 맵시가 있다. 예 너의 옷차림이 아주 맵자하구나. 맵자다(×).
맷과^科	육식성인 매, 황조롱이 따위 조기강 황새목의 한 과. 매과(×).
맹낭하다(×)	'행동이 똘똘하여 얕잡아 볼 수 없다'의 뜻으로 쓰이는 말은 '맹랑하다'가 올바른 말이다.
맹랑하다	행동이 똘똘하여 얕잡아 볼 수 없다. 예 조카는 올해 열 살밖에 안 되었지만 입만 열면 청산유수로 떠들어대는 맹랑한 녀석이다. 맹낭하다(×).
먀오디거우 유적^{廟底溝遺跡}	중국 허난성^{河南省} 산현^{陝縣} 남동쪽의 신석기 시대 유적지. 묘저구 유적(×).
머다랗다	짐작했던 것보다 더 멀다. 멀다랗다(×).
머리결(×)	'머리카락의 질이나 상태'의 뜻으로 쓰이는 말은 '머릿결'이 올바른 말이다.
머리기름(×)	'머리에 바르는 기름'은 '머릿기름'이 올바른 말이다.

맨숭맨숭
'맨송맨송'보다 큰 느낌을 주는 말이다.

맵다
'맵다'는 어미 '-으냐'와 '냐'가 결합하여 활용할 수 있으므로 '맵냐, 매우냐' 모두 바른 표기이다.

맵시
된소리로 발음되지만 '맵시'가 맞는 말이다. '맵씨'처럼 표기하지 않도록 주의하자.

맷과^科
순우리말과 한자어로 된 합성어로서 앞말이 모음으로 끝난 경우 뒷말의 첫소리가 된소리로 나는 경우 사이시옷을 붙인다.

머다랗다
'멀(어근)+다랗(접사)+다'의 구조에서 어근의 'ㄹ'이 탈락된 것이다. 마찬가지로 '가느다랗다'도 '가늘(어근)+다랗(접사)+다'에서 'ㄹ'이 탈락된 것이다.

머리기사-記事	신문, 잡지 따위의 지면 맨 위에 싣는 중요한 기사. 머릿기사(×).
머리꾼	차전놀이에서, 자기편 동채를 보호하고 상대편을 공격하기 위하여 배치된 놀이꾼의 한 무리. 머릿꾼(×).
머리끄댕이(×)	'머리를 한데 뭉친 끝'은 '머리끄덩이'가 올바른 말이다.
머리끄덩이	머리를 한데 뭉친 끝. 예 낯선 사람들이 서로 머리끄덩이를 잡고 싸우고 있다. 머리끄댕이(×).
머리돌(×)	'건축에서 기초 공사를 마친 후, 연월일 따위를 새겨서 일정한 위치에 앉히는 돌'은 '머릿돌'이 올바른 말이다.
머리띠	머리에 띠는 띠. 머릿띠(×).
머리말	서적 등의 앞부분에 내용이나 집필 목적 따위를 간단히 적은 글. 머릿말(×). [경찰대 '09], [지방직 9급 '17]
머리맡	누운 사람의 머리 부근. 베개맡(×).
머리밑(×)	'머리털의 아랫부분'은 '머릿밑'이 올바른 말이다.
머리방(×)	'안방 뒤에 달린 작은 방'은 '머릿방'이 올바른 말이다.
머리병풍(×)	'머리맡에 치는 병풍'은 '머릿병풍'이 올바른 말이다.
머리살(×)	'머리 속에 있는 신경의 줄. 머리를 낮잡아 이르는 말'은 '머릿살'이 올바른 말이다.
머리 속	머리칼이 덮여 있는 공간이나 뇌가 들어 있는 공간. 비교 머릿속.

> **'머리 속'과 '머릿속'은 어떻게 다를까?**
> 사람 머리의 내부를 관찰해 보면 '대뇌, 소뇌, 간뇌, 뇌간' 등이 있다. 이처럼 그림으로 나타낼 수 있는 구체적인 머리의 내부를 나타낼 때 '머리 속'이라고 한다. 반면에 시험 성적이 떨어져서 꾸중을 들을까 봐 걱정이 되어 두려울 때는 '머릿속'이 복잡하다. 이처럼 '생각이 이루어지는 추상적인 공간'은 머릿속으로 표기한다.

머리수(×)	'사람의 수. 십 단위 이상의 수에서 맨 앞의 숫자'는 '머릿수'가 올바른 말이다.
머리수건(×)	'겨울에 여자들이 추위를 막기 위해 머리에 감아 쓰는 수건'은 '머릿수건'이 올바른 말이다.
머리숱	'머리털의 수량'은 '머릿숱'이 올바른 말이다.

머리기사-記事
'머리'와 '기사'로 된 합성어이지만 뒷말의 첫소리가 된소리로 나지 않으므로 사이시옷을 붙이지 않는다.

머리끄덩이
'ㅣ' 역행 동화 현상에 의한 발음은 일부를 제외하고는 표준 발음으로 인정하지 않는 것을 표준으로 삼는다.

머리띠
'머리띠'는 '머리+띠'로 이루어진 합성어로 뒷말의 첫소리가 'ㄸ'으로 된소리이므로 사이시옷을 붙이지 않는다.

머리말
'머리말'은 '머리+말'로 이루어진 합성어로 뒷말의 첫소리 'ㅁ' 앞에서 'ㄴ'이 덧나지 않으므로 사이시옷을 붙이지 않는다.

머리숱	머리털의 수량. 머리숯(×).
머리장(×)	'머리맡에 놓고 물건을 보관하는 단층으로 된 장'은 '머릿장'이 올바른 말이다.
머리채	길게 늘어진 머리털. 머릿채(×).
머리카락	머리털의 낱개. 머릿카락(×).
머리핀·pin	머리치장을 위해 여자들 머리털에 꽂는 핀. 머릿핀(×).
머릿결	머리카락의 질이나 상태. 머리결(×).
머릿기름	머리에 바르는 기름. 머리기름(×). [경찰직 3차 필기 '15]
머릿기사(×)	'신문, 잡지 따위의 지면 맨 위에 싣는 중요한 기사'는 '머리기사'가 올바른 말이다.
머릿꾼(×)	'차전놀이에서, 자기편 동채를 보호하고 상대편을 공격하기 위하여 배치된 놀이꾼의 한 무리'는 '머리꾼'이 올바른 말이다.
머릿니	사람의 머리에 서식하는 잇과의 곤충. 머릿이(×).
머릿돌	건축에서 기초 공사를 마친 후, 연월일 따위를 새겨서 일정한 위치에 앉히는 돌. 머리돌(×).
머릿띠(×)	'머리에 띠는 띠'의 뜻으로 쓰이는 말은 '머리띠'가 올바른 말이다.
머릿말(×)	'서적 등의 앞부분에 내용이나 집필 목적 따위를 간단히 적은 글'의 뜻으로 쓰이는 말은 '머리말'이 올바른 말이다.
머릿밑	머리털의 아랫부분. 머리밑(×).
머릿방·房	안방 뒤에 달린 작은 방. 머리방(×). [국가직 7급 '08]
머릿병풍·屛風	머리맡에 치는 병풍. 머리병풍(×).
머릿살	머리 속에 있는 신경 줄. 머리를 낮잡아 이르는 말. 머리살(×).
머릿속	생각하고 상상하며 그곳에 지식을 축적한다고 여기는 머리 안의 추상적 공간. 예 그녀를 알고 난 뒤부터 내 머릿속은 온통 그녀로 가득 차 있어요. 이런 내 마음을 그녀는 아는지 모르는지.

✏️오류노트 하는 일이 잘 풀리지 않아 <u>머리 속이</u> 매우 복잡하다. → 머릿속.

머리채
'머리채'는 '머리+채'로 이루어진 합성어인데, 뒷말의 첫소리가 'ㅊ'으로 거센소리이므로 사이시옷을 붙이지 않는다.

머리카락
두 말이 어울릴 적에 'ㅎ' 소리가 덧나는 것은 소리대로 적는다(머리ㅎ가락 → 머리카락).

머릿기름
순우리말로 된 합성어로서 앞말이 모음으로 끝난 경우, 뒷말의 첫소리가 된소리로 나는 것은 사이시옷을 붙인다.

머릿돌
순우리말로 된 합성어로서 앞말이 모음으로 끝난 경우, 뒷말의 첫소리가 된소리로 나는 것은 사이시옷을 붙인다.

'머릿말'로 표기할 수 없는 이유
'머리'와 '말'이 합쳐진 합성어로 뒷말의 첫소리 'ㅁ' 앞에서 'ㄴ'이 덧나지 않으므로 사이시옷을 붙이지 않는다.

머릿방·房
순우리말과 한자어로 된 합성어로 앞말이 모음으로 끝난 경우, 뒷말의 첫소리가 된소리로 나면 사이시옷을 붙인다.

머릿속
'머릿속'은 볼 수 없는 것을 뜻하고 '머리 속'은 볼 수 있는 것을 뜻한다. '생각을 하고 지식을 축적하는 공간'은 '머릿속'으로 붙여 쓰고, '머리칼이 덮여 있는 공간이나 뇌가 들어 있는 공간'은 '머리 속'으로 띄어 쓴다.

머릿수-首   사람의 수. 십 단위 이상의 수에서 맨 앞의 숫자. 머리수(×).

머릿수건-手巾   겨울에 여자들이 추위를 막기 위해 머리에 감아 쓰는 수건. 머리수건(×).

머릿이(×)   '사람의 머리에 서식하는 잇과의 곤충'은 '머릿니'가 올바른 말이다.

머릿장-欌   머리맡에 놓고 물건을 보관하는 단층으로 된 장. 머리장(×).

머릿채(×)   '길게 늘어진 머리털'은 '머리채'가 올바른 말이다.

머릿카락(×)   '머리털의 낱개'의 뜻으로 쓰이는 말은 '머리카락'이 올바른 말이다.

머릿핀(×)   '여자의 머리치장을 위해 머리털에 꽂는 핀'은 '머리핀'이 올바른 말이다.

머물다, 머무르다   [1]중간에 멈추거나 잠시 어떤 장소에 묵다. 예 자전거 여행 중 여관에 하루 머물렀다. [2]더 나아가지 못하고 한정된 수준이나 범위에 그치다. 예 우리나라 야구팀에 4강을 기대했으나 8강에 머무르고 말았다.

> ✏️ 오류노트 이번 주 내내 한낮에도 영하권에 머물어 매우 추울 것이라고 한다. → 머물러. [지방직 9급 '20]

> **'머무르다'는 준말의 활용형을 인정하지 않는 말**
> '머물다'와 '머무르다'는 복수 표준어이다. 그런데 모음 어미가 연결될 때에는 준말의 활용형을 인정하지 않는다. 즉 본말의 활용 '머무르+어 → 머물러'는 인정하지만, 준말의 활용 '머물+어 → 머물어'는 인정하지 않는다. 다만, 명사형 어미는 본말의 명사형 '머무름'과 준말의 명사형 '머묾' 모두 인정한다.

머슥하다(×)   '창피하거나 흥이 꺾여 기를 못 펴다'의 뜻으로 쓰이는 말은 '머쓱하다'가 올바른 말이다.

머슴군(×)   '머슴을 낮잡아 이르는 말'은 '머슴꾼'이 올바른 말이다.

머슴꾼   머슴을 낮잡아 이르는 말. 머슴군(×).

머쓱하다   창피하거나 흥이 꺾여 기를 못 펴다. 머슥하다(×).

머위잎(×)   '머위의 잎'의 뜻으로 쓰이는 말은 '머윗잎'이 올바른 말이다.

머릿장-欌
순우리말과 한자어로 된 합성어로 앞말이 모음으로 끝난 경우, 뒷말의 첫소리가 된소리로 나면 사이시옷을 붙인다.

'머릿카락'으로 쓸 수 없는 이유
'머리카락'은 '머리+카락'으로 이루어진 합성어인데, 뒷말의 첫소리가 'ㅋ'으로 거센소리이므로 사이시옷을 붙이지 않는다.

머슴꾼
'어떤 일을 하는 사람'에 낮잡는 뜻을 더하는 접미사는 '-꾼'이다.

머윗잎	머위의 잎. 머위잎(×).
머지않다	✔️띄어쓰기 시간적으로 얼마 남지 않다. 예 머지않아 좋은 소식이 너를 반길 것이다. [공사·공단 언어 능력]
머플러^{muffler}	추위를 막거나 멋을 내기 위하여 목에 두르는 천. 마후라(×).
먹거리	사람이 살아가기 위하여 먹는 음식을 통틀어 이르는 말. [국회 8급 '13]
먹고살다	✔️띄어쓰기 생계를 유지하다. 예 먹고사는 일이 그리 쉽지 않다. 생활하다.
먹새	음식을 먹는 태도. 먹음새.
먹을거리	사람이 살아가기 위하여 먹는 음식을 통틀어 이르는 말. 먹거리. [서울시 9급 '13]
먹음새	음식을 먹는 태도. 먹새.
먹이감(×)	'짐승이나 물고기 따위의 먹이가 되는 것'은 '먹잇감'이 올바른 말이다.
먹잇감	짐승이나 물고기 따위의 먹이가 되는 것. 먹이감(×).
먼발, 먼발치기(×)	'다소 멀리 떨어진 곳'은 '먼발치'가 올바른 말이다.
먼발치	다소 멀리 떨어진 곳. 예 나의 중학교 시절 어머니는 아침 등교할 때 먼발치에서 오랫동안 나를 바라보시곤 하셨다. 먼발·먼발치기(×).
먼산바라기^山	눈동자나 몸의 자태가 항상 먼 곳을 바라보는 것처럼 보이는 사람. 먼산배기(×).
먼산배기(×)	'눈동자나 몸의 자태가 항상 먼 곳을 바라보는 것처럼 보이는 사람'은 '먼산바라기'가 올바른 말이다.
먼지떨이	먼지를 떨어내는 기구. 먼지털이·털이개(×).
먼지털이(×)	'먼지를 떠는 기구'의 뜻으로 쓰이는 말은 '먼지떨이'가 올바른 말이다.
멀국(×)	'찌개 따위 음식에서 건더기 이외의 물'은 '국물'이 올바른 말이다.
멀끄러미(×)	'우두커니 한곳만 바라보는 모양'은 '물끄러미'가 올바른 말이다.
멀끔이(×)	'지저분하지 않고 맑고 깨끗하게'의 뜻으로 쓰이는 말은 '멀끔히'가 올바른 말이다.

머지않다
'머지않다'는 '시간적으로 얼마 남지 않다'이고 '멀지 않다'는 '거리가 가깝다'의 뜻으로 쓰인다. 예 여기에서 중앙공원까지는 멀지 않다.

먹거리
'먹거리'는 '먹을거리'와 함께 복수 표준어이다.

먹고살다
'먹고살다'는 한 단어로 굳어진 합성어이므로 붙여 쓴다.

먹새
'먹음새'와 함께 복수 표준어이다.

먹을거리
'먹거리'와 함께 복수 표준어이다.

먹음새
'먹새'와 함께 복수 표준어이다.

먼발치
의미가 똑같은 형태가 몇 가지 있을 경우, 가장 널리 쓰이는 단어만을 표준어로 삼는다.

먼지떨이
'먼지'와 '떨이(떨+-이)'가 결합하여 이루어진 합성어이다.

멀끔히	지저분하지 않고 맑고 깨끗하게. 예 멀끔히 생긴 얼굴. 멀끔이(×).
멀다랗다(×)	'짐작했던 것보다 더 멀다'의 뜻으로 쓰이는 말은 '머다랗다'가 올바른 말이다.
멀숭하다(×)	'지저분함이 없이 훤하고 깨끗하다'의 뜻으로 쓰이는 말은 '멀쑥하다'가 올바른 말이다.
멀쑥하다	지저분함이 없이 훤하고 깨끗하다. 예 멀쑥하게 차려 입고 나타나다. 멀숭하다(×).
멀찌가니	사이가 꽤 떨어지게. 멀찌감치. 멀찍이.
멀찌감치	사이가 꽤 떨어지게. 예 마라톤에서 선두가 멀찌감치 달아나서 쫓아가기가 어렵다.
멀찍이	사이가 꽤 떨어지게. 멀찌감치. 멀찌가니.
멋드러지다(×)	'아주 멋지다'의 뜻으로 쓰이는 말은 '멋들어지다'가 올바른 말이다.
멋들어지다	아주 멋지다. 멋드러지다(×).
멋장이(×)	'멋있는 사람. 멋을 잘 부리는 사람'은 '멋쟁이'가 올바른 말이다.
멋쟁이	멋있는 사람. 멋을 잘 부리는 사람. 멋장이(×). [국가직 7급 '07]. [국어능력인증 '07]. [경북교육 9급 '10]. [서울시 9급 '11]
멋적다(×)	'하는 짓이나 모양이 격에 맞지 않다. 거북하고 어색하다'의 뜻으로 쓰이는 말은 '멋쩍다'가 올바른 말이다.
멋쩍다	하는 짓이나 모양이 격에 맞지 않다. 예 소년은 물속에 비친 맑은 가을 하늘을 보며 멋쩍게 웃어댄다./실수를 하고 나서 멋쩍은 듯 뒤도 돌아보지 않고 달아난다. [기상 9급 '13]
멍게	껍데기에 돌기가 있고 속살은 회로 먹거나 지져 먹는 멍겟과의 원색동물. [경북교육 9급 '10]. [국회 8급 '12]
멍에줄(×)	'인쇄물의 테두리를 두른 줄'은 '멍엣줄'이 올바른 말이다.
멍엣줄	인쇄물의 테두리를 두른 줄. 멍에줄(×).
멍우리(×)	'림프선 혹은 몸의 조직에 병적으로 생기는 동그란 덩이'의 뜻으로 쓰이는 말은 '멍울'이 올바른 말이다.

멀찌가니
'멀찌감치, 멀찍이'와 함께 복수 표준어이다.

멀찌감치
'멀찌가니', '멀찍이'와 함께 복수 표준어이다.

멀찍이
'멀찌감치', '멀찌가니'와 함께 복수 표준어이다. '멀찍이'는 'ㄱ' 받침 뒤에 '-이'가 오는 경우이다.

멋쟁이
기술자에게는 '-장이'가 붙는 형태를, 그 외에는 '-쟁이'가 붙는 형태를 표준어로 삼는다.

멋쩍다
'적다[少]'의 뜻이 없고 [먿쩍다]로 소리 나므로 '멋쩍다'로 표기한다.

멍게
방언이던 '멍게'가 원래의 표준어 '우렁쉥이'보다 더 널리 쓰이게 됨에 따라 이 둘을 모두 표준어로 삼았다.

멍엣줄
순우리말로 된 합성어로 앞말이 모음으로 끝난 경우, 뒷말의 첫소리가 된소리로 나는 것은 사이시옷을 붙인다.

멍울   림프선 혹은 몸의 조직에 병적으로 생기는 동그란 덩이. 멍우리(×).

멍쯔蒙自   중국 윈난성雲南省 남부에 있는 도시. 몽자(×).

메기다   ¹두 편이 노래를 주고받고 할 때, 한편이 먼저 부르다. 예 혼성 합창에서 여성이 먼저 노래를 메기다. ²둘이 마주 잡고 톱질할 때 한 사람이 톱을 밀어 주다. 예 흥부와 그의 아내가 서로 톱을 메기며 박을 타고 있다.

메꾸다   ¹시간을 적당히 또는 그럭저럭 보내다. 예 아무 일도 하지 않고 시간을 메꾼다는 것은 지겨운 일이다. ²부족하거나 모자라는 것을 채우다. 예 모자라는 자금은 형한테 빌려 메꾸었다. ³뚫려 있거나 비어 있는 곳을 막히게 하거나 채우다. 예 쥐구멍을 흙으로 메꾸었다. 비교 메우다. [경북교육 9급 '10]

> **메꾸다**
> '메꾸다'와 '메우다'가 같은 뜻으로 쓰이지만 '어떤 장소에 가득 차게 하다.'의 뜻으로는 '메우다'만 해당되며 '메꾸다'는 쓸 수 없다.

메나물(×)   '산에서 나는 나물'은 '멧나물'이 올바른 말이다.

메뉴얼(×)   '프로그램이나 기계 등의 조작 방법을 설명한 지침서'는 '매뉴얼'이 올바른 말이다.

메다   ¹뚫려 있거나 비어 있던 곳이 묻히거나 막히다. 예 하수도 구멍이 메다. ²어떤 장소에 가득 차다. 예 환영 인파가 광장에 메다. ³물건을 어깨에 걸치거나 올려놓다. 예 쌀가마니를 어깨에 메고 창고로 날랐다. ⁴감정이 북받쳐 목소리가 잘 나지 않다. 메이다(×).

> **메다**
> 기본형은 '메다'이다. 그러므로 '메니, 메어서, 메었다'처럼 활용한다.

> **✔오류노트** 길을 잃은 아이가 어머니를 애타게 부르다가 목이 메였다. → 메었다.

메론(×)   '열매는 타원형이나 구형이고 껍질은 녹색 그물 무늬가 있는 서양종의 참외'는 '멜론'이 올바른 말이다.

메리트merit   상품의 가격을 결정하는 품위, 사용 가치, 경제 효과를 통틀어 이르는 말. 메릿(×).

메릿(×)   '상품의 가격을 결정하는 품위, 사용 가치, 경제 효과를 통틀어 이르는 말'의 뜻으로 쓰이는 말은 '메리트'가 올바른 말이다.

메마르다   ¹땅이 기름지지 않다. ²살결이 윤기가 없다. 예 메마른 땅에 객토를 하고 거름을 주어 옥토로 만들었다. /피부를 가꾸지 않으면 메말라지기 십상이다. 매마르다(×).

메밀	가루로 전분을 만들어 묵 따위를 만들어 먹는 한해살이풀. 모밀(×).	**메밀** 양성 모음이 음성 모음으로 바뀌어 굳어진 단어는 음성 모음 형태를 표준어로 삼는다.
메밀국수	메밀가루로 만든 국수. 모밀국수(×).	
메부리코(×)	'매부리처럼 코끝이 아래로 삐죽하게 숙은 코'는 '매부리코'가 올바른 말이다.	
메세지(×)	'어떤 사실을 알리기 위하여 보내는 통신문'은 '메시지'가 올바른 말이다.	
메스껍다	¹태도나 행동 따위가 비위에 거슬리게 몹시 아니꼽다. ²토할 것처럼 속이 매우 울렁거리는 느낌이 있다. 메시껍다(×).	**메스껍다** '매스껍다'도 표준어이다. '메시껍다'는 비표준어이다.
메슥거리다	먹은 음식이 토할 것처럼 속이 자꾸 심하게 울렁거리다. 예 아침 먹은 것이 체했는지 속이 계속 메슥거린다. 메식거리다(×).	
메시껍다(×)	'토할 것처럼 속이 매우 울렁거리는 느낌이 있다'의 뜻으로 쓰이는 말은 '메스껍다'가 올바른 말이다.	
메시지^{message}	어떤 사실을 알리기 위하여 보내는 통신문. 메세지·멧시지(×). [한국어교육검정 '08]. [지방직 9급 '13]. [서울시 7급 '11]	**메시지**^{message} 외래어 표기법 제2장 국제 음성 기호와 한글 대조표와 제3장 표기 세칙의 영어 표기에 따라 '메시지'로 적는다.
메식거리다(×)	'토할 것처럼 속이 자꾸 심하게 울렁거리다'의 뜻으로 쓰이는 말은 '메슥거리다'가 올바른 말이다.	
메우다	¹시간을 적당히 또는 그럭저럭 보내다. 예 아무 일도 하지 않고 시간을 메운다는 것은 지겨운 일이다. ²부족하거나 모자라는 것을 채우다. 예 모자라는 자금은 형한테 빌려 메웠다. ³뚫려 있거나 비어 있는 곳을 막히게 하거나 채우다. 예 쥐구멍을 흙으로 메웠다. ⁴어떤 장소에 가득 차게 하다. 예 예식장을 가득 메운 하객들의 박수가 울려 퍼졌다. 비교 메꾸다. [서울시 9급 '13]	**메우다** '메우다'에는 '메꾸다'에 없는 '어떤 장소에 가득 차게 하다'의 뜻이 더 있다.
메이다(×)	'뚫려 있거나 비어 있던 곳이 묻히거나 막히다. 어떤 장소에 가득 차다'의 뜻으로 쓰이는 말은 '메다'가 올바른 말이다.	
메이컵(×)	'기초화장 후에 하는 색조 화장'은 '메이크업'이 올바른 말이다.	
메이크업^{makeup}	기초화장 후에 하는 색조 화장. 메이컵(×).	**메이크업** '배우가 연극이나 영화 따위에 출연할 때에 하는 무대 화장'의 뜻으로 쓰이는 말도 '메이크업'이다.
메주왈고주왈(×)	'매우 하찮은 일까지 샅샅이'의 뜻으로 쓰이는 말은 '미주알고주알'이 올바른 말이다.	

메추라기(×)	'몸은 병아리와 비슷하고 누런 갈색과 검은색의 세로 무늬가 있으며 꽁지는 짧은 꿩과의 겨울 철새'는 '메추리'가 올바른 말이다.
메추리	몸은 병아리와 비슷하고 누런 갈색과 검은색의 세로무늬가 있으며 꽁지는 짧은 꿩과의 겨울 철새. 메추라기(×).
메카니즘(×)	'기계 장치, 구조, 기교, 테크닉, 사고·행동 등을 결정하는 심리 과정'은 '메커니즘'이 올바른 말이다.
메커니즘^{mechanism}	기계 장치, 구조, 기교, 테크닉, 사고·행동 등을 결정하는 심리 과정. 메카니즘(×). [기상 9급 '13]
메타^{meter}	'미터법에 의한 길이의 단위'는 '미터'가 올바른 말이다.
메토끼(×)	'야산에 사는 토낏과의 포유동물'은 '산토끼'가 올바른 말이다.
멜론^{melon}	열매는 타원형 또는 구형이고 껍질은 녹색 그물 무늬가 있는 서양종의 참외. 메론(×).
멤버쉽(×)	'한 단체의 구성원으로서의 자격이나 지위'는 '멤버십'이 올바른 말이다.
멤버십^{membership}	한 단체의 구성원으로서의 자격이나 지위. 멤버쉽(×).
멥쌀	메벼를 찧어서 얻은, 찹쌀보다 끈기가 적은 쌀. 맵쌀·멧쌀(×). [경찰대 '06]
멧나물	산에서 나는 나물. 예 취나물, 고사리 등은 멧나물에 속한다. 메나물(×). [서울시 지방직 7급 '16]
멧누에(×)	'집누에보다 몸이 크고 상수리나무, 떡갈나무 등의 잎을 먹으며 갈색 고치를 지어 번데기로 되는 산누에나방과의 나방의 애벌레'는 '산누에'가 올바른 말이다.
멧쌀(×)	'메벼를 찧은 쌀'은 '멥쌀'이 올바른 말이다.
며느리감(×)	'며느리가 될 만한 여자'는 '며느릿감'이 올바른 말이다.
며느릿감	며느리가 될 만한 여자. 며느리감(×).
며늘아기	며느리를 귀엽게 이르는 말. 며늘애기(×).
며늘애기(×)	'며느리를 귀엽게 이르는 말'은 '며늘아기'가 올바른 말이다.
며칟날	'며칠'의 본말. 며칠날(×).
며칠	몇 날. 그달의 몇째 되는 날. 예 오늘이 몇 월 며칠이냐? 몇일(×). [국어능력인증 '06]. [국가직 9급 '08]. [지방직 9급 '21]

메커니즘^{mechanism}
정신 분석학에서는 무의식적 방어 수단을 뜻한다.

멤버십^{membership}
'sh' 발음은 모음 'i' 앞에서 '시'로 표기한다.

멧나물
순우리말로 된 합성어로서 앞말이 모음으로 끝난 경우, 뒷말의 첫소리 'ㄴ, ㅁ' 앞에서 'ㄴ' 소리가 덧나는 것은 사이시옷을 붙인다.

며느릿감
순우리말로 된 합성어로서 앞말이 모음으로 끝난 경우, 뒷말의 첫소리가 된소리로 나는 것은 사이시옷을 붙인다.

며칠
흔히 '몇일'로 쓰는 경우가 있는데 어떤 경우에도 '몇일'이라고는 쓰지 않는다.

며칠날(×)　'며칠'의 본말은 '며칀날'이 올바른 말이다.

면面　✔띄어쓰기 ¹겉으로 드러난 쪽의 평평한 바닥. 예 바닥 면이 고르다. ²도형의 평면이나 표면. 예 그 도형은 여덟 면이다. ³어떤 것을 향하고 있는 쪽. 예 우리나라는 삼 면이 바다로 면하여 있다. ⁴어떤 부분이나 방면. 예 모범생에게도 부족한 면이 있다.

면화씨　목화의 씨.

면화씨
'목화씨'와 함께 복수 표준어이다.

명구名句　유명한 문구. 뛰어나게 잘된 글귀. 예 링컨은 '국민의, 국민에 의한, 국민을 위한'이라는 명구를 남겼다. 명귀(×).

명구名句
한자 '句'가 붙어서 이루어진 단어는 '귀'를 인정하지 아니하고 '구'로 통일하였다.

명귀(×)　'유명한 문구. 뛰어나게 잘된 글귀'는 '명구'가 올바른 말이다.

명난젓(×)　'명태의 알을 소금에 절여 담근 젓'은 '명란젓'이 올바른 말이다.

명란젓明卵-　명태의 알을 소금에 절여 담근 젓. 명난젓(×).

명란젓明卵-
'명란젓'의 '란'은 두음 법칙에 따른 것이다.

명중률命中率　목표물에 명중하는 비율. 명중율(×).

명중율(×)　'목표물에 명중하는 비율'은 '명중률'이 올바른 말이다.

명중률
'명중+율/률率'의 형태. 앞말이 받침이 없거나(모음) 'ㄴ' 받침 뒤에서는 '율'을 쓴다. 그 외에는 '률'을 쓴다. '명중'의 '중'이 그 외의 경우이므로 '률'을 써서 '명중률'처럼 나타낸다.

몇　✔띄어쓰기 별로 많지 않은 약간의 수를 막연하게 이르는 말. 얼마나 되는지 잘 모르는 수를 물을 때 쓰는 말. 연습 한국 축구를 응원하기 위해 모인 인파가 (몇 십만 명/몇십 만 명/몇 십 만 명/몇십만 명)은 족히 되어 보였다. → 몇십만 명.

'몇십만명'은 어떻게 띄어쓰기를 해야 할까?
'몇'이 수數를 나타내는 말에 이어지면 '몇십, 몇백, 몇만, 몇십만, 몇백만'과 같이 모두 붙여 쓴다. '명'은 의존 명사이므로 앞의 말과 띄어 쓴다. '몇'이 단위를 나타내는 말과 이어지면 '몇 명, 몇 사람, 몇 차례'처럼 띄어 쓴다.

몇일(×)　'몇 날. 그달의 몇째 되는 날'은 '며칠'이 올바른 말이다.

모某　✔띄어쓰기 ¹성姓 뒤에 쓰여, '아무개'의 뜻을 나타내는 말. 예 박 모라는 사람이 이 사건을 일으켰다고 한다. ²'아무', '어떤'의 뜻을 나타내는 말. 예 모 그룹의 전략 방향.

모某
'모'는 대명사로 앞말과 띄어 쓴다.

모가치　제 몫으로 돌아오는 물건. 예 내 모가치는 남겨 두어야 한다. 목아치·몫아치(×).

모가치
'-이' 이외의 모음으로 시작된 접미사가 붙어서 된 말은 그 명사의 원형을 밝히어 적지 아니한다.

모개돈(×)	'액수가 많은 돈'은 '모갯돈'이 올바른 말이다.	
모갯돈	액수가 많은 돈. 예 어머니는 10년 동안 포장마차를 운영하여 모갯돈을 마련하셨다. 모개돈(×).	**모갯돈** 순우리말로 된 합성어로서 앞말이 모음으로 끝난 경우, 뒷말의 첫소리가 된소리로 나는 것은 사이시옷을 붙인다.
모기불(×)	'모기가 달려들지 못하도록 풀 따위를 태워 연기 내는 불'은 '모깃불'이 올바른 말이다.	
모기소리(×)	'모기가 날아다닐 때 내는 소리. 매우 가냘픈 소리를 비유하는 말'은 '모깃소리'가 올바른 말이다.	
모깃불	모기가 달려들지 못하도록 풀 따위를 태워 연기 내는 불. 모기불(×).	**모깃불** 순우리말로 된 합성어로서 앞말이 모음으로 끝난 경우, 뒷말의 첫소리가 된소리로 나는 것은 사이시옷을 붙인다.
모깃소리	[1]모기가 날아다닐 때 내는 소리. [2]매우 가냘픈 소리를 비유하는 말. 모기소리(×).	
모꼬지	잔치나 놀이가 있을 때 여러 사람이 모이는 일. 목거지(×).	
모내다	모를 못자리에서 논으로 옮겨 심다.	**모내다** '모심다'와 함께 복수 표준어이다.
모두뛰기(×)	'두 발을 한데 모으고 뛰는 뜀'은 '모두뜀'이 올바른 말이다.	
모두뜀	두 발을 한데 모으고 뛰는 뜀. 모두뛰기(×).	
모래길(×)	'모래밭에 난 길. 모래가 깔린 길'은 '모랫길'이 올바른 말이다.	**'모래길'로 쓸 수 없는 이유** 순우리말로 된 합성어로서 앞말이 모음으로 끝난 경우, 뒷말의 첫소리가 된소리로 나는 것은 사이시옷을 붙인다.
모래뜸질(×)	'뜨거운 모래밭에 몸을 묻고 하는 찜질'은 '모래찜질'이 올바른 말이다.	
모래모치(×)	'몸은 은백색이고 등과 옆구리에 엷은 황갈색의 반점이 있으며 한 쌍의 수염이 있는 잉엇과의 민물고기'는 '모래무지'가 올바른 말이다.	
모래무지	몸은 은백색이고 등과 옆구리에 엷은 황갈색의 반점이 있으며 한 쌍의 수염이 있는 잉엇과의 민물고기. 모래모치(×).	
모래찜질	뜨거운 모래밭에 몸을 묻고 하는 찜질. 모래뜸질(×).	
모래톱	강가나 바닷가에 있는 넓고 큰 모래 벌판. 모래펄(×).	**모래톱** '모래톱'은 '모래사장'과 동의어로 쓰인다.
모래펄(×)	'강가나 바닷가에 있는 넓고 큰 모래 벌판'은 '모래톱'이 올바른 말이다.	
모랫길	[1]모래밭에 난 길. [2]모래가 깔린 길. 모래길(×).	

모르스 부호(×) '미국의 발명가 모스가 고안한, 점과 선을 배합하여 문자, 기호를 나타내는 전신 부호'는 '모스 부호'가 올바른 말이다.

모르타르mortar 회나 시멘트에 모래를 섞고 물로 갠 것. 몰탈(×).

모르핀morphine 마취제나 진통제로 쓰는, 아편의 주성분이 되는 알칼로이드. 몰핀(×).

모밀(×) '가루를 앙금으로 가라앉혀 전분을 만들어 묵 따위를 만들어 먹는 한해살이풀'은 '메밀'이 올바른 말이다.

모밀국수(×) '메밀가루로 만든 국수'의 뜻으로 쓰이는 말은 '메밀국수'가 올바른 말이다.

모순(×) '1927년 장편 소설로 혁명 문학파의 비판을 받았으며, 1930년 좌익 작가 연맹에 가입하여 지도적 역할을 한 중국의 소설가·평론가(1896~1981)'는 '마오둔'이 올바른 말이다.

모스 부호 Morse符號 미국의 발명가 모스가 고안한, 점과 선을 배합하여 문자, 기호를 나타내는 전신 부호. 모르스 부호(×).

모심다 모를 못자리에서 논으로 옮겨 심다. 모내다.

모씨(×) '못자리에 뿌리는 벼의 씨'는 '볍씨'가 올바른 말이다.

모인捺印(×) '도장 대신에 인주를 손가락에 묻혀 찍은 손도장'은 '무인'이 올바른 말이다.

모임난欄 신문 따위에서 모임에 관한 기사를 다룬 지면. 모임란(×).

모임란(×) '신문 따위에서 모임에 관한 기사를 다룬 지면'은 '모임난'이 올바른 말이다.

모자리(×) '볍씨를 뿌려 모를 기르는 논'은 '못자리'가 올바른 말이다.

모자창(×) '햇빛을 가리기 위해 모자 앞에 붙인 챙'은 '모자챙'이 올바른 말이다.

모자챙帽子- 햇빛을 가리기 위해 모자 앞에 붙인 챙. 모자창(×).

모재비걸음(×) '게와 같이 옆으로 걸어가는 걸음'은 '게걸음'이 올바른 말이다.

모주母酒 약주를 거르고 난 뒤 남은 찌끼 술. 무주(×).

모지(×) '손가락 가운데 제일 짧고 굵은 첫째 손가락'은 '무지'가 올바른 말이다.

모르타르mortar
'모르타르'는 주로 벽돌이나 석재 따위를 쌓는 데 쓰인다.

모심다
'모내다'와 함께 복수 표준어이다.

모임난欄
'모임+난欄'의 형태. '난'은 '구분된 지면'의 뜻으로 쓰이는데, '난' 앞에 한자어가 오면 '란'으로 표기하고, 순우리말이나 외래어가 오면 '난'으로 표기한다. '모임'이 순우리말이므로 '모임란'이 아니라 '모임난'으로 표기된 예이다.

모지다(×)	'마음 씀씀이가 매우 날카롭고 독하다'의 뜻으로 쓰이는 말은 '모질다'가 올바른 말이다.
모질다	마음 씀씀이가 매우 날카롭고 독하다. 모지다(×).

> **오류노트** 포로들은 <u>모질</u>은 학대를 견딜 수가 없어서 마침내 항복하였다. → 모진.

모짜르트(×)	'오페라 '피가로의 결혼', '돈 조반니', '요술 피리' 등이 있으며 고전파를 대표하는 오스트리아의 작곡가(1756~1791)'의 뜻으로 쓰이는 말은 '모차르트'가 올바른 말이다.
모쪼록	될 수 있는 대로. 예 모쪼록 크게 성공하여 돌아오시길 바랍니다. 아무쪼록.
모차르트^{Mozart, Wolfgang Amadeus}	오페라 '피가로의 결혼', '돈 조반니', '요술 피리' 등이 있으며 고전파를 대표하는 오스트리아의 작곡가(1756~1791). 모짜르트(×). [지방직 9급 '08]
모타(×)	'내연 기관, 원동기 따위의 동력 발생기'는 '모터'가 올바른 말이다.
모터^{motor}	내연 기관, 원동기 따위의 동력 발생기. 모타(×).
목(×)	'여럿으로 나누어 가지는 각 부분'의 뜻으로 쓰이는 말은 '몫'이 올바른 말이다.
목거리	목이 붓고 아픈 병. [서울시 9급 '21]
목거지(×)	'잔치나 놀이 등이 있을 때 여러 사람이 모이는 일'은 '모꼬지'가 올바른 말이다.
목걸이	귀금속이나 보석 따위로 만들어 목에 거는 장신구. 예 누나는 목에 금목걸이를 하고 있다. [서울시 9급 '21]
목돈	한몫이 될 정도로 액수가 많은 돈. 예 몇 년 전에 가입한 5년 만기 적금이 사업을 하는 데 목돈이 되었다. 몫돈(×). [법원직 9급 '07]
목로집(×)	'술청에 목로를 차려 놓고 술을 파는 집'은 '목롯집'이 올바른 말이다.
목롯집^{木壚-}	술청에 목로를 차려 놓고 술을 파는 집. 목로술집. 목로집(×).
목맺히다, 목메이다(×)	'서럽거나 기쁠 때 감정이 북받쳐 솟아올라 목이 막히다'의 뜻으로 쓰이는 말은 '목메다'가 올바른 말이다.

모질다
'모질다'의 어간에 '-ㄴ'이 결합하면 받침 'ㄹ'이 탈락하여 '모진'으로 된다.

모쪼록
'아무쪼록'과 함께 복수 표준어이다.

모차르트
외래어 표기에서 '모짜르트'처럼 된소리로 표기하지 않고 '모차르트'처럼 표기하는 것이 원칙이다.

목거리
'목걸-+-이'처럼 어간에 '-이'가 붙어서 명사로 바뀐 것이지만 어간의 뜻과 멀어졌으므로 원형을 밝혀 적지 않는다.

목롯집^{木壚-}
한자어와 순우리말로 된 합성어로 앞말이 모음으로 끝나고, 뒷말의 첫소리가 된소리로 나므로 사이시옷을 붙인다.

목메다	서럽거나 기쁠 때 감정이 북받쳐 솟아올라 목이 막히다. 목메이다·목맺히다(×).	**목메다** '목메다' 자체에 피동의 뜻이 있으므로 피동의 '-이-'를 중복해 붙이지 않는다.

> **✔오류노트** 아내들은 남편들의 "여보, 당신을 사랑합니다."라는 말에 <u>목메인다는데</u> 그 이유가 과연 무엇일까? → 목멘다는데.

목물	팔다리를 뻗고 위로 올린 사람의 등 부분을 물로 씻어 주는 일. 등물.	**목물** '등물'과 함께 복수 표준어이다.
목아치(×)	'자기 몫으로 돌아오는 물건'은 '모가치'가 올바른 말이다.	
목화씨	목화의 씨. 면화씨.	**목화씨** '면화씨'와 함께 복수 표준어이다.
몫	여럿으로 나누어 가지는 각 부분. 목(×).	
몫돈(×)	'한몫이 될 정도로 액수가 많은 돈'은 '목돈'이 올바른 말이다.	
몫아치(×)	'자기 몫으로 돌아오는 물건'은 '모가치'가 올바른 말이다.	
몰이꾼	짐승이나 물고기를 잡기 위하여 목으로 몰아넣는 일을 하는 사람. 몰잇군(×).	**몰이꾼** '어떤 사물이나 특성을 가진 사람'의 뜻을 나타내는 접미사는 '-꾼'이다.
몰잇군(×)	'짐승이나 물고기를 잡기 위하여 목으로 몰아넣는 일을 하는 사람'의 뜻으로 쓰이는 말은 '몰이꾼'이 올바른 말이다.	
몰캉거리다	과일 따위가 너무 익거나 곯아서 몰랑한 느낌이 들다. 몰큰거리다(×).	
몰큰거리다(×)	'과일 따위가 너무 익거나 곯아서 몰랑한 느낌이 들다'의 뜻으로 쓰이는 말은 '몰캉거리다'가 올바른 말이다.	
몰탈(×)	'회나 시멘트에 모래를 섞고 물로 갠 것'은 '모르타르'가 올바른 말이다	
몰핀(×)	'마취제나 진통제로 쓰는, 아편의 주성분이 되는 알칼로이드'의 뜻으로 쓰이는 말은 '모르핀'이 올바른 말이다.	**몸속** '몸속'은 한 단어이므로 붙여 쓴다.
몸속	**✔띄어쓰기** 몸의 속. 예 몸속에 때가 끼었어.	**못쓸** '못쓰-+-ㄹ'로 판단하여 '못쓸'로 혼동하기 쉬우나, 굳어진 말이므로 '몹쓸'로 적는다.
몹쓸	악독하고 고약한. 예 그 친구 궁지에 빠진 사람을 외면하다니 정말 몹쓸 사람이구먼. 못쓸(×). [국회 8급 '10]	

못되다	**✓띄어쓰기** ¹하는 짓이나 성질 따위가 좋지 않거나 고약하다. 예 못된 습관./못된 버릇. ²일이 뜻대로 되지 않은 상태에 있다. 예 일이 못되면 내가 책임을 질 터이니 전혀 부담을 갖지 말게. [지방직 7급 '09]
못생기다	**✓띄어쓰기** 생김새가 보통보다 못하다.
못쓸(×)	'악독하고 고약한'은 '몹쓸'이 올바른 말이다.
못자리	볍씨를 뿌려 모를 기르는 논. 모자리(×). [서울시 지방직 7급 '16]
못잖다	일정한 수준이나 정도에 미치다. 예 누나는 화가 못잖은 그림 실력을 가지고 있다. 못잖다(×).
못잖다(×)	'일정한 수준이나 정도에 미치다'의 뜻으로 쓰이는 말은 '못잖다'가 올바른 말이다.
못지않다	**✓띄어쓰기** '못하지 아니하다'의 준말. 예 그는 성악가 못지않게 가곡을 잘 부른다.

> **❗오류노트** 그는 화가 <u>못지않는</u> 그림 실력을 선보였다. → 못지않은.

'못지않는'이 틀린 표기인 이유는 무엇일까?
'못지않다'는 형용사이므로 '-는'이 아니라 '-은'이 와야 한다. 따라서 '못지않은'과 같이 써야 한다. 다른 예로 '걸맞다'의 경우 형용사이므로 '-는'이 아니라 '-은'이 와서 '걸맞은'처럼 써야 옳다. '못지않다'는 '못지아니하다'의 준말로, 한 단어이므로 붙여 쓴다.

못하다	**✓띄어쓰기** ¹비교하는 대상에 미치지 아니하다. 예 나를 대하는 태도가 예전보다 못하다. ²일정한 정도에 못 미치거나 할 능력이 없다. 예 바둑을 전혀 못한다./선생님의 질문에 대답을 못한다. ³매우 적게 잡다. 예 그 선생님한테 배운 학생이 못해도 천 명은 넘을 거야. ⁴용언 뒤에서 '-지 못하다' 형태로 쓰여, 앞말이 뜻하는 행동이나 상태에 이르지 못함을 나타내는 말. 예 걱정 때문에 잠을 한숨도 이루지 못하였다./너의 그런 행동은 바람직하지 못하다.

'못하다'는 띄어쓰기도 하고 붙여 쓰기도 한다는데?
표제어 '못하다'가 1~4번의 뜻으로 쓰일 때는 '못하다'처럼 붙여 쓴다. 특히, '-지 못하다' 형태는 반드시 붙여 쓴다. 다만 '몸이 아파서 숙제를 못 했다.'와 같이 단순히 어떤 행동을 할 수 없다는 뜻으로 쓰일 때는 '못 하다'처럼 띄어 쓴다.

못되다
'못되다'는 한 단어이므로 붙여 쓴다.

못생기다
'못생기다'는 한 단어이므로 붙여 쓴다.

못자리
순우리말로 된 합성어로서 앞말이 모음으로 끝난 경우, 뒷말의 첫소리가 된소리로 나는 것은 사이시옷을 붙인다.

몽가뜨리다(×) '썩거나 물려서 본 모양이 없어지게 하다'의 뜻으로 쓰이는 말은 '몽그라뜨리다'가 올바른 말이다.

몽그라뜨리다 썩거나 물려서 원래의 모양이 없어지게 하다. 몽가뜨리다(×).

몽둥이바람(×) '몽둥이로 강하게 맞거나 때리는 일'은 '몽둥잇바람'이 올바른 말이다.

몽둥잇바람 몽둥이로 강하게 맞거나 때리는 일. 몽둥이바람(×).

몽따쥬, 몽타지(×) 범죄 수사에서 많이 활용하는 사진으로, 여러 사람 사진 얼굴의 각 부분을 따서 합쳐 만들어 특정인의 형상을 이루게 하는 기법'의 뜻으로 쓰이는 말은 '몽타주'가 올바른 말이다.

몽마르트(×) '프랑스 파리 북부의 언덕과 그 남쪽 기슭의 번화가'는 '몽마르트르'가 올바른 말이다.

몽마르트르^{Montmartre} 프랑스 파리 북부의 언덕과 그 남쪽 기슭의 번화가. 몽마르트(×).

몽자^{蒙自} '중국 윈난성^{雲南省} 남부에 있는 도시'는 '멍쯔'가 올바른 말이다.

몽타주^{montage} 범죄 수사에서 많이 활용하는 사진으로, 여러 사람 사진 얼굴의 각 부분을 따서 합쳐 만들어 특정인의 형상을 이루게 하는 기법. 몽따쥬·몽타지(×).

뫼터(×) '뫼를 쓸 자리'의 뜻으로 쓰이는 말은 '묏자리'가 올바른 말이다.

묏자리 묘를 쓸 자리. 묫자리. 뫼터(×). [한국어교육검정 '12]

묘저구 유적^{廟底溝遺跡}(×) '중국 허난성^{河南省} 산현^{陝縣} 남동쪽의 신석기 시대 유적지'는 '먀오디거우 유적'이 올바른 말이다.

묫자리 묘를 쓸 자리. 묏자리.

무 잎은 깃 모양이며 뿌리는 둥글고 잎과 함께 식용하며 비타민, 단백질의 함유량이 많은 십자화과의 한해살이풀 또는 두해살이풀. 무우(×).

무거웁다(×) '무게가 많이 나가다'의 뜻으로 쓰이는 말은 '무겁다'가 올바른 말이다.

무겁다 무게가 많이 나가다. 무거웁다(×).

무국(×) '무를 썰어 넣고 끓인 국'은 '뭇국'이 올바른 말이다.

몽그라뜨리다
'몽그라뜨리다'의 큰말은 '뭉그러뜨리다'이다.

몽둥잇바람
'몽둥잇바람'은 '몽둥이+바람'의 구조로, 순우리말로 된 합성어로서 앞말이 모음으로 끝난 경우, 뒷말의 첫소리가 된소리로 나는 것은 사이시옷을 붙인다.

묏자리
'묫자리'와 함께 복수 표준어이다.

묫자리
'묏자리'와 함께 복수 표준어이다.

'무거웁다'로 쓸 수 없는 이유
만일 기본형이 '무거웁다'라면 '무거웁고', '무거웁다'처럼 활용하겠으나 기본형은 '무거웁다'가 아닌 '무겁다'이므로 '무겁고', '무겁다'처럼 활용한다.

무녀리	한배에서 낳은 새끼 가운데 제일 먼저 나온 새끼.
무논	[1]항상 물이 괴어 있는 논. [2]물을 쉽게 댈 수 있는 논. 물논(×).
무단이(×)	'미리 허락을 받거나 사유를 말하지 않고 함부로'의 뜻으로 쓰이는 말은 '무단히'가 올바른 말이다.
무단히無斷-	미리 허락을 받거나 사유를 말하지 않고 함부로. 무단이(×).
무르다	물기가 많아서 단단하지 않다. 예 감이 익어서 무르다. 물르다(×).
무르팍	'무릎'을 속되게 이르는 말. 무릎팍(×).
무릅쓰다	어려운 일을 참고 견디다. 예 추위를 무릅쓰고 훈련을 하였다. 무릎쓰다(×). [지방직 9급 '12]
무릎팍(×)	'무릎'을 속되게 이르는 말은 '무르팍'이 올바른 말이다.
무릎쓰다(×)	'어려운 일을 참고 견디다'의 뜻으로 쓰이는 말은 '무릅쓰다'가 올바른 말이다.
무서웁다(×)	'어떤 대상에 대하여 두렵고 마음이 불안하다'의 뜻으로 쓰이는 말은 '무섭다'가 올바른 말이다.
무석無錫(×)	'중국 장쑤성江蘇省 쑤저우蘇州의 서북쪽에 있는 도시'는 '우시'가 올바른 말이다.
무섭다	어떤 대상에 대하여 두렵고 마음이 불안하다. 예 전쟁이 일어날까 봐 무섭다. 무서웁다(×).
무수(×)	'조금 다음 날인 음력 8, 9일과 23, 24일'은 '무쉬'가 올바른 말이다.
무순撫順(×)	'중국 최대의 코크스탄 산지로 랴오닝성遼寧省 동쪽에 있는 도시'는 '푸순'이 올바른 말이다.
무쉬	조금 다음 날인 음력 8, 9일과 23, 24일. 무수(×).
무식장이(×)	'무식한 사람을 낮잡아 이르는 말'은 '무식쟁이'가 올바른 말이다.
무식쟁이無識-	무식한 사람을 낮잡아서 이르는 말. 무식장이(×).
무심결無心-	아무런 생각이 없어 스스로 깨닫지 못하는 사이. 예 나는 무심결에 호랑이 우리로 다가갔다가 기겁을 하고 도망쳤다. 무심중.
무심중無心中	✔띄어쓰기 아무런 생각이 없어 스스로 깨닫지 못하는 사이. 무심결.

무녀리
'문+열+이'의 구성이지만 어간의 뜻과 멀어진 것이므로 원형을 밝히어 적지 아니한다.

무논
'ㄹ'이 'ㄴ, ㄷ, ㅅ, ㅈ' 앞에서 탈락하여 발음되지 않는 것은 발음되지 않는 형태로 적는다.

무단히無斷-
부사의 끝음절이 '이'나 '히'로 소리 나는 것은 '히'로 표기한다.

무쉬
'무쉬'는 조수가 조금 붇기 시작하는 물때이다.

무심결無心-
'무심중'과 함께 복수 표준어이다. '무심결'의 '결'은 '때, 사이' 등을 나타내는 말이다.

무심중無心中
'무심결'과 함께 복수 표준어이다. '무심중'은 한 단어이므로 붙여 쓴다.

무언중^{無言中}	✔️띄어쓰기 말이 없는 가운데.
무우(×)	'잎은 깃 모양이며 뿌리는 둥글고 잎과 함께 식용하며 비타민, 단백질의 함유량이 많은 십자화과의 풀'은 '무'가 올바른 말이다.
무의식중^{無意識中}	✔️띄어쓰기 자기도 모르는 사이.
무인^{拇印}	도장 대신에 인주를 손가락에 묻혀 찍은 손도장. 모인(×).
무자위	물을 높은 곳으로 퍼 올리는 기계. 물자위(×).
무정난(×)	'수정이 되지 않은 알'은 '무정란'이 올바른 말이다.
무정란^{無精卵}	수정이 되지 않은 알. 무정란은 부화하지 않는다. 무정난(×).
무주(×)	'약주를 거르고 난 뒤 남은 찌끼 술'은 '모주'가 올바른 말이다.
무주^{撫州}(×)	'중국 푸젠성^{福建省}의 항구 도시'는 '푸저우'가 올바른 말이다.
무지^{拇指}	다섯 손가락 가운데에서 제일 짧고 굵은 첫째 손가락. 모지(×).
무지개빛(×)	'무지개의 일곱 가지 색깔'은 '무지갯빛'이 올바른 말이다.
무지갯빛	무지개의 일곱 가지 색깔. 무지개빛(×).
무창^{武昌}(×)	'중국 양쯔강^{揚子江} 중류의 군사적 요충지로, 후베이성^{湖北省}에 있는 우한 삼진^{武漢三鎭}의 하나'는 '우창'이 올바른 말이다.
무한^{武漢}(×)	'중국 후베이성^{湖北省}의 성도^{省都}로, 양쯔강^{揚子江}과 한수이^{漢水}강이 합쳐지는 곳에 있는 도시'는 '우한'이 올바른 말이다.
무한이(×)	'수나 양, 공간, 시간 따위에 제한이 없이'의 뜻으로 쓰이는 말은 '무한히'가 올바른 말이다.
무한히^{無限-}	수나 양, 공간, 시간 따위에 제한이 없이. 무한이(×).
무호^{蕪湖}(×)	'중국 안후이성^{安徽省} 동부 양쯔강^{揚子江} 동쪽 기슭에 있는 항구 도시'는 '우후'가 올바른 말이다.
묵묵이(×)	'말없이 잠잠하게'의 뜻으로 쓰이는 말은 '묵묵히'가 올바른 말이다.
묵묵히	말없이 잠잠하게. 예 그는 묵묵히 일하지만 그 어느 누구와 견주어도 손색이 없는 실력자다. 묵묵이(×).

무언중
'무언중'은 한 단어이므로 붙여 쓴다.

무의식중
'무의식중'은 한 단어이므로 붙여 쓴다.

무자위
끝소리가 'ㄹ'인 말과 딴 말이 어울릴 때에 'ㄹ' 소리가 나지 아니하는 것은 아니 나는 대로 적는다.

무정란
'무정+란'의 형태이며 '卵'은 접사의 성격이 있어 '란'으로 표기한다.

무지갯빛
'무지갯빛'은 '무지개+빛'의 구조로, 순우리말로 된 합성어로서 앞말이 모음으로 끝난 경우, 뒷말의 첫소리가 된소리로 나는 것은 사이시옷을 붙인다.

무한히^{無限-}
부사의 끝 음절이 '-이'나 '-히'로 나는 것은 '-히'로 적는다.

묵직이	보기보다 훨씬 더 무겁게. 예 오승환 투수가 던지는 공은 아주 묵직이 느껴진다. 묵직히(×).
묵직히(×)	'보기보다 훨씬 더 무겁게'의 뜻으로 쓰이는 말은 '묵직이'가 올바른 말이다.
문구文句	글의 구절. 문귀(×).
문귀(×)	'글의 구절'의 뜻은 '문구'가 올바른 말이다.
문동이(×)	'나환자'의 뜻은 '문둥이'가 올바른 말이다.
문둥이	나환자. 문동이(×).
문등文登(×)	'중국 산둥성山東省 동부에 있는 도시'는 '원덩'이 올바른 말이다.
문밖門·	✓띄어쓰기 문의 바깥쪽. 예 문밖에서 신음소리가 났다.
문장부호文章符號	문장의 뜻을 돕거나 문장을 구별하여 읽고 이해하기 쉽게 하기 위하여 쓰는 부호. ',', '?', '!', ';', ':' 따위.
문제거리(×)	'여러 가지 문제를 일으킬 만한 요소'는 '문젯거리'가 올바른 말이다.
문젯거리問題·	여러 가지 문제를 일으킬 만한 요소. 예 어느 집안이고 크고 작은 문젯거리가 없는 곳은 없다더라. 문제거리(×).
문지르다	무엇을 서로 눌러 대고 이리저리 밀거나 비비다. 문질르다(×).
문질르다(×)	'무엇을 서로 눌러 대고 이리저리 밀거나 비비다'의 뜻으로 쓰이는 말은 '문지르다'가 올바른 말이다.
물꼬	논에 물이 넘어 들어오거나 나가게 하기 위하여 만든 좁은 통로. 고(×).
물끄러미	우두커니 한곳만 바라보는 모양. 멀끄러미(×).
물논(×)	'항상 물이 괴어 있는 논'은 '무논'이 올바른 말이다.
물때	물에 섞여 있는 깨끗하지 못한 것이 다른 데에 옮아 붙어서 끼는 때. 물이끼(×).
물때새(×)	'물떼샛과의 새를 통틀어 이르는 말'은 '물떼새'가 올바른 말이다.
물떼새	물떼샛과의 새를 통틀어 이르는 말. 물때새(×).
물레가락(×)	'물레로 실을 자을 때 실이 감기는 쇠꼬챙이'는 '물렛가락'이 올바른 말이다.

문구文句
한자 '句'가 붙어서 이루어진 단어는 '귀'를 인정하지 아니하고 '구'로 통일하였다.

문밖門·
'문밖'은 한 단어이므로 붙여 쓴다.

문젯거리問題·
'한자어+순우리말'로 이루어진 합성어로 된소리로 발음되므로 사이시옷을 받쳐 적는다.

문지르다
'문지르다'와 같은 '르' 불규칙 동사는 어간의 끝 음절 '르'가 어미 '-아, -어' 앞에서 'ㄹㄹ'로 바뀌므로 '문질러, 문질러서'로 활용한다. '문지르다'의 어간을 '문질르-'처럼 규칙 동사로 판단하지 않도록 주의하자.

물꼬
어떤 일의 시작을 비유적으로 이르는 말로도 '물꼬'를 쓴다. 예 남북 교류의 물꼬를 트다.

물렛가락	물레로 실을 자을 때 실이 감기는 쇠꼬챙이. 물레가락(×).
물르다(×)	'물기가 많아서 단단하지 않다'의 뜻으로 쓰이는 말은 '무르다'가 올바른 말이다.
물매암이, 물매미(×)	'몸은 검은색으로 광택이 나고 물방개와 비슷하며 물 위를 뱅뱅 도는 습성이 있는 물맴잇과의 곤충'은 '물맴이'가 올바른 말이다.
물맴이	몸은 검은색으로 광택이 나고 물방개와 비슷하며 물 위를 뱅뱅 도는 습성이 있는 물맴잇과의 곤충. 물매암이·물매미(×).
물방개	논이나 연못 따위에 살며 겉날개는 단단하고 뒷다리로 헤엄을 잘 치는 물방갯과의 갑충. 선두리. [서울시 7급 '11]
물방아간(×)	'물방아를 돌려 곡식을 찧는 방앗간'은 '물방앗간'이 올바른 말이다.
물방앗간[間]	물방아를 돌려 곡식을 찧는 방앗간. 물방아간(×).
물수란	날달걀을 깨어 끓는 물에서 반 정도 익힌 음식. 물수랄(×).
물수랄(×)	'날달걀을 깨어 끓는 물에서 반 정도 익힌 음식'은 '물수란'이 올바른 말이다.
물신(×)	'코를 찌를 정도로 심한 냄새가 풍기는 모양'은 '물씬'이 올바른 말이다.
물씬	코를 찌를 정도로 심한 냄새가 풍기는 모양. 예 바다 냄새가 물씬 나는 홍합 미역국을 먹었다. 물신(×).
물어보다	✔️띄어쓰기 상대에게 무엇을 밝히거나 알기 위해 묻다.
물이끼(×)	'물에 섞여 있는 깨끗하지 못한 것이 다른 데에 옮아붙어서 끼는 때'는 '물때'가 올바른 말이다.
물자위(×)	'물을 높은 곳으로 퍼 올리는 기계'는 '무자위'가 올바른 말이다.
물컹거리다	너무 익거나 곯아서 물렁한 느낌이 들다. 예 냇가 풀숲에서 물컹거리는 메기를 손으로 잡았다. 물큰거리다(×).
물컹물컹	너무 익거나 곯아서 물렁한 느낌이 드는 모양. 물큰물큰(×).
물큰거리다(×)	'너무 익거나 곯아서 물렁한 느낌이 들다'의 뜻으로 쓰이는 말은 '물컹거리다'가 올바른 말이다.

물큰물큰(×)	'너무 익거나 곯아서 물렁한 느낌이 드는 모양'은 '물컹물컹'이 올바른 말이다.
뭇	✔띄어쓰기 수효가 매우 많은. 예 뭇 사람./뭇 여인들의 마음을 사로잡는 배우.
뭇국	무를 썰어 넣고 끓인 국. 무국(×).
뭉그뜨리다(×)	'높이 쌓은 물건을 무너뜨려 주저앉게 하다'의 뜻으로 쓰이는 말은 '뭉그러뜨리다'가 올바른 말이다.
뭉그러뜨리다	높이 쌓은 물건을 무너뜨려 주저앉게 하다. 뭉그뜨리다(×).
뭉그적거리다	앞으로 나아가지 못한 채 큰 동작으로 자꾸 게으르게 행동하다. 밍기적거리다(×).
뭉떡(×)	'단숨에 큰 덩어리로 자르거나 잘리어 끊어지는 모양'은 '뭉떵'이 올바른 말이다.
뭉떵	단숨에 큰 덩어리로 자르거나 잘리어 끊어지는 모양. 예 떡방앗간에서 만들어져 나오는 떡가래를 가위로 뭉떵 잘랐다. 뭉떡(×).
뭉치돈(×)	'액수가 많은, 뭉치로 된 돈'은 '뭉칫돈'이 올바른 말이다.
뭉칫돈	액수가 많은, 뭉치로 된 돈. 뭉치돈(×).
뭉턱(×)	'단숨에 큰 덩어리로 자르거나 잘리어 끊어지는 모양'은 '뭉텅'이 올바른 말이다.
뭉텅	단숨에 큰 덩어리로 자르거나 잘리어 끊어지는 모양. 예 가위로 떡 가래를 뭉텅 잘랐다. 뭉턱(×).
미끈덕하다(×)	'부드럽고 미끄럽다'의 뜻으로 쓰이는 말은 '미끈둥하다'가 올바른 말이다.
미끈둥하다	부드럽고 미끄럽다. 미끈덕하다(×).
미뉴에트minuet	17~18세기에 프랑스와 영국에서 유행한, 4분의3 박자의 우아하고 약간 빠른 춤곡. 미뉴엣(×).
미뉴엣(×)	'프랑스와 영국에서 유행한, 4분의3 박자의 우아하고 약간 빠른 춤곡'은 '미뉴에트'가 올바른 말이다.
미다스Midas	그리스 신화에 나오는 소아시아의 왕. 만지는 것마다 황금으로 바꾸는 재주를 얻었으나 이것이 능사가 아님을 깨닫고 그 능력을 버렸다. 마이더스(×).
미더웁다(×)	'믿을 만한 데가 있다'의 뜻으로 쓰이는 말은 '미덥다'가 올바른 말이다.

뭇
'뭇'은 관형사로 다음에 오는 말과 띄어 쓴다.

뭇국
순우리말로 된 합성어로서 뒷말의 첫소리가 된소리로 나므로 사이시옷을 받치어 적는다.

뭉칫돈
순우리말로 된 합성어로서 뒷말의 첫소리가 된소리로 나므로 사이시옷을 받치어 적는다.

뭉텅
'뭉텅'은 '뭉떵'보다 거센 느낌을 준다.

미뉴에트minuet
기악의 형식으로 교향곡의 현악곡, 악장에도 쓰였다.

미덥다	믿을 만한 데가 있다. 미더웁다(×).
미뜨리다(×)	'갑자기 세게 밀어 버리다'의 뜻으로 쓰이는 말은 '밀뜨리다'가 올바른 말이다.
미라^{mirra}	인간이나 동물의 시체가 썩지 않고 원래 상태에 가까운 모습으로 남아 있는 것. 미이라(×).
미련장이(×)	'매우 미련한 사람'은 '미련쟁이'가 올바른 말이다.
미련쟁이	매우 미련한 사람. 미련장이(×).
미루나무	목재는 젓가락, 성냥개비 따위의 재료로 쓰는, 버드나뭇과의 낙엽 활엽 교목. 미류나무(×).
미류나무(×)	'목재는 젓가락, 성냥개비 따위의 재료로 쓰는, 버드나뭇과의 낙엽 활엽 교목'은 '미루나무'가 올바른 말이다.
미쁘다	믿음성이 있다. 믿브다·밋브다(×).
미세스(×)	'결혼한 여자의 성 앞에 붙여 '부인'의 뜻으로 부르는 영어식 호칭'은 '미시즈'가 올바른 말이다.
미숫가루	찹쌀, 보리 따위를 볶아서 가루로 만든 식품. 미싯가루·미수가루(×). [서울시 9급 '10]
미스터리^{mystery}	아무리 해도 이해하거나 설명할 수 없는 이상야릇한 일이나 사건. 미스테리(×).
미스테리(×)	'아무리 해도 이해하거나 설명할 수 없는 이상야릇한 일이나 사건'은 '미스터리'가 올바른 말이다.
미시즈^{Mrs.}	결혼한 여자의 성 앞에 붙여 '부인'의 뜻으로 부르는 영어식 호칭. 미세스(×).
미싯가루, 미수가루(×)	'찹쌀이나 보리쌀 따위를 볶아서 가루로 만든 식품'은 '미숫가루'가 올바른 말이다.
미얀마^{Myanmar}	동남아시아 인도차이나 반도 서쪽의 연방 공화국. 수도는 양곤.
미어지다	팽팽한 가죽이나 종이 따위가 해져서 구멍 나다. 가득 차서 터질 듯하다. 미이다(×).
미이다(×)	'팽팽한 가죽이나 종이 따위가 해져서 구멍 나다. 가득 차서 터질 듯하다'의 뜻으로 쓰이는 말은 '미어지다'가 올바른 말이다.
미이라(×)	'시체가 썩지 않고 원래 상태에 가까운 모습으로 남아 있는 것'은 '미라'가 올바른 말이다.

미덥다
기본형이 '미더웁다'가 아닌 '미덥다'이므로 '미덥고', '미덥다'처럼 활용한다.

미련쟁이
'-쟁이'는 '그것이 나타내는 속성을 많이 가진 사람'의 뜻을 더하는 말이다.

미루나무
'미루나무'는 '미류나무'의 모음이 단순화한 형태로 '미류^{美柳}'에서 유래하였지만 '미루나무'가 폭넓게 쓰이므로 표준어로 삼았다.

미숫가루
순우리말로 된 합성어로서 뒷말의 첫소리가 된소리로 나므로 사이시옷을 받치어 적는다.

미시즈^{MRS.}
'미즈^{Ms}'는 결혼 여부에 관계없이 여성의 이름이나 성 앞에 붙여 부르는 말이다.

미장이	주택의 바닥, 벽, 천장 따위에 시멘트 따위를 바르는 일을 직업으로 하는 사람. 미쟁이(×).
미쟁이(×)	'주택의 바닥, 벽, 따위에 시멘트 따위를 바르는 일을 직업으로 하는 사람'은 '미장이'가 올바른 말이다.
미주알고주알	매우 하찮은 일까지 샅샅이. 예 그 친구는 사소한 것까지 미주알고주알 따지고 드는 성격을 가졌다. 메주왈고주왈(×).
미처	아직 거기까지 미치도록. 예 마감 시간까지 미처 일을 끝내지 못했다. 미쳐(×).
미쳐(×)	'아직 거기까지 미치도록'의 뜻으로 쓰이는 말은 '미처'가 올바른 말이다.
미터^meter	미터법에 의한 길이의 단위. 메타(×).
미루다	정한 시간이나 기일을 나중으로 넘기거나 늘이다. 밀다(×).
민둥산^ᄴ	나무가 없어서 흙이 드러나 보이는 산.
민밋하다(×)	'생긴 모양 따위가 두드러진 특징이 없이 평범하다'의 뜻으로 쓰이는 말은 '밋밋하다'가 올바른 말이다.
믿브다, 밋브다(×)	'믿음성이 있다'의 뜻으로 쓰이는 말은 '미쁘다'가 올바른 말이다.
밀다(×)	'정한 시간이나 기일을 나중으로 넘기거나 늘이다'는 '미루다'가 올바른 말이다.
밀뜨리다	갑자기 세게 밀어 버리다. 예 주인은 도둑의 몸을 밀뜨려 넘어뜨렸다. 미뜨리다(×).
밀어젖히다	밀문을 힘껏 밀어서 열다. 사람이나 물건 따위를 힘껏 밀어 한쪽으로 기울어지게 하다. 예 책상을 한쪽으로 밀어젖히다. 밀어제끼다(×).
밀어제끼다(×)	'밀문을 힘껏 밀어서 열다. 사람이나 물건 따위를 힘껏 밀어 한쪽으로 기울어지게 하다'의 뜻으로 쓰이는 말은 '밀어젖히다'가 올바른 말이다.
밉살스럽다	보기에 말이나 행동이 남에게 몹시 미움을 받을 만한 데가 있다. ✏️오류노트 그렇게 밉살스런 행동만 하니 모두들 너를 싫어하지. → 밉살스러운.

미장이
기술자에게는 '-장이'가 붙는 형태를 표준어로 삼는다.

민둥산^ᄴ
'벌거숭이산'과 함께 복수 표준어이다.

밉살스럽다
'밉살스럽다'의 어간 '밉살스럽-' 뒤에 '-은'이 오면 어간 말음 'ㅂ'이 '우'로 변하므로, '밉살스러운'처럼 써야 된다.

밋밋하다	생긴 모양 따위가 두드러진 특징이 없이 평범하다. 민 밋하다(×).
밍기적거리다(×)	'앞으로 나아가지 못하고 큰 동작으로 자꾸 게으르게 행동하다'의 뜻으로 쓰이는 말은 '뭉그적거리다'가 올 바른 말이다.
밑동	나무줄기의 뿌리 가까운 부분. 식물의 굵은 뿌리 부분. 밑둥(×).
밑동부리	베어 낸 통나무의 굵은 쪽 마구리. 밑둥뿌리(×).
밑둥(×)	'나무줄기의 뿌리에 가까운 부분. 식물의 굵은 뿌리 부 분'은 '밑동'이 올바른 말이다.
밑둥뿌리(×)	'베어 낸 통나무의 굵은 쪽 마구리'는 '밑동부리'가 올 바른 말이다.
밑층	여러 층으로 된 것의 아래에 있는 층.

밑동
'밑동'은 '긴 물건의 맨 아랫동아리'의 뜻으로 도 쓰인다.

밑층
'아래층'과 함께 복수 표준어이다.

로마자 표기법

제1장 표기의 기본 원칙

제1항
국어의 로마자 표기는 국어의 표준 발음법에 따라 적는 것을 원칙으로 한다.

제2항
로마자 이외의 부호는 되도록 사용하지 않는다.

제2장 표기 일람

제1항
모음은 다음 각호와 같이 적는다.

1. 단모음

ㅏ	ㅓ	ㅗ	ㅜ	ㅡ	ㅣ	ㅐ	ㅔ	ㅚ	ㅟ
a	eo	o	u	eu	i	ae	e	oe	wi

2. 이중 모음

ㅑ	ㅕ	ㅛ	ㅠ	ㅒ	ㅖ	ㅘ	ㅙ	ㅝ	ㅞ	ㅢ
ya	yeo	yo	yu	yae	ye	wa	wae	wo	we	ui

[붙임 1]
'ㅢ'는 'ㅣ'로 소리 나더라도 ui로 적는다.

광희문 Gwanghuimun

[붙임 2]
장모음의 표기는 따로 하지 않는다.

제2항
자음은 다음 각호와 같이 적는다.

1. 파열음

ㄱ	ㄲ	ㅋ	ㄷ	ㄸ	ㅌ	ㅂ	ㅃ	ㅍ
g, k	kk	k	d, t	tt	t	b, p	pp	p

2. 파찰음

ㅈ	ㅉ	ㅊ
j	jj	ch

3. 마찰음

ㅅ	ㅆ	ㅎ
s	ss	h

4. 비음

ㄴ	ㅁ	ㅇ
n	m	ng

5. 유음

ㄹ
r, l

[붙임 1]
'ㄱ, ㄷ, ㅂ'은 모음 앞에서는 'g, d, b'로,
자음 앞이나 어말에서는 'k, t, p'로 적는
다.([ ] 안의 발음에 따라 표기함.)
구미 Gumi
영동 Yeongdong
백암 Baegam
옥천 Okcheon
합덕 Hapdeok
호법 Hobeop
월곶[월곧] Wolgot
벚꽃[벋꼳] beotkkot
한밭[한받] Hanbat

[붙임 2]
'ㄹ'은 모음 앞에서는 'r'로, 자음 앞이나 어
말에서는 'l'로 적는다. 단, 'ㄹㄹ'은 'll'로
적는다.
구리 Guri
설악 Seorak
칠곡 Chilgok
임실 Imsil
울릉 Ulleung
대관령[대괄령] Daegwallyeong

제3장 표기상의 유의점

제1항
음운 변화가 일어날 때에는 변화의 결과에
따라 다음 각호와 같이 적는다.

1. 자음 사이에서 동화 작용이 일어나는 경우
백마[뱅마] Baengma
신문로[신문노] Sinmunno
종로[종노] Jongno
왕십리[왕심니] Wangsimni
별내[별래] Byeollae
신라[실라] Silla

2. 'ㄴ, ㄹ'이 덧나는 경우
학여울[항녀울] Hangnyeoul
알약[알략] allyak

3. 구개음화가 되는 경우
해돋이[해도지] haedoji
같이[가치] gachi
맞히다[마치다] machida

4. 'ㄱ, ㄷ, ㅂ, ㅈ'이 'ㅎ'과 합하여 거센소리
   로 소리나는 경우
좋고[조코] joko
놓다[노타] nota
잡혀[자펴] japyeo
낳지[나치] nachi

다만, 체언에서 'ㄱ, ㄷ, ㅂ'뒤에 'ㅎ'이 따를
때에는 'ㅎ'을 밝혀 적는다.

묵호 Mukho   집현전 Jiphyeonjeon

[붙임]
된소리되기는 표기에 반영하지 않는다.
압구정 Apgujeong
낙동강 Nakdonggang
죽변 Jukbyeon
낙성대 Nakseongdae
합정 Hapjeong
팔당 Paldang
샛별 saetbyeol
울산 Ulsan

제2항

발음상 혼동의 우려가 있을 때에는 음절 사이에 붙임표(-)를 쓸 수 있다.

중앙 Jung-ang
반구대 Ban-gudae
세운 Se-un
해운대 Hae-undae

제3항

고유 명사는 첫 글자를 대문자로 적는다.

부산 Busan
세종 Sejong

제4항

인명은 성과 이름의 순서로 띄어 쓴다. 이름은 붙여 쓰는 것을 원칙으로 하되 음절 사이에 붙임표(-)를 쓰는 것을 허용한다.(( ) 안의 표기를 허용함.)

민용하 Min Yongha (Min Yong-ha)
송나리 Song Nari (Song Na-ri)

(1) 이름에서 일어나는 음운 변화는 표기에 반영하지 않는다.

한복남 Han Boknam (Han Bok-nam)
홍빛나 Hong Bitna (Hong Bit-na)

(2) 성의 표기는 따로 정한다.

제5항

'도, 시, 군, 구, 읍, 면, 리, 동'의 행정 구역 단위와 '가'는 각각 'do, si, gun, gu, eup, myeon, ri, dong, ga'로 적고, 그 앞에는 붙임표(-)를 넣는다. 붙임표(-) 앞뒤에서 일어나는 음운 변화는 표기에 반영하지 않는다.

충청북도 Chungcheongbuk-do
제주도 Jeju-do
의정부시 Uijeongbu-si
양주군 Yangju-gun
도봉구 Dobong-gu
신창읍 Sinchang-eup
삼죽면 Samjuk-myeon
인왕리 Inwang-ri
당산동 Dangsan-dong
종로 2가 Jongno 2(i)-ga
봉천 1동 Bongcheon 1(il)-dong
퇴계로 3가 Toegyero 3(sam)-ga

[붙임]

'시, 군, 읍'의 행정 구역 단위는 생략할 수 있다.

청주시 Cheongju
함평군 Hampyeong
순창읍 Sunchang

제6항

자연 지물명, 문화재명, 인공 축조물명은 붙임표(-) 없이 붙여 쓴다.

남산 Namsan
속리산 Songnisan
금강 Geumgang
독도 Dokdo
경복궁 Gyeongbokgung
무량수전 Muryangsujeon
연화교 Yeonhwagyo
극락전 Geungnakjeon
안압지 Anapji
남한산성 Namhansanseong
화랑대 Hwarangdae
불국사 Bulguksa
현충사 Hyeonchungsa
독립문 Dongnimmun
오죽헌 Ojukheon
촉석루 Chokseongnu
종묘 Jongmyo
다보탑 Dabotap

제7항

인명, 회사명, 단체명 등은 그동안 써 온 표기를 쓸 수 있다.

제8항

학술 연구 논문 등 특수 분야에서 한글 복원을 전제로 표기할 경우에는 한글 표기를 대상으로 적는다. 이 때 글자 대응은 제2장을 따르되 'ㄱ, ㄷ, ㅂ, ㄹ'은 'g, d, b, l'로만 적는다. 음가 없는 'ㅇ'은 붙임표(-)로 표기하되 어두에서는 생략하는 것을 원칙으로 한다. 기타 분절의 필요가 있을 때에도 붙임표(-)를 쓴다.

집 jib
짚 jip
밖 bakk
값 gabs
붓꽃 buskkoch
먹는 meogneun
독립 doglib
문리 munli
물엿 mul-yeos
굳이 gud-i
좋다 johda
가곡 gagog
조랑말 jolangmal
없었습니다 eobs-eoss-seubnida

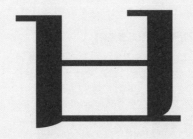

ㅂ 비읍.

- 한글 자모의 여섯째. 자음의 하나.
- 목젖으로 콧길을 막고 두 입술을 다물었다가 떼면서 내는 소리이다.
- 받침으로 쓰일 때는 입술을 떼지 않고 소리 낸다.

바

✓띄어쓰기 ¹앞에서 말한 내용을 나타내는 말. 예 평소 생각한 바를 솔직하게 써라./내가 알고 있던 바와 조금도 다르지 않다. ²일의 방법을 나타내는 말. 예 어찌할 바를 모르는구나. ³어차피 그렇게 된 기회나 형편의 뜻을 나타내는 말. 예 기왕 해야 할 바에는 최선을 다하겠다. ⁴주장을 강조하여 나타내는 말. 예 우리의 독립에 대한 결연한 의지를 대내외에 단호히 천명하는 바이다. 비교 –ㄴ바. [국가직 7급 '15]. [사회복지직 9급 '16]

> **'바'와 '-ㄴ바'는 어떤 차이가 있을까?**
>
> 표제어 ¹⁻⁴번과 같은 뜻으로 쓰이는 '바'는 의존 명사의 '바'이다. 의존 명사는 앞말과 띄어 쓰고 '바'에 조사가 붙을 수 있다. 예 그의 성품은 듣던 바와는 전혀 다르구나.
> '-ㄴ바'는 '뒤에서 어떤 사실을 말하기 위하여 과거의 상황을 미리 제시하는 데 쓰는 말'로 앞말과 붙여 쓰며 '바'에 조사가 붙을 수 없다. 예 전후 상황을 고려한바(고려한바는(×)) 그가 범인이 아님이 틀림없다.

바구미과(×)   '버들바구미, 털보바구미 따위가 있으며 쌀이나 보리를 파먹는 곤충강 딱정벌레목의 한 과'는 '바구밋과'가 올바른 말이다.

바구밋과^{-科}   버들바구미, 털보바구미 따위가 있으며 쌀이나 보리를 파먹는 곤충강 딱정벌레목의 한 과. 바구미과(×).

바뀌다   서로 바꾸어지다.

⚠오류노트 재현이의 신발과 재훈이의 신발이 서로 <u>바꼈다</u>. → 바뀌었다.

바느질   바늘로 옷을 짓거나 꿰매는 일. 바늘질(×).

바늘질(×)   '바늘로 옷을 짓거나 꿰매는 일'은 '바느질'이 올바른 말이다.

바니시^{varnish}   수지^{樹脂} 등을 녹여 만든 투명 혹은 반투명의 도료. 와니스(×).

바다가(×)   '바닷물과 땅이 서로 닿은 곳이나 그 근처의 땅'은 '바닷가'가 올바른 말이다.

바다가재(×)   '머리 위에 더듬이와 다리가 있고 새우, 갯지렁이 따위를 잡아먹고 사는 갯가잿과의 동물'은 '갯가재'가 올바른 말이다.

바뀌다
'바꾸이다'의 준말이 '바뀌다'인데 이 말의 활용형인 '바뀌었다'가 '바꼈다'로 준 말은 표준어로 인정하지 않는다.

바느질
끝소리가 'ㄹ'인 말과 딴 말이 어울릴 때 'ㄹ' 소리가 나지 않는 것은 아니 나는 대로 적는다.

'바다가'로 쓸 수 없는 이유
'바다+가'는 순우리말로 된 합성어로서 앞말이 모음으로 끝나고, 뒷말의 첫소리가 된소리로 나므로 사이시옷을 붙여야 한다.

바다게(×)	'바다에서 나는 게를 통틀어 이르는 말'은 '바닷게'가 올바른 말이다.
바다고기(×)	'바다에서 사는 물고기'는 '바닷고기'가 올바른 말이다.
바다길(×)	'바다에서 배가 다니는 일정한 물길'은 '바닷길'이 올바른 말이다.
바다말(×)	'녹조류, 갈조류, 홍조류 따위 바다에서 나는 조류를 통틀어 이르는 말'은 '바닷말'이 올바른 말이다.
바다물(×)	'바다에 있는 짠물'은 '바닷물'이 올바른 말이다.
바다물고기(×)	'바다에서 사는 물고기'는 '바닷물고기'가 올바른 말이다.
바다바람(×)	'바다에서 육지로 부는 바람'은 '바닷바람'이 올바른 말이다.
바다새(×)	'바다에서 사는 새'는 '바닷새'가 올바른 말이다.
바다조개(×)	'바다에서 사는 조개'는 '바닷조개'가 올바른 말이다.
바닷가	바닷물과 땅이 서로 닿은 곳이나 그 근처의 땅. 바다가(×). [한국어교육검정 '09]
바닷게	바다에서 나는 게를 통틀어 이르는 말. 바다게(×).
바닷고기	바다에서 사는 물고기. 바다고기(×).
바닷길	바다에서 배가 다니는 일정한 물길. 바다길(×).
바닷말	녹조류, 갈조류, 홍조류 따위 바다에서 나는 조류를 통틀어 이르는 말. 바다말(×).
바닷물	바다에 있는 짠물. 바다물(×).
바닷물고기	바다에서 사는 물고기. 바다물고기(×).
바닷바람	바다에서 육지로 부는 바람. 바다바람(×).
바닷새	바다에서 사는 새. 바다새(×).
바닷조개	바다에서 사는 조개. 바다조개(×).
바동거리다	[1]힘든 상황에서 벗어나기 위해 애쓰다. [2]뒤로 넘어지거나 매달려서 팔과 다리를 내저으며 몸을 자꾸 움직이다. 비교 바둥거리다.
바동바동	[1]힘든 상황에서 벗어나기 위해 애쓰는 모양. [2]뒤로 넘어지거나 매달려서 팔과 다리를 내저으며 몸을 자꾸 움직이는 모양. 비교 바둥바둥.

ㅂ

'바다물'로 쓸 수 없는 이유
순우리말로 된 합성어로서 앞말이 모음으로 끝난 경우, 뒷말의 첫소리 'ㅁ' 앞에서 'ㄴ' 소리가 덧나므로 '바닷물'처럼 사이시옷을 붙인다.

바닷가
순우리말로 된 합성어로서 앞말이 모음으로 끝난 경우, 뒷말의 첫소리가 된소리로 나는 것은 사이시옷을 붙인다.

바닷말
순우리말로 된 합성어로서 앞말이 모음으로 끝난 경우, 뒷말의 첫소리 'ㅁ' 앞에서 'ㄴ' 소리가 덧나므로 '바닷말'처럼 사이시옷을 붙인다.

바닷새
순우리말로 된 합성어로서 앞말이 모음으로 끝난 경우, 뒷말의 첫소리가 된소리로 나는 것은 사이시옷을 붙인다.

바둥거리다 ¹힘든 상황에서 벗어나기 위해 애쓰다. ²뒤로 넘어지거나 매달려서 팔과 다리를 내저으며 몸을 자꾸 움직이다.

바둥바둥 ¹힘든 상황에서 벗어나기 위해 애쓰는 모양. ²뒤로 넘어지거나 매달려서 팔과 다리를 내저으며 몸을 자꾸 움직이는 모양.

바라기 음식을 담는 조그마한 사기그릇. 바래기(×).

바라다 어떤 일이나 상태가 생각하거나 소망한 대로 이루어지기를 원하다.

> ✏️오류노트 고은아, 이번 시험에 꼭 합격하기를 진심으로 바래. → 바라. [국가직 9급 '13]

> **'바라다'와 '바래다'는 어떤 뜻의 차이가 있을까?**
> '나는 너의 행운을 바라'처럼 '소망하다'의 뜻으로 쓰이면 '바라다'로 표기해야 한다. '바라-'에 어미 '-아'가 결합하면 '바래'가 아닌 '바라'가 되는 원리이다. 다만, '벽지가 누렇게 바랬다', '친구를 대문 앞까지 바래다 주었다'처럼 색이 변하거나 사람을 배웅하는 경우에는 '바래다'로 쓴다.

바람 어떤 일이 이루어지기를 기다리는 간절한 마음. 예 부모님의 바람은 오직 우리 자식들 모두의 건강뿐이란다. 바램(×). [서울시 9급 '07]. [국가직 9급 '22]

바람동이(×) '바람을 잘 피우는 사람'의 뜻으로 쓰이는 말은 '바람둥이'가 올바른 말이다.

바람둥이 바람을 잘 피우는 사람. 예 그는 바람둥이로 소문이 나 있었지만 사실은 그렇지 않았다. 바람동이(×).

바람직하다 ✔️띄어쓰기 바랄 만한 가치가 있다.

바래기(×) '음식을 담는 조그마한 사기그릇'은 '바라기'가 올바른 말이다.

바래다 ¹색이 변하다. 예 사전을 구입한 지 오래되어서 빛이 누렇게 바랬다. ²가는 사람을 배웅하다. 예 아주머니를 바래다 드리고 돌아왔다.

바램(×) '어떤 일이 이루어지기를 기다리는 간절한 마음'은 '바람'이 올바른 말이다.

바른 ✔️띄어쓰기 오른쪽을 이를 때 쓰는 말. 예 넘어져서 바른 무릎이 멍이 들었다.

바둥바둥 '바동바동'보다 큰 느낌을 준다.

바라기 '내기, 냄비, 동댕이치다'를 제외하고는 'ㅣ' 역행 동화 현상에 의한 발음을 표준 발음으로 인정하지 않는다.

바람둥이 '그러한 성질이 있거나 그와 긴밀한 관련이 있는 사람'의 뜻을 더하는 말은 '-둥이'이다.

바람직하다 '바람직하다'는 어근 '바람직-'에 접미사 '-하다'가 붙은 말로서 띄어 쓰지 않고 '바람직하다'로 붙여 쓴다.

바른 '오른'과 함께 복수 표준이이다. '바른발', '바른손', '바른손잡이', '바른씨름' 등은 한 단어이므로 붙여 쓴다.

바베큐(×)　'통째로 불에 구워 낸 소나 돼지 요리'는 '바비큐'가 올바른 말이다.

바보스럽다　모습이나 행동이 모자란 듯하고 바보 같은 데가 있다.

　✔오류노트 바보스런 행동 이젠 그만 해라. → 바보스러운.

바비큐^{barbecue}　통째로 불에 구워 낸 소나 돼지 요리. 바베큐(×). [국가직 7급 '10]. [서울시 9급 '10]. [지방직 9급 '13].

바소　굵은 데를 째는 침. 대패침(×).

바스라기　잘게 바스러진 물건. 보스라기(×).

바스락　마른 낙엽이나 종이 따위를 밟거나 건드릴 때 나는 소리. 바스럭(×).

바스러지다　물체가 깨어져 조금 잘게 조각이 나다. 보스라지다(×).

바스럭(×)　'마른 낙엽이나 종이 따위를 밟거나 건드릴 때 나는 소리'는 '바스락'이 올바른 말이다.

바스스　¹머리카락이나 털 따위가 어지럽게 일어나거나 흐트러져 있는 모양. ²눕거나 앉았다가 살며시 일어나는 모양. 바시시(×).

바스코 다가마(×)　'인도 항로를 개척한 포르투갈의 항해가(1469~1524)'는 '바스쿠 다가마'가 올바른 말이다.

바스쿠 다가마^{Vasco da Gama}　인도 항로를 개척한 포르투갈의 항해가(1469~1524). 바스코 다가마(×).

바시시(×)　'머리카락이나 털 따위가 어지럽게 일어나거나 흐트러져 있는 모양. 눕거나 앉았다가 살며시 일어나는 모양'은 '바스스'가 올바른 말이다.

바이얼린(×)　'타원형 몸통에 네 줄을 매어 활로 문질러서 소리를 내는 현악기의 하나'는 '바이올린'이 올바른 말이다.

바이오테크놀러지(×)　'유전자의 재조합 따위의 기술을 바탕으로 생물 기능 등을 인위적으로 조작하는 기술을 통틀어 이르는 말'은 '바이오테크놀로지'가 올바른 말이다.

바이오테크놀로지^{biotechnology}　유전자의 재조합 따위의 기술을 바탕으로 생물 기능 등을 인위적으로 조작하는 기술을 통틀어 이르는 말. 바이오테크놀러지(×).

바이올린^{violin}　타원형 몸통에 네 줄을 매어 활로 문질러서 소리를 내는 현악기의 하나. 바이얼린(×).

바보스럽다
'바보스럽다'의 어간 '바보스럽-' 뒤에 '-은'이 오면 어간 말음 'ㅂ'이 'ㅜ'로 변하므로, '바보스러운'처럼 써야 된다.

바비큐^{barbecue}
'barbecue'는 [bɑ:rbɪkju:]로 읽고 '바비큐'로 표기한다.

바스러지다
'바스러지다'는 '조금 잘게 조각이 나다'의 뜻이고, '부서지다'는 '깨어져 잘게 조각이 나다'의 뜻이다.

바스스
'바스스'의 뜻과, '머리카락이나 털 따위가 몹시 어지럽게 일어나거나 흐트러져 있는 모양' 등으로 쓰이는 '부스스'의 뜻의 차이를 알아두자.

바스쿠 다가마^{Vasco da Gama}
흔히 '바스코 다가마'로 잘못 쓰므로 주의하자.

바즈런하다(×)　'쉬지 않고 꾸준히 일하다'의 뜻으로 쓰이는 말은 '바지런하다'가 올바른 말이다.

바지가랑이, 바지가랭이(×)　'바지의 다리를 꿰는 부분'은 '바짓가랑이'가 올바른 말이다.

바지런하다　쉬지 않고 꾸준히 일하다. 예 동생은 아침 일찍 일어나서 바지런하게 논밭 일을 한다. 바즈런하다(×).

바짓가랑이　바지의 다리를 꿰는 부분. 바지가랑이·바지가랭이(×).

바큇살　바퀴통에서 테를 향하여 부챗살 모양으로 뻗친 가느다란 나무오리나 가느다란 쇠막대.

바토(×)　'둘 사이의 거리가 가깝게. 시간이나 길이가 매우 짧게'의 뜻으로 쓰이는 말은 '바투'가 올바른 말이다.

바투　거리가 가깝게. 시간이나 길이가 매우 짧게. 바토(×).

바하(×)　'브란덴부르크 협주곡', '부활제' 등을 작곡하였으며 대위법 음악을 완성하여 바로크 음악을 완성한 독일의 작곡가(1685~1750)는 '바흐'가 올바른 말이다.

바흐^Bach　'브란덴부르크 협주곡', '부활제' 등을 작곡하였으며 대위법 음악을 완성하여 바로크 음악을 완성한 독일의 작곡가(1685~1750). 바하(×).

박사무당(×)　'남자 무당'은 '박수'가 올바른 말이다.

박수　남자 무당. 박사무당(×).

밖사돈(×)　'부부의 친아버지를 양쪽 사돈집에서 서로 이르는 말'은 '밭사돈'이 올바른 말이다.

밖에　✔띄어쓰기 '그것 말고는', '그것 외에는', '~할 뿐' 등의 뜻을 나타내는 말. 예 너를 아껴 줄 사람은 오직 나밖에 없다./진정 그대가 원한다면 그렇게 할밖에. [공사·공단 언어 능력]. [한국어교육검정 '06]. [서울시 9급 '11]. [서울시 9급 '13]. [서울시 9급 '16]. [지방직 9급 '16]. [서울시 9급 '17]

> **'밖에'는 띄어쓰기도 하고 붙여 쓰기도 할까?**
> '나밖에'의 '밖에'는 조사이며 앞말과 붙여 쓰고, 뒤에는 부정을 나타내는 말이 온다. '할밖에'의 '-ㄹ밖에'는 어미로 전체를 붙여 쓴다. 이와 구별해서 써야 할 '밖에'가 있다. '일정한 범위에 포함되지 않는 나머지 다른 부분이나 일'이란 뜻의 '밖' 뒤에 '에'가 붙어서 '밖에'로 쓰이는 말이다. 이때의 '밖에'는 앞말과 띄어 쓴다. 예 예상 밖으로 우리 팀이 우승을 하였다./이 일을 할 사람은 너 밖에도 많다.

'밖사돈'이라고 쓰지 않는 이유
'바깥'을 줄여 쓰는 말인 '밭'에 '사돈'이 붙어 '밭사돈'으로 쓴다.

반경^{反耕}(×)	'간 논을 다시 갈아 뒤집는 일'은 '번경'이 올바른 말이다.
반다지(×)	'앞면의 위쪽 절반이 문짝으로 되어 있어서 아래로 젖혀 여닫을 수 있는 궤'는 '반닫이'가 올바른 말이다.
반닫이	앞면의 위쪽 절반이 문짝으로 되어 아래로 젖혀 여닫을 수 있는 궤. 반다지(×).
반대기	밀가루 따위를 반죽한 것 혹은 평평하고 둥글넓적하게 만든 삶은 채소 덩이. 반데기(×).
반데기(×)	'밀가루 따위를 반죽한 것 혹은 평평하고 둥글넓적하게 만든 삶은 채소 덩이'는 '반대기'가 올바른 말이다.
반도^{半島}	✔띄어쓰기 삼면이 바다로 둘러싸이고 한 면은 육지에 이어진 땅.
반드시	틀림없이. 꼭. 예 반드시 전쟁터에서 살아 돌아오겠다. [경찰대 '08]. [지방직 7급 '15]
	✔오류노트 해는 반듯이 동쪽에서 떠서 서쪽으로 진다. → 반드시.
반듯이	작은 물체가 비뚤어지거나 기울지 않게 바로. 생각이나 행동 따위가 바르게. [충북 9급 '07]. [서울시 7급 '11]
반세기^{半世紀}	✔띄어쓰기 한 세기의 절반. 즉 50년을 이른다.
반순(×)	'입술을 내밀고 실룩거리며 비웃음'은 '번순'이 올바른 말이다.
반야^{般若}	대승 불교에서, 만물의 본질을 깨닫고 불법의 이치를 깨닫는 지혜. 반약(×).
반약(×)	'대승 불교에서, 만물의 본질을 깨닫고 불법의 이치를 깨닫는 지혜'는 '반야'가 올바른 말이다.
반작^{反作}(×)	'조선 후기에, 환곡 제도의 폐단 가운데 아전들이 환곡을 사사로이 써 버리고 그것을 메우기 위하여 농민에게서 강제로 금품을 거두어 분식^{分食}하던 일'은 '번작'이 올바른 말이다.
반전^{反田}(×)	'논을 밭으로 만듦'은 '번전'이 올바른 말이다.
반주검(×)	'고난에 처하거나 심하게 맞아서 죽을 지경이 된 상태'는 '반죽음'이 올바른 말이다.
반죽음^{半-}	고난에 처하거나 심하게 맞아서 죽을 지경이 된 상태. 반주검(×).

반닫이
끝소리가 'ㄷ', 'ㅌ'인 말이 'ㅣ' 모음과 만나 구개음 'ㅈ', 'ㅊ'이 되는 것을 구개음화라고 한다

반도^{半島}
'반도'는 앞의 말과 붙여 쓴다. 예 고흥반도./ 스칸디나비아반도.

반드시
해가 반듯하게 동쪽에서 떠서 서쪽으로 지는 것이 아니라, 해가 동쪽에서 떠서 서쪽으로 지는 것이 틀림없는 사실이다. 따라서 '반드시'로 써야 한다.

반듯이
'반듯이'는 '기울어지거나 굽지 않고 바르게'라는 뜻이며, '반듯하게'로 바꿀 수 있으면 '반듯이'로 쓴다.

반세기^{半世紀}
'반세기'는 한 단어이므로 붙여 쓴다.

반야^{般若}
般若의 '若'은 '같을 약'으로도 쓰지만 여기에서는 '반야(만물의 참다운 실상을 깨닫고 불법을 꿰뚫는 지혜)야'로 쓰였다.

반작^{反作}
'反'의 음은 '돌이킬·돌아올' '반'으로 흔히 쓰이지만 '어려울' '번'으로도 쓰인다.

반지르르하다 피부나 가죽에 묻은 기름기, 물기 따위로 매끄럽고 윤이 나다. 반지르하다(×).

반지르하다(×) '피부나 가죽 따위에 묻은 기름기, 물기 따위로 매끄럽고 윤이 나다'의 뜻으로 쓰이는 말은 '반지르르하다'가 올바른 말이다.

반짇고리 실이나 바늘, 헝겊 따위의 바느질 도구를 넣어 두는 그릇. 반짓고리(×).

반짓고리(×) '실이나 바늘, 헝겊 따위의 바느질 도구를 넣어 두는 그릇'은 '반짇고리'가 올바른 말이다.

반혀소리(×) '반설음半舌音을 풀어 쓴 말로, 훈민정음의 초성 체계의 ㄹ 소리를 이르는 말'은 '반혓소리'가 올바른 말이다.

반혓소리半- 반설음半舌音을 풀어 쓴 말로, 훈민정음의 초성 체계의 ㄹ 소리를 이르는 말. 반설음. 반혀소리(×).

받다 ✓띄어쓰기 다른 사람이 주는 물건 따위를 가지다. 예 삼촌에게서 용돈을 받다.

> **선물 받다'는 띄어 쓰고 '사랑받다'는 붙여 쓴다고?**
>
> '받다'는 띄어쓰기도 하고 붙여 쓰기도 한다. 앞말과 띄어 쓰면 동사이고, 앞말과 붙여 쓰면 접미사이다. 예를 들어 '선물'처럼 주는 것을 받는 경우를 이를 때는 동사이며 '선물 받다'와 같이 앞말과 띄어 쓴다. '교육받다', '사랑받다', '보상받다'처럼 능동적인 행위를 당하는 경우를 이를 때는 접미사로 앞말과 붙여 쓴다.

받다리, 밧다리(×) '씨름 등에서, 걸거나 후리는 상대의 바깥쪽 다리'는 '밭다리'가 올바른 말이다.

받아들이다 ✓띄어쓰기 1돈이나 물건 따위를 거두어 받다. 2다른 문화, 문물을 받아서 자기 것으로 되게 하다. 3다른 사람의 요구, 성의, 말 따위를 들어주다.

받치다 1화, 울분 따위의 심리적 작용이 세게 일어나다. 예 설움에 받쳐 한없이 눈물을 흘렸다. 2어떤 물건의 밑이나 안에 다른 물체를 대다. 예 검은 양복에는 흰 와이셔츠를 받쳐서 입어야 어울린다. 3우산이나 양산을 펴 들다. 예 비가 와서 우산을 받쳐 들고 버스 정류장으로 나갔다. [해사 '07]. [국가직 9급 '08]. [서울시 9급 '10]. [기상 9급 '13]. [법원직 9급 '16]

받침 다른 물건의 밑에 대는 데 쓰는 물건. 다이(×).

반짇고리
'바느질'처럼 원래 'ㄹ' 받침이었던 것이 합성어가 되면서 'ㄷ'으로 변한 것은 'ㄷ'으로 적는다.

반혓소리半-
한자어와 순우리말로 된 합성어로 앞말이 모음으로 끝나고, 뒷말의 첫소리가 된소리로 나므로 사이시옷을 붙인다.

받아들이다
'받아들이다'는 한 단어이므로 붙여 쓴다.

받치다
'나라를 위해 목숨을 기꺼이 내놓다'의 뜻으로 쓰이는 말은 '바치다'가 올바른 말이다.

받히다	머리나 뿔, 기계 따위로 세게 부딪침을 당하다. 예 소에게 옆구리를 받혔다. [해사 '07]. [기상 9급 '11]
발가락	발 앞쪽의 갈라진 부분. 발고락(×).
발가송이, 발가댕이(×)	'아무것도 입지 않은 알몸뚱이'는 '발가숭이'가 올바른 말이다. [군무원 9급 '22]
발가숭이	아무것도 입지 않은 알몸뚱이. 예 막냇동생이 발가숭이로 물장난을 치고 있다. 발가송이·발가댕이(×).
발갛다	밝고 엷게 붉다.

✔오류노트 무더운 날씨에 작업을 하느라 <u>발게진</u> 얼굴이 더욱 아름답게 보인다. → 발개진.

발고락(×)	'발 앞쪽의 갈라진 부분'은 '발가락'이 올바른 말이다.
발광량發光量	빛을 내는 분량. 발광양(×).
발광양(×)	'빛을 내는 분량'은 '발광량'이 올바른 말이다.
발김장이(×)	'옳지 못한 행실을 보이며 마구 돌아다니는 사람'은 '발김쟁이'가 올바른 말이다.
발김쟁이	옳지 못한 행실을 보이며 마구 돌아다니는 사람. 발김장이(×).
발뒤꿈치	발의 뒤쪽 발바닥과 발목 사이의 불룩한 부분. 발뒷꿈치(×).
발뒤축	발꿈치의 발바닥을 제외한 뒤쪽 부분. 발뒷축(×).
발뒷꿈치(×)	'발의 뒤쪽 발바닥과 발목 사이의 불룩한 부분'은 '발뒤꿈치'가 올바른 말이다.
발뒷축(×)	'발꿈치의 발바닥을 제외한 뒤쪽 부분'은 '발뒤축'이 올바른 말이다.
발등거리(×)	'남이 하고자 하는 일을 앞질러서 먼저 함'은 '발등걸이'가 올바른 말이다.
발등걸이	남이 하고자 하는 일을 앞질러서 먼저 함. 예 이익이 되는 일이라면 발등걸이하는 데 앞장을 서는 친구가 있다. 발등거리(×).
발렌타인데이(×)	'성 발렌티누스 사제가 순교한 2월 14일로 연인이 서로 선물이나 카드를 주고받는 풍습이 있는 날'은 '밸런타인데이'가 올바른 말이다.

'받히다'와 '밭치다'
'부딪침을 당하다'의 뜻으로 쓰이는 '받히다'와, '체 따위로 따라서 액체만을 따로 받아내다'의 뜻으로 쓰이는 '밭치다'를 잘 구별해서 쓰자.

발광량發光量
'량'은 한자어 명사 뒤에 붙어 분량이나 수량의 뜻을 나타내는 말이다.

발뒤축
합성어에서 뒷말의 첫소리가 거센소리(ㅋ, ㅊ, ㅌ, ㅍ 등)일 경우에는 사이시옷을 쓰지 않는다. '발뒤+축'에서 '축'의 'ㅊ'이 거센소리이다.

발모가지	발 또는 발목을 속되게 이르는 말.
발목장이(×)	'발이나 발목을 속되게 이르는 말'은 '발목쟁이'가 올바른 말이다.
발목쟁이	발이나 발목을 속되게 이르는 말. 발목장이(×).
발병률發病率	인구수에 대한 새로 생긴 질병 수의 비율. 발병율(×).
발병율(×)	'인구수에 대한 새로 생긴 질병 수의 비율'은 '발병률'이 올바른 말이다.
발생률發生率	어떤 사물이 생겨나거나 나타나는 비율. 발생율(×).
발생율(×)	'어떤 사물이 생겨나거나 나타나는 비율'은 '발생률'이 올바른 말이다.
발자국	발로 밟아서 남아 있는 자국. 발자욱(×).
발자욱(×)	'발로 밟아서 남아 있는 자국'은 '발자국'이 올바른 말이다.
발행 연도發行年度	출판물을 찍어 세상에 펴낸 연도. 발행년도(×).
발행년도(×)	'출판물을 찍어 세상에 펴낸 연도'는 '발행 연도'가 올바른 말이다.
밤마실	밤 시간에 이웃집으로 놀러 가는 일. 밤마을.
밤마을	밤 시간에 이웃집으로 놀러 가는 일. 밤마실.
밤바(×)	'충돌 사고 발생 시 충격을 완화하기 위하여 자동차의 앞과 뒤에 설치한 장치'는 '범퍼'가 올바른 말이다.
밧데리(×)	'건전지, 축전지'의 뜻으로 쓰이는 말은 '배터리'가 올바른 말이다.
방게젓	방게를 간장에 넣어 담근 젓. 동난젓(×).
방고래房-	불길과 연기가 빠져나가도록 방의 구들장 밑으로 낸 길. 구들고래(×).
방구(×)	'음식물이 발효되면서 항문으로 나오는 구린내 나는 가스'의 뜻으로 쓰이는 말은 '방귀'가 올바른 말이다.
방귀	음식물이 발효되면서 항문으로 나오는 구린내 나는 가스. 방구(×).
방망이	두드리거나 치는 데 쓰는 길고 둥그스름하게 깎은 도구. 방맹이(×).

발모가지
'발목쟁이'와 함께 복수 표준어이다.

발목쟁이
기술자에게는 '-장이'가 붙는 형태를, 그 외에는 '-쟁이'가 붙는 형태를 표준어로 삼는다.

발생률發生率
'발생+率'의 형태. 앞 말이 받침이 없거나 (모음) 'ㄴ' 받침 뒤에서는 '율'을, 그 외에는 '률'을 쓴다. '발생'의 '생'이 그 외의 경우이므로 '률'을 써서 '발생률'처럼 나타낸다.

발행 연도發行年度
한 단어가 아니므로 뒤 단어의 첫머리에 두음 법칙을 적용하여 '발행 연도'로 표기한다.

밤마을
'밤마실'과 함께 복수 표준어이다.

방고래房-
고유어 계열보다 한자어 계열의 단어가 널리 쓰이면 한자어 계열의 단어를 표준어로 삼는다.

방귀
'방귀'는 '꾸는'것이 아니라 '뀌는' 것이다. 그러므로 '방귀를 뀌었다'가 맞는 표현이다.

방맹이(×)	'두드리거나 치는 데 쓰는 길고 둥그스름하게 깎은 도구'는 '방망이'가 올바른 말이다.
방아간(×)	'방아를 설치하고 곡식을 찧거나 빻는 곳'은 '방앗간'이 올바른 말이다.
방아공이(×)	'방아확에 든 곡식 따위를 내리찧는 긴 몽둥이'는 '방앗공이'가 올바른 말이다.
방아꾼	방아를 찧는 사람. 방앗군(×).
방아삯(×)	'방아를 찧는 대가로 지급하는 삯'은 '방앗삯'이 올바른 말이다.
방앗간	방아를 설치하고 곡식을 찧거나 빻는 곳. 방아간(×).
방앗공이	방아확에 든 곡식을 내리찧는 긴 몽둥이. 방아공이(×).
방앗군(×)	'방아를 찧는 사람'은 '방아꾼'이 올바른 말이다.
방앗삯	방아를 찧는 대가로 지급하는 삯. 방아삯(×).
밭다리	씨름 등에서, 걸거나 후리는 상대의 바깥쪽 다리. 받다리·밧다리(×).
밭두덩, 밭언덕(×)	'밭이랑의 두둑한 부분'은 '밭두둑'이 올바른 말이다.
밭두둑	밭이랑의 두둑한 부분. 밭두덩·밭언덕(×).
밭때기(×)	'크기가 매우 작은 밭'은 '밭뙈기'가 올바른 말이다.
밭뙈기	크기가 매우 작은 밭. 밭때기(×).
밭벼	밭에 심어 기르는 벼. 산두벼(×).
밭사돈·查頓	부부의 친아버지를 양쪽 사돈집에서 서로 이르는 말. 바깥사돈. 밖사돈(×).
밭치다	체 따위로 따라서 액체만을 따로 받아 내다. 예 술을 밭치다. [서울시 9급 '07]
배고동(×)	'배에서 신호를 하기 위하여 내는 고동'은 '뱃고동'이 올바른 말이다.
배길(×)	'배가 다니는 길'은 '뱃길'이 올바른 말이다.
배꼽장이(×)	'배꼽이 보통보다 크게 나온 사람을 놀려 이르는 말'은 '배꼽쟁이'가 올바른 말이다.
배꼽쟁이	배꼽이 보통보다 크게 나온 사람을 놀려 이르는 말. 배꼽장이(×).

방아꾼
여기서의 '-꾼'은 '어떤 일을 전문적으로 하는 사람'의 뜻을 더하는 말로 쓰였다.

방앗간
순우리말로 된 합성어로 앞말이 모음으로 끝난 경우, 뒷말의 첫소리가 된소리로 나는 것은 사이시옷을 붙인다.

방앗삯
순우리말로 된 합성어로 앞말이 모음으로 끝난 경우, 뒷말의 첫소리가 된소리로 나는 것은 사이시옷을 붙인다.

밭뙈기
'뙈기'는 '경계를 지어 놓은 논밭의 구획'의 뜻으로 쓰이는 말이다.

밭사돈·查頓
'바깥'을 줄여 쓰는 말인 '밭'에 '사돈'이 붙어 만들어진 말이다.

밭치다
'남에게 주다'의 뜻으로 쓰이는 '바치다'와 혼동하기 쉬운 말이므로 주의하자.

배꼽쟁이
'-쟁이'는 '그것이 나타내는 속성을 많이 가진 사람'의 뜻을 더하는 말이다.

배내	남의 어린 가축을 가져다가 키워서 가축이 다 자라거나 새끼를 친 뒤 주인과 나누어 가지는 일. 배내기(×).	
배내기(×)	'남의 어린 가축을 가져다가 키워서 가축이 다 자라거나 새끼를 친 뒤 주인과 나누어 가지는 일'은 '배내'가 올바른 말이다.	
배내옷	깃과 섶을 달지 않은, 갓난아이의 저고리.	**배내옷** '깃저고리', '배냇저고리'와 함께 복수 표준어이다.
배내 웃음, 배안엣짓(×)	'갓난아이가 잠을 잘 때 눈이나 입 등을 쫑긋거리거나 웃는 짓'은 '배냇짓'이 올바른 말이다.	
배냇저고리	깃과 섶을 달지 않은, 갓난아이의 저고리. 배안엣저고리(×).	**배냇저고리** '깃저고리', '배내옷'과 함께 복수 표준어이다.
배냇짓	갓난아이가 잠 잘 때 눈, 입 등을 쫑긋거리거나 웃는 짓. 배내 웃음(×).	
배다	¹스며들다. 예 땀이 옷에 배다. ²버릇이 되어 익숙해지다. 예 한쪽 눈을 찡그리는 습관이 배어 있다. ³냄새가 계속 남아 있다. 배이다(×).	**배다** 기본형이 '배이다'가 아니고 '배다'이므로 '배니, 배어, 배고' 등으로 활용한다.

✔ **오류노트** 담배 냄새가 옷에 <u>배여</u> 있다. → 배어. [지역농협 '12]

배당률配當率	납부한 금액에 대한 배당금의 비율. 예 투자하여 받은 배당률이 높다. 배당율(×).	**배당률**配當率 '배당율'로 쓸 수 없는 이유 '배당+율/률率'의 형태. 앞말이 받침이 없거나(모음) 'ㄴ' 받침 뒤에서는 '율'을 쓴다. 그 외에는 '률'을 쓴다. '배당'의 '당'이 그 외의 경우이므로 '률'을 써서 '배당률'처럼 나타낸다.
배당율(×)	'납부한 금액에 대한 배당금의 비율'은 '배당률'이 올바른 말이다.	
배란다(×)	'집채에서 툇마루처럼 튀어나오게 하여 잇대어 만든 부분'은 '베란다'가 올바른 말이다.	
배머리(×)	'배의 앞 끝'은 '뱃머리'가 올바른 말이다.	
배멀미(×)	'배를 탔을 때 어지럽고 메스꺼워 구역질이 나는 일'은 '뱃멀미'가 올바른 말이다.	
배뱅이굿(×)	'죽은 배뱅이의 혼을 불러 부모와 만나게 하려는 무당, 박수들의 경쟁을 그린 서도西道 지방의 민속극의 한 가지'는 '배뱅잇굿'이 올바른 말이다.	**배뱅잇굿** 순우리말로 된 합성어로 앞말이 모음으로 끝난 경우, 뒷말의 첫소리가 된소리로 나는 것은 사이시옷을 붙인다.
배뱅잇굿	죽은 배뱅이의 혼을 불러 부모와 만나게 하려는 무당, 박수들의 경쟁을 그린 서도西道 지방의 민속극의 한 가지. 배뱅이굿(×).	
배병(×)	'배에 생기는 병'은 '뱃병'이 올바른 말이다.	**배분량**配分量 배분량 '量'은 앞말이 한자어일 때는 '량'으로, 앞말이 고유어나 외래어인 경우에는 '양'으로 적는다. 앞말 '배분'이 한자어이므로 '량'이 와서 '배분량'으로 로 적는다.
배분량配分量	몫몫이 나누어 주는 양. 배분양(×).	

배분양(×)	'몫몫이 나누어 주는 양'은 '배분량'이 올바른 말이다.
배불뚝이	배가 불룩하게 나온 사람을 낮추어 혹은 비유적으로 이르는 말. 배불룩이(×).
배불룩이(×)	'배가 불룩하게 나온 사람을 낮추어 혹은 비유적으로 이르는 말'은 '배불뚝이'가 올바른 말이다.
배비작배비작(×)	'물체를 맞대어 잇따라 가볍게 문지르는 모양'은 '뱌비작뱌비작'이 올바른 말이다.
배사공(×)	'배로 사람이나 짐을 나르는 일을 직업으로 하는 사람'은 '뱃사공'이 올바른 말이다.
배살(×)	'배의 가죽이나 살'은 '뱃살'이 올바른 말이다.
배 속	**✔띄어쓰기** 사람이나 동물의 몸에서 내장이 들어 있는 곳. 예 누나의 배 속에는 어여쁜 조카가 5개월째 잘 자라고 있다고 한다.
배슬거리다	힘없이 자꾸 배틀거리다. 예 배슬거리는 이유가 뭐냐? 배실거리다(×).
배슬배슬	힘없이 자꾸 배틀거리는 모양. 예 하루를 꼬박 굶었더니 몸을 가누지 못하고 배슬배슬한다. 배실배실(×).
배실거리다(×)	'힘없이 자꾸 배틀거리다'의 뜻으로 쓰이는 말은 '배슬거리다'가 올바른 말이다.
배실배실(×)	'힘없이 자꾸 배틀거리는 모양'은 '배슬배슬'이 올바른 말이다.
배안엣저고리(×)	'깃과 섶을 달지 않은 갓난아이의 저고리'는 '배냇저고리'가 올바른 말이다.
배암(×)	'파충강 뱀과의 동물을 통틀어 이르는 말'은 '뱀'이 올바른 말이다.
배이다(×)	'스며들다. 버릇이 되어 익숙해지다. 냄새가 계속 남아 있다'의 뜻으로 쓰이는 말은 '배다'가 올바른 말이다.
	✔오류노트 양념이 잘 <u>배이도록</u> 배추 사이사이에 배춧속을 골고루 넣어라. → 배도록.
배지badge	신분 따위를 나타내거나 어떠한 것을 기념하기 위하여 옷이나 모자 따위에 붙이는 물건. 뱃지(×). [서울시 9급 '16]
배추국(×)	'배추를 넣고 끓인 국'은 '배춧국'이 올바른 말이다.

배불뚝이
'-하다'나 '-거리다'가 붙는 어근에 '-이'가 붙어서 명사가 된 것은 그 원형을 밝히어 적는다.

'배사공'으로 쓸 수 없는 이유
'배+사공'은 순우리말로 된 합성어로서 앞말이 모음으로 끝나고, 뒷말의 첫소리가 된소리로 나므로 사이시옷을 붙여야 한다.

배 속
'마음을 속되게 이르는 말'인 '뱃속'과 뜻이 다르므로 잘 구별하여 쓰도록 하자.

배지badge
흔히 '뱃지'로 쓰는 경우가 있으나 이는 잘못된 말이므로 주의하자.

배춧국
'배추+국'은 순우리말로 된 합성어로서 앞말이 모음으로 끝나고, 뒷말의 첫소리가 된소리로 나므로 사이시옷을 붙여야 한다.

배추속(×)   '배추의 속에 있는 연한 잎. 배추 김치를 담글 때 배추 잎 사이에 넣는 양념'은 '배춧속'이 올바른 말이다.

배춧국   배추를 넣고 끓인 국. 배추국(×). [한국어교육검정 '07]

배춧속   ¹배추의 속에 있는 연한 잎. ²배추 김치를 담글 때 배추 잎 사이에 넣는 양념. 배추속(×).

배터리^battery   건전지, 축전지. 밧데리(×). [한국어교육검정 '08]. [지방직 9급 '13]

백마^白馬   털빛이 흰 말. 백말(×).

백말(×)   '털빛이 흰 말'은 '백마'가 올바른 말이다.

백분률(×)   '전체를 100으로 했을 때 그것에 대해 가지는 비율. 또는 그것을 나타내는 단위'는 '백분율'이 올바른 말이다.

백분율^百分率   전체를 100으로 했을 때 그것에 대해 가지는 비율. 또는 그것을 나타내는 단위. 백분률(×). [삼성직무적성 '06]. [지방직 9급 '10]. [공사·공단 언어 능력]. [지방직 9급 '10]. [기상 9급 '11]

백지장^白紙張   흰 종이의 한 장 한 장. 백짓장(×).

백짓장(×)   '흰 종이의 한 장 한 장'은 '백지장'이 올바른 말이다.

밸런타인데이^Valentine Day   성 발렌티누스 사제가 순교한 2월 14일로 연인이 서로 선물이나 카드를 주고받는 풍습이 있는 날. 발렌타인데이(×). [KBS한국어 '07]

뱀   파충강 뱀과의 동물을 통틀어 이르는 말. 배암(×).

뱃고동   배에서 신호를 하기 위하여 내는 고동. 배고동(×).

뱃길   배가 다니는 길. 배길(×). [국회 8급 '12]. [경찰직 1차 필기 '16]

뱃머리   배의 앞 끝. 배머리(×).

뱃멀미   배를 탔을 때 어지럽고 메스꺼워 구역질이 나는 일. 배멀미(×).

> ### '뱃멀미'와 '차멀미'
> 배를 탔을 때 나는 멀미는 'ㅁ' 앞에서 'ㄴ' 소리가 덧나므로 '뱃멀미'로 표기한다. '차를 탔을 때 나는 멀미'는 'ㄴ'소리가 덧나지 않으므로 '찻멀미'가 아니라 '차멀미'로 표기한다.

뱃병^·病   배에 생기는 병. 배병(×).

뱃사공^·沙工   배로 사람이나 짐을 나르는 일을 직업으로 하는 사람. 배사공(×).

백마^白馬
'흰말'과 함께 복수 표준어이다.

'백분률'로 쓸 수 없는 이유
'백분+율率'의 형태. 앞말이 받침이 없거나 (모음) 'ㄴ' 받침 뒤에서는 '율'을 쓴다. 그 외에는 '률'을 쓴다. '백분'의 '분'이 'ㄴ' 받침으로 끝나는 경우이므로 '율'을 써서 '백분율'처럼 나타낸다.

백지장^白紙張
'백지장'은 한자어로만 이루어진 합성어이므로 사이시옷이 들어가지 않는다.

뱃고동
'배+고동'은 순우리말로 된 합성어로서 앞말이 모음으로 끝나고, 뒷말의 첫소리가 된소리로 나므로 사이시옷을 붙인다.

뱃머리
순우리말로 된 합성어로서 앞말이 모음으로 끝난 경우, 뒷말의 첫소리 'ㄴ, ㅁ' 앞에서 'ㄴ' 소리가 덧나는 것은 사이시옷을 붙인다.

뱃살	배의 가죽이나 살. 배살(×).
뱃속	사람의 마음을 속되게 이르는 말. 예 그 친구 속내를 밝히지 않으니 뱃속을 전혀 알 수 없어./ 그 사람 뱃속에는 구렁이가 몇 마리 들어 있는 것 같아. 비교 배 속.
뱃지(×)	'신분 따위를 나타내거나 어떠한 것을 기념하기 위하여 옷이나 모자 따위에 붙이는 물건'은 '배지'가 올바른 말이다.
뱌비작뱌비작	물체를 맞대어 잇따라 가볍게 문지르는 모양. 배비작배비작(×).
버드나무과(×)	'새양버들, 수양버들 따위 쌍떡잎식물 갈래꽃류의 한 과'는 '버드나뭇과'가 올바른 말이다.
버드나뭇과ᵗ	새양버들, 수양버들 따위 쌍떡잎식물 갈래꽃류의 한 과. 버드나무과(×).
버들강아지	버드나무의 꽃.
버들개지	버드나무의 꽃.
버러지	곤충이나 기생충 따위와 같이 꿈틀거리며 기어 다니는 하등 동물. [기상 9급 '11]. [국가직 9급 '11]
버레줄(×)	'물건이 버티도록 얽어매는 줄. 종이 연에 벌여 매는 줄'은 '벌이줄'이 올바른 말이다.
버르장이	오래 계속 되풀이하여 몸에 밴 행동. 버르쟁이(×).
버르쟁이(×)	'오래 계속 되풀이하여 몸에 밴 행동'은 '버르장이'가 올바른 말이다.
버무르다(×)	'여러 가지를 한데 넣고 뒤섞다'의 뜻으로 쓰이는 말은 '버무리다'가 올바른 말이다.
버무리다	여러 가지를 한데 넣고 뒤섞다. 버무르다(×).
버저	초인종 따위를 수신하는 데 쓰는 신호. 부저(×).
버젓이	남과 비교하여 뒤처지지 않을 정도로 번듯하게. 버젓히(×).
버젓히(×)	'남과 비교하여 뒤처지지 않을 정도로 번듯하게'의 뜻으로 쓰이는 말은 '버젓이'가 올바른 말이다.
번거로이	일의 갈피가 복잡하고 어수선하여. 번거로히(×).
번거로히(×)	'일의 갈피가 복잡하고 어수선하여'의 뜻으로 쓰이는 말은 '번거로이'가 올바른 말이다.

뱃속
사람의 몸속을 가리킬 때는 '배 속'으로, 사람의 마음을 속되게 이를 때에는 '뱃속'으로 표기한다.

버들강아지
'버들개지'와 함께 복수 표준어이다.

버들개지
'버들강아지'와 함께 복수 표준어이다.

버러지
'벌레'와 함께 복수 표준어이다.

버젓이
부사의 끝음절이 분명히 '이'로만 소리 나므로 '이'로 표기한다.

번거로이
부사의 끝음절이 분명히 '이'로만 소리 나므로 '이'로 표기한다.

번거롭다   일의 갈피가 복잡하고 어수선한 데가 있다.

> ✔오류노트 여러분의 질문에 일일이 답변하는 것이 <u>번거로와</u> 일정량의 질문을 모아 한꺼번에 답해 드리겠습니다. → 번거로워.

번경^{反耕}   간 논을 다시 갈아 뒤집는 일. 반경(×).

번대기(×)   '알, 애벌레, 번데기, 어른벌레의 순으로 완전 변태를 하는 곤충의 애벌레가 어른벌레가 되기 전 아무것도 먹지 않고 고치 속에 들어가 있는 몸'은 '번데기'가 올바른 말이다.

번데기   알, 애벌레, 번데기, 어른벌레의 순으로 완전 변태를 하는 곤충의 애벌레가 어른벌레가 되기 전 아무것도 먹지 않고 고치 속에 들어 있는 몸. 번대기(×).

번듯이   생김새가 훤하고 멀끔하게. 예 우리 아들 참 번듯이 생겼구나. 번듯히(×).

번듯히(×)   '생김새가 훤하고 멀끔하게'의 뜻으로 쓰이는 말은 '번듯이'가 올바른 말이다.

번번이   여러 번 다. 매 때마다. 예 사촌누나는 공무원시험에 번번이 떨어졌다. 번번히(×). [국가직 7급 '07]. [서울시 7급 '11]. [한국어교육검정 '11]

번번히(×)   '여러 번 다. 매 때마다'의 뜻으로 쓰이는 말은 '번번이'가 올바른 말이다.

번순^{反脣}   입술을 내밀고 실룩거리며 비웃음. 반순(×).

번작   조선 후기에, 환곡 제도의 폐단 가운데 아전들이 환곡을 사사로이 써 버리고 그것을 메우기 위하여 농민에게서 강제로 금품을 거두어 분식^{分食}하던 일. 반작(×).

번전   논을 밭으로 만듦. 반전(×).

번째^膳   ✔띄어쓰기 차례나 횟수를 나타내는 말.

벋장다리(×)   '굽혔다 폈다의 동작을 못하고 늘 벋어 있는 다리'는 '벋정다리'가 올바른 말이다.

벋정다리   굽혔다 폈다의 동작을 못하고 늘 벋어 있는 다리. 벋장다리(×).

벌거송이(×)   '아무것도 입지 않은 알몸뚱이'의 뜻으로 쓰이는 말은 '벌거숭이'가 올바른 말이다.

벌거숭이   ¹아무것도 입지 않은 알몸뚱이. ²흙이 드러나 보일 정도로 나무나 풀이 없는 산을 비유적으로 이르는 말. 벌거송이(×).

벌거숭이산⁻ᴸᴸ   나무가 없어서 흙이 드러나 보이는 산.

벌겋다   어둡고 엷게 붉다.

　오류노트 결승에서 패한 제자의 눈물을 보고 눈시울이 벌개진 감독이 어깨를 두드리며 위로했다. → 벌게진.

벌레   곤충이나 기생충 따위와 같이 꿈틀거리며 기어 다니는 하등 동물.

벌리다   ¹둘 사이를 넓히다. 예 체조를 하기 위해 줄 사이의 간격을 벌리다. ²열어서 속의 것을 드러내다. 예 생선의 배를 갈라 벌리고 알을 꺼냈다. ³우므러진 것을 펴지거나 열리게 하다. 예 의사 선생님이 내 입을 벌리고 치아의 상태를 확인했다.

벌림새(×)   '일이나 물건 따위를 벌여 놓은 모양이나 형편'은 '벌임새'가 올바른 말이다.

벌이다   ¹일을 시작하거나 베풀어 놓다. 예 잔치를 벌이다. ²놀이판이나 노름판 따위를 차려 놓다. 예 바둑판을 벌이다. ³물건을 늘어놓다. 예 좌판 위에 팔 물건을 벌여 놓다. ⁴가게를 차리다. 예 옷 가게를 벌이다. ⁵전쟁이나 말다툼 따위를 하다. 예 동생과 언쟁을 벌이다.

　오류노트 어설픈 자신감만 믿고 감당하기에 벅찬 일을 벌린다면 성공 가능성은 크지 않다. → 벌인다면. [지방직 9급 '12]. [국민연금 '13]. [지방직 9급 '15]

벌이줄   물건이 버티도록 얽어매는 줄. 종이 연에 벌여 매는 줄. 버레줄(×).

벌임새   일이나 물건 따위를 벌여 놓은 모양이나 형편. 벌림새(×).

범퍼ᵇᵘᵐᵖᵉʳ   충돌 사고 발생 시 충격을 완화하기 위하여 자동차의 앞과 뒤에 설치한 장치. 밤바(×).

법석   시끄럽게 떠드는 모양. 예 옆집에 무슨 좋은 일이 있는지 사람들이 모여 법석을 떨고 있다. 법썩(×). [수능 '11학년도]. [국가직 9급 '21]

법썩(×)   '시끄럽게 떠드는 모양'은 '법석'이 올바른 말이다.

벌거숭이
'벌거숭이'와 함께 '발가숭이'도 '옷을 모두 벗은 알몸뚱이', '흙이 드러나 보일 정도로 나무나 풀이 거의 없는 산'의 뜻으로 쓰인다.

벌거숭이산⁻ᴸᴸ
'민둥산'과 함께 복수 표준어이다.

벌겋다
'벌겋다'의 어간에 '-어지다'가 연결된 것이므로 '벌게지다'가 된다.

벌레
'버러지'와 함께 복수 표준어이다.

'벌리다'와 '벌이다'
'간격을 넓히거나, 물건을 드러내거나, 좁은 것을 넓게 하다'는 '벌리다'이고, '어떤 일을 시작하다'의 뜻으로 쓰이는 말은 '벌이다'이다.

벌이다
'벌이다'와 '벌리다'는 흔히 혼동하여 쓰는 말이므로 두 말의 뜻의 차이점을 잘 익히자.

법석
'ㄱ, ㅂ' 받침 뒤에서 나는 된소리는, 같은 음절이나 비슷한 음절이 겹쳐 나는 경우가 아니면 된소리로 적지 아니한다.

벗나무(×) '봄에 흰색이나 분홍색 꽃이 피고 초여름에 맺는 버찌 열매는 먹을 수 있는, 장미과의 낙엽 활엽 교목'은 '벚나무'가 올바른 말이다.

벗어부치다, 벗어젖히다 힘차게 대들 기세로 옷을 벗다. 벗어붙이다·벗어제끼다·벗어제치다(×).

벗어붙이다, 벗어제끼다, 벗어제치다(×) '힘차게 대들 기세로 옷을 벗다'는 '벗어부치다·벗어젖히다'가 올바른 말이다.

벚나무 봄에 흰색이나 분홍색 꽃이 피고 초여름에 맺는 버찌 열매는 먹을 수 있는, 장미과의 낙엽 활엽 교목. 벗나무(×).

ㅂ

베개 잠을 자거나 누울 때에 머리를 괴는 물건. 베게(×). [공사·공단 언어 능력]

베개맡(×) '누운 사람의 머리 부근'은 '머리맡'이 올바른 말이다.

베개머리(×) '베개를 베고 누울 때에 머리가 향한 위쪽 부분'은 '베갯머리'가 올바른 말이다.

베개머리송사(×) '아내가 잠자리에서 자기의 바라는 바를 남편에게 가만히 청하는 일'은 '베갯머리송사'가 올바른 말이다.

베개모(×) '베개의 양쪽 마구리에 대는 꾸밈새'는 '베갯모'가 올바른 말이다.

베개속(×) '베개를 통통하게 하기 위하여 속에 넣는 왕겨 따위 재료'는 '베갯속'이 올바른 말이다.

베개잇(×) '베개의 겉을 덧씌우는 헝겊'은 '베갯잇'이 올바른 말이다.

베갯머리 베개를 베고 누울 때에 머리가 향한 위쪽 부분. 베개머리(×).

베갯머리송사-訟事 아내가 잠자리에서 자기의 바라는 바를 남편에게 가만히 청하는 일. 베갯밑공사. 베개머리송사(×).

베갯모 베개의 양쪽 마구리에 대는 꾸밈새. 베개모(×).

베갯속 베개를 통통하게 하기 위하여 속에 넣는 왕겨 따위 재료. 베개속(×).

베갯잇 베개의 겉을 덧씌우는 헝겊. 베개잇(×).

베게(×) '잠을 자거나 누울 때에 머리를 괴는 물건'은 '베개'가 올바른 말이다.

베개
동사 어간 '벼枕-'에 접미사 '-개'가 결합된 형태에서 유래한 말로 본다.

'베개모'로 쓸 수 없는 이유
순우리말로 된 합성어로서 앞말이 모음으로 끝난 경우, 뒷말의 첫소리 'ㅁ' 앞에서 'ㄴ' 소리가 덧나므로 '베갯모'처럼 사이시옷을 붙인다.

베갯머리
순우리말로 된 합성어로서 앞말이 모음으로 끝난 경우, 뒷말의 첫소리 'ㅁ' 앞에서 'ㄴ' 소리가 덧나므로 '베갯머리'처럼 사이시옷을 붙인다.

베갯속
순우리말로 된 합성어로서 앞말이 모음으로 끝나고, 뒷말의 첫소리가 된소리로 나므로 사이시옷을 붙인다.

베갯잇
순우리말로 된 합성어로서 앞말이 모음으로 끝난 경우, 뒷말의 첫소리 모음 앞에서 'ㄴㄴ' 소리가 덧나는 것은 사이시옷을 붙인다.

베다 날이 있는 물건으로 상처를 내다.

> **오류노트** 면도를 하다가 턱을 <u>베였다</u>. → 베었다.

> **'베었다'와 '베였다'는 어떤 뜻의 차이가 있을까?**
> '베였다'는 '베+이+었+다'처럼 피동을 나타내는 '이'가 들어간 말이다. '면도를 하다가 턱을 베였다'는 피동이 아니라 사동을 나타내는 문장이므로 '면도를 하다가 턱을 베었다'라고 써야 한다. 만약 '면도를 하다가 턱이 면도칼에 베였다'처럼 피동의 뜻을 나타내는 문장에서는 '베었다'가 아니라 '베였다'라고 써야 올바르다.

베란다^{veranda} 집채에서 툇마루처럼 튀어나오게 하여 잇대어 만든 부분. 배란다(×).

베아링(×) '회전 운동이나 직선 운동을 하는 축을 받치는 부품'은 '베어링'이 올바른 말이다.

베어링 회전 운동이나 직선 운동을 하는 축을 받치는 부품. 베아링(×).

베이안^{北安} 농산물 집산지이며 교통의 요지인, 중국 헤이룽장성^{黑龍江省} 중부의 도시. 북안(×).

베이장강^{北江} 장시성^{江西省}과 후난성^{湖南省}과의 교통 운수에 큰 역할을 하는, 중국 광둥성^{廣東省}에 있는 강. 북강(×).

베풀다 남에게 돈을 주거나 일을 도와서 혜택받게 하다.

> **오류노트** 영윤이의 너그러운 마음과 <u>베품</u>이 없었다면 지금의 나는 없었을 것이다. → 베풂. [복지 9급 '12]

베풀다
어간 'ㄹ' 받침으로 끝나는 용언 뒤에는 명사형 어미 '-ㅁ'이 붙어 '베풂'처럼 활용한다.

벡터량(×) '크기와 방향을 함께 갖고 있는 물리량'은 '벡터양'이 올바른 말이다.

벡터양^{vector量} 크기와 방향을 함께 갖고 있는 물리량. 벡터량(×).

벼가리(×) '벤 벼를 차곡차곡 쌓은 더미'는 '볏가리'가 올바른 말이다.

벼란간(×) '갑작스럽고 아주 짧은 동안'은 '별안간'이 올바른 말이다.

벼루돌(×) '벼루의 재료가 되는 돌'은 '벼룻돌'이 올바른 말이다.

벼루집(×) '벼루, 먹, 붓, 연적 따위를 넣어 두는 상자'는 '벼룻집'이 올바른 말이다.

벼룻돌 벼루의 재료가 되는 돌. 벼루돌(×).

벡터양
분량이나 수량을 나타내는 '률'이 순우리말이나 외래어 뒤에 올 때는 '양'으로, 한자어 다음에 올 때는 '량'으로 표기된다.

벼룻돌
순우리말로 된 합성어로서 앞말이 모음으로 끝나고, 뒷말의 첫소리가 된소리로 나므로 사이시옷을 붙인다.

벼룻집	벼루, 먹, 붓, 연적 따위를 넣어 두는 상자. 벼루집(×).
벼르다	어떤 일을 달성하기 위해 마음을 굳게 먹고 기회를 노리다. 별르다(×).
벼씨(×)	'못자리에 뿌리는 벼의 씨'는 '볍씨'가 올바른 말이다.
벼쭉쟁이(×)	'벼 이삭 중에서 알맹이가 들어 있지 않은 것'은 '벼쭉정이'가 올바른 말이다.
벼쭉정이	벼 이삭 중에서 알맹이가 들어 있지 않은 것. 벼쭉쟁이(×).
변덕맞다	변덕을 부리는 성질이나 태도가 있다. 예 내 친구는 너무 변덕맞아서 그를 좋아하는 사람은 거의 없다.
변덕스럽다變德-	이랬다저랬다 하는, 변하기 쉬운 태도나 성질이 있다.

✔오류노트 저렇게 변덕스런 성격에 누가 비위를 맞춰 줄까. → 변덕스러운.

변덕장이(×)	'마음이나 태도가 종잡을 수 없이 변하는 사람을 낮잡아 이르는 말'은 '변덕쟁이'가 올바른 말이다.
변덕쟁이	마음이나 태도가 종잡을 수 없이 변하는 사람을 낮잡아 이르는 말. 변덕장이(×).
변동환률(×)	'외환 시장의 수요와 공급에 따라 자유롭게 변동하게 하는 환율'의 뜻으로 쓰이는 말은 '변동환율'이 올바른 말이다.
변동환율變動換率	외환 시장의 수요와 공급에 따라 자유롭게 변동하게 하는 환율. 변동환률(×).
변려문, 변려체	4자나 6자의 대구를 써서 미적 느낌을 주는 한문체의 한 가지. 병려문·병려체(×).
변변찮다	[1]인물됨이나 생김새가 보통보다 못하다. 예 사람이 변변찮아서 사윗감으로 적합하지 않을 듯합니다. [2]잘 갖추지 못하여 부족하다. 예 잔칫집 음식이 너무 변변찮더라. 변변챦다(×).
변변챦다(×)	'인물됨이나 생김새가 보통보다 못하다. 잘 갖추지 못하여 여러 가지로 부족하다'의 뜻으로 쓰이는 말은 '변변찮다'가 올바른 말이다.
-별別	✔띄어쓰기 명사 뒤에 붙어, 같은 종류로 나눔을 뜻하는 말. 예 성별./직업별./나이별/국가별.

변덕맞다
'변덕스럽다'와 함께 복수 표준어이다.

변덕스럽다變德-
'변덕스럽다'의 어간 '변덕스럽-' 뒤에 '-은'이 오면 어간 말음 'ㅂ'이 '우'로 변하므로, '변덕스러운'처럼 써야 된다.

변덕쟁이
'그것이 나타내는 속성을 많이 가진 사람'의 뜻을 더하는 말은 '-쟁이'이다.

변동환율變動換率
'변동환+율/률率'의 형태. 앞말이 받침이 없거나(모음) 'ㄴ' 받침 뒤에서는 '율'을 쓴다. 그 외에는 '률'을 쓴다. '변동환'의 '환'이 'ㄴ' 받침으로 끝나는 경우이므로 '율'을 써서 '변동환율'처럼 나타낸다.

변변찮다
'-하지' 뒤에 '않-'이 어울려 '-찮-'이 될 적에는 준 대로 적는다.(변변하지 않다 → 변변찮다)

별別
'-별'은 접미사로 앞말에 붙여 쓴다.

별르다(×)	'어떤 일을 달성하기 위해 마음을 굳게 먹고 기회를 노리다'의 뜻으로 쓰이는 말은 '벼르다'가 올바른 말이다.
별안간瞥眼間	갑작스럽고 아주 짧은 동안. 벼란간(×).
별쭝스럽다	말이나 하는 짓이 아주 별스러운 데가 있다.

> **⚠ 오류노트** 어려서부터 <u>별쭝스런</u> 행동을 하더니 커서 유명한 개그맨이 되었네. → 별쭝스러운.

볍씨	못자리에 뿌리는 벼의 씨. 벼씨(×).
볏	닭이나 새 따위의 이마 위에 세로로 붙은 살 조각.
볏가리	벤 벼를 차곡차곡 쌓은 더미. 벼가리(×).
볏대(×)	'낟알을 떨어내고 남은 벼의 줄기'는 '볏짚'이 올바른 말이다.
볏짚	낟알을 떨어내고 남은 벼의 줄기. 볏대(×).
병구완病-	앓는 사람을 돌봄. 예 미진이는 어린 나이에도 불구하고 중병을 앓고 있는 어머니 병구완을 열심히 한다. 병구환(×).
병구환(×)	'앓는 사람을 돌봄'의 뜻으로 쓰이는 말은 '병구완'이 올바른 말이다.
병나발瓶喇叭	병을 거꾸로 하여 입에 대고 속에 든 액체를 들이켬. 병나팔(×).
병나팔(×)	'병을 거꾸로 하여 입에 대고 속에 든 액체를 들이켬'은 '병나발'이 올바른 말이다.
병려문, 병려체(×)	'4자나 6자의 대구를 써서 미적 느낌을 주는 한문체의 한 가지'는 '변려문, 변려체'가 올바른 말이다.
보냉(×)	'주위의 온도에 관계없이 시원한 온도를 유지함'은 '보랭'이 올바른 말이다.

'보냉'으로 쓰지 않고 '보랭'으로 쓰는 이유는 무엇일까?
두음법칙은 '일부 소리가 단어의 첫머리에 발음되는 것을 꺼려 다른 소리로 발음되는 현상'을 말한다.
단어의 첫머리에 '라, 래, 로, 뢰, 루, 르'가 오면 두음법칙에 따라 '나, 내, 노, 뇌, 누, 느'로 표기한다. 예를 들어 단어의 첫머리에서는 '냉각冷却', '냉수冷水'로 쓰지만, 첫머리가 아닐 때에는 본음대로 '수랭水冷', '한랭寒冷'으로 쓴다. '保冷'도 '보냉'이 아닌 '보랭'으로 쓴다.

별쭝스럽다
'별쭝스럽다'의 어간 '별쭝스럽-' 뒤에 '-은'이 오면 어간 말음 'ㅂ'이 '우'로 변하므로, '별쭝스러운'처럼 써야 된다.

볍씨
두 말이 어울릴 적에 'ㅂ' 소리가 덧나는 것은 소리대로 적는다.

볏
흔히 '벼슬'로 쓰는데 이는 '볏'의 방언이다.

볏가리
순우리말로 된 합성어로서 앞말이 모음으로 끝난 경우, 뒷말의 첫소리가 된소리로 나는 것은 사이시옷을 붙인다.

병나발瓶喇叭
'나발'은 옛 관악기의 하나로 위는 가늘고 끝은 퍼진 모양이며, 군대에서 호령하거나 신호하는 데 쓰였다.

ㅂ

보닛^{bonnet}	자동차 앞부분의 덮개. 본네트(×). [국가직 7급 '10]. [서울시 7급 '11]
보다	¹눈으로 사물의 존재나 모양을 알다. 예 아침에 낯선 사람을 보았다. ²눈으로 감상하거나 즐기다. 예 연극을 보는 것이 취미이다. ³서적 따위를 읽다. 예 괴기 소설을 보다. ⁴내용이나 상태를 파악하기 위해 살피다. 예 거울을 보다. ⁵어떤 목적을 위해 만나다. 예 누나는 오늘 선을 볼 예정이다. ⁶보살피거나 지키다. 예 아기를 봐 줄 사람을 찾고 있다. ⁷상대방의 형편 따위를 짐작하다. 예 그의 차림새를 보니 고생을 많이 했을 것 같다. ⁸점이나 운수를 알아보다. 예 관상을 보다. ⁹어떤 수준에 비하여 더욱 더. 예 보다 높은 목표를 위해 매진하다. ¹⁰체언 뒤에 붙어 비교할 때 쓰는 부사격 조사. 예 오늘보다 내일이 더 희망이 있다. [국가직 7급 '07]. [경찰대 '09]. [소방직 '22]

보다
^{1~8}번은 움직임을 나타내는 동사이며, ⁹번은 '더욱 더, 한층 더'의 뜻으로, 동사나 형용사를 수식하는 부사이다. ¹⁰번은 앞말과 뒷말을 비교하는 뜻의 조사이다.

보드기	크게 자라지 못한 나무. 뽀드기(×).
보라빛(×)	'남빛과 자줏빛의 중간 빛'은 '보랏빛'이 올바른 말이다.
보랏빛	남빛과 자줏빛의 중간 빛. 보라빛(×).
보랭	주위의 온도에 관계없이 시원한 온도를 유지함. 보냉(×).
보로통하다	불만스러운 빛이 얼굴에 다소 나타나 있다. 보루통하다(×).
보루통하다(×)	'불만스러운 빛이 얼굴에 다소 나타나 있다'의 뜻으로 쓰이는 말은 '보로통하다'가 올바른 말이다.
보리가루(×)	'보리를 볶아서 빻은 가루'는 '보릿가루'가 올바른 말이다.
보리고개(×)	'음력 사월경 보관된 곡식은 떨어지고 햇보리는 익지 않아 어려움을 겪던 시절'은 '보릿고개'가 올바른 말이다.
보리대(×)	'보릿짚의 대'의 뜻으로 쓰이는 말은 '보릿대'가 올바른 말이다.
보리똥나무(×)	'팥알만 한 열매가 동그란 장과^{漿果}로 초가을에 붉게 익는 보리수나뭇과의 낙엽 활엽 관목'은 '보리수나무'가 올바른 말이다.
보리수나무^{菩提樹-}	팥알만 한 열매가 동그란 장과^{漿果}로 초가을에 붉게 익는 보리수나뭇과의 낙엽 활엽 관목. 보리똥나무(×).

보랏빛
순우리말로 된 합성어로 앞말이 모음으로 끝난 경우, 뒷말의 첫소리가 된소리로 나는 것은 사이시옷을 붙인다.

보로통하다
'보로통하다'보다 센 느낌을 주는 말은 '뽀로통하다'이다.

'보리고개'로 쓰지 않는 이유
'보리+고개'는 순우리말로 된 합성어로 앞말이 모음으로 끝나고 뒷말의 첫소리가 된소리로 나므로 사이시옷을 붙인다.

보리자루(×)	'보리를 넣은 자루'의 뜻으로 쓰이는 말은 '보릿자루'가 올바른 말이다.
보리짚(×)	'보리의 이삭을 떨어낸 뒤에 남은 짚'은 '보릿짚'이 올바른 말이다.
보리차^茶	볶은 겉보리를 넣어서 끓인 차. 보릿차(×).
보릿가루	보리를 볶아서 빻은 가루. 보리가루(×).
보릿고개	보관된 곡식은 떨어지고 햇보리는 익지 않아 어려움을 겪던 음력 사월경. 보리고개(×).
보릿대	보릿짚의 대. 보리대(×).
보릿자루	보리를 넣은 자루. 보리자루(×).
보릿짚	보리의 이삭을 떨어낸 뒤에 남은 짚. 보리짚(×).
보릿차(×)	'볶은 겉보리를 넣어서 끓인 차'는 '보리차'가 올바른 말이다.
보무라지(×)	'보풀의 낱개'의 뜻으로 쓰이는 말은 '보푸라기'가 올바른 말이다.
보스라기(×)	'잘게 바스러진 물건'은 '바스라기'가 올바른 말이다.
보스라지다(×)	'물체가 깨어져 조금 잘게 조각이 나다'의 뜻으로 쓰이는 말은 '바스러지다'가 올바른 말이다.
보우트(×)	'모터나 노를 저어서 추진하는 서양식의 작은 배'는 '보트'가 올바른 말이다.
보이다	눈으로 대상의 존재나 형태적 특징을 알게 되다. **✎오류노트** 이렇게 쉽게 <u>보여지는</u> 것을 이제까지 못 보았네. → 보이는. [지방직 7급 '10]
보이라(×)	'물을 가열하여 고온, 고압의 증기나 온수를 발생시키는 장치'의 뜻으로 쓰이는 말은 '보일러'가 올바른 말이다.
보이코트(×)	'단합하여 어떤 일을 받아들이지 않고 물리치는 일'은 '보이콧'이 올바른 말이다.
보이콧^{boycott}	단합하여 어떤 일을 받아들이지 않고 물리치는 일. 보이코트(×). [국회 8급 '12]
보일러^{boiler}	물을 가열하여 고온, 고압의 증기나 온수를 발생시키는 장치. 보이라(×).

보리차^茶
'보리'와 '차'로 이루어진 합성어로서 뒷말의 첫소리 '차'가 거센소리이므로 사이시옷을 붙이지 않는다.

보릿대
순우리말로 된 합성어로 앞말이 모음으로 끝나고 뒷말의 첫소리가 된소리로 나므로 사이시옷을 붙인다.

보이다
'보다'에 피동을 뜻하는 접미사 '-이-'가 있으므로 뒤에 중복하여 피동을 뜻하는 '지'가 들어갈 필요가 없다.

보이콧^{boycott}
어말의 무성 파열음 [p], [t], [k] 등은 '컵cup', '보이콧boycott', '킥kick'처럼 받침 'ㅂ', 'ㅅ', 'ㄱ'으로 표기한다.

ㅂ

보조개	웃거나 말할 때 두 볼에 움푹 들어가는 자국. 조개볼 (×). [서울시 7급 '11]. [서울시 9급 '16]	보조개 '볼우물'과 함께 복수 표준어이다.
보조사補助詞	체언, 부사, 활용 어미 따위에 붙어 어떤 뜻을 더해 주는 조사. '도', '만', '는', '은', '까지', '마저', '조차' 따위. [경찰대 '06]	
보조 용언補助用言	✓띄어쓰기 보조 동사, 보조 형용사와 같이, 본용언의 뒤에 붙어서 그것의 뜻을 보충하는 구실을 하는 용언. 예 동생은 거식증이 있어서 엄청나게 먹어 댄다(보조 동사). / 꽃이 진 나무가 곱지 아니하다(보조 형용사). [경찰대 '09]	보조 용언補助用言 보조 용언은 앞말과 띄어 씀을 원칙으로 하지만, 붙여 쓰는 것도 허용한다.
보통내기普通-	쉽게 다룰 수 있을 만큼 평범한 사람. 예 그 어린애가 제 누나를 감싸고도는 것을 보니 보통내기가 아니던데.	보통내기普通- '예사내기, 여간내기' 와 함께 복수 표준어 이다.
보퉁이(×)	'물건을 보자기에 싼 덩이'는 '보퉁이'가 올바른 말이다.	
보퉁이褓-	물건을 보자기에 싼 덩이. 보통이(×).	
보트boat	모터나 노를 저어서 추진하는 서양식의 작은 배. 보우트(×). [서울시 9급 '16]	보트boat 외래어 표기에서 [ou] 는 '오'로 표기한다.
보푸라기	보풀의 낱개. 보무라지(×).	
복강福岡(×)	'일본 후쿠오카현縣 서북부의 도시'는 '후쿠오카'가 올바른 말이다.	
복건성福建省(×)	'성도省都는 푸저우福州이며 대만 해협에 면하여 있는 중국 남동부에 있는 성'은 '푸젠성'이 올바른 말이다.	
복막념(×)	'배에 심한 통증이 있으며, 열이 나고 복수腹水가 괴어 탈수 상태에 빠지며 복막에 급성 또는 만성으로 생기는 염증'은 '복막염'이 올바른 말이다.	
복막염腹膜炎	배에 심한 통증이 있으며, 열이 나고 복수腹水가 괴어 탈수 상태에 빠지며 복막에 급성 또는 만성으로 생기는 염증. 복막념(×).	
복사뼈	발목 언저리에 안팎으로 둥글게 나온 뼈. 복숭아뼈.	복사뼈 '복숭아뼈'와 함께 복수 표준어이다.
복새통(×)	'많은 사람이 시끄럽게 법석이는 상황'은 '북새통'이 올바른 말이다.	
복숭아빛(×)	'잘 익은 복숭아의 빛깔과 같이 발그스름한 빛'은 '복숭앗빛'이 올바른 말이다.	
복숭아뼈	발목 언저리에 안팎으로 둥글게 나온 뼈. [지방직 7급 '15]	복숭아뼈 '복사뼈'와 함께 복수 표준어이다.

복숭앗빛	잘 익은 복숭아의 빛깔과 같이 발그스름한 빛. 복숭아빛(×).
복슬복슬	귀여울 정도로 살이 찌고 털이 많은 모양. 복실복실(×).
복실복실(×)	'귀여울 정도로 살이 찌고 털이 많은 모양'은 '복슬복슬'이 올바른 말이다.
복주福州(×)	'차, 목재 따위의 수송이 활발한 중국 푸젠성福建省의 항구 도시'는 '푸저우'가 올바른 말이다.
복합어複合語	[1]실질 형태소와 실질 형태소가 모여 한 단어를 이룬 말(합성어). [2]실질 형태소와 형식 형태소(접미사, 접두사)가 모여 한 단어를 이룬 말(파생어).
볶은밥(×)	'얇게 썬 고기나 당근, 감자 따위를 밥과 섞으면서 기름으로 볶아 만든 음식'은 '볶음밥'이 올바른 말이다.
볶음밥	얇게 썬 고기, 당근, 감자 따위를 밥과 섞으면서 기름으로 볶아 만든 음식. 볶은밥(×).
본난(×)	'잡지 따위, 중심이 되는 난'은 '본란'이 올바른 말이다.
본네트(×)	'자동차 앞부분의 덮개'는 '보닛'이 올바른 말이다.
본댁本宅	본집의 높임말. 본택(×).
본란本欄	잡지 따위, 중심이 되는 난. 본난(×).
본새	어떤 물건의 본디의 생김새. 뽄새(×).
본용언本用言	보조 용언의 도움으로, 문장의 주어를 중심적으로 서술하는 용언.
본주本州(×)	'수도 도쿄와 게이힌京濱 등의 공업 지대가 있는, 일본 열도 중 가장 큰 섬'은 '혼슈'가 올바른 말이다.
본택(×)	'본집의 높임말'은 '본댁'이 올바른 말이다.
본토박이本土-	한 지역에서 나서 오랫동안 살아 내려오는 사람. 본토배기(×).
본토배기(×)	'한 지역에서 나서 오랫동안 살아 내려오는 사람'은 '본토박이'가 올바른 말이다.
볼기살(×)	'볼기에 붙어 있는 살'은 '볼깃살'이 올바른 말이다.
볼깃살	볼기에 붙어 있는 살. 볼기살(×).
볼대기(×)	'뺨의 한복판(볼)을 속되게 이르는 말'은 '볼때기'가 올바른 말이다.

복숭앗빛
순우리말로 된 합성어로 앞말이 모음으로 끝나고 뒷말의 첫소리가 된소리로 나므로 사이시옷을 붙인다.

복합어複合語
합성어는 '방안', '툇마루' 따위를 예로 들 수 있다. 파생어는 '개살구', '치뜨다', '휘둥그렇다' 따위를 예로 들 수 있다.

본용언本用言
본용언은 '나는 간식을 먹고 싶다'에서 '먹고', '나는 친구와의 약속을 지키지 않았다'에서 '지키지' 따위가 해당된다.

본토박이本土-
'박다'의 뜻이 남아 있으면 '박이'가 되고 그렇지 않으면 '배기'가 된다.

볼깃살
순우리말로 된 합성어로 앞말이 모음으로 끝나고 뒷말의 첫소리가 된소리로 나므로 사이시옷을 붙인다.

볼따구니	'볼'을 속되게 이르는 말.
볼때기	'볼'을 속되게 이르는 말. 볼대기(×).
볼록이	알처럼 단단하게 맺혀 있거나 볼록하게 도드라진 것. [비교] 불룩이.
볼맨소리(×)	'성이 나거나 섭섭해서 퉁명스럽게 하는 말투'는 '볼멘소리'가 올바른 말이다.
볼멘소리	성이 나거나 섭섭해서 퉁명스럽게 하는 말투. 볼맨소리(×).
볼쌍(×)	'남에게 보이는 체면이나 태도'는 '볼썽'이 올바른 말이다.
볼쌍사납다(×)	'어떤 대상이 보기에 언짢다'의 뜻으로 쓰이는 말은 '볼썽사납다'가 올바른 말이다.
볼썽	남에게 보이는 체면이나 태도. 볼쌍(×).
볼썽사납다	어떤 대상이 보기에 언짢다. [예] 종철이는 화가 나서 볼썽사나운 얼굴을 하고 있다. 볼쌍사납다(×). [한국어교육검정 '10]
볼우물	웃거나 말할 때 두 볼에 움푹 들어가는 자국.
볼퉁이	'볼'을 속되게 이르는 말.
볼트암페아(×)	'전력의 단위. 1볼트암페어는 1볼트의 전압으로 1암페어의 전류가 흐르는 것을 의미한다.'의 뜻으로 쓰이는 말은 '볼트암페어'가 올바른 말이다.
볼트암페어voltampere	전력의 단위. 1볼트암페어는 1볼트의 전압으로 1암페어의 전류가 흐르는 것에 해당한다. 볼트암페아(×).
봉숭아, 봉선화鳳仙花	꽃잎을 백반, 소금과 함께 찧어서 손톱에 물들이기도 하는 봉선화과의 한해살이풀. 봉숭화(×). [경북교육 9급 '10]. [기상 9급 '11]. [법원직 9급 '12]
봉숭화(×)	'꽃잎을 백반, 소금과 함께 찧어 손톱에 물들이기도 하는 봉선화과의 한해살이풀'은 '봉숭아, 봉선화'가 올바른 말이다.
봉족군(×)	'남의 일을 거들어서 도와주는 사람'은 '봉죽꾼'이 올바른 말이다.
봉죽꾼	남의 일을 거들어서 도와주는 사람. 봉족군(×).
봉직 전쟁奉直戰爭(×)	'1920년대 영국과 일본의 지원을 각각 받은 중국 군벌軍閥 사이에 벌어진 전쟁'은 '펑즈 전쟁'이 올바른 말이다.

볼따구니
'볼퉁이', '볼때기'와 함께 복수 표준어이다.

볼때기
'볼따구니', '볼퉁이'와 함께 복수 표준어이다.

볼록이
'알처럼 단단하게 맺혀 있거나 볼록하게 두드러진 것'을 뜻하는 말은 '볼록이'이다.

볼우물
'보조개'와 함께 복수 표준어이다.

볼퉁이
'볼따구니', '볼때기'와 함께 복수 표준어이다.

봉숭아, 봉선화鳳仙花
의미 차이가 없고 비슷한 발음의 몇 형태(봉숭아, 봉숭화)가 쓰일 경우, 그중 더 널리 쓰이는 형태(봉숭아)를 표준어로 삼는다.

봉화불(×)	'봉화로 드는 횃불'은 '봉횃불'이 올바른 말이다.
봉횃불烽火-	봉화로 드는 횃불. 봉화불(×).
뵈다	웃어른을 대하여 보다.

✔️오류노트 우리 다음에 자주 <u>뵈요</u>. → 뵈어요. 봬요. [서울시 7급 '10]. [국가직 9급 '12]. [소방직 '20]

'뵈요'가 문법적으로 틀린 이유가 뭘까?
'뵈다'의 어간 '뵈-'에 보조사 '-요'가 바로 올 수 없다. '뵈-'에 연결 어미 '-어'가 이어진 '뵈어' 뒤에 '요'를 붙여 '뵈어요'처럼 쓰거나 '뵈+어'가 줄어서 된 '봬'에 '요'를 붙여 '봬요'처럼 써야 한다.

부(×)	'비율을 나타내는 단위로, 1할의 10분의 1을 뜻하는 말'은 '푼'이 올바른 말이다.
부각	다시마를 잘게 잘라서 기름에 튀긴 반찬. 다시마자반(×).
부기	세상사에 어둡고 사람의 마음을 모르는 어리석은 사람. 푸기(×).
부나방	콩, 뽕나무 등의 해충으로 무늬가 화려하고 온몸에 어두운 갈색 털이 빽빽이 덮여 있는 불나방과의 곤충.
부나비	콩, 뽕나무 등의 해충으로 무늬가 화려하고 온몸에 어두운 갈색 털이 빽빽이 덮여 있는 불나방과의 곤충. [국회 8급 '12]
부두가(×)	'부두가 있는 근처'의 뜻으로 쓰이는 말은 '부둣가'가 올바른 말이다.
부둣가埠頭-	부두가 있는 근처. 부두가(×). [한국어교육검정 '06]
부둥켜안다	✔️띄어쓰기 두 팔로 꼭 끌어안다. 부등켜안다(×).
부둥키다	두 팔로 힘써 안거나 두 손으로 힘껏 붙잡다. 예 배를 부둥키고 웃다. 부등켜다(×).
부드드(×)	'갑자기 거볍게 성을 내는 모양'은 '부르르'가 올바른 말이다.
부등켜다(×)	'두 팔로 힘써 안거나 두 손으로 힘껏 붙잡다'의 뜻으로 쓰이는 말은 '부둥키다'가 올바른 말이다.
부등켜안다(×)	'두 팔로 꼭 끌어안다'의 뜻으로 쓰이는 말은 '부둥켜안다'가 올바른 말이다.

봉횃불烽火-
한자어와 순우리말로 된 합성어로 앞말이 모음으로 끝나고, 뒷말의 첫소리가 된소리로 나므로 사이시옷을 붙인다.

부각
의미가 똑같은 형태가 몇 가지 있을 경우, 그중 가장 널리 쓰이는 단어만을 표준어로 삼는다.

부나방
'부나비', '불나방'과 함께 복수 표준어이다.

부나비
끝소리가 'ㄹ'인 말과 딴 말이 어울릴 적에 'ㄹ' 소리가 나지 아니하는 것은 아니 나는 대로 적는다.

부둣가埠頭-
한자어와 순우리말로 된 합성어로 앞말이 모음으로 끝나고, 뒷말의 첫소리로 나므로 사이시옷을 붙인다.

부둥켜안다
'부둥켜안다'는 한 단어이므로 붙여 쓴다.

부딪치다	무엇과 무엇이 강하게 마주 닿거나 마주 대다. 예 공격수가 골을 넣으려는 순간 수비수가 공격수와 강하게 부딪쳤다.

부딪히다   무엇에 의해 강하게 마주 닿거나 마주 대어지다.

> ✔ 오류노트 모르는 사람이 몸을 <u>부딪히며</u> 시비를 걸었다.
> → 부딪치며. [서울시 9급 '07]

> **'부딪다'가 일부러 마주 댈 때와, 남에 의해 마주 대어질 때의 형태가 어떻게 다를까?**
>
> 기본형 '부딪다'에 사동을 뜻하는 접미사가 붙으면 '부딪치다'가 된다. 예 용상이는 원진에게 일부러 부딪쳤다. 기본형 '부딪다'에 피동을 뜻하는 접미사가 붙으면 '부딪히다'가 된다. 예 영윤이는 희식이에 의해서 부딪혀 다쳤다.

부딪히다
모르는 사람이 일부러 한 행동이므로 피동으로 쓰이는 '부딪히다'가 올 수 없다.

부르뜨다(×)   '무섭고 사납게 눈을 크게 뜨다'의 뜻으로 쓰이는 말은 '부릅뜨다'가 올바른 말이다.

부르르   갑자기 거볍게 성을 내는 모양. 예 친구가 동생을 건드렸다고 형이 부르르 떨면서 달라들었다. 부드드(×).

부르주아bourgeois   근대 사회에서, 자본가 계급에 속하는 사람. 브르죠아(×).

부릅뜨다   무섭고 사납게 눈을 크게 뜨다. 부르뜨다(×).

부리   새나 일부 짐승의 주둥이.

부리나케   서둘러서 매우 급하게. 예 군대 간 형이 휴가 온다는 소식을 듣고 부리나케 집으로 향했다. 불이나케(×).

부리
새나 짐승의 코나 입 주위 부분을 '부리'라고 한다. 새나 짐승에 '입'이라는 말을 쓰지 않는다.

부비다(×)   '두 물체를 맞대어 문지르다'의 뜻으로 쓰이는 말은 '비비다'가 올바른 말이다.

부사산富士山(×)   '일본 시즈오카현静岡縣 북동부와 야마나시현山梨縣 남부에 걸쳐 있는 일본에서 가장 높은 산'은 '후지산'이 올바른 말이다.

부삽   아궁이의 재를 치거나 불이나 숯불을 담아 옮기는 데 쓰는 조그마한 삽. 불삽(×).

부삽
끝소리가 'ㄹ'인 말과 딴 말이 어울릴 적에 'ㄹ' 소리가 나지 아니하는 것은 아니 나는 대로 적는다.

부서뜨리다   부스러지게 하다. 부숴뜨리다(×).

부서지다   단단한 물체가 깨어져 여러 조각이 나다. 부숴지다(×). [지방직 9급 '15]

부서뜨리다
'부스러뜨리다'의 준말이며, '부서트리다'와 함께 복수 표준어다.

부석부석   마른 흙 따위가 잇따라 가볍게 부스러지는 소리나 모양. 부숙부숙(×).

부수다	여러 조각이 나게 두드려 깨뜨리다. 부시다(×).
부숙부숙(×)	'마른 흙 따위가 잇따라 가볍게 부스러지는 소리나 모양'은 '부석부석'이 올바른 말이다.
부숴뜨리다(×)	'부스러지게 하다'의 뜻으로 쓰이는 말은 '부서뜨리다'가 올바른 말이다.
부숴지다(×)	'단단한 물체가 깨어져 여러 조각이 나다'의 뜻으로 쓰이는 말은 '부서지다'가 올바른 말이다.
부스럭거리다	마른 잎이나 종이 따위를 밟거나 건드리는 소리가 자꾸 나거나 그런 소리를 자꾸 내다. 부시럭거리다(×).
부스럭부스럭	마른 잎이나 종이 따위를 자꾸 밟거나 건드리는 소리. 부시럭부시럭(×).
부스스	¹머리카락 따위가 어지럽게 흐트러진 모양. 예 자다 일어나 부스스 흩어진 머리. ²눕거나 앉았다가 슬그머니 일어나는 모양. 예 침대에서 부스스 일어나다. ³부스러기 따위가 어지럽게 흩어지는 소리나 모양. 예 장맛비로 흙더미가 부스스 무너져 내렸다. ⁴문을 느리게 슬그머니 여닫는 소리나 모양. 예 방문을 부스스 열고 나가다. 부시시(×). [국가직 7급 '10]. [서울시 지방직 7급 '16]
부시다(×)	'여러 조각이 나게 두드려 깨뜨리다'의 뜻으로 쓰이는 말은 '부수다'가 올바른 말이다.
부시돌(×)	'부시로 쳐서 불을 일으키는 데 쓰는 차돌의 하나'는 '부싯돌'이 올바른 말이다.
부시럭거리다(×)	'마른 잎이나 종이 따위를 밟거나 건드리는 소리가 자꾸 나거나 그런 소리를 자꾸 내다'의 뜻으로 쓰이는 말은 '부스럭거리다'가 올바른 말이다.
부시럭부시럭(×)	'마른 잎이나 종이 따위를 자꾸 밟거나 건드리는 소리'의 뜻으로 쓰이는 말은 '부스럭부스럭'이 올바른 말이다.
부시시(×)	'머리카락 따위가 어지럽게 흐트러진 모양. 눕거나 앉았다가 슬그머니 일어나는 모양. 부스러기 따위가 어지럽게 흩어지는 소리나 모양. 문을 느리게 슬그머니 여닫는 소리나 모양'은 '부스스'가 올바른 말이다.
부신阜新(×)	'화력 발전소 중심의 광공업이 발달한 중국 랴오닝성遼寧省에 있는 공업 도시'는 '푸신'이 올바른 말이다.

'부숴지다'로 쓰지 않는 이유
'부서지다'가 '부수다'에 대한 피동의 의미를 나타내는 말로 쓰이고 있으므로 '부숴지다'와 같은 형태를 인정하지 않는다.
발음이 비슷한 여러 형태가 의미 차이가 없이 함께 쓰일 때에는, 그 중 널리 쓰이는 한 가지 형태만을 표준어로 삼는다는 규정에 따른 것이다.

부스럭거리다
'부스럭대다'와 복수 표준어이다.

'부시돌'로 쓰지 않는 이유
'부시+돌'은 순우리말로 된 합성어로서 앞말이 모음으로 끝나고 뒷말의 첫소리가 된소리로 나므로 '부싯돌'처럼 사이시옷을 붙인다.

부실不實   내용이 실속이 없거나 몸, 마음, 하는 일 따위가 튼튼하지 못하고 약함. 불실(×).

> **어문 규정에 의하면 '불실**不實**'로 써야 맞을 것 같은데?**
>
> 不이(가) 들어가는 말의 예를 들어 보면 부정확不正確, 불성실不誠實 등이 있지 않은가? 충분히 그렇게 생각할 수도 있다. 즉 'ㄷ', 'ㅈ'으로 시작하는 명사 앞에 붙어 '아님', '아니함', '어긋남'의 뜻을 더하는 접두사는 '부不'로 쓰고 'ㄷ', 'ㅈ' 이외에는 '불不'로 쓴다는 규정에 따라, '불실不實'이 맞는 말이라고 짐작할 수 있다. 하지만 '부실不實'은 부정확不正確, 불성실不誠實처럼 접두사 '부-'에 '실'이 결합한 것이 아니다. 이 말은 '속음'으로 나는 소리대로 '부실'로 쓴다.

부싯돌   부시로 쳐서 불을 일으키는 데 쓰는 차돌의 하나. 부시돌(×).

부얘지다(×)   '부옇게 되다'의 뜻으로 쓰이는 말은 '부예지다'가 올바른 말이다.

부예지다   부옇게 되다. 부얘지다(×).

부자연스럽다不自然   익숙하지 못하거나 억지로 꾸민 듯하여 어색한 데가 있다.

> **오류노트** 그는 남 앞에만 서면 <u>부자연스런</u> 행동을 한다.
> → 부자연스러운.

부자집(×)   '재산이 많고 살림이 넉넉한 집'은 '부잣집'이 올바른 말이다.

부잣집富者-   재산이 많고 살림이 넉넉한 집. [예] 부잣집 맏며느리 같다. 부자집(×).

부재중不在中   ✓띄어쓰기 집이나 직장 따위에 있지 않은 동안.

부저(×)   '초인종 따위를 수신하는 데 쓰는 신호'는 '버저'가 올바른 말이다.

부조금扶助-, **부좃돈**扶助-   부조로 주는 돈. [예] 부조금을 걷다. 부주금(×).
[국가직 7급 '10]

부주금(×)   '부조로 주는 돈'은 '부조금, 부좃돈'이 올바른 말이다.

부지깽이   아궁이에 불을 땔 때 쓰는 기다란 나무 막대기. 부지팽이(×).

부지불식중不知不識中   ✓띄어쓰기 생각하지도 못하고 알지도 못하는 사이.

부지중不知中   ✓띄어쓰기 알지 못하는 동안.

부예지다
'부옇다'의 어간 '부옇-'에 '-어지다'가 붙으면 '부예지다'가 된다.

부자연스럽다不自然-
'부자연스럽다'의 어간 '부자연스럽-' 뒤에 '-은'이 오면 어간 말음 'ㅂ'이 '우'로 변하므로, '부자연스러운'처럼 써야 된다.

부잣집富者-
'부자+집'은 한자어와 순우리말로 된 합성어로 앞말이 모음으로 끝나고, 뒷말의 첫소리가 된소리로 나므로 '부잣집'처럼 사이시옷을 붙인다.

부재중不在中
'부재중'은 한 단어이므로 붙여 쓴다.

부지깽이
의미가 똑같은 형태가 몇 가지 있을 경우, 그 중 가장 널리 쓰이는 단어만을 표준어로 삼는다.

'부지불식중'不知不識中
'부지불식중'은 한 단어이므로 붙여 쓴다.

부지중不知中
'부지중'은 한 단어이므로 붙여 쓴다.

부지팽이(×)	'아궁이에 불을 땔 때 쓰는 기다란 나무 막대기'는 '부지깽이'가 올바른 말이다.
부채살(×)	'부채의 뼈대를 이루는 여러 개의 가는 대오리'는 '부챗살'이 올바른 말이다.
부챗살	부채의 뼈대를 이루는 여러 개의 가는 대오리. 부채살(×).
부쳐지내다	한집에 기거하면서 밥을 먹고 살다. 붙여지내다(×).
부추기다	¹남으로 하여금 어떤 일을 하도록 유도하다. ²감정 따위가 더 심해지도록 영향을 미치다. 예 가만히 있는 사람을 자꾸 부추겨서 유혹하지 마라. 부추키다(×).
부추키다(×)	'남으로 하여금 어떤 일을 하도록 유도하다. 감정 따위가 더 심해지도록 영향을 미치다'의 뜻으로 쓰이는 말은 '부추기다'가 올바른 말이다.
부치다	¹편지나 물건 따위를 일정한 수단이나 방법으로 상대에게 보내다. 예 고모부에게 소포를 부치다. ²어떤 일을 거론하거나 문제를 삼지 않도록 하다. 예 사업 계획을 극비에 부치다./너의 잘못은 불문에 부치기로 했다. ³어떤 문제를 처리하기 위해 넘기어 맡기다. 예 헌법 개정안을 국민투표에 부쳤다. ⁴행사나 특별한 날에 즈음하여 의견을 나타내다. 예 어린이날에 부치는 글. ⁵농사를 짓다. 예 논 열닷 마지기를 부쳐서 먹고산다. ⁶프라이팬 따위에 기름을 바르고 빈대떡 따위 음식을 만들다. 예 계란을 부치다. [경북 지방직 9급 '06]. [국가직 7급 '07]. [지방직 9급 '08]. [국가직 7급 '10]. [복지 9급 '11]. [지역농협 '12] ✏오류노트 ¹네가 저지른 잘못을 비밀에 붙일 테니 이후는 절대 같은 실수를 되풀이하지 마라. → 부칠. ²산소를 관리해 주고 밭뙈기를 얻어 붙여 먹고산다. → 부쳐. ³저 사람은 성질이 무척 예민하니 함부로 농담을 부치지 마라. → 붙이지.
부침개	기름에 부쳐서 만든 음식. 부침이(×).
부침개질	부침개를 부치는 일.
부침이(×)	'기름에 부쳐서 만든 음식'은 '부침개'가 올바른 말이다.
부침질	부침개를 부치는 일.
부터	✓띄어쓰기 시작임을 나타내는 보조사. ✏오류노트 통금이 폐지되고 부터 귀가 시간이 늦어졌다. → 되고부터.

부페(×) 　'여러 가지 음식을 마련해 놓고 원하는 만큼 선택하여 덜어 먹을 수 있는 식당'은 '뷔페'가 올바른 말이다.

부항단지附缸· 　부항을 붙이는 데 쓰는 조그마한 단지. 뜸단지(×).

북강北江(×) 　'장시성江西省과 후난성湖南省과의 교통 운수에 큰 역할을 하는, 중국 광둥성廣東省에 있는 강'은 '베이장강'이 올바른 말이다.

북녁(×) 　'북쪽'의 뜻으로 쓰이는 말은 '북녘'이 올바른 말이다.

북녘北· 　북쪽. 북녁(×).

북더기(×) 　'짚이나 풀 따위가 섞여서 엉클어진 뭉텅이'의 뜻으로 쓰이는 말은 '북데기'가 올바른 말이다.

북데기 　짚이나 풀 따위가 섞여서 엉클어진 뭉텅이. 북더기(×).

북돋다 　기운이나 정신 따위를 더욱 높여 주다. [연습] 피로에 지친 그에게 기력을 (북돋워/북돋아) 주려고 쉴 곳을 마련해 주었다. → 북돋워, 북돋아.

북돋우다 　기운이나 정신 따위를 더욱 높여 주다. [예] 전쟁에 나가는 군사들에게 용기를 북돋워 주었다.

> **'북돋아'가 맞을까 '북돋워'가 맞을까?**
> '북돋다'는 '북돋으니, 북돋아' 등으로 활용하고, '북돋우다'는 '북돋우니, 북돋워' 등으로 활용한다. '북돋다'는 '북돋우다'의 준말 관계이므로 둘 다 표준어이다. 그러므로 '북돋아'와 '북돋워' 둘 다 올바른 말이다. [예] 용기를 북돋우다./용기를 북돋다.

북받치다 　속에서 노여움이나 울분 따위 감정이 솟거나 치밀다. 북받히다(×).

북받히다(×) 　'속에서 노여움이나 울분 따위 감정이 솟거나 치밀다'의 뜻으로 쓰이는 말은 '북받치다'가 올바른 말이다.

북사태(×) 　'쇠고기 뭉치사태의 한가운데에 붙은 살덩이'는 '아롱사태'가 올바른 말이다.

북새통 　많은 사람이 시끄럽게 법석이는 상황. [예] 행운권 추첨 시간이 되자 모인 사람들로 북새통을 이루었다. 복새통(×).

북술북술(×) 　'살이 찌고 털이 많아서 매우 탐스러운 모양'은 '북슬북슬'이 올바른 말이다.

북슬북슬 　살이 찌고 털이 많아서 매우 탐스러운 모양. 북술북술(×).

부항단지附缸·
고유어 계열보다 한자어 계열의 단어가 널리 쓰이면 한자어 계열의 단어를 표준어로 삼는다.

북녘
'녘'은 방향을 가리키는 말이다.

북데기
의미 차이가 없고 비슷한 발음의 몇 형태가 쓰일 경우, 그중 더 널리 쓰이는 한 형태만을 표준어로 삼는다.

북돋다
'북돋다'의 본말은 '북돋우다'이다.

북돋우다
'북돋우다'의 준말은 '북돋다'이다.

북새통
'북새통'은 '북새+통'의 구조이다. '북새'는 '많은 사람이 야단스럽게 부산을 떨며 법석이는 일'을 말한다.

북슬북슬
'살이 찌고 털이 많아서 귀엽고 탐스러운 모양'은 '복슬복슬'이다.

북안北安(×)	'농산물 집산지이며 교통의 요지인, 중국 헤이룽장성黑龍江省 중부의 도시'는 '베이안'이 올바른 말이다.
북어국(×)	'북어를 잘게 뜯어 물에 불리고 기름, 간장 등으로 양념하여 끓인 장국'은 '북엇국'이 올바른 말이다.
북엇국北魚-	북어를 잘게 뜯어 물에 불리고 기름, 간장 등으로 양념하여 끓인 장국. 북어국(×). [경찰대 '09]. [한국어교육검정 '11]
분	✔️띄어쓰기 사람을 높여 이르는 말. 예 반대하시는 분 말씀해 주십시오./ 두 분 박사님을 모셨습니다.
-분分	✔️띄어쓰기 '분량'의 뜻. 예 5인분./부족분./삼 년분.
분명이(×)	'목표나 행동 따위가 흐릿하지 않고 확실하게'의 뜻으로 쓰이는 말은 '분명히'가 올바른 말이다.
분명히分明-	목표나 행동 따위가 흐릿하지 않고 확실하게. 분명이(×).
분전(×)	'많지 않은 몇 푼의 돈'은 '푼돈'이 올바른 말이다.
분침分針	시계에서 분을 가리키는 긴 바늘. 푼침(×).
분풀이憤-	보복이나 다른 대상에게 분을 터뜨리는 등의 행동으로 분한 마음을 풀어 버리는 일. 속풀이(×).
분할分割	둘이나 그 이상으로 나누어서 관할함. 분활(×).
분활(×)	'둘이나 그 이상으로 나누어서 관할함'의 뜻으로 쓰이는 말은 '분할'이 올바른 말이다.
붇다	¹물에 젖어서 부피가 커지다. ²분량, 수효가 많아지다.

📝오류노트 ¹강물이 **붓다** → 붇다. ²체중이 **불다.** → 붇다. ³라면이 **붇면** 쌀을 안쳐라. → 불으면. [지방직 9급 '13]

'붇다'와 '붓다'는 어떤 뜻의 차이가 있을까?
'붇다'는 디귿(ㄷ) 불규칙 동사이며 '-으면'이 붙어 '불으면'으로 활용한다. '수나 양이 많아지거나 부피가 커지다'의 뜻으로는 '붇다'를 쓴다. '사람의 신체가 부풀어 오르거나 액체 따위를 다른 곳에 담다'의 뜻으로는 '붓다'를 쓴다.

불거지다	감춰졌던 일이나 어떤 현상이 두드러지게 커지거나 생겨나다. 불그러지다(×). [국어능력인증 '06]
불그락푸르락(×)	'매우 흥분하거나 화가 나거나 하여 얼굴빛이 붉게 또는 푸르게 변하는 모양'은 '붉으락푸르락'이 올바른 말이다.

북엇국北魚-
북엇국은 '북어北魚'라는 한자어와 '국'이라는 순우리말이 어울려 이루어진 말로 뒷말의 첫소리가 된소리로 나므로 사이시옷을 붙인다.

분
'분'은 띄어 쓰지만 '이분, 저분, 그분'은 한 단어이므로 앞말과 붙여 쓴다.

-분分
'-분'은 접미사이므로 앞말과 붙여 쓴다.

분명히分明
부사의 끝음절이 '이'나 '히'로 소리 나는 것은 '히'로 표기한다.

붇다
'붇다'는 'ㄷ'불규칙 동사로, 자음 어미 앞에서는 '붇-'이 되지만 모음 어미 앞에서는 '불-'로 형태가 바뀐다.

불그래하다(×)	'엷게 불그스름하다'의 뜻으로 쓰이는 말은 '불그레하다'가 올바른 말이다.
불그러지다(×)	'감춰졌던 일이나 어떤 현상이 두드러지게 커지거나 생겨나다'의 뜻으로 쓰이는 말은 '불거지다'가 올바른 말이다.
불그레하다	엷게 불그스름하다. 불그래하다(×).
불그스래하다(×)	'조금 붉다'의 뜻으로 쓰이는 말은 '불그스레하다'가 올바른 말이다.
불그스레하다	조금 붉다. 불그스래하다(×).
불나방	콩, 뽕나무 등의 해충으로 무늬가 화려하고 온몸에 어두운 갈색 털이 빽빽이 덮여 있는 불나방과의 곤충.
불나비	'부나비'의 원말.
불도그bulldog	머리는 네모 모양으로 크며 성질이 사납고 투견용으로 많이 기르는 개의 한 품종. 불독(×).
불독(×)	'머리는 네모 모양으로 크며 성질이 사납고 투견용으로 많이 기르는 개의 한 품종'은 '불도그'가 올바른 말이다.
불돋우개(×)	'등잔의 심지를 돋우는 쇠꼬챙이'는 '심돋우개'가 올바른 말이다.
불량률不良率	생산품 중 잘못 만들어진 것의 비율. 불량율(×).
불량율(×)	'생산품 중 잘못 만들어진 것의 비율'은 '불량률'이 올바른 말이다.
불룩이	알처럼 단단하게 맺혀 있거나 불룩하게 두드러진 것. 비교 볼록이.
불리다	이름이나 명단이 소리 내어 읽히다. 불리우다(×).

오류노트 최우수 작품 수상자로 내 이름이 불리웠을 때, 나는 실감할 수가 없었다. → 불렸을.

불리우다(×)	'이름이나 명단이 소리 내어 읽히다'의 뜻으로 쓰이는 말은 '불리다'가 올바른 말이다.
불문률(×)	'문서의 형식을 갖추지 않은 법'은 '불문율'이 올바른 말이다.
불문율不文律	문서의 형식을 갖추지 않은 법. 불문률(×).

불그레하다
'엷게 볼그스름하다'의 뜻으로 쓰이는 말은 '볼그레하다'이다.

불나방
'부나방', '부나비'와 함께 복수 표준어이다.

불도그bulldog
개를 '도그'라고 표기하는데 앞에 '불bull'이 붙어서 '불도그'로 표기한다.

불량률不良率
'불량+율/률'의 형태. 앞말이 받침이 없거나 (모음) 'ㄴ' 받침 뒤에서는 '율'을 쓴다. 그 외에는 '률'을 쓴다. '불량'의 '량'이 그 외의 경우이므로 '률'을 써서 '불량률'처럼 나타낸다.

불룩이
'알처럼 단단하게 맺혀 있거나 볼록하게 도드라진 것'을 뜻하는 말은 '볼록이'이다.

불리다
'-리-'는 피동을 나타내는 접미사이다. 여기에 추가로 피동의 뜻인 '-우-'가 들어갈 수 없다.

불삽(×)	'아궁이의 재를 치거나 불이나 숯불을 담아 옮기는 데 쓰는 조그마한 삽'의 뜻으로 쓰이는 말은 '부삽'이 올바른 말이다.
불실^{不實}(×)	'내용이 실속이 없거나 몸, 마음, 하는 일 따위가 튼튼하지 못하고 약함'의 뜻으로 쓰이는 말은 '부실'이 올바른 말이다.
불연듯이(×)	'갑자기 어떤 생각이 불길처럼 일어나는 모양'은 '불현듯이'가 올바른 말이다.
불이나케(×)	'서둘러서 매우 급하게'의 뜻으로 쓰이는 말은 '부리나케'가 올바른 말이다.
불현듯이	갑자기 어떤 생각이 불길처럼 일어나는 모양. 예 불현듯이 신 살구가 먹고 싶어진다./ 불현듯이 어제 사소한 일로 다툰 친구에게 사과하고 싶은 생각이 났다. 불연듯이(×).
붉돔	참돔과 비슷하나 크기는 다소 작으며 색이 붉은 도밋과의 바닷물고기. 청록색의 작은 얼룩점이 흩어져 있으며 양턱의 옆에는 어금니가 있다.
붉으락푸르락	매우 흥분하거나 화가 나거나 하여 얼굴빛이 붉게 또는 푸르게 변하는 모양. 예 동생이 말을 듣지 않자 어머니 얼굴이 순식간에 붉으락푸르락 변하셨다. 불그락푸르락·푸르락붉으락(×). [충북 9급 '07]
붓다	¹살가죽이나 어떤 기관이 부풀어 오르다. 예 벌에 쏘인 자리가 퉁퉁 붓다./잠을 너무 오래 잤더니 얼굴이 붓다. ²액체나 가루 따위를 다른 곳에 담다. 예 밀가루를 통에 붓다./땅에 물을 붓다./물통에 석유를 붓다.
붓대	붓의 자루. 예 붓대를 잡은 손이 부르르 떨렸다. 붓자루(×).
붓두껑	붓의 촉을 끼워 두는 뚜껑. 예 붓을 붓두껍에 넣어 닫아 두었다. 붓뚜껑(×).
붓뚜껑(×)	'붓의 촉을 끼워 두는 뚜껑'의 뜻으로 쓰이는 말은 '붓두껍'이 올바른 말이다.
붓자루(×)	'붓의 자루'의 뜻으로 쓰이는 말은 '붓대'가 올바른 말이다.
붙여지내다(×)	'한집에 기거하면서 밥을 먹고 살다'의 뜻으로 쓰이는 말은 '부쳐지내다'가 올바른 말이다.

'불실'로 표기할 수 없는 이유
'不'을 'ㄷ'이나 'ㅈ' 앞에서는 '부정확^{不正確}'처럼 '부'로 표기하고, 'ㅅ' 앞에서는 '불성실^{不誠實}'처럼 '불'로 표기한다. 그러나 '부실'은 예외적으로 '부실'로 표기한다.

불현듯이
'불을 켜서 불이 일어나는 것과 같이'라는 뜻으로 쓰인 말이다.

붉돔
'꽃도미'와 함께 복수 표준어이다.

붉으락푸르락
의미가 똑같은 형태가 몇 가지 있을 경우, 그중 가장 널리 쓰이는 단어만을 표준어로 삼는다.

붓두껍
'붓두껍'은 붓대보다 약간 굵은 대 혹은 얇은 쇠붙이로 만든다.

붙이다	¹맞닿아서 떨어지지 않게 하다. 예 게시판에 그림을 붙이다. ²불을 옮겨 붙여 타게 하다. 예 담뱃불을 붙이다. ³딸리게 하다. 예 아들에게 가정교사를 붙이다. ⁴노름, 싸움, 흥정 등을 어울리게 하다. 예 싸움을 붙이다. ⁵어떤 일에 이유, 조건, 구실 따위를 따르게 하다. 예 우리 회사의 해외여행에는 제품 개발 아이템 도출 조건이 붙어 있다. ⁶마음에 당기게 하다. 예 공부에 재미를 붙이다. ⁷이름을 지어 생기게 하다. 예 김승재라고 이름을 붙이다. ⁸남의 몸에 손을 대다. 예 다투다가 뺨을 한 대 붙이다. ⁹남에게 말을 걸다. 예 그 친구는 사근사근해서 말을 붙이기가 쉽다. ¹⁰번호, 순서 따위와 함께 쓰여 크게 외치다. 예 참석한 사람 수를 헤아리려고 차례대로 번호를 붙여 나갔다. [경북 지방직 9급 '06]. [국가직 9급 '08]. [국가직 7급 '10]. [지방직 9급 '12]

⚠️오류노트 ¹소풍 장소를 회의에 <u>붙이도록</u> 하자. → 부치도록. ²작업한 원고를 인쇄에 <u>부쳤다</u>. → 이상 없음. ³한여름 날씨가 너무 더워서 부채로 <u>붙였다</u>. → 부쳤다.

붙임새(×)	'남과 잘 사귀는 성질이나 그런 행동'은 '붙임성'이 올바른 말이다.
붙임성^性	남과 잘 사귀는 성질이나 그런 행동. 예 미정이는 붙임성이 좋아서 친구들이 많다./ 붙임성이 있는 사람이 환영을 받는다. 붙임새(×).
뷔페^{buffet}	여러 가지 음식을 마련해 놓고 원하는 만큼 선택하여 덜어 먹을 수 있는 식당. 부페(×). [공사·공단 언어 능력]. [서울시 9급 '10]. [지방직 7급 '11]
브라우스(×)	'여자나 어린아이가 입는 셔츠 모양의 웃옷'은 '블라우스'가 올바른 말이다.
브라인드(×)	'창에 달아 볕을 가리는 물건'은 '블라인드'가 올바른 말이다.
브러쉬(×)	'먼지를 쓸거나 풀칠을 하는 데 쓰는 도구'는 '브러시'가 올바른 말이다.
브러시^{brush}	먼지나 때를 쓸어 떨어뜨리거나 풀칠 따위를 하는 데 쓰는 도구. 브러쉬(×).
브르죠아(×)	'근대 사회에서, 자본가 계급에 속하는 사람'은 '부르주아'가 올바른 말이다.

붙이다
'붙다'의 뜻이 있으면 '붙이다'로 적고, 그렇지 않으면 '부치다'로 적는다.

뷔페^{buffet}
'buffet'는 프랑스어로, 외래어 표기법에 따라 '뷔페'로 적는다.

브러시^{brush}
'sh'의 발음은 '시'로 표기한다.

블라우스^{blouse}	여자나 어린아이가 입는 셔츠 모양의 웃옷. 브라우스 (×). [지방직 9급 '08]
블라인드^{blind}	창에 달아 볕을 가리는 물건. 브라인드(×).
비게(×)	'돼지 따위의 살에 두껍게 붙은 기름 켜'는 '비계'가 올바른 말이다.
비계	돼지 따위의 살에 두껍게 붙은 기름 켜. 비게(×).
비계덩어리(×)	'돼지 따위에서 뭉쳐진 비계'는 '비곗덩어리'가 올바른 말이다.
비계살(×)	'돼지 따위의 살에 두껍게 붙은 기름 켜'는 '비곗살'이 올바른 말이다.
비곗덩어리	돼지 따위에서 뭉쳐진 비계. 비계덩어리(×).
비곗살	돼지 따위의 살에 두껍게 붙은 기름 켜. 비계살(×).
비고난(×)	'해당 내용에 참고가 될 만한 사항을 적도록 마련해 둔 자리'는 '비고란'이 올바른 말이다.
비고란^{備考欄}	해당 내용에 참고가 될 만한 사항을 적도록 마련해 둔 자리. 비고난(×).
비껴가다	비스듬히 스쳐서 지나가다. 비켜가다(×).

'비껴가다'와 '비켜 가다'는 어떤 뜻의 차이가 있을까?

'비껴가다'는 '햇살, 태풍, 얼굴빛' 등 무생물의 움직임을 나타낼 때 쓴다. 예 희식이가 던진 공이 원진이의 얼굴을 살짝 비껴갔다.

사람이 한곳에서 자리를 피하여 움직일 때는 '비켜 가다'처럼 쓴다. 예 병호는 사람들을 비켜 가며 눈물을 흘렸다.

비누갑(×)	'비누를 담아 두는 갑'은 '비눗갑'이 올바른 말이다.
비누기(×)	'비누의 미끈미끈한 성질'은 '비눗기'가 올바른 말이다.
비누물(×)	'비누를 푼 물'은 '비눗물'이 올바른 말이다.
비누방울(×)	'동근 비누 거품'은 '비눗방울'이 올바른 말이다.
비누화값(×)	'지방 1그램을 비누화하는 데 필요한 수산화칼륨의 밀리그램^{mg} 수'는 '비누홧값'이 올바른 말이다.
비누홧값^{-化-}	지방 1그램을 비누화하는 데 필요한 수산화칼륨의 밀리그램^{mg} 수. 비누화값(×).

비곗덩어리
'비계+덩어리'는 순우리말로 된 합성어로 앞말이 모음으로 끝나고 뒷말의 첫소리가 된소리로 나므로 사이시옷을 붙인다.

비고란^{備考欄}
'비고+난^欄'의 형태. '난'은 '구분된 지면'의 뜻으로 쓰이는데, '난' 앞에 한자어가 오면 '란'으로 표기하고, 고유어나 외래어가 오면 '난'으로 표기한다. '비고'가 한자어이므로 '비고란'으로 표기된 예이다.

'비누물'로 쓸 수 없는 이유
순우리말로 된 합성어로서 앞말이 모음으로 끝난 경우, 뒷말의 첫소리 'ㅁ' 앞에서 'ㄴ' 소리가 덧나므로 '비눗물'처럼 사이시옷을 붙인다.

비누홧값^{-化-}
한자어와 순우리말로 된 합성어로 앞말이 모음으로 끝나고, 뒷말의 첫소리가 된소리로 나므로 사이시옷을 붙인다.

비눗갑^匣	비누를 담아 두는 갑. 비누갑(×).
비눗기	비누의 미끈미끈한 성질. 비누기(×).
비눗물	비누를 푼 물. 비누물(×).
비눗방울	동근 비누 거품. 비누방울(×).
비다(×)	'사람, 사물 따위가 일정한 공간에 들어 있지 않도록 하다'의 뜻으로 쓰이는 말은 '비우다'가 올바른 말이다.

> **✏오류노트** 술잔을 <u>비다</u>. → 비우다.

> **'비다'와 '비우다'는 어떤 뜻의 차이가 있을까?**
> '비다'는 '사람, 사물 따위가 일정한 공간에 들어 있지 아니하게 되다'의 뜻으로 '집이 비어 있다.'처럼 목적어가 올 수 없는 자동사이다. '비우다'는 '비다'의 사동사이다. 따라서 반드시 목적어가 와야 한다. '그릇을 비다, 술잔을 비다'와 같이 쓰일 수 없고 '그릇을 비우다, 술잔을 비우다'로 써야 한다.

비둘기	평화를 상징하는 새로 귀소성이 강해 원거리 통신에 활용하기도 하는 비둘기목에 딸린 새. 비들기(×).
비들기(×)	'평화를 상징하는 새로 귀소성이 강해 원거리 통신에 활용하기도 하는 비둘기목에 딸린 새'는 '비둘기'가 올바른 말이다.
비러먹다(×)	'남에게 구걸하여 얻어먹다'의 뜻으로 쓰이는 말은 '빌어먹다'가 올바른 말이다.
비럭질	구걸하는 짓을 낮잡아 이르는 말. 비렁뱅이질(×).
비렁뱅이질(×)	'구걸하는 짓을 낮잡아 이르는 말'은 '비럭질'이 올바른 말이다.
비로서(×)	'그 전에는 안 이루어졌던 일이 이루어지거나 변화하기 시작함을 나타내는 말'은 '비로소'가 올바른 말이다.
비로소	그 전에는 안 이루어졌던 일이 이루어지거나 변화하기 시작함을 나타내는 말. 비로서(×). [공사·공단 언어 능력]
비물(×)	'비가 내려 모인 물'은 '빗물'이 올바른 말이다.
비비다	두 물체를 맞대어 문지르다. 부비다(×).
비설거지	비 맞지 않도록 물건을 치우거나 덮는 일. 비설겆이(×).
비설겆이(×)	'비 맞지 않도록 물건을 치우거나 덮는 일'은 '비설거지'가 올바른 말이다.
비소리(×)	'비가 내리는 소리'는 '빗소리'가 올바른 말이다.

비눗기
순우리말로 된 합성어로 앞말이 모음으로 끝난 경우, 뒷말의 첫소리가 된소리로 나는 것은 사이시옷을 붙인다.

'비물'로 쓸 수 없는 이유
'비+물'은 순우리말로 된 합성어로서 앞말이 모음으로 끝나고 뒷말의 첫소리 'ㅁ' 앞에서 'ㄴ' 소리가 덧나므로 '빗물'처럼 사이시옷을 붙인다.

비설거지
'설겆이'가 아니라 '설거지'라고 쓰는 것처럼, '비설겆이'라고 쓰지 않고 '비설거지'라고 써야 한다.

'비소리'로 쓸 수 없는 이유
'비+소리'는 순우리말로 된 합성어로서 앞말이 모음으로 끝나고, 뒷말의 첫소리가 된소리로 나므로 사이시옷을 붙인다.

비속(×)	'비가 내리는 가운데'의 뜻으로 쓰이는 말은 '빗속'이 올바른 말이다.
비수 싸움濉水(×)	'중국 전진前秦과 동진東晉이 페이수이에서 383년에 벌인 싸움'은 '페이수이 싸움'이 올바른 말이다.
비스듬이(×)	'한쪽으로 기울게'의 뜻으로 쓰이는 말은 '비스듬히'가 올바른 말이다.
비스듬히	한쪽으로 기울게. 비스듬이(×).
비스켓(×)	'밀가루에 우유, 설탕, 버터, 따위를 섞어서 구워 낸 과자'는 '비스킷'이 올바른 말이다.
비스킷biscuit	밀가루에 우유, 설탕, 버터 따위를 섞어서 구워 낸 과자. 비스켓(×).
비아냥거리다	얄밉게 은근히 비웃는 태도로 놀리다. 비양거리다(×).
비양거리다(×)	'얄밉게 은근히 비웃는 태도로 놀리다'의 뜻으로 쓰이는 말은 '비아냥거리다'가 올바른 말이다.
비우다	사람, 사물 따위가 일정한 공간에 들어 있지 않도록 하다. 예 하루 종일 집을 비우면 어떻게 하느냐? 비다(×).
비음	'명절이나 잔치 때에 새 옷을 차려입음'은 '빔'이 올바른 말이다.
비이커(×)	'액체를 붓는 원통 모양의 화학 실험용 유리그릇'은 '비커'가 올바른 말이다.
비전vision	내다보이는 앞날의 상황. 비젼(×). [한국어교육검정 '10]. [경찰직 1차 필기 '16]
비젼(×)	'내다보이는 앞날의 상황'은 '비전'이 올바른 말이다.
비조 시대飛鳥時代(×)	'백제 문물 수입이 활발하고 불교 미술이 발달하였던 일본의 6세기 후반에서 7세기 중엽까지의 시대'는 '아스카 시대'가 올바른 말이다.
비줄기(×)	'세차게 내리는 비'의 뜻으로 쓰이는 말은 '빗줄기'가 올바른 말이다.
비즈니스business	사업. 비지니스(×). [한국어교육검정 '09]
비지국(×)	'비지로 끓인 죽'은 '비짓국'이 올바른 말이다.
비지니스(×)	'사업'은 '비즈니스'가 올바른 말이다.
비짓국	비지로 끓인 죽. 비지국(×).

비스킷
[biskit]을 외래어 표기법에 따라 '비스킷'으로 적는다.

비우다
'비우다'는 타동사이므로 반드시 목적어가 와야 한다.

비전vision
외래어 표기에서 이중모음 '져, 죠, 쥬, 챠, 츄' 등은 인정하지 않고 '저, 조, 주, 차, 추'로 표기한다.

비짓국
'비지+국'은 순우리말로 된 합성어로서 앞말이 모음으로 끝나고, 뒷말의 첫소리가 된소리로 나므로 사이시옷을 붙인다.

비추다 | ¹빛을 내는 물체가 다른 물체에 빛을 보내 밝게 하다. 예 달빛이 복숭아꽃을 어슴푸레 비추고 있다. ²빛을 반사하는 물체에 어떤 물체의 모습이 나타나게 하다. 예 거울에 얼굴을 비추다.

> ✏️ 오류노트 출석 확인을 위해 반장에게 얼굴을 잠시 <u>비치고</u> 가거라. → 비추고. [수능모의 '09학년도]

비추다
'비추다'는 '얼굴이나 눈치 따위를 잠시 또는 약간 나타내다'의 뜻도 있다.

비취빛(×) | '비취처럼 곱고 짙은 푸른 빛'은 '비췻빛'이 올바른 말이다.

비췻빛翡翠- | 비취처럼 곱고 짙은 푸른 빛. 비취빛(×).

비커 | 액체를 붓는 원통 모양의 화학 실험용 유리그릇. 비이커(×).

비켜가다(×) | '비스듬히 스쳐서 지나가다'의 뜻으로 쓰이는 말은 '비껴가다'가 올바른 말이다.

빈간(×) | '비어 있는 칸'은 '빈칸'이 올바른 말이다.

비췻빛翡翠-
한자어와 순우리말로 된 합성어로 앞말이 모음으로 끝나고, 뒷말의 첫소리가 된소리로 나므로 사이시옷을 붙인다.

빈대떡 | 녹두를 갈아 부쳐 만든 음식. 빈자떡(×).

빈대코(×) | '콧날이 우뚝하지 못하고 납작하게 퍼진 코'는 '납작코'가 올바른 말이다.

빈대떡
방언이던 '빈대떡'이 널리 쓰이고 표준어이던 '빈자떡'이 안 쓰이게 되어 '빈대떡'을 표준어로 삼았다.

빈삭하다頻數- | 횟수가 매우 잦게 일어나다. 예 형은 소화불량을 극심하게 받고 다한증이 많으며 소변이 빈삭한 증상에 시달리고 있다. 빈수하다(×).

빈삭하다頻數-
'頻數'의 '數'은 '셈할 수'로 많이 쓰이지만 여기에서는 '자주 삭'으로 쓰였다.

빈수하다(×) | '횟수가 매우 잦게 일어나다'의 뜻으로 쓰이는 말은 '빈삭하다'가 올바른 말이다.

빈자떡貧者-(×) | '녹두를 갈아 부쳐 만든 음식'의 뜻으로 쓰이는 말은 '빈대떡'이 올바른 말이다.

빈칸 | ✔️띄어쓰기 비어 있는 칸. 빈간(×).

빈칸
'빈칸'은 한 단어이므로 붙여 쓴다.

빈털터리 | 아무 재산이 없이 가난하게 된 사람. 빈털털이(×).

빈털털이(×) | '아무 재산이 없이 가난하게 된 사람'은 '빈털터리'가 올바른 말이다.

빈털터리
'성격이나 하는 짓 따위가 까다롭지 아니하고 소탈한 사람'의 뜻으로는 '털털이'가 맞다. 가난하게 된 사람은 '털터리'라고 써야 한다.

빌다 | ¹간청하다. 예 어머니 병을 낫게 해 달라고 신에게 빌었다. ²용서해 달라고 호소하다. 예 아버지 앞에서 동생과 싸운 일을 잘못했다고 무릎 꿇고 빌었다. ³공짜로 얻다. 구걸하다. 예 굶주린 나머지 이웃 사람들에게 먹을것을 빌었다.

> ✏️ 오류노트 남의 손을 <u>빌지</u> 않고 내 힘으로 해 보겠다고 열심히 노력했다. → 빌리지.

빌다
남의 도움을 받는 경우에는 '빌리다'를 쓴다.

빌리다	¹돈 따위를 갚기로 하고 일정 기간 가져다 쓰다. 예 형에게서 돈을 빌리다. ²남의 도움을 받다. 예 너의 번뜩이는 지혜를 빌려 주면 좋겠는데. ³일정한 형식이나 이론, 또는 남의 말이나 글 따위를 취하여 따르다. 예 선생님의 말씀을 빌리면 하늘은 스스로 돕는 자를 돕는대.

> **✔ 오류노트** 이 자리를 **빌어** 다시 한번 감사드립니다. → 빌려. [지방직 7급 '12]

빌리다
'이 자리를 빌어'라고 표현하면 '이 자리를 구걸하여'처럼 어색한 말이 된다.

빌어먹다	남에게 구걸하여 얻어먹다. 비러먹다(×).
빔	명절이나 잔치 때에 새 옷을 차려입음. 비음(×).
빗물	비가 내려 모인 물. 비물(×).
빗소리	비가 내리는 소리. 비소리(×).
빗속	비가 내리는 가운데. 비속(×).
빗줄기	세차게 내리는 비. 비줄기(×).
빙그래(×)	'소리 없이 입만 약간 벌리고 부드럽게 웃는 모양'은 '빙그레'가 올바른 말이다.
빙그레	소리 없이 입만 약간 벌리고 부드럽게 웃는 모양. 빙그래(×).
빚놀이(×)	'돈을 빌려 주고 이자를 받는 일'은 '돈놀이'가 올바른 말이다.
빚장이(×)	'빚을 준 사람 혹은 빚을 진 사람을 얕잡아 이르는 말'은 '빚쟁이'가 올바른 말이다.
빚쟁이	빚을 준 사람 혹은 빚을 진 사람을 얕잡아 이르는 말. 빚장이(×). [경찰대 '07]
빛갈(×)	'물체의 거죽에 나타나는 고유의 빛'은 '빛깔'이 올바른 말이다.
빛깔	물체의 거죽에 나타나는 고유의 빛. 빛갈(×).
빠개지다	작고 단단한 물건이 두 쪽으로 갈라지다. 뽀개지다(×).
빠그라지다	빠개져서 못 쓰게 되다. 빠그러지다(×).
빠그러지다(×)	'빠개져서 못 쓰게 되다'의 뜻으로 쓰이는 말은 '빠그라지다'가 올바른 말이다.
빠꼼(×)	'구멍이 나 있는 모양. 입을 벌려 공기 따위를 마시는 모양'은 '빠끔'이 올바른 말이다.

빌어먹다
남의 물건을 거저 달라고 사정하는 뜻의 '빌다'의 어간 '빌-'에 '-어'가 붙고 다시 '먹다'가 이어진 말이다.

빗물
순우리말로 된 합성어로서 앞말이 모음으로 끝난 경우, 뒷말의 첫소리 'ㅁ' 앞에서 'ㄴ'소리가 덧나는 것은 사이시옷을 붙인다.

빗줄기
'비+줄기'는 순우리말로 된 합성어로 앞말이 모음으로 끝나고 뒷말의 첫소리가 된소리로 나므로 사이시옷을 붙인다.

빚쟁이
'-쟁이'는 '그것이 나타내는 속성을 많이 가진 사람'의 뜻을 더하는 말이다.

빠개지다
'빠개다'의 피동형은 '빠개지다'이다. '뽀개다'는 잘못된 말이므로 이것의 피동형인 '뽀개지다' 역시 잘못된 말이다.

빠끔	^{1}구멍이 나 있는 모양. 예 구멍이 빠끔 나 있다. ^{2}입을 벌려 공기 따위를 마시는 모양. 예 어항 속의 금붕어가 먹이를 빠끔 들이마신다. 빠꼼(×).	**빠끔** '빠끔'은 '빠끔히'와 동의어로 쓰인다.
빠듯이	한도에 꼭 맞거나 꽉 차서 빈틈이 없게. 예 아버지는 어머니에게 한 달을 빠듯이 살 정도의 적은 생활비만을 주신다. 빠듯히(×).	**빠듯이** '하다'가 붙는 어근의 끝소리가 'ㅅ'일 때 '이'로 적는 경우이다.
빠듯하다	한도에 꼭 맞거나 꽉 차서 빈틈이 없다. 뽀듯하다(×).	
빠듯히(×)	'한도에 꼭 맞거나 꽉 차서 빈틈이 없게'의 뜻으로 쓰이는 말은 '빠듯이'가 올바른 말이다.	
빠리(×)	'프랑스의 수도'는 '파리'가 올바른 말이다.	**빠리** 무성 파열음(p, t, k)은 거센소리(ㅍ, ㅌ, ㅋ)로 적는다.
빠리빠리하다(×)	'똘똘하고 행동이 날래다'의 뜻으로 쓰이는 말은 '빠릿빠릿하다'가 올바른 말이다.	
빠릿빠릿하다	똘똘하고 행동이 날래다. 예 동생은 빠릿빠릿하게 전국을 돌아다니며 장사를 하더니만 크게 성공하였다. 빠리빠리하다(×).	
빨가송이(×)	'옷을 모두 벗은 알몸뚱이. 나무가 거의 없는 산'은 '빨가숭이'가 올바른 말이다.	
빨가숭이	^{1}옷을 모두 벗은 알몸뚱이. ^{2}나무가 거의 없는 산. 빨가송이(×).	**빨가숭이** 양성 모음이 음성 모음으로 바뀌어 굳어진 단어는 음성 모음 형태를 표준으로 삼는다.
빨강	빨간 빛깔이나 물감.	
	⚠️ 오류노트 빨강색으로 익은 고추만 따라. → 빨강, 빨간색.	**빨강** '빨강'에 '색'의 뜻이 있으므로 '색'을 빼고 '빨강'이라고 하든지 '빨간색'이라고 표기해야 옳다.
빨랑(×)	'걸리는 시간이 짧게'의 뜻으로 쓰이는 말은 '빨리'가 올바른 말이다.	
빨래감(×)	'빨래를 해야 할 옷'은 '빨랫감'이 올바른 말이다.	
빨래대야(×)	'빨래할 때 쓰는 대야'는 '빨랫대야'가 올바른 말이다.	
빨래돌(×)	'빨랫감을 올려놓고 문지르거나 두드려서 때를 빼는 돌'은 '빨랫돌'이 올바른 말이다.	'빨래돌'로 쓸 수 없는 이유 '빨래+돌'은 순우리말로 된 합성어로서 앞말이 모음으로 끝나고 뒷말의 첫소리가 된소리로 나므로 '빨랫돌'처럼 사이시옷을 붙인다.
빨래방망이(×)	'두드려서 빨래하는 데 쓰는 방망이'는 '빨랫방망이'가 올바른 말이다.	
빨래보^褓(×)	'빨랫감을 싸는 보자기'는 '빨랫보'가 올바른 말이다.	
빨래비누(×)	'빨래할 때 쓰는 비누'는 '빨랫비누'가 올바른 말이다.	
빨래솔(×)	'빨래할 때, 때를 빼는 솔'은 '빨랫솔'이 올바른 말이다.	

빨래줄(×)	'빨래를 널어 말리는 줄'은 '빨랫줄'이 올바른 말이다.
빨래터	빨래할 수 있도록 마련한 일정한 장소. 빨랫터(×).
빨랫감	빨래를 해야 할 옷. 빨래감(×).
빨랫대야	빨래할 때 쓰는 대야. 빨래대야(×).
빨랫돌	빨랫감을 올려놓고 문지르거나 두드려서 때를 빼는 돌. 빨래돌(×).
빨랫방망이	두드려서 빨래하는 데 쓰는 방망이. 빨래방망이(×).
빨랫보^褓	빨랫감을 싸는 보자기. 빨래보(×).
빨랫비누	빨래할 때 쓰는 비누. 빨래비누(×).
빨랫솔	빨래할 때, 때를 빼는 솔. 빨래솔(×).
빨랫줄	빨래를 널어 말리는 줄. 빨래줄(×). [국가직 9급 '08]. [한국어교육검정 '08]
빨랫터(×)	'빨래할 수 있도록 마련한 일정한 장소'는 '빨래터'가 올바른 말이다.
빨리	걸리는 시간이 짧게. 빨랑(×).
빳빳이	성격이나 태도가 억세게. 물체가 곧고 꼿꼿하게. 빳빳히(×).
빳빳히(×)	'성격이나 태도가 억세게. 물체가 곧고 꼿꼿하게'의 뜻으로 쓰이는 말은 '빳빳이'가 올바른 말이다.
빵구(×)	'고무 튜브 따위에 구멍이 나서 터지는 일'은 '펑크'가 올바른 말이다.
빵꾸(×)	'고무 튜브 따위에 구멍이 나서 터지는 일'은 '펑크'가 올바른 말이다.
빵파레(×)	'모임의 개회나 축하 의식에 쓰이는 트럼펫의 신호'는 '팡파르'가 올바른 말이다.
빼곡이(×)	'사람이나 물건 따위가 꽉 차서 빈틈이 없는 모양'은 '빼곡히'가 올바른 말이다.
빼곡히	사람이나 물건 따위가 꽉 차서 빈틈이 없는 모양. 빼곡이(×).
빽빽이	사이가 촘촘하게. 빽빽히(×). [한국어교육검정 '08]
빽빽히(×)	'사이가 촘촘하게'의 뜻으로 쓰이는 말은 '빽빽이'가 올바른 말이다.

빨래터
'빨래'와 '터'로 이루어진 합성어로 뒷말의 첫소리 '터'가 거센소리이므로 사이시옷을 붙이지 않는다.

빨랫비누
'빨래+비누'는 순우리말로 된 합성어로서 앞말이 모음으로 끝나고 뒷말의 첫소리가 된소리로 나므로 '빨랫비누'처럼 사이시옷을 붙인다.

빳빳이
'빳빳이'는 어근 '빳빳-'에 부사화 접미사 '-이'가 붙어서 이루어진 말이다.

빼곡히
끝 음절이 분명히 '-히'로 나므로 '빼곡이'로 적지 않고, '빼곡히'로 적는다.

빽빽이
'ㄱ' 받침 뒤에 '이'가 오는 경우이다.

빤죽거리다(×)   '반반하게 생긴 사람이 빈정대면서 능글맞은 행동을 하다'의 뜻으로 쓰이는 말은 '빤죽거리다'가 올바른 말이다.

빤죽거리다   반반하게 생긴 사람이 빈정대면서 능글맞은 행동을 하다. 빤죽거리다(×).

빰따구니, 뺌따귀(×)   '빰을 속되게 이르는 말'은 '빰따귀'가 올바른 말이다.

빰따귀   빰을 속되게 이르는 말. 빰따구니·뺌따귀(×).

뻐개다   크고 딴딴한 물건을 두 쪽으로 가르다. 뻐기다(×).

뻐기다(×)   '크고 딴딴한 물건을 두 쪽으로 가르다'의 뜻으로 쓰이는 말은 '뻐개다'가 올바른 말이다.

뻐꾸기   초여름에 남쪽에서 날아오는 여름 철새로 뻐꾹뻐꾹 하고 우는 두견과의 새. 뻐꾹이(×). [국회 8급 '11]

뻐꾹이(×)   '초여름에 남쪽에서 날아오는 여름 철새로 뻐꾹뻐꾹 하고 우는 두견과의 새'는 '뻐꾸기'가 올바른 말이다.

뻗장다리(×)   '굽혔다 폈다의 동작을 못하고 늘 벋어 있는 다리'는 '뻗정다리'가 올바른 말이다.

뻗정다리   굽혔다 폈다의 동작을 못하고 늘 벋어 있는 다리. 뻗장다리(×). [군무원 9급 '22]

뻘개지다(×)   '뻘겋게 되다'의 뜻으로 쓰이는 말은 '뻘게지다'가 올바른 말이다.

뻘게지다   뻘겋게 되다. 뻘개지다(×).

뻰찌(×)   '손에 쥐고 철사를 끊거나 구부리거나 하는 데에 쓰는 공구'는 '펜치'가 올바른 말이다.

뼈가루(×)   '뼈의 가루'의 뜻으로 쓰이는 말은 '뼛가루'가 올바른 말이다.

뼈골(×)   '뼈의 중심부에 가득 차 있는 물질'은 '뼛골'이 올바른 말이다.

뼈다구(×)   '뼈의 낱개'의 뜻으로 쓰이는 말은 '뼈다귀'가 올바른 말이다.

뼈다귀   뼈의 낱개. 뼈다구(×).

뼈다귀국(×)   '동물 뼈를 삶아 곤 국'은 '뼈다귓국'이 올바른 말이다.

뼈다귓국   동물 뼈를 삶아 곤 국. 뼈다귀국(×).

빰따귀
의미 차이가 없고 비슷한 발음의 몇 형태가 쓰일 경우, 그중 더 널리 쓰이는 한 형태만을 표준어로 삼는다.

뻐꾸기
'-하다'나 '-거리다'가 붙을 수 없는 어근에 '-이'나 또는 다른 모음으로 시작되는 접미사가 붙어서 명사가 된 것은 그 원형을 밝히어 적지 아니한다.

'뻘개지다'로 표기할 수 없는 이유
'뻘겋다'의 어간에 '-어지다'가 연결된 것이므로 '뻘게지다'가 된다.

뼈다구
'뼈다구'는 '뼈다귀'의 경상도 방언이다.

뼈다귓국
'뼈다귀+국'은 순우리말로 된 합성어로서 앞말이 모음으로 끝나고 뒷말의 첫소리가 된소리로 나므로 '뼈다귓국'처럼 사이시옷을 붙인다.

뼈조각(×)	'뼈의 조각'은 '뼛조각'이 올바른 말이다.
뼛가루	뼈의 가루. 뼈가루(×).
뼛골	뼈의 중심부에 가득 차 있는 물질. 뼈골(×).
뼛조각	뼈의 조각. 뼈조각(×).
뽀개지다(×)	'작고 단단한 물건이 두 쪽으로 갈라지다'의 뜻으로 쓰이는 말은 '빠개지다'가 올바른 말이다.
뽀드기(×)	'크게 자라지 못한 나무'의 뜻으로 쓰이는 말은 '보드기'가 올바른 말이다.
뽀듯하다(×)	'한도에 꼭 맞거나 꽉 차서 빈틈이 없다'의 뜻으로 쓰이는 말은 '빠듯하다'가 올바른 말이다.
뽀얘지다	선명하지 못하고 약간 하얗게 되다. 예 깨끗이 양치질을 했더니 이가 뽀얘졌다. 뽀예지다(×).
뽀예지다(×)	'선명하지 못하고 약간 하얗게 되다'의 뜻으로 쓰이는 말은 '뽀얘지다'가 올바른 말이다.
뽄새(×)	'어떤 물건의 본디의 생김새'는 '본새'가 올바른 말이다.
뾰두라지	뾰족하게 부어오른 작은 부스럼. 뾰로지·뾰드랏지(×). [국회 8급 '13]
뾰로지, 뾰드랏지(×)	'뾰족하게 부어오른 작은 부스럼'은 '뾰두라지'가 올바른 말이다.
뾰루지	뾰족하게 부어오른 작은 부스럼. 뾰로지·뾰드랏지(×).
뾰족	물체의 끝이 점차 가늘어져서 날카로운 모양. 뾰쪽(×).
뾰족하다	물체 끝이 점점 가늘어져 날카롭다. 뾰쪽하다(×).
뾰쪽(×)	'물체의 끝이 점차 가늘어져서 날카로운 모양'은 '뾰족'이 올바른 말이다.
뾰쪽하다(×)	'물체 끝이 점점 가늘어져 날카롭다'의 뜻으로 쓰이는 말은 '뾰족하다'가 올바른 말이다.
뾰쪽, 뾰쪽이	물체 끝이 점점 가늘어져 날카롭게. 뾰쭉·뾰쭉이(×).
뾰쭉, 뾰쭉이(×)	'물체 끝이 점점 가늘어져 날카롭게'의 뜻으로 쓰이는 말은 '뾰쪽, 뾰쪽이'가 올바른 말이다.
뿌다구니	물체의 삐죽 내민 부분. 뿌다지(×).
뿌다지(×)	'물체의 삐죽 내민 부분'은 '뿌다구니'가 올바른 말이다.

뼛조각
'뼈+조각'은 순우리말로 된 합성어로서 앞말이 모음으로 끝나고 뒷말의 첫소리가 된소리로 나므로 '뼛조각'처럼 사이시옷을 붙인다.

뽀얘지다
'뽀얗다'의 어간 '뽀얗-' 뒤에 '-아지다'가 붙으면, '뽀얘지다'와 같이 활용한다.

뾰루지
'뾰두라지'와 함께 복수 표준어이다.

뿌다구니
'뿌다구니'는 '어떤 토막이나 조각 따위를 낮잡아 이르는 말'의 뜻으로도 쓰인다.

뿐

✔띄어쓰기 [1]다만 어떠하거나 어찌할 따름이라는 뜻을 나타내는 말. 예 나는 그저 농담으로 했을 뿐인데 오해가 있었군. [2]그것만이고 더는 없음 또는 오로지 그렇게 하거나 그러하다는 것의 뜻을 나타내는 말. 예 내가 진정으로 아끼는 사람은 오직 너뿐이야. [세무직 9급 '07]. [국가직 7급 '08]. [지방직 9급 '08]. [서울시 7급 '11]. [복지 9급 '12]. [서울시 9급 '13]. [지방직 9급 '16]. [경찰직 1차 필기 '16]

> **'뿐'은 뜻에 따라 띄어쓰기가 달라질까?**
> 표제어 '뿐'의 [1]번 내용처럼 용언(동사, 형용사) 뒤에 붙어 '~할 따름'의 뜻을 나타내는 말은 의존 명사이며 앞말과 띄어 쓴다. 표제어 '뿐'의 [2]번 내용처럼 체언(명사, 대명사 따위)이나 부사 뒤에 붙어 '오로지 그것만임'의 뜻을 나타내는 말은 조사이며 앞말과 붙여 쓴다.

뿔따구   불쾌하고 언짢은 감정. 뿔따귀(×).

뿔따귀(×)   '불쾌하고 언짢은 감정'은 '뿔따구'가 올바른 말이다.

뿔뿔이   각자 따로따로 흩어지는 모양. 뿔뿔히(×).

뿔뿔히(×)   '각자 따로 흩어지는 모양'은 '뿔뿔이'가 올바른 말이다.

삐라(×)   '광고나 선전을 위해 붙이거나 사람들에게 돌리는 종이'는 '전단'이 올바른 말이다.

삐악   병아리가 한 번 약하게 우는 소리. 삐약(×).

삐약(×)   '병아리가 한 번 약하게 우는 소리'는 '삐악'이 올바른 말이다.

삐에로(×)   '프랑스의 무언극에 나오는 어릿광대'는 '피에로'가 올바른 말이다.

삐쭉이   [1]물체의 끝이 조금 길게 내밀려 있는 모양. [2]비웃거나 언짢거나 울려고 할 때 소리 없이 입을 내미는 모양. [3]얼굴이나 물건의 모습만 한 번 슬쩍 내밀거나 나타내는 모양.

뿐
'뿐'은 뜻에 따라 앞말과 붙여 쓰기도 하고, 띄어 쓰기도 한다.

'삐에로'로 쓰지 않는 이유
무성 파열음(p, t, k)은 거센소리(ㅍ, ㅌ, ㅋ)로 적는다.

삐쭉이
'삐쭉이'의 동의어는 '삐쭉'이다.

문장력 향상 노트

✓ 주어와 서술어가 서로 호응하는지 확인한다.

(1) 매우 반갑고 기쁜 일은 나를 가르쳐 주신 선배님이 격려의 전화를 주셨다.

> ▶ 주어는 '일은'이고 서술어는 '주셨다'로 '일이 주셨다'는 호응이 안 된다. '매우 반갑고 기쁜 일은 나를 가르쳐 주신 선배님이 격려의 전화를 해 주셨다는 점이다'로 표현하면 자연스럽다.

(2) 삼촌의 기분은 화가 약간 나 있다.

> ▶ 서술어는 화가 나 있는 것인데 주어는 '기분'으로 되어 있어 주어와 서술어의 호응이 안 된다. 문맥상 주어는 '삼촌'이 되어야 한다. 따라서 '삼촌은 화가 약간 나 있다'처럼 고치면 자연스럽다.

(3) 나는 그 친구와 항상 함께한다는 것이 행복한 일이었다.

> ▶ 주어는 '나는'이고 서술어는 '일이었다'가 되므로 문장의 호응이 안 된다. '나는 그 친구와 항상 함께한다는 것이 행복했다.'로 표현하면 자연스럽다.

✓ 높임말의 쓰임이 적당한지 살펴본다.

(1) 사장님, 더 궁금하신 사항이 있으면 가이드에게 언제든지 여쭈어 보세요.

> ▶ 여쭈어 보는 주체는 '사장님'이므로 높임말을 쓰면 어색하다. '사장님, 더 궁금하신 사항이 있으면 가이드에게 언제든지 물어보세요'가 자연스럽다.

(2) 선생님, 주문하신 커피 이제 나오셨습니다.

> ▶ 주어는 '선생님'이 아니라 '커피'이므로 높임말 서술어가 올 수 없다. 따라서 '선생님, 주문하신 커피 이제 나왔습니다.'라고 표현해야 한다.

(3) 할아버지께서는 할 일이 있으시다며 나가셨어요.

> ▶ 높임말이 연속으로 쓰였을 경우, 종결 부분에서만 높임말을 사용하는 것이 자연스럽다. '할아버지께서는 할 일이 있다며 나가셨어요.'처럼 쓴다.

✓ 목적어와 서술어가 호응하는지 살펴본다.

(1) 물이나 간식을 먹고 싶어요.

> ▶ '먹다'의 대상인 목적어는 '물'과 '간식'이다. 즉 '물이나 간식을 먹다'의 뜻이다.

간식은 먹지만 물은 '먹다'보다는 '마시다'가 더 어울린다. 따라서 '물을 마시거나 간식을 먹고 싶어요.'라고 표현하는 것이 자연스럽다.

(2) 가래나 쓰레기를 버리면 안 됩니다.

▶ 쓰레기는 버리지만 가래는 버리기보다는 뱉는다는 표현이 적당하다. 따라서 '가래를 뱉거나 쓰레기를 버리면 안 됩니다.'라고 표현하면 자연스럽다.

(3) 체력을 강화하기 위해 평일에는 조깅을, 주말에는 도봉산에 오른다.

▶ 목적어는 조깅과 도봉산이며 서술어는 '오르다'이다. '도봉산'과 '오르다'는 호응이 되지만 '조깅'과 '오르다'는 호응이 안 된다. 따라서 '체력을 강화하기 위해 평일에는 조깅을 하고, 주말에는 도봉산에 오른다.'라고 표현하면 자연스럽다.

✓ 피동문이 어색할 경우 능동문으로 바꾼다.

(1) 새로운 사실은 자문단의 연구에 의해 밝혀졌다.

▶ 피동문은 주체가 무생물이거나 불분명할 때 주로 사용한다. 또한, 행위 주체를 노출하고 싶지 않거나 책임을 회피하려는 경우에 사용한다. 이 외에는 가급적 피동문을 쓰지 않는 것이 바람직하다. '자문단이 연구를 통해 새로운 사실을 밝혀냈다'로 표현하면 자연스럽다.

(2) 직원들에 의해 한 시간에 제조되는 상품 개수는 10만 개다.

▶ 무생물인 상품이 주체로 쓰인 문장이다. 무생물이 주어가 되어 피동문이 되었는데 생물을 주어로 바꾸어 '직원들이 한 시간에 상품 10만 개를 제조한다.'처럼 능동문으로 바꾼다.

✓ 한 문장 속에 주어가 없어서 내용을 알 수 없는지 살펴본다.

(1) 도로에 차가 막혀 학교 강당에 도착했을 때는 이미 끝난 후였다.

▶ 무엇이 끝났는지 주체가 나타나 있지 않다. 물론 앞뒤의 문맥으로 생략된 주어를 짐작할 수 있을 때는 주어를 생략할 수 있다. 하지만 이 문장에서는 주어를 전혀 알 수 없다. '도로에 차가 막혀 학교 강당에 도착했을 때는 이미 졸업식(입학식)이 끝난 후였다.'처럼 고쳐 쓴다.

(2) 윤희가 아무 말도 없이 미연이의 화장품을 가져간 데에서 비롯되었다.

▶ '비롯되다'는 앞에 주체가 표기되어야 한다. 이 문장에는 무엇이 비롯되었는지가 나타나 있지 않다. '윤희가 아무 말도 없이 미연이의 화장품을 가져간 데에서 싸움이(다툼이/시비가) 비롯되었다.'처럼 기술해야 한다.

✓ 부사어가 연결되는 부분을 생각하며 글을 작성한다.

(1) 오랜만에 동창들이 모여 술을 한잔했습니다.

> ▶ 이 문장을 보고 '오랜만에'가 어느 부분과 연결되는지 헷갈리기 쉽다. 오랜만에 동창들이 모였는지, 오랜만에 술을 한잔했는지가 모호하다. 이를 명확하게 하기 위해서는 '오랜만에 동창들이 모였습니다. 그리고 술을 한잔했습니다,' 혹은 '동창들은 가끔 만납니다. 오늘은 오랜만에 술을 한잔했습니다.'처럼 표현한다.

(2) 점심때까지 책을 다 읽고 책을 반납해.

> ▶ 시간의 완료 시점을 혼동하기 쉬운 문장이다. 점심때까지 책을 다 읽으라는 뜻인지, 점심때까지는 책을 다 읽는 것은 물론 책까지 반납하라는 뜻인지 분명하지 않다. '책을 점심때까지 다 읽은 후에 반납해.' 혹은 '책을 다 읽고 점심때까지 반납해.'라고 표현하면 뜻이 분명해진다.

✓ 영어식 표현을 지양한다.

(1) 이모는 아들 3명, 딸 4명을 가지고 있다.

> ▶ 이모가 아들들과 딸들을 소유하고 있는 것은 아니고 '두고 있다'라는 뜻이다. 영어의 영향을 받은 이런 표기는 쓰지 않도록 한다. '이모는 아들 3명, 딸 4명이 있다.'처럼 쓰면 자연스럽다.

(2) 그것은 결코 먹기에 충분하지 않은 음식이었다.

> ▶ 영어의 가주어 '그것'의 영향을 받은 표현이다. 굳이 필요하지 않은 말이므로 '결코 먹을 음식이 충분하지 않았다.'라고 표현하면 자연스럽다.

(3) 사업 실패의 원인과 그것의 대비책을 강구해 봅시다.

> ▶ 영어 '대명사'의 표기에서 영향을 받은 표현이다. 우리말에서 이런 표기를 쓰면 어색하다. '사업 실패의 원인과 대비책을 강구해 봅시다.'라고 표기하면 된다.

✓ 조사 '의'를 남용하지 않는다.

(1) 선생님은 우수 학생들의 협동심의 결여를 걱정하셨다.

> ▶ 이 문장에는 조사 '의'가 중첩되어 어색하게 느껴진다. '학생들의'에서 '의'는 주격 조사 '이'에 해당한다. '협동심의'에서 '의'는 목적격 조사로 '을'에 해당한다. 이를 바탕으로 문장을 새로 구성하여 '선생님은 우수 학생들이 협동심을 결여한 것을 걱정하셨다.'처럼 표현할 수 있다.

(2) 사람들은 자신의 존재의 소중함을 깨닫기를 바란다.

> ▶ 명사+'의'+명사의 연결은 영어식 표현이다. 이런 구조는 '주어'이(가) '가 어떠하다(한다)'의 형태, 즉 '사람들이 자신이 소중한 존재라는 사실을 깨닫기를 바란다.'로 표현하면 자연스럽다.

✓ 이중피동을 쓰지 않는다.

(1) 수해 성금은 유용하게 쓰여질 것으로 예상되어집니다.

▶ '쓰이다'는 피동 접미사 '-이-'가 들어 있어 추가로 피동의 뜻으로 쓰이는 말이 들어갈 필요가 없다. '예상되다'도 피동의 뜻으로 쓰이는 말이 있으므로 추가로 피동의 말이 필요 없다. '수해 성금은 유용하게 쓰일 것으로 예상됩니다.'라고 표현하면 자연스럽다.

(2) 그는 시골 여우라고 불리워지길 바라고 있다.

▶ '불리다'가 피동의 뜻을 나타내는 말이다. 따라서 '그는 시골 여우라고 불리기를 바라고 있다.' 라고 표현하면 자연스럽다.

✓ 문장은 간략하게 표현한다.

(1) 내 동생은 법과대학을 중퇴한 경력의 소유자이다.

▶ '중퇴한 경력의 소유자이다'처럼 쓸데없이 문장을 길게 나열할 필요는 없다. 중퇴한 것이 무슨 경력이며 또 거기에 소유자라고까지 덧붙일 필요가 있는가. '내 동생은 법과대학을 중퇴하였다.'처럼 표현하면 적당하다.

(2) 형은 대학교를 졸업을 하고 인공지능 회사에 취업을 하였다.

▶ 단일 동사로 쓸 수 있는 말을 굳이 '목적어+하다'의 형태로 나열할 필요가 없다. '형은 대학교를 졸업하고 인공지능 회사에 취업하였다'라고 표현하면 간결하고 자연스럽다.

✓ 군더더기 표현을 삼간다.

(1) 승재는 무언가를 곰곰이 생각하는 눈치더니 이내 밖으로 나갔다.

▶ '생각하는 눈치더니'에서 '눈치더니'는 들어가지 않아도 의미를 나타내는 데 부족함이 없다. '생각하더니'로 줄이는 것이 적당하다.

(2) 손님 방문이 예정된 상태이므로 오늘 일정은 불투명한 상황라고 할 수 있다.

▶ '방문이 예정된 상태이므로'는 '방문이 예정되어'로, '불투명한 상황이라고 할 수 있다'는 '불투명하다'로 줄여도 뜻에는 아무런 문제가 없다. 즉 '손님 방문이 예정되어 오늘 일정은 불투명하다'라고 표현하면 자연스럽다.

✓ 논리적으로 호응이 되어야 한다.

(1) 누나는 착하고 공부를 잘하는 모범생이며, 동생은 누나를 싫어한다.

▶ '이며'는 앞뒤가 대등하게 이어지는 연결 어미이다. 따라서 앞에 사람을 나타내는 단어가 나왔으므로 뒤에도 사람을 나타내는 단어가 나오도록 기술해야 한다. '누나는 착하고 공부를 잘하는 모범생이며, 동생은 누나를 싫어하는 나쁜 사람이다.'처럼 표현하면 된다.

(2) 수출은 한동안 적자를 기록하다가 지난 달에 흑자로 돌아섰다.

> ▶ '수출'은 '증가'나 '감소'와 호응한다. '수출'이 '흑자'가 될 수는 없다. '흑자'라는 말을 쓰기 위해서는 '무역수지'나 '수출입 거래'라는 말이 와야 한다.

✓ 단어의 특성에 맞게 호응이 되어야 한다.

(1) 오늘 오후에는 비가 올 확률이 많다.

> ▶ 확률은 '높다', '낮다'와 어울린다. 따라서 '오늘 오후에는 비가 올 확률이 높다.'처럼 쓰는 것이 자연스럽다.

(2) 올해 프로야구 개막은 4월 5일부터이다.

> ▶ '개막'은 일정한 시간에 이루어진다. 따라서 '부터'라는 조사를 쓸 수 없다. '올해 프로야구 개막은 4월 5일이다'라고 표현해야 자연스럽다.

✓ 의미 파악이 쉽도록 단어의 위치를 선정한다.

(1) 교통 당국은 9월 9일 태풍으로 유실되었던 도로를 복구하고 운행을 재개했다.

> ▶ 태풍으로 도로가 유실된 날짜가 9월 9일이라면 현재 위치가 맞는다. 하지만 운행을 재개한 날짜가 9월 9일이라면 '복구하고' 다음으로 '9월 9일'의 위치를 이동해야 한다.

(2) 과자 회사는 5월 8일 9일 오전 9시 초콜릿 가격을 봉지당 10% 인상한다고 발표하였다.

> ▶ 내용으로 볼 때 초콜릿 가격 인상을 발표한 날짜는 5월 8일이고 인상이 적용되는 날짜는 5월 9일이다. '발표하였다' 앞에 '8일'을 이동하면 내용을 이해하기 쉽다.

✓ 같은 성격의 단어와 같은 구조의 구절을 나열한다.

(1) 우리 고장의 특산품이 일본, 홍콩, 방콕 등에서 큰 인기를 얻고 있다.

> ▶ 일본, 홍콩은 국가명이지만 방콕은 수도명이다. 방콕을 태국으로 바꾸어야 자연스럽게 된다.

(2) 이 제품은 미국 뉴욕, 영국 런던, 프랑스 등에서 날개가 돋친 듯 팔려 나간다고 소식통이 전했다.

> ▶ 국가와 수도명이 차례로 표기되어 있는데 프랑스는 국가만 표기되어 있으므로 자연스럽지 않다. '프랑스'를 '프링스 파리'로 바꾸어 표현한다.

✓ 어려운 한자는 쉬운 우리말로 바꿔 쓴다.

(1) 그간 세운 공로를 헤아려 이번의 책임과 죄를 면탈하도록 하였다.

> ▶ '면탈하다'는 자주 사용하지 않는 한자어이다. 이해하기 쉬운 말로 고쳐서 '벗어나도록'으로 바꾼다.

(2) 패럴림픽에 출전하는 우리나라 선수가 보장구를 착용하고 나왔다.

> ▶ '보장구'를 이해하기 쉬운 '장애인 보조기'로 바꾸어 쓰면 자연스럽다.

✓ '~에 대하여/대한/대해' 등의 표현은 가급적 쓰지 않는다.

(1) 나는 그가 저지른 잘못에 대하여 용서하겠다.

> ▶ '잘못에 대하여' 용서하는 것이 아니라 '잘못'을 용서하는 것이다. 따라서 '나는 그가 저지른 잘못을 용서하겠다.'처럼 쓰면 자연스럽다.

(2) 잘못을 저지른 사람에 대한 처벌을 위해 애썼다.

> ▶ '사람에 대한 처벌'보다는 '사람'을 처벌하는 것이다. 따라서 '잘못을 저지른 사람을 처벌하기 위해 애썼다.'처럼 쓰면 자연스럽다.

✓ '~로 인하여' 등의 표현은 쓰지 않는다.

(1) 과로로 인하여 병원에 입원하였다.

> ▶ '~로'에 원인의 뜻이 포함되어 있다. 따라서 '인하여' 부분은 생략한다. '과로로 병원에 입원하였다'처럼 쓰면 자연스럽다.

✓ '중에 있어/데 있어' 등의 표현은 쓰지 않는다.

(1) 비행기 추락 사고의 원인을 조사 중에 있어요.

> ▶ '중에 있어요'는 '중이에요'의 표현으로 바꾼다. 따라서 '비행기 추락 사고의 원인을 조사 중이에요'처럼 쓰면 자연스럽다.

(2) 쌀은 사는 데 있어 중요한 양식이다.

> ▶ '데 있어'는 '데'의 표현으로 바꾼다. 따라서 '쌀은 사는 데 중요한 양식이다.'처럼 쓰면 자연스럽다.

✓ '-시키다'를 붙이면 안 되는 말을 구별해 쓴다.

(1) 부모님께 출가하겠다는 뜻을 관철시켰다.

> ▶ '접목, 관철, 환기, 결부, 고정, 완성, 소개' 등은 '~를 하게 하다'라는 뜻이 있는 말이다. 따라서 이들 단어 뒤에 '-시키다'를 붙이면 안 된다. '-하다'를 붙인다. 따라서 '부모님께 출가하겠다는 뜻을 관철하였다'처럼 쓰면 자연스럽다.

(2) 교관이 훈련병들을 연병장에 집합했다.

> ▶ '집합, 해산, 향상, 오염' 등은 주동과 사동의 뜻이 다 있는 단어이다. 따라서 '교관이 훈련병들을 연병장에 집합했다/집합시켰다' 모두 쓸 수 있다.

(3) 아들을 교육시켰다.

> ▶ '교육, 등록, 복직, 이해, 접수, 입원' 등은 주동과 사동의 뜻이 구별되어 있어 의미에 맞게 가려 써야 한다. '아들을 교육했다'는 아들을 직접 가르칠 때 쓰는 말이고, '아들을 교육시켰다'는 아들을 가르침을 받게 할 때 쓰는 말로 구별해서 써야 한다.

ㅅ 시옷.

- 한글 자모의 일곱째. 자음의 하나.
- 혀의 앞바닥을 경구개에 거의 닿을 정도로 올려 날숨이 그 사이를 마찰하여 나는 소리이다.
- 받침으로 쓰일 때는 혀끝이 경구개를 막으며 소리 나므로 'ㄷ'과 같아진다.

사갓집(×)	'사돈이 되는 집'은 '사돈집'이 올바른 말이다.
사고덩어리(×)	'빈번하게 사고를 저지르는 사람을 속되게 이르는 말'은 '사곳덩어리'가 올바른 말이다.
사곳덩어리事故-	빈번하게 사고를 저지르는 사람을 속되게 이르는 말. 사고덩어리(×).
사귀다	서로 얼굴을 익히고 친하게 지내다.

> ✏️ **오류노트** 형 어제 같이 있던 여자와 진짜 <u>사겨</u>? → 사귀어.

사그라들다(×)	'삭아서 없어지다'의 뜻으로 쓰이는 말은 '사그라지다'가 올바른 말이다.
사그라지다	삭아서 없어지다. 예 시간이 지남에 따라 그녀에 대한 애틋한 감정이 사그라졌다. 사그라들다(×).
사글세貰	남의 집이나 방을 빌려 쓰는 값으로 매월 내는 세. 삯월세(×). [대전·충남 교행직 9급 '06]. [지방직 7급 '10]. [서울시 9급 '16]. [서울시 9급 '20]
사금파리	깨진 사기그릇의 조각. 사금팽이(×).
사금팽이(×)	'깨진 사기그릇의 조각'은 '사금파리'가 올바른 말이다.
사기군(×)	'사기를 일삼는 사람'은 '사기꾼'이 올바른 말이다.
사기꾼詐欺-	사기를 일삼는 사람. 사기군(×).
사냥군(×)	'사냥을 하는 사람 또는 사냥을 직업으로 하는 사람'은 '사냥꾼'이 올바른 말이다.
사냥꾼	사냥을 하는 사람 또는 사냥을 직업으로 하는 사람. 사냥군(×).
사단(×)	'사고나 탈'은 '사달'이 올바른 말이다.
사달	사고나 탈. 사단(×). 예 몸이 이상 신호를 자꾸 보냈는데도 무시하고 마구 부렸다가 사달이 났다.
사돈查頓	혼인한 두 집안의 어버이들 사이 또는 그 두 집안의 같은 항렬이 되는 사람들끼리 서로 상대편을 이르는 말. 사둔(×).
사돈집查頓-	사돈이 되는 집. 사갓집(×).
사둔(×)	'혼인한 두 집안의 어버이들 사이 또는 그 두 집안의 같은 항렬이 되는 사람들끼리 서로 상대편을 이르는 말'은 '사돈'이 올바른 말이다.

사곳덩어리事故-
'사고+덩어리'는 한자어와 순우리말로 된 합성어로서 앞말이 모음으로 끝나고 뒷말의 첫소리가 된소리로 나므로 '사곳덩어리'처럼 사이시옷을 붙인다.

사글세貰
삭월세朔月貰에서 유래한 말이다. 그러나 그 뜻이 삭월세와 멀어졌으므로 순우리말로 간주한다.

사돈查頓
양성 모음 형태를 표준어로 삼는 말이다.

사디슴(×)   '이성에게 정신적, 육체적 고통을 주어 성적 쾌락을 느끼는 변태 성욕의 한 가지'의 뜻으로 쓰이는 말은 '사디즘'이 올바른 말이다.

사디즘^{sadism}   이성에게 정신적, 육체적 고통을 주어 성적 쾌락을 느끼는 변태 성욕의 한 가지. 사디슴(×).

사랑니   성년기에 입속 맨 안쪽 끝에 새로 나는 작은 어금니. 사랑이·간이(×).

사랑이(×)   '성년기에 입속 맨 안쪽 끝에 새로 나는 작은 어금니'는 '사랑니'가 올바른 말이다.

사래(×)   '음식을 잘못 삼켰을 때 갑자기 기침처럼 뿜어져 나오는 기운'은 '사레'가 올바른 말이다.

사래논   남의 묘를 관리하거나 소작권을 관리해 주는 대가로 부치는 논. 사래답(×).

사래답(×)   '남의 묘를 관리하거나 소작권을 관리해 주는 대가로 부치는 논'의 뜻으로 쓰이는 말은 '사래논'이 올바른 말이다.

사래밭   남의 묘를 관리하거나 소작권을 관리해 주는 대가로 부치는 밭. 사래전(×).

사래전(×)   '남의 묘를 관리하거나 소작권을 관리해 주는 대가로 부치는 밭'의 뜻으로 쓰이는 말은 '사래밭'이 올바른 말이다.

사레   음식을 잘못 삼켰을 때 갑자기 기침처럼 뿜어져 나오는 기운. 사래(×).

사루비아(×)   '잎은 긴 타원형으로 끝이 뾰족하고 톱니가 있으며 약용이나 서양 요리 향료로 쓰는 꿀풀과의 여러해살이풀'은 '샐비어'가 올바른 말이다.

사르다   불 태워 없애다. 아궁이 따위에 불을 붙이다. 살르다(×).

사리짝(×)   '나뭇가지를 엮어서 만든 문짝'은 '사립짝'이 올바른 말이다.

사립문^門   사립짝을 달아서 만든 문. 싸리문(×).

사립짝   나뭇가지를 엮어서 만든 문짝. 사리짝(×).

사망률^{死亡率}   특정한 원인에 관련된 전체 인원 중에서 그 원인으로 사망한 사람의 비율. 사망율(×).

사디즘^{sadism}
'사디즘의 경향이 있는 사람'은 '사디스트^{sadist}'로 표기한다.

사랑니
'이^齒'가 합성어나 이에 준하는 말에서 '니' 또는 '리'로 소리날 때에는 '니'로 적는다.

사르다
'사르다'와 같은 '르' 불규칙 동사는 어간의 끝 음절 '르'가 어미 '-아, -어' 앞에서 'ㄹㄹ'로 바뀌므로 '살라, 살라서'로 활용한다. '사르다'의 어간을 '살르-'처럼 규칙 동사로 판단하지 않도록 주의하자.

사망률^{死亡率}
'사망+율^率'의 형태. 앞말이 받침이 없거나 (모음) 'ㄴ' 받침 뒤에서는 '율'을 쓴다. 그 외에는 '률'을 쓴다. '사망'의 '망'은 그 외의 경우에 해당하므로 '률'을 써서 '사망률'처럼 나타낸다.

사망율(×)	'특정한 원인에 관련된 전체 인원 중에서 그 원인으로 사망한 사람의 비율'은 '사망률'이 올바른 말이다.
사모치다(×)	'속까지 깊이 스며들어 닿다'의 뜻으로 쓰이는 말은 '사무치다'가 올바른 말이다.
사못(×)	'사무칠 만큼 대단히'의 뜻으로 쓰이는 말은 '사뭇'이 올바른 말이다.
사무치다	속까지 깊이 스며들어 닿다. 사모치다(×).
사뭇	사무칠 만큼 대단히. 사못(×).
사사일(×)	'개인의 사사로운 일'은 '사삿일'이 올바른 말이다.
사산률(×)	'일정한 기간 중 살아서 태어난 아이의 수에 대한 죽어서 태어난 아이의 비율'은 '사산율'이 올바른 말이다.
사산율死産率	일정한 기간 중 살아서 태어난 아이의 수에 대한 죽어서 태어난 아이의 비율. 사산률(×).
사삿일私事-	개인의 사사로운 일. 사사일(×).
사설난(×)	'신문 따위에서 사설을 다룬 지면'은 '사설란'이 올바른 말이다.
사설란社說欄	신문 따위에서 사설을 다룬 지면.
사스沙市	중국 양쯔강 중류 서쪽 기슭에 있는 징저우시荊州市에 속하는 구區 이름. 사시(×).
사시沙市(×)	'중국 양쯔강 중류 서쪽 기슭에 있는 징저우시荊州市에 속하는 구區 이름'은 '사스'가 올바른 말이다.
사업년도(×)	'업무와 결산의 편의를 위하여 정한 기간'은 '사업 연도'가 올바른 말이다.
사업 연도事業年度	업무와 결산의 편의를 위하여 정한 기간. 사업년도(×).
사오싱紹興	중국 저장성浙江省 북동부에 있는 도시. 소흥(×).
사위감(×)	'사위로 삼을 만한 사람'은 '사윗감'이 올바른 말이다.
사윗감	사위로 삼을 만한 사람. 사위감(×).
사이길(×)	'큰길로 통하는 작은 길'의 뜻으로 쓰이는 말은 '샛길'이 올바른 말이다.
사인펜	필기구의 하나. 싸인펜(×).
사잇강(×)	'강에서 갈려 나가 중간에 섬을 이루고 다시 합쳐지는 강'은 '샛강'이 올바른 말이다.

'사뭇'과 '자못'
'사뭇'과 관련하여 '자못'의 뜻을 알아두자. 자못은 '생각보다 매우'의 뜻이 있다.

사삿일私事-
순우리말과 한자어로 된 합성어로 뒷말의 첫소리 모음 앞에서 'ㄴㄴ' 소리가 덧나서 사이시옷을 붙인 말이다.

사설란社說欄
'사설+난欄'의 형태. '난'은 '구분된 지면'의 뜻으로 쓰이는데, '난' 앞에 한자어가 오면 '란'으로 표기하고, 순우리말이나 외래어가 오면 '난'으로 표기한다. '사설'이 한자어이므로 '사설난'이 아니라 '사설란'으로 표기된 예이다.

사업 연도事業年度
한 단어가 아니므로 뒷말의 첫머리에 두음 법칙을 적용하여 '사업 연도'처럼 표기한다.

사인펜
'외래어 표기법' 국제 음성 기호와 한글 대조표에 의해, 모음 앞의 [s]는 'ㅅ'이 되어 '사인펜sign pen'으로 표기한다.

사잇소리 현상^{現象}	합성 명사에서, 앞말의 끝소리가 울림소리이고, 뒷말의 첫소리가 안울림 예사소리일 때, 뒤의 예사소리가 된소리로 변하는 현상. 또는 앞말이 모음으로 끝나고 뒷말이 'ㅁ, ㄴ'으로 시작될 때 'ㄴ' 소리가 덧나는 현상. 나뭇잎, 등굣길, 장맛비 따위를 발음할 때 일어난다. [해사 '06]

사잇소리 현상^{現象}
안울림 예사소리는 'ㄱ, ㄷ, ㅂ, ㅅ, ㅈ'을 말한다.

사족^{四足}	두 팔과 두 다리를 속되게 이르는 말. 예 이슬이는 고기만 보면 사족을 못 쓴다. 사죽(×).

사족^{四足}
'사족을 못 쓰다'는 '어떤 대상이나 일에 이끌리거나 혹하여 꼼짝 못하다'의 뜻으로 쓰인다.

사주단자^{四柱單子}	혼인을 결정한 후 신랑의 사주를 적어 신부의 집에 보내는 간지. 사주단지(×).
사주단지(×)	'혼인을 결정한 후 신랑의 사주를 적어 신부의 집에 보내는 간지'는 '사주단자'가 올바른 말이다.

사주단자^{四柱單子}
'사주단지'로 잘못 혼동하여 쓰는 경우가 있으므로 주의하자.

사주장이(×)	'남의 사주를 봐 주는 일을 업으로 하는 사람을 낮추어 이르는 말'은 '사주쟁이'가 올바른 말이다.
사주쟁이^{四柱·}	남의 사주를 봐 주는 일을 업으로 하는 사람을 낮추어 이르는 말. 사주장이(×).
사죽(×)	'두 팔과 두 다리를 속되게 이르는 말'은 '사족'이 올바른 말이다.
사처	손님이 길을 가다가 묵음. 하처(×).

사처
'하처^{下處}'에서 온 말이나 원래의 뜻과 멀어졌으므로 '사처'로 표기한다.

사천성^{四川省}(×)	'쌀과 차 생산이 많으며 성도^{省都}는 청두^{成都}인 중국 양쯔강 상류에 있는 성'의 뜻으로 쓰이는 말은 '쓰촨성'이 올바른 말이다.
사평^{四平}(×)	'철도 교통이 발달한 중국 지린성^{吉林省} 남부에 있는 도시'는 '쓰핑'이 올바른 말이다.
사흔날, 사흘날(×)	'매달 초하루부터 셋째 되는 날'은 '사흗날'이 올바른 말이다.
사흗날	매달 초하루부터 셋째 되는 날. 사흔날·사흘날(×).

사흗날
'사흘'처럼 원래 'ㄹ' 받침이었는데 합성어가 되면서 'ㄷ'으로 변한 것은 'ㄷ'으로 적는다.

삭도^{索道}	운반차를 매달아 사람이나 물건 따위를 나르는 장치. 색도(×).
삭독(×)	'연하고 작은 물건을 단번에 베거나 자르는 소리 또는 모양'은 '삭둑'이 올바른 말이다.
삭둑	연하고 작은 물건을 단번에 베거나 자르는 소리 또는 모양. 삭독(×).

삭둑
'삭둑'보다 센말은 '싹둑'이다.

삭월세(×)	'남의 집이나 방을 빌려 쓰는 값으로 다달이 내는 세'는 '사글세'가 올바른 말이다.

삭이다 긴장이나 화를 풀어 마음을 가라앉히다. 예 아직도 결승전에서 패배한 분을 삭이지 못하겠니? [지방직 9급 '08]

> ✏️오류노트 갓김치를 김치냉장고에 넣어 한 달간 <u>삭이니</u> 새콤한 맛이 일품이다. → 삭히니.

삭조索條 삼이나 강철로 만든 줄을 심으로 하고 거기에 몇 줄의 철사 꼰 것을 감은 밧줄. 색조(×).

삭히다 김치나 젓갈 따위의 음식물이 익어서 맛이 들게 하다. 예 명란젓을 삭히다.

산山 ✅띄어쓰기 평지보다 높이 솟은 땅덩이.

산누에山- 집누에보다 몸이 크고 상수리나무, 떡갈나무 등의 잎을 먹으며 갈색 고치를 지어 번데기로 되는 산누에나방과의 나방의 애벌레. 멧누에(×).

산동반도山東半島(×) '어장이 발달하고 철광석, 망간 등이 풍부한, 중국 동해안 황해黃海에 있는 반도'는 '산둥반도'가 올바른 말이다.

산동성山東省(×) '황허강 하류 유역과 산둥반도로 이루어진 중국의 성 가운데 하나'는 '산둥성'이 올바른 말이다.

산두벼(×) '밭에 심어 기르는 벼'는 '밭벼'가 올바른 말이다.

산둥반도山東半島 어장이 발달하고 철광석, 망간 등이 풍부한, 중국 동해안 황해黃海에 있는 반도. 산동반도(×).

산둥성山東省 황허강 하류 유역과 산둥반도로 이루어진 중국의 성 가운데 하나. 산동성(×).

산등성이山- 산의 등줄기. 턱마루(×).

산뜻이 기분이 시원하고 깨끗하게. 산뜻히(×).

산뜻하다 기분이나 느낌이 깨끗하고 시원하다.

> ✏️오류노트 언니와 사소한 다툼을 한 끝이라 소풍 가는 날 아침 기분이 <u>산뜻치</u> 못하였다. → 산뜻지.

산뜻히(×) '기분이 시원하고 깨끗하게'의 뜻으로 쓰이는 말은 '산뜻이'가 올바른 말이다.

산맥山脈 산봉우리가 길게 연속되어 있는 지형.

산봉오리(×) '산의 가장 높이 솟은 부분'은 '산봉우리'가 올바른 말이다.

산봉우리山- 산의 가장 높이 솟은 부분. 산봉오리(×).

삭이다
기분을 가라앉히는 경우에는 '삭이다', '음식 맛을 들게 하다'는 '삭히다'를 쓴다.

삭히다
'삭이다'와 혼동하여 쓰지 않도록 주의하자.

산山
'산'이 순우리말이나 한자어와 연결될 때는 앞말과 붙여 쓴다. 외래어 다음에도 붙여 쓴다. 예 지리산./에베레스트산.

산누에山-
순우리말 계열보다 한자어 계열의 단어가 널리 쓰이면 한자어 계열의 단어를 표준어로 삼는다.

산뜻이
부사의 끝음절이 분명히 '이'로만 소리 나므로 '이'로 표기한다.

산뜻하다
'-하' 앞의 받침이 'ㄱ', 'ㄷ', 'ㅂ', 'ㅅ'일 경우에는 '-하' 전체가 줄어든다. '산뜻하지'에서 '-하' 앞의 받침이 'ㅅ'이므로 '-하' 전체가 줄어 '산뜻지, 산뜻고'와 같은 형태가 된다.

산맥山脈
'산맥'은 앞의 말과 붙여 쓴다. 예 태백산맥. 우랄산맥.

산봉우리山-
'산'은 '봉우리'로 쓰고, '꽃'은 '봉오리'로 쓴다.

산산이^{散散-}	여지없이 깨어지거나 흩어지는 모양. 산산히(×).
산산히(×)	'여지없이 깨어지거나 흩어지는 모양'의 뜻으로 쓰이는 말은 '산산이'가 올바른 말이다.
산서성^{山西省}(×)	'불교 유적이 많으며 성도^{省都}는 타이위안인, 중국 타이항산맥 서쪽에 있는 성'은 '산시성'이 올바른 말이다.
산속^山	✔️띄어쓰기 산의 속. 예 산속에서 버섯을 재배하다.
산수갑산(×)	'우리나라에서 가장 험한 산골이라 이르던 삼수와 갑산'은 '삼수갑산'이 올바른 말이다.
산시성^{山西省}	불교 유적이 많으며 성도^{省都}는 타이위안인, 중국 타이항산맥 서쪽에 있는 성. 산서성(×).
산시성^{陝西省}	성도^{省都}는 시안^{西安}이며 석탄과 석유가 풍부한, 중국 중서부에 있는 성. 섬서성(×).
산울타리	살아 있는 나무를 심어 만든 울타리. 생울타리(×).
산지사방^{散之四方}	사방으로 여기저기 흩어짐. 또는 그러한 모양. 삼지사방(×).
산짐승^山	✔️띄어쓰기 산에 사는 짐승.
산토끼^山	야산에 사는 토낏과의 포유동물. 메토끼(×).
살고기(×)	'뼈나 비계 따위를 발라내고 순 살로만 된 고기'는 '살코기'가 올바른 말이다.
살다	생명이 있는 것이 목숨을 이어 나가다. 연습 '공생'은 서로 도우며 함께 (삶, 살음, 삼)의 뜻을 가진 말이다. → 삶.
살래살래	작은 동작으로 고개를 가볍게 자꾸 가로흔드는 모양. 살레살레(×).
살레살레(×)	'작은 동작으로 고개를 가볍게 자꾸 가로흔드는 모양'은 '살래살래'가 올바른 말이다.
살륙(×)	'많은 사람을 함부로 죽임'은 '살육'이 올바른 말이다.
살르다(×)	'불 태워 없애다. 아궁이 따위에 불을 붙이다'의 뜻으로 쓰이는 말은 '사르다'가 올바른 말이다.
살림군(×)	'살림을 도맡아서 하는 사람. 살림을 잘 꾸려 나가는 사람'은 '살림꾼'이 올바른 말이다.
살림꾼	살림을 도맡아서 하는 사람. 살림을 잘 꾸려 나가는 사람. 살림군(×).

산산이^{散散-}
부사의 끝 음절이 분명히 '-이'로만 나는 것은 '이'로 적는다.

산속^山
'산속'은 한 단어로 굳어진 합성어이므로 붙여 쓴다.

산짐승^山
'산짐승'은 한 단어이므로 붙여 쓴다. '살아 있는 짐승'의 뜻으로 쓰일 때는 '산 짐승'처럼 띄어 쓴다.

살다
어간 끝이 'ㄹ'인 말의 명사형은 'ㄹ' 뒤에 명사형 어미 '-ㅁ'을 붙여 '삶'처럼 'ㄻ'으로 쓴다.

살래살래
'큰 동작으로 몸의 한 부분을 거볍게 잇따라 가로흔드는 모양'은 '설레설레'이다.

살림꾼
'어떤 일을 전문적으로 하는 사람' 또는 '어떤 일을 잘하는 사람'의 뜻을 더하는 접미사는 '-꾼'이다.

ㅅ

살사리(×)	'남에게 아첨하며 간사스럽게 알랑거리는 사람'은 '살살이'가 올바른 말이다.	
살살이	남에게 아첨하며 간사스럽게 알랑거리는 사람. 살사리(×).	
살아가다	✔띄어쓰기 목숨을 이어 가거나 생활을 해 나가다.	살아가다 '살아가다'는 한 단어이므로 붙여 쓴다.
살아남다	✔띄어쓰기 여럿 가운데 일부가 죽음을 모면하여 살아서 남아 있게 되다.	살아남다 '살아남다'는 한 단어이므로 붙여 쓴다.
살아오다	✔띄어쓰기 목숨을 이어 오거나 생활을 해 오다.	살아오다 '살아오다'는 한 단어이므로 붙여 쓴다.
살육殺戮	많은 사람을 함부로 죽임. 살륙(×).	
살지다	¹살이 많고 매우 튼실하다. 예 살진 암탉이 걸어간다. ²땅이 기름지다. 예 거친 황무지를 개척하여 살진 옥토로 만들었다. 연습 (살진, 살지는, 살찐, 살찌는) 암퇘지. → 살진 암퇘지(현재 살이 많은 상태의 암퇘지), 살찐 암퇘지(살이 많아진 암퇘지), 살찌는 암퇘지(현재 살이 많아지고 있는 암퇘지)는 올바른 문장이다.	살지다 '살지다'는 형용사이므로 '살지는'의 형태로 쓰일 수 없다. 형용사 '예쁘다'가 '예쁘는'으로 활용할 수 없는 것을 생각하면 쉽게 이해할 수 있다.

'살지는 암퇘지'는 올바른 말일까?

'살지는 암퇘지'는 잘못된 말이다. 형용사 '살지다'와 결합하는 현재 관형사형 어미는 '-(으)ㄴ'이다. 그러므로 형용사 '살지다'는 '살지는 암퇘지'처럼 활용할 수 없고 '살진 암퇘지'처럼 써야 한다. 반면에 '살찌다'는 동사이며 동사와 결합하는 현재 관형사형 어미는 '-는'이므로 '살찌는 암퇘지'처럼 활용할 수 있다.

살찌다	몸에 살이 많아지다. 예 나는 깡마른 사람보다는 다소 살찐 사람을 더 좋아한다. 비교 살지다.	
살코기	뼈나 비계 따위를 발라내고 순 살로만 된 고기. 살고기(×).	살코기 두 말이 어울릴 적에 'ㅎ' 소리가 덧나는 것은 소리대로 적는다(살ㅎ고기 → 살코기).
살쾡이	고양이와 비슷하나 몸집은 더 크며, 성질이 사납고 밤에 조류나 다람쥐 따위를 잡아먹고 사는 고양잇과의 산짐승. 삵괭이(×). [서울시 9급 '07]. [충북 9급 '07]. [공사·공단 언어 능력]. [서울시 9급 '16]	살쾡이 '삵'과 함께 복수 표준어이다.
살펴보다	✔띄어쓰기 ¹일일이 꼼꼼하게 주의해서 보다. 예 운동장 주위를 살펴보다. ²찾거나 알아보다. 예 신문의 가십난을 살펴보다. ³자세히 따져서 생각하다. 예 먼저 지문을 살펴본 후에 문제를 읽었다.	살펴보다 '살펴보다'는 합성 동사로 한 단어이므로 붙여 쓴다.
살포시	포근하고 가볍게. 드러나지 않게 살며시. 예 헬리콥터가 광장에 살포시 내려앉았다. 살폿이(×).	

살폿이(×)	'포근하고 가볍게. 드러나지 않게 살며시'의 뜻으로 쓰이는 말은 '살포시'가 올바른 말이다.
살푸리(×)	'불길한 운수를 피하려고 하는 굿'은 '살풀이'가 올바른 말이다.
살풀이	불길한 운수를 피하려고 하는 굿. 살푸리(×).
삵	고양이와 비슷하나 몸집은 더 크며, 성질이 사납고 밤에 조류나 다람쥐 따위를 잡아먹고 사는 고양잇과의 산짐승. 삵괭이(×).
삵괭이(×)	'고양이와 비슷하나 몸집은 더 크며, 성질이 사납고 밤에 조류나 다람쥐 따위를 잡아먹고 사는 고양잇과의 산짐승'은 '살쾡이'가 올바른 말이다.
삼가다	몸가짐, 행동 따위를 조심하다. 예 건물 안에서는 흡연을 삼가 주세요. 삼가하다(×). [경기도 9급 '07]. [지방직 7급 '10]. [공사·공단 언어 능력]. [경북교육 9급 '10]. [서울시 9급 '11]. [지방직 7급 '15]
삼가하다(×)	'몸가짐, 행동 따위를 조심하다'의 뜻으로 쓰이는 말은 '삼가다'가 올바른 말이다.
삼문협^{三門峽}(×)	'중국 허난성^{河南省}과 산시성^{山西省} 경계에 있는 협곡'은 '싼먼샤'가 올바른 말이다.
삼성^{三省}(×)	'무단강과 쑹화강이 만나는 곳에 있는, 만주 지린성 북부의 개시장^{開市場}'은 '싼성'이 올바른 말이다.
삼수갑산^{三水甲山}	우리나라에서 가장 험한 산골이라 이르던 삼수와 갑산. 산수갑산(×).
삼오제(×)	'장사를 지낸 후 세 번째 지내는 제사'는 '삼우제'가 올바른 말이다.
삼우제^{三虞祭}	장사를 지낸 후 세 번째 지내는 제사. 삼오제(×).
삼줄(×)	'태아의 배꼽과 태반을 이어 주는 줄'은 '탯줄'이 올바른 말이다.
삼지사방(×)	'사방으로 여기저기 흩어짐. 또는 그러한 모양'은 '산지사방'이 올바른 말이다.
삼짇날	음력 삼월 초사흗날. 삼짓날(×). [공사·공단 언어 능력]
삼짓날(×)	'음력 삼월 초사흗날'의 뜻으로 쓰이는 말은 '삼짇날'이 올바른 말이다.
삼촌^{三寸}	결혼하지 않은, 아버지의 형제. 삼춘(×).

삵
'살쾡이'와 함께 복수 표준어이다.

삼가다
기본형이 '삼가다'이므로 '삼가하고, 삼가하는, 삼가하지'처럼 활용하지 않고, '삼가고, 삼가는, 삼가지'처럼 활용한다.

삼짇날
'삼질'처럼 원래 'ㄹ' 받침이던 것이 합성어가 되면서 'ㄷ'으로 변한 것은 'ㄷ'으로 적는다.

삼춘(×)	'결혼하지 않은, 아버지의 형제'는 '삼촌'이 올바른 말이다.
삽사리	우리나라에서 사육용으로 많이 기르는, 털이 복슬복슬한 개 품종의 하나.
삽살개	우리나라에서 사육용으로 많이 기르는, 털이 복슬복슬한 개 품종의 하나. [법원직 9급 '07]
삿갓장이	삿갓을 만드는 일을 직업으로 하는 사람.
삿갓쟁이	삿갓을 쓰고 다니는 사람을 낮추어 이르는 말.
-상[上]	✔️띄어쓰기 [1]명사 뒤에 붙어 '그것과 관련된, 그것에 있어서'의 뜻을 나타내는 말. 예 이론상./관습상. [2]컴퓨터 등 가상 공간이나 추상적 공간에서의 한 위치. 예 인터넷상./전설상./통신상.
상가집(×)	'사람이 죽어 장례를 치르는 집'은 '상갓집'이 올바른 말이다.
상갓집[喪家-]	사람이 죽어 장례를 치르는 집. 상가집(×).
상관률(×)	'소비 증가분에 대한 생산 증가분의 비율'은 '상관율'이 올바른 말이다.
상관없다[相關-]	✔️띄어쓰기 서로 아무 관련이 없다. 예 나는 그 사건과 상관없다.
상관율[相關率]	소비 증가분에 대한 생산 증가분의 비율. 상관률(×).
상구[商邱](×)	'중국 허난성[河南省] 동부에 있는 도시'는 '상추'가 올바른 말이다.
상그럽다(×)	'향기가 있다'의 뜻으로 쓰이는 말은 '향기롭다'가 올바른 말이다.
상냥(×)	'건축에서, 기둥에 보를 얹고 그 위에 마룻대를 올리는 일'은 '상량'이 올바른 말이다.
상담[湘潭](×)	'섬유, 기계 따위 공업이 발달한, 중국 후난성[湖南省] 동부에 있는 도시'는 '샹탄'이 올바른 말이다.
상당이(×)	'꽤 대단히'의 뜻으로 쓰이는 말은 '상당히'가 올바른 말이다.
상당히[相當-]	꽤 대단하게. 상당이(×).
상덕[常德](×)	'중국 후난성[湖南省] 북부 둥팅호[洞庭湖]의 서쪽 기슭에 있는 도시'는 '창더'가 올바른 말이다.
상두꾼	상여를 메는 사람.

삽사리
'삽살개'와 함께 복수 표준어이다.

삿갓장이
'삿갓장이'와 함께 '삿갓쟁이'도 올바른 말이다. 이 둘의 차이점을 잘 알아두자.

-상[上]
'상'이 [1, 2]번의 뜻으로 쓰일 때는 접미사로 앞말과 붙여 쓴다. '지구상, 화면상, 좌표상'과 같이 '물체의 위나 위쪽을 이르는 말'의 뜻으로 쓰일 때도 접미사이므로 앞말과 붙여 쓴다.

상관없다
'상관없다'는 한 단어이므로 붙여 쓴다.

상관율[相關率]
'상관+율/률[率]'의 형태. 앞말이 받침이 없거나(모음) 'ㄴ' 받침 뒤에서는 '율'을 쓴다. 그 외에는 '률'을 쓴다. '상관'의 '관'이 'ㄴ' 받침으로 끝나는 경우이므로 '율'을 써서 '상관율'처럼 나타낸다.

상당히[相當-]
부사의 끝음절이 '이'나 '히'로 소리 나는 것은 '히'로 표기한다.

상두꾼
'상여꾼'과 함께 복수 표준어이다.

상량^{上樑}	건축에서, 기둥에 보를 얹고 그 위에 마룻대를 올리는 일. 상냥(×).
상사병^{相思病}	이성에 대한 그리움에서 생기는 마음의 병. 상삿병(×).
상삿병(×)	'이성에 대한 그리움에서 생기는 마음의 병'은 '상사병'이 올바른 말이다.
상스럽다^{常-}	말이나 행동이 보기에 천하고 교양이 없다. ⚠오류노트 화가 난 연안 댁은 <u>상스런</u> 욕을 마구 지껄여댔다. → 상스러운.
상승률^{上昇率}	물가, 주가 등이 기준 시점에 비해 올라가는 비율을 수치로 나타낸 것. 상승율(×).
상승율(×)	'물가, 주가 등이 기준 시점에 비해 올라가는 비율을 수치로 나타낸 것'은 '상승률'이 올바른 말이다.
상아대(×)	'배를 띄우거나 얕은 물에서 배를 밀어 내보낼 때 쓰는 긴 막대'는 '상앗대'가 올바른 말이다.
상앗대	배를 띄우거나 얕은 물에서 배를 밀어 내보낼 때 쓰는 긴 막대. 상아대(×).
상여꾼^{喪輿-}	상여를 메는 사람.
상여소리(×)	'상여를 메고 가면서 부르는 구슬픈 소리'는 '상엿소리'가 올바른 말이다.
상여집(×)	'상여와 그에 딸린 도구를 보관하는 오두막'은 '상엿집'이 올바른 말이다.
상연^{上演}	무대 위에서 연극을 펼쳐 보임.
상엿소리^{喪輿-}	상여를 메고 가면서 부르는 구슬픈 소리. 상여소리(×).
상엿집^{喪輿-}	상여와 그에 딸린 도구를 보관하는 오두막. 상여집(×).
상영^{上映}	영화관 등에서 영화를 관람객에게 보임.
상주^{常州}(×)	'양쯔강^{揚子江} 남쪽에 위치하고 농산물 거래가 활발한 중국 장쑤성^{江蘇省}의 도시'는 '창저우'가 올바른 말이다.
상채기(×)	'손톱 따위로 긁히거나 할퀴어져서 생긴 작은 상처'는 '생채기'가 올바른 말이다.
상추	잎은 쌈을 싸서 먹을 수 있는 채소로 널리 재배하는 국화과의 한두해살이풀. 상치(×). [경북교육 9급 '10]. [서울시 9급 '10]
상추^{商邱}	중국 허난성^{河南省} 동부에 있는 도시. 싼성(×).

상스럽다^{常-}
'상스럽다'의 어간 '상스럽-' 뒤에 '-은'이 오면 어간 말음 'ㅂ'이 '우'로 변하므로, '상스러운'처럼 써야 된다.

'상승율'로 표기할 수 없는 이유
'상승+율^率'의 형태. 앞말이 받침이 없거나 (모음) 'ㄴ' 받침 뒤에서는 '율'을 쓴다. 그 외에는 '률'을 쓴다. '상승'의 '승'이 모음도 아니고 'ㄴ' 받침으로 끝나는 경우도 아니므로 '률'을 써서 '상승률'처럼 나타낸다.

상여꾼^{喪輿-}
'상두꾼'과 함께 복수 표준어이다.

상연^{上演}
'상연'과 '상영'의 뜻의 차이를 잘 구별하자.

상영^{上映}
'영화'는 '상영'하는 것을 보는 것이고 연극은 '상연'하는 것을 보는 것이다. 두 낱말을 혼동하여 쓰지 않도록 하자.

상추
'상추'는 모음의 발음 변화를 인정하여, 발음이 바뀌어 굳어진 형태를 표준어로 삼은 말이다.

상치(×)	'잎은 쌈을 싸서 먹을 수 있는 채소로 널리 재배하는 국화과의 한두해살이풀'은 '상추'가 올바른 말이다.
상투장이(×)	'상투를 튼 사람을 낮잡아 이르는 말'은 '상투쟁이'가 올바른 말이다.
상투쟁이	상투를 튼 사람을 낮잡아 이르는 말. 상투장이(×).
상판대기	얼굴을 속되게 이르는 말. 상판때기(×).
상판때기(×)	'얼굴을 속되게 이르는 말'은 '상판대기'가 올바른 말이다.
상호 간相互間	✔띄어쓰기 이쪽과 저쪽의 관계.
새강(×)	'강에서 갈려 나가 중간에 섬을 이루고 다시 합쳐지는 강'은 '샛강'이 올바른 말이다.
새까맣다	매우 까맣다. 샛까맣다(×).
새까매지다	새까맣게 되다. 새까메지다(×).
새까메지다(×)	'새까맣게 되다'의 뜻으로 쓰이는 말은 '새까매지다'가 올바른 말이다.
새끼손가락	✔띄어쓰기 손가락 가운데 맨 가에 있는 가장 작은 손가락.
새노랗다(×)	'매우 노랗다'의 뜻으로 쓰이는 말은 '샛노랗다'가 올바른 말이다.
새다	날이 밝아 오다. 예 날이 새면 물새들이 하나 둘 찾아 오겠지.

'밤을 샜다'가 왜 잘못된 말일까?
'새다'는 '날이 밝아 오다'의 뜻으로 쓰이는 자동사이다. 자동사는 목적어가 올 수 없으므로 '날이 새다'라고는 표현할 수 있지만 '밤을 새다'라고 표현할 수 없다. '한숨도 자지 아니하고 밤을 지내다'의 뜻으로 쓰이는 말은 '새우다'이다.

새롭다	이전에는 있은 적이 없다. 예 새로운 기술이 등장하고 있다.
	✔오류노트 생각이 자꾸 <u>새로와져야</u> 합니다. → 새로워져야.
새말갛다(×)	'매우 산뜻하게 맑다'의 뜻으로 쓰이는 말은 '샛말갛다'가 올바른 말이다.
새벽녘(×)	'날이 샐 무렵'은 '새벽녘'이 올바른 말이다.
새벽녘	날이 샐 무렵. 새벽녁(×). [서울시 9급 '16]

상판대기
의미 차이가 없고 비슷한 발음의 몇 형태가 쓰일 경우, 더 널리 쓰이는 한 형태만을 표준어로 삼는다.

상호 간相互間
'서로'의 뜻을 가진 '상호'와 의존 명사 '간'이 합쳐진 단어로 띄어 쓴다.

새까매지다
'새까맣다'의 어간 '새까맣-'에 '-아지다'가 합해져서 '새까매지다'가 된 것이다.

새끼손가락
'새끼손가락'은 한 단어이므로 붙여 쓴다.

새롭다
어간의 끝 'ㅂ'이 'ㅜ'로 바뀔 때에, '고와, 도와'와 같이 모음이 'ㅗ'인 단음절 어간 뒤에 결합하는 '-아'의 경우만 '와'로 적고, 그 밖의 경우 모두 '워'로 적는다.

새벽별(×)	'태양에서 둘째로 가까운 행성(금성)'은 '샛별'이 올바른 말이다.
새빨갛다	매우 빨갛다. 샛빨갛다(×).
새빨개지다	새빨갛게 되다. 새빨게지다(×).
새빨게지다(×)	'새빨갛게 되다'의 뜻으로 쓰이는 말은 '새빨개지다'가 올바른 말이다.
새삼스럽다	이미 알고 있는 사실에 대하여 느껴지는 감정이 갑자기 새로운 데가 있다.

오류노트 10년 만에 고향 마을 입구에 들어서니 <u>새삼스런</u> 느낌이 든다. → 새삼스러운.

새색시	갓 결혼한 여자. 색시. 각시. 새악시(×).
새악시(×)	'갓 결혼한 여자'의 뜻으로 쓰이는 말은 '새색시'가 올바른 말이다.
새암(×)	'땅에서 물이 솟아 나오는 곳'은 '샘'이 올바른 말이다.
새암굿(×)	'마을의 공동 우물에 물이 잘 나오라고 치성을 드리는 일'은 '샘굿'이 올바른 말이다.
새앙	뿌리는 맵고 향기가 있어서 향신료와 건위제로 쓰이는 생강과의 여러해살이풀.
새앙손이	손가락 모양이 생강처럼 생긴 사람. 생강손이(×).
새앙쥐(×)	'쥐 종류 중 가장 작으며 곡물이나 채소 따위를 해치는 쥣과의 포유동물'은 '생쥐'가 올바른 말이다.
새우다	잠을 자지 않고 온밤을 뜬눈으로 지내다.

오류노트 시험 공부를 하느라 밤을 꼬박 <u>샜다</u>. → 새웠다.
[지방직 9급 '08]

새움(×)	'남의 처지나 물건을 탐내거나, 자기보다 나은 처지에 있는 사람이나 적수를 미워함'은 '샘'이 올바른 말이다.
새초롬하다	조금 쌀쌀맞게 시치미를 떼는 태도가 있다. 짐짓 조금 쌀쌀한 기색을 꾸미다. 비교 새치름하다. [국회 8급 '13]. [서울시 지방직 7급 '16]
새치름하다	쌀쌀맞게 시치미를 떼는 태도가 있다. 짐짓 쌀쌀한 기색을 꾸미다. 비교 새초롬하다.
새침데기	성격이 새침한 사람. 예 새침데기 친구가 웬일로 나에게 먼저 말을 걸어 왔다. 새침떼기(×).

새빨개지다
'새빨갛다'의 어간 '새빨갛-'에 '-아지다'가 결합하여 '새빨개지다'로 된 것이다.

새삼스럽다
'새삼스럽다'의 어간 '새삼스럽-' 뒤에 '-은'이 오면 어간 말음 'ㅂ'이 'ㅜ'로 변하므로, '새삼스러운'처럼 써야 된다.

새앙
'생강'과 함께 복수 표준어이다.

새앙손이
의미가 똑같은 형태가 몇 가지 있을 경우, 가장 널리 쓰이는 단어만을 표준어로 삼는다.

'새앙쥐'로 표기할 수 없는 이유
'생쥐'와 '새앙쥐'는 준말과 본말 관계인데 '생쥐'가 더 널리 쓰여서 이를 표준어로 삼았다.

새우다
'새다'는 '날이 새다'처럼 자동사이므로 목적어가 올 수 없다. '새우다'는 타동사이므로 목적어가 반드시 와야 한다.

'새초롬하다'와 '새치름하다'
두 말은 어감상의 차이가 있는 말이다.

새침떼기(×)	'성격이 새침한 사람'은 '새침데기'가 올바른 말이다.
새파랗다	매우 파랗다. 샛파랗다(×).
새파래지다	새파랗게 되다. 새파레지다(×).
새파레지다(×)	'새파랗게 되다'의 뜻으로 쓰이는 말은 '새파래지다'가 올바른 말이다.
새하야지다, 새하예지다(×)	'새하얗게 되다'의 뜻으로 쓰이는 말은 '새하얘지다'가 올바른 말이다.
새하얗다	매우 하얗다. 샛하얗다(×).
새하얘지다	새하얗게 되다. 새하야지다·새하예지다(×).
색도索道(×)	'운반차를 매달아 사람이나 물건 따위를 나르는 장치'는 '삭도'가 올바른 말이다.
색소폰saxophone	부드러운 음을 낼 수 있어 경음악이나 취주악에 많이 쓰이는 금속제 목관 악기의 한 가지. 색스폰(×).
색스폰(×)	'부드러운 음을 낼 수 있어 경음악이나 취주악에 많이 쓰이는 금속제 목관 악기의 한 가지'는 '색소폰'이 올바른 말이다.
색시감(×)	'신부가 될 만한 여자. 또는 앞으로 신부가 될 여자'는 '색싯감'이 올바른 말이다.
색시집(×)	'결혼한 여자의 친정을 속되게 이르는 말. 접대부를 고용하여 술을 파는 집'은 '색싯집'이 올바른 말이다.
색싯감	¹신부가 될 만한 여자. ²앞으로 신부가 될 여자. 색시감(×).
색싯집	¹결혼한 여자의 친정을 속되게 이르는 말. ²접대부를 고용하여 술을 파는 집. 색시집(×).
색조索條(×)	'삼이나 강철로 만든 줄을 심으로 하고 거기에 몇 줄의 철사 꼰 것을 감은 밧줄'은 '삭조'가 올바른 말이다.
샐러드salad	과일이나 야채를 주재료로 하여 달걀, 마요네즈 따위를 곁들여 만든 서양식 요리. 샐럿(×).
샐럿(×)	'과일이나 야채를 주재료로 하여 달걀, 마요네즈 따위를 곁들여 만든 서양식 요리'는 '샐러드'가 올바른 말이다.
샐비어salvia	잎은 긴 타원형으로 끝이 뾰족하고 톱니가 있으며 약용이나 서양 요리 향료로 쓰는 꿀풀과의 여러해살이풀. 사루비아(×).
샘	남의 처지나 물건을 탐내거나, 자기보다 나은 처지에 있는 사람이나 적수를 미워함. 새움(×).

새파래지다 '새파랗다'의 어간 '새파랗-'에 '-아지다'가 합해져서 '새파래지다'가 되었다.

새하얘지다 '새하얗다'의 어간 '새하얗-'에 '-아지다'가 합해져서 '새하얘지다'가 되었다.

'색시감'으로 쓸 수 없는 이유 '색시+감'은 순우리말로 된 합성어로서 앞말이 모음으로 끝나고 뒷말의 첫소리가 된소리로 나므로 '색싯감'처럼 사이시옷을 붙인다.

색싯감 '색싯감'은 '신붓감'과 동의어이다.

색싯집 순우리말로 된 합성어로서 앞말이 모음으로 끝나고 뒷말의 첫소리가 된소리로 나므로 사이시옷을 붙인다.

샘	물이 땅에서 솟아 나오는 곳. 새암(×).
샘굿	마을의 공동 우물에 물이 잘 나오라고 치성을 드리는 일. 새암굿(×).
샛강^{-끄}	강에서 갈려 나가 중간에 섬을 이루고 다시 합쳐지는 강. 사잇강·새강(×).
샛길	큰길로 통하는 작은 길. 예 회사로 가려면 산쪽으로 난 샛길을 통과해야 한다. 사이길(×).
샛까맣다(×)	'매우 까맣다'의 뜻으로 쓰이는 말은 '새까맣다'가 올바른 말이다.
샛노랗다	매우 노랗다. 예 샛노란 은행잎이 눈부시게 아름답다. 새노랗다(×).
샛말갛다	매우 산뜻하게 맑다. 예 샛말간 가을 하늘이 한없이 높다. 새말갛다(×).
샛별	태양에서 둘째로 가까운 행성(금성). 새벽별(×).
샛빨갛다(×)	'매우 빨갛다'의 뜻으로 쓰이는 말은 '새빨갛다'가 올바른 말이다.
샛파랗다(×)	'매우 파랗다'의 뜻으로 쓰이는 말은 '새파랗다'가 올바른 말이다.
샛하얗다(×)	'매우 하얗다'의 뜻으로 쓰이는 말은 '새하얗다'가 올바른 말이다.

샛강^{-끄}
순우리말과 한자어로 된 합성어로서 앞말이 모음으로 끝난 경우, 뒷말의 첫소리가 된소리로 나는 것은 사이시옷을 붙인다.

샛길
'샛길'의 '샛'은 '사이에 있는 작은 것'을 뜻하는 말이다.

ㅅ

샛별
의미가 똑같은 형태가 몇 가지 있을 경우, 그 중 가장 널리 쓰이는 단어만을 표준어로 삼는다.

왜 '샛말갛다'와 '샛노랗다'는 '샛-'이 들어가고, '새빨갛다', '새하얗다'는 '새-'가 들어갈까?

[1]첫소리가 유성음(ㄴ,ㅁ)이고 첫 음절의 모음이 'ㅏ,ㅗ'인 색채를 나타내는 말 앞에는 '매우 짙고 선명하게'의 뜻을 나타내는 말 '샛-'을 쓴다. 예 샛노랗다./샛말갛다.

[2]첫소리가 된소리나 거센소리 또는 'ㅎ'이고 첫 음절의 모음이 양성인 색채를 나타내는 말 앞에는 '매우 짙고 선명하게'의 뜻을 나타내는 말 '새-'를 쓴다. 예 새빨갛다./새카맣다./새하얗다.

[3]첫소리가 유성음(ㄴ,ㅁ)이고 첫 음절의 모음이 'ㅓ,ㅜ'인 색채를 나타내는 말 앞에는 '매우 짙고 선명하게'의 뜻을 나타내는 말 '싯-'을 쓴다. 예 싯누렇다./싯멀겋다.

[4]첫소리가 된소리나 거센소리 또는 'ㅎ'이고 첫 음절의 모음이 음성인 색채를 나타내는 말 앞에는 '매우 짙고 선명하게'의 뜻을 나타내는 말 '시-'를 쓴다. 예 시뻘겋다./시퍼렇다./시허옇다.

생각하다	머리를 써서 사물을 헤아리고 궁리하다. [연습] ¹생각(지, 치)도 않은 행운이 굴러 들어왔다. ²돌이켜 생각(건대, 컨대) 그간 부모님께 너무 무관심한 것 같다. ³생각(다가, 타가) 못해 그는 자기가 잘못한 일을 그녀에게 모두 털어놓았다. [세무직 9급 '07]. [국가직 7급 '07]. [지방직 7급 '10]. [공사·공단 언어 능력]. [국가직 9급 '10]. [서울시 지방직 7급 '16]. [지방직 9급 '16]. [서울시 9급 '17]. [사회복지직 9급 '17]
생강生薑	뿌리는 맵고 향기가 있어서 향신료와 건위제로 쓰이는 생강과의 여러해살이풀.
생강손이(×)	'손가락 모양이 생강처럼 생긴 사람'은 '새앙손이'가 올바른 말이다.
생굴生-	절이거나 익히지 않은 굴. 날굴(×).
생노병사(×)	'태어나고 늙고 병들고 죽는 네 가지 고통'은 '생로병사'가 올바른 말이다.
생로병사生老病死	태어나고 늙고 병들고 죽는 네 가지 고통. 생노병사(×).
생리량生理量	생리의 양. 생리양(×).
생리양(×)	'생리의 양'은 '생리량'이 올바른 말이다.
생무지生-(×)	'어떤 일에 대하여 전혀 모르거나 상관하지 아니하는 상태'는 '생판'이 올바른 말이다.
생사여탈권(×)	'살리고 죽일 수 있는 권리와 주고 빼앗을 수 있는 권리'는 '생살여탈권'이 올바른 말이다.
생살여탈권生殺與奪權	살리고 죽일 수 있는 권리와 주고 빼앗을 수 있는 권리. 생사여탈권(×).
생울타리(×)	'살아 있는 나무를 심어 만든 울타리'는 '산울타리'가 올바른 말이다.
생장률生長率	단위 시간당 생물의 체중이 증가하는 비율. 생장율(×).
생장율(×)	'단위 시간당 생물의 체중이 증가하는 비율'은 '생장률'이 올바른 말이다.
생존률(×)	'살아남은 비율'의 뜻으로 쓰이는 말은 '생존율'이 올바른 말이다.
생존율	살아남은 비율. 생존률(×).
생쥐	쥐 종류 중 가장 작으며 곡물이나 채소 따위를 해치는 쥣과의 포유동물. 새앙쥐(×). [경북교육 9급 '10]

생채기	손톱 따위로 긁히거나 할퀴어져 생긴 작은 상처. 상채기(×).
생판^{生-}	어떤 일에 대하여 전혀 모르거나 상관하지 아니하는 상태. 생무지(×).
샤먼^{廈門}	중국 푸젠성^{福建省} 남부, 샤먼 섬에 있는 항구 도시. 하문(×).
샤베트(×)	'과즙에 물, 우유, 설탕 따위를 넣어 만든 얼음과자'는 '셔벗'이 올바른 말이다.
샤시(×)	'자동차의 차대'의 뜻으로 쓰이는 말은 '섀시'가 올바른 말이다.
샤오샹^{瀟湘}	중국 후난성^{湖南省}에 있는 샤오수이^{瀟水}강과 샹장^{湘江}강. 소상(×).
샤타(×)	'위아래로 오르내리게 만든 철제 덧문'은 '셔터'가 올바른 말이다.
샤허^{夏河}	중국 간쑤성^{甘肅省} 서남부에 있는 도시. 하하(×).
샷(×)	'한 번의 연속 촬영으로 찍은 장면을 이르는 말'은 '숏'이 올바른 말이다.
샷^{shot}	골프 따위에서, 공을 한 번 치는 일. 숏(×).
샷다(×)	'출입구나 창문에 설치하여 올리고 내릴 수 있도록 한 문'은 '셔터'가 올바른 말이다.
샹드리에(×)	'천장에 매달아 드리우게 된 화려한 장식이 있는 전등'은 '샹들리에'가 올바른 말이다.
샹들리에^{chandelier}	천장에 매달아 드리우게 된 화려한 장식이 있는 전등. 샹드리에(×).
샹탄^{湘潭}	섬유, 기계 따위 공업이 발달한, 중국 후난성^{湖南省} 동부에 있는 도시. 상담(×).
섀시^{chassis}	자동차의 차대. 샤시(×). [KBS한국어 '07]
서	수량이 셋임을 나타내는 말. 예 구슬이 서 말이라도 꿰어야 보배. 오류노트 ¹타작한 결과 겉보리 서 섬이 나왔다. → 석 섬. ²감초 세 돈을 샀다. → 서 돈
서강^{西江}(×)	'윈난성^{雲南省} 동부에서 주장강^{珠江江}으로 흘러드는, 중국 남부에 있는 강'의 뜻으로 쓰이는 말은 '시장강'이 올바른 말이다.

생판^{生-}
'어떤 일에 익숙하지 못하고 서투른 사람'의 뜻으로 쓰이는 말은 '생무지'가 올바른 말이다.

'샷'과 '숏'
shot을 골프에서는 '샷'으로, 사진에서는 '숏'으로 표기함에 주의하자.

'섀시'와 '새시'
자동차의 차대는 '섀시'이고 '알루미늄 따위를 재료로 만든 창의 틀'은 새시^{sash}이다. '섀시'와 '새시'의 뜻의 차이를 잘 구별하자.

서
'돈', '말', '발', '푼' 등의 단위를 나타내는 말 앞에서만 '서'를 쓴다.

서겸^{徐謙}(×) '쑨원^{孫文}의 비서를 거쳐 국민 참정원을 지낸 중국의 정치가'는 '쉬첸'이 올바른 말이다.

서금^{瑞金}(×) '교통의 요지로 농산물의 집산이 활발한, 중국 장시성^{江西省}과 푸젠성^{福建省} 경계에 있는 도시'는 '루이진'이 올바른 말이다.

서까래 마룻대에서 도리 또는 보에 걸쳐 지른 나무. 섯가래(×).

서낭굿 서낭신을 위해 하는 굿. 선왕굿(×).

서넛 셋이나 넷쯤 되는 수. 예 장정 서넛이 뛰어가고 있다. 세넷(×).

서녁(×) '해가 지는 쪽'의 뜻으로 쓰이는 말은 '서녘'이 올바른 말이다.

서녕^{西寧}(×) '라마교의 성지가 있으며, 중국 칭하이성^{青海省}의 성도^{省都}인 도시'는 '시닝'이 올바른 말이다.

서녘^{西-} 해가 지는 쪽. 서녁(×).

서느랗다(×) '물체의 온도나 기온이 꽤 찬 듯하다'의 뜻으로 쓰이는 말은 '서느렇다'가 올바른 말이다.

서느렇다 물체의 온도나 기온이 꽤 찬 듯하다. 서느랗다(×).

서두르다, 서둘다 일을 빨리 마치려고 바삐 움직이다. 서둘르다(×).

> **'서둘러'는 맞고 '서둘어'는 틀린 이유는 무엇일까?**
> '서둘다'는 '서두르다'의 준말로 복수 표준어이다. 모음 어미가 연결될 때에는 준말의 활용형을 인정하지 않는다. 즉 본말의 활용 '서두르+-어 ➡ 서둘러'는 인정하고 준말의 활용 '서둘+-어 ➡ 서둘어'는 인정하지 않는다. 반면에 명사형 어미는 본말의 명사형 '서두름'과 준말의 명사형 '서둚' 모두 표준어로 인정한다. [서울시 9급 '21]

서둘르다(×) '일을 빨리 끝내기 위해 바삐 움직이다'의 뜻으로 쓰이는 말은 '서두르다'가 올바른 말이다.

서랍 책상, 장롱, 문갑 등에 붙여, 앞으로 끼웠다 빼었다 하게 만들어 물건을 담는 상자. 설합(×).

서럽다 원통하고 슬프다. 섧다(×).

서령(×) '그렇다고 가정하여 말하여'는 '설령'이 올바른 말이다.

서리발(×) '지표면의 수분이 얼어서 성에처럼 된 모양'은 '서릿발'이 올바른 말이다.

서넛
'셋이나 넷'임을 나타내는 관형사는 '서너'이다. 예 이 일을 하려면 서너 명쯤 필요하겠다.

서녘^{西-}
'방향을 가리키는 말'은 '녘'이다.

서럽다
'섧다'와 함께 복수 표준어이다.

서릿발	지표면의 수분이 얼어서 성에처럼 된 모양. 서리발(×).
서방질書房-	남편 있는 여자가 다른 남자와 정을 통하는 일.
서비스service	생산된 재화를 운반·배급하거나 생산·소비에 필요한 노무를 제공함. 써비스(×). [지방직 7급 '16]
서사 군도西沙群島(×)	'중국 하이난섬海南島 남동쪽에 있는 섬들'은 '시사 군도'가 올바른 말이다.
서슴거리다	말이나 행동을 선뜻 결정하지 못하고 자꾸 머뭇거리며 망설이다. 서슴대다.
서슴다	결정이 필요할 때 결정하지 못하고 머뭇거리며 망설이다.

> **✔오류노트** 원하는 것을 <u>서슴치</u> 말고 말해. → 서슴지. [지방직 9급 '10]. [지방직 9급 '15]

> ### '서슴치'가 왜 잘못된 말일까?
> '서슴치'는 '서슴+하지'로 분석된다. 그런데 '서슴하다'라는 단어는 없다. 그러므로 '서슴치'는 잘못된 말이다. '서슴다'의 어간 '서슴-'에 어미 '-지'가 붙은 말이므로 '서슴지'가 맞다.

서식지棲息地	생물 따위가 일정한 곳에 자리를 잡고 사는 곳.

> **✔오류노트** 담양에는 대나무 <u>서식지</u>가 있다. → 자생지, 군락지, 재배지 등으로 고쳐야 된다.

서슴대다	말이나 행동을 선뜻 결정하지 못하고 자꾸 머뭇거리며 망설이다. 서슴거리다.
서안西安(×)	'웨이수이渭水 분지에 있는 중국 산시성陝西省에 있는 도시'는 '시안'이 올바른 말이다.
서안 사건西安事件(×)	'1936년 중국에서 장쉐량長學良의 군대가 공산군 토벌을 위하여 장제스蔣介石를 감금하고 국공 내전 정지와 항일 투쟁을 요구한 사건'은 '시안 사건'이 올바른 말이다.
서오능(×)	'경기도 고양시에 있는 조선 시대의 다섯 능'은 '서오릉'이 올바른 말이다.
서오릉西五陵	경기도 고양시에 있는 조선 시대의 다섯 능. 서오능(×).
서분하다(×)	'마음에 모자라 아쉽거나 섭섭한 느낌이 있다'는 '서운하다'가 올바른 말이다.

서방질書房-
'화냥질'과 함께 복수 표준어이다.

서슴다
기본형이 '서슴하다'가 아닌 '서슴다'임을 잘 익혀 두자.

서식지
'서식'은 살 서棲와 쉴 식息자를 써서 '동물이 깃들여 삶'이라는 뜻이다. 따라서 자기 몸을 움직여서 집을 찾아갈 수 있는 동물에만 '서식'이라는 말을 쓴다.

서분하다
'묶거나 쌓은 물건이 꼭 붙지 않고 느슨한 데가 있다'의 뜻으로는 '서분하다'가 올바른 말이다.

서운하다	마음에 모자라 아쉽거나 섭섭한 느낌이 있다. 서분하다(×).
서울나기(×)	'서울에서 나고 자란 사람'은 '서울내기'가 올바른 말이다.
서울내기	서울에서 나고 자란 사람. 서울나기(×).
서주徐州(×)	'중국 장쑤성江蘇省의 북서쪽에 있는 도시'는 '쉬저우'가 올바른 말이다.
서창西昌(×)	'중국 쓰촨성西川省 남서부에 있는 도시'는 '시창'이 올바른 말이다.
서투르다, 서툴다	어떤 일에 미숙하여 잘 다루지 못하다.

> **✔오류노트** 컴퓨터는 좋은 것 같은데 다루는 솜씨가 <u>서툴어서</u> 답답하다. ➔ 서툴러서.

> **'서투르다'와 '서툴다'의 관계는?**
> '서툴다'는 '서투르다'의 준말이며 이 두 말은 복수 표준어이다. 그런데 모음 어미가 연결될 때는 준말의 활용형을 인정하지 않는다. 즉 본말의 활용 '서투르+-어 ➔ 서툴러'는 인정하되 준말의 활용 '서툴+-어 ➔ 서툴어'는 인정하지 않는다. 명사형 어미는 본말의 명사형 '서투름'과 준말의 명사형 '서툶' 모두 표준어로 인정한다.

석	수가 셋임을 나타내는 말. 예 금 석 냥.
석동무니	윷놀이에서, 석동을 한번에 업고 가는 말. 석동사니(×).
석동사니(×)	'윷놀이에서, 석동을 한번에 업고 가는 말'은 '석동무니'가 올바른 말이다.
석수장이石手-	석수를 낮잡아 이르는 말. 석수쟁이(×).
석수쟁이(×)	'석수를 낮잡아 이르는 말'은 '석수장이'가 올바른 말이다.
선글라스sunglass	눈을 햇빛으로부터 보호하기 위하여 쓰는 색안경. 썬글라스(×).
선동이(×)	'쌍둥이 중 앞서 태어난 아이'는 '선둥이'가 올바른 말이다.
선두리	논이나 연못 따위에 살며 겉날개는 단단한 혁질이고 뒷다리로 헤엄을 잘 치는 물방갯과의 갑충.
선둥이先-	쌍둥이 중 앞서 태어난 아이. 선동이(×).

서울내기
'-내기'는 다음과 같은 뜻이 있다. [1]'그 고장 사람임을 나타내는 말. 예 서울내기. [2]'그 정도밖에 되지 않음'을 낮잡는 말. 예 보통내기.

석
'석'은 '세'와 같은 뜻의 말인데 '냥', '되', '섬', '자' 등 수를 나타내는 의존 명사 앞에 쓰인다.

선둥이先-
'그러한 성질이 있거나 그와 긴밀한 관련이 있는 사람'의 뜻으로 쓰이는 말은 '-둥이'이다.

선률(×)	'고저장단 등과 어울려 나타나는 음의 흐름'은 '선율'이 올바른 말이다.
선보다	[1]혼인할 상대방을 고르기 위해 만나서 사람의 됨됨이를 살펴보다. [2]물건의 좋고 나쁨을 가려보다.

> **오류노트** [1]KBS 생로병사 방송을 계기로 국내서도 관련 제품 선뵈(신문 기사 제목). → 선봬. [2]우리 회사의 첨단 제품을 국내외에 선봬다. → 선뵈다.

선성宣城(×)	'중국 안후이성安徽省 남동부에 있는 도시'는 '쉬안청'이 올바른 말이다.
선양瀋陽	교통의 요지이며 중공업이 발달한 중국 만주 랴오닝성遼寧省에 있는 도시. 심양(×).
선왕굿(×)	'서낭신을 위해 하는 굿'의 뜻으로 쓰이는 말은 '서낭굿'이 올바른 말이다.
선율旋律	고저장단 등과 어울려 나타나는 음의 흐름. 선률(×). [국가직 7급 '08]
선잠	깊이 들지 못하거나 충분하게 이루지 못한 잠. [예] 간밤에 선잠을 잤더니 피곤하다. 설잠(×).
선지국(×)	'선지를 넣고 끓인 국'의 뜻으로 쓰이는 말은 '선짓국'이 올바른 말이다.
선짓국	선지를 넣고 끓인 국. 선지국(×)
선탠suntan	살갗을 햇볕에 알맞게 그을리어서 고운 갈색으로 만드는 일. 썬탠(×).
선화宣化(×)	'중국 허베이성河北省 북서부 장자커우張家口 남쪽에 있는 도시'는 '쉬안화'가 올바른 말이다.
섣달	음력으로 한 해의 마지막 달. [예] 내 동생은 섣달 그믐날 밤에 태어났다. 섯달(×).
설거지	식사를 마친 후 그릇을 씻어 정리하는 일. 설겆이(×). [대전·충남 교행직 9급 '06]. [한국어교육검정 '11]. [서울시 9급 '16]
설거지물	음식물이나 그릇을 씻을 때 쓰는 물.
설거지통·桶	음식물이나 그릇을 씻기 위한 물을 담는 통.
설겆이(×)	'식사 후 그릇을 씻어 정리하는 일'은 '설거지'가 올바른 말이다.

선보다
'선뵈'나 '선봬다'는 잘못된 말이다. '선보다'의 사동사 '선보이다'는 '선뵈다'로 줄 수 있다. '선뵈다'의 어간에 어미 '-어'가 와서 '선뵈어'가 되며 다시 줄어 '선봬'가 된다. 이때의 기본형은 '선봬다'가 아닌 '선뵈다'이다.

선율旋律
'선+율/률率'의 형태. 앞말이 받침이 없거나 (모음) 'ㄴ' 받침 뒤에서는 '율'을 쓴다. 그 외에는 '률'을 쓴다. '선율'의 '선'이 'ㄴ' 받침으로 끝나는 경우이므로 '율'을 써서 '선율'처럼 나타낸다.

선짓국
순우리말로 된 합성어로서 앞말이 모음으로 끝난 경우, 뒷말의 첫소리가 된소리로 나는 것은 사이시옷을 붙인다.

설거지물
'개숫물'과 함께 복수 표준어이다.

설거지통·桶
'개수통'과 함께 복수 표준어이다.

설농탕(×)   '소의 머리, 뼈, 내장 따위를 푹 고아서 만든 국'은 '설렁탕'이 올바른 말이다.

설다(×)   '원통하고 슬프다'의 뜻으로 쓰이는 말은 '섧다'가 올바른 말이다.

설라믄(×)   그 앞말이 주어임을 나타내는 격 조사 '서'와 보조사 '랑은'이 붙어서 된 말은 '설랑은'이 올바른 말이다.

설랑은   그 앞말이 주어임을 나타내는 격 조사 '서'와 보조사 '랑은'이 붙어서 된 말. 예 거기설랑은 조용히 해 주세요. 설라믄(×).

설렁탕湯   소의 머리, 뼈, 내장 따위를 푹 고아서 만든 국. 설농탕(×).

설레다   마음이 들떠서 두근두근하다. 설레이다(×).

> ✏️오류노트 길원이는 10년 동안의 외국 유학 생활을 마치고 <u>설레이는</u> 마음을 안고 귀국 길에 올랐다. → 설레는. [충북 9급 '07]. [지방직 9급 '08]. [한국어교육검정 '09]. [경북교육 9급 '13]

> **'설레임'은 왜 잘못된 말일까?**
> 기본형은 '설레이다'가 아닌 '설레다'이다. 그러므로 '설레이다'의 활용 형태인 '설레여, 설레이는, 설레였다'도 잘못된 말이다. '설레어, 설레는, 설레었다'가 올바른 활용형이다. '설레이다'의 명사형인 '설레임'도 잘못된 말이다. '설렘'이 올바른 말이다.

설레이다(×)   '마음이 들떠서 두근두근하다'의 뜻으로 쓰이는 말은 '설레다'가 올바른 말이다.

설령設令   그렇다고 가정하여 말하여. 예 설령 내일 지구의 종말이 온다고 해도 맡은 일은 확실히 하겠다. 서령(×).

설립년도(×)   '기관 따위를 만들어 세운 연도'는 '설립 연도'가 올바른 말이다.

설립 연도設立年度   기관 따위를 만들어 세운 연도. 설립년도(×).

설움   서럽게 느껴지는 마음. 설음(×).

설음(×)   '서럽게 느껴지는 마음'은 '설움'이 올바른 말이다.

설잠(×)   '깊이 들지 못하거나 충분하게 이루지 못한 잠'은 '선잠'이 올바른 말이다.

설파제sulfa劑   설폰아마이드제 및 설포기를 갖는 화학 요법제. 설폰아마이드. 술파제. 술폰아마이드.

설렁탕湯
어원에서 멀어진 형태로 굳어져서 널리 쓰이는 것은, 그것을 표준어로 삼는다.

설립 연도設立年度
'설립 연도'는 한 단어가 아니므로 뒤 단어의 첫머리에 두음 법칙을 적용해 '설립 연도'처럼 표기한다.

설합(×)	'책상, 장롱, 문갑 등에 붙어, 앞으로 끼웠다 빼었다 하게 만들어 물건을 담는 상자'는 '서랍'이 올바른 말이다.
섧다	원통하고 슬프다.
섬	✓띄어쓰기 주위가 물로 완전히 둘러싸인 육지.
섬뜩	소름이 끼칠 정도로 무섭고 끔찍한 느낌이 갑자기 드는 모양. 섬짓·섬찍(×).
섬짓, 섬찍(×)	'소름이 끼칠 정도로 무섭고 끔찍한 느낌이 갑자기 드는 모양'은 '섬뜩'이 올바른 말이다.
섭섭이(×)	'서운하고 아쉽게'의 뜻으로 쓰이는 말은 '섭섭히'가 올바른 말이다.
섭섭하다	서운하고 아쉽다.

✔오류노트 [1]힘들더라도 참고 나를 도와주면 나중에 <u>섭섭치</u> 않게 대우해 주겠다. → 섭섭지. [2]전국대회 우승 포상금은 확정되지 않았지만 이번에도 <u>섭섭찮은</u> 액수를 지급할 것이라는 소문이다. → 섭섭잖은. [세무직 9급 '07].

섭섭히	서운하고 아쉽게. 예 이 일이 잘 해결되면 섭섭히 해주지는 않을 테니 힘껏 도와주게. 섭섭이(×).
섯가래(×)	'마룻대에서 도리 또는 보에 걸쳐 지른 통나무'는 '서까래'가 올바른 말이다.
섯다(×)	'두 장씩 가진 화투장을 견주어 가장 높은 끗수를 가진 사람이 판돈을 가지는 화투 노름의 하나'는 '섰다'가 올바른 말이다.
섯달(×)	'음력으로 한 해의 마지막 달'은 '섣달'이 올바른 말이다.
섰다	두 장씩 나누어 가진 화투장을 남과 견주어 가장 높은 끗수를 가진 사람이 판돈을 가지는 화투놀음의 하나. 섯다(×).
성갈(×)	'매섭고 예민한 성질을 부리는 태도나 버릇'은 '성깔'이 올바른 말이다.
성공률成功率	일정한 조건에서 성공할 수 있는 비율. 예 유통업계는 다점포 출점 전략을 바꿔 성공률이 높은 점포만을 선별하여 출점하기로 하였다. 성공율(×). [선관위 '08]. [국가직 7급 '12]
성공율(×)	'일정한 조건에서 성공할 수 있는 비율'은 '성공률'이 올바른 말이다.

섧다
'서럽다'와 함께 복수 표준어이다.

섬
'섬'이 순우리말이나 한자어와 연결될 때는 앞말과 붙여 쓴다. 외래어 다음에도 붙여 쓴다. 예) 남이섬./사이판섬.

섭섭하다
'-하-' 앞의 받침이 'ㄱ', 'ㄷ', 'ㅂ', 'ㅅ' 등일 경우는 '-하-' 전체가 줄어든다. '섭섭하지'에서 '-하-' 앞의 받침이 'ㅂ'이므로 '-하-' 전체가 줄어 '섭섭지'와 같은 형태가 된다. 또 '섭섭하지 않은'에서 '-하-' 전체가 줄면 '섭섭지 않은 → 섭섭잖은'이 된다.

섭섭히
부사의 끝음절이 '이'나 '히'로 소리 나는 것은 '히'로 표기한다.

'섯달'이 아니고 '섣달'이 맞는 이유
'설'처럼 원래 'ㄹ' 받침이었던 것이 합성어가 되면서 'ㄷ'으로 변한 것은 'ㄷ'으로 적는다.

성구成句 두 단어 이상의 단어가 합쳐져 이루어지는 글귀. 예 성구를 인용하여 글을 썼다. 성귀(×).

성구成句
한자 '句'가 붙어서 이루어진 단어는 '귀'를 인정하지 아니하고 '구'로 통일하였다.

성귀(×) '두 단어 이상의 단어가 합쳐져 이루어지는 글귀'는 '성구'가 올바른 말이다.

성글다 물건의 사이가 뜨다. 예 누나가 짜 준 털옷이 너무 성글어서 바람이 많이 들어온다. 성기다.

성글다
'성기다'와 함께 복수 표준어이다.

성기다 물건의 사이가 뜨다. 예 성긴 빗발이 언덕 위에 날리고 있다. 성글다.

성깔 매섭고 예민한 성질을 부리는 태도나 버릇. 예 그 친구 겉으로는 순해 보여도 성깔은 대단해. 성갈(×).

성냥갑匣 성냥개비를 넣는 갑. 성냥곽(×).

성냥개비 낱개의 성냥. 성냥알(×).

성냥갑匣
순우리말 계열의 단어가 생명력을 잃고 그에 대응되는 한자어 계열의 단어가 널리 쓰이면, 한자어 계열의 단어를 표준어로 삼는다.

성냥곽(×) '성냥개비를 넣는 갑'의 뜻으로 쓰이는 말은 '성냥갑'이 올바른 말이다.

성냥알(×) '낱개의 성냥'의 뜻으로 쓰이는 말은 '성냥개비'가 올바른 말이다.

성대모사聲帶模寫 다른 사람의 목소리나 새, 짐승 따위의 소리를 흉내 내는 일. 성대묘사(×).

성대묘사(×) '다른 사람의 목소리나 새, 짐승 따위의 소리를 흉내 내는 일'의 뜻으로 쓰이는 말은 '성대모사'가 올바른 말이다.

성도成都(×) '중국 쓰촨四川 분지 서부에 있는 도시'는 '청두'가 올바른 말이다.

성문률(×) '문자로 적어 표현하고, 문서의 형식을 갖춘 법'은 '성문율'이 올바른 말이다.

성문율成文律 문자로 적어 표현하고, 문서의 형식을 갖춘 법. 성문률(×).

성선회(×) '철도의 국유령을 선포하여 신해혁명을 유발한 중국 청나라의 관료'의 뜻으로 쓰이는 말은 '성쉬안화이'가 올바른 말이다.

성숙난(×) '난소 안에서 자란 난세포'는 '성숙란'이 올바른 말이다.

성숙란成熟卵 난소 안에서 자란 난세포. 성숙난(×).

성숙란成熟卵
'성숙+란'의 형태이며 '卵'은 접사의 성격이 있어 '란'으로 표기한다.

성쉬안화이盛宣懷 철도의 국유령을 선포하여 신해혁명을 유발한 중국 청나라의 관료. 성선회(×).

성싶다	**✓띄어쓰기** 앞에서 언급한 내용에 대해 '그럴 것 같다'고 예상 또는 추측하는 말. 예 더 이상 지각하는 사람이 없을 성싶다. [경찰대 '06]. [국회 8급 '11]
성애(×)	'영하의 기온에서 수증기가 얼어붙은 서릿발'은 '성에'가 올바른 말이다.
성에	영하의 기온에서 수증기가 얼어붙은 서릿발. 성애(×).
성장률^{成長率}	일정 기간 동안의 국민 총생산 또는 국민 소득의 실질적인 증가율. 성장율(×).
성장율(×)	'일정 기간 동안의 국민 총생산 또는 국민 소득의 실질적인 증가율'은 '성장률'이 올바른 말이다.
세	수량이 셋임을 나타내는 말. 예 황소 세 마리./ 양복 세 벌. **✓오류노트** ¹황금 세 냥 → 석 냥, ²보리 세 되 → 석 되, ³쌀 세 말 → 서 말, ⁴쌀 세 섬 → 석 섬, ⁵길이가 세 자인 생선 → 석 자. ⁶금 세 돈이 남았다. → 서 돈. ⁷동전 세 푼 → 서 푼.
세간	집안 살림에 쓰는 온갖 물건. 세간살이.
세간살이	집안 살림에 쓰는 온갖 물건. 세간.
세넷(×)	'셋이나 넷 정도 되는 수'는 '서넛'이 올바른 말이다.
세느강(×)	'상파뉴에서 영국 해협으로 흘러 들어가는, 프랑스 북부를 흐르는 강'은 '센강'이 올바른 말이다.
세다	¹털이 히어지다. ²사물의 수효를 헤아리다. ³힘이 강하다. **✓오류노트** 작년 설 명절은 큰아버지 댁에서 세었다. → 쇠었다.
세돈(×)	'남의 물건이나 건물을 빌려 쓴 대가로 주는 돈'은 '셋돈'이 올바른 말이다.
세로글씨	글줄을 세로로 써 내려가는 글씨. 내리글씨.
세멘트(×)	'석회석, 흙, 석고를 배합하여 구워서 가루로 만든 건축 재료용 접합제'는 '시멘트'가 올바른 말이다.
세방^{貰房}(×)	'세를 내고 빌려 쓰는 방'은 '셋방'이 올바른 말이다.
세배값(×)	'세배를 하고 받는 돈'은 '세뱃값'이 올바른 말이다.
세배군(×)	'명절에 웃어른께 세배하러 다니는 사람'은 '세배꾼'이 올바른 말이다.

세배꾼^{歲拜-}	명절에 웃어른께 세배하러 다니는 사람. 세배군(×).
세배돈(×)	'세배를 하고 받는 돈'은 '세뱃돈'이 올바른 말이다.
세뱃값^{歲拜-}	세배를 하고 받는 돈. 세뱃돈. 세배값(×).
세뱃돈^{歲拜-}	세배를 하고 받는 돈. 세뱃값. 세배돈(×).
세수물(×)	'얼굴이나 손을 씻는 물'의 뜻으로 쓰이는 말은 '세숫물'이 올바른 말이다.
세수비누(×)	'얼굴이나 손을 씻는 데 쓰는 비누'는 '세숫비누'가 올바른 말이다.
세숫물^{洗手-}	얼굴이나 손을 씻는 물. 세수물(×).
세숫비누^{洗手-}	얼굴이나 손을 씻는 데 쓰는 비누. 세수비누(×).
-세요	설명, 의문, 명령의 뜻을 나타내는 종결 어미. 예 아버지는 집에 안 계세요./이 밤중에 어쩐 일이세요?
세익스피어(×)	"햄릿', '오셀로', '맥베스', '리어 왕' 등의 작품을 남긴 영국의 극작가·시인'은 '셰익스피어'가 올바른 말이다.
세집^貰(×)	'세를 내고 빌려 사는 집'은 '셋집'이 올바른 말이다.
세째(×)	'순서상 둘째의 다음 차례. 또는 그런 차례의'의 뜻으로 쓰이는 말은 '셋째'가 올바른 말이다.
세트^{set}	도구나 가구 따위의 한 벌. 셋트(×).
세팅	영화, 텔레비전 드라마 따위에서 필요 장치를 배치하는 일. 셋팅(×).
센강^{Seine江}	샹파뉴에서 영국 해협으로 흘러 들어가는, 프랑스 북부를 흐르는 강. 세느강(×).
센치(×)	'미터법에 의한 길이의 단위'는 '센티'가 올바른 말이다.
센치미터(×)	'미터법에 의한 길이의 단위. 미터의 100분의 1'은 '센티미터'가 올바른 말이다.
센타(×)	'중심, 중앙. 이름 뒤에 붙어 그것을 파는 곳을 나타내는 말'은 '센터'가 올바른 말이다.
센터^{center}	중심, 중앙. 이름 뒤에 붙어 그것을 파는 곳을 나타내는 말. 센타(×). [지방직 9급 '10]. [국가직 9급 '10]. [서울시 7급 '11]
센티	미터법에 의한 길이의 단위. 센치(×).
센티미터^{centimeter}	미터법에 의한 길이의 단위. 미터의 100분의 1. 센치미터(×).

세뱃값^{歲拜-}
한자어와 순우리말로 된 합성어로 앞말이 모음으로 끝나고, 뒷말의 첫소리가 된소리로 나므로 사이시옷을 붙인다.

세숫물^{洗手-}
한자어와 우리말로 된 합성어로서 뒷말의 첫소리 'ㅁ' 앞에서 'ㄴ' 소리가 덧나므로 '세숫물'처럼 사이시옷을 붙인다.

-세요
'-셔요'와 함께 복수 표준어이다.

세트
단모음 다음의 무성 파열음 [p], [t], [k]는 받침으로 적는다. 그런데 '세트[set]'처럼, 1음절어이며 어말 무성 파열음 [t]로 끝나는 말은 앞 모음이 단모음이라도 '으'를 받쳐 표기할 수 있다.

센티미터^{centimeter}
미터법에 의한 길이의 단위는 '센티미터'로 표기한다.

셀룰라아제^{cellulase}	셀룰로스의 가수 분해 반응을 촉매하는 효소. 셀룰레이스.
셀룰레이스^{cellulase}	셀룰로스의 가수 분해 반응을 촉매하는 효소. 셀룰라아제.
셀룰로스^{cellulose}	포도당으로 된 단순 다당류의 하나. 셀룰로오스.
셀룰로오스^{cellulose}	포도당으로 된 단순 다당류의 하나. 셀룰로스.
셋돈^{貰-}	남의 물건이나 건물을 빌려 쓴 대가로 주는 돈. 세돈(×).
셋방^{貰房}	세를 내고 빌려 쓰는 방. 세방(×). [경찰대 '07]. [국가직 7급 '08].[한국어교육검정 '11]. [국회 8급 '12]. [국가직 9급 '21]
셋집^{貰-}	세를 내고 빌려 사는 집. 세집(×). [국회 8급 '12]
셋째	순서상 둘째의 다음 차례. 또는 그런 차례의. 세째(×). [국회 8급 '13]. [서울시 9급 '16]
셋트(×)	'도구나 가구 따위의 한 벌'은 '세트'가 올바른 말이다.
셋팅(×)	'영화, 텔레비전 드라마 따위에서 필요 장치를 배치하는 일'은 '세팅'이 올바른 말이다.
셔벗^{sherbet}	과즙에 물, 우유, 설탕 따위를 넣어 만든 얼음과자. 샤베트(×).
-셔요	'-시어요'의 준말로, 설명, 의문, 명령의 뜻을 나타내는 말. 예 여기에 잠깐만 계셔요./ 저기 계시는 분이 누구셔요?
셔터^{shutter}	위아래로 오르내리게 만든 철제 덧문. 샤타·샷다(×).
셰익스피어^{Shakespeare, William}	'햄릿', '오셀로', '맥베스', '리어 왕' 등의 작품을 남긴 영국의 극작가·시인. 세익스피어(×).
셰프^{chef}	음식점 따위에서 조리를 맡은 곳의 우두머리. 쉐프(×).
셴양^{咸陽}	중국 산시성^{陝西省} 중심부, 웨이수이^{渭水}강의 북쪽 연안에 있는 도시. 함양(×).
소가죽	소의 가죽. 쇠가죽.
소갈머리	마음이나 속생각을 낮잡아 이르는 말. 속알머리(×).
소고^{小鼓}	작은북. 소구(×).
소고기	소의 고기. 쇠고기.
소곤거리다	남이 못 알아듣게 작은 목소리로 자꾸 조용히 이야기하다. 소근거리다·소군거리다(×).

셋방^{貰房}
한자어로 이루어진 말이지만 사이시옷을 붙이는 단어 중 하나이다.

셋집^{貰-}
한자어와 순우리말로 된 합성어로 앞말이 모음으로 끝나고, 뒷말의 첫소리가 된소리로 나므로 사이시옷을 붙인다.

-셔요
'-세요'와 함께 복수 표준어이다.

소가죽
'쇠가죽'과 함께 복수 표준어이다.

소갈머리
'소갈머리'와 동의어로 '소갈딱지'가 있다.

소고기
'쇠고기'와 함께 복수 표준어이다.

소곤소곤	남이 못 알아듣게 작은 목소리로 자꾸 조용히 이야기하는 모양. 소근소근·소군소군(×).
소곳하다	고개를 약간 숙인 듯하다. 소긋하다(×).
소구(×)	'작은북'의 뜻으로 쓰이는 말은 '소고'가 올바른 말이다.
소근거리다, 소군거리다(×)	'남이 못 알아듣게 작은 목소리로 자꾸 조용히 이야기하다'의 뜻으로 쓰이는 말은 '소곤거리다'가 올바른 말이다.
소근소근, 소군소군(×)	'남이 못 알아듣게 작은 목소리로 자꾸 조용히 이야기하는 모양'은 '소곤소곤'이 올바른 말이다.
소금	중국에서 들어온 저의 하나. 당적(×).
소금장이(×)	'소금쟁잇과의 곤충'은 '소금쟁이'가 올바른 말이다.
소금쟁이	소금쟁잇과의 곤충. 소금장이(×).
소긋하다(×)	'고개를 약간 숙인 듯하다'의 뜻으로 쓰이는 말은 '소곳하다'가 올바른 말이다.
소꼽(×)	'아이들이 살림살이하는 흉내를 내며 놀 때 쓰는 장난감. 아이들이 소꿉으로 살림살이를 흉내 내는 짓'은 '소꿉'이 올바른 말이다.
소꼽장난(×)	'소꿉놀이를 하며 노는 장난'은 '소꿉장난'이 올바른 말이다.
소꼽질(×)	'아이들이 소꿉으로 살림살이를 흉내 내는 짓'은 '소꿉질'이 올바른 말이다.
소꼽친구(×)	'어릴 때 소꿉놀이를 하며 함께 놀던 동무'는 '소꿉친구'가 올바른 말이다.
소꿉	¹아이들이 살림살이하는 흉내를 내며 놀 때 쓰는 장난감. ²아이들이 소꿉으로 살림살이를 흉내 내는 짓. 소꼽(×).
소꿉장난	소꿉놀이를 하며 노는 장난. 소꼽장난(×).
소꿉질	아이들이 소꿉으로 살림살이를 흉내 내는 짓. 소꼽질(×).
소꿉친구親舊	어릴 때 소꿉놀이를 하며 함께 놀던 동무. 소꿉동무. 소꼽친구(×).
소나기	갑자기 세차게 내리다가 잠시 후 그치는 비. 소내기(×).
소나기밥	보통 때에는 얼마 먹지 아니하다가 갑자기 많이 먹는 밥.
소나타sonata	16세기 중기 바로크 초기 이후에 발달한 악곡의 형식. 쏘나타(×). [지방직 9급 '13]

소곳하다
'고개를 조금 숙이고 온순한 태도로 말이 없다'의 뜻으로 쓰이는 '다소곳하다'도 아울러 알아두자.

소금쟁이
기술자에게는 '장이'가 붙는 형태를, 그 외에는 '쟁이'가 붙는 형태를 표준으로 삼는다.

소꿉
'소꿉'이 ²번 뜻으로 쓰일 때에는 '소꿉질'과 동의어이다.

소꿉질
'소꿉' ²번 뜻과 동의어로 쓰인다.

소내기(×)	'갑자기 세차게 내리다가 잠시 후 그치는 비'는 '소나기'가 올바른 말이다.
소딱지(×)	'어린아이의 머리에 눌어붙은 때'는 '쇠딱지'가 올바른 말이다.
소리	✔️띄어쓰기 진동으로 인해 생긴 음파가 귀청을 울려서 귀에 들리는 것.
소리값(×)	'낱자가 지니고 있는 소리'는 '소릿값'이 올바른 말이다.
소리개(×)	'공중에서 날개를 펴고 맴돌다가 들쥐, 개구리, 따위를 잡아먹는 수릿과의 새'의 뜻으로 쓰이는 말은 '솔개'가 올바른 말이다.
소리꾼	판소리나 민요 따위를 매우 잘하는 사람. 소릿꾼(×).
소리바람(×)	'말소리가 떨치는 기세와 그 반향反響'은 '소릿바람'이 올바른 말이다.
소릿값	낱자가 지니고 있는 소리. 음가. 소리값(×).
소릿꾼(×)	'판소리나 민요 따위를 매우 잘하는 사람'은 '소리꾼'이 올바른 말이다.
소릿바람	말소리가 떨치는 기세와 그 반향反響. 소리바람(×).
소매값(×)	'소매 가격'의 뜻으로 쓰이는 말은 '소맷값'이 올바른 말이다.
소매부리(×)	'소매의 아가리'의 뜻으로 쓰이는 말은 '소맷부리'가 올바른 말이다.
소매자락(×)	'소매의 드리운 부분'은 '소맷자락'이 올바른 말이다.
소맷값小賣-	소매 가격. 소매값(×).
소맷부리	소매의 아가리. 소매부리(×).
소맷자락	소매의 드리운 부분. 소매자락(×).
소머리살(×)	'소의 대가리에 붙은 살코기'는 '소머릿살'이 올바른 말이다.
소머릿살	소의 대가리에 붙은 살코기. 소머리살(×).
소몰이꾼	소를 몰고 다니는 사람을 낮잡아 이르는 말. 소몰잇꾼(×).
소몰잇꾼(×)	'소를 몰고 다니는 사람'은 '소몰이꾼'이 올바른 말이다.
소박데기	남편으로부터 소박을 당한 여자. 소박떼기(×).

'소내기'가 틀린말인 이유
'-내기, 냄비, 동댕이치다, 꼬챙이'를 제외하고는 'ㅣ' 역행 동화 현상에 의한 발음을 표준 발음으로 인정하지 않는다.

소리
'소리 나다, 소리 내다'는 한 단어가 아니므로 띄어 쓴다.

소맷값小賣-
'소매+값'은 한자어와 우리말로 된 합성어로서 앞말이 모음으로 끝나고 뒷말의 첫소리가 된소리로 나므로 '소맷값'처럼 사이시옷을 붙인다.

소머릿살
'쇠머릿살'과 함께 복수 표준어이다.

소박데기
'-데기'는 '그와 관련된 일을 하거나 그런 성질을 가진 사람'의 뜻을 더하는 말이다. 예 부엌데기/새침데기.

소박떼기(×)	'남편으로부터 소박을 당한 여자'는 '소박데기'가 올바른 말이다.
소박이	¹오이소박이김치. ²소를 넣어 만든 음식. 소배기(×).
소배기(×)	'오이소박이김치. 소를 넣어 만든 음식'은 '소박이'가 올바른 말이다.
소복이	담겨 있거나 쌓인 물건이 제법 많게. 소복히(×).
소복히(×)	'담겨 있거나 쌓인 물건이 제법 많게'의 뜻으로 쓰이는 말은 '소복이'가 올바른 말이다.
소상瀟湘(×)	'중국 후난성湖南省에 있는 샤오수이瀟水강과 샹장湘江강은 '샤오상'이 올바른 말이다.
소서 행장小西行長(×)	'임진왜란 때 선봉장으로 조선에 출병하여 평양까지 침공한 일본 무장'은 '고니시 유키나가'가 올바른 말이다.
소세지(×)	'소, 돼지 따위의 창자에 양념한 고기를 넣어 만든 서양식 순대'는 '소시지'가 올바른 말이다.
소수점小數點	소수 부분과 정수 부분을 구별하기 위해 찍는 점. 소숫점(×).
소숫점(×)	'소수 부분과 정수 부분을 구별하기 위해 찍는 점'은 '소수점'이 올바른 말이다.
소슬대문(×)	'기둥을 높여서 행랑채의 지붕보다 높이 솟게 지은 대문'은 '솟을대문'이 올바른 말이다.
소시적(×)	'젊었을 때'의 뜻으로 쓰이는 말은 '소싯적'이 올바른 말이다.
소시지sausage	소, 돼지 따위의 창자에 양념한 고기를 넣어 만든 서양식 순대. 소세지(×). [대전·충남 교행직 9급 '06]. [광주 소방직 '06]
소식난(×)	'신문 따위에서 소식을 알리는 기사를 싣는 지면'은 '소식란'이 올바른 말이다. [한국어교육검정 '07]
소식란消息欄	신문 따위에서 소식을 알리는 기사를 싣는 지면. 소식난(×).
소싯적少時-	젊었을 때. 예 할아버지의 소싯적에는 이곳이 연못이었다고 한다. 소시적(×).
소싱안링산맥小興安嶺山脈	중국 만주 대싱안링산맥 북부에서 쑹화강松花江까지 이어지는 산맥. 소흥안령산맥(×).
소주잔燒酒盞	소주를 마시는 데 쓰는 조그마한 잔. 소줏잔(×). [국회 8급 '11]

소박이
'소+박이'의 형태이며 '오이에 소(만두, 통김치 등에 넣는 고명)를 박다'의 뜻이다. '박다'의 뜻이 있으면 '박이'가 되고 그렇지 않으면 '배기'가 된다.

소복이
부사의 끝음절이 분명히 '이'로만 나는 것은 '이'로 적는다.

'소숫점'으로 쓸 수 없는 이유
'소수'와 '점'으로 이루어진 합성어인데 한자어로만 이루어진 말이므로 사이시옷을 붙이지 않는다. 흔히 잘못 쓰는 말이므로 주의하자.

소식란消息欄
'소식+난欄'의 형태. '난' 앞에 한자어가 오면 '란'으로 표기하고, 순우리말이나 외래어가 오면 '난'으로 표기한다.

소싯적少時-
'소시+적'은 한자어와 우리말로 된 합성어로서 앞말이 모음으로 끝나고 뒷말의 첫소리가 된소리로 나므로 '소싯적'처럼 사이시옷을 붙인다.

소주잔燒酒盞
'소주'와 '잔'으로 이루어진 합성어인데 한자어로만 이루어진 말이므로 사이시옷을 붙이지 않는다.

소주집(×)	'소주를 파는 술집'은 '소줏집'이 올바른 말이다.
소줏잔(×)	'소주를 마시는 데 쓰는 조그마한 잔'은 '소주잔'이 올바른 말이다.
소줏집^{燒酒-}	소주를 파는 술집. 소주집(×).
소파^{sofa}	등받이와 팔걸이가 있는 안락한 의자. 쇼파(×).
소홀이(×)	'대수롭지 않고 데면데면하게'의 뜻으로 쓰이는 말은 '소홀히'가 올바른 말이다.
소홀히^{疏忽-}	대수롭지 않고 데면데면하게. 예 사소한 것이라도 절대 소홀히 해서는 안 된다. 소홀이(×).
소흥^{紹興}(×)	'중국 저장성^{浙江省} 북동부에 있는 도시'는 '사오싱'이 올바른 말이다.
소흥안령산맥^{小興安嶺山脈}(×)	'중국 만주 대싱안링산맥 북부에서 쑹화강^{松花江}까지 이어지는 산맥'은 '소싱안링산맥'이 올바른 말이다.
속	✔띄어쓰기 ¹거죽이나 껍질로 쌓인 것의 내부. ²일정하게 둘러싸인 것의 내부.
속고삿	초가지붕을 일 때, 이엉을 얹기에 앞서 지붕 위에 건너질러 매는 새끼. 속고살(×).
속고살(×)	'초가지붕을 일 때, 이엉을 얹기에 앞서 지붕 위에 건너질러 매는 새끼'는 '속고삿'이 올바른 말이다.
속더께	속에 찌들어 낀 때. 속더껑이(×).
속더껑이(×)	'속에 찌들어 낀 때'는 '속더께'가 올바른 말이다.
속병^{-病}	몸속의 병. 속앓이(×).
속소그레하다	여러 개의 물건이 크기 차이가 나지 않고 고르다. 속소그르르하다(×).
속소그르르하다(×)	'여러 개의 물건이 크기 차이가 나지 않고 고르다'의 뜻으로 쓰이는 말은 '속소그레하다'가 올바른 말이다.
속속것(×)	'여자들이 아랫도리 속옷의 안에 입던 속옷'은 '속속곳'이 올바른 말이다.
속속곳	여자들이 아랫도리 속옷의 안에 입던 속옷. 예 새아씨는 속속곳을 깨끗이 빨아 장롱에 넣었다. 속속것(×).
속속들이	깊은 속까지 샅샅이. 예 그는 우리 집안의 내력을 속속들이 잘 알고 있다. 속속이(×).

소줏집^{燒酒-}
'소주+집'은 한자어와 우리말로 된 합성어로서 앞말이 모음으로 끝나고 뒷말의 첫소리가 된소리로 나므로 '소줏집'처럼 사이시옷을 붙인다.

소홀히^{疏忽-}
부사의 끝음절이 '이'나 '히'로 소리 나는 것은 '히'로 표기한다.

속
'몸속', '마음속'은 '몸의 안'이나 '마음의 안'이 아니고 비유적 의미로 쓰이므로 붙여 쓴다.

속더께
'더께'는 '몹시 찌든 물건에 앉은 거친 때'를 뜻하는 말이다.

속병^{-病}
'화나거나 속상하여 생긴 마음의 아픔'을 뜻하는 말로도 쓰인다.

속속이(×)	'깊은 속까지 샅샅이'의 뜻으로 쓰이는 말은 '속속들이'가 올바른 말이다.
속알머리(×)	'마음이나 속생각을 낮잡아 이르는 말'은 '소갈머리'가 올바른 말이다.
속앓이(×)	'몸속의 병'의 뜻으로 쓰이는 말은 '속병'이 올바른 말이다.
속잠방이	아랫도리 옷의 맨 안에 입는 잠방이. 속잠뱅이(×).
속잠뱅이(×)	'아랫도리 옷의 맨 안에 입는 잠방이'는 '속잠방이'가 올바른 말이다.
속풀이(×)	'보복이나 다른 대상에게 분을 터뜨리는 등의 행동으로 분한 마음을 풀어 버리는 일'은 '분풀이'가 올바른 말이다.
손과孫科(×)	'행정원장, 입법원장, 고시원장을 지낸 중화민국의 정치가(1895~1973)'는 '쑨커'가 올바른 말이다.
손구루마(×)	'사람이 손으로 끄는 수레'는 '손수레'가 올바른 말이다.
손녀딸孫女-	손녀를 귀엽게 이르는 말. 손자딸(×).
손목시계-時計	손목에 차는 작은 시계. 팔뚝시계·팔목시계(×).
손방아(×)	'발로 디디어 곡식을 찧는 방아'는 '디딜방아'가 올바른 말이다.
손벽(×)	'손바닥과 손가락을 합친 바닥'은 '손뼉'이 올바른 말이다.
손뼉	손바닥과 손가락을 합친 바닥. 손벽(×).
손사래	어떤 것을 거부하는 일 등에서 손을 펴서 옆으로 젓는 일. 손사레(×).
손사래짓(×)	'어떤 것을 거부하는 일 등에서 손을 펴서 옆으로 젓는 짓'은 '손사랫짓'이 올바른 말이다.
손사랫짓	어떤 것을 거부하는 일 등에서 손을 펴서 옆으로 젓는 짓. 손사래짓(×).
손사레(×)	'어떤 것을 거부하는 일 등에서 손을 펴서 옆으로 젓는 일'은 '손사래'가 올바른 말이다.
손수레	사람이 직접 손으로 끄는 수레. 손구루마(×).
손실률損失率	특정한 기간에서의 평균 전력 손실과 최대 부하 전력 손실의 비. 손실율(×).

속잠방이
'-내기, 냄비, (내)동댕이치다, 꼬챙이'를 제외하고는 'ㅣ' 역행 동화 현상에 의한 발음을 표준 발음으로 인정하지 않는다.

속풀이
'전날 마신 술로 거북한 속을 가라앉히는 일. 또는 그런 음식'의 뜻으로는 '속풀이'가 올바른 말이다.

손목시계-時計
의미가 똑같은 형태가 몇 가지 있을 경우, 그 중 가장 널리 쓰이는 단어만을 표준어로 삼는다.

손사랫짓
'손사래+짓'은 순우리말로 된 합성어로서 앞말이 모음으로 끝나고 뒷말의 첫소리가 된소리로 나므로 '손사랫집'처럼 사이시옷을 붙인다.

손수레
의미가 똑같은 형태가 몇 가지 있을 경우, 그 중 가장 널리 쓰이는 단어만을 표준어로 삼는다.

손실율(×)	'특정한 기간에서의 평균 전력 손실과 최대 부하 전력 손실의 비'는 '손실률'이 올바른 말이다.
손아래	**✔띄어쓰기** 나이나 항렬 따위가 자기보다 아래이거나 낮은 관계. 또는 그런 관계에 있는 사람. 예 나는 매형보다 열두 살 손아래이다.
손아래 사람(×)	'나이나 자기보다 아래인 사람'은 '손아랫사람'이 올바른 말이다.
손아랫사람	나이나 자기보다 아래인 사람. 손아래 사람(×).
손위	**✔띄어쓰기** 나이나 항렬 따위가 자기보다 위이거나 높은 관계. 또는 그런 관계에 있는 사람. 예 손위 처남 될 사람이 삼계탕을 사 준다고 한다.
손위 사람(×)	'나이나 자기보다 위인 사람'은 '손윗사람'이 올바른 말이다.
손윗사람	나이나 자기보다 위인 사람. 손위 사람(×).
손자孫子	자식의 아들. [비교] 손주. [지방직 7급 '15]
손자딸(×)	'손녀를 귀엽게 이르는 말'은 '손녀딸'이 올바른 말이다.
손주孫	손자와 손녀를 아울러 이르는 말. [비교] 손자.
손톱깍이, 손톱깎개(×)	'손톱을 깎는 기구'는 '손톱깎이'가 올바른 말이다.
손톱깎이	손톱을 깎는 기구. 손톱깍이·손톱깎개(×).
손구치다(×)	'아래에서 위로, 또는 안에서 밖으로 세차게 솟아오르다'는 '솟구치다'가 올바른 말이다.
솔개	공중에서 날개를 펴고 맴돌다가 들쥐, 개구리 따위를 잡아먹는 수릿과의 새. 소리개(×).
솔직이(×)	'거짓이나 숨김이 없이 바르고 곧게'의 뜻으로 쓰이는 말은 '솔직히'가 올바른 말이다.
솔직히	거짓이나 숨김이 없이 바르고 곧게. 솔직이(×). [한국어교육검정 '08]. [지방직 7급 '10]. [서울시 9급 '11]
솟구치다	아래에서 위로, 또는 안에서 밖으로 세차게 솟아오르다. 손구치다(×).
솟대장이(×)	'솟대에 늘인 줄 위에서 여러 가지 재주를 부리는 사람'은 '솟대쟁이'가 올바른 말이다.
솟대쟁이	솟대에 늘인 줄 위에서 여러 가지 재주를 부리는 사람. 솟대장이(×).

손아래
'손아래' 뒤에 '누이', '동서'가 올 때 '손아랫누이', '손아랫동서'와 같이 사이시옷을 받치어 쓰는 경우가 있으나, 이들은 각각 별개의 단어이므로 '손아래 누이', '손아래 동서'로 표기해야 한다.

손위
'손위' 뒤에 '누이', '동서'가 올 때 '손윗누이', '손윗동서'와 같이 사이시옷을 받치어 쓰는 경우가 있으나, 이들은 각각 별개의 단어이므로 '손위 누이', '손위 동서'로 표기해야 한다.

손주孫
'손주'도 표준어로 지정되었다.

솔직히
부사의 끝음절이 '이'나 '히'로 소리 나는 것은 '히'로 표기한다.

솟대쟁이
'-쟁이'가 붙어 '그것이 나타내는 속성을 많이 가진 사람'의 뜻을 더한다.

솟을대문 기둥을 높여서 행랑채의 지붕보다 높이 솟게 지은 대문. 소슬대문(×).

송강성松江省(×) '중국에서 가장 추운 지역의 하나인 중국 만주 쑹화강松花江 유역의 옛 성'의 뜻으로 쓰이는 말은 '쑹장성'이 올바른 말이다.

송골송골 땀이나 소름 따위가 살갗이나 표면에 잘게 많이 돋은 모양. 송글송글(×).

송곳니 앞니와 어금니 사이에 있는 뾰족한 이. 송곳이(×). [대전·충남 교행직 9급 '06]

송곳이(×) '앞니와 어금니 사이에 있는 뾰족한 이'는 '송곳니'가 올바른 말이다.

송교인宋敎仁(×) '신해혁명이 일어났을 때 공을 세운 중국의 정치가(1882~1913)'는 '쑹자오런'이 올바른 말이다.

송글송글(×) '땀이나 소름 따위가 살갗이나 표면에 잘게 많이 돋은 모양'은 '송골송골'이 올바른 말이다.

송도리째, 송도리채(×) '있는 전부를 모조리'의 뜻으로 쓰이는 말은 '송두리째'가 올바른 말이다.

송두리째 있는 전부를 모조리. 예 친구 사이의 의리를 저버림으로써 그동안 쌓아 놓았던 신뢰를 송두리째 잃어버렸다. 송도리째·송도리채(×). [한국마사회 '11]

송이 솔잎이 쌓인 습지에 나며 겉은 엷은 다갈색, 살은 흰색이고 독특한 향기와 맛을 지닌 송이과의 버섯.

송이버섯 솔잎이 쌓인 습지에 나며 겉은 엷은 다갈색, 살은 흰색이고 독특한 향기와 맛을 지닌 송이과의 버섯.

송화가루(×) '소나무의 꽃가루'의 뜻으로 쓰이는 말은 '송홧가루'가 올바른 말이다.

송화강松花江(×) '중국 지린성吉林省 및 헤이룽장성黑龍江省을 흐르는 강'은 '쑹화강'이 올바른 말이다.

송홧가루松花- 소나무의 꽃가루. 송화가루(×).

쇠가루(×) '쇠붙이의 부스러진 가루'는 '쇳가루'가 올바른 말이다.

쇠가죽 소의 가죽. 소가죽.

쇠고기 소의 고기. 소고기.

쇠고랑 수갑의 속된말. 고랑쇠(×).

송곳니
'이[齒]'가 합성어나 이에 준하는 말에서 '니' 또는 '리'로 소리 날 때에는 '니'로 적는다.

송두리째
'송두리'는 '있는 것의 전부'의 뜻이고 '째'는 '그대로', '전부'의 뜻을 나타낸다.

송이
'송이버섯'과 함께 복수 표준어이다.

송이버섯
'송이'와 함께 복수 표준어이다.

쇠가죽
'소가죽'과 함께 복수 표준어이다.

쇠고기
'소고기'와 함께 복수 표준어이다.

쇠고랑
의미가 똑같은 형태가 몇 가지 있을 경우, 그 중 가장 널리 쓰이는 단어만을 표준어로 삼는다.

쇠꼬창이(×)	'쇠로 만든 꼬챙이'는 '쇠꼬챙이'가 올바른 말이다.	
쇠꼬챙이	쇠로 만든 꼬챙이. 쇠꼬창이(×).	쇠꼬챙이 '꼬챙이'는 'ㅣ' 역행 동화 현상에 의한 발 음을 표준 발음으로 인정하는 말이다.
쇠내(×)	'음식에 쇳물이 우러나서 나는 냄새'는 '쇳내'가 올바른 말이다.	
쇠다	명절이나 생일 또는 기념일 같은 날을 맞이하여 지내다. 예 설 명절을 가족 없이 쓸쓸하게 쇠는 사람들이 많다.	
쇠딱지	어린아이의 머리에 눌어붙은 때. 예 동생은 얼마나 오래 머리를 감지 않았는지 쇠딱지가 다닥다닥 끼어 있었다. 소딱지(×).	
쇠버즘(×)	'피부가 쇠가죽처럼 두껍고 단단하게 변하며 매우 가려운 버짐'은 '쇠버짐'이 올바른 말이다.	
쇠버짐	피부가 쇠가죽처럼 두껍고 단단하게 변하며 매우 가려운 버짐. 쇠버즘(×).	
쇠소리(×)	'쇠붙이가 서로 부딪쳐서 나는 소리'는 '쇳소리'가 올바른 말이다.	
쇠조각(×)	'쇠붙이의 조각'은 '쇳조각'이 올바른 말이다.	
쇳가루	쇠붙이의 부스러진 가루. 쇠가루(×).	쇳가루 순우리말로 된 합성 어로서 앞말이 모음 으로 끝난 경우, 뒷말 의 첫소리가 된소리 로 나는 것은 사이시 옷을 붙인다.
쇳내	음식에 쇳물이 우러나서 나는 냄새. 쇠내(×).	
쇳소리	쇠붙이가 서로 부딪쳐서 나는 소리. 쇠소리(×).	
쇳조각	쇠붙이의 조각. 쇠조각(×).	쇳조각 순우리말로 된 합성 어로서 앞말이 모음 으로 끝난 경우, 뒷말 의 첫소리가 된소리 로 나는 것은 사이시 옷을 붙인다.
쇼맨쉽(×)	'특이한 행동으로 이목을 끌고 즐겁게 하는 기질이나 재능'은 '쇼맨십'이 올바른 말이다.	
쇼맨십^{showmanship}	특이한 행동으로 이목을 끌고 즐겁게 하는 기질이나 재능. 쇼맨쉽(×).	쇼맨십 쇼 맨 십^{showmanship}의 'sh' 발음은 모음 'i' 앞 에서 '시'로 표기한다.
쇼파(×)	'등받이와 팔걸이가 있는 안락한 의자'는 '소파'가 올바른 말이다.	
숏(×)	'골프 따위에서, 공을 한 번 치는 일'은 '샷'이 올바른 말이다.	
숏^{shot}	한 번의 연속 촬영으로 찍은 장면을 이르는 말. 예 몸 전체가 보이는 숏을 풀 숏(FS, full shot)이라고 한다. 샷(×).	숏^{shot} 촬영과 관련된 말은 '숏' 이 맞지만 골프와 관련 된 말은 '샷'이 맞다.
수	✔띄어쓰기 어떤 일을 할 만한 힘이나 가능성. 예 먹을 수 있는 버섯./ 올라갈 수 없는 나무. [지방직 9급 '08]	수 '수'는 의존 명사로 앞 말과 띄어 쓴다.

수-   '새끼를 배지 않거나 열매를 맺지 않는'의 뜻을 더하는 접두사. 예 수꿩./수소./수컷./수탉./수퇘지./수평아리.

> **'수-'에 거센소리를 붙여 쓰는 동물은 어떤 것이 있을까?**
> '양', '염소', '쥐'를 제외한 암수 구별이 있는 동식물을 나타내는 명사 앞에 '수-'를 붙인다. 수컷을 나타내는 접두사 '수-'에 거센 소리를 인정하여 표기하는 말은 '수캉아지, 수캐, 수컷, 수키와, 수탉, 수탕나귀, 수톨쩌귀, 수퇘지, 수평아리'의 9개이다.

수數-   ✔띄어쓰기 '여럿'의 뜻을 나타내는 말. 예 수백 개./수백억./수십만./수억대.

수강아지(×)   '강아지의 수컷'은 '수캉아지'가 올바른 말이다.

수개, 숫개(×)   '개의 수컷'은 '수캐'가 올바른 말이다.

수개미   개미의 수컷. 수캐미(×).

수개월數個月   ✔띄어쓰기 두서너 달. 또는 여러 달.

수거미   거미의 수컷. 수커미(×).

수게   게의 수컷. 수케(×).

수고양이   고양이의 수컷. 수코양이(×).

수고하다   일을 하느라 애를 쓰고 힘을 들이다.

> ✔오류노트 내기 직장인인 미연이는 상사가 퇴근하라는 말이 떨어지자, "과장님, 먼저 가겠습니다. 수고하세요." 하고 회사 문을 나왔다. → 내일 뵙겠습니다. 혹은 안녕히 계십시오.

수곰   곰의 수컷. 수콤(×).

수괭이   수고양이의 준말. 수쾡이(×).

수구렁이   구렁이의 수컷. 수쿠렁이(×).

수군거리다   남이 못 알아듣게 작은 목소리로 자꾸 조용히 이야기하다. 수근거리다(×).

수군수군   남이 못 알아듣게 작은 목소리로 자꾸 조용히 이야기하는 모양. 수근수근(×).

수굿하다   고개를 약간 숙이다. 고개를 약간 숙인 듯하다. 예 그는 윗사람에게 수굿한 태도가 몸에 배어 있어. 수긋하다(×).

수數-
'수를 나타내는 말' 앞에 오며 앞말과 붙여 쓰는 접두사이다.

'수개'로 표기하지 않는 이유
접두사 '수' 다음에 나는 거센 소리를 인정하여 '수캐'로 표기한다.

수개월數個月
'수개월'은 한 단어이므로 붙여 쓴다.

수고하다
'수고하세요'는 아랫사람이나 동년배에게 쓰는 것이 적당하다.

수구렁이
'수-' 다음에 나는 거센 소리를 인정하지 않으므로 '수구렁이'로 표기한다.

'수기와'로 표기하지 않는 이유
접두사 '수-' 다음에 나는 거센 소리를 인정하여 '수키와'로 표기한다.

수군수군
'수군'은 '수'의 'ㅜ'가 음성 모음이므로 뒤에 음성 모음 'ㅜ'가 와서 '수군'과 같이 표기된 것이다. '소곤'은 '소'의 'ㅗ'가 양성 모음이므로 뒤에 양성 모음 'ㅗ'가 와서 '소곤'과 같이 표기된 예이다. 즉 '수군수군'은 음성 모음끼리 어울린 것이며 '소곤소곤'은 양성 모음끼리 어울린 것이다.

수근거리다(×)	'남이 알아듣지 못하게 낮은 목소리로 자꾸 가만가만 이야기하다'의 뜻으로 쓰이는 말은 '수군거리다'가 올바른 말이다.
수근수근(×)	'남이 못 알아듣게 작은 목소리로 자꾸 조용히 이야기하는 모양'은 '수군수군'이 올바른 말이다.
수긋하다(×)	'고개를 약간 숙이다. 고개를 약간 숙인 듯하다'의 뜻으로 쓰이는 말은 '수굿하다'가 올바른 말이다.
수기와, 숫기와(×)	'두 암키와 사이를 잇는 기와'는 '수키와'가 올바른 말이다.
수꿩	꿩의 수컷. 수퀑(×). [KBS한국어 '07]
수나사^{螺絲}	암나사의 구멍에 끼우는 나사. 숫나사(×). [KBS한국어 '07]. [공사·공단 언어 능력]
수냉(×)	'물로 식힘'은 '수랭'이 올바른 말이다.
수냉식(×)	'물로 식히는 방식'은 '수랭식'이 올바른 말이다.
수년^{數年}	✔️띄어쓰기 두서너 해. 또는 대여섯 해.
수년간^{數年間}	✔️띄어쓰기 두서너 해 동안. 또는 대여섯 해 동안.
수노루	노루의 수컷. 숫노루(×).
수놈	짐승의 수컷. 숫놈(×). [국가직 7급 '10]
수다장이(×)	'몹시 수다스러운 사람을 낮추어 이르는 말'은 '수다쟁이'가 올바른 말이다.
수다쟁이	몹시 수다스러운 사람을 낮추어 이르는 말. 수다장이(×).
수닭(×)	'닭의 수컷'의 뜻으로 쓰이는 말은 '수탉'이 올바른 말이다.
수당나귀(×)	'당나귀의 수컷'의 뜻으로 쓰이는 말은 '수탕나귀'가 올바른 말이다.
수도가(×)	'수도의 가장자리'의 뜻으로 쓰이는 말은 '수돗가'가 올바른 말이다.
수도물(×)	'상수도에서 나오는 물'은 '수돗물'이 올바른 말이다.
수도세^{水道稅}	수돗물을 사용한 데 대한 요금. 수돗세(×).
수돌쩌귀(×)	'암톨쩌귀에 끼게 되어 있는, 뾰쪽한 촉이 달린 돌쩌귀'는 '수톨쩌귀'가 올바른 말이다.
수돗가^{水道-}	수도의 가장자리. 수도가(×).

수년^{數年}
'수^數'는 '몇', '약간' 등의 뜻으로 쓰이는 접두사이므로 '수년'처럼 붙여 쓴다.

수년간
'수^數'는 접두사이고 '-간^間'은 '동안'의 뜻으로 쓰이는 접미사이다. 접두사와 접미사는 붙여 쓰므로 '수년간'처럼 모두 붙여 쓴다.

수놈
순우리말로 된 합성어로서 앞말이 모음으로 끝났지만, 뒷말의 첫소리 ㄴ 앞에서 'ㄴ' 소리가 덧나지 않으므로 사이시옷을 붙이지 않는다.

수도세^{水道稅}
한자어로만 이루어진 말이므로 사이시옷을 붙이지 않는다.

'수돌쩌귀'로 표기하지 않는 이유
'수-' 다음에 나는 거센소리를 인정하여 '수톨쩌귀'로 표기한다.

수돗물^{水道-}
한자어와 우리말로 된 합성어로서 앞말이 모음으로 끝난 경우, 뒷말의 첫소리 'ㅁ' 앞에서 'ㄴ' 소리가 덧나므로 '수돗물'처럼 사이시옷을 붙인다.

수돗물^{水道-} 상수도에서 나오는 물. 수도물(×). [KBS한국어 '07]. [공사·공단 언어 능력]

수돗세(×) '수돗물을 사용한 데 대한 요금'은 '수도세'가 올바른 말이다.

수돼지(×) '돼지의 수컷'은 '수퇘지'가 올바른 말이다.

수라간^{水剌間} 임금의 진지를 짓던 주방. 수랏간(×).

수랏간(×) '임금의 진지를 짓던 주방'은 '수라간'이 올바른 말이다.

수랭^{水冷} 물로 식힘. 수냉(×).

수랭식^{水冷式} 물로 식히는 방식. 수냉식(×).

수레 바퀴를 달아서 굴러가게 만든 기구. 구루마(×).

수레바퀴 수레 밑에 댄 바퀴. 수렛바퀴(×).

수렛바퀴(×) '수레 밑에 댄 바퀴'는 '수레바퀴'가 올바른 말이다.

수리날(×) '단오를 달리 이르는 말'은 '수릿날'이 올바른 말이다.

수릿날 단오를 달리 이르는 말. 수리날(×).

수말 말의 수컷. 숫말(×).

수벌 벌의 수컷. 수펄·숫벌(×). [공사·공단 언어 능력]

수범 범의 수컷. 수펌(×).

수병아리(×) '병아리의 수컷'은 '수평아리'가 올바른 말이다.

수부룩하다(×) '담기거나 쌓인 물건이 불룩하게 많다. 털 따위가 길게나 있다'의 뜻으로 쓰이는 말은 '수북하다'가 올바른 말이다.

수북이 담기거나 쌓인 물건이 불룩할 정도로 많게. 털 따위가 길게. 예 수북이 내린 눈. 수북히(×). [서울시 7급 '11]

수북하다 담기거나 쌓인 물건이 불룩하게 많다. 털 따위가 길게나 있다. 수부룩하다(×).

수북히(×) '담기거나 쌓인 물건이 불룩할 정도로 많게. 털 따위가 길게'의 뜻으로 쓰이는 말은 '수북이'가 올바른 말이다.

수분률(×) '섬유 및 섬유 제품의 상거래에 있어서, 일정한 비율(%)로 규정한 함유 수분의 양'은 '수분율'이 올바른 말이다.

수분율^{水分率} 섬유 및 섬유 제품의 상거래에 있어서, 일정한 비율(%)로 규정한 함유 수분의 양. 수분률(×).

수랭식^{水冷式}
'냉^冷'이 단어의 첫머리에서는 '냉각^{冷却}', '냉수^{冷水}'로 쓰지만, 첫머리가 아닐 때에는 '수랭^{水冷}', '한랭^{寒冷}'으로 쓴다.

수릿날
순우리말로 된 합성어로서 앞말이 모음으로 끝난 경우, 뒷말의 첫소리 'ㄴ' 앞에서 'ㄴ' 소리가 덧나므로 사이시옷을 붙인다.

'수병아리'로 표기하지 않는 이유
접두사 '수' 다음에 나는 거센 소리를 인정하여 '수평아리'로 표기한다.

수북이
'ㄱ' 받침 뒤에서 '이'로 적은 경우이다.

수비둘기	비둘기의 수컷. 수피둘기(×).
수사돈^{査頓}	사위 쪽의 사돈. 숫사돈(×).
수새	새의 수컷. 숫새(×).
수색시(×)	'남자와 성적^{性的} 관계가 한 번도 없는 처녀'는 '숫색시'가 올바른 말이다.
수세미	수세미외의 속이나 짚 따위로 만들어 설거지할 때 쓰는 물건. 쑤세미(×).
수소	소의 수컷. 숫소(×).
수송률^{輸送率}	사람이나 물건을 실어 나를 수 있는 비율. 수송율(×).
수송율(×)	'사람이나 물건을 실어 나를 수 있는 비율'은 '수송률'이 올바른 말이다.
수수깡	수수의 줄기. 수숫대.
수수대(×)	'수수의 줄기'의 뜻으로 쓰이는 말은 '수숫대'가 올바른 말이다.
수숫대	수수의 줄기. 수수대(×).
수습^{修習}	학업이나 실무 따위를 배워 익힘. 예 회사 수습 기간에 업무를 열심히 익혔다. 견습(×).
수십^{數十}	✔️띄어쓰기 열의 두서너 배가 되는 수(의). 연습 그저께 저녁에 한 은행에서 (수십억 원/수십 억 원/수 십억 원)의 현금이 인출되었다. → 수십억 원.
수양(×)	'양의 수컷'의 뜻으로 쓰이는 말은 '숫양'이 올바른 말이다.
수염소(×)	'염소의 수컷'의 뜻으로 쓰이는 말은 '숫염소'가 올바른 말이다.
수월나기(×)	'다루기 쉬운 사람을 놀려서 이르는 말'은 '수월내기'가 올바른 말이다.
수월내기	다루기 쉬운 사람을 놀려서 이르는 말. 수월나기(×).
수은행나무^{-銀杏-}	수꽃만 피고 열매를 못 맺는 은행나무. 숫은행나무(×).
수이(×)	'힘들거나 어렵지 않게'의 뜻으로 쓰이는 말은 '쉬이'가 올바른 말이다.
수익률^{收益率}	일정한 자본에 대한 수익의 비율. 수익율(×).
수익율(×)	'일정한 자본에 대한 수익의 비율'은 '수익률'이 올바른 말이다.

수비둘기
'수-' 다음에 나는 거센소리를 인정하지 않으므로 '수비둘기'로 표기한다.

수송률^{輸送率}
앞말이 받침이 없거나 (모음) 'ㄴ' 받침 뒤에서는 '율'을 쓴다. 그 외에는 '률'을 쓴다.

수수깡
'수숫대'와 함께 복수 표준어이다.

수십^{數十}
'수십'은 한 단어이므로 붙여 쓴다. 수의 띄어쓰기는 '만'을 단위로 하므로 '십억'도 붙여 쓴다. '원'은 화폐를 나타내는 단위로 앞말과 띄어 쓴다. '수백, 수천, 수만, 수십만'도 한 단어이므로 붙여 쓴다.

'수양'으로 쓸 수 없는 이유
'양'의 수컷을 이르는 접두사는 '숫-'이므로 '숫양'처럼 표기한다.

수월내기
'-내기'는 '-나부랭이/-냄비/동댕이치다'와 같이 'ㅣ' 역행 동화 현상을 인정하여 표준어로 삼은 말이다.

수익률^{收益率}
'수익+율/률^率'의 형태. 앞말이 받침이 없거나(모음) 'ㄴ' 받침 뒤에서는 '율'을 쓴다. 그 외에는 '률'을 쓴다. '수익'의 '익'이 'ㄱ' 받침으로 끝나는 경우이므로 '률'을 써서 '수익률'처럼 나타낸다.

수정난(×)   '수정이 이루어진 난자'의 뜻으로 쓰이는 말은 '수정란'이 올바른 말이다.

수정란^{受精卵}   수정이 이루어진 난자. 수정난(×).

수정란^{受精卵}
'수정+란'의 형태이며 '卵'은 접사의 성격이 있어 '란'으로 표기한다.

수쥐(×)   '쥐의 수컷'의 뜻으로 쓰이는 말은 '숫쥐'가 올바른 말이다.

수차례^{數次例}   ✔️띄어쓰기 여러 차례. 예 골키퍼가 수차례 실점 기회를 몸으로 막았다.

수차례^{數次例}
'수차례'는 한 단어이므로 붙여 쓴다.

수처녀(×)   '남자와 성적 관계가 한 번도 없는 여자'는 '숫처녀'가 올바른 말이다.

수총각(×)   '여자와 성적 관계가 한 번도 없는 남자'는 '숫총각'이 올바른 말이다.

수축률^{收縮率}   오그라들거나 줄어드는 비율. 수축율(×).

수축율(×)   '오그라들거나 줄어드는 비율'은 '수축률'이 올바른 말이다.

수출량^{輸出量}   국내의 상품이나 기술을 외국으로 팔아 내보내는 양. 수출양(×).

수출률^{輸出率}   국민 소득에 대한 연간 수출액의 비율. 수출율(×).

수출양(×)   '국내의 상품이나 기술을 외국으로 팔아 내보내는 양'은 '수출량'이 올바른 말이다.

수출율(×)   '국민 소득에 대한 연간 수출액의 비율'은 '수출률'이 올바른 말이다.

수치스럽다^{羞恥-}   스스로 또는 남 보기가 몹시 창피하고 부끄럽다.

> ✏️오류노트 나이 어린 동생들과의 달리기에서 꼴찌를 하다니 정말 <u>수치스런</u> 일이다. ➜ 수치스러운.

수치스럽다^{羞恥-}
'수치스럽다'의 어간 '수치스럽-' 뒤에 '-은'이 오면 어간 말음 'ㅂ'이 '우'로 변하므로, '수치스러운'처럼 써야 된다.

수치질^{-痔疾}   항문 밖으로 불룩하게 나온 치질. 숫치질(×).

수캉아지   강아지의 수컷. 수강아지(×). [서울시 9급 '07]. [서울시 9급 '16]

수캉아지
접두사 '수-' 다음에 나는 거센 소리를 인정하는 말이다.

수캐   개의 수컷. 수개·숫캐(×).

수캐미(×)   '개미의 수컷'의 뜻으로 쓰이는 말은 '수개미'가 올바른 말이다.

'수캐미'로 표기하지 않는 이유
접두사 '수-' 다음에 나는 거센 소리를 인정하지 않는 말이다.

수커미(×)   '거미의 수컷'의 뜻으로 쓰이는 말은 '수거미'가 올바른 말이다.

수컷	암수의 구별이 있는 동물에서 새끼를 배지 않는 쪽. 숫것(×).	
수케(×)	'게의 수컷'의 뜻으로 쓰이는 말은 '수게'가 올바른 말이다.	'수케, 수코양이, 수콤, 수캥이, 수쿠렁이'로 표기하지 않는 이유 접두사 '수-' 다음에 나는 거센 소리를 인정하지 않는 말이다.
수코양이(×)	'고양이의 수컷'의 뜻으로 쓰이는 말은 '수고양이'가 올바른 말이다.	
수콤(×)	'곰의 수컷'의 뜻으로 쓰이는 말은 '수곰'이 올바른 말이다.	
수캥이(×)	'수고양이의 준말'은 '수괭이'가 올바른 말이다.	
수쿠렁이(×)	'구렁이의 수컷'의 뜻으로 쓰이는 말은 '수구렁이'가 올바른 말이다.	
수큉(×)	'꿩의 수컷'의 뜻으로 쓰이는 말은 '수꿩'이 올바른 말이다.	
수키와	두 암키와 사이를 잇는 기와. 수기와·숫기와(×). [공사·공단 언어 능력]. [경북교육 9급 '10]	수키와 접두사 '수-' 다음에 나는 거센 소리를 인정하는 말이다.
수탉	닭의 수컷. 수닭(×). [충북 9급 '07]. [공사·공단 언어 능력]	수탉, 수탕나귀, 수톨쩌귀 접두사 '수-' 다음에 나는 거센 소리를 인정하는 말이다.
수탕나귀	당나귀의 수컷. 수당나귀·숫당나귀(×). [공사·공단 언어 능력]. [국회 8급 '12]	
수토끼	토끼의 수컷. 숫토끼(×).	
수톨쩌귀	암톨쩌귀에 끼게 되어 있는, 뾰족한 촉이 달린 돌쩌귀. 수돌쩌귀(×).	
수퇘지	돼지의 수컷. 수돼지(×). [지방직 9급 '10]	수퇘지 '암-, 수-'가 결합할 때 거센 소리를 인정하여 '암퇘지', '수퇘지'처럼 표기한다.
수퍼마켓(×)	'식료품 위주로 판매하는 규모가 큰 소매점'은 '슈퍼마켓'이 올바른 말이다.	
수펄(×)	'벌의 수컷'의 뜻으로 쓰이는 말은 '수벌'이 올바른 말이다.	
수펌(×)	'범의 수컷'의 뜻으로 쓰이는 말은 '수범'이 올바른 말이다.	
수평아리	병아리의 수컷. 수병아리(×). [공사·공단 언어 능력]. [서울시 9급 '16]	수평아리 접두사 '수-' 다음에 나는 거센 소리를 인정하는 말이다.
수프soup	고기나 야채 따위를 삶아서 국물을 낸 서양 요리. 스프(×).	
수피둘기(×)	'비둘기의 수컷'의 뜻으로 쓰이는 말은 '수비둘기'가 올바른 말이다.	

수화緩化(×)　'중국 헤이룽장성黑龍江省 남부에 있는 도시'는 '쑤이화'가 올바른 말이다.

수확률收穫率　농작물을 거두어들이는 비율. 수확율(×).

수확율(×)　'농작물을 거두어들이는 비율'은 '수확률'이 올바른 말이다.

숙맥菽麥　콩인지 보리인지를 구별을 못하는 어리석은 사람을 이르는 말. 쑥맥(×).

숙주나물　녹두를 길러 싹을 낸 나물. 녹두나물(×).

-순順　✓**띄어쓰기** 명사 뒤에 붙어 '차례'의 뜻을 나타내는 말. **예** 나이순./ 성적순./ 이름순.

순대국(×)　'돼지를 삶은 국물에 순대를 넣고 끓인 국'은 '순댓국'이 올바른 말이다. [지방직 9급 '19]

순댓국　돼지를 삶은 국물에 순대를 넣고 끓인 국. 순대국(×).

순순이(×)　'태도가 고분고분하고 온순하게'의 뜻으로 쓰이는 말은 '순순히'가 올바른 말이다.

순순히順順　태도가 고분고분하고 온순하게. 순순이(×).

순화順化(×)　'베트남 중부, 후에 강 기슭에 있는 도시'는 '후에'가 올바른 말이다.

숟가락　밥이나 국물 따위를 떠먹는 데 쓰는 기구. 숫가락(×).

술고래　술을 매우 많이 마시는 사람을 비유하여 이르는 말. 술보·술부대(×).

술군(×)　'술을 좋아하며 많이 먹는 사람'은 '술꾼'이 올바른 말이다.

술꾼　술을 좋아하며 많이 먹는 사람. 술군(×).

술밥　술을 담글 때 쓰는 지에밥. 술지에(×).

술보, 술부대(×)　'술을 매우 많이 마시는 사람을 비유하여 이르는 말'은 '술고래'가 올바른 말이다.

술지에(×)　'술을 담글 때 쓰는 지에밥'은 '술밥'이 올바른 말이다.

술파제sulfa劑　설폰아마이드제 및 설포기를 갖는 화학 요법제. 설파제.

숫가락(×)　'밥이나 국물 따위를 떠먹는 데 쓰는 기구'는 '숟가락'이 올바른 말이다.

숫것(×)　'암수의 구별이 있는 동물에서 새끼를 배지 않는 쪽'은 '수컷'이 올바른 말이다.

수확률收穫率
'수확+율/률率'의 형태. 앞말이 받침이 없거나(모음) 'ㄴ' 받침 뒤에서는 '율'을 쓴다. 그 외에는 '률'을 쓴다. '수확'의 '확'이 'ㄱ' 받침으로 끝나는 경우이므로 '률'을 써서 '수확률'처럼 나타낸다.

-순順
'순'은 접미사이므로 앞말과 붙여 쓴다.

순댓국
'순대+국'은 순우리말끼리 합쳐진 말이며, '국'이 된소리로 나므로 사이시옷을 붙인다.

숟가락
'술'처럼 원래 'ㄹ' 받침이던 것이 합성어가 되면서 'ㄷ'으로 변한 것은 'ㄷ'으로 적는다.

술고래
의미가 똑같은 형태가 몇 가지 있을 경우, 그 중 가장 널리 쓰이는 단어만을 표준어로 삼는다.

'숫것'으로 표기할 수 없는 이유
수컷을 이르는 접두사는 '수-'로 통일하여 표기한다.

숫나사(×)	'암나사의 구멍에 끼우는 나사'는 '수나사'가 올바른 말이다.
숫노루(×)	'노루의 수컷'의 뜻으로 쓰이는 말은 '수노루'가 올바른 말이다.
숫놈(×)	'짐승의 수컷'의 뜻으로 쓰이는 말은 '수놈'이 올바른 말이다.
숫당나귀(×)	'당나귀의 수컷'의 뜻으로 쓰이는 말은 '수탕나귀'가 올바른 말이다.
숫돌	칼이나 낫 따위의 연장을 갈아 날을 세우는 데 쓰는 돌. 숯돌(×).
숫말(×)	'말의 수컷'의 뜻으로 쓰이는 말은 '수말'이 올바른 말이다.
숫벌(×)	'벌의 수컷'의 뜻으로 쓰이는 말은 '수벌'이 올바른 말이다.
숫사돈(×)	'사위 쪽의 사돈'의 뜻으로 쓰이는 말은 '수사돈'이 올바른 말이다.
숫새(×)	'새의 수컷'의 뜻으로 쓰이는 말은 '수새'가 올바른 말이다.
숫색시	남자와 성적^{性的} 관계가 한 번도 없는 처녀. 숫처녀. 수색시(×).
숫소(×)	'소의 수컷'의 뜻으로 쓰이는 말은 '수소'가 올바른 말이다.
숫양^羊	양의 수컷. 수양(×). [서울시 9급 '16]
숫염소	염소의 수컷. 수염소(×). [공사·공단 언어 능력]
숫은행나무(×)	'수꽃만 피고 열매를 못 맺는 은행나무'는 '수은행나무'가 올바른 말이다.
숫쥐	쥐의 수컷. 수쥐(×). [기상 9급 '13]
숫처녀^{處女}	남자와 성적 관계가 한 번도 없는 여자. 수처녀(×).
숫총각^{總角}	여자와 성적 관계가 한 번도 없는 남자. 수총각(×).
숫치질(×)	'항문 밖으로 불룩하게 나온 치질'은 '수치질'이 올바른 말이다.
숫토끼(×)	'토끼의 수컷'의 뜻으로 쓰이는 말은 '수토끼'가 올바른 말이다.

'숫놈'으로 표기할 수 없는 이유
수컷을 이르는 접두사는 '수-'에 사물이나 동물을 홀하게 이르는 말인 '놈'이 붙은 것이다.

숫양^羊
'양'의 수컷을 이르는 접두사는 '숫-'이므로 '숫양'처럼 표기한다.

숫염소
'염소'의 수컷을 이르는 접두사는 '숫-'이므로 '숫염소'처럼 표기한다.

숫쥐
'쥐'의 수컷을 이르는 접두사는 '숫-'이므로 '숫쥐'처럼 표기한다.

숫총각^{總角}
'숫-'은 '더럽혀지지 않아 깨끗한'의 뜻을 더하는 접두사이다.

숭굴숭굴	성질이 온순하고 원만한 모양. 숭글숭글(×).
숭글숭글(×)	'성질이 온순하고 원만한 모양'의 뜻으로 쓰이는 말은 '숭굴숭굴'이 올바른 말이다.
숭물스럽다(×)	'모양이 흉하고 괴상한 데가 있다'의 뜻으로 쓰이는 말은 '흉물스럽다'가 올바른 말이다.
숭산嵩山(×)	'허난성河南省 북서부 뤄양洛陽 동쪽에 위치한, 중국 오악五嶽 중 하나'는 '쑹산산'이 올바른 말이다.
숫돌	'칼이나 낫 따위의 연장을 갈아 날을 세우는 데 쓰는 돌'은 '숫돌'이 올바른 말이다.
숯장이(×)	'숯 굽는 일을 하는 사람을 낮잡아 이르는 말'은 '숯쟁이'가 올바른 말이다.
숯쟁이	숯 굽는 일을 하는 사람을 낮잡아 이르는 말. 숯장이(×).
쉐타(×)	'털실로 두툼하게 짠 윗옷'의 뜻으로 쓰이는 말은 '스웨터'가 올바른 말이다.
쉐프(×)	'음식점 따위에서 조리를 맡은 곳의 우두머리'는 '셰프'가 올바른 말이다.
쉬광핑許廣平	상하이上海의 항일 구국 운동에 참여한 중국의 사회 운동가(1898~1968). 허광평(×).
쉬르레알리슴surréalisme	이성의 속박에서 탈피하여 비합리적인 것이나 비현실의 세계를 표현한, 제일 차 세계 대전 후의 예술 운동. 쉬르레알리즘(×).
쉬르레알리즘(×)	'이성의 속박에서 탈피하여 비합리적인 것이나 비현실의 세계를 표현한, 제일 차 세계 대전 후의 예술 운동'은 '쉬르레알리슴'이 올바른 말이다.
쉬안청宣城	중국 안후이성安徽省 남동부에 있는 도시. 선성(×).
쉬안화宣化	중국 허베이성河北省 북서부 장자커우張家口 남쪽에 있는 도시. 선화(×).
쉬이	힘들거나 어렵지 않게. 예 학문의 길이란 하루 아침에 쉬이 이룰 수 있는 것이 아니다. 수이(×).
쉬저우徐州	중국 장쑤성江蘇省의 북서쪽의 도시. 서주(×).
쉬창許昌	담배 재배가 성한 중국 허난성河南省의 도시. 허창(×).
쉬첸	쑨원孫文의 비서를 거쳐 국민 참정원을 지낸 중국의 정치가. 서겸(×).

숯쟁이
어떤 일을 하는 사람을 낮잡아 이르는 말은 '-쟁이'이다.

쉬르레알리슴surréalisme
원어가 프랑스어이므로 '슴'으로 표기한다.

쉬이
'쉬이'의 준말은 '쉬'이다.

쉰동이(×)	'쉰 살이 넘은 부모에게서 낳은 아이'는 '쉰둥이'가 올바른 말이다.
쉰둥이	쉰 살이 넘은 부모에게서 낳은 아이. [예] 쉰둥이 아들이 무럭무럭 자란다. 쉰동이(×).
쉽상(×)	'일이나 물건 따위가 어디에 꼭 맞음'의 뜻으로 쓰이는 말은 '십상'이 올바른 말이다.
슈퍼마켓^{supermarket}	식료품 위주로 판매하는 규모가 큰 소매점. 수퍼마켓(×). [지방직 9급 '08]. [국가직 9급 '08]. [공사·공단 언어 능력]. [서울시 9급 '11]. [지방직 9급 '13]. [지방직 7급 '16]
스낵^{snack}	간단한 식사. 스넥(×).
스넥(×)	'간단한 식사'의 뜻으로 쓰이는 말은 '스낵'이 올바른 말이다.
스낵바^{snack bar}	가벼운 식사를 손쉽게 먹을 수 있는 음식점. 스넥바(×). [서울시 9급 '13]
스넥바(×)	'가벼운 식사를 손쉽게 먹을 수 있는 음식점'은 '스낵바'가 올바른 말이다.
스라소니	살쾡이 비슷하고 귀는 크고 뾰족하며 뒷발이 길고 나무에 잘 오르고 헤엄을 잘 치는 고양잇과의 짐승. 시라소니(×).
-스럽다	'그러한 성질이 있음'의 뜻을 나타내는 접미사. [예] 복스럽다./사랑스럽다./자랑스럽다./탐스럽다. [오류노트] 아버지는 <u>사랑스런</u> 눈빛으로 딸의 얼굴을 내려다보았다. → 사랑스러운.
스레이트(×)	'지붕을 덮거나 벽을 치는 데 쓰는 석판'은 '슬레이트'가 올바른 말이다.
-스레하다	형상이나 색을 나타내는 말에 붙어, '어떤 형상과 비슷하거나 빛깔이 옅다'의 뜻으로 쓰이는 접미사. [예] 둥그스레한 달./ 얼굴이 불그스레하게 술에 취하다.
-스름하다	형상이나 색을 나타내는 말에 붙어, '어떤 형상과 비슷하거나 빛깔이 옅다'의 뜻으로 쓰이는 접미사. [예] 푸르스름한 달빛/ 노르스름하게 익은 참외.
스멀스멀	벌레가 살갗에 기어가는 것처럼 근질근질한 느낌이 드는 상태. 스물스물(×).

쉰둥이
'그러한 성질이 있거나 그와 긴밀한 관련이 있는 사람'의 뜻을 더하는 말은 '-둥이'이다.

슈퍼마켓^{supermarket}
어떤 발음 형태가 굳어져 널리 쓰이고 있는 경우에는 그것이 원어의 발음 형태와 다르더라도 그 말의 관용을 인정한다.

-스럽다
'사랑스럽다'의 어간 '사랑스럽-' 뒤에 '-은'이 오면 어간 말음 'ㅂ'이 '우'로 변하므로, '사랑스러운'처럼 써야 된다.

-스레하다
'-스름하다'와 함께 복수 표준어이다.

스물스물(×) '벌레가 살갗에 기어가는 것처럼 근질근질한 느낌이 드는 상태'의 뜻으로 쓰이는 말은 '스멀스멀'이 올바른 말이다.

스웨터sweater 털실로 두툼하게 짠 윗옷. 쉐타(×).

스카우트scout 우수한 운동선수나 연예인 등을 찾아내는 일. 스카웃(×).

> 스카우트scout
> 'scout'의 발음은 [skaut]이며 외래어 표기법 '제3장 제8항 중모음 항'에 따라 '스카우트'로 표기한다.

스카웃(×) '우수한 운동선수나 연예인 등을 찾아내는 일'은 '스카우트'가 올바른 말이다.

스칼라량(×) '방향에 관계없이 숫자의 값으로만 나타내는 양'은 '스칼라양'이 올바른 말이다.

스칼라양scalar量 방향에 관계없이 숫자의 값으로만 나타내는 양. 스칼라량(×).

> 스칼라양scalar量
> '양量'이 순우리말이나 외래어 뒤에 올 경우는 별개의 단어로 인정하여 두음법칙에 따라 '양'으로 표기한다.

스칼러쉽(×) '장학금. 장학 제도. 학식'의 뜻으로 쓰이는 말은 '스칼러십'이 올바른 말이다.

스칼러십scholarship 장학금. 장학 제도. 학식. 스칼러쉽(×).

> 스칼러십scholarship
> 'sh'의 발음은 모음 'i' 앞에서 '시'로 표기한다.

스케르쪼(×) '경쾌한 느낌이 드는 기악곡 형식의 하나'의 뜻으로 쓰이는 말은 '스케르초'가 올바른 말이다.

스케르초scherzo 경쾌한 느낌이 드는 기악곡 형식의 하나. 유머레스크. 스케르쪼(×).

스케줄schedule 시간에 따라 구체적으로 세운 계획. 또는 그런 계획표. 스케쥴(×).

> 스케줄schedule
> 외래어 표기에서 이중모음 '져, 죠, 쥬, 챠, 츄'는 인정하지 않고 '저, 조, 주, 차, 추'로 표기한다.

스케쥴(×) '시간에 따라 구체적으로 세운 계획. 또는 그런 계획표'는 '스케줄'이 올바른 말이다.

스케치북sketchbook 도화지 따위를 매어 스케치를 할 수 있도록 만든 책. 스켓치북(×).

스켓치북(×) '도화지 따위를 매어 스케치를 할 수 있도록 만든 책'은 '스케치북'이 올바른 말이다.

스크루screw 회전을 할 때 금속 날개가 밀어내는 힘을 생기게 하는 장치. 스크류(×).

> 스크루screw
> screw는 발음([skru:])대로 '스크루'로 표기한다.

스크류(×) '회전을 할 때 금속 날개가 밀어내는 힘을 생기게 하는 장치'는 '스크루'가 올바른 말이다.

스킨쉽(×) '서로간의 피부 접촉에 의한 애정의 교류'는 '스킨십'이 올바른 말이다.

스킨십skinship 서로간의 피부 접촉에 의한 애정의 교류. 스킨쉽(×).

> 스킨십skinship
> 'sh'의 발음은 모음 'i' 앞에서 '시'로 표기한다.

스태프^{staff}	연기자 이외의 연극, 영화, 방송의 제작에 참여하는 모든 사람. 스탭(×). [서울시 7급 '10]. [국회 8급 '12]	스태프^{staff} 어말 또는 자음 앞의 [s], [z], [f], [v], [θ]는 '으'를 붙여 적는다.

스태프^{staff} 연기자 이외의 연극, 영화, 방송의 제작에 참여하는 모든 사람. 스탭(×). [서울시 7급 '10]. [국회 8급 '12]

스태프^{staff}
어말 또는 자음 앞의 [s], [z], [f], [v], [θ]는 '으'를 붙여 적는다.

스탠드^{stand} 물건을 세우는 대臺. 경기장의 계단식 관람석. 스텐드(×).

스탭(×) '연기자 이외의 연극, 영화, 방송의 제작에 참여하는 모든 사람'은 '스태프'가 올바른 말이다.

스테인레스(×) '스테인리스강'을 일상적으로 이르는 말은 '스테인리스'가 올바른 말이다.

스테인리스^{stainless} 스테인리스강'을 일상적으로 이르는 말. 스테인레스(×).

스테인리스강^{stainless鋼} 니켈, 크롬 등을 합금하여 녹슬지 않고 부식되지 않게 한 강철. 스텐(×).

스테인리스강^{stainless鋼}
'스테인리스강'은 '스테인리스 스틸'과 동의어로 쓰인다.

스텐(×) '니켈, 크롬 등을 합금하여 녹슬지 않고 부식되지 않게 한 강철'은 '스테인리스강'이 올바른 말이다.

스텐드(×) '물건을 세우는 대臺, 경기장의 계단식 관람석'은 '스탠드'가 올바른 말이다.

스티로폼^{styrofoam} 스티렌 수지. 스티로플(×).

스티로폼^{styrofoam}
'스티로폼'은 '상품명에서 유래한 말이다.

스티로플(×) '스티렌 수지'는 '스티로폼'이 올바른 말이다.

스펀지^{sponge} 고무나 합성수지로 해면 모양으로 만든 물건. 스폰지(×).

스펀지^{sponge}
'sponge'의 발음을 국제 음성 기호와 한글 대조표에 따라 '스펀지'로 표기한다.

스포이드(×) '잉크, 액즙, 물약 따위의 액체를 옮겨 넣을 때 쓰는, 위쪽에 고무주머니가 달린 유리관'은 '스포이트'가 올바른 말이다.

스포이트^{spuit} 잉크, 액즙, 물약 따위의 액체를 옮겨 넣을 때 쓰는, 위쪽에 고무주머니가 달린 유리관. 스포이드(×).

스포이트^{spuit}
스포이트는 네덜란드어 'spuit'에서 온 말이다.

스포츠 센타(×) '각종 운동 경기 시설을 구비한 큰 체육관'은 '스포츠 센터'가 올바른 말이다.

스포츠 센터^{sports center}   각종 운동 경기 시설을 구비한 큰 체육관. 스포츠 센타(×).

스포츠 센터^{sports center}
'center[sentər]'는 '센터'로 표기한다.

스폰지(×) '고무나 합성수지로 해면 모양으로 만든 물건'은 '스펀지'가 올바른 말이다.

스프(×) '고기나 야채 따위를 삶아서 국물을 낸 서양 요리'는 '수프'가 올바른 말이다.

슬근슬근 두 물체가 맞닿아서 가볍게 스치며 자꾸 비벼지는 모양. 실근실근(×).

슬레이트^{slate} 지붕을 덮거나 벽을 치는 데 쓰는 석판. 스레이트(×).

ㅅ

슬몃슬몃	잇따라 슬며시. 슬밋슬밋(×).
슬밋슬밋(×)	'잇따라 슬며시'의 뜻으로 쓰이는 말은 '슬몃슬몃'이 올바른 말이다.
-습니까	ㄹ 이외의 받침 있는 용언의 어간 따위에 붙어, 현재의 동작이나 상태를 묻는 형식으로 나타내는 말. 예 벌써 끝났습니까? -읍니까(×).
-습니다	ㄹ 이외의 받침 있는 용언 어간 따위에 붙어, 현재의 동작이나 상태를 그대로 나타내는 말. 예 제가 그랬습니다. -읍니다(×).
-습디까	ㄹ 이외의 받침 있는 용언의 어간에 붙어, 지난 일을 돌이켜 묻는 뜻을 나타내는 말. 예 몇 명이나 왔습디까? -읍디까(×).
-습디다	ㄹ 이외의 받침 있는 용언의 어간에 붙어, 지나간 일을 돌이켜 말하는 뜻을 나타내는 말. 예 아드님을 참 훌륭하게 키우셨습디다. -읍디다(×).
-습죠	ㄹ 이외의 받침 있는 용언의 어간에 붙어, 확신하는 사실을 주장하거나 물음을 나타내는 말. 예 배가 고파서 밥을 두 그릇이나 먹었습죠. -읍죠(×).
-습지요	ㄹ 이외의 받침 있는 용언의 어간에 붙어, 확신하는 사실을 주장하거나 물음을 나타내는 말. 예 어제 날씨는 더없이 맑았습지요. -읍지요(×).
승낙承諾	청한 바를 들어 줌. 승락(×). [경찰대 '07]
승덕承德(×)	'중국 허베이성河北省 북부 러허강熱河江 서쪽 기슭에 있는 도시'는 '청더'가 올바른 말이다.
승락(×)	'청한 바를 들어 줌'의 뜻으로 쓰이는 말은 '승낙'이 올바른 말이다.
시時	✔️띄어쓰기 ¹어떤 일이나 현상이 일어날 때나 경우. 예 비 올 시에도 산행을 강행한다./ 운전 시에는 전화 통화를 해서는 안 된다. ²차례가 정하여진 시각. 예 두 시 삼십 분. [경찰대 '06]. [서울시 9급 '13]. [지방직 9급 '16]
시가市價	시장에서 상품이 매매되는 가격. 싯가(×).
시계바늘(×)	'시간, 분, 초 따위를 나타내는 시계의 바늘'은 '시곗바늘'이 올바른 말이다.
시계줄(×)	'시계에 매달아 손목에 차는 줄'은 '시곗줄'이 올바른 말이다.

시계탑^{時計塔}	멀리서 볼 수 있게 시계를 설치한 탑. 시곗탑(×).
시곗바늘^{時計-}	시간, 분, 초 따위를 나타내는 시계의 바늘. 시계바늘(×).
시곗줄^{時計-}	시계에 매달아 손목에 차는 줄. 시계줄(×).
시곗탑(×)	'멀리서 볼 수 있게 시계를 설치한 탑'은 '시계탑'이 올바른 말이다.
시골나기(×)	'시골에서 나서 자란 사람을 낮잡아 이르는 말'은 '시골내기'가 올바른 말이다.
시골내기	시골에서 나서 자란 사람을 낮잡아 이르는 말. 시골나기(×).
시구^{詩句}	시의 구절. 시귀·싯귀(×).
시궁창	더러운 물이 썩어서 질척질척한 도랑의 바닥이나 속. 시궁창이(×).
시궁창이(×)	'더러운 물이 썩어서 질척질척한 도랑의 바닥이나 속'은 '시궁창'이 올바른 말이다.
시귀, 싯귀(×)	'시의 구절'의 뜻은 '시구'가 올바른 말이다.
시글버글(×)	'물고기나 사람 따위가 한곳에 많이 모여 들끓는 모양'은 '시글시글'이 올바른 말이다.
시글시글	물고기나 사람 따위가 한곳에 많이 모여 들끓는 모양. 시글버글(×).
시금치국(×)	'된장국에 시금치를 넣어 끓인 국'은 '시금칫국'이 올바른 말이다.
시금칫국	된장국에 시금치를 넣어 끓인 국. 시금치국(×).
시꺼매지다(×)	'시꺼멓게 되다'는 '시꺼메지다'가 올바른 말이다.
시꺼메지다	시꺼멓게 되다. 시꺼매지다(×).
시끈거리다(×)	'뼈마디가 계속하여 저리고 신 느낌이 들다'의 뜻으로 쓰이는 말은 '시큰거리다'가 올바른 말이다.
시끌덤벙하다(×)	'매우 시끄럽다'는 '시끌시끌하다'가 올바른 말이다.
시끌시끌하다	매우 시끄럽다. 시끌덤벙하다(×).
시내가, 시냇강변(×)	'시냇물이 흐르는 내의 가'는 '시냇가'가 올바른 말이다.
시내물(×)	'시내에서 흐르는 물'은 '시냇물'이 올바른 말이다.
시냇가	시냇물이 흐르는 내의 가. 시내가·시냇강변(×).
시냇물	시내에서 흐르는 물. 시내물(×).

시계탑^{時計塔}
한자어로만 이루어진 합성어이므로 사이시옷을 붙이지 않는다.

시곗줄^{時計-}
한자어와 순우리말로 된 합성어로 앞말이 모음으로 끝나고, 뒷말의 첫소리가 된소리로 나므로 사이시옷을 붙인다.

시골내기
'시골내기'의 '-내기'는 'ㅣ' 역행 동화 현상을 인정하여 표준어로 삼은 말이다.

시구^{詩句}
한자 '句'가 붙어서 이루어진 단어는 '귀'를 인정하지 아니하고 '구'로 통일하였다.

시금칫국
순우리말과 한자어로 된 합성어로서 앞말이 모음으로 끝난 경우, 뒷말의 첫소리가 된소리로 나는 것은 사이시옷을 붙인다.

시꺼메지다
음성 모음 다음에는 음성 모음이 오는 경우이다. '꺼'에 음성 모음이 있으므로 '매'가 아닌 '메'가 온다.

시냇물
순우리말로 된 합성어로서 앞말이 모음으로 끝난 경우, 뒷말의 첫소리 'ㅁ' 앞에서 'ㄴ' 소리가 덧나는 것은 사이시옷을 붙인다.

시너^{thinner}　도료의 점성도를 낮출 목적으로 사용하는, 휘발성이 크고 인화성이 강한 혼합 용제. 신나(×).

시네마^{cinema}　'영화'의 뜻으로 쓰이는 말. 씨네마(×).

시누^{媤-}　'시누이'의 준말. 예 손아래 시누./손위 시누.

시누이^{媤-}　남편의 누나나 여동생.

> **'시누이'의 남편을 부르는 호칭은?**
> 손위 시누이의 남편에 대한 호칭어는 '아주버님', '서방님'이 적합하다, 손아래 시누이 남편에 대한 호칭어는 '서방님'이 적합하다. '고모부'라고도 하는데 이는 적합지 않은 호칭어이다.

시누이^{媤-}
'시누'는 '시누이'의 준말이다.

시늉말　어떤 사물이나 현상의 소리나 모양, 움직임 따위를 흉내 내는 말.

시늉말
'흉내말'과 함께 복수 표준어이다.

시닝^{西寧}　중국 칭하이성^{青海省}의 성도^{省都}인 도시. 서녕(×).

시답다　마음에 차거나 들어서 만족스럽다. 시덥다(×). [지방직 9급 '15]

시덥다(×)　'마음에 차거나 들어서 만족스럽다'는 '시답다'가 올바른 말이다.

시들다　꽃이나 잎 따위의 물기가 말라 생기가 없어지다

> ✏ **오류노트** ¹시들은 국화에 물을 주었다. → 시든. ²시들음이 보이지 않고 살아난 고추. → 시듦.

시들다
'시들다'의 어간에 '-ㄴ'이 결합하면 받침 'ㄹ'이 탈락하여 '시든'으로 된다.

시들음병(×)　'토마토, 우엉, 딸기 따위에 사상균이 기생하여 생기는 병'은 '시듦병'이 올바른 말이다.

시듦병^{-病}　토마토, 우엉, 딸기 따위에 사상균이 기생하여 생기는 병. 시들음병(×).

시라소니(×)　'살쾡이 비슷하고 귀는 크고 뾰족하며 나무에 잘 오르고 헤엄을 잘 치는 고양잇과의 짐승'은 '스라소니'가 올바른 말이다.

시래깃국
순우리말로 된 합성어로서 앞말이 모음으로 끝난 경우, 뒷말의 첫소리가 된소리로 나는 것은 사이시옷을 붙인다.

시래기국(×)　'시래기를 넣고 끓인 된장국'은 '시래깃국'이 올바른 말이다.

시래깃국　시래기를 넣고 끓인 된장국. 시래기국(×).

시러베아들, 시러베자식^{-子息}　실없는 사람을 낮잡아 이르는 말. 실업의 아들(×). [서울시 9급 '07]

시멘트^{cement}　석회석, 흙, 석고를 배합하여 구워서 가루로 만든 건축 재료용 접합제. 세멘트(×).

시러베아들, 시러베자식^{-子息}
'시러베아들, 시러베자식'은 모음의 발음 변화를 인정하여, 발음이 바뀌어 굳어진 형태를 표준어로 삼은 말이다.

시비거리(×)	'시비가 될 만한 것'은 '시빗거리'가 올바른 말이다.
시빗거리是非-	시비가 될 만한 것. 시비거리(×).
시뻘개지다(×)	'시뻘겋게 되다'의 뜻으로 쓰이는 말은 '시뻘게지다'가 올바른 말이다.
시뻘게지다	시뻘겋게 되다. 시뻘개지다(×).
시뿌얘지다(×)	'시뿌옇게 되다'의 뜻으로 쓰이는 말은 '시뿌예지다'가 올바른 말이다.
시뿌예지다	시뿌옇게 되다. 시뿌얘지다(×).
시사 군도西沙群島	중국 하이난 섬海南島 남동쪽에 있는 섬들. 서사 군도(×).
시사점示唆點	미리 알려 주는 암시. 시삿점(×).
시삿점(×)	'미리 알려 주는 암시'의 뜻으로 쓰이는 말은 '시사점'이 올바른 말이다.
시셋말(×)	'그 시대에 유행하는 말'은 '시쳇말'이 올바른 말이다.
시시닥거리다	실없이 웃으면서 조금 작은 소리로 계속 이야기하다. 히히닥거리다(×).
시안西安	웨이수이渭水 분지에 있는 중국 산시성陝西省에 있는 도시. 서안(×).
시안 사건西安事件	1936년 중국에서 장쉐량張學良의 군대가 공산군 토벌을 위하여 장제스蔣介石를 감금하고 국공 내전 정지와 항일 투쟁을 요구한 사건. 서안 사건(×).
시왕봉十王峯	시왕을 모신 법당. 십왕봉(×).
시원스레	막히지 않고 활짝 트여 마음이 후련하게. 시원스리(×).
시원스리(×)	'막히지 않고 활짝 트여 마음이 후련한 듯하게'의 뜻으로 쓰이는 말은 '시원스레'가 올바른 말이다.
시월十月	한 해의 열째 되는 달. 십월(×). [경찰대 '07]
시장西江	윈난성雲南省 동부에서 주장강珠江江으로 흘러드는, 중국 남부에 있는 강. 서강(×).
시주돈(×)	'절이나 승려에게 바치는 돈'은 '시줏돈'이 올바른 말이다.
시줏돈施主-	절이나 승려에게 바치는 돈. 시주돈(×).
시집살이	[1]여자의 결혼 생활. [2]남으로부터 간섭을 받으며 하는 고된 일. 여위살이(×).

시뻘게지다 '시뻘겋다'에 '-어지다'가 결합하여 '시뻘게지다'로 된다.

시뿌예지다 '시뿌옇다'에 '-어지다'가 결합하여 '시뿌예지다'로 된 것이다.

시시닥거리다 '시시닥거리다'의 큰말은 '시시덕거리다'이다. '히히닥거리다'나 '히히덕거리다'로 잘못 쓰지 않도록 주의하자.

시줏돈施主- 한자어와 순우리말로 된 합성어로 앞말이 모음으로 끝나고, 뒷말의 첫소리가 된소리로 나므로 사이시옷을 붙인다.

시창^{西昌}　중국 쓰촨성^{西川省} 남서부에 있는 도시. 서창(×).

시청률^{視聽率}　텔레비전에서, 특정한 프로그램을 시청하고 있는 비율. 시청율(×).

시청율(×)　'텔레비전에서, 특정한 프로그램을 시청하고 있는 비율'은 '시청률'이 올바른 말이다.

시쳇말　그 시대에 유행하는 말. 시셋말(×).

시커매지다(×)　'시커멓게 되다'의 뜻으로 쓰이는 말은 '시커메지다'가 올바른 말이다.

시커메지다　시커멓게 되다. 시커매지다(×).

시큰거리다　뼈마디가 계속하여 저리고 신 느낌이 들다. 시끈거리다(×).

시키다　¹어떤 일을 하게 하다. 예 복장이 불량한 학생들에게 청소를 시키다. ²음식 따위를 주문하다. 예 냉면을 시키다. ³일부 명사 뒤에 붙어, '하게 하다'의 뜻을 나타내는 말. 예 결혼시키다./이해시키다./취소시키다.

시퍼래지다(×)　'시퍼렇게 되다'의 뜻으로 쓰이는 말은 '시퍼레지다'가 올바른 말이다.

시퍼레지다　시퍼렇게 되다. 시퍼래지다(×).

시허얘지다(×)　'시허옇게 되다'의 뜻으로 쓰이는 말은 '시허예지다'가 올바른 말이다.

시허예지다　시허옇게 되다. 시허얘지다(×).

신강^{新疆}(×)　'주민 대부분이 위구르 인이며 오아시스 농업과 목축이 발달한 중국 북서쪽에 있는 자치구'는 '신장'이 올바른 말이다.

신경^{新京}(×)　'중국 지린성^{吉林省} 창춘시^{長春市}에 일본이 만들었던 만주국의 수도'는 '신징'이 올바른 말이다.

신기롭다^{神奇-}　신비롭고 기이한 느낌이 있다. 예 신기로운 현상이 일어났다.

⚠ **오류노트**　인체는 정말 오묘하고 <u>신기로와요</u>. → 신기로워요.

신기롭다^{新奇-}　새롭고 기이한 느낌이 있다. 예 병아리가 깨어 나오는 모습이 신기롭게 느껴졌다.

신기스럽다^{神奇-}(×)　'신비롭고 기이한 느낌이 있다'의 뜻으로 쓰이는 말은 '신기롭다^{神奇-}'가 올바른 말이다.

시청률^{視聽率}
'시청+율/률'의 형태. 앞말이 받침이 없거나 (모음)'ㄴ' 받침 뒤에서는 '율'을 쓴다. 그 외에는 '률'을 쓴다.

시커메지다
'시커멓다'에 '-어지다'가 결합하여 '시커메지다'로 된 것이다.

시키다
³번의 '시키다'는 명사를 동사로 만드는, '사동적인 뜻을 가진 접미사'이므로 앞말과 붙여 쓴다.

시퍼레지다
'시퍼렇다'에 '-어지다'가 결합하여 '시퍼레지다'로 된 것이다.

시허예지다
'시허옇다'에 '-어지다'가 결합하여 '시허예지다'로 된 것이다.

신기롭다^{神奇-}
'ㅏ, ㅗ'에 붙은 'ㅂ' 받침 뒤에 '-아'가 결합하는 경우에는 '워'로 적는다. 예 반갑+아 → 반가워, 가소롭+아 → 가소로워.

'신기롭다'의 다른 뜻 '신기롭다^{神奇-}'와 '신기롭다^{新奇-}'의 뜻의 차이점을 잘 익혀 두자.

신기스럽다^{新奇}(×) '새롭고 기이한 느낌이 있다'의 뜻으로 쓰이는 말은 '신 기롭다^{新奇-}'가 올바른 말이다.

신나(×) '도료의 점성도를 낮출 목적으로 사용하는, 휘발성이 크 고 인화성이 강한 혼합 용제'는 '시너'가 올바른 말이다.

신녀성(×) '개화기 때에, 신식 교육을 받은 여자를 이르던 말'은 '신여성'이 올바른 말이다.

'신녀성'은 왜 잘못된 말일까?
접두사로 쓰이는 한자가 붙어서 된 말 또는 합성어에서는 뒷말의 첫소리가 'ㄴ' 소리로 나더라도 두음 법칙에 따른 다. '새로운'의 뜻을 더하는 접두사 '신'에 독립성이 있는 단 어 '여성'이 붙은 구조로 간주하여 두음 법칙을 적용하면 '신여성'으로 표기할 수 있다.

신드바드^{Sindbad} 아라비안나이트에 등장하는 바그다드의 상인. 신밧드(×).

신랄하다^{辛辣-} 사물의 분석이나 비평 따위가 매우 날카롭고 예리하다. 실랄하다(×).

신밧드(×) '아라비안나이트에 등장하는 바그다드의 상인'은 '신드 바드'가 올바른 말이다.

신부감(×) '신부가 될 만한 여자. 또는 앞으로 신부가 될 여자'는 '신붓감'이 올바른 말이다.

신붓감^{新婦-} 신부가 될 만한 여자. 또는 앞으로 신부가 될 여자. 신 부감(×).

> 신붓감^{新婦-}
> '신붓감'은 '색싯감'과 동의어이다.

신샹^{新鄕} 신초^{新焦} 철도의 시발점으로 방직, 제지 공업이 발달한 중국 허난성^{河南省} 북쪽에 있는 도시. 신향(×).

신여성^{新女性} 개화기 때에, 신식 교육을 받은 여자를 이르던 말. 신녀 성(×).

신장^{新疆} 주민 대부분이 위구르 인이며 오아시스 농업과 목축이 발달한 중국 북서쪽에 있는 자치구. 신강(×).

신장률^{伸張率} 규모가 전에 비해 늘어나거나 커진 비율. 신장율(×).

> 신장률^{伸張率}
> '신장+율/률^率'의 형태. 앞말이 받침이 없거나 (모음) 'ㄴ' 받침 뒤에 서는 '율'을 쓴다.

신장율(×) '규모가 전에 비해 늘어나거나 커진 비율'은 '신장률'이 올바른 말이다.

신징^{新京} 중국 지린성^{吉林省} 창춘시^{長春市}에 일본이 만들었던 만주 국의 수도. 신경(×).

신출나기(×) '어떤 일에 처음이라 서투른 사람'은 '신출내기'가 올바 른 말이다.

신출내기^{新出-}   어떤 일에 처음이라 서투른 사람. 신출나기(×).

신향^{新鄉}(×)   '신초^{新焦} 철도의 시발점으로 방직, 제지 공업이 발달한 중국 허난성^{河南省} 북쪽에 있는 도시'는 '신샹'이 올바른 말이다.

싣다   운반할 목적으로 차, 배, 수레, 비행기, 짐승의 등 따위에 물체를 올리다. 예 트럭에 배추를 가득 싣고 가다. 실다(×).

> ✏️오류노트 말은 마차에 짐을 가득 <u>실고</u> 언덕을 오르고 있다. → 싣고. [국가직 7급 '10]

실강이, 실랭이(×)   '서로 자기의 주장이 옳다고 주장하며 옥신각신하는 일'은 '실랑이'가 올바른 말이다.

실근실근(×)   '두 물체가 맞닿아서 가볍게 스치며 자꾸 비벼지는 모양'은 '슬근슬근'이 올바른 말이다.

실낙원^{失樂園}   아담과 이브의 원죄와 속죄에 대한 희망을 그린, 영국 시인 밀턴의 대서사시. 실락원(×).

실낫(×)   '실의 올'의 뜻으로 쓰이는 말은 '실낱'이 올바른 말이다.

실낱   실의 올. 실낫(×).

> ✏️오류노트 병마와 싸우며 <u>실낫</u> 같은 희망의 끈을 놓지 않으려고 몸부림치는 환자. → 실낱.

실다(×)   '운반할 목적으로 차, 배, 수레, 비행기, 짐승의 등 따위에 물체를 올리다'의 뜻으로 쓰이는 말은 '싣다'가 올바른 말이다.

실락원(×)   '아담과 이브의 원죄와 속죄에 대한 희망을 그린, 영국의 시인 밀턴의 대서사시'는 '실낙원'이 올바른 말이다.

실랄하다   '사물의 분석이나 비평 따위가 매우 날카롭고 예리하다'는 '신랄하다'가 올바른 말이다.

실랑이   서로 자기의 주장이 옳다고 주장하며 옥신각신하는 일. 실강이·실랭이(×).

실망스럽다^{失望-}   보기에 희망이나 명망을 잃거나 바라던 일이 뜻대로 되지 아니하여 마음이 몹시 상한 데가 있다.

> ✏️오류노트 밤새워 열심히 공부했는데도 <u>실망스런</u> 점수를 받았다. → 실망스러운.

실몽당이   실을 꾸려 감은 뭉치. 실뭉치(×).

신출내기^{新出-}
'신출내기'의 '-내기'는 'ㅣ' 역행 동화 현상을 인정하여 표준어로 삼은 말이다.

실낙원^{失樂園}
'실락원'은 '실락-원'의 구조가 아닌 '실-낙원'의 구조이므로 '실낙원'으로 표기한다.

실낱
'실의 올'처럼 매우 가늘고 작고 미미한 것은 '실낱'이다.

실망스럽다^{失望-}
'실망스럽다'의 어간 '실망스럽-' 뒤에 '-은'이 오면 어간 말음 'ㅂ'이 '우'로 변하므로, '실망스러운'처럼 써야 된다.

실몽당이
'몽당이'는 노끈, 실 따위를 공 모양으로 감은 뭉치의 뜻이며 '뭉치'는 한데 뭉치거나 말린 덩이의 뜻이다.

실뭉치(×)	'실을 꾸려 감은 뭉치'의 뜻으로 쓰이는 말은 '실몽당이'가 올바른 말이다.
실업률^{失業率}	일할 의사와 능력을 가진 인구 중 실업자가 차지하는 비율. 실업율(×).
실업율(×)	'일할 의사와 능력을 가진 인구 중 실업자가 차지하는 비율'은 '실업률'이 올바른 말이다.
실업의 아들(×)	'실없는 사람을 낮잡아 이르는 말'은 '시러베아들, 시러베자식'이 올바른 말이다.
실질 형태소^{實質形態素}	구체적 대상이나 동작, 상태 등 실질적인 뜻을 나타내는 형태소.
실효값(×)	'직류가 흘러서 일을 한 것과 같은 양의 일을 할 수 있는 교류의 값'은 '실횻값'이 올바른 말이다.
실횻값^{實效-}	직류가 흘러서 일을 한 것과 같은 양의 일을 할 수 있는 교류의 값. 실효값(×).
심돋우개^{心-}	등잔의 심지를 돋우는 쇠꼬챙이. 불돋우개(×).
심벌^{symbol}	추상적인 사물이나 관념, 사상을 구체적인 사물로 나타내는 일. 심볼(×). [지방직 9급 '13]
심볼(×)	'추상적인 사물이나 관념, 사상을 구체적인 사물로 나타내는 일'은 '심벌'이 올바른 말이다.
심부름군(×)	'심부름을 하는 사람'은 '심부름꾼'이 올바른 말이다.
심부름꾼	심부름을 하는 사람. 심부름군(×).
심술꾸러기	심술이 매우 많은 사람. 심술꾼·심술장이(×).
심술꾼, 심술장이(×)	'심술이 매우 많은 사람'을 뜻하는 말은 '심술꾸러기, 심술쟁이'가 올바른 말이다.
심술딱지	심술을 속되게 이르는 말. 심술머리(×).
심술머리(×)	'심술을 속되게 이르는 말'은 '심술딱지'가 올바른 말이다.
심술쟁이	심술이 매우 많은 사람. 심술꾼·심술장이(×). [서울시 7급 '11]
심술퉁이(×)	'질투해서 심술을 잘 내는 사람'은 '심술통이'가 올바른 말이다.
심술통이	질투해서 심술을 잘 내는 사람. 심술퉁이(×).
심양^{瀋陽}(×)	'교통의 요지이며 중공업이 발달한 중국 만주 랴오닝성^{遼寧省}에 있는 도시'는 '선양'이 올바른 말이다.

실업률^{失業率}
'실업+율/률^率'의 형태. 앞말이 받침이 없거나(모음) 'ㄴ' 받침 뒤에서는 '율'을 쓴다. 그 외에는 '률'을 쓴다. '실업'의 '업'이 'ㅂ' 받침으로 끝나므로 '률'을 써서 '실업률'처럼 나타낸다.

실질 형태소^{實質形態素}
실질 형태소는 '누나와 집에서 놀았다.'에서 '누나, 집, 놀-' 따위가 해당된다.

실횻값^{實效-}
한자어와 순우리말로 된 합성어로 앞말이 모음으로 끝나고, 뒷말의 첫소리가 된소리로 나므로 사이시옷을 붙인다.

심돋우개^{心-}
순우리말 계열보다 한자어 계열의 단어가 널리 쓰이면 한자어 계열의 단어를 표준어로 삼는다.

심부름꾼
'어떤 일을 전문적으로 하는 사람' 또는 '어떤 일을 잘하는 사람'의 뜻을 나타내는 말은 '-꾼'이다.

심술꾸러기
'심술쟁이'와 함께 복수 표준어이다.

심술쟁이
'심술꾸러기'와 함께 복수 표준어이다.

심이(×) '정도가 지나치게'의 뜻으로 쓰이는 말은 '심히'가 올바른 말이다.

심지^心 남포등, 초 따위에 불을 붙이기 위하여 꽂은 헝겊.

> ✔오류노트 심지를 **돋구다**. → 돋우다.

심지^心
'돋구다'는 '안경의 돗수를 높이다'의 뜻으로 쓰인다.

심포지엄^{symposium} 어떤 문제에 대하여 둘 이상의 전문가가 의견을 발표하고 참석자의 질문에 답하는 형식의 토론회. 심포지움(×). [지방직 9급 '10]. [서울시 9급 '11]. [경찰직 '21]

심포지움(×) '어떤 문제에 대하여 둘 이상의 전문가가 의견을 발표하고 참석자의 질문에 답하는 형식의 토론회'는 '심포지엄'이 올바른 말이다.

심히^甚 정도가 지나치게. 예 마음이 심히 괴롭다.

심히^甚
부사의 끝음절이 '이'나 '히'로 소리 나는 것은 '히'로 표기한다.

십상 일이나 물건 따위가 어디에 꼭 맞음. 쉽상(×).

십왕봉^{十王峯}(×) '시왕을 모신 법당'은 '시왕봉'이 올바른 말이다.

십월^{十月}(×) '한 해의 열째 되는 달'의 뜻으로 쓰이는 말은 '시월'이 올바른 말이다.

십이률(×) '동양 음악에서 열두 음의 이름'은 '십이율'이 올바른 말이다.

십이율^{十二律} 동양 음악에서 열두 음의 이름. 십이률(×).

싯가(×) '시장에서 상품이 매매되는 가격'은 '시가'가 올바른 말이다.

'싯가'로 표기할 수 없는 이유
'時價'처럼 한자어로만 구성된 단어는 사이시옷이 들어가지 않는다.

싯누래지다(×) '싯누렇게 되다'의 뜻으로 쓰이는 말은 '싯누레지다'가 올바른 말이다.

싯누레지다 싯누렇게 되다. 싯누래지다(×).

싯누레지다
'싯누렇다'에 '-어지다'가 결합하여 '싯누레지다'로 된 말이다.

싱가포르 싱가포르 섬, 크리스마스 섬 따위로 이루어져 있는 말레이 반도의 남쪽 끝에 있는 공화국. 싱가폴(×).

싱가폴(×) '싱가포르 섬, 크리스마스 섬 따위로 이루어져 있는 말레이 반도의 남쪽 끝에 있는 공화국'은 '싱가포르'가 올바른 말이다.

싱거웁다(×) '염분이 적어 음식의 간이 약하다'의 뜻으로 쓰이는 말은 '싱겁다'가 올바른 말이다.

싱겁다 염분이 적어 음식의 간이 약하다. 예 장아찌가 너무 싱거우면 상하기 쉽다. 싱거웁다(×).

싱안興安	중국 산시성陝西省 동남부에 있는 도시. 흥안(×).
싱징興京	중국 랴오닝성遼寧省 동쪽에 있던 옛 현縣. 흥경(×).
싸개장이	물건을 포장하거나 가구 따위를 싸는 일을 직업으로 하는 사람. 싸개쟁이(×).
싶어 하다	✔️띄어쓰기 어떤 행동을 하고자 하는 마음을 갖고 있음을 나타내는 말. 예 옛 애인을 만나고 싶어 하다.
싸개쟁이(×)	'물건을 포장하거나 가구 따위를 싸는 일을 직업으로 하는 사람'은 '싸개장이'가 올바른 말이다.
싸느랗다	차가우리만큼 싸늘하다. 싸느렇다(×).
싸느렇다(×)	'차가우리만큼 싸늘하다'의 뜻으로 쓰이는 말은 '싸느랗다'가 올바른 말이다.
싸라기	부스러진 쌀알. 싸래기(×). [지방직 7급 '11]. [국가직 9급 '21]
싸래기(×)	'부스러진 쌀알'의 뜻으로 쓰이는 말은 '싸라기'가 올바른 말이다.
싸리가지(×)	'싸리의 줄기나 가지'의 뜻으로 쓰이는 말은 '싸릿가지'가 올바른 말이다.
싸리대(×)	'싸리의 줄기'의 뜻으로 쓰이는 말은 '싸릿대'가 올바른 말이다.
싸리문(×)	'사립짝을 달아서 만든 문'은 '사립문'이 올바른 말이다.
싸릿가지	싸리의 줄기나 가지. 싸리가지(×).
싸릿대	싸리의 줄기. 싸리대(×).
싸부랑거리다	쓸데없는 말을 주책없이 자꾸 지껄이다. 쌔부랑거리다(×).
싸인펜(×)	'폴리에스테르 등의 섬유를 굳혀 만드는 필기도구의 하나'는 '사인펜'이 올바른 말이다.
싸전廛	쌀, 보리 등 곡식을 파는 가게. 쌀전(×).
싹독, 싹뚝(×)	'연한 물건을 단번에 자르거나 베는 소리'의 뜻으로 쓰이는 말은 '싹둑'이 올바른 말이다.
싹둑	연한 물건을 단번에 자르거나 베는 소리. 싹독·싹뚝(×).
싼먼샤三門峽	중국 허난성河南省과 산시성山西省 경계에 있는 협곡. 삼문협(×).
싼성三省	무단강과 쑹화강이 만나는 곳에 있는, 만주 지린성 북부의 개시장開市場. 삼성(×).

싸개장이
'-장이'는 '그것과 관련된 기술을 가진 사람'의 뜻을 더하는 말이다.

'-아/어 하다' 보조 용언 구성의 띄어쓰기
※가고 싶어 하다: '가고 싶다'라는 구에 '-어 하다'가 통합된 구성
※마음에 들어 하다: '마음에 들다'라는 구에 '-어 하다'가 통합된 구성
※어쩔 줄 몰라 하다: '어쩔 줄 모르다'라는 구에 '-아 하다'가 통합된 구성
※자신 있어/없어 하다: '자신 있다/없다'라는 구에 '-어 하다'가 통합된 구성

싸라기
'-이' 이외의 모음으로 시작된 접미사가 붙어서 된 말은 그 명사의 원형을 밝히어 적지 아니한다.

싸릿가지
순우리말로 된 합성어로서 앞말이 모음으로 끝난 경우, 뒷말의 첫소리가 된소리로 나는 것은 사이시옷을 붙인다.

싸전廛
끝소리가 'ㄹ'인 말과 딴 말이 어울릴 적에 'ㄹ' 소리가 나지 아니하는 것은 아니 나는 대로 적는다.

싹둑
'ㄱ, ㅂ' 받침 뒤에서 나는 된소리는, 같은 음절이나 비슷한 음절이 겹쳐 나는 경우가 아니면 된소리로 적지 않는다.

쌀궤(×)	'쌀 같은 곡식을 담아 두는 세간'은 '뒤주'가 올바른 말이다.
쌀뜨물	쌀을 씻고 난 뿌연 물. 쌀뜬물(×).
쌀뜬물(×)	'쌀을 씻고 난 뿌연 물'은 '쌀뜨물'이 올바른 말이다.
쌀전(×)	'쌀, 보리 등 곡식을 파는 가게'는 '싸전'이 올바른 말이다.
쌈지돈(×)	'쌈지에 있는 돈이라는 뜻으로, 적은 돈을 이르는 말'은 '쌈짓돈'이 올바른 말이다.
쌈짓돈	쌈지에 있는 돈이라는 뜻으로, 적은 돈을 이르는 말. 쌈지돈(×).
쌉싸래하다	쌉쌀한 듯하다. 예 쌉싸래한 땡감의 맛.
쌉싸름하다	쌉쌀한 듯하다. 예 쌉싸름한 민들레 나물 맛. [국회 8급 '13]
쌍까풀(×)	'겹으로 된 눈꺼풀. 또는 그런 눈'은 '쌍꺼풀'이 올바른 말이다.
쌍꺼풀雙-	겹으로 된 눈꺼풀. 또는 그런 눈. 쌍까풀(×).
쌍동밤雙童-	한 껍데기 속에 두 쪽이 들어 있는 밤. 쪽밤·쌍둥밤(×).
쌍동아들雙童-	한 태胎에서 나온 두 아들. 쌍둥아들(×).
쌍동이(×)	'한 어머니에게 한꺼번에 태어난 두 아이'는 '쌍둥이'가 올바른 말이다.
쌍둥밤(×)	'한 껍데기 속에 두 쪽이 들어 있는 밤'은 '쌍동밤'이 올바른 말이다.
쌍둥아들(×)	'한 태胎에서 나온 두 아들'은 '쌍동아들'이 올바른 말이다.
쌍둥이雙-	한 어머니에게 한꺼번에 태어난 두 아이. 쌍동이(×).
쌍룡雙龍	한 쌍의 용. 쌍용(×). [공사·공단 언어 능력]. [국회 8급 '12]
쌍용(×)	'한 쌍의 용'의 뜻으로 쓰이는 말은 '쌍룡'이 올바른 말이다.
쌍판대기(×)	'얼굴을 속되게 이르는 말'은 '상판대기'가 올바른 말이다.
쌔부랑거리다(×)	'쓸데없는 말을 주책없이 자꾸 지껄이다'의 뜻으로 쓰이는 말은 '싸부랑거리다'가 올바른 말이다.
쌕쌔기(×)	'제트기를 속되게 이르는 말'은 '쌕쌕이'가 올바른 말이다.

쌉싸래하다
'쌉싸름하다'와 함께 복수 표준어이다.

쌉싸름하다
'쌉싸래하다'와 함께 복수 표준어이다.

쌍동밤雙童-
의미가 똑같은 형태가 몇 가지 있을 경우, 그 중 가장 널리 쓰이는 단어만을 표준어로 삼는다.

쌍둥밤
'쌍둥이'가 표준어이므로 밤도 '쌍둥밤'이 맞다고 판단할 수 있으나, '쌍동밤'으로 표기해야 한다. 쌍둥이는 '쌍+둥이', 쌍둥밤은 '쌍동+밤'의 구조이다.

쌍둥이雙-
'쌍둥이'는 양성 모음이 음성 모음으로 바뀌어 굳어진 말을 표준어로 삼은 말이다.

쌍룡雙龍
본음이 '랴, 려, 례, 료, 류, 리'인 한자가 단어 첫머리에 오면 두음 법칙에 따라 '야, 여, 예, 요, 유, 이'로 표기하고, 단어 첫머리 이외의 경우에는 본음대로 표기한다. 그러므로 '雙龍'은 '쌍룡'으로 표기한다.

쌕쌕이	제트기를 속되게 이르는 말. 쌕쌔기(×).
써넣다	✔️띄어쓰기 정해진 곳에 글씨를 써서 채우다.
써비스(×)	'생산된 재화를 운반·배급하거나 생산·소비에 필요한 노무를 제공함'의 뜻으로 쓰이는 말은 '서비스'가 올바른 말이다.
썩이다	걱정이나 근심 따위로 마음이 몹시 괴로운 상태가 되게 하다. 예 비뚜로 나가는 동생 때문에 속을 썩이다. [서울시 9급 '07]. [국가직 9급 '22]
썩히다	부패되어 원래의 성질을 잃고 형체가 뭉개지는 상태가 되게 하다. 예 쇠똥을 썩혀 거름을 만들다.
썬글라스(×)	'눈을 햇빛으로부터 보호하기 위하여 쓰는 색안경'은 '선글라스'가 올바른 말이다.
썬탠(×)	'살갗을 햇볕에 알맞게 그을려서 고운 갈색으로 만드는 일'은 '선탠'이 올바른 말이다.
썸벅(×)	'눈꺼풀을 움직여 눈을 한 번 감았다 뜨는 모양'의 뜻으로 쓰이는 말은 '쌈벅'이 올바른 말이다.
썸벅썸벅(×)	'눈꺼풀을 움직이며 눈을 자꾸 감았다 떴다 하는 모양'의 뜻으로 쓰이는 말은 '쌈벅쌈벅'이 올바른 말이다.
쏘나타(×)	'16세기 중기 바로크 초기 이후에 발달한 악곡의 형식'은 '소나타'가 올바른 말이다.
쏘아부치다(×)	'상대방을 날카로운 말투로 몰아붙이듯 공격하다'의 뜻으로 쓰이는 말은 '쏘아붙이다'가 올바른 말이다.
쏘아붙이다	✔️띄어쓰기 상대방을 날카로운 말투로 몰아붙이듯 공격하다. 쏘아부치다(×).
쏜살같이	날아가는 화살과 같이 매우 빠른 속도로. 예 효준이는 집에 손님이 왔다는 말을 듣자 쏜살같이 달려간다. 쏜살로(×).
쏜살로(×)	'날아가는 화살과 같이 매우 빠른 속도로'의 뜻으로 쓰이는 말은 '쏜살같이'가 올바른 말이다.
쑤세미(×)	'수세미외의 속이나 짚 따위로 만들어 설거지할 때 쓰는 물건'은 '수세미'가 올바른 말이다.
쑤이화黑龍江省	중국 헤이룽장성黑龍江省 남부에 있는 도시. 수화(×).
쑥맥(×)	'콩인지 보리인지를 구별을 못하는 어리석은 사람'은 '숙맥'이 올바른 말이다.

쌕쌕이
'-하다'나 '-거리다'가 붙는 어근에 '-이'가 붙어 명사가 된 것은 그 원형을 밝히어 적는다.

써넣다
'써넣다'는 한 단어로 된 합성어이므로 붙여 쓴다.

썩이다
'마음이 괴롭게 되다'의 뜻으로 쓰이는 말은 '썩이다'이고, '부패하여 못쓰게 되게 하다'의 뜻으로 쓰이는 말은 '썩히다'이다. 두 말의 차이점을 잘 구별하자.

'썬글라스'로 쓰지 않는 이유
외래어 표기법에서는 파열음을 표기할 때 된소리를 쓰지 않는 것을 원칙으로 한다.

쏘아붙이다
'쏘아붙이다'는 한 단어이므로 붙여 쓴다.

쏜살같이
의미가 똑같은 형태가 몇 가지 있을 경우, 그 중 가장 널리 쓰이는 단어만을 표준어로 삼는다.

'쑥맥'은 잘못된 말
'사리 분별을 못하는 어리석은 사람'이라는 뜻의 '숙맥菽麥'은 '콩인지 보리인지를 구별하지 못한다'는 뜻의 '숙맥불변菽麥不辨'에서 온 말이다.

쑥수그레하다   여러 개 물건들의 크기 차이가 많지 않고 그만그만하
게 고르다. 쑥수그르르하다(×).

쑥수그르르하다(×)'여러 개 물건들의 크기 차이가 많지 않고 그만그만하게 고
르다'의 뜻으로 쓰이는 말은 '쑥수그레하다'가 올바른 말
이다.

쑥스럽다   하는 짓이나 모양이 자연스럽지 못하고 어색하여 우습
고 싱거운 데가 있다. 쑥쓰럽다(×).

> ✔오류노트 어린 동생은 여자 친구 앞에만 서면 <u>쑥쓰런</u> 표
> 정을 짓는다. → 쑥스러운.

쑥쓰럽다(×)   '하는 짓이나 모양이 자연스럽지 못하고 어색하여 우
습고 싱거운 데가 있다'는 '쑥스럽다'가 올바른 말이다.

쑨커孫科   행정원장, 입법원장, 고시원장을 지낸 중화민국의 정치
가(1895~1973). 손과(×).

쑹산산嵩山   허난성河南省 북서부 뤄양洛陽 동쪽에 위치한, 중국 오악五
嶽 중 하나. 숭산(×).

쑹자오런宋敎人   신해혁명 때 공을 세운 중국의 정치가(1882~1913). 송
교인(×).

쑹장성松江省   중국에서 가장 추운 지역의 하나인 중국 만주 쑹화강松
花江 유역의 옛 성. 송강성(×).

쑹화강松花江   중국 지린성吉林省 및 헤이룽장성黑龍江省을 흐르는 강. 송
화강(×).

쓰개치마   예전에, 외출하는 부녀자들이 머리에 써서 머리와 윗
몸을 가리던 치마. 쓸치마(×).

쓰다   연필, 펜 따위로 평평한 면이나 종이에 획을 그어 글자
의 모양이 이루어지게 하다. [사회복지직 9급 '17]

> ✔오류노트 ¹글씨를 쓸려고 해도 손이 곱아 잘 안 써진다.
> → 쓰려고. ²흰 종이에 파란색 글씨가 (<u>쓰여/씌어/쓰이어/
> 씌여</u>) 있었다. → '씌여'만 잘못된 말.

> **'쓰여/씌어/쓰이어/씌여 중에서 왜 '씌여'만 잘못된
> 말일까?**
> '쓰다'의 어간 '쓰-'에 '-이어'가 결합되어 '쓰이어'가 되며, '쓰
> 이어'에서 '-이어'가 줄어지면 '쓰여'가 된다.
> 또 '쓰이어'에서 '쓰이-'가 줄어지면 '씌-'가 되므로 '쓰이어'는
> '씌어'로 나타낼 수 있다. 그러나 '씌여'는 잘못된 표기이다.

쑥스럽다
'쑥스럽다'의 어간 '쑥
스럽-' 뒤에 '-은'이 오
면 어간 말음 'ㅂ'이
'우'로 변하므로, '쑥스
러운'처럼 써야 된다.

쓰개치마
조선 시대에 여성들이
입었던 치마이다.

쓰다
'쓰다'가 활용하면서
변하는 형태를 혼동하
기 쉬우므로 잘 익혀
두자.

쓰레기	비로 쓸어 내는 먼지나 내다 버릴 물건.
	오류노트 전교 대청소 시간에 운동장에서 쓰레기를 <u>주었</u><u>다</u>. → 주웠다.
쓰레기군(×)	'쓰레기를 치는 사람을 낮추어 이르는 말'은 '쓰레기꾼'이 올바른 말이다.
쓰레기꾼	쓰레기를 치는 사람을 낮추어 이르는 말. 쓰레기군(×).
쓰레받기	쓰레기를 비로 쓸어 받아 내는 기구. 쓰레받이(×).
쓰레받이(×)	'쓰레기를 비로 쓸어 받아 내는 기구'는 '쓰레받기'가 올바른 말이다.
쓰르라미	붉은 갈색에 녹색의 무늬가 있고 날개는 투명한 매밋과의 곤충. 쓰르래미(×).
쓰르래미(×)	'붉은 갈색에 녹색의 무늬가 있고 날개는 투명한 매밋과의 곤충'은 '쓰르라미'가 올바른 말이다.
쓰시마 해류^{對馬海流}	제주도 남동 해역에서 대한 해협을 거쳐 동해로 흐르는 난류. 대마 해류(×).
쓰시마 해협^{對馬海峽}	일본 쓰시마섬과 이키섬 사이의 해협. 대마 해협(×).
쓰촨성^{四川省}	쌀과 차 생산이 많으며 성도^{省都}는 청두^{成都}인 중국 양쯔강 상류에 있는 성. 사천성(×).
쓰핑^{四平}	철도 교통이 발달한 중국 지린성^{吉林省} 남부에 있는 도시. 사평(×).
쓱삭쓱삭(×)	'톱질을 계속해서 할 때 나는 소리'의 뜻으로 쓰이는 말은 '쓱싹쓱싹'이 올바른 말이다.
쓱싹쓱싹	톱질을 계속해서 할 때 나는 소리. 쓱삭쓱삭(×). [경찰대 '07]
쓸쓸이(×)	'적적하고 외롭게'는 '쓸쓸히'가 올바른 말이다.
쓸쓸히	적적하고 외롭게. 쓸쓸이(×).
쓸치마	'예전에, 외출하는 부녀자들이 머리에 써서 머리와 윗몸을 가리던 치마'는 '쓰개치마'가 올바른 말이다.
씀벅	눈꺼풀을 움직여 눈을 한 번 감았다 뜨는 모양. 썸벅(×).
씀벅씀벅	눈꺼풀을 움직이며 눈을 자꾸 감았다 떴다 하는 모양. 썸벅썸벅(×).
씁슬하다(×)	'조금 쓴 맛이 나다'는 '씁쓸하다'가 올바른 말이다.

쓰레기
'쓰레기를 주었다'가 잘못된 말인 이유. '떨어지거나 흩어진 것을 집다'의 뜻은 '줍다'이며 '줍고, 주우니, 주워, 주웠다'로 활용한다. '남에게 무엇을 건네 주다'의 뜻은 '주다'이며 '주어, 주니, 주었다'로 활용한다.

쓰르라미
'ㅣ'역행 동화 현상을 인정하지 않는 말이다.

쓱싹쓱싹
같은 음절 혹은 비슷한 음절이 겹쳐 나는 단어(첩어)는 같은 글자로 적는다.

쓸쓸히
부사의 끝음절이 '이'나 '히'로 소리 나는 것은 '히'로 표기한다.

씀벅씀벅
의미 차이가 없고 비슷한 발음의 몇 형태가 쓰일 경우, 그중 더 널리 쓰이는 한 형태만을 표준어로 삼는다.

ㅅ

씁쓰레하다	다소 쓴 맛이 나는 듯하다. 예 씁쓰레한 이별 여행.
씁쓰름하다	다소 쓴 맛이 나는 듯하다. 예 씁쓰름한 씀바귀나물.
씁쓸하다	조금 쓴 맛이 나다. 씁슬하다(×).
씌다	¹'쓰이다'의 준말. 예 산 입구에는 '입산금지'라고 씌어 있었다. ²'씌우다'의 준말. 예 잘못이 없는 사람에게 덤터기를 씌어서 곤경에 처하게 했다./애완견에게 모자를 씌었다. ³귀신이 접하다. 예 그는 무슨 귀신에 씌었는지 평소 안 하던 행동을 한다.

> **오류노트** ¹칠판에는 '축 우승'이라고 <u>씌여</u> 있다. → 씌어.
> ²그 사람이 그런 말을 했을 리가 없어. 무슨 신에게 <u>씌였다면</u> 모를까 말이다. → 씌었다면.

씨氏	¹어른의 성이나 성명, 이름 아래에 붙여, 그 사람을 부르거나 이르는 말. 예 이 씨./미옥 씨./정숙희 씨. ²어떤 성씨임을 나타내는 말. 예 김씨./박씨./최씨 부인./장씨 문중./의유당 김씨. [법원직 9급 '11]
씨네마(×)	'영화'의 뜻으로 쓰이는 말은 '시네마'가 올바른 말이다.
씨룩(×)	'근육의 한 부분이 실그러지게 움직이는 모양'의 뜻으로 쓰이는 말은 '씰룩'이 올바른 말이다.
씨룩(×)	'물체가 한쪽으로 비뚤어지거나 기울어지는 모양'의 뜻으로 쓰이는 말은 '씰긋'이 올바른 말이다.
씨름군(×)	'씨름을 하는 사람'은 '씨름꾼'이 올바른 말이다.
씨름꾼	씨름을 하는 사람. 씨름군(×).
씩	**✔️띄어쓰기** '그 수량이나 크기로 나뉘거나 되풀이됨'의 뜻을 더하는 말. 예 며칠씩./한 사람씩./세 마리씩.
씰긋	물체가 비뚤어지거나 기울어지는 모양. 씨룩(×).
씰룩	근육의 한 부분이 실그러지게 움직이는 모양. 씨룩(×).
씻기다	먼지나 때 등이 없어지게 되다. 씻기우다(×).
씻기우다(×)	'먼지나 때 등이 없어지게 되다'의 뜻으로 쓰이는 말은 '씻기다'가 올바른 말이다.
씻다	물이나 휴지 따위로 때나 더러운 것을 없게 하다.

> **오류노트** 어머니가 아이를 <u>씻기우고</u> 있다. → 씻기고.

씁쓰레하다
'씁쓰름하다'와 함께 복수 표준어이다.

씁쓰름하다
'씁쓰레하다'와 함께 복수 표준어이다.

씌다
글자가 '쓰이다'의 뜻이나, 모자를 '씌우다'의 뜻이나, 신이 '접하다'의 뜻이나 모두 '씌었다' 형태의 표기는 옳지 않다. '씌다'에 과거형 어미가 오면 '씌었다'로 활용한다.

씨름꾼
'어떤 일을 전문적으로 하는 사람' 또는 '어떤 일을 잘하는 사람'의 뜻으로 쓰이는 말은 '-꾼'이다.

씻기다
'씻다'의 사동사가 '씻기다'이므로 사동의 뜻을 더하는 '-우-'를 다시 붙일 필요는 없다.

ㅇ 이응.

- 한글 자모의 여덟째. 자음의 하나.
- 음절의 첫머리에서는 음가가 없다.
- 받침으로 쓰일 때는 혀뿌리로 연구개를 막고 목청을 떨어 코 안을
  울려 소리 낸다.

아구(×)	'아귓과의 바닷물고기'의 뜻으로 쓰이는 말은 '아귀'가 올바른 말이다.
아구(×)	'사물의 갈라진 부분'은 '아귀'가 올바른 말이다.
아구찜(×)	'콩나물, 미더덕, 미나리 따위의 재료에 아귀를 넣고 갖은 양념을 하여 걸쭉하게 찐 음식은 '아귀찜'이 올바른 말이다.
아구차다(×)	'뜻이 굳세고 하는 일이 야무지다'의 뜻으로 쓰이는 말은 '아귀차다'가 올바른 말이다.
아궁이	솥이나 방고래 따위에 불을 때기 위해 만든 구멍. 아궁지(×). [공사·공단 언어 능력]
아궁지(×)	'솥이나 방고래 따위에 불을 때기 위하여 만든 구멍'은 '아궁이'가 올바른 말이다.
아귀	아귓과의 바닷물고기. 아구(×).
아귀	사물의 갈라진 부분. 아구(×). 예 문짝이 아귀가 잘 맞질 않는다.
아귀세다	뜻이 굳세고 하는 일이 야무지다. 아구세다(×).
아귀찜	콩나물, 미더덕, 미나리 따위의 재료에 아귀를 넣고 갖은 양념을 하여 걸쭉하게 찐 음식. 아구찜(×). [서울시 9급 '13]
아귀차다	뜻이 굳세고 하는 일이 야무지다. 아구차다(×).
아기	어린 젖먹이 아이. 애기(×).
아까시아(×)	'잎은 깃 모양의 겹잎으로 피고 하얀 꽃은 송아리를 이루어 피는 콩과의 아카시아속 식물'은 '아카시아'가 올바른 말이다.
아나로그(×)	'길이나 각도 또는 전류 등의 연속된 물리량으로 어떤 수치를 나타낸 것'은 '아날로그'가 올바른 말이다.
아낙군수^{郡守}	항상 집에만 박혀 있는 사람을 놀려 이르는 말. 안악군수(×).
아낙네	남의 집 여자 어른을 흔히 이르는 말. 안악네(×).
아날로그^{analogue}	길이나 각도 또는 전류 등의 연속된 물리량으로 어떤 수치를 나타낸 것. 아나로그(×).
아니	¹부정이나 반대의 뜻을 나타내는 말. 예 가다가 멈추면 아니 감만 못하니라. / 죽어도 아니 눈물 흘리오리다. ²어떤 사실을 더 강조할 때 쓰는 말. 예 마음이 아프다. 아니, 아픈 정도가 아니고 창자가 녹는 듯하다. / 백만 원, 아니 일억 원을 준다 해도 이 작품을 팔지 않겠다.

아궁이
의미 차이가 없고 비슷한 발음의 몇 형태가 쓰일 경우, 그중 더 널리 쓰이는 한 형태만을 표준어로 삼는다.

아귀세다
'아귀차다'와 함께 복수 표준어이다.

아기
ㅣ역행동화를 인정하지 않는 말이다.

아낙네
'아낙네'는 '아낙'과 동의어로 쓰인다.

아날로그^{analogue}
낱말의 가운데 부분에 있는 [l]이 모음 앞에 올 때는 'ㄹㄹ'로 적는다.

아니곱다(×)	'하는 행동 따위가 비위에 거슬리어 불쾌하다'의 뜻으로 쓰이는 말은 '아니꼽다'가 올바른 말이다.
아니꼽다	[1] 비위가 뒤집혀 구역날 듯하다. 예 나는 속이 아니꼬워 참을 수가 없었다. 결국 액체를 토해 냈다. [2] 하는 말이나 행동이 눈에 거슬려서 불쾌하다. 예 나는 그의 거만한 행동에 여간 아니꼽지 않았으나 참지 않을 수가 없었다./ 나를 하인 취급하는 그가 매우 아니꼬웠으나 직장 상사이므로 어쩔 수가 없었다. 아니곱다(×).
아니다	어떤 사실에 대해 부정의 뜻을 나타내는 말. [연습] [1]내가 결석한 것은 몸이 아파서 그런 것은 (아니에요/아니예요/아녜요/아니어요/아녀요). → '아니예요'만 잘못된 말. [2]드러내지 않고 남이 안 보이는 데서 어려운 이웃을 돕는 것이 참사랑이 (아닐는지요/아닐른지요). → 아닐는지요.

> **'아니예요'가 왜 잘못된 말일까?**
> '아니다'의 어간에 '-에요'가 붙으면 '아니에요'가 되고 '-어요'가 붙으면 '아니어요'가 된다. '아니에요'의 준말은 '아녜요'이며 '아니어요'의 준말은 '아녀요'이다. 따라서 '아니예요'는 잘못된 말이다.

아니오	한 문장에서 부정적인 뜻의 서술어로 쓰이는 말. 예 나는 선생님이 아니오. / 나는 더 이상 당신의 잘못을 너그렇게 용서할 만큼 군자가 아니오. [소방직 '20]	아니오 '아니오'가 '아니요'와 다른 점은 한 문장의 서술어로 쓰인다는 것이다.
아니요	물음에 대해 그렇지 않다고 대답할 때 쓰는 말. 예 예, 아니요로 답하여라. / 네가 내 동생을 때렸지? 아니요, 제가 안 때렸어요. 영은이가 때렸어요.	

> **묻는 말의 대답으로 '예', '아니오'가 맞을까, '예', '아니요'가 맞을까?**
> 결론은 '예', '아니요'가 맞다. '아니오'는 '저는 도둑이 아니오.'처럼 한 문장의 서술어로만 쓴다.
> 질문에 '예'나 '아니요'로 답하시오와 같이 '예'에 상대되는 말은 '아니요'를 쓴다. '아니요'는 '아니' 뒤에 높임을 나타내는 '-요'가 붙은 말이다.
> 반면에 '아니오'는 '아니다'의 어간 '아니-' 뒤에 종결을 나타내는 '-오'가 붙은 말로, "잘못을 저지른 것은 그가 아니오."처럼 쓰인다.

| 아니하다 | '않다'의 본말로 '-지 아니하다'의 형식으로 쓰이는 말. 예 이웃과 다투지 아니하였다./ 그는 제 시간에 오지 아니하였다. |

'아니하다'와 '아니 하다'는 어떻게 다를까?

예를 들어 '거짓말하지 아니하다'는 본용언 '거짓말하지'에 보조 용언 '아니하다'가 연결된 말로 '아니하다'처럼 붙여 쓴다.
또 '아니하다'의 준말은 '않다'이므로 '거짓말하지 않다'로 바꿀 수 있다. 그러나 '공부를 아니 하다'처럼 '아니 하다' 앞에 용언이 오지 않고 바로 목적어가 오면 부사 '아니'에 동사 '하다'가 연결된 말로 '공부를 아니 하다'처럼 띄어 쓴다.
또 '아니'의 준말은 '안'이므로 '공부를 안 하다'로 줄일 수 있다. 즉 '아니하다'는 '않다'로, '아니 하다'는 '안 하다'로 줄일 수 있다.

아다시피(×)	'아는 바와 같이'의 뜻으로 쓰이는 말은 '알다시피'가 올바른 말이다.
아더왕Arthur王(×)	'5세기에서 6세기에 걸쳐 이민족의 침입으로부터 영국을 구한 전설적 영웅'은 '아서왕'이 올바른 말이다.
아둥바둥(×)	'어떤 일을 이루기 위해 애를 쓰거나 우겨 대는 모양'의 뜻으로 쓰이는 말은 '아등바등'이 올바른 말이다.
아드님	남의 아들을 높여 이르는 말. 아들님(×).
아들님(×)	'남의 아들을 높여 이르는 말'은 '아드님'이 올바른 말이다.
아등바등	어떤 일을 이루기 위해 애를 쓰거나 우겨 대는 모양. 예 어린아이가 장롱 속에 있는 과자를 꺼내려고 발뒤꿈치를 들고 아등바등하고 있다./ 자식 7남매를 가르치려고 부모는 고생을 낙으로 삼으며 아등바등 살아왔다. 아둥바둥(×).
아뜰리에(×)	'사진관의 촬영실이나 화실'은 '아틀리에'가 올바른 말이다.
아람	'아람'은 '밤 따위가 잘 익어 저절로 떨어질 정도가 된 상태. 또는 그런 열매'의 뜻으로는 올바른 말이다.
아람(×)	'두 팔을 크게 벌려 만든 둘레 안에 들 만한 분량을 세는 단위'는 '아름'이 올바른 말이다.

아다시피
'아다시피'는 잘못된 말 '알다'에 '-는 바와 같이'의 뜻으로 쓰이는 '-다시피'가 결합한 것이다. 흔히 '아다시피'로 쓰는데 어간 끝 받침 'ㄹ'이 줄지 않으므로 '알다시피'로 써야 한다.

아드님
끝소리가 'ㄹ'인 말과 딴 말이 어울릴 적에 'ㄹ' 소리가 나지 아니하는 것은 아니 나는 대로 적는다.

아등바등
'아둥바둥, 둘러리, 오무리다' 등과 같이 원순 모음으로 잘못 발음하는 경우가 있으나 이것은 표준 발음이 아니다. '아등바등, 들러리, 오므리다'로 발음하고 표기해야 한다.

'아뜰리에'는 잘못된 말 외래어의 무성 파열음(p, t, k)은 거센소리(ㅍ, ㅌ, ㅋ)로 적는다.

아람
'아람'은 '밤 따위가 잘 익어 저절로 떨어질 정도가 된 상태. 또는 그런 열매'의 뜻으로는 올바른 말이다.

아람차다(×)	'힘에 벅차다'의 뜻으로 쓰이는 말은 '아름차다'가 올바른 말이다.	
아래 글(×)	'바로 아래의 글'의 뜻으로 쓰이는 말은 '아랫글'이 올바른 말이다.	
아래길(×)	'아래쪽에 있는 길'의 뜻으로 쓰이는 말은 '아랫길'이 올바른 말이다.	
아래니(×)	'아랫잇몸에 난 이'는 '아랫니'가 올바른 말이다.	
아래도리(×)	'허리 아래의 부분. 아랫도리옷'은 '아랫도리'가 올바른 말이다.	
아래돌(×)	'아래쪽에 있는 돌'은 '아랫돌'이 올바른 말이다.	'아래돌'로 표기할 수 없는 이유 '아래+돌'은 순우리말로만 된 합성어로서 앞말이 모음으로 끝나고, 뒷말의 첫소리가 된소리로 나므로 사이시옷을 붙인다.
아래뜸	아래쪽에 위치해 있는 마을. 아랫뜸(×).	
아래마을(×)	'아래쪽에 있는 마을'은 '아랫마을'이 올바른 말이다.	
아래목, 아랫골(×)	'아궁이에 가까운 쪽의 방바닥'은 '아랫목'이 올바른 말이다.	
아래방(×)	'두 방이 이어져 있을 때 아래쪽에 있는 방'은 '아랫방'이 올바른 말이다.	
아래사람(×)	'자기보다 신분이나 지위가 낮은 사람'은 '아랫사람'이 올바른 말이다.	
아래입술(×)	'아래쪽의 입술'은 '아랫입술'이 올바른 말이다.	'아래입술'로 표기할 수 없는 이유 순우리말로 된 합성어로서 앞말이 모음으로 끝난 경우, 뒷말의 첫소리 모음 앞에서 'ㄴㄴ' 소리가 덧나므로 사이시옷을 붙인다.
아래잇몸(×)	'아래쪽의 잇몸'은 '아랫잇몸'이 올바른 말이다.	
아래집(×)	'아래에 이웃하여 있는 집'의 뜻으로 쓰이는 말은 '아랫집'이 올바른 말이다.	
아래층	여러 층으로 된 것의 아래에 있는 층. 아랫층(×). [복지 9급 '11]	아래층 '밑층'과 함께 복수 표준어이다.
아래턱뼈	아래턱을 이루는 뼈. 아랫턱뼈(×).	
아래편便	아래가 되는 쪽. 아랫편(×). [한국어교육검정 '09]	
아랫글	바로 아래의 글. 예 아랫글은 무엇에 대한 설명인지 요약해 보자.	아랫글 '아랫글'의 반대말은 '윗글'이다.
아랫길	아래쪽에 있는 길. 아래길(×).	
아랫니	아랫잇몸에 난 이. 아래니(×). [국회 8급 '12]	아랫니 순우리말로 된 합성어로서 앞말이 모음으로 끝난 경우, 뒷말의 첫소리 'ㄴ' 앞에서 'ㄴ' 소리가 덧나는 것은 사이시옷을 붙인다.
아랫도리	허리 아래의 부분. 아랫도리옷. 아래도리(×).	
아랫돌	아래쪽에 있는 돌. 아래돌(×).	

아랫동강이(×) '무릎과 발목 사이의 뒤쪽 근육 부분'은 '종아리'가 올 바른 말이다.

아랫뜸(×) '아래쪽에 위치해 있는 마을'은 '아래뜸'이 올바른 말이다.

아랫마을 아래쪽에 있는 마을. 아래마을(×). [한국어교육검정 '08]. [서울시 지방직 7급 '16]

아랫목 아궁이에 가까운 쪽의 방바닥. 아래목·아랫골(×).

아랫방^房 두 방이 이어져 있을 때 아래쪽에 있는 방. 아래방(×). [경찰직 1차 필기 '16]

아랫사람 자기보다 신분이나 지위가 낮은 사람. 아래사람(×).

아랫사침(×) '갈퀴 앞쪽에 대나무를 대고 엮은 부분'은 '위치마'가 올바른 말이다.

아랫입술 아래쪽의 입술. 아래입술(×).

아랫잇몸 아래쪽의 잇몸. 아래잇몸(×).

아랫집 아래에 이웃하여 있는 집. 아래집(×). [경찰직 1차 필기 '16]

아랫층(×) '여러 층으로 된 것 중에서 아래에 있는 층'은 '아래층' 이 올바른 말이다.

> **'아랫층'으로 표기할 수 없는 이유는 무엇일까?**
> '아랫층'처럼 사이시옷을 붙이면 어법에 맞지 않는다. '아래 층'으로 써야 한다. 합성어에서 뒷말의 첫소리가 된소리나 거 센소리일 때에는 사이시옷을 붙이지 않는다. '층'의 첫소리가 'ㅊ'으로 거센소리이므로 앞에 사이시옷을 붙일 수 없다.

아랫턱뼈(×) '아래턱을 이루는 뼈'의 뜻으로 쓰이는 말은 '아래턱뼈' 가 올바른 말이다.

아랫편(×) '아래가 되는 쪽'은 '아래편'이 올바른 말이다.

아롱사태 쇠고기 뭉치사태의 한가운데에 붙은 살덩이. 북사태(×).

아름 두 팔을 벌려 만든 둘레 안에 들 만한 분량을 세는 단 위. 아람(×).

아름답다 경치나 목소리 따위가 마음에 좋은 느낌을 주어 만족 할 만하다.

> **✏오류노트** ¹화장을 하지 않은 여자 친구의 맨얼굴이 오늘 따라 무척 <u>아름다와</u> 보였다. → 아름다워. ²꽃을 피우다 열 매를 맺으니 어찌 아름답지 <u>않는가</u> → 않은가.

아랫마을
순우리말로 된 합성어 로서 앞말이 모음으로 끝난 경우, 뒷말의 첫 소리 'ㅁ' 앞에서 'ㄴ' 소리가 덧나는 것은 사이시옷을 붙인다.

아랫사람
'아래+사람'은 순우리 말로 된 합성어로서 앞말이 모음으로 끝나 고 뒷말의 첫소리가 된소리로 나므로 '아 랫사람'처럼 사이시옷 을 붙인다.

아랫잇몸
순우리말로 된 합성어 로서 앞말이 모음으로 끝난 경우, 뒷말의 첫 소리 모음 앞에서 'ㄴ ㄴ' 소리가 덧나므로 사이시옷을 붙인다.

'아름답다'와 '않다'의 활용
¹어간의 끝 'ㅂ'이 'ㅜ' 로 바뀔 때에, '돕-, 곱-'과 같은 단음절 어 간에 어미 '-아'가 결합 되어 '와'로 소리 나는 것은 제외하고(도와, 고와), 그 밖의 경우 모 두 '워'로 적는다. 그러 므로 '아름다워'처럼 적는다.
²⁾'않다'는 용언 뒤에 오 는 보조 용언으로 용 언이 동사이면 보조 동사, 용언이 형용사 이면 보조 형용사라 한다. 현재 시제에서, 보조 동사이면 '않는' 형태로 쓰고 보조 형 용사이면 '않은'의 형 태로 쓴다. '아름답다' 가 형용사이므로 뒤에 보조 형용사 '않은'이 온다.

아름차다	힘에 벅차다. 아람차다(×).
아리까리하다(×)	'생각이 자꾸 바뀌어서 구별해 낼 것 같으면서 바로 분간이 안 되다'의 뜻으로 쓰이는 말은 '알쏭달쏭하다'가 올바른 말이다.
아리답다(×)	'마음씨나 몸가짐 따위가 사랑스럽고 아름답다'의 뜻으로 쓰이는 말은 '아리땁다'가 올바른 말이다.
아리땁다	마음씨나 몸가짐 따위가 사랑스럽고 아름답다. 아리답다(×).
아린산(×)	'삼산화인이나 삼염화인이 가수 분해되어 생기는 무색 결정'은 '아인산'이 올바른 말이다.
아먼드(×)	'열매는 핵과核果로 과육이 얇고 수분이 적으며 식용이나 약용하는 장미과의 낙엽 교목 혹은 낙엽 고목의 씨'는 '아몬드'가 올바른 말이다.
아몬드almond	열매는 핵과核果로 과육이 얇고 수분이 적으며 식용이나 약용하는 장미과의 낙엽 교목. 혹은 낙엽 고목의 씨. 아먼드(×).
아무것	✔띄어쓰기 무엇이라고 꼭 지정하지 아니한 것. 예 아무것도 먹지 않고 이틀을 지냈다.
아무러나(×)	'아무렇게나 원하는 대로 하라고 승낙하는 말'은 '아무려나'가 올바른 말이다.
아무려나	아무렇게나 원하는 대로 하라고 승낙하는 말. 예 "김자인 사장님께 허락을 받아 올까요?", "아무려나, 그게 가능하다면 그렇게 해 보게." 아무러나(×).
아무쪼록	될 수 있는 대로. 예 아무쪼록 성공하길 비네.
아무튼	일의 성질, 상황, 의견 따위가 어떻게 되어 있든 간에. 예 아무튼 내 말을 들어야 곤경에서 빠져나올 수 있다니까. 아뭏든(×). [국어능력인증 '06]. [한국어교육검정 '06]
아뭏든(×)	'일의 성질, 상황, 의견 따위가 어떻게 되어 있든 간에'의 뜻으로 쓰이는 말은 '아무튼'이 올바른 말이다.
아밀라아제Amylase	녹말을 엿당, 소량의 덱스트린, 포도당으로 가수 분해하는 효소. 아밀레이스.
아밀레이스amylase	녹말을 엿당, 소량의 덱스트린, 포도당으로 가수 분해하는 효소. 아밀라아제.

아무것
'것'을 의존 명사라고 판단하여 '아무 것'처럼 잘못 쓰는 경우가 많으나 한 단어이므로 붙여 씀에 유의하자.

아무쪼록
'모쪼록'과 함께 복수 표준어이다.

아무튼
'아무튼'과 '아뭏든'은 발음이 같아 '아뭏든'을 표준어로 혼동하기 쉽다. 그러나 '아무튼'처럼 그 본 모양을 밝히지 않고 소리 나는 대로 적는다.

아밀라아제amylase
'아밀레이스'와 동의어로 쓰인다.

아밀레이스amylase
'아밀라아제'와 동의어로 쓰인다.

아바네라(×)	'쿠바에서 유래하여 에스파냐에서 유행한, 탱고와 비슷한 4분의2 박자의 민속 춤곡'은 '하바네라'가 올바른 말이다.
아불싸(×)	'미처 생각 못한 것을 뒤늦게 알고 뉘우칠 때 내는 소리'는 '아뿔싸'가 올바른 말이다.
아비	아버지의 낮춤말. 애비(×).
아뿔싸	미처 생각 못한 것을 뒤늦게 알고 뉘우칠 때 내는 소리. 아불싸(×).
아서라	그렇게 하지 말라고 금하는 말. 앗아라(×).
아서왕^Arthur王	5세기에서 6세기에 걸쳐 이민족의 침입으로부터 영국을 구한 전설적 영웅. 아더왕(×).
아스라이	[1]아슬아슬할 정도로 높거나 멀게. [2]기억이 잘 나지 않고 가물가물하게. 아스라히(×).
아스라히(×)	'아슬아슬할 정도로 높거나 멀게. 기억이 잘 나지 않고 가물가물하게'의 뜻으로 쓰이는 말은 '아스라이'가 올바른 말이다.
아스카 시대^飛鳥時代	백제 문물 수입이 활발하고 불교 미술이 발달하였던 일본의 6세기 후반에서 7세기 중엽까지의 시대. 비조시대(×).
아스테카 왕국^Azteca王國	13세기 아스텍 족이 멕시코 고원에 세워 아스테카 문명을 일으킨 왕국. 아즈테카 왕국(×).
아승기^阿僧祇	수로 나타낼 수 없는 가장 많은 수. 또는 그런 시간. 아승지(×).
아승지(×)	'수로 나타낼 수 없는 가장 많은 수. 또는 그런 시간'은 '아승기'가 올바른 말이다.
아연실색^啞然失色	예상외의 일에 얼굴빛이 변할 정도로 놀람. 예 우리는 뼈만 보일 정도로 앙상한 당숙의 모습을 보고 아연실색했다. 아연질색(×).
아연질색(×)	'예상외의 일에 얼굴빛이 변할 정도로 놀람'의 뜻으로 쓰이는 말은 '아연실색'이 올바른 말이다.
아옹다옹	하찮은 일로 서로 자꾸 다투는 모양. 비교 아웅다웅.
아웅다웅	하찮은 일로 서로 자꾸 다투는 모양.
아이고	놀람, 슬픔, 기쁨 따위의 감정을 표현할 때 내는 소리. 아이구(×). [간호사관 '08]

아뿔싸
'아뿔싸'보다 거센 느낌을 주는 '하뿔싸'가 있다.

아스라이
'아스라하다'에서 파생된 부사이다.

아옹다옹
'아웅다웅'보다 작은 느낌을 준다.

아웅다웅
'아옹다옹'보다 큰 느낌을 준다.

아이고
모음 조화에 따라 양성 모음은 양성 모음과, 음성 모음은 음성 모음과 어울려 쓰이는 말의 예이다. '아이-'의 '아'가 양성 모음이므로 양성 모음인 '-고'가 연결되어 쓰인 것이다.

아이고머니	아이고보다 더 깊은 느낌이 들고 간절할 때 내는 소리. 아이구머니(×).	아이고머니 준말은 '애고머니'이다.
아이구(×)	'놀람, 슬픔, 기쁨 따위의 감정을 표현할 때 내는 소리'는 '아이고'가 올바른 말이다.	
아이구머니(×)	'아이고보다 더 깊은 느낌이 들고 간절할 때 내는 소리'는 '아이고머니'가 올바른 말이다.	
아이러니^{irony}	¹반어^{反語}. ²예상외의 결과가 초래한 모순이나 부조화. 아이로니(×).	아이러니^{irony} 원어의 발음에 따른 표기는 '아이러니'가 된다.
아이러니컬하다(×)	'모순적이다. 역설적이다'의 뜻으로 쓰이는 말은 '아이로니컬하다'가 올바른 말이다.	아이로니컬하다^{ironical-} 원어의 발음에 따른 표기는 '아이로니컬하다'가 된다.
아이로니(×)	'반어^{反語}. 예상외의 결과가 초래한 모순이나 부조화'는 '아이러니'가 올바른 말이다.	
아이로니컬하다^{ironical-}	모순적이다. 역설적이다. 아이러니컬하다(×).	
아이섀도^{eye shadow}	눈두덩에 칠하여 입체감을 내는 화장품. 아이섀도우(×). [세무직 9급 '07]	아이섀도^{eye shadow} 외래어 표기에서 [ou]는 '오'로 표기한다.
아이섀도우(×)	'눈두덩에 칠하여 입체감을 내는 화장품'은 '아이섀도'가 올바른 말이다.	
아이코	놀람, 슬픔, 기쁨 따위의 감정을 표현할 때 내는 소리. 아이쿠(×).	아이코 모음 조화에 따라 양성 모음은 양성 모음과, 음성 모음은 음성 모음과 어울려 쓰이는 말의 예이다. '아이-'의 '아'가 양성 모음이므로 양성 모음인 '-코'가 연결되어 쓰인 것이다. '아이코'는 '아이고'보다 거센 느낌이 드는 말이다.
아이쿠(×)	'놀람, 슬픔, 기쁨 따위의 감정을 표현할 때 내는 소리'는 '아이코'가 올바른 말이다.	
아이후이^{愛輝}	상업이 발달한 중국 동북부, 헤이룽강^{黑龍江} 유역의 도시. 애휘(×).	
아인산^{亞燐酸}	삼산화인이나 삼염화인이 가수 분해되어 생기는 무색 결정. 아린산(×).	
아즈테카 왕국^{Azteca王國}(×)	'13세기 아스텍 족이 멕시코 고원에 세워 아스테카 문명을 일으킨 왕국'은 '아스테카 왕국'이 올바른 말이다.	
아지랑이	봄이나 여름에 햇빛을 받은 공기가 아른아른 피어오르는 현상. 아지랭이(×). [지방직 7급 '10]. [법원직 9급 '12]	아지랑이 'ㅣ' 모음 역행 동화가 일어나지 않는 '아지랑이'를 표준어로 삼는다.
아지랭이(×)	'봄이나 여름에 햇빛을 받은 공기가 아른아른 피어오르는 현상'의 뜻으로 쓰이는 말은 '아지랑이'가 올바른 말이다.	
아카시아	잎은 깃 모양의 겹잎으로 피고 하얀 꽃은 송이리를 이루어 피는 콩과의 아카시아속 식물. 아까시아(×).	

아크릴아마이드^{acrylamide}　　아크릴로나이트릴의 가수 분해로 얻을 수 있는 무색 결정체. 아크릴아미드.

아크릴아미드^{acrylamide}　　아크릴로나이트릴의 가수 분해로 얻을 수 있는 무색 결정체. 아크릴아마이드.

아틀리에^{atelier}　　사진관의 촬영실이나 화실. 아뜰리에(×).

아프다　　몸의 어느 부분이 다치거나 맞거나 자극을 받아 괴로움을 느끼다.

> **오류노트** 배가 <u>아퍼서</u> 학교에 결석했다. → 아파서.

아프터서비스(×)　　'제조업자가 상품을 판매하고 나서 그 상품의 수리, 점검 따위를 하는 일'은 '애프터서비스'가 올바른 말이다.

악다구니　　서로 욕하고 화내며 싸우는 짓. 옥다구니(×).

악바리　　성미가 깔깔하고 고집이 세며 매서운 사람. 악발이(×).

악발이(×)　　'성미가 깔깔하고 고집이 세며 매서운 사람'은 '악바리'가 올바른 말이다.

악세사리(×)　　'귀고리 따위 의복을 장식하는 부속품'은 '액세서리'가 올바른 말이다. [경찰직 '21]

악센트^{accent}　　음의 강세, 고저, 장단을 이용하여 음절이나 말의 일부를 강조하는 일, 또는 그 부분. 액센트(×).

악셀(×)　　'발로 밟는 자동차의 가속 장치'는 '액셀'이 올바른 말이다.

악양^{岳陽}(×)　　'중국 후난성^{湖南省} 북부의 항구 도시'는 '웨양'이 올바른 말이다.

악양루^{岳陽樓}(×)　　'중국 후난성^{湖南省} 웨양에 있는 누각'은 '웨양루'가 올바른 말이다.

악착배기(×)　　'매우 악착스러운 아이'의 뜻으로 쓰이는 말은 '악착빼기'가 올바른 말이다.

악착빼기^{齷齪-}　　매우 악착스러운 아이. [예] 나는 일단 시작한 일은 중도에 포기하는 일이 없어 악착빼기라는 별명을 얻었다. 악착배기(×).

안감　　옷 안에 받치는 감. 우라(×).

안경^{安慶}(×)　　'중국 동부, 안후이성^{安徽省} 서남쪽에 있는 도시'는 '안칭'이 올바른 말이다.

안경잡이^{眼鏡-}, **안경쟁이**^{眼鏡-}　　안경을 낀 사람을 낮잡아 이르는 말. 안경잴이(×).

아크릴아마이드^{acrylamide}
'아크릴아마이드'는 '아크릴아미드'와 동의어로 쓰인다.

아크릴아미드^{acrylamide}
'아크릴아미드'는 '아크릴아마이드'와 동의어로 쓰인다.

아틀리에^{atelier}
외래어 표기에서 무성 파열음(p, t, k)은 거센소리(ㅍ, ㅌ, ㅋ)로 적는다.

아프다
'아프다'의 어간 첫음절에 쓰인 모음이 'ㅏ'로 양성 모음이기 때문에 뒤에도 양성 모음이 온다.

악바리
'꾀바리', '악바리', '군바리'처럼 '-바리'는 사람을 나타내는 접미사이다.

악센트^{accent}
관용에 따라 '악센트'로 표기한다.

악착빼기^{齷齪-}
'-빼기'는 '곱빼기, 밥빼기'처럼 '그런 특성이 있는 사람이나 물건'의 뜻을 나타내는 말이다.

안경쟁이
'-쟁이'는 '그것이 나타내는 속성을 많이 가진 사람'의 뜻을 더하는 말이다.

안경잽이(×) '안경을 낀 사람을 낮잡아 이르는 말'은 '안경잡이, 안경쟁이'가 올바른 말이다.

안동安東(×) '단둥丹東의 전 이름'은 '안둥'이 올바른 말이다.

안되다 ✔띄어쓰기 ¹현상, 일 따위가 좋게 이루어지지 않다. 예 불경기라서 장사가 잘 안된다./정신 집중이 안돼서 휴식을 취하고 있다. ²사람이 훌륭하게 되지 못하다. 예 아들이 안되기를 바라는 부모는 없다. ³일정한 수준이나 정도에 이르지 못하다. 예 우리나라가 이번 경기에서 안되어도 금메달 3개는 딸 것 같다. ⁴가엾거나 안타까워 마음이 언짢다. 예 이번이 다섯 번째 시험에 떨어졌다니 그것 참 안됐어. ⁵병이나 걱정 따위로 얼굴이 상하다. 예 감기를 아주 오래 앓더니 얼굴이 많이 안됐구나. [경찰대. '09]. [지방직 9급 '11]. [국가직 9급 '17] 연습 ¹(안되는, 안 되는) 이는 자빠져도 코가 깨진다. → 안되는. ²(안되면, 안 되면) 조상 탓 → 안되면 ³말도 (안된다, 안 된다) → 안 된다. ⁴컴퓨터 앞에 '끄면 (안 됨, 안 됌)'이라고 쓰여 있었다. → 안 됨.

안되다
부정이나 반대 또는 불가의 뜻으로 쓰일 때는 '안 되다'처럼 띄어 쓴다.

'안되다'는 붙여 쓰기도 하고 띄어쓰기도 한다고?
표제어 '안되다'의 5가지 뜻으로 쓰일 때의 '안되다'는 붙여 쓴다. 그러나 '지각을 해서는 절대 안 된다'와 같이 '안 되다'가 '부정'이나 '반대'의 뜻으로 쓰이거나 '그러면 안 돼'처럼 불가의 뜻을 나타낼 때에는 반드시 띄어 써야 한다.

안둥安東 단둥의 전 이름. 안동(×).

안밖(×) '사물 따위의 안과 밖'은 '안팎'이 올바른 말이다.

안밖일(×) '안일과 바깥일'은 '안팎일'이 올바른 말이다.

안복파安福派(×) '1917년 일본과 연합하여 독일에 선전 포고를 하였던 중국의 군벌 분파'는 '안푸파'가 올바른 말이다.

안사돈-査頓 딸의 시어머니나 며느리의 친정어머니를 양쪽 사돈집에서 이르는 말. 안사둔(×).

안사돈-査頓
'부조, 사돈, 삼촌'처럼 어원 의식이 강한 낱말은 양성 모음 형태를 그대로 표준어로 삼는다.

안사둔(×) '딸의 시어머니나 며느리의 친정어머니를 양쪽 사돈집에서 이르는 말'은 '안사돈'이 올바른 말이다.

안성마춤(×) '조건이나 상황이 어떤 경우나 계제에 잘 들어맞거나 어울림'의 뜻으로 쓰이는 말은 '안성맞춤'이 올바른 말이다.

안성맞춤^{安城-} 조건이나 상황이 어떤 경우나 계제에 잘 들어맞거나 어울림. 안성마춤(×).

안스럽다(×) '손아랫사람이나 약한 사람의 딱한 사정이 언짢고 가엾다'의 뜻으로 쓰이는 말은 '안쓰럽다'가 올바른 말이다.

안쓰럽다 손아랫사람이나 약한 사람의 딱한 사정이 언짢고 가엾다. 안스럽다(×).

안악군수(×) '항상 집에만 박혀 있는 사람을 놀려 이르는 말'은 '아낙군수'가 올바른 말이다.

안악네(×) '남의 집 여자 어른을 흔히 이르는 말'은 '아낙네'가 올바른 말이다.

안절부절못하다 마음이 안정되지 못하고 초조하여 어쩔 줄을 모르다. 안절부절하다(×). [기상 7급 '11]

안절부절하다(×) '마음이 안정되지 못하고 초조하여 어쩔 줄을 모르다'의 뜻으로 쓰이는 말은 '안절부절못하다'가 올바른 말이다.

안주 일절(×) '안주가 다 갖추어져 있음'의 뜻으로 쓰이는 말은 '안주 일체'가 올바른 말이다.

안주 일체^{按酒一切} 안주가 다 갖추어져 있음. 예 술과 안주 일체를 내가 살 테니 따라만 오게. 안주 일절(×).

안주감(×) '안주로 삼을 만한 음식물'의 뜻으로 쓰이는 말은 '안줏감'이 올바른 말이다.

안주거리(×) '안주로 삼을 만한 먹을거리'의 뜻으로 쓰이는 말은 '안줏거리'가 올바른 말이다.

안줏감^{按酒-} 안주로 삼을 만한 음식물. 안주감(×).

안줏거리^{按酒-} 안주로 삼을 만한 먹을거리. 안주거리(×).

안진뱅이(×) '앉을 수는 있어도 서거나 걷지 못하는 사람'은 '앉은뱅이'가 올바른 말이다.

안짱다리 두 발끝이 안쪽으로 휘어진 다리. 안쫑다리(×).

안쫑다리(×) '두 발끝이 안쪽으로 휘어진 다리'는 '안짱다리'가 올바른 말이다.

안치다 찌개나 밥 따위를 만들기 위하여 그 재료를 솥이나 냄비 따위에 넣다. 예 냄비에 감자를 안쳤다.

안칭^{安慶} 중국 동부, 안후이성^{安徽省} 서남쪽에 있는 도시. 안경(×).

안성맞춤^{安城-}
'서로 떨어져 있는 부분을 제자리에 맞게 대어 붙임'을 뜻하는 말은 '맞춤'이며, '마춤'이라는 말은 없다.

안쓰럽다
의미가 똑같은 형태가 몇 가지 있을 경우, 그 중 가장 널리 쓰이는 단어만을 표준어로 삼는다.

안절부절못하다
의미가 똑같은 형태가 몇 가지 있을 경우, 그 중 가장 널리 쓰이는 단어만을 표준어로 삼는다.

안주일체^{按酒一切}
'일절'은 '아주, 전혀, 절대로'의 뜻으로 뒤에 부정의 말이 이어진다. '일체'는 '전부, 모든 것'의 뜻이다.

안줏감^{按酒-}
한자어와 순우리말로 된 합성어로 앞말이 모음으로 끝나고, 뒷말의 첫소리가 된소리로 나므로 사이시옷을 붙인다.

'안치다'와 '앉히다'
밥이나 찌개를 솥에 넣다'의 뜻으로 쓰이는 '안치다'와 '자리에 앉게 하다'의 뜻으로 쓰이는 '앉히다'를 구별하자.

안타깝다 남의 고통이나 딱한 처지 등을 보니 답답하다. 예 시험 준비에 최선을 다했지만 안타깝게도 또 낙방했다.

> **오류노트** 아이스하키 결승전 경기 종료 1분을 남겨 놓고 우리 편이 역전을 당하여 응원단 모두 <u>안타까와하고</u> 있다. → 안타까워하고.

안팎 사물 따위의 안과 밖. 예 나라 안팎에서 대대적으로 성금을 모으기 시작했다. 안밖(×). [경찰대 '06]. [국가직 9급 '13]. [기상 9급 '13]

안팎일 안일과 바깥일. 예 남편이 오랫동안 출장 중이어서 아내가 안팎일을 다 해내야 한다. 안밖일(×).

안푸파^{安福派}, **안후이파**^{安徽派} 1917년 일본과 연합하여 독일에 선전 포고를 하였던 중국의 군벌 분파. 안복파(×).

안후이성^{安徽省} 중국 양쯔강^{揚子江} 하류의 양쪽 기슭에 있는 성. 안휘성(×).

안휘성^{安徽省}(×) '중국 양쯔강^{揚子江} 하류의 양쪽 기슭에 있는 성'은 '안후이성'이 올바른 말이다.

안휘파^{安徽派}(×) '1917년 일본과 연합하여 독일에 선전 포고를 하였던 중국의 군벌 분파'의 뜻으로 쓰이는 말은 '안후이파'가 올바른 말이다.

앉은뱅이 앉을 수는 있어도 서거나 걷지 못하는 사람. 예 평생 앉은뱅이로 살아오던 사람이 벌떡 일어나는 기적이 일어났다. 안진뱅이(×).

앉은뱅이저울 지레의 원리를 응용하여 받침대에서 대저울로 무게를 전달하고, 분동^{分銅}으로 균형을 잡아 무게를 다는 저울의 한 가지. 앉은저울(×).

앉은저울(×) '지레의 원리를 응용하여 받침대에서 대저울로 무게를 전달하고, 분동^{分銅}으로 균형을 잡아 무게를 다는 저울의 한 가지'의 뜻으로 쓰이는 말은 '앉은뱅이저울'이 올바른 말이다.

앉히다 사람이나 동물을 다른 물건 위에 몸을 올려놓거나 다리나 발 위에 올려놓다. 예 어린 딸을 무릎에 앉히고 야구 결승전 경기를 관람하고 있다.

> **오류노트** [1]사람을 양쪽에 <u>앉치고</u> 가운데에 주장이 앉아 있다. → 앉히고. [2]냄비에 두 사람 분의 쌀을 <u>앉혔다</u>. → 안쳤다.

안타깝다
어간의 끝 'ㅂ'이 'ㅜ'로 바뀔 때에, '고와, 도와'와 같이 모음이 'ㅗ'인 단음절 어간 뒤에 결합하는 '-아'의 경우만 '와'로 적고, 그 밖의 경우 모두 '워'로 적는다.

안팎
두 말이 어울릴 적에 'ㅎ' 소리가 덧나는 것은 소리대로 적으므로 '안팎'으로 적는다.

앉은뱅이 저울
의미가 똑같은 형태가 몇 가지 있을 경우, 그 중 가장 널리 쓰이는 단어만을 표준어로 삼는다.

앉히다
[1]'자리에 앉게 하다'의 뜻으로 쓰이는 사동사는 '앉히다'이므로 그 활용 형태인 '앉히고'로 적는다. [2]쌀을 그릇 안에 넣고 밥이 되게 하였을 때는 '안치다'로 쓴다.

않다	앞말이 뜻하는 상태를 부정하는 뜻을 나타내는 말. 예 옳지 않다. / 예쁘지 않다.

> ✔오류노트 [1]상옥이는 몸이 피곤한지 하루 종일 공부는 않하고 잠만 자고 있다. → 안 하고. [2]이제 사랑하지 않아요. 당신도 사랑하지 <u>않잖아요</u>. → 않잖아요. [국가직 7급 '07]

> **'않다'는 앞말에 따라 활용 형태가 어떻게 달라질까?**
> '않다'는 앞말에 의해 활용하는 모양이 달라지는 말이다. 즉 앞말이 형용사인 경우 예를 들어 '옳다'가 오면 '옳지 않은 것은?'과 같이 '-은'이 붙는다. 그런데 앞말이 동사인 경우 예를 들어 '맞다'인 경우 '맞지 않는 것은?'과 같이 '-는'이 붙는다.

알견謁見(×)	'지체가 높은 사람을 찾아뵈는 일'은 '알현'이 올바른 말이다.
알다시피	아는 바와 같이. 예 당신이 잘 알다시피 난 거짓말을 할 위인이 아닙니다. 아다시피(×).
알뜰이(×)	'살림살이나 일 따위를 규모 있고 정성스럽게 하여 빈틈이 없게'의 뜻으로 쓰이는 말은 '알뜰히'가 올바른 말이다.
알뜰히	살림살이나 일 따위를 규모 있고 정성스럽게 하여 빈틈이 없게. 알뜰이(×).
알려 주다	✔띄어쓰기 알게 해 주다. 예 나의 위대함을 알려 주마.
알로기	알록알록한 무늬나 점, 또는 그러한 무늬나 점이 있는 물건이나 짐승. 알록이(×).
알록이(×)	'알록알록한 무늬나 점, 또는 그러한 무늬나 점이 있는 물건이나 짐승'은 '알로기'가 올바른 말이다.
알루미늄aluminium	은백색으로 재질이 가볍고 연하며 전성과 연성이 큰 금속 원소의 한 가지. 알미늄(×).
알맞다	정도에 지나치거나 모자라거나 하지 않다.

> ✔오류노트 외출하기에 알맞는 날씨다. → 알맞은. [세무직 9급 '07]. [지방직 7급 '10]

> **왜 '알맞는'으로 쓸 수 없을까?**
> '알맞는 날씨'는 잘못된 표기이다. 알맞다는 형용사이며 형용사에 결합하는 현재 관형사형 어미는 '-(으)ㄴ'이다. 그러므로 '알맞다'는 '알맞는'처럼 쓸 수 없고 '알맞은'처럼 써야 한다.

알다시피
'알다'의 어간 '알-'에, '-는 바와 같이'의 뜻을 나타내는 '-다시피'가 오면, '알다시피'가 된다.

알려 주다
합성어가 아닌 구로 보아 띄어 쓴다.

알로기
'알록알록한 무늬가 있는 물건이나 짐승'은 '알로기'이고, '얼룩얼룩한 무늬가 있는 물건이나 짐승'은 '얼루기'이다.

알맹이	물건의 껍데기나 껍질을 벗기고 남은 속 부분. 알멩이(×).
알멩이(×)	'물건의 껍데기나 껍질을 벗기고 남은 속 부분'은 '알맹이'가 올바른 말이다.
알미늄(×)	'은백색으로 재질이 가볍고 연하며 전성과 연성이 큰 금속 원소의 한 가지'는 '알루미늄'이 올바른 말이다.
알박이(×)	'알이 들어서 배가 통통한 생선'은 '알배기'가 올바른 말이다.
알배기	알이 들어서 배가 통통한 생선. 알박이(×).
알사탕沙糖	동그랗고 작은 사탕. 구슬사탕(×).
알쏭달쏭하다	생각이 자꾸 바뀌어서 구별해 낼 것 같으면서 바로 분간이 안 되다. 아리까리하다(×).
알아맞추다(×)	'어떤 질문이나 문제의 답을 알아서 맞게 하다'의 뜻으로 쓰이는 말은 '알아맞히다'가 올바른 말이다.
알아맞히다	어떤 질문이나 문제의 답을 알아서 맞게 하다. 알아맞추다(×). [국가직 7급 '10]
알아보다	✔띄어쓰기 ¹조사하거나 찾아보다. 예 진위 여부를 알아보다. ²눈으로 보고 분간하다. 예 안개가 끼어 누가 누군지 알아볼 수가 없구나. ³잊지 않고 기억하다. 예 초등학교 1학년 때 친구를 알아보다.
알아차리다	어떤 일의 분위기를 미리 알다. 알아채리다(×).
알아채리다(×)	'어떤 일의 분위기를 미리 알다'의 뜻으로 쓰이는 말은 '알아차리다'가 올바른 말이다.
알은척	어떤 일에 관심이 있는 듯한 자세를 보임. 예 개학날 운동장에서 친구가 먼저 나에게 알은척했다.
알은체	어떤 일에 관심이 있는 듯한 자세를 보임. 예 우리 당분간 길거리에서 만나도 알은체를 하지 말자. [세무직 9급 '07]. [국회 8급 '10]
알음장	눈치로 넌지시 알려 줌. 알음짱(×).
알음짱(×)	'눈치로 넌지시 알려 줌'은 '알음장'이 올바른 말이다.
알카리(×)	'물에 녹으면 염기성을 나타내는 수산화물'은 '알칼리'가 올바른 말이다.
알칼리	물에 녹으면 염기성을 나타내는 수산화물. 알카리(×).

알맹이
'알맹이'는 단일어이다. 이와 관련하여 혼동하기 쉬운 '돌멩이'의 표기법도 잘 익히자.

알배기
'알배기'는 '알배다'의 어간 '알배-'에 '-기'가 붙어 '알배기'가 된 말이다.

알사탕沙
의미가 똑같은 형태가 몇 가지 있을 경우, 그중 가장 널리 쓰이는 단어만을 표준어로 삼는다.

알아맞히다
'맞추다'는 '둘 이상의 대상을 비교하여 살펴보다'의 뜻이고, '맞히다'는 '정답을 골라내다, 적중하다'의 뜻이다.

알아보다
합성 동사로, 한 단어로 간주하여 붙여 쓴다.

알은척
'알은체'와 함께 복수 표준어이다.

알은체
'알은척'과 함께 복수 표준어이다.

알코올^alcohol	탄화수소의 수소를 히드록시기로 치환한 화합물을 통틀어 이르는 말. 알콜(×). [세무직 9급 '07]. [서울시 9급 '16]
알콜(×)	'탄화수소의 수소를 히드록시기로 치환한 화합물을 통틀어 이르는 말'은 '알코올'이 올바른 말이다.
알타리무(×)	'무청이 달린 채로 김치를 담그는, 뿌리가 잔 어린 무'는 '총각무'가 올바른 말이다.
알토^alto	여성의 가장 낮은 음역. 또는 그 음역의 가수. 앨토(×).
알파베트(×)	'로마자의 자모를 이르는 말'은 '알파벳'이 올바른 말이다.
알파벳^alphabet	로마자의 자모를 이르는 말. 알파베트(×).
알현^謁見	지체가 높은 사람을 찾아뵈는 일. 알견(×).
암강아지(×)	'강아지의 암컷'은 '암캉아지'가 올바른 말이다.
암개(×)	'개의 암컷'은 '암캐'가 올바른 말이다.
암거미	거미의 암컷. 암커미(×).
암고양이	고양이의 암컷. 암코양이(×).
암곰	곰의 암컷. 암콤(×).
암구렁이	구렁이의 암컷. 암쿠렁이(×).
암기와(×)	'지붕의 고랑이 되게 젖혀 놓는 기와'는 '암키와'가 올바른 말이다.
암꿩	꿩의 암컷. 암퀑(×).
암내	겨드랑이에서 나는 비위에 거슬리는 냄새. 곁땀내(×).
암녹색^暗綠色	어두운 녹색. 암록색(×).

암녹색/암록색, 청녹색/청록색 어떤 말이 맞을까?

먼저 '암+녹색'인지, '암록+색'인지 살펴보자. 이 말은 '녹색은 녹색인데 어두운 녹색'이라는 뜻이다. 즉 '어두운'의 한자어 '암-'에 '녹색'이 연결된 것이다. 따라서 '암녹색'이 맞다. 다음에 '청+녹색'인지, '청록+색'인지 살펴보자. 이 말은 '푸른빛을 띤 녹색' 즉 '청록-'에 '색'이 연결된 말이므로 '청녹색'이 아니라, '청록색'이라고 표기해야 한다.

암닭(×)	'닭의 암컷'은 '암탉'이 올바른 말이다.
암당나귀(×)	'당나귀의 암컷'은 '암탕나귀'가 올바른 말이다.

알코올^alcohol
외래어 표기에서 '뉴우스'처럼 장음으로 표기하지 않고 '뉴스'로 표기하는 것을 유추하여 '알콜'로 표기하는 경우가 있다. 하지만 'alcohol'은 관용적으로 많이 쓰이고, 다른 화합물과의 관련성도 쉽게 보일 수 있는 '알코올'로 표기한다.

'알타리무'로 표기하지 않는 이유
한자어인 '총각무'가 고유어인 '알타리무'보다 더 널리 쓰여서 '총각무'를 표준어로 삼았다.

알현^謁見
'見'은 '볼 견'으로 많이 쓰이지만, '뵈올 현'의 뜻도 있다.

'암개'로 쓸 수 없는 이유
'암-' 다음에 나는 거센 소리를 인정하는 말이다.

암고양이, 암곰
이 말들은 '암-' 다음에 나는 거센소리를 인정하지 않는 말이다.

암내
의미가 똑같은 형태가 몇 가지 있을 경우, 그 중 가장 널리 쓰이는 단어만을 표준어로 삼는다.

'암당나귀'로 쓸 수 없는 이유
'암-' 다음에 나는 거센 소리를 인정하는 말이다.

암돌쩌귀(×)	'수톨쩌귀의 뾰족하게 나온 부분을 끼우도록 구멍 난 돌쩌귀'는 '암톨쩌귀'가 올바른 말이다.
암돼지(×)	'돼지의 암컷'은 '암퇘지'가 올바른 말이다.
암록색暗綠色(×)	'어두운 녹색'은 '암녹색'이 올바른 말이다.
암범	범의 암컷. 암펌(×).
암병아리(×)	'병아리의 암컷'의 뜻으로 쓰이는 말은 '암평아리'가 올바른 말이다.
암비둘기	비둘기의 암컷. 암피둘기(×).
암캉아지	강아지의 암컷. 암강아지(×).
암캐	개의 암컷. 암개(×).
암커미(×)	'거미의 암컷'은 '암거미'가 올바른 말이다.
암코양이(×)	'고양이의 암컷'은 '암고양이'가 올바른 말이다.
암콤(×)	'곰의 암컷'은 '암곰'이 올바른 말이다.
암쿠렁이(×)	'구렁이의 암컷'은 '암구렁이'가 올바른 말이다.
암퀑(×)	'꿩의 암컷'은 '암꿩'이 올바른 말이다.
암키와	지붕의 고랑이 되게 젖혀 놓는 기와. 암기와(×).[국회 8급 '11]
암탉	닭의 암컷. 암닭(×).[경찰직 3차 필기 '15]

암캐
두 말이 어울릴 적에 'ㅎ' 소리가 덧나는 것은 소리대로 적는다 (암ㅎ개 → 암캐).

암탉
두 말이 어울릴 적에 'ㅎ' 소리가 덧나는 것은 소리대로 적는다 (암ㅎ닭 → 암탉).

> **'암-' 뒤에 거센소리를 인정하여 표기하는 말은 어떤 것이 있을까?**
> 암컷을 뜻하는 접두사 '암-' 다음에 나는 거센소리를 인정하는 말은 '암캉아지, 암캐, 암컷, 암키와, 암탉, 암탕나귀, 암톨쩌귀, 암퇘지, 암평아리'의 9개이다.

암탕나귀	당나귀의 암컷. 암당나귀(×).
암톨쩌귀	수톨쩌귀의 뾰족하게 나온 부분을 끼우도록 구멍 난 돌쩌귀. 암돌쩌귀(×).
암퇘지	돼지의 암컷. 암돼지(×).
암펄(×)	'벌의 암컷'은 '암벌'이 올바른 말이다.
암펌(×)	'범의 암컷'은 '암범'이 올바른 말이다.
암평아리	병아리의 암컷. 암병아리(×).
암피둘기(×)	'비둘기의 암컷'의 뜻으로 쓰이는 말은 '암비둘기'가 올바른 말이다.

암톨쩌귀
'암-' 다음에 나는 거센소리를 인정하는 말이다.

암평아리
'암-' 다음에 나는 거센소리를 인정하는 말이다.

압존법壓尊法 | 손자가 할아버지 앞에서 아버지에 대해 말할 때처럼, 이야기의 대상(아버지)이 말하는 사람(손자)보다는 높으나 듣는 사람(할아버지)보다는 낮으므로 아버지를 높일 수 없는 어법. "할아버지, 아버지가 그렇게 시켰습니다."와 같은 문장.

앗아라(×) | '그렇게 하지 말라고 금하는 말'은 '아서라'가 올바른 말이다.

앙소仰韶(×) | '중국 허난성河南省 몐츠 현에 있는 도시'는 '양사오'가 올바른 말이다.

앙증스럽다 | 작지만 부족한 것 없이 다 갖추어 매우 깜찍하다. 앙징스럽다(×).

앙징스럽다(×) | '작지만 부족한 것 없이 다 갖추어 매우 깜찍하다'의 뜻으로 쓰이는 말은 '앙증스럽다'가 올바른 말이다.

앙케이트(×) | '여론을 조사하기 위하여 여러 사람에게 같은 질문을 하여 답을 구하는 일'은 '앙케트'가 올바른 말이다.

앙케트anquête | 여론을 조사하기 위하여 여러 사람에게 같은 질문을 하여 답을 구하는 일. 앙케이트(×). [지방직 9급 '08]. [서울시 9급 '11]

앙코르encore | 박수 따위로 출연자의 재연을 요구하는 일. 앙콜(×). [서울시 9급 '10]. [서울시 9급 '13]. [서울시 9급 '16]

앙콜(×) | '박수 따위로 출연자의 재연을 요구하는 일'은 '앙코르'가 올바른 말이다.

앙티크(×) | '고딕체처럼 획이 굵으나 부드럽게 모양을 낸 활자체'는 '앤티크'가 올바른 말이다.

앞가림 | 닥친 일을 스스로 해냄. 앞꾸림·앞끄림(×).

앞꾸림, 앞끄림(×) | '닥친 일을 스스로 해냄'은 '앞가림'이 올바른 말이다.

앞니 | 앞쪽으로 아래위에 각각 네 개씩 나 있는 이. 앞이(×).

앞부분 | ✔️띄어쓰기 물체의 앞쪽에 있는 부분. '앞부분'은 한 단어이므로 붙여 쓴다.

앞에것(×) | '앞에 오는 것. 또는 앞에 있는 것'은 '앞엣것'이 올바른 말이다.

앞엣것 | 앞에 오는 것. 또는 앞에 있는 것. 앞에것(×).

앞이(×) | '앞쪽으로 아래위에 각각 네 개씩 나 있는 이'는 '앞니'가 올바른 말이다.

압존법壓尊法
어머니의 예를 들어 보자. 어머니는 나보다 윗사람이므로 "어머니가 밖에 나가셨습니다."와 같이 말하는 것이 맞는 표현이지만, 이 말을 듣는 사람이 할머니일 경우에는 할머니가 어머니보다 윗사람이므로 높임말을 쓰지 않는 것이 압존법이다.

앙증스럽다
'-스럽다'는 '그러한 성질이 있음'의 뜻을 더하는 말이다.

앙케트anquête
원어는 프랑스어로 '앙케트'로 표기한다.

앞니
'이[齒]'가 합성어나 이에 준하는 말에서 '니' 또는 '리'로 소리 날 때에는 '니'로 적는다.

애갈이	논이나 밭을 첫 번째 가는 일.
애개(×)	'업신여기어 내는 소리'는 '애개'가 올바른 말이다.
애개개(×)	'대수롭지 않은 것을 보고 업신여기어 자꾸 내는 소리' 는 '애개개'가 올바른 말이다.
애개	업신여기어 내는 소리. 애개(×).
애개개	업신여겨 자꾸 내는 소리. 애개개(×).
애고	아이고의 준말. 애구(×).
애고머니	아이고머니의 준말. 애구머니·애그머니(×).
애구(×)	'아이고의 준말'은 '애고'가 올바른 말이다.
애구머니, 애그머니(×)	'아이고머니의 준말'은 '애고머니'가 올바른 말이다.
애기(×)	'어린 젖먹이 아이'는 '아기'가 올바른 말이다.
애꾸눈이	'한쪽 눈이 먼 사람'을 낮추어 이르는 말. [지방직 7급 '11]
애달프다	안타깝도록 마음이 쓰리고 아프다. 애닲다(×). [한국어교육검정 '08]. [서울시 9급 '16]

🖋 오류노트 해결하기 어려운 문제를 가지고 온종일 생각에 잠긴 이 과장은 <u>애달퍼서</u> 눈물을 흘렸다. → 애달파서.

애닲다(×)	'안타깝도록 마음이 쓰리고 아프다'의 뜻으로 쓰이는 말은 '애달프다'가 올바른 말이다.
애당초當初	일의 맨 처음이라는 뜻으로, 애초를 강조하여 이르는 말. 애시당초(×).
애동호박(×)	'덜 익은 어린 호박'은 '애호박'이 올바른 말이다.
애드리브ad lib	방송 따위에서 대본에 없는 대사를 즉흥적으로 하는 일. 애드립(×). [경찰직 '21]. [소방직 '21]
애드립(×)	'방송 따위에서 대본에 없는 대사를 즉흥적으로 하는 일'은 '애드리브'가 올바른 말이다.
애띠다(×)	'애티가 있어 어려 보이다'는 '앳되다'가 올바른 말이다.
애벌갈이	논이나 밭을 첫 번째 가는 일.
애벌레	알에서 깨어나 번데기가 되기 전까지의 벌레. 보통은 '알-애벌레-번데기-어른벌레'의 순으로 변화한다. 어린벌레(×). [국가직 7급 '07]
애비(×)	'아버지의 낮춤말'은 '아비'가 올바른 말이다.

애갈이 '애벌갈이'와 함께 복수 표준어이다.

애고 '애'가 양성 모음이므로 모음 조화에 따라 뒤에 양성 모음인 '오'가 연결되어 '애고'라고 해야 한다.

애꾸눈이 '외눈박이'와 함께 복수 표준어이다.

'애닲다'는 쓰지 않는 말 현재 널리 사용되는 '애달프다'를 표준어로 삼고 '애닲다'는 현재는 쓰이지 않게 되어 고어로 간주한다. 활용형도 '애달프다'의 활용형인 '애달프니, 애달파, 애달픈' 등이 맞고 '애닲으니, 애닲아, 애닲은' 등은 잘못된 말이다.

애벌갈이 '애갈이'와 함께 복수 표준어이다.

애벌레 의미가 똑같은 형태가 몇 가지 있을 경우, 그 중 가장 널리 쓰이는 단어만을 표준어로 삼는다.

애산섬厓山(×) '중국 광둥성廣東省 남쪽 주장珠江강 하구에 있는 섬'은 '야산섬'이 올바른 말이다.

애송이 아이티가 나게 어려 보이는 사람이나 생물. 애숭이(×).

애순-筍 나무나 풀의 새로 돋아나는 어린 싹.

애숭이(×) '아이티가 나게 어려 보이는 사람이나 생물'은 '애송이'가 올바른 말이다.

애시(×) '맨 처음'의 뜻으로 쓰이는 말은 '애초'가 올바른 말이다.

애시당초(×) '일의 맨 처음이라는 뜻으로, 애초를 강조하여 이르는 말'은 '애당초'가 올바른 말이다.

애초-初 맨 처음. 예 애초부터 그것은 불가능한 일이었어. 애시(×).

애쿠(×) '매우 아플 때나 놀랄 때 내는 소리'는 '에쿠'가 올바른 말이다.

애프터서비스after service 제조업자가 상품을 판매하고 나서 그 상품의 수리, 점검 따위를 하는 일. 아프터서비스(×).

애호박 덜 익은 어린 호박. 애동호박(×).

애휘愛輝(×) '상업이 발달한 중국 동북부, 헤이룽강黑龍江 유역의 도시'는 '아이후이'가 올바른 말이다.

액세서리accessory 귀고리 따위 의복을 장식하는 부속품. 악세사리(×). [세무직 9급 '07]. [국가직 9급 '08]. [공사·공단 언어 능력]. [서울시 9급 '10]

액센트(×) '음의 강세, 고저, 장단을 이용하여 음절이나 말의 일부를 강조하는 일, 또는 그 부분'은 '악센트'가 올바른 말이다.

액셀 발로 밟는 자동차의 가속 장치. 악셀(×).

액셀러레이터accelerator 발로 밟는 자동차의 가속 장치. 엑셀러레이터(×).

앤티크antique 고딕체처럼 획이 굵으나 부드럽게 모양을 낸 활자체. 앙티크(×).

앨토(×) '여성의 가장 낮은 음역. 또는 그 음역의 가수'는 '알토'가 올바른 말이다.

앳되다 애티가 있어 어려 보이다. 애띠다(×).

앵도(×) '앵두나무의 열매'는 '앵두'가 올바른 말이다.

앵도화(×) '앵두나무의 꽃'의 뜻으로 쓰이는 말은 '앵두화'가 올바른 말이다.

앵두 앵두나무의 열매. 앵도(×).

앵두화-花	앵두나무의 꽃. 앵도화(×).
야곰야곰(×)	'음식 따위를 입에 넣고 계속하여 조금씩 먹어 들어가는 모양'의 뜻으로 쓰이는 말은 '야금야금'이 올바른 말이다.
야금야금	음식 따위를 입에 넣고 계속하여 조금씩 먹어 들어가는 모양. 야곰야곰(×).
야멸차다	[1]자기만 생각하고 남의 사정을 돌볼 마음이 거의 없다. [2]태도가 차고 야무지다.
야멸치다	[1]자기만 생각하고 남의 사정을 돌볼 마음이 없다. [2]태도가 차고 여무지다.
야반도주夜半逃走	남의 눈을 피해 밤중에 몰래 도망함. 야간도주. 야밤도주(×).
야밤도주(×)	'남의 눈을 피해 밤중에 몰래 도망함'의 뜻으로 쓰이는 말은 '야반도주'가 올바른 말이다.
야산섬厓山-	중국 광둥성廣東省 남쪽 주장珠江강 하구에 있는 섬. 애산섬(×).
야쿠르트(×)	'우유에 젖산균을 넣어 만든 발효유의 하나'는 '요구르트'가 올바른 말이다.
야트막하다	조금 얕은 듯하다. 예 야트막한 산을 넘어서 가다. 얕으막하다(×).
약동이(×)	'똑똑하고 약은 아이'는 '약둥이'가 올바른 말이다.
약둥이	똑똑하고 약은 아이. 약동이(×).
약바르다(×)	'약아서 눈치나 행동 따위가 재빠르다'의 뜻으로 쓰이는 말은 '약빠르다'가 올바른 말이다.
약바리(×)	'약빠른 사람'은 '약빠리'가 올바른 말이다.
약빠르다	약아서 눈치나 행동 따위가 재빠르다. 예 그 친구는 약빠르기 때문에 어디를 가든지 고생은 안 할 거야. 약바르다(×).
약빠리	약빠른 사람. 약바리(×).
얄따랗다	매우 얇다. 예 여름에는 얄따란 이불을 덮고 자는 게 좋다. 얇다랗다(×).
얄찍하다	좀 얇은 듯하다. 얇직하다(×).
얇다랗다(×)	'매우 얇다'의 뜻으로 쓰이는 말은 '얄따랗다'가 올바른 말이다.

야멸차다
'야멸차다'의 큰말은 '야멸치다'이다.

야멸치다
'야멸치다'의 작은말은 '야멸차다'이다.

야반도주夜半逃走
'야반도주'는 '야간도주'와 동의어이다.

야쿠르트
야쿠르트는 '발효유의 하나'인 'yogurt'의 상품명이다.

야트막하다
'-이' 이외의 모음으로 시작된 접미사가 붙어서 된 말은 그 명사의 원형을 밝히어 표기하지 아니한다.

얄따랗다
'얄따랗다'는 겹받침(얇)의 끝소리가 드러나지 아니하므로 소리나는 대로 '얄따랗다'로 표기한다.

얄찍하다
'얄찍하다'는 겹받침(얇)의 끝소리가 드러나지 아니하므로 소리나는 대로 '얄찍하다'로 표기한다.

얇직하다(×)   '좀 얇은 듯하다'의 뜻으로 쓰이는 말은 '얄찍하다'가 올바른 말이다.

얌냠(×)   '음식을 이르는 어린이 말'은 '냠냠'이 올바른 말이다.

얌냠거리다(×)   '아이가 음식을 맛있게 먹는 소리를 자꾸 내다'의 뜻으로 쓰이는 말은 '냠냠거리다'가 올바른 말이다.

얌냠이(×)   '먹고 싶은 음식을 이르는 어린이 말'은 '냠냠이'가 올바른 말이다.

얌얌(×)   '아이가 음식을 맛있게 먹는 소리나 모양'은 '냠냠'이 올바른 말이다.

'냠냠'으로 표기하지 않는 이유
비슷한 발음의 몇 형태가 쓰일 경우, 그 의미에 아무런 차이가 없고, 그중 하나가 더 널리 쓰이면, 그 한 형태만을 표준어로 삼는다.

양兩   ✔띄어쓰기 둘이나 두 쪽. 예 양 집안에 인사를 드렸다./양 무릎에 한 아이씩 앉힌다.

'양兩**'을 붙여 쓰는 경우와 띄어 쓰는 경우는?**
'양 집안, 양 무릎'의 '양'은 관형사이며 단어별로 띄어 쓰므로 '양 집안, 양 무릎'처럼 띄어 쓰고 '양쪽', '양손', '양발', '양쪽' 등은 합성어로 한 단어이므로 붙여 쓴다.

양兩
'양'은 관형사로 뒷말과 띄어 쓴다.

양孃   ✔띄어쓰기 결혼하지 않은 여자의 성이나 성명 뒤에 붙여, 조금 높여 이르거나 부르는 말. 정재현 양./미연 양에게 빨리 오라고 전하게.

양量   분량이나 수량을 나타내는 말.

'양量**'을 '양'으로 표기하는 경우와 '량'으로 표기하는 경우는?**
'양量'이 고유어나 외래어 뒤에 올 경우는 별개의 단어로 인정하여 두음법칙에 따라 '양'으로 표기한다. 예 구름양./벡터vector양./알칼리alkali양. '양量'이 한자어 다음에 올 때는 '량'으로 표기한다. 예 노동량勞動量. 작업량作業量. 수출량輸出量.

양계초梁啓超(×)   '중국 역사 연구법', '청대 학술 개론' 따위를 저술한 중국 청나라 때의 정치가(1873~1929)는 '량치차오'가 올바른 말이다.

양념감   양념으로 사용할 재료. 양념거리.

양념거리   양념으로 사용할 재료. 양념감.

양복바지洋服-   양복의 아랫도리. 즈봉(×).

양복장이(×)   '양복을 입은 사람을 낮잡아 이르는 말'은 '양복쟁이'가 올바른 말이다.

양념감
'양념거리'와 함께 복수 표준어이다.

양념거리
'양념감'과 함께 복수 표준어이다.

양복쟁이洋服- 양복을 입은 사람을 낮잡아 이르는 말. 양복장이(×).

양사오仰韶 중국 허난성河南省 멘츠 현에 있는 도시. 앙소(×).

양상추洋- 잎이 넓은 개량종 상추. 양상치(×).

양상치(×) '잎이 넓은 개량종 상추'는 '양상추'가 올바른 말이다.

양서우징楊守敬 금석학자·서가書家로 유명한 중국 청나라 때의 학자(1839~1915). 양수경(×).

양수경楊守敬(×) '금석학자·서가書家로 유명한 중국 청나라 때의 학자(1839~1915)'는 '양서우징'이 올바른 말이다.

양수명梁漱溟(×) '향촌 건설 운동에 힘써 중국 문화 발전에 기여한 중국의 사회 운동가(1893~1988)'는 '량수밍'이 올바른 말이다.

양자강揚子江 '아시아에서 제일 큰, 중국의 중심부를 흐르는 강'의 뜻으로 쓰는 '양쯔강'을 우리 한자음으로 읽은 이름.

양재물(×) '빨래하는 데 쓰는 수산화나트륨'은 '양잿물'이 올바른 말이다.

양잿물洋- 빨래하는 데 쓰는 수산화나트륨. 양재물(×).

양저우揚州 양쯔강揚子江 서부에 있는 중국 장쑤성江蘇省의 상업 도시. 양주(×).

양주揚州(×) '양쯔강揚子江 서부에 있는 중국 장쑤성江蘇省의 상업 도시'는 '양저우'가 올바른 말이다.

양지니 참새보다 조금 크며 시베리아 등지에서 번식하고 한국, 중국 등지에서 겨울을 나는 되샛과의 새. 양진이(×).

양진이(×) '참새보다 조금 크며 시베리아 등지에서 번식하고 한국, 중국 등지에서 겨울을 나는 되샛과의 새'는 '양지니'가 올바른 말이다.

양쯔강揚子江 아시아에서 제일 큰, 중국의 중심부를 흐르는 강. 양자강.

양치물(×) '양치할 때에 쓰는 물'은 '양칫물'이 올바른 말이다.

양칫물養齒- 양치할 때에 쓰는 물. 양치물(×).

양파洋- 땅속 비늘줄기는 둥글넓적한 모양으로 매운 맛과 독특한 향기가 있으며 음식의 재료로 널리 쓰는 백합과의 두해살이풀. 둥근파(×).

얕으막하다(×) '조금 얕은 듯하다'의 뜻으로 쓰이는 말은 '야트막하다'가 올바른 말이다.

양상추洋- '상추'가 '상치'로 변한 것은 'ㅊ' 소리 다음에서 모음 'ㅜ'가 'ㅣ'로 변한 것이므로 그 원형인 '상추'를 표준어로 삼는다.

양잿물洋- 한자어와 순우리말로 된 합성어로서 앞말이 모음으로 끝난 경우, 뒷말의 첫소리 'ㅁ' 앞에서 'ㄴ' 소리가 덧나는 것은 사이시옷을 붙인다.

양칫물養齒- 한자어와 순우리말로 된 합성어로서 앞말이 모음으로 끝난 경우, 뒷말의 첫소리 'ㅁ' 앞에서 'ㄴ' 소리가 덧나는 것은 사이시옷을 붙인다.

양파洋- 고유어 계열보다 한자어 계열의 단어가 널리 쓰이면 한자어 계열의 단어를 표준어로 삼는다.

어	놀라거나 당황하거나, 초조하거나 다급할 때 내는 소리. 얼레·얼래·얼라(×).	

어 놀라거나 당황하거나, 초조하거나 다급할 때 내는 소리. 얼레·얼래·얼라(×).

-어語 ✓띄어쓰기 '말', '단어'의 뜻을 나타내는 말.

'-어'語
'-어'는 접미사로 앞말과 붙여 쓴다. 외래어 다음에도 붙여 쓴다. 예 한국어./일본어./프랑스어.

어간語幹 용언이 활용할 때에 변하지 않는 부분. '가다', '가고', '가니', '가서'에서 '가-'를 이른다.

어거지(×) '잘 안 될 일을 무리하게 해내려는 고집'은 '억지'가 올바른 말이다.

어구(×) '드나드는 목의 첫머리'의 뜻으로 쓰이는 말은 '어귀'가 올바른 말이다.

어구語句 말의 마디나 구절. 어귀(×).

어구語句
한자 '句'가 붙어서 이루어진 단어는 '귀'를 인정하지 아니하고 '구'로 통일하였다.

어귀(×) '말의 마디나 구절'의 뜻으로 쓰이는 말은 '어구語句'가 올바른 말이다.

어귀 드나드는 목의 첫머리. 어구(×).

'어귀'는 항상 틀린 말일까?
그렇지는 않다. '말의 마디나 구절'의 뜻은 '어구語句'이지만 '드나드는 목의 첫머리'의 뜻으로 '강의 어귀 혹은 마을 어귀'라고 할 때의 '어귀'는 맞는 말이다.

어금니 송곳니의 안쪽에 있는 큰 이. 어금이(×)

어금니
'이[齒]'가 합성어나 이에 준하는 말에서 '니' 또는 '리'로 소리 날 때에는 '니'로 적는다.

어금니소리(×) '훈민정음의 ㄱ,ㅋ,ㄲ,ㆁ을 이르는 말'은 '어금닛소리'가 올바른 말이다.

어금닛소리 훈민정음의 'ㄱ,ㅋ,ㄲ,ㆁ'을 이르는 말. 어금니소리(×).

어금버금하다 서로 엇비슷하여 정도나 수준에 큰 차이가 없다. 예 종분이의 영어 실력은 원어민과 어금버금할 정도로 뛰어났다.

어금버금하다
'어금지금하다'와 함께 복수 표준어이다.

어금이(×) '송곳니의 안쪽에 있는 큰 이'의 뜻으로 쓰이는 말은 '어금니'가 올바른 말이다.

어금지금하다 서로 엇비슷하여 정도나 수준에 큰 차이가 없다.

어금지금하다
'어금버금하다'와 함께 복수 표준어이다.

어긋마끼다(×) '서로 어긋나게 맞추다'의 뜻으로 쓰이는 말은 '어긋매끼다'가 올바른 말이다.

어긋매끼다 서로 어긋나게 맞추다. 예 노란 줄과 파란 줄을 어긋매끼었다. 어긋마끼다(×).

어기여차 여러 사람이 서로 힘을 합쳐 한꺼번에 내는 소리.

어기여차
'어여차'와 함께 복수 표준어이다.

어깨너머글(×)	'직접 배우지 않고 남이 배울 때, 옆에서 보거나 들어서 배운 글'의 뜻으로 쓰이는 말은 '어깨너멋글'이 올바른 말이다.
어깨너멋글	직접 배우지 않고 남이 배울 때, 옆에서 보거나 들어서 배운 글. 어깨너머글(×).
어깨바람(×)	'신이 나서 어깨를 으쓱거리며 활발히 움직이는 기운'은 '어깻바람'이 올바른 말이다.
어깨죽지(×)	'팔이 어깨에 붙은 부분'의 뜻으로 쓰이는 말은 '어깻죽지'가 올바른 말이다.
어깻바람	신이 나서 어깨를 으쓱거리며 활발히 움직이는 기운. 어깨바람(×). [한국마사회 '11]
어깻죽지	팔이 어깨에 붙은 부분. 예 회사에서 큰 실수를 저지른 종철이는 어깻죽지가 푹 늘어졌다. 어깨죽지(×).
어느새	✔띄어쓰기 어느 사이인지 모르는 동안에. 예 기차를 타고 이야기하는 동안 어느새 동대구역에 이르렀다.
어두침침하다	어둡고 침침하다. 예 곧 어두침침해질 것이니 빨리 산을 내려가도록 하자. 어둑침침하다(×).
어두캄캄하다(×)	'어둡고 컴컴하다'의 뜻으로 쓰이는 말은 '어두컴컴하다'가 올바른 말이다.
어두컴컴하다	어둡고 컴컴하다. 예 동굴 속은 어두컴컴해서 한 치 앞을 볼 수 없다. 어두캄캄하다(×).
어둑침침하다(×)	'어둡고 침침하다'의 뜻으로 쓰이는 말은 '어두침침하다'가 올바른 말이다.
어둡다	빛이 없어 밝지 아니하다. 예 날이 밝기 직전인 새벽이 가장 어둡다. ❗오류노트 어두은 밤이 지나고 날이 밝아 왔다. → 어두운.
어드매(×)	'어느 곳, 어디'의 뜻으로 쓰이는 말은 '어드메'가 올바른 말이다.
어드메	어느 곳. 어디. 예 나와 한평생 같이할 반려자는 어드메 있을까? 어드매(×).
어따(×)	'어디에다'가 줄어든 말의 뜻으로 쓰이는 말은 '얻다'가 올바른 말이다.

어깨너멋글
순우리말로 된 합성어로서 앞말이 모음으로 끝난 경우, 뒷말의 첫소리가 된소리로 나는 것은 사이시옷을 붙인다.

어느새
'어느'와, '사이'의 준말 '새'가 합쳐진 말로 한 단어이므로 붙여 쓴다.

어두침침하다
'어둠침침하다'와 동의어로 쓰인다.

어둡다
'어둡다'는 '어두운, 어두우니' 등으로 활용한다.

어드메
'어드메'는 '어디'란 뜻의 옛말이다.

어따
'못마땅해서 빈정거릴 때 내는 소리'는 '어따'가 올바른 말이다. 예 어따 잔소리 좀 작작 하시오.

어떠하다	성질, 상태 따위가 어찌 되어 있다. [예] 다친 몸은 좀 어떠하냐? [연습] 막차를 놓쳤으니 이제 (어떻하지/어떠하지/어떡하지/어떻게 하지). → 어떡하지, 어떻게 하지. [국회 8급 '13]
어떡하다	'어떠하게 하다'가 줄어든 말. [예] 이 일을 어떡해야 좋을까요./ 이렇게 늦으면 어떡해.
어떻다	의견, 성질, 형편, 상태 따위가 어찌 되어 있다.

> ✏ 오류노트 요새 어떻해 지내십니까? → 어떻게

'어떡해'와 '어떻게'의 차이를 어떻게 알 수 있을까?
'어떡해'는 '어떡하다'의 활용 형태이고 '어떻게'는 '어떻다'의 활용 형태이다. '어떡하다'는 "이제 가족들은 어떡하면 좋을까?"처럼 서술어로 쓰고, '어떻다'는 "어떻게 해서 크게 성공했을까?"처럼 부사어로 쓴다.

어렵쇼	'어어'의 속된 말. 어렵쇼(×).
어렵쇼(×)	'어어의 속된 말'은 '어렵쇼'가 올바른 말이다.
어름(×)	'물이 얼어서 굳어진 것'은 '얼음'이 올바른 말이다.
어름장(×)	'말과 행동으로 위협하는 짓'은 '으름장'이 올바른 말이다.
어리광대(×)	'광대가 나오기 앞서 나와 사람들을 웃기며 재치 있는 말이나 행동으로 흥을 돋우는 사람'은 '어릿광대'가 올바른 말이다.
어리숙하다	말이나 행동이 매우 숫되고 후하다. [예] 어리숙한 놈.
어린벌레(×)	'알에서 깨어나 번데기가 되기 전까지의 벌레'는 '애벌레'가 올바른 말이다.
어린순	나무나 풀의 새로 돋아나는 어린 싹. 애순.
어림잡다	대충 어림잡아 헤아려 보다. [예] 어림잡아 백 명 정도다.
어림치다	대충 어림잡아 헤아려 보다. 어림잡다.
어릿광대	광대가 나오기 앞서 나와 사람들을 웃기며 재치 있는 말이나 행동으로 흥을 돋우는 사람. 어리광대(×).
어묵	생선의 살을 뼈째 으깨어 소금, 칡가루, 조미료 따위를 넣고 익혀서 응고시킨 음식. 오뎅(×).
어물적(×)	'짐짓 말이나 행동을 어물거려 슬쩍 넘기는 모양'은 '어물쩍'이 올바른 말이다.

어떠하다
'어떻다'의 어간 '어떻-'에 '하지'가 바로 올 수 없다. '어떠하다'는 상태를 나타내는 형용사이므로 동작이 필요한 '막차를 ~ '의 서술어가 될 수 없다. '어떡하다'는 '어떠하게 하다'라는 뜻을 가진 동사이므로 서술어로 올 수 있다.

'얼음'과 '어름'
'물이 언 것'의 뜻으로 '어름'은 틀린 말이나 '두 사물의 끝이 맞닿은 자리'는 '어름'이 맞다. [예] 하늘과 바다가 맞닿아 보이는 어름에 그은 선을 수평선이라고 한다.

어리숙하다
'어수룩하다'에 비해 '어리석음'의 뜻이 강한 말이다. '어리숙하다'는 새로 표준어로 지정된 말이다.

어린순
'애순'과 함께 복수 표준어이다.

어림잡다
'어림치다'와 함께 복수 표준어이다.

어릿광대
순우리말로 된 합성어로서 앞말이 모음으로 끝난 경우, 뒷말의 첫소리가 된소리로 나는 것은 사이시옷을 붙인다.

어물쩍	짐짓 말이나 행동을 어물거려 슬쩍 넘기는 모양. [예] 어물쩍 넘어가려고 하지 말고 잘못했으면 용서를 구해라. 어물적(×).
어미	¹어머니의 낮춤말. ²시부모가 아들에게 며느리를 이르는 말. 에미(×).
어미語尾	용언이 활용할 때에 변하는 부분.
어수룩하다	말이나 행동이 매우 숫되고 후하다. [예] 그의 말투는 어딘지 모르게 어수룩해 보였다.
어스름달(×)	'으슴푸레하게 비치는 달'은 '으스름달'이 올바른 말이다.
어슥하다(×)	'두려움이 느껴질 만큼 구석지고 조용하다'의 뜻으로 쓰이는 말은 '으슥하다'가 올바른 말이다.
어슴푸레하다	빛이 약하거나 멀어서 어둑하고 희미하다. [예] 분지에 둘러싸인 마을이 어둠 속에 어슴푸레하게 잠기고 있다. 어슴프레하다(×).
어슴프레하다(×)	'빛이 약하거나 멀어서 어둑하고 희미하다'의 뜻으로 쓰이는 말은 '어슴푸레하다'가 올바른 말이다.
어여뿌다(×)	'예쁘다'를 예스럽게 이르는 말은 '어여쁘다'가 올바른 말이다.
어여쁘다	'예쁘다'를 예스럽게 이르는 말. [예] 어여쁜 내 동생. 어여뿌다(×).
어여차	여러 사람이 서로 힘을 합쳐 한꺼번에 내는 소리.
어이없다	너무나도 뜻밖에 일어난 일이어서 기가 막히다. [예] 축구의 명가 브라질이 어이없게도 모로코에 참패를 당했다. [서울시 9급 '07]
어저께	오늘의 하루 전날. [예] 어저께가 내 생일이었어.
어제	오늘의 하루 전날. 어저께.
어제밤(×)	'어제의 밤'의 뜻으로 쓰이는 말은 '어젯밤'이 올바른 말이다.
어젯밤	어제의 밤. 어제밤(×). [경기도 9급 '07]
어쭙잖다, 어줍잖다(×)	'언행이 분수에 넘치는 것 같다'의 뜻으로 쓰이는 말은 '어쭙잖다'가 올바른 말이다.
어중간於中間	거의 중간쯤 되는 곳. 또는 그런 상태. [예] 타자가 친 공이 투수와 이루수의 어중간에 떨어졌다. 어지중간(×).

어물쩍
'어물쩍'보다 느낌이 큰말은 '우물쩍'이다.

어미語尾
어미는 '예쁘다', '예쁘고', '예쁘니', '예뻐서'에서 '-다', '-고', '-니', '-서' 따위를 이른다.

어수룩하다
'어리숙하다'에 비해 '순박함, 순진함'의 뜻이 강한 말이다.

어스름
'어스름달'로 표기하는 것은 잘못이지만 '조금 어두운 상태. 또는 그런 때'를 뜻하는 '어스름'은 맞는 표기이다.

어여차
'어기여차'와 함께 복수 표준어이다.

어이없다
'어처구니없다'와 함께 복수 표준어이다.

어저께
'어제'와 함께 복수 표준어이다.

어중간於中間
의미 차이가 없고 비슷한 발음의 몇 형태가 쓰일 경우, 그중 더 널리 쓰이는 한 형태만을 표준어로 삼는다.

어지간이(×)	'정도가 어떤 표준에 거의 가깝게'의 뜻으로 쓰이는 말은 '어지간히'가 올바른 말이다.
어지간히	정도가 어떤 표준에 거의 가깝게. 어지간이(×).
어지중간(×)	'거의 중간 정도 되는 곳. 또는 그런 상태'는 '어중간'이 올바른 말이다.
어쨌던(×)	'의견이나 일의 형편, 상태 따위가 어떻게 되어 있든지 간에'는 '어쨌든'이 올바른 말이다.
어쨌든	의견이나 일의 형편, 상태 따위가 어떻게 되어 있든지 간에. 예 상황이 어쨌든 나는 그의 제안에 찬성할 수 없다. 어쨌던(×).
어쭙잖다	언행이 분수에 넘치는 것 같다. 어줍잖다·어줍찮다(×).
어처구니없다	너무 뜻밖에 일어난 일이어서 기가 막히다.
-어치	✔ 띄어쓰기 '어떤 값에 해당하는 분량'의 뜻을 나타내는 말. 예 이천 원어치 딸기를 샀다. [지방직 7급 '09]
-어하다(-어지다)	✔ 띄어쓰기 원래의 품사(형용사)를 다른 품사(동사)로 바꾸는 역할을 하는 말. 예 멋쩍어하다./궁금해하다./불안해하다./예뻐지다.

'힘들어하다(힘들어지다)'는 어떻게 띄어쓰기를 할까?

'-어하다, -어지다'는 접미사의 성격을 갖는다. '힘들다'와 '-어하다'가 합쳐서서 '힘들어하다'가 될 때, '-어하다'는 앞말과 붙여 쓴다. 또 '힘들다'와 '-어지다'가 합쳐져서 '힘들어지다'가 될 때, '-어지다'도 앞말과 붙여 쓴다.

억새	건조한 산등성이에 주로 자라고 잎은 집을 이는 데나 마소의 먹이로 쓰는, 볏과의 여러해살이풀. 으악새(×).
억지	잘 안 될 일을 무리하게 해내려는 고집. 어거지(×).
억척배기(×)	'몹시 억척스러운 아이'는 '억척빼기'가 올바른 말이다.
억척빼기	몹시 억척스러운 아이. 예 큰누나는 우리 4형제를 어릴 때부터 키워 준 억척빼기 가장이다. 억척배기(×).
억척스럽다	어떤 어려움에도 굽히지 아니하고 모질고 끈덕지게 일을 해 나가는 태도가 있다.

✔ 오류노트 누나는 억척스런 기질이 있어 맨몸으로 200평의 밭을 일궈냈다. → 억척스러운.

언덕바지	언덕의 꼭대기. 또는 언덕의 가파른 곳. 언덕배기.

'어쨌던'은 잘못된 말 '-던'은 과거의 일을 회상하는 뜻으로 쓰이는 말이다.

어쭙잖다
'어쭙잖다'의 '어쭙다'는 '어줍다'에서 유래하였지만 '어줍다'의 뜻에서 멀어져서 기본형을 밝혀 적지 않는다.

어처구니없다
'어이없다'와 함께 복수 표준어이다.

-어치
'어치'는 금액을 나타내는 말에 붙여 쓰는 말로 앞말과 붙여 쓴다.

억새
억새와 갈대의 차이점은 무엇일까? 억새는 뿌리가 굵고 옆으로 퍼져나가는 반면 갈대는 뿌리 옆에 수염 같은 잔뿌리가 많다. 또 술과 키도 억새보다 갈대가 크다. 그러나 가장 큰 차이는 억새는 건조한 산등성이에 주로 자라고 갈대는 하구 등에서 서식한다는 점이다.

억척빼기
다른 형태소 뒤에서 [빼기]로 발음되는 것은 '빼기'로 표기한다.

억척스럽다
'억척스럽다'의 어간 '억척스럽-' 뒤에 '-은'이 오면 어간 말음 'ㅂ'이 '우'로 변하므로, '억척스러운'처럼 써야 된다.

언덕바지
'언덕배기'와 함께 복수 표준어이다.

언덕배기	언덕의 꼭대기. 또는 언덕의 가파른 곳. 예 할머니는 언덕배기 오르는 일이 매우 힘드시는지 몇 번을 쉬곤 하셨다. 언덕빼기(×).
언덕빼기(×)	'언덕의 꼭대기. 또는 언덕의 가파른 곳'은 '언덕배기'가 올바른 말이다.
언뜻	갑자기 생각이나 기억 따위가 떠오르는 모양. 펀뜻(×).
언제나	시간의 흐름에 따라 달라지지 않고 항상. 노다지(×).
얻다	'어디에다'가 줄어든 말. 어따(×). 예 성적표를 얻다 감춰 두었는지 잊어버렸어요./얻다 대고 반말을 하세요?
얼라(×)	'놀라거나 당황하거나, 초조하거나 다급할 때 내는 소리'는 '어'가 올바른 말이다.
얼래(×)	'놀라거나 당황하거나, 초조하거나 다급할 때 내는 소리'는 '어'가 올바른 말이다.
얼레(×)	'놀라거나, 당황하거나, 초조하거나, 다급할 때 나오는 소리'는 '어'가 올바른 말이다.
얼루기	얼룩얼룩한 무늬나 점. 또는 그런 무늬나 점이 있는 짐승이나 물건. 얼룩이(×).
얼룩무늬	(✓띄어쓰기) 본바탕에 다른 빛깔의 점이나 줄 따위가 뚜렷하게 섞인 무늬.
얼룩배기(×)	'털빛이 얼룩진 동물이나 겉이 얼룩진 물건'은 '얼룩빼기'가 올바른 말이다.
얼룩빼기	털빛이 얼룩진 동물이나 겉이 얼룩진 물건. 얼룩배기(×).

언뜻
의미가 똑같은 형태가 몇 가지 있을 경우, 그 중 가장 널리 쓰이는 단어만을 표준어로 삼는다.

얼루기
'-하다'나 '-거리다'가 붙을 수 없는 어근에 '-이'나 또는 다른 모음으로 시작되는 접미사가 붙어서 명사가 된 것은 원형을 밝히어 적지 않는다.

얼룩무늬
'얼룩무늬'는 한 단어이므로 붙여 쓴다.

'-배기'와 '-빼기'가 쓰이는 상황을 좀 더 쉽게 익힐 수 없을까?

'-배기'와 '-빼기'는 소리가 [배기]로 나면 '-배기'로 표기한다. 예 공짜배기./진짜배기./두 살배기. 그런데 소리가 [빼기]로 나면 다음 두 가지 상황을 살펴서 '-배기'와 '-빼기'의 여부를 결정한다. 먼저 앞말의 형태를 밝힐 수 있으면 '-빼기'로, 그렇지 않으면 '-배기'로 표기한다. 예를 들어 '얼룩'이 형태를 밝힐 수 있으므로 '-빼기'로 표기한다. 예 곱빼기./코빼기./이마빼기. 다음으로 앞말의 형태를 밝힐 수 없으면 '-배기'로 표기한다. '뚝배기'에서 '뚝'이 어떤 의미인지 분명히 알 수 없기 때문에 '-배기'로 표기한다. 예 곱배기./덧배기.

얼룩이(×) '얼룩얼룩한 무늬나 점, 또는 그런 무늬나 점이 있는 짐승이나 물건'은 '얼루기'가 올바른 말이다.

얼마 잘 모르는 수량이나 정도. 연습 아저씨, 이 사과 (얼마이어요, 얼마여요, 얼마이에요, 얼마예요. 얼마예요?) → '얼마이어요, 얼마여요, 얼마이에요, 얼마예요' 등으로 다 쓸 수 있지만 '얼마에요'로는 표기할 수 없다.

얼씬하면, 얼핏하면(×) '조금이라도 무슨 일이 있기만 하면 곧바로'의 뜻으로 쓰이는 말은 '걸핏하면'이 올바른 말이다.

얼음 물이 얼어서 굳어진 것. 어름(×).

얼음지치기 얼음 위를 지치는 놀이. 얼음타기(×).

얼음타기(×) '얼음 위를 지치는 놀이'는 '얼음지치기'가 올바른 말이다.

얼키고설키다(×) '사건 따위가 매우 복잡하게 얽히다'의 뜻으로 쓰이는 말은 '얽히고설키다'가 올바른 말이다.

얼핏하면(×) '조금이라도 일이 있기만 하면 곧'은 '걸핏하면'이 올바른 말이다.

얽매다 얽어서 동여 매다. 예 다친 다리를 붕대로 얽매어서 묶었다.

> ✔오류노트 시간에 <u>얽매어</u> 살지 말자. → 얽매여. [국가직 9급 '08]

> **'시간에 얽매어'가 잘못된 표기인 이유는 무엇일까?**
> '얽매다'는 '얽매고, 얽매어'와 같이 활용하고, 피동사 '얽매이다'는 '얽매이고, 얽매여'와 같이 활용한다. '시간에 얽매어 살지 말자.'라는 문장을 살펴보면 시간을 얽매는 것이 아니라 시간에 얽맴을 당하다는 피동 표현이 와야 한다. 즉 피동사의 활용형인 '얽매여'로 써야 한다.

얽히고설키다 사건 따위가 매우 복잡하게 얽히다. 얼키고설키다(×). [서울시 7급 '17]

엄매 소나 송아지의 울음소리를 나타내는 말. 음매.

엄지손가락 ✔띄어쓰기 손가락 가운데 가장 짧고 굵은 첫째 손가락.

엄파(×) '움 속에서 겨울에 자란 누런빛의 파'는 '움파'가 올바른 말이다.

업동이(×) '집 앞에 버려진 아이'는 '업둥이'가 올바른 말이다.

'얼마예요'와 '얼마이에요'
'얼마'는 '이다'의 어간 '이-'에 '-어요'가 붙어서 '얼마이어요'나 준말 '얼마여요'로 나타낼 수 있고, '이다'의 어간 '이-'에 '-에요'가 붙어서 '얼마이에요'나 준말 '얼마예요'로 나타낼 수 있다. 그러나 '이다'의 어간 '이-'가 붙지 않고 곧바로 '-에요'가 붙을 수는 없다.

얽히고설키다
'노끈이나 줄 따위가 이리저리 걸리다'를 뜻하는 '얽히다'는 복잡한 상황과 관련되어 있어 어원을 밝혀 쓴다.

엄지손가락
'엄지손가락'은 한 단어이므로 붙여 쓴다. '가운뎃손가락', '새끼손가락', '집게손가락'도 마찬가지이다.

업둥이 집 앞에 버려진 아이. 업동이(×).

업자業者 ✔띄어쓰기 사업을 직접 경영하는 사람.

업치락뒤치락(×) '자꾸 엎치었다가 뒤치었다가 하는 모양'은 '엎치락뒤 치락'이 올바른 말이다.

없다 ✔띄어쓰기 [1]어떤 현상이나 사실이 존재하지 않다. [2]사 람, 동물, 물체 따위가 존재하지 않다.

✏오류노트 [1]읽을 만한 책이 <u>없슴</u>. → 없음. [2]제주도에는 도 둑이 <u>없읍니다</u>. → 없습니다. [3]더 드릴 물건이 <u>없아오니</u> 돌 아가 주시기 바랍니다. → 없사오니. [4]지연이는 내가 <u>스스 럼 없이</u> 대할 수 있는 친구다. → 스스럼없이.

'없다'가 앞에 붙는 말의 띄어쓰기는 어떻게 할까?

[1] '없다'가 합성어일 때 앞말과 붙여 쓴다. 예 가량없다, 가 뭇없다, 가없다, 간곳없다, 간데없다, 거침없다, 관계없다, 그지없다, 난데없다, 느닷없다, 다시없다, 대중없다, 덧없 다, 맛없다, 멋없다, 버릇없다, 보잘것없다, 볼품없다, 빈틈 없다, 상관없다, 수없다, 스스럼없다, 시름없다, 쓸모없다, 아낌없다, 재미없다, 틀림없다, 하염없다 따위.

[2] '없다'가 구句일 때 앞말과 띄어 쓴다. 예 거리낌 없다, 근 거 없다, 남김 없다, 눈치 없다, 부담 없다, 생각 없다, 소질 없다, 실속 없다, 의미 없다, 이유 없다, 인정 없다, 자신 없 다, 차질 없다, 필요 없다, 흥미 없다 따위.

엉겁결 미처 예상하지 못한 순간에 갑자기. 엉겹결(×).

엉겹결(×) '미처 예상하지 못한 순간에 갑자기'의 뜻으로 쓰이는 말은 '엉겁결'이 올바른 말이다.

엉기다 [1]점성이 있는 액체나 가루 따위가 한 덩어리가 되면서 굳어지다. 예 피가 엉기다. [2]한 무리를 이루거나 달라 붙다. 예 친구들과 엉겨서 장난을 쳤다.

✏오류노트 실타래가 마구 <u>엉겨</u> 있다. → 엉켜.

엉덩이춤 엉덩이를 흔들면서 추는 춤. 궁둥이춤(×).

엉키다 실이나 물건 따위가 풀기 힘들 정도로 서로 한데 얽히 게 되다. 예 머리카락이 엉켜 있다.

엎치락뒤치락 자꾸 엎치었다가 뒤치었다가 하는 모양. 예 양 팀의 경 기가 엎치락뒤치락 역전을 거듭했다. 엎치락뒷치락(×).

업자業者
'업業'은 명사 뒤에 붙어 '사업'이나 '산업'의 뜻 을 나타내는 접미사이 고, '자者'는 명사 뒤에 붙어 '사람'의 뜻을 나 타내는 접미사이다. 접 미사는 앞말과 붙여 쓰 므로 '업자'가 들어가는 '수출업자', '제조업자', '무역업자'는 붙여 쓴다.

'업치락뒤치락, 엎치 락뒷치락'은 잘못된 말 '엎치다'의 뜻이 있으 므로 원형을 밝혀 적는 다. 또 뒷말의 첫소리 가 된소리나 거센소리 일 경우에는 사이시옷 을 받쳐 적지 않는다.

없다
[1,2]명사형은 'ㄱ, ㄷ, ㅂ, ㅎ ㅆ, ㅄ' 등 모든 받 침 다음에서 '-(으)ㅁ' 으로만 표기하며 종결 어미는 '-습니다'로 표 기한다. 예 막다[막음 (○), 막슴(×) 막습니 다(○), 막읍니다(×)]. [3] '사오니'는 받침 있는 용언의 어간이나 어미 '-었-', '-겠-' 뒤에 붙어 자신의 진술을 낮추어 나타내는 말이다.

엉기다
'실이나 줄, 문제 따위 가 풀기 어려울 정도 로 서로 얽히다'의 뜻 으로 쓰이는 말은 '엉 키다'이다.

엎치락뒷치락(×)   '자꾸 엎치었다가 뒤치었다가 하는 모양'은 '엎치락뒤치락'이 올바른 말이다.

에게   어떤 행동이 미치는 대상을 나타내는 말.

> ✏️ **오류노트** 아편전쟁 당시 청은 왜 영국<u>에게</u> 패한 겁니까? → 영국에.

에구머니   매우 힘들거나 놀라거나 아프거나 기막힐 때 내는 소리. 에그머니(×).

에그머니(×)   '매우 힘들거나 놀라거나 아프거나 기막힐 때 내는 소리'는 '에구머니'가 올바른 말이다.

에다   칼 따위로 도려내듯 베다. 예 살을 에는 듯한 추위가 계속되고 있다.

에도   일본 '도쿄'의 옛 이름. 강호(×).

에라스무스(×)   '우신 예찬 등을 저술한 네덜란드의 인문학자(1469~1536)'의 뜻으로 쓰이는 말은 '에라스뮈스'가 올바른 말이다.

에라스뮈스^Erasmus, Desiderius   '우신 예찬' 등을 저술한 네덜란드의 인문학자(1469~1536). 에라스무스(×).

에멀션^emulsion   액체에 액체 방울 또는 액정이 분산되어 있는 콜로이드계. 에멀젼(×).

에멀젼(×)   '액체에 액체 방울 또는 액정이 분산되어 있는 콜로이드계'는 '에멀션'이 올바른 말이다.

에멜무지로   결과에 관계없이 헛일하는 셈 치고 한번 해보는 모양. 예 에멜무지로 산 복권이 1등에 당첨되었다. 이말무지로(×).

에미(×)   '어머니의 낮춤말. 시부모가 아들에게 며느리를 이르는 말'은 '어미'가 올바른 말이다.

에복^嚴復(×)   '몽테스키외 등의 저서를 번역하여 중국 사상계에 영향을 미친 청나라 말기의 사상가·번역가(1853~1921)'는 '옌푸'가 올바른 말이다.

에세이^essay   글쓴이의 느낌이나 의견 따위를 일정한 형식이 없이 자유롭게 써 나가는 글. 예 오늘은 영문 에세이 시험을 치르는 날이다. 엣세이(×).

'에게'와 '에'
조사 '에'는 무정물無情物에 쓰이고 '에게'는 유정물有情物 즉 사람이나 동물 등 감정이 있는 대상에 쓰인다. 영국은 무정물이므로 '영국에 패한 겁니까?'라고 써야 하고 고양이는 유정물이므로 '고양이에게 먹이를 주어라'처럼 써야 한다.

에구머니
'에구머니'는 '어이구머니'의 준말이다. '애고머니'는 '아이고머니'의 준말이다.

에라스뮈스^erasmus, desiderius
흔히 '에라스무스'로 잘못 쓰는 경우가 있으므로 주의하자.

에멜무지로
'에멜무지로'는 '단단하게 묶지 아니한 모양'의 뜻으로도 쓰이는 순우리말이다.

-에요	'이다'와 '아니다'의 어간 뒤에 붙어, 설명이나 의문, 명령, 청유의 뜻을 나타내는 말. 연습 효준이가 저의 아들(이어요/이에요/여요/예요). 상받을 사람은 제가 (아니에요/아니어요/아네요/아녀요). → 모두 맞음. [삼성직무적성 '08]. [지방직 9급 '16]

-에요
'-에요'와 '-어요'가 들어가서 이루어지는 말을 잘 익혀 두자.

'-에요'와 '-아니에요'는 어떻게 활용할까?
'이다'의 어간 '-이'에 '-에요'나 '-어요'를 붙여 '이에요', '이어요'로 쓸 수 있다. 또 이들 단어의 준말 형태인 '-예요', '-여요'라고 쓸 수 있다. '아니다'의 어간 '아니-'에 '-에요'나 '-어요'를 붙여 '아니에요', '아니어요'로 쓸 수 있다. 그리고 이들 단어의 준말 형태인 '아녜요', '아녀요'로도 쓸 수 있다. 즉 표제어 '-에요'의 연습 예문은 모두 맞는 표기이다.

에이다(×)	'칼 따위로 도려내듯 베다'는 '에다'가 올바른 말이다.
에칭etching	동판 표면에 그림이나 글을 새기고 질산으로 부식하여 만드는 오목판 인쇄술. 엣칭(×).
에쿠	매우 아플 때나 놀랄 때 내는 소리. 애쿠(×).
에티오피아Ethiopia	수도가 아디스아바바인 아프리카 동부에 있는 국가. 이티오피아(×).
엑셀러레이터(×)	'발로 밟는 자동차의 가속 장치'는 '액셀러레이터'가 올바른 말이다.
엔도르핀endorphine	포유류의 뇌나 뇌척수액에서 추출되는, 진통 효과가 있는 물질. 엔돌핀(×).
엔돌핀(×)	'포유류의 뇌나 뇌척수액에서 추출되는, 진통 효과가 있는 물질'은 '엔도르핀'이 올바른 말이다. [국가직 7급 '10]. [국가직 7급 '12]
엘리베이타(×)	'동력으로 사람이나 물건을 상하로 나르는 장치'는 '엘리베이터'가 올바른 말이다.
엘리베이터elevator	동력으로 사람이나 물건을 상하로 나르는 장치. 엘리베이타(×).
엣세이(×)	'글쓴이의 느낌이나 의견 따위를 일정한 형식이 없이 자유롭게 써 나가는 글'은 '에세이'가 올바른 말이다.
엣칭(×)	'동판 표면에 그림이나 글을 새기고 질산으로 부식하여 만드는 오목판 인쇄술'은 '에칭'이 올바른 말이다.

에쿠
'에꾸'보다 거센 느낌을 주는 말이다.

엔도르핀
원어 'endorphine'의 우리말 표기는 '엔도르핀'이다.

-여齡 ✔️띄어쓰기 수량을 나타내는 말 뒤에 붙어 그 수를 넘음을 나타내는 말.

✏️오류노트 [1]<u>십여년</u> 후에 그가 어떤 사람이 될 지 아무도 모른다. → 십여 년. 될지. [2]서기에 있는 책이 <u>20여 만권이</u> 된다. → 20여만 권. [한국어교육검정 '08]. [지방직 9급 '16]

여느 예사로운. 보통의. 예 그는 여느 사람의 그것보다 훨씬 큰 발을 가졌다. 여늬(×). [공사·공단 언어 능력]

여늬(×) '예사로운, 보통의'의 뜻으로 쓰이는 말은 '여느'가 올바른 말이다.

여닐곱(×) '여섯이나 일곱 정도 되는 수. 또는 그런 수의'의 뜻으로 쓰이는 말은 '예닐곱'이 올바른 말이다.

여대旅大(×) '중국 랴오닝성遼寧省 랴오둥반도遼東半島의 다롄大連과 뤼순旅順 및 그 부근 지역을 합쳐서 이루어진 도시'는 '뤼다'가 올바른 말이다.

여드래(×) '여덟 날. 초여드렛날'은 '여드레'가 올바른 말이다.

여드레 여덟 날. 초여드렛날. 여드래(×).

여러분 ✔️띄어쓰기 '여러 사람'을 높여 이르는 말. 예 동민 여러분, 안녕하세요.

> **'여러분'을 띄어 쓰는 경우가 있을까?**
> '여러분'처럼 붙여 쓰면, 말하는 사람이, 여럿인 듣는 사람을 높여 이르는 말이다. '여러 분'처럼 띄어 쓰면, 말하는 사람이나 듣는 사람 '이외의 사람'이 여럿이라는 뜻이 된다. 예 어제 모임에는 각계각층에서 여러 분이 많이 참석했다.

여물다 곡식의 낟알이나 과일 따위가 알이 들어 충분히 익다. 예 벼가 여물다.

여보셔요(×) '하오할 자리에 쓰여, 가깝게 있는 사람을 부를 때 쓰는 말'은 '여보시오'가 올바른 말이다.

여보시오 하오할 자리에 쓰여, 가깝게 있는 사람을 부를 때 쓰는 말. 여보셔요(×).

여산驪山(×) '중국 산시성陝西省 린퉁현臨潼縣에 있는 산'은 '리산산'이 올바른 말이다.

여순旅順(×) '중국 랴오닝성遼寧省 랴오둥반도遼東半島의 남쪽에 있는 항구 도시'는 '뤼순'이 올바른 말이다.

여왕벌^{女王·}	벌 사회의 우두머리로 알을 낳는 능력이 있는 암벌.	여왕벌 '장수벌'과 함께 복수 표준어이다.
여우불(×)	'밤중에 물체에 있는 인^燐의 작용으로 번쩍거리는 파란 불꽃'은 '도깨비불'이 올바른 말이다.	
여위다	몸의 살이 빠져 조금 파리하게 되다. 예 살을 뺀다고 일주일 동안 식사를 거의 거르더니 몸이 매우 여위었 구나.	'여위다'와 '여의다' '사랑하는 사람이나 부모가 죽어서 헤어지 다'의 뜻으로 '여위다' 라고 잘못 쓰는 경우 가 있다. 하지만 이런 경우에는 '여의다'로 써야 한다.
여위살이(×)	'여자의 결혼 생활. 남으로부터 간섭을 받으며 하는 고 된 일'은 '시집살이'가 올바른 말이다.	
여유돈(×)	'필요한 데 쓰고도 남는 돈'은 '여윳돈'이 올바른 말이다.	
여윳돈^{餘裕·}	필요한 데 쓰고도 남는 돈. 여유돈(×).	여윳돈^{餘裕·} 한자어와 순우리말로 된 합성어로 앞말이 모음으로 끝나고, 뒷 말의 첫소리가 된소리 로 나므로 사이시옷을 붙인다.
여의다	사랑하는 사람이나 부모가 죽어서 헤어지다. 예 오랫 동안 앓아 오던 남편을 여읜 아내의 모습은 너무나 초 췌해 보였다. [서울시 9급 '07]. [공사·공단 언어 능력]. [사회복 지직 9급 '16]	
여적난(×)	'신문이나 잡지 따위에서 여록이나 가십 따위를 싣는 난'은 '여적란'이 올바른 말이다.	
여적란^{餘滴欄}	신문이나 잡지 따위에서 여록이나 가십 따위를 싣는 난. 여적난(×).	
여지껏, 여직껏(×)	'지금에 이르기까지를 강조하여 이르는 말'은 '여태껏' 이 올바른 말이다.	
여쭈다	윗사람에게 사연을 아뢰다. 여쭙다.	여쭈다 '여쭙다'와 함께 복수 표준어이다. '여쭙다' 에 어미 '-어'가 붙으면 '여쭈워'로 활용하고, '여쭈다'에 어미 '-어' 가 붙으면 '여쭈어'로 활용한다.
여쭙다	윗사람에게 사연을 아뢰다. 연습 어려운 문제는 선생 님께 (여쭈어/여쭈워) 보도록 하자. → 모두 맞음.	
여태	지금까지. 아직까지. 입때.	
여태껏	'지금에 이르기까지'를 강조하여 이르는 말. 예 여태껏 목표량의 절반도 못했단 말이냐. 여지껏·여직껏(×). [복 지 9급 '11]	여태 '입때'와 함께 복수 표 준어이다.
여편네^{女便·}	결혼한 여자를 낮잡아 이르는 말. 예편네(×).	
역성들다	옳고 그른지를 상관하지 아니하고 무조건 한쪽 편만 들다. 역성하다.	역성들다 '역성하다'와 함께 복 수 표준어이다.
역성하다	옳고 그른지를 상관하지 아니하고 무조건 한쪽 편만 들다. 역성들다.	역성하다 '역성들다'와 함께 복 수 표준어이다.
역전^{驛前}	역의 앞쪽. 역전 앞(×).	

역전 앞(×)	'역의 앞쪽'은 '역전'이 올바른 말이다.
역할役割	자기가 마땅히 해야 할 맡은 바 임무. 예 각자의 역할을 소홀히 해서는 안 된다. 역활(×).
역활(×)	'자기가 마땅히 해야 할 맡은 바 임무'는 '역할'이 올바른 말이다.
연거퍼(×)	'계속하여 여러 번'은 '연거푸'가 올바른 말이다.
연거푸	계속하여 여러 번. 연거퍼(×).
연결 어미連結語尾	어간에 붙어 한 문장을 다음 문장이나 용언에 연결되게 하는 어말 어미. ('인생은 짧고 예술은 길다', '날이 새면 떠나야 한다'에서 '-고', '-면' 따위).
연년생年年生	한 살 터울로 태어난 아이. 연연생(×).
연녹색軟綠色	연한 녹색. 연록색(×).
연놈	계집과 사내를 아울러 낮잡아 이르는 말. 년놈(×).
연대煙臺(×)	'중국 산둥성山東省 산둥반도山東半島 북부에 있는 도시'는 '옌타이'가 올바른 말이다.
연대年代	지나간 시간을 일정한 햇수로 나눈 것.
연두빛(×)	'노랑과 녹색의 중간색인 연한 초록빛'은 '연둣빛'이 올바른 말이다.
연둣빛軟豆-	노랑과 녹색의 중간색인 연한 초록빛. 연두빛(×).
연록색(×)	'연한 녹색'은 '연녹색'이 올바른 말이다.
연리율(×)	'일 년 단위로 정한 이율'은 '연이율'이 올바른 말이다.
연말년시(×)	'한 해의 마지막 시기와 새해가 시작되는 시기를 아울러 이르는 말'은 '연말연시'가 올바른 말이다.
연말연시年末年始	한 해의 마지막 시기와 새해가 시작되는 시기를 아울러 이르는 말. 연말년시(×).
연방連方	연이어 금방. 잇따라 자꾸. 예 연방 웃는 친구.
연신	연이어 금방. 잇따라 자꾸. 예 세계 디자인 대회에서 대상을 받은 김자인 선생님은 연신 싱글벙글하며 기쁨을 감추지 못하고 있다.
연신률(×)	'인장 시험에서, 쇠 등이 끊어지지 않고 늘어나는 비율'은 '연신율'이 올바른 말이다.
연신율延伸率	인장 시험에서, 쇠 등이 끊어지지 않고 늘어나는 비율. 연신률(×).

역할役割
흔히 '역활'로 잘못 쓰는 경우가 있으나 한자어 '役割'은 '역할'로 표기해야 한다.

연녹색
'연녹색'은 '연+녹색'의 구조를 가진 단어이다. 즉 '엷은'의 뜻을 가진 접두사 '연-'과 '녹색'이 합쳐져 이루어진 말이다.

연대年代
'생물 연대, 연대를 알 수 없는 유적'처럼 자립적으로 쓰일 때는 '연대'로 적는다.

'연리율'로 쓸 수 없는 이유
접두사처럼 쓰이는 한자가 붙어서 된 말이나 합성어에서, 뒷말의 첫소리가 'ㄴ' 또는 'ㄹ' 소리로 나더라도 두음법칙에 따라 적는다.

연말연시年末年始
'연말+연시' 형태의 합성어이다. '연말'과 '연시'가 각각 하나의 단어이므로 '연말'과 '연시'는 각각 두음법칙이 적용된다.

연방連方
'연신'과 뜻이 같지만 연속성이 강조되는 말이다.

연연생(×)   '한 살 터울로 태어난 아이'는 '연년생'이 올바른 말이다.

> **왜 '연연생'으로 표기할 수 없을까?**
> 한자 '年'은 단어의 첫머리에서는 두음 법칙을 적용하여 '연'으로 표기한다. 그리고 한 단어 안에서 첩어 성격의 말은 같은 글자로 적는다. 첩어 성격이 없는 2음절 이하의 '年'은 본음대로 '년'으로 적는다.

연예난(×)   '신문이나 잡지 따위에서 주로 연예에 관한 기사를 싣는 난'은 '연예란'이 올바른 말이다.

연예란演藝欄   신문이나 잡지 따위에서 주로 연예에 관한 기사를 싣는 난. 연예난(×).

연운항連雲港(×)   '중국 장쑤성江蘇省 동북부 황해에 있는 항구 도시'는 '롄윈강'이 올바른 말이다.

연이율年利率   일 년 단위로 정한 이율. 연리율(×).

연자매硏子-   말이나 소 따위로 하여금 끌어 돌리게 하여 곡식을 찧는 매의 하나. 연지방아(×).

연지방아(×)   '말이나 소 따위로 하여금 끌어 돌리게 하여 곡식을 찧는 매의 하나'는 '연자매'가 올바른 말이다.

연필깎이(×)   '연필을 깎는 기구'는 '연필깎이'가 올바른 말이다.

연필깎이鉛筆-   연필을 깎는 기구. 연필깎이(×).

열두째   순서가 열두 번째가 되는 차례. 예 앞에서부터 열두째 줄에 앉아 있는 학생이 졸고 있구나. 비교 열둘째.

열둘째   수를 세어 모두 열두 개째가 됨. 예 오늘 먹은 과자는 열둘째이다. 비교 열두째.

열심이(×)   '하는 일에 온 정성을 다하여'의 뜻으로 쓰이는 말은 '열심히'가 올바른 말이다.

열심히熱心-   하는 일에 온 정성을 다하여. 열심이(×).

열어재끼다, 열어제끼다, 열어재치다, 열어제치다(×)   '문 따위를 갑자기 세게 열다'의 뜻으로 쓰이는 말은 '열어젖히다'가 올바른 말이다.

열어젖히다   문 따위를 갑자기 세게 열다. 예 다투는 소리가 들려 문을 열어젖히고 밖을 내다보았다. 열어재끼다·열어제끼다·열어재치다·열어제치다(×).

연이율年利率 접두사처럼 쓰이는 한자가 붙어서 된 말 또는 합성어에서는 뒷말의 첫소리가 'ㄴ' 소리로 나더라도 두음법칙에 따라 적는다.

연필깎이鉛筆- '연필깎이'는 '연필-깎이'로 분석할 수 있다.

열심히熱心- 부사의 끝음절이 '이'나 '히'로 소리 나는 것은 '히'로 표기한다.

열없다	약간 겸연쩍고 부끄럽다. 열적다·열쩍다(×).
열적다, 열쩍다(×)	'약간 겸연쩍고 부끄럽다'의 뜻으로 쓰이는 말은 '열없다'가 올바른 말이다.
열팽창률熱膨脹率	일정한 압력에서 물체의 열팽창 온도에 대한 비율. 열팽창율(×).
열팽창율(×)	'일정한 압력 아래서 물체의 열팽창의 온도에 대한 비율'은 '열팽창률'이 올바른 말이다.
염려스럽다念慮-	보기에 걱정이 되어 불안한 데가 있다.

> ⚠️ **오류노트** 장사하러 길을 떠나는 어머니는 집에 둔 아들이 <u>염려스런지</u> 자꾸만 뒤를 바라보았다. → 염려스러운지.

염탐군(×)	'염탐을 하는 사람'은 '염탐꾼'이 올바른 말이다.
염탐꾼廉探-	염탐을 하는 사람. 염탐군(×).
엿가락	가래엿의 낱개. 엿가래.
엿가래	가래엿의 낱개. 엿가락.
엿기름	보리에 물을 부어 튼 싹을 말린 것. 엿길금.
엿길금	보리에 물을 부어 튼 싹을 말린 것. 엿기름.
엿장사(×)	'엿을 파는 사람'은 '엿장수'가 올바른 말이다.
엿장수	엿을 파는 사람. 엿장사(×).
영광스럽다榮光-	빛나고 아름다운 영예를 느낄 듯하다.

> ⚠️ **오류노트** 아저씨는 적군에 맞서 용감히 싸우다가 <u>영광스런</u> 최후를 마쳤다. → 영광스러운.

영구營口(×)	'기계, 섬유 공업이 발달한 중국 랴오닝성遼寧省 남부의 항구 도시'는 '잉커우'가 올바른 말이다.
영글다	곡식, 과일 따위가 잘 익다. 여물다.
영낙없다(×)	'전혀 틀리지 않다. 전혀 틀리지 않고 꼭 맞다'의 뜻으로 쓰이는 말은 '영락없다'가 올바른 말이다.
영락없다零落-	전혀 틀리지 않다. 전혀 틀리지 않고 꼭 맞다. 예 그 친구는 영락없이 제 아비를 닮았다. 영낙없다(×).
영정하永定河(×)	'중국 닝우현寧武縣에서 시작하여 보하이만渤海灣으로 흐르는 강'은 '융딩강'이 올바른 말이다.
영하성寧夏省(×)	'중국 북서부에 있는 옛날의 성'은 '닝샤성'이 올바른 말이다.

염려스럽다念慮-
'염려스럽다'의 어간 '염려스럽-' 뒤에 '-은'이 오면 어간 말음 'ㅂ'이 '우'로 변하므로, '염려스러운'처럼 써야 된다.

엿가락
'엿가래'와 함께 복수 표준어이다.

엿가래
'엿가락'과 함께 복수 표준어이다.

엿기름
'엿길금'과 함께 복수 표준어이다.

엿길금
'엿기름'과 함께 복수 표준어이다.

영광스럽다榮光-
'영광스럽다'의 어간 '영광스럽-' 뒤에 '-은'이 오면 어간 말음 'ㅂ'이 '우'로 변하므로, '영광스러운'처럼 써야 된다.

영글다
'여물다'와 함께 복수 표준어이다.

영락없다零落-
'영락'은 '초목의 잎이 시들어 떨어지다'의 뜻에서 '세력이나 살림이 줄어들어 보잘것 없이 됨'을 이르는 말이다.

옆눈(×)	'얼굴은 움직이지 않고 눈알만 옆으로 굴려서 보는 눈'은 '곁눈'이 올바른 말이다.	
예	윗사람의 부름에 대답하거나 묻는 말에 긍정하여 대답할 때 쓰는 말. 예 "알아듣겠지?" "예."	예 '네'와 함께 복수 표준어이다.
예니레	엿새나 이레. 예이레(×).	
예닐곱	여섯이나 일곱 정도 되는 수. 또는 그런 수의. 예 예닐곱 살 된 소녀. 여닐곱·예일곱(×).	
예따(×)	'해라할 자리에 쓰여, 옆에 있는 사람에게 어떤 것을 주며 하는 말'은 '옜다'가 올바른 말이다.	
예로부터, 예부터	옛날에 시작하여. 옛부터(×).	예로부터, 예부터 '예'는 '아주 먼 과거'를 뜻하는 명사로 뒤에 조사인 '로부터'나 '부터'가 이어질 수 있다.
예쁘다	사랑스러워 보기에 귀엽다. 이쁘다. [서울시 지방직 7급 '16]	예쁘다 '이쁘다'와 함께 복수 표준어이다.

✏ 오류노트 [1]경수야, 네 누이동생 실제로 보니 정말 예쁘대. → 예쁘데. [2]어머니는 저의 자는 모습이 예쁘데요. → 예쁘대요.

> **'예쁘데'가 맞을까? '예쁘대'가 맞을까?**
> 상황에 따라 두 말 모두 맞는 말이 될 수 있다. 자신이 직접 보고 느낀 것을 말할 때는 '-데'를 써서 '영순이 구두 참 예쁘데'로, 남이 한 말을 인용할 때는 '-대'를 써서 '미연이의 말에 의하면 새로 맞이한 형수 얼굴이 참 예쁘대'로 표기한다.

예쁘장스럽다	꽤 예쁜 데가 있다. 예 예쁘장스러운 동생 얼굴.	예쁘장스럽다 '이쁘장스럽다'와 함께 복수 표준어이다.
예쁘장하다	제법 예쁘다. 예 예쁘장한 핸드백.	예쁘장하다 '이쁘장하다'와 함께 복수 표준어이다.
예사내기例事-	쉽게 다룰 수 있을 만큼 평범한 사람. 예 그는 남이 쉽게 다룰 수 있는 예사내기가 아니야.	예사내기例事- '보통내기, 여간내기'와 함께 복수 표준어이다.
예사말例事-	보통으로 가벼이 하는 말. 예삿말(×).	
예사소리例事-	ㄱ, ㄷ, ㅂ, ㅅ, ㅈ 등과 같은 보통의 소리. 예삿소리(×).	
예사일(×)	'보통 흔히 일어나는 일'은 '예삿일'이 올바른 말이다.	
예삿말(×)	'보통으로 가벼이 하는 말'은 '예사말'이 올바른 말이다.	
예삿소리(×)	'ㄱ, ㄷ, ㅂ, ㅅ, ㅈ 등과 같은 보통의 소리'는 '예사소리'가 올바른 말이다.	
예삿일例事-	보통 흔히 일어나는 일. 예사일(×). [경찰대 '09]. [서울시 7급 '10]. [복지 9급 '11]. [한국어교육검정 '11]. [국회 8급 '12]. [서울시 지방직 7급 '16]	예삿일例事- 한자어와 순우리말로 된 합성어로서 앞말이 모음으로 끝난 경우, 뒷말의 첫소리 모음 앞에서 'ㄴㄴ' 소리가 덧나는 것은 사이시옷을 붙인다.

예스럽다	옛것과 같은 느낌이 있다. 옛스럽다(×).
예이레(×)	'엿새나 이레'의 뜻으로 쓰이는 말은 '예니레'가 올바른 말이다.
예일곱(×)	'여섯이나 일곱'의 뜻으로 쓰이는 말은 '예닐곱'이 올바른 말이다.
예컨대^{例-}	예를 들자면. 예 육식류, 예컨대 소고기, 돼지고기 등을 너무 많이 먹으면 건강에 해롭다. 예컨데(×).
예컨데(×)	'예를 들자면'의 뜻으로 쓰이는 말은 '예컨대'가 올바른 말이다.
예편네(×)	'결혼한 여자를 낮잡아 이르는 말'은 '여편네'가 올바른 말이다.
옌타이^{煙臺}	중국 산둥성^{山東省} 산둥반도^{山東半島} 북부에 있는 도시. 연대(×).
옌푸^{嚴復}	몽테스키외 등의 저서를 번역하여 중국 사상계에 영향을 미친 청나라 말기의 사상가·번역가(1853~1921). 엄복(×).
옐로^{yellow}	노랑. 옐로우(×). [경찰직 1차 필기 '16]. [서울시 9급 '16]
옐로우^{yellow}(×)	'노랑'은 '옐로'가 올바른 말이다.
옛날이야기	✓띄어쓰기 예전부터 전해져 내려오는 이야기. 예 어린 시절에 할아버지가 들려주시던 옛날이야기가 아직도 귓전에 생생하다.
옛부터(×)	'옛날에 시작하여'의 뜻으로 쓰이는 말은 '예로부터'가 올바른 말이다.

> **'옛부터'가 잘못된 표기인 이유는 무엇일까?**
> '옛부터'의 '옛'은 관형사이며 '부터'는 조사이다. 관형사 다음에는 명사 따위가 올 수는 있어도 조사가 바로 연결될 수 없다. 명사인 '예'나 '옛날'을 써서 '예로부터'나 '옛날부터' 라고 해야 한다.

옛스럽다(×)	'옛것과 같은 느낌이 있다'의 뜻으로 쓰이는 말은 예스럽다'가 올바른 말이다.
옜다	해라할 자리에 쓰여, 옆에 있는 사람에게 어떤 것을 주며 하는 말. 예따(×).
옜소	하오할 자리에 쓰여, 옆에 있는 사람에게 어떤 것을 주며 하는 말. 옜수(×).

예컨대
'중요한 점을 말하자면'의 뜻으로 쓰이는 '요컨대'도 아울러 익혀 두자.

옐로^{yellow}
옐로^{yellow}의 [ou] 발음은 '오'로 표기한다.

옛날이야기
'옛날이야기'는 한 단어이므로 붙여 쓴다.

옜다
'옜다'는 '예+있+다'로 분석할 수 있다.

옜소
'옜소'는 '예+있+소'로 분석할 수 있다.

옜수(×)	'하오할 자리에 쓰여, 옆에 있는 사람에게 어떤 것을 주며 하는 말'은 '옜소'가 올바른 말이다.
-오	'이다', '아니다'의 어간, 모음이나 'ㄹ'로 끝난 용언의 어간 또는 높임의 '-시-'에 붙어, 설명, 의문, 명령, 청유의 뜻을 나타내는 말. 예 내 말이 바로 그런 뜻이오./이제 그만 집으로 가시오.
오가재비^{五·}	굴비나 고등어 따위를 한 줄에 다섯 마리씩 엮은 것. 오가제비(×).
오가제비(×)	'굴비나 고등어 따위를 한 줄에 다섯 마리씩 엮은 것'은 '오가재비'가 올바른 말이다.
오강^{烏江}(×)	'중국 안후이성^{安徽省} 동쪽 끝, 양쯔강^{揚子江}에 접하여 있는 도시'는 '우장'이 올바른 말이다.
오거서^{五車書}	다섯 수레에 실을 만한 책이란 뜻에서, 많은 장서를 이르는 말. 오차서(×).
오곡백과^{五穀百果}	온갖 곡식과 과실. 오곡백화(×).
오곡백화(×)	'온갖 곡식과 과실'을 뜻하는 말은 '오곡백과'가 올바른 말이다.
오골거리다(×)	'벌레 따위가 한곳에 빽빽하게 모여 자꾸 움직이다'의 뜻으로 쓰이는 말은 '오글거리다'가 올바른 말이다.
오골오골(×)	'벌레 따위가 한곳에 빽빽하게 모여 자꾸 움직이는 모양'의 뜻으로 쓰이는 말은 '오글오글'이 올바른 말이다.
오골쪼골(×)	'물건 따위의 안쪽 여러 군데가 오목하고 주름이 많이 지게 쪼그라진 모양'의 뜻으로 쓰이는 말은 '오글쪼글'이 올바른 말이다.
오글거리다	벌레 따위가 한곳에 빽빽하게 모여 자꾸 움직이다. 오골거리다(×).
오글오글	벌레 따위가 한곳에 빽빽하게 모여 자꾸 움직이는 모양. 오골오골(×).
오글쪼글	물건 따위의 안쪽 여러 군데가 오목하고 주름이 많이 지게 쪼그라진 모양. 오골쪼골(×).
오금탱이(×)	'오금을 낮추어 이르는 말'은 '오금팽이'가 올바른 말이다.
오금팽이	오금을 낮추어 이르는 말. 오금탱이(×).
오뉴월^{五六月}	오월과 유월. 오류월·오육월(×).

-오
'-오'를 쓸 자리에 '-요'를 잘못 쓰지 않도록 주의하자.

오거서^{五車書}
오거서는 두보의 시 구절 '남아수독오거서^{男兒須讀五車書}' '남자는 모름지기 수레 다섯에 실을 만한 많은 책을 읽어야 한다.'는 말로 회자되고 있다.

오글거리다
'오글거리다'는 '오글대다'와 동의어로 쓰인다.

오글오글
'오글오글'보다 느낌이 큰말은 '우글우글'이다.

오금팽이
의미 차이가 없고 비슷한 발음의 몇 형태가 쓰일 경우, 그중 더 널리 쓰이는 한 형태만을 표준어로 삼는다.

오다	이곳 또는 이때를 향해 가까이 닥치다.

오다
'-ㄹ는지'는 가능성에 대한 의문을 나타내는 말이다.

오류노트 비가 <u>올런지</u> 낙엽 덮인 언덕에도 습한 바람이 불기 시작했다. → 올는지.

오대산五臺山(×)	'중국 산시성山西省 북동부 우타이현五臺縣에 있는 산'은 '우타이산'이 올바른 말이다.
오델로Othello(×)	'영국의 작가 셰익스피어의 4대 비극 중 하나'는 '오셀로'가 올바른 말이다.
오뎅(×)	'생선의 살을 뼈째 으깨어 소금, 칡가루, 조미료 따위를 넣고 익혀서 응고시킨 음식'은 '어묵'이 올바른 말이다.
오도발광(×)	'매우 흥분하여 미친 사람처럼 날뛰는 행동'은 '오두발광'이 올바른 말이다.
오도방정(×)	'매우 방정맞은 행동'은 '오두방정'이 올바른 말이다.
오도카니	작은 사람이 넋이 나간 듯이 가만히 서 있거나 앉아 있는 모양. 오도커니·오두마니·오두커니(×).
오도커니, 오두마니, 오두커니(×)	'작은 사람이 넋이 나간 듯이 가만히 서 있거나 앉아 있는 모양'의 뜻으로 쓰이는 말은 '오도카니'가 올바른 말이다.
오돌도돌(×)	'물건의 거죽이나 바닥이 여기저기 잘게 부풀어 올라 고르지 못한 모양'의 뜻으로 쓰이는 말은 '오톨도톨'이 올바른 말이다.
오돌오돌(×)	'춥거나 무서워 몸을 심하게 자꾸 떠는 모양'의 뜻으로 쓰이는 말은 '오들오들'이 올바른 말이다.

오도카니
'오도카니'의 큰말은 '우두커니'이다.

'오돌오돌'은 항상 비표준어일까?
'오돌오돌'은 뜻에 따라서 표준어도 되고 비표준어도 된다. 추워서 떠는 모양의 뜻으로는 '오들오들'이 표준어이고, 물렁물렁한 뼈를 씹을 때의 탄력 있는 모양을 나타낼 때는 '오돌오돌'이 표준어이다. 따라서 '오돌오돌 떨다'라고 표기하면 잘못된 말이 된다.

오돌오돌	작고 여린 뼈처럼 탄력이 있는 모양. 오둘오둘(×).
오두발광發狂	매우 흥분하여 미친 사람처럼 날뛰는 행동. 오도발광(×).
오두방정	매우 방정맞은 행동. 오도방정(×).
오둘오둘(×)	'작고 여린 뼈처럼 탄력이 있는 모양'의 뜻으로 쓰이는 말은 '오돌오돌'이 올바른 말이다.

오돌오돌
'오돌오돌'보다 느낌이 큰말은 '우둘우둘'이다.

오들오들	춥거나 무서워 몸을 심하게 자꾸 떠는 모양. 오돌오돌(×).
오똑(×)	'작은 물건이 높이 솟아 있는 모양'의 뜻으로 쓰이는 말은 '오뚝'이 올바른 말이다.
오똑이(×)	'넘어져도 끈질기게 일어나는 장난감'은 '오뚝이'가 올바른 말이다.
오뚜기(×)	'넘어져도 끈질기게 일어나는 장난감'은 '오뚝이'가 올바른 말이다.
오뚝	작은 물건이 높이 솟아 있는 모양. 오똑(×).
오뚝이	넘어져도 끈질기게 일어나는 장난감. [예] 미정이는 역경에 맞부딪혀도 절대 넘어지지 않아 '오뚝이'라는 별명이 붙었다. 오똑이·오뚜기(×). [서울시 9급 '07]. [지방직 7급 '11]. [서울시 9급 '11]. [국가직 9급 '21]. [군무원 9급 '22]
오라(×)	'어떤 사실을 비로소 깨닫거나 납득했을 때 하는 말'은 '옳아'가 올바른 말이다.
오래간만	✔띄어쓰기 어떤 사건이 있은 때로부터 시간이 한참 지난 다음.
오래전-前	✔띄어쓰기 상당한 시간이 지나간 과거. [예] 오래전의 일이라 기억이 가물가물하다.
오랜동안(×)	'시간적으로 썩 긴 기간 동안'은 '오랫동안'이 올바른 말이다.

> **'오래'와 관련하여 혼동되는 말**
> '오랫동안'은 맞는 말이고, '오랜 동안'은 잘못된 말이다. '오랜만에'는 맞는 말이고, '오랫만에'는 잘못된 말이다. [예] 쌍둥이 언니와 나는 오랫동안 떨어져 지내야만 했다./오랜만에 만난 친구를 보니 너무 반가워서 눈물이 났다.

오랜만에	어떤 일이 있은 때로부터 긴 시간이 지난 뒤. [예] 오랜만에 만난 친구가 나를 외면하여 무척 마음이 아팠다. 오랫만에(×). [충북 9급 '07]. [삼성직무적성 '08]. [지방직 7급 '10]. [서울시 9급 '11]. [국가직 9급 '12]
오랫동안	시간적으로 썩 긴 기간 동안. 오랜동안(×). [소방직 '21]
	❗오류노트 주연이는 서울로 전학 가는 친구를 <u>오랜 동안</u> 먼발치에서 바라보았다. → 오랫동안.
오랫만에(×)	'어떤 일이 있은 때로부터 긴 시간이 지난 뒤'의 뜻으로 쓰이는 말은 '오랜만에'가 올바른 말이다.

오들오들
'오들오들'보다 느낌이 큰말은 '우들우들'이다.

오뚝이
'-하다'나 '-거리다'가 붙는 어근에 '-이'가 붙어서 명사가 된 것은 그 원형을 밝혀 적는다.

오래간만
'오래간 만에'처럼 잘못 띄어쓰기 쉽지만 '오래간만'은 한 단어로 굳어진 말이므로 붙여 쓴다.

오래전-前
한 단어로 굳어진 말이므로 붙여 쓴다.

오랜만에
'오랜만에'는 '오래간만에'가 줄어든 말이다.

오랫동안
'오랫동안'은 '오래'와 '동안'이 결합하여 만들어진 합성어이다.

오륙월, 오육월(×) '오월과 유월'은 '오뉴월'이 올바른 말이다.

오른 오른쪽을 이를 때 쓰는 말. 예 오른 주먹으로 친구의 등을 힘껏 때렸다. 바른.

> **오른**
> '바른'과 함께 복수 표준어이다.

오리과(×) '비오리, 황오리 따위 물갈퀴가 있는, 조강 기러기목의 한 과'는 '오릿과'가 올바른 말이다.

오리지날(×) '미술, 문학 작품의 원작 또는 원본'은 '오리지널'이 올바른 말이다.

오리지널^{original} 미술, 문학 작품의 원작 또는 원본. 오리지날(×).

오릿과^{-科} 비오리, 황오리 따위 물갈퀴가 있는, 조강 기러기목의 한 과. 오리과(×).

> **오릿과**^{-科}
> '오릿과'는 순우리말과 한자어로 된 합성어로 서 앞말이 모음으로 끝 나고, 뒷말의 첫소리가 된소리로 나므로 사이 시옷을 붙인다.

오면가면 오면서 가면서. 예 오면가면 그리운 친구를 만났다. 오명가명(×).

오명가명(×) '오면서 가면서'의 뜻으로 쓰이는 말은 '오면가면'이 올바른 말이다.

오무라지다, 오므러지다(×) '물건의 가장자리 끝이 한군데로 향하여 모이다'의 뜻으로 쓰이는 말은 '오므라지다'가 올바른 말이다.

오무리다(×) '오므라지게 하다'의 뜻으로 쓰이는 말은 '오므리다'가 올바른 말이다.

오므라지다 물건의 가장자리 끝이 한군데로 향하여 모이다. 오무라지다·오므러지다(×).

오므리다 오므라지게 하다. 오무리다(×).

> **오므리다**
> 흔히 '오무리다'로 잘 못 쓰는 말이다. '오므리다'로 정확하게 쓰도록 하자.

오바(×) '외투'의 뜻으로 쓰이는 말은 '오버'가 올바른 말이다.

오버^{over} 외투. 오바(×).

오보에^{oboe} 모양은 클라리넷 비슷하며 혀가 두 장 겹쳐 있고, 아름답고 부드러운 음색이 특징인 고음을 내는 목관 악기. 오브에(×).

오브에(×) '모양은 클라리넷 비슷하며 혀가 두 장 겹쳐 있고, 아름답고 부드러운 음색이 특징인 고음을 내는 목관 악기'는 '오보에'가 올바른 말이다.

오사리잡놈^{-雜-} 갖가지 나쁜 짓을 거침없이 하는 잡놈. 오합잡놈(×).

오삭거리다(×) '가랑잎이나 얇고 빳빳한 물건이 서로 스치거나 바스러지는 소리가 자꾸 나다'의 뜻으로 쓰이는 말은 '와삭거리다'가 올바른 말이다.

> **오사리잡놈**^{-雜-}
> '오사리'는 이른 철의 사리때 잡히는 새우를 뜻하는 말이다. 새우를 잡기 위해 쳐놓은 그물에 온갖 잡다한 것이 뒤섞여 나올 때 '오사리 잡놈'이라고 표현한 데서 유래되었다.

오삭오삭(×)	'가랑잎이나 얇고 빳빳한 물건이 자꾸 서로 스치거나 바스러지는 소리'는 '와삭와삭'이 올바른 말이다.	
오셀로^{Othello}	영국의 작가 셰익스피어의 4대 비극 중 하나. 오델로(×).	**오셀로^{othello}** 셰익스피어의 4대 비극은 '햄릿', '리어 왕', '맥베스', '오셀로'를 들 수 있다.
오손도손	정답게 이야기하거나 의좋게 지내는 모양. [비교] 오순도순. [복지 9급 '12]	**오손도손** '오손도손'은 새로 표준어로 지정된 말이다.
오송^{吳淞}(×)	'중국 장쑤성^{江蘇省} 동부에 있는 상하이의 항구'는 '우쑹'이 올바른 말이다.	
오순도순	정답게 이야기하거나 의좋게 지내는 모양. [서울시 9급 '11]. [국회 8급 '13]	**오순도순** '오손도손'보다 큰 느낌을 주는 말이다.
오슬오슬	소름이 끼칠 정도로 몸이 옴츠러지고 추워하는 모양. 오실오실(×).	
오실오실(×)	'소름이 끼칠 정도로 몸이 옴츠러지고 추워하는 모양'의 뜻으로 쓰이는 말은 '오슬오슬'이 올바른 말이다.	
오얏(×)	'자두나무의 열매'의 뜻으로 쓰이는 말은 '자두'가 올바른 말이다.	**'오얏'은 비표준어** 오얏은 한자 훈에 남아 있기는 하나, 현대 국어에서는 쓰지 않으므로 표준어로 삼지 않는다.
오얏나무(×)	'여름에 노랑 또는 자색의 핵과가 익는, 장미과의 낙엽 활엽 교목'은 '자두나무'가 올바른 말이다.	
오옥장^{吳玉章}(×)	'중국 문자의 로마자 표기를 만들어 문자 개혁의 기초를 수립한, 중국의 정치가·교육자(1878~1966)'는 '우위장'이 올바른 말이다.	
오이소박이	오이를 몇 갈래로 갈라 안에 파, 마늘, 고춧가루 따위를 섞은 소를 넣어 담는 김치. 오이소배기(×).	**오이소박이** '박다'의 뜻이 있으면 '박이'가 되고 있지 않으면 '배기'가 된다. '오이소박이'는 오이에 소를 박은 것이므로 '오이소박이'로 적는다.
오이소배기(×)	'오이를 몇 갈래로 갈라 안에 파, 마늘, 고춧가루 따위를 섞은 소를 넣어 담는 김치'는 '오이소박이'가 올바른 말이다.	
오장원^{五丈原}(×)	'중국 산시성^{陝西省} 시안시^{西安市} 서부, 치산현^{岐山縣} 서남쪽에 있는 삼국 시대의 전쟁터'는 '우장위안'이 올바른 말이다.	
오주^{梧州}(×)	'중국 광시좡족 자치구^{廣西壯族自治區} 동쪽에 있는 도시'는 '우저우'가 올바른 말이다.	
오지랍(×)	'웃옷이나 윗도리에 입는 겉옷의 앞자락'은 '오지랖'이 올바른 말이다.	**오지랖** '지나칠 정도로 쓸데없이 아무 일에나 참견하는 편이 있다'의 뜻으로 '오지랖이 넓다'라는 말을 쓴다.
오지랖	웃옷이나 윗도리에 입는 겉옷의 앞자락. 오지랍(×). [충북 9급 '07]	

오징어덥밥(×)	'오징어와 채소를 함께 볶아 밥 위에 얹어 먹는 매콤한 음식'은 '오징어덮밥'이 올바른 말이다.
오징어덮밥	오징어와 채소를 함께 볶아 밥 위에 얹어 먹는 매콤한 음식. 오징어덥밥(×).
오차서(×)	'다섯 수레에 실을 만한 책이란 뜻에서, 많은 장서를 이르는 말'은 '오거서'가 올바른 말이다.
오창석吳昌碩(×)	'산수화에 뛰어난 중국 청나라의 화가(1844~1927)'는 '우창쉬'가 올바른 말이다.
오톨도톨	물건의 거죽이나 바닥이 여기저기 잘게 부풀어 올라 고르지 못한 모양. 오돌도돌(×).
오패부吳佩孚(×)	'안즈 전쟁과 제일 차 펑즈 전쟁에서 승리하여 베이징을 지배하였던, 중국의 정치가(1873~1939)'는 '우페이푸'가 올바른 말이다.
오합잡놈(×)	'온갖 나쁜 짓을 거침없이 하는 잡놈'은 '오사리잡놈'이 올바른 말이다.
옥다구니(×)	'서로 욕하고 화내며 싸우는 짓'은 '악다구니'가 올바른 말이다.
옥산玉山(×)	'중국 산시성陝西省 시안시西安市 남동쪽에 있는 산'은 '위산산'이 올바른 말이다.
옥수수	외줄기에 열매는 둥글고 길쭉하며, 낟알이 여러 줄로 박혀 있고 녹말이 풍부한 볏과의 한해살이풀. [서울시 7급 '11]
옥수수대(×)	'옥수수의 줄기'의 뜻으로 쓰이는 말은 '옥수숫대'가 올바른 말이다.
옥수숫대	옥수수의 줄기. 옥수수대(×).
온가지(×)	'모든 종류의. 여러 가지의'의 뜻으로 쓰이는 말은 '온갖'이 올바른 말이다.
온갖	모든 종류의. 여러 가지의. 온가지(×). 예 화단에는 온갖 꽃들이 만발해 있다.
온냉(×)	'따뜻한 기운과 찬 기운을 아울러 이르는 말'은 '온랭'이 올바른 말이다.
온랭溫冷	따뜻한 기운과 찬 기운을 아울러 이르는 말. 온냉(×).
온주溫州(×)	'어우장강 하류에 있는 중국 저장성浙江省 남부의 도시'는 '원저우'가 올바른 말이다.
올려부치다(×)	'뺨을 세게 때리다'의 뜻으로 쓰이는 말은 '올려붙이다'가 올바른 말이다.

오톨도톨
'오톨도톨'보다 느낌이 큰 말은 '우툴두툴'이다.

옥수수
'강냉이'와 함께 복수 표준어이다.

옥수숫대
순우리말로 된 합성어로서 앞말이 모음으로 끝난 경우, 뒷말의 첫소리가 된소리로 나는 것은 사이시옷을 붙인다.

온랭溫冷
冷이 단어의 첫머리에 오면 두음법칙에 따라 '냉각冷却'처럼 쓰지만, 첫머리가 아닐 때에는 본음대로 '수랭水冷', '온랭溫冷'처럼 쓴다.

올려붙이다	✓띄어쓰기 뺨을 세게 때리다. 올려부치다(×).
올바르다	옳고 바르다. 옳바르다(×). [공사·공단 언어 능력]
올배미(×)	'모양이 부엉이와 비슷하고 밤에 활동하며 새, 쥐, 토끼, 벌레 등을 잡아먹는 올빼밋과의 새'는 '올빼미'가 올바른 말이다.
올빼미	모양이 부엉이와 비슷하고 밤에 활동하며 새, 쥐, 토끼, 벌레 등을 잡아먹는 올빼밋과의 새. 올배미(×).
올습니다, 올씨다(×)	'이다, 아니다의 어간에 붙어 어떤 사실을 평범하게 서술하는 말'은 '올시다'가 올바른 말이다.
올시다	이다, 아니다의 어간에 붙어 어떤 사실을 평범하게 서술하는 말. 올습니다·올씨다(×).
옳바르다(×)	'옳고 바르다'의 뜻으로 쓰이는 말은 '올바르다'가 올바른 말이다.
옳아	어떤 사실을 비로소 깨닫거나 납득했을 때 하는 말. 오라(×).
옴싹달싹, 옴쭉달싹(×)	부정하는 말과 함께 쓰이어, '몸을 겨우 움직이려 하는 상태'는 '옴짝달싹'이 올바른 말이다.
옴짝달싹	부정하는 말과 함께 쓰이어, 몸을 겨우 움직이려 하는 상태. 옴싹달싹·옴쭉달싹(×).
옴츠러지다	점점 작아지거나 줄어지다. 옴치러지다(×).
옴치러지다(×)	'점점 작아지거나 줄어지다'의 뜻으로 쓰이는 말은 '옴츠러지다'가 올바른 말이다.
옴큼	물건을 한 손으로 옴켜쥔 분량. 옹큼(×).
옵서버observer	회의 따위에서 특별히 출석이 허용된 사람. 옵저버(×).
옵저버(×)	'회의 따위에서 특별히 출석이 허용된 사람'은 '옵서버'가 올바른 말이다.
옷거리	옷을 입은 맵시. 예 그 가수는 옷거리가 날씬하다.
옷걸이	옷을 걸어 두는 물건. 예 옷을 방바닥에 늘어놓지 말고 옷걸이에 걸어라.

올려붙이다
'올려붙이다'는 한 단어이므로 붙여 쓴다.

올시다
의미 차이가 없고 비슷한 발음의 몇 형태가 쓰일 경우, 그중 더 널리 쓰이는 한 형태만을 표준어로 삼는다.

옴짝달싹
'옴짝달싹'보다 느낌이 큰말은 '옴쩍달싹'이다.

옴츠러지다
'옴츠러지다'보다 느낌이 큰말은 '움츠러지다'이다.

옴큼
'옴큼'보다 느낌이 큰말은 '움큼'이다.

'옷거리'와 '옷걸이'는 어떤 차이점이 있을까?
'옷걸이'는 옷을 걸어 두는 물건을, '옷거리'는 옷을 입은 맵시를 뜻한다. 이 두 말을 서로 바꾸어 쓰면 틀린 말이 되므로 혼동하지 말고 구별해서 쓰도록 하자.

옹골차다	속이 꽉 차서 실속이 있다. 공골차다(×).
옹기장이甕器-	옹기를 전문으로 만드는 사람. 옹기쟁이(×).
옹기쟁이(×)	'옹기를 전문으로 만드는 사람'은 '옹기장이'가 올바른 말이다.
옹큼(×)	'물건을 한 손으로 옴켜쥔 분량'은 '옴큼'이 올바른 말이다.
옹해야(×)	'영남 지방에서 널리 불리는 노래의 하나'는 '옹헤야'가 올바른 말이다.
옹헤야	영남 지방에서 널리 불리는 노래의 하나. 옹해야(×).
와니스(×)	'수지樹脂 등을 녹여 만든 투명 혹은 반투명의 도료'는 '바니시'가 올바른 말이다.
와삭거리다	가랑잎이나 얇고 빳빳한 물건이 서로 스치거나 바스러지는 소리가 자꾸 나다. 오삭거리다(×).
와삭와삭	가랑잎이나 얇고 빳빳한 물건이 서로 스치거나 바스러지는 소리. 오삭오삭(×).
와플waffle	밀가루, 설탕 따위 여러 가지 재료를 반죽한 후 구워서 잼이나 버터, 크림 따위를 넣어 만드는 양과자. 워플(×).
왁시글덕시글	많은 사람이나 동물이 붐비며 복잡하게 움직이는 모양. 왁시글득시글(×).
왁시글득시글(×)	'많은 사람이나 동물이 붐비며 복잡하게 움직이는 모양'은 '왁시글덕시글'이 올바른 말이다.
왁자그르(×)	'여럿이 한데 모여 소란을 피우며 웃고 떠드는 소리나 모양'의 뜻으로 쓰이는 말은 '왁자그르르'가 올바른 말이다.
왁자그르르	여럿이 한데 모여 소란을 피우며 웃고 떠드는 소리나 모양. 왁자그르(×).
완서우산萬壽山	중국 청나라 때의 이궁離宮이 있는, 베이징 교외의 산. 만수산(×).
왈쯔(×)	'3/4박자의 경쾌한 춤이나 춤곡'은 '왈츠'가 올바른 말이다.
왈츠waltz	3/4박자의 경쾌한 춤이나 춤곡. 왈쯔(×).
왕개운王闓運(×)	'사륙변려문에 뛰어난 중국 청나라의 학자(1832~1916)'는 '왕카이윈'이 올바른 말이다.

옹골차다
의미 차이가 없고 비슷한 발음의 몇 형태가 쓰일 경우, 그중 더 널리 쓰이는 한 형태만을 표준어로 삼는다.

옹기장이甕器-
'장이'는 '그것과 관련된 기술을 가진 사람'의 뜻을 더하는 말이다.

와삭와삭
'와삭와삭'의 본말은 '와사삭와사삭'이다.

왁시글덕시글
'왁시글덕시글'의 준말은 '왁실덕실'이다.

왁자그르르
'왁자그르르'보다 느낌이 큰말은 '웍저그르르'이다.

왈츠waltz
외래어 표기에서 된소리를 쓰지 않는다.

왕국유^{王國維}(×) '인간사화', '송원희곡사'를 저술한 중국 청나라의 학자(1877~1927)는 '왕궈웨이'가 올바른 말이다.

왕궈웨이^{王國維} '인간사화', '송원희곡사'를 저술한 중국 청나라의 학자(1877~1927). 왕국유(×).

왕선겸^{王先謙}(×) '십조동화록', '순자집해'를 저술한 중국 청나라 말기의 학자(1842~1917)는 '왕셴첸'이 올바른 말이다.

왕셴첸^{王先謙} '십조동화록', '순자집해'를 저술한 중국 청나라 말기의 학자(1842~1917). 왕선겸(×).

왕자오밍^{汪兆銘} 국민당 지도자로 쑨원과 함께 혁명 운동에 참가한 중국의 정치가(1883~1944). 왕조명(×).

왕조명^{汪兆銘}(×) '국민당 지도자로 쑨원과 함께 혁명 운동에 참가한 중국의 정치가(1883~1944)'는 '왕자오밍'이 올바른 말이다.

왕총혜^{王寵惠}(×) '난징 국민 정부의 국제 연맹 대표 등 요직을 지낸 중국의 법률가·정치가(1882~1958)'는 '왕충후이'가 올바른 말이다.

왕충후이^{王寵惠} 난징 국민 정부의 국제 연맹 대표 등 요직을 지낸 중국의 법률가·정치가(1882~1958). 왕총혜(×).

왕카이윈^{王闓運} 사륙변려문에 뛰어난 중국 청나라의 학자(1832~1916). 왕개운(×).

왜곡^{歪曲} 고의로 사실과 다르게 만들거나 그릇되게 함. 외곡(×).

왝 먹은 음식을 게워 내는 소리. 욍(×).

왠일(×) '어찌 된 일'의 뜻으로 쓰이는 말은 '웬일'이 올바른 말이다.

왠지 왜 그런지 모르게. 또는 분명한 근거가 없이. 웬지(×).

외^外 ✔️띄어쓰기 일정한 범위나 한계의 밖. 예 가족 외 동반은 지양해 주세요./그 외에 추가할 것을 말해 보시오.

외가집(×) '어머니의 친정'은 '외갓집'이 올바른 말이다.

외갓집^{外家-} 어머니의 친정. 외가. 외가집(×).

외겹실 단 한 올로 된 실.

외곡(×) '고의로 사실과 다르게 만들거나 그릇되게 함'은 '왜곡'이 올바른 말이다.

외골(×) '단 하나의 방법이나 방향'은 '외곬'이 올바른 말이다.

왜곡^{歪曲}
'외곡'으로 잘못 쓰는 경우가 있으므로 주의하자.

'왠일'은 잘못된 말
'어찌 된 일'의 뜻으로 '왠일'이라고 잘못 쓰는 경우가 있다. '어찌 된'은 '왠'이 아니고 '웬'이라고 써야 한다.

왠지
'왜+인지'의 구성이므로 줄어들면 '왠지'가 맞다. '웬지'로 잘못 쓰지 않도록 주의하자.

외^外
'외'는 의존 명사이므로 앞말과 띄어 쓴다.

외갓집^{外家-}
'외갓집'은 '외가'라는 한자어와 '집'이라는 고유어가 어울려 이루어진 합성어로 뒷말의 첫소리가 된소리로 나므로 사이시옷을 붙인다.

외겹실
'외올실', '홑실'과 함께 복수 표준어이다.

외골수^{骨髓}	한 가지에만 관심을 보이며 파고드는 사람. 외곬수(×).
외곬	단 하나의 방법이나 방향. 외골(×).
외곬수(×)	'한 가지에만 관심을 보이며 파고드는 사람'은 '외골수'가 올바른 말이다.

'외곬'이 맞으면 '외곬수'도 맞는 말이 아닌가?

'단 하나의 방법이나 방향'은 '외곬'이 올바른 말이다. 이것을 근거로 '한 가지에만 관심을 보이며 파고드는 사람'을 '외곬수'로 표기하기 쉬운데 '외골수'가 맞는 말임에 주의하자. '외곬'과 '외골수'는 의미가 다른 단어이다.

외눈박이	'한쪽 눈이 먼 사람'을 낮추어 이르는 말. 외눈배기(×).
외눈배기(×)	'한쪽 눈이 먼 사람을 낮추어 이르는 말'은 '외눈박이'가 올바른 말이다.
외동이(×)	'외아들을 귀엽게 이르는 말'은 '외둥이'가 올바른 말이다.
외둥이	외아들을 귀엽게 이르는 말. 외동이(×).
외로이	홀로 되거나 의지할 곳이 없어 쓸쓸하게. 외로히(×).
외로히(×)	'홀로 되거나 의지할 곳이 없어 쓸쓸하게'의 뜻으로 쓰이는 말은 '외로이'가 올바른 말이다.
외맹이	광산에서 돌에 구멍을 뚫을 때 망치를 한 손으로 쥐고 정을 때리는 일. 외멩이(×).
외멩이(×)	'광산에서 돌에 구멍을 뚫을 때 망치를 한 손으로 쥐고 정을 때리는 일'은 '외맹이'가 올바른 말이다.
외손자^{孫子}	딸이 낳은 아들.
외손잡이	두 손 가운데 어느 한쪽 손만 능하게 쓰는 사람.
외손주	'외손자와 외손녀'를 아울러 이르는 말. [비교] 외손자.
외올실	단 한 올로 된 실. 외겹실·홑실.
외조할머니(×)	'어머니의 어머니'의 뜻으로 쓰이는 말은 '외할머니'가 올바른 말이다.
외조할아버지(×)	'어머니의 아버지'의 뜻으로 쓰이는 말은 '외할아버지'가 올바른 말이다.
외토리(×)	'의지할 데 없고 매인 데 없는 홀몸'은 '외톨이'가 올바른 말이다.

외곬
의미가 똑같은 형태가 몇 가지 있을 경우, 그중 어느 하나가 널리 쓰이면, 그 단어만을 표준어로 삼는다. 이에 따라 '외골^骨'을 버리고 '외곬'을 표준어로 삼는다.

외눈박이
'애꾸눈이'와 함께 복수 표준어이다.

외손자^{孫子}
외손자와 외손녀를 아울러 이르는 말은 '외손주'이다.

외손잡이
'한손잡이'와 함께 복수 표준어이다.

외올실
'외겹실', '홑실'과 함께 복수 표준어이다.

외톨박이	외톨로 된 밤송이나 마늘통 따위. 외톨배기(×).
외톨배기(×)	'외톨로 된 밤송이나 마늘통 따위'의 뜻으로 쓰이는 말은 '외톨박이'가 올바른 말이다.
외톨이	의지할 데 없고 매인 데 없는 홀몸. 외토리(×).
외투감(×)	'외투를 지을 옷감'은 '외툿감'이 올바른 말이다.
외툿감外套-	외투를 지을 옷감. 외투감(×).
외풍外風	밖에서 들어오는 바람. 우풍(×).
외할머니外-	어머니의 어머니. 외조할머니(×).
외할아버지外-	어머니의 아버지. 외조할아버지(×).
외형률外形律	정형시에서, 음의 고저, 장단, 음수音數, 음보音步 따위의 규칙적 반복으로 생기는 운율. 외형율(×).
외형율(×)	'정형시에서, 음의 고저, 장단, 음수音數, 음보音步 따위의 규칙적 반복으로 생기는 운율'은 '외형률'이 올바른 말이다.
욐(×)	'먹은 음식을 게워 내는 소리'의 뜻으로 쓰이는 말은 '왝'이 올바른 말이다.
-요	'이다', '아니다'의 어간에 붙어, 어떤 사물이나 사실 따위를 열거할 때 쓰이는 말. 예 이것은 사과요, 저것은 배요, 그것은 귤이다. [세무직 9급 '07]. [경찰대 '08]
요구르트yogurt	우유에 젖산균을 넣어 만든 발효유의 하나. 야쿠르트(×).
요녕성遼寧省	'랴오닝성을 우리 한자음으로 읽은 이름'은 '요령성'이다.
요동반도遼東半島	랴오닝성遼寧省의 남해안에서 남서 방향으로 튀어나온 반도. 랴오둥반도.
요란스럽다搖亂-	시끄럽고 떠들썩한 데가 있다.

> **✔오류노트** 유치원 아이들이 <u>요란스런</u> 소리를 내며 간식을 먹는다. → 요란스러운.

요령성遼寧省	랴오닝성을 우리 한자음으로 읽은 이름.
요리집(×)	'객실을 갖추고 요리를 파는 집'은 '요릿집'이 올바른 말이다.
요릿집料理-	객실을 갖추고 요리를 파는 집. 요리집(×).

외툿감外套-
'외툿감'은 '외투'라는 한자어와 '감'이라는 고유어가 어울려 이루어진 합성어로 뒷말의 첫소리가 된소리로 나므로 사이시옷을 붙인다.

외형률外形律
'외형+率'의 형태. 앞말이 받침이 없거나(모음) 'ㄴ' 받침 뒤에서는 '율'을 쓴다. 그 외에는 '률'을 쓴다. '외형'의 '형'이 그 외의 경우이므로 '률'을 써서 '외형률'처럼 나타낸다.

'-요'와 '-오'
종결형에서 사용되는 어미 '-오'는 '-요'로 소리 나는 경우가 있더라도 '이것은 공책이오. 저것은 연필이 아니오.'처럼 그 원형을 밝혀 '-오'로 적는다.

요란스럽다搖亂-
'요란스럽다'의 어간 '요란스럽' 뒤에 '-은'이 오면 어간 말음 'ㅂ'이 '우'로 변하므로, '요란스러운'처럼 써야 된다.

요릿집料理-
'요릿집'은 '요리'라는 한자어와 '집'이라는 고유어가 어울려 이루어진 합성어로 뒷말의 첫소리가 된소리로 나므로 사이시옷을 붙인다.

요상스럽다(×) '보기에 이상한 데가 있다'의 뜻으로 쓰이는 말은 '이상스럽다'가 올바른 말이다.

요상하다(×) '정상적인 상태와 다르다'의 뜻으로 쓰이는 말은 '이상하다'가 올바른 말이다.

요술장이(×) '요술하는 재주를 가진 사람'은 '요술쟁이'가 올바른 말이다.

요술쟁이妖術- 요술하는 재주를 가진 사람. 요술장이(×).

요승지廖承志(×) '신중국 성립 후 중일 국교 회복에 힘쓴 중국의 정치가(1908~1983)'는 '랴오청즈'가 올바른 말이다.

요양遼陽(×) '중국 랴오닝성遼寧省 선양瀋陽의 남서쪽에 있는 상공업 도시'는 '랴오양'이 올바른 말이다.

요잇(×) '요의 거죽을 싸서 시치는 흰 천'은 '욧잇'이 올바른 말이다.

요중개廖仲愷(×) '국민당의 좌파 지도자로 쑨원孫文이 이끄는 혁명 전쟁에 참가한 중국의 정치가(1877~1925)'는 '랴오중카이'가 올바른 말이다.

요컨대要- 중요한 점을 말하자면. 요컨데(×). [서울시 교행직 '07]. [지방직 9급 '10]

요컨데(×) '중요한 점을 말하자면'의 뜻으로 쓰이는 말은 '요컨대'가 올바른 말이다.

요코하마橫濱 철강, 화학 따위의 공업이 발달한 일본 간토關東 지방의 항만 도시. 횡빈(×).

요평廖平(×) '육역관 총서六譯館叢書를 저술한 중국 청나라 때의 학자(1852~1932)'는 '랴오핑'이 올바른 말이다.

욕감태기辱- 남에게 늘 욕을 먹는 사람을 일컫는 말. 욕자배기(×).

욕심꾸러기慾心- 욕심이 많은 사람을 낮잡아 이르는 말. 욕심쟁이.

욕심쟁이慾心- 욕심이 많은 사람을 낮잡아 이르는 말. 욕심꾸러기.

욕자배기(×) '남에게 늘 욕을 먹는 사람을 일컫는 말'은 '욕감태기'가 올바른 말이다.

욕장이(×) '욕을 잘하는 사람을 낮추어 이르는 말'은 '욕쟁이'가 올바른 말이다.

욕쟁이辱- 욕을 잘하는 사람을 낮추어 이르는 말. 욕장이(×).

요술쟁이妖術-
'-쟁이'는 그것이 나타내는 속성을 많이 가진 사람'의 뜻을 더하는 말이다.

욕심꾸러기慾心-
'욕심쟁이'와 함께 복수 표준어이다.

욧잇	요의 거죽을 싸서 시치는 흰 천. 요잇(×).
용납하다容納	남의 말이나 행동을 너그러운 마음으로 받아들이다.

> **오류노트** 한 치의 잘못도 <u>용납치</u> 않겠다. → 용납지.

용문龍門(×)	'룽먼 석굴로 유명한, 중국 허난성河南省 뤄양洛陽의 남쪽에 있는 유적지'는 '룽먼'이 올바른 말이다.
용산 문화龍山文化(×)	'신석기 시대 후기 중국 황허黃河강의 중·하류 지역에서 번성한 문화'는 '룽산 문화'가 올바른 말이다.
용수用水	**✔띄어쓰기** 농업·공업·발전·음료 등을 위하여 물을 끌어옴. 또는 그 물. 예 이곳에서는 발전용수를 수력 발전에 사용하고 있다.
용적률容積率	건물의 대지 면적에 대한 건물 연면적의 비율. 용적율(×).
용적율(×)	'대지 면적에 대한 건물 연면적의 비율'은 '용적률'이 올바른 말이다.
용천요龍泉窯(×)	'중국 저장성浙江省 룽취안현龍泉縣에 있던 중국 최대의 청자 제작지'는 '룽취안요'가 올바른 말이다.
용품用品	**✔띄어쓰기** 일부 명사 뒤에 붙어 그것과 관련하여 쓰는 물품.

> **오류노트** 어린이집에서 아이들에게 필요한 <u>유아 용품</u>을 주문했다. → 유아용품.

우겨넣다(×)	'주위에서 중심으로 밀어 넣다'는 '욱여넣다'가 올바른 말이다.
우굴우굴(×)	'사람이나 다소 큰 생물이 한곳에 많이 모여 움직이는 모양의 뜻으로 쓰이는 말은 '우글우글'이 올바른 말이다.
우글우글	사람이나 다소 큰 생물이 한곳에 많이 모여 움직이는 모양. 우굴우굴(×).
우두둑	¹단단한 물건을 깨무는 소리. ²빗방울이나 우박 따위가 세차게 떨어지는 소리. ³갑자기 세게 부러질 때 나는 소리. 우드득(×).
우두둑우두둑	¹단단한 물건을 잇따라 깨무는 소리. ²빗방울이나 우박 따위가 잇따라 세차게 떨어지는 소리. ³갑자기 세게 부러질 때 잇따라 나는 소리. 우드득우드득(×).
우두머니(×)	'정신없이 멀거니 있는 모양'은 '우두커니'가 올바른 말이다.

욧잇 순우리말로 된 합성어로서 앞말이 모음으로 끝난 경우, 뒷말의 첫소리 모음 앞에서 'ㄴㄴ' 소리가 덧나는 것은 사이시옷을 붙인다.

용납하다容納 '하지'가 줄 때는 '-하' 앞의 받침이 안울림소리(ㄱ, ㄷ, ㅂ, ㅅ)로 끝나는 경우 '용납하지 → 용납지, 생각하지 → 생각지'와 같이 '-하' 전체가 준다.

용수用水 '용수'는 '관개용수', '생활용수'와 같이 앞말과 붙여 쓴다.

용품用品 '유아'에 접미사 '-용'이 붙고 뒤에 접미사 '-품'이 붙은 것으로 앞말과 붙여 쓴다. 예 아동용품./일상용품./사무용품./유아용품./여성용품./노인용품.

우두커니	정신없이 멀거니 있는 모양. 우두머니(×). [공사·공단 언어능력]. [한국어교육검정 '08]
우드득(×)	'단단한 물건을 깨무는 소리. 빗방울이나 우박 따위가 세차게 떨어지는 소리. 갑자기 세게 부러질 때 나는 소리'의 뜻으로 쓰이는 말은 '우두둑'이 올바른 말이다.
우드득우드득(×)	'단단한 물건을 잇따라 깨무는 소리. 빗방울이나 우박 따위가 잇따라 세차게 떨어지는 소리. 갑자기 세게 부러질 때 잇따라 나는 소리'는 '우두둑우두둑'이 올바른 말이다.
우라(×)	'옷 안에 받치는 감'은 '안감'이 올바른 말이다.
우락부락하다	생김새가 험상궂고 행동이 거칠다. 예 우락부락하고 무섭게 생긴 얼굴. 우리부리하다(×).
우렁(×)	'수렁이나 논에 살며 껍데기는 곱고 불룩한, 우렁잇과의 고둥'은 '우렁이'가 올바른 말이다.
우렁쉥이	껍데기에 돌기가 있고 속살은 회로 먹거나 지져 먹는 멍겟과의 원색동물. [국가직 7급 '07]. [경북교육 9급 '10]
우렁이	수렁이나 논에 살며 껍데기는 곱고 불룩한, 우렁잇과의 고둥. 우렁(×).
우렁이속(×)	'속마음을 모두 털어놓지 않는 의뭉스러움을 비유하는 말'은 '우렁잇속'이 올바른 말이다.
우렁잇속	속마음을 모두 털어놓지 않는 의뭉스러움을 비유하는 말. 우렁이속(×).
우레	벼락이나 번개가 칠 때에 하늘이 울리며 나는 소리. 우뢰(×). [대전·충남 교행직 9급 '06]. [지방직 7급 '10]. [복지 9급 '11]. [서울시 9급 '11]. [소방직 '21]
우레소리(×)	'천둥 치는 소리'의 뜻으로 쓰이는 말은 '우렛소리'가 올바른 말이다.
우렛소리	천둥치는 소리. 천둥소리. 우레소리(×).
우뢰(×)	'벼락이나 번개가 칠 때 하늘이 울리며 나는 소리'는 '우레'가 올바른 말이다.
우루루(×)	'덩치가 큰 동물 또는 사람 따위가 떼를 지어서 한꺼번에 다른 곳으로 움직이는 모양'은 '우르르'가 올바른 말이다.
우르르	덩치가 큰 동물이나 사람 따위가 떼를 지어 한꺼번에 움직이는 모양. 우루루(×).

우두커니
의미 차이가 없고 비슷한 발음의 몇 형태가 쓰일 경우, 그중 더 널리 쓰이는 한 형태만을 표준어로 삼는다.

우렁쉥이
'멍게'와 함께 복수 표준어이다.

우렁잇속
순우리말로 된 합성어로서 앞말이 모음으로 끝난 경우, 뒷말의 첫소리가 된소리로 나는 것은 사이시옷을 붙인다.

우레
'천둥'과 함께 복수 표준어이다.

우렛소리
'천둥소리'와 함께 복수 표준어이다.

우리글	✔️띄어쓰기 우리나라의 글자, 곧 한글을 이르는 말.
우리나라	✔️띄어쓰기 우리 한민족이 세운 나라를 스스로 이르는 말.
우리말	✔️띄어쓰기 우리나라 사람의 말.
우리부리하다(×)	'생김새가 험상궂고 행동이 거칠다'의 뜻으로 쓰이는 말은 '우락부락하다'가 올바른 말이다.
우무가사리(×)	'고아서 우무를 만드는 데 쓰는 우뭇가사릿과의 해조'는 '우뭇가사리'가 올바른 말이다.
우묵눈(×)	'움펑하게 들어간 눈'은 '움펑눈'이 올바른 말이다.
우뭇가사리	고아서 우무를 만드는 데 쓰는 우뭇가사릿과의 해조. 우무가사리(×).
우스개말(×)	'남을 웃기기 위해 하는 말'은 '우스갯말'이 올바른 말이다.
우스개소리(×)	'남을 웃기기 위해 하는 말'은 '우스갯소리'가 올바른 말이다.
우스개짓(×)	'남을 웃기기 위해 하는 짓'은 '우스갯짓'이 올바른 말이다.
우스갯말	남을 웃기기 위해 하는 말. 우스갯소리. 우스개말(×).
우스갯소리	남을 웃기기 위해 하는 말. 우스갯말. 우스개소리(×).
우스갯짓	남을 웃기기 위해 하는 짓. 우스개짓(×).
우스광스럽다, 우수꽝스럽다(×)	'됨됨이가 우습게 생기다'의 뜻으로 쓰이는 말은 '우스꽝스럽다'가 올바른 말이다.
우스꽝스럽다	됨됨이가 우습게 생기다. 우스광스럽다·우수꽝스럽다(×).
우시	중국 장쑤성江蘇省 쑤저우蘇州의 서북쪽에 있는 도시. 무석(×).
우쑹吳淞	중국 장쑤성江蘇省 동부에 있는 상하이의 항구. 오송(×).
우위장吳玉章	중국 문자의 로마자 표기를 만들어 문자 개혁의 기초를 수립한, 중국의 정치가·교육자(1878~1966). 오옥장(×).
우유갑牛乳匣	우유를 담아 두는 갑. 우유곽·우윳갑(×).
우유병牛乳瓶	우유를 담는 병. 우윳병(×).
우유빛(×)	'우유의 빛깔과 같은 흰 빛'은 '우윳빛'이 올바른 말이다.
우윳갑(×)	'우유를 담아 두는 갑'은 '우유갑'이 올바른 말이다.
우윳병(×)	'우유를 담는 병'은 '우유병'이 올바른 말이다.

우리글
'우리글'은 한 단어이므로 붙여 쓴다.

우리나라
'우리나라'는 한 단어이므로 붙여 쓴다.

우리말
'우리말'은 한 단어이므로 붙여 쓴다.

'우스개소리'로 표기하지 않는 이유
순우리말로 된 합성어로서 앞말이 모음으로 끝난 경우, 뒷말의 첫소리가 된소리로 나는 것은 사이시옷을 붙인다.

우스갯말
순우리말로 된 합성어로서 앞말이 모음으로 끝난 경우, 뒷말의 첫소리 'ㅁ' 앞에서 'ㄴ'소리가 덧나는 것은 사이시옷을 붙인다.

우유갑牛乳匣
한자어로만 이루어진 합성어이므로 사이시옷을 붙이지 않는다.

우유병牛乳瓶
'우유병'은 한자어로 이루어진 합성어로 사이시옷이 들어가지 않는다.

우윳빛牛乳·
'우윳빛'은 한자어 '우유'와 고유어 '빛'으로 이루어진 말로 '빛'이 된소리로 발음되므로 사이시옷을 붙인다.

우윳빛牛乳-   우유의 빛깔과 같은 흰 빛. 우유빛(×). [KBS한국어 '07].
[공사·공단 언어 능력]

우장烏江   중국 안후이성安徽省 동쪽 끝, 양쯔강揚子江에 접하여 있는
도시. 오강(×).

우장위안五丈原   중국 산시성陝西省 시안시西安市 서부, 치산현岐山縣 서남쪽
에 있는 삼국 시대의 전쟁터. 오장원(×).

우저우梧州   중국 광시좡족 자치구廣西壯族自治區 동쪽에 있는 도시. 오
주(×).

우지   걸핏하면 우는 아이. 울보.

우창武昌   중국 양쯔강揚子江 중류의 군사적 요충지로, 후베이성湖北
省에 있는 우한 삼진武漢三鎭의 하나. 무창(×).

우창쉬吳昌碩   산수화에 뛰어난 중국 청나라 말기의 화가(1844~1927).
오창석(×).

우청(×)   '윗사람이 있는 곳 또는 관청'은 '위청'이 올바른 말이다.

우층-層(×)   '이층 또는 여러 층 가운데 위쪽의 층'은 '위층'이 올바
른 말이다.

우타이산五臺山   중국 산시성山西省 북동부 우타이현五臺縣에 있는 산. 오대
산(×).

우통, 위통, 윗통(×)   '사람 몸의 윗부분'은 '웃통'이 올바른 말이다.

우페이푸吳佩孚   안즈 전쟁과 제일 차 펑즈 전쟁에서 승리하여 베이징
을 지배하였던, 중국의 정치가(1873~1939). 오패부(×).

우풍(×)   '밖에서 들어오는 바람'은 '외풍'이 올바른 말이다.

우한武漢   중국 후베이성湖北省의 성도省都로, 양쯔강揚子江과 한수이漢
水강이 합쳐지는 곳에 있는 도시. 무한(×).

우후蕪湖   중국 안후이성安徽省 동부 양쯔강揚子江 동쪽 기슭에 있는
항구 도시. 무호(×).

욱박지르다(×)   '심하게 질책하여 기를 꺾다'의 뜻으로 쓰이는 말은 '윽
박지르다'가 올바른 말이다.

욱시글덕시글(×)   '여럿이 한자리에 모여서 매우 혼란스럽게 들끓는 모
양'의 뜻으로 쓰이는 말은 '욱시글득시글'이 올바른 말
이다.

욱시글득시글   여럿이 한자리에 모여서 매우 혼란스럽게 들끓는 모
양. 욱시글덕시글(×).

우지
'울보'와 함께 복수 표
준어이다.

'윗통'으로 쓸 수 없는
이유
'아래, 위'의 대립이 없
는 단어는 '웃-'으로 발
음되는 형태를 표준어
로 삼는다.

'우풍'은 잘못된 말
흔히 '우풍'으로 혼동
하여 쓰는 경우가 있
으므로 주의하자.

욱여넣다 `✓띄어쓰기`	주위에서 중심으로 밀어 넣다.
운강 석굴^{雲崗石窟}(×)	'중국 산시성^{山西省} 다퉁^{大同} 서쪽에 있는 중국 최대의 불교 석굴 사원'은 '윈강 석굴'이 올바른 말이다.
운남성^{雲南省}(×)	'베트남, 라오스 등과의 국경 지대이며 중국 남부, 윈구이고원^{雲貴高原}의 남서부에 있는 성^省'은 '윈난성'이 올바른 말이다.
운률(×)	'음의 강약, 장단, 고저 혹은 동음이나 유음의 반복으로 이루어지는, 시문^{詩文}의 음성적 형식'은 '운율'이 올바른 말이다.
운율^{韻律}	음의 강약, 장단, 고저 혹은 동음이나 유음의 반복으로 이루어지는, 시문^{詩文}의 음성적 형식. 운률(×). [공사·공단 언어 능력]
울력성당^{-成黨}	떼를 지어서 으르고 협박하는 일. 위력성당(×).
울보	걸핏하면 우는 아이. 우지.
움추리다(×)	'몸이나 몸의 일부를 몹시 오그리어 작아지게 하다'는 '움츠리다'가 올바른 말이다.
움츠리다	몸이나 몸의 일부를 몹시 오그리어 작아지게 하다. 움추리다(×). [서울시 9급 '07]
움쿰(×)	'손으로 한 줌 움켜쥘 만한 분량을 세는 단위'는 '움큼'이 올바른 말이다.
움크리다(×)	'몸 따위를 움츠러들이다'의 뜻으로 쓰이는 말은 '웅크리다'가 올바른 말이다.
움큼	손으로 움켜쥘 수 있는 정도의 분량을 세는 단위. 움쿰(×). [서울시 9급 '07]
움파	움 속에서 겨울에 자란 누런빛의 파. 동파·엄파(×).
움펑눈	움퍽하게 들어간 눈. 우묵눈(×).
웃-	아래위의 대립이 없는 일부 명사 앞에서, '위'의 뜻으로 쓰이는 접두사. 예 웃돈./웃어른.
웃간(×)	'방이 둘 있는 한옥에서, 아궁이에서 먼 쪽에 있는 방'은 '윗간'이 올바른 말이다.
웃국	받아 놓은 물에서 찌꺼기가 가라앉고 남은 윗부분의 물. 윗국(×).
웃길(×)	'위쪽에 난 길'은 '윗길' 올바른 말이다.

욱여넣다
'욱여넣다'는 한 단어이므로 붙여 쓴다.

운율^{韻律}
'운+율/률^律'의 형태이다. 앞말이 받침이 없거나(모음) 'ㄴ' 받침 뒤에서는 '율'을 쓰고 그 외에는 '률'을 쓴다. '운'이 'ㄴ' 받침으로 끝나므로 '율'을 써서 '운율'처럼 나타낸다.

울보
'우지'와 함께 복수 표준어이다.

움큼
'웅쿰'이나 '웅큼'도 잘못된 말이다.

웃-
아래위의 대립이 있는 말은 '윗-'으로 쓴다. 예 윗사람./윗마을.

'웃길'로 쓸 수 없는 이유
아래위의 대립이 있는 말이므로 '윗길'로 쓴다. 즉 '윗길'도 있고, '아랫길'도 있다.

웃넓이(×)	'물체의 윗면의 넓이'는 '윗넓이'가 올바른 말이다.
웃녘(×)	'위가 되는 쪽'은 '윗녘'이 올바른 말이다.
웃누이(×)	'나이가 더 많은 누이'는 '윗누이'가 올바른 말이다.
웃눈썹(×)	'윗눈시울에 나 있는 속눈썹'은 '윗눈썹'이 올바른 말이다.
웃니(×)	'윗잇몸에 난 이'는 '윗니'가 올바른 말이다.
웃대(×)	'지금 세대 이전의 세대. 조상의 대'는 '윗대'가 올바른 말이다.
웃도리(×)	'위에 입는 옷'은 '윗도리'가 올바른 말이다.
웃돈	본래의 값에 덧붙이는 돈. 윗돈(×). [소방직 '22]
웃동네(×)	'위쪽에 있는 동네'는 '윗동네'가 올바른 말이다.
웃동아리(×)	'긴 물체의 위쪽 부분'은 '윗동아리'가 올바른 말이다.
웃마을(×)	'한 마을의 위쪽이나 지대가 높은 데 있는 마을'은 '윗마을'이 올바른 말이다.
웃목(×)	'온돌방에서 아궁이로부터 멀고 굴뚝에 가까운 방바닥'은 '윗목'이 올바른 말이다.
웃몸(×)	'허리 윗부분의 몸'은 '윗몸'이 올바른 말이다.
웃물(×)	'상류에서 흐르는 물'은 '윗물'이 올바른 말이다.
웃방(×)	'잇닿아 있는 두 방의 위쪽 방'은 '윗방'이 올바른 말이다.
웃배(×)	'가슴 아래 배꼽 위에 있는 부분의 배'는 '윗배'가 올바른 말이다.
웃변(×)	'사다리꼴에서 위의 변'은 '윗변'이 올바른 말이다.
웃사람(×)	'자기보다 지위나 신분이 높은 사람'은 '윗사람'이 올바른 말이다.
웃사랑(×)	'위채에 있는 사랑'의 뜻으로 쓰이는 말은 '윗사랑'이 올바른 말이다.
웃수염(×)	'윗입술의 가장자리 위로 난 수염'은 '윗수염'이 올바른 말이다.
웃어른	나이나 지위 등이 자기보다 높아 직접 간접으로 모셔야 할 어른. 윗어른(×). [대전·충남 교행직 9급 '06]. [국어능력인증 '07]. [지방직 7급 '10]. [국회 8급 '11].

'웃도리'로 쓸 수 없는 이유
아래위의 대립이 있는 말이므로 '윗도리'로 쓴다. 즉 '윗도리'도 있고, '아랫도리'도 있다.

웃돈
'웃돈'은 있으나 '아랫돈'은 없다. 즉 아래위의 대립이 없는 말이므로 '웃돈'으로 쓴다.

'웃물'은 잘못된 말
'윗물이 맑아야 아랫물이 맑다'라는 속담처럼 아래위의 대립이 있는 말이다. 따라서 '윗물'로 써야 한다.

'웃사랑'은 잘못된 말
'아랫사랑'이란 말이 있으면, '윗사랑'의 표기가 맞는 것이다. 사전에는 '작은사랑'을 '아랫사랑'이라고 풀이되어 있다. 따라서 '윗사랑'이라고 써야 한다.

웃어른
아래위를 다 쓸 수는 없다. 즉 '윗어른'이라고는 쓸 수 있지만 '아랫어른'이라고는 쓸 수 없으므로 '웃-'으로 표기해야 한다.

웃옷	제일 바깥쪽에 입는 옷. 예 날이 추워서 양복 위에 또 웃옷으로 코트를 걸쳐 입었다. [소방직 '22]

'윗옷'과 '웃옷'은 모두 맞는 말일까?

아래에 입는 '아래옷'이 바지이고 위에 입는 것이 '윗옷'이다. 그런데 '티셔츠' 위에 입는 외투는 '웃옷'이다. 즉 아래에 입으면 '아래옷', 위에 입으면 '윗옷'이다. '속옷' 위에 더 입으면 '웃옷'이다. 즉 경우에 따라 모두 맞는 말이 될 수 있다.

웃음감(×)	'남들로부터 비웃음을 살 만한 처신'은 '웃음거리'가 올바른 말이다.
웃음거리	남들로부터 비웃음을 살 만한 처신. 웃음감(×).
웃입술(×)	'위쪽의 입술'은 '윗입술'이 올바른 말이다.
웃저고리(×)	'저고리를 껴입을 때 맨 겉에 입는 저고리'는 '겉저고리'가 올바른 말이다.
웃집(×)	'위쪽으로 이웃해 있는 집. 또는 높은 곳에 있는 집'은 '윗집'이 올바른 말이다.
웃짝(×)	'위아래가 한 벌을 이루는 물건의 위쪽 짝'은 '위짝'이 올바른 말이다.
웃쪽(×)	'위가 되는 쪽'은 '위쪽'이 올바른 말이다.
웃채(×)	'여러 채로 된 집에서 위쪽에 있는 집채'는 '위채'가 올바른 말이다.
웃층(×)	'이 층 또는 여러 층 가운데 위쪽의 층'은 '위층'이 올바른 말이다.
웃치마(×)	'치마를 껴입을 때 맨 겉에 입는 치마'는 '겉치마'가 올바른 말이다.
웃턱(×)	'위쪽의 턱'은 '위턱'이 올바른 말이다.
웃통	사람 몸의 윗부분. 우통·위통·윗통(×).
웃팔(×)	'어깨에서 팔꿈치까지의 부분'은 '위팔'이 올바른 말이다.
웅덩이	움푹 패어 물이 괸 곳. 웅뎅이(×).
웅뎅이(×)	'움푹 패어 물이 괸 곳'은 '웅덩이'가 올바른 말이다.
웅쿰(×)	'손으로 한 줌 움켜쥘 만한 분량을 세는 단위'는 '움큼'이 올바른 말이다.

'웃입술'은 잘못된 말
'입술'이 아래위의 대립이 있으면 '윗-'을, 그렇지 않으면 '웃-'을 쓴다. '윗입술'과 '아랫입술'이 다 있으므로 '윗입술'이라고 써야 한다.

'웃채'로 쓸 수 없는 이유
아래위의 대립이 있는 말이므로 '윗-'을 써서 '윗채'라고 할 것 같다. 하지만 합성어에서 뒷말의 첫소리가 거센소리이므로 사이시옷을 쓸 수 없다. 따라서 '위채'라고 해야 한다.

웃통
'몸의 윗부분'을 뜻하는 말은 있지만 '몸의 아랫부분'을 뜻하는 말은 없다. 즉 아래위의 대립이 없는 말이므로 '웃통'이라고 해야 한다.

웅크리다	몸 따위를 움츠러들이다. 움크리다(×).
웅큼(×)	'손으로 움켜쥘 수 있는 정도의 분량을 세는 단위'는 '움큼'이 올바른 말이다.
워낭	마소의 귀에서 턱 밑으로 늘여 단 방울. 원앙(×).
워크샵(×)	'전문가의 조언을 받으면서 문제 해결을 위하여 단체로 실시하는 연구회나 세미나'는 '워크숍'이 올바른 말이다.
워크숍^{workshop}	전문가의 조언을 받으면서 문제 해결을 위하여 단체로 실시하는 연구회나 세미나. 워크샵(×). [공사·공단 언어 능력]. [서울시 9급 '11]. [서울시 9급 '16]. [소방직 '21]
워플(×)	'밀가루, 설탕 등 여러 가지 재료를 반죽한 후 구워서 잼이나 버터, 크림 따위를 넣어 만드는 양과자'는 '와플'이 올바른 말이다.
웍저그르(×)	'여럿이 한데 모여 시끄럽게 떠드는 소리나 모양'의 뜻으로 쓰이는 말은 '웍저그르르'가 올바른 말이다.
웍저그르르	여럿이 한데 모여 시끄럽게 떠드는 소리나 모양. 웍저그르(×).
원덩^{文登}	중국 산둥성^{山東省} 동부에 있는 도시. 문등(×).
원망스럽다^{怨望-}	못마땅하여 탓하거나 불만을 가지고 미워하는 마음이 있다.

> **❗오류노트** 아들은 곤궁에 빠진 자신을 도와주지 않는 아버지를 <u>원망스런</u> 눈빛으로 바라보았다. → 원망스러운.

원세개^{袁世凱}	'조선의 임오군란, 갑신정변에 관여하였으며, 의화단 사건 후 총독이 된 중국의 정치가(1859~1916)'의 우리 한자음 표기는 '위안스카이'이다.
원앙(×)	'마소의 귀에서 턱 밑으로 늘여 단 방울'은 '워낭'이 올바른 말이다.
원저우^{溫州}	어우장강 하류에 있는 중국 저장성^{浙江省} 남부의 도시. 온주(×).
원채^{元-}(×)	'두드러지게 아주'의 뜻으로 쓰이는 말은 '원체'가 올바른 말이다.
원체^{元體}	두드러지게 아주. 예 그는 원체 건강한 사람이라 감기 한 번 걸리지 않는다. 원채(×).

워크숍^{workshop}
'shop'의 발음은 [ʃɔp]이며 'ㄱ'는 '오'로 표기한다.

원망스럽다^{怨望-}
'원망스럽다'의 어간 '원망스럽-' 뒤에 '-은'이 오면 어간 말음 'ㅂ'이 '우'로 변하므로, '원망스러운'처럼 써야 된다.

원체^{元體}
'원체^{元體}'는 '으뜸이 되는 몸'이란 뜻의 명사로도 쓰인다.

월경량月經量	성숙한 여성의 자궁에서 정기적으로 출혈하는 생리 현상. 월경양(×).
월경양(×)	'성숙한 여성의 자궁에서 정기적으로 출혈하는 생리 현상'은 '월경량'이 올바른 말이다.
월급장이(×)	'월급을 받고 일하는 사람을 낮잡아 이르는 말'은 '월급쟁이'가 올바른 말이다.
월급쟁이月給-	월급을 받고 일하는 사람을 낮잡아 이르는 말. 월급장이(×).
웨양岳陽	중국 후난성湖南省 북부의 항구 도시. 악양(×).
웨양루岳陽樓	중국 후난성湖南省 웨양에 있는 누각. 악양루(×).
웨이수이강渭水江	간쑤성甘肅省에서 산시성陝西省을 거쳐 황허강으로 들어가는 중국 황허강黃河江의 지류. 위수(×).
웨이하이威海	중국 산둥반도山東半島 북쪽 기슭에 있는 항구 도시. 위해(×).
웬만큼	보통이 넘을 정도로. 예 영어는 웬만큼 하는데 국어 실력이 영 늘지 않아 걱정이야.
웬일	어찌 된 일. 왠일(×). 예 유독 나한테만 냉랭하게 대하였던 민성이가 오늘은 웬일로 매우 친절하게 대했다. [복지 9급 '11] [지방직 9급 '21]
웬지(×)	'왜 그런지 모르게. 또는 분명한 근거가 없이'의 뜻으로 쓰이는 말은 '왠지'가 올바른 말이다.
위 글(×)	'바로 위의 글'의 뜻으로 쓰이는 말은 '윗글'이 올바른 말이다.
위력성당(×)	'떼를 지어서 으르고 협박하는 일'은 '울력성당'이 올바른 말이다.
위린榆林	중국 산시성陝西省 북부에 있는 상업 도시. 중국 광시좡족 동남부에 있는 항구 도시. 유림(×).
위산산玉山	중국 산시성陝西省 시안시西安市 남동쪽에 있는 산. 옥산(×).
위수渭水(×)	'간쑤성甘肅省에서 산시성陝西省을 거쳐 황허강으로 들어가는 중국 황허강黃河江의 지류'는 '웨이수이강'이 올바른 말이다.
위안스카이袁世凱	조선의 임오군란, 갑신정변에 관여하였으며, 의화단 사건 후 총독이 된 중국의 정치가(1859~1916).
위짝	위아래가 한 벌을 이루는 물건의 위쪽 짝. 웃짝(×).

월경량月經量
분량이나 수량을 나타내는 '量'이 고유어나 외래어 뒤에 올 경우는 '양'으로, 한자어 다음에 올 때는 '량'으로 표기된다.

월급쟁이月給-
'-쟁이'는 '그것이 나타내는 속성을 많이 가진 사람'의 뜻을 나타내는 말이다.

웬만큼
'왠만큼'으로 잘못 쓰지 않도록 주의하자.

'웬지'로 표기할 수 없는 이유.
웨+인지=웬지(×),
왜+인지=왠지(○)

위짝
아래위의 대립이 있으므로 '위짝'으로 표기한다.

위쪽	위가 되는 쪽. 윗쪽·웃쪽(×).
위채	여러 채로 된 집에서 위쪽에 있는 집채. 윗채(×). [삼성직무적성 '06]
위청^廳	윗사람이 있는 곳 또는 관청. 우청(×).
위층^層	이층 또는 여러 층 가운데 위쪽의 층. 우층·윗층·웃층(×). [한국어교육검정 '11]. [지방직 9급 '08]. [경찰대 '09]. [국회 8급 '12]. [서울시 9급 '13]. [기상 9급 '13]. [소방직 '22]
위치마	갈퀴 앞쪽에 대나무를 대고 엮은 부분. 아랫사침(×).
위턱	위쪽의 턱. 윗턱(×).
위팔	어깨에서 팔꿈치까지의 부분. 웃팔(×).
위해^{威海}(×)	'중국 산둥반도^{山東半島} 북쪽 기슭에 있는 항구 도시'는 '웨이하이'가 올바른 말이다.
윈강 석굴^{雲崗石窟}	중국 산시성^{山西省} 다퉁^{大同} 서쪽에 있는 중국 최대의 불교 석굴 사원. 운강 석굴(×).
윈난성^{雲南省}	베트남, 라오스 등과의 국경 지대이며 중국 남부, 윈구이 고원^{雲貴高原}의 남서부에 있는 성^省. 운남성(×).
윈도^{window}	컴퓨터에서 직사각형으로 된 화면의 일부분에 표시된 영역. 윈도우(×). [서울시 9급 '10]. [경찰직 '21]
윈도우(×)	'컴퓨터에서 직사각형으로 된 화면의 일부분에 표시된 영역'은 '윈도'가 올바른 말이다.
윗-	아래위의 대립이 있는 일부 명사 앞에서, '위'의 뜻으로 쓰이는 접두사. 예 윗도리./윗마을.

> **'윗-'과 '웃-'의 차이점은 무엇일까?**
>
> 아래 위를 다 쓸 수 있는 것(아랫사람, 윗사람)은 '윗-'을 쓴다. 아래 위를 다 쓸 수 없는 것(아랫어른, 윗어른으로 구별할 수 없음)은 '웃-'을 쓴다. (아랫, 윗)도리는 모두 가능하므로 '웃도리'가 아닌 '윗도리'라고 쓴다. '옷'은 뜻에 따라 '웃-'과 '윗-'이 다 올 수 있다. '웃옷'은 '맨 겉에 입는 옷'의 뜻이며, '윗옷'은 '위에 입는 옷'의 뜻이다.

윗간^間	방이 둘 있는 한옥에서, 아궁이에서 먼 쪽에 있는 방. 웃간(×).
윗국(×)	'받아 놓은 물에서 찌꺼기가 가라앉고 남은 윗부분의 물'은 '웃국'이 올바른 말이다.

위채
합성어에서 뒷말의 첫소리가 거센소리이므로 사이시옷이 오지 않는 말이다.

위층^層
합성어에서 뒷말의 첫소리가 거센소리이므로 사이시옷이 오지 않는 말이다.

위턱
아래위의 대립이 있으면 '윗-'을, 아래위의 대립이 없으면 '웃-'을 쓴다. 턱은 아래, 위가 다 있으므로 '윗'을 쓰는데, 합성에서 뒷말의 첫소리가 거센소리이면 사이시옷을 쓰지 않으므로 '윗턱'이 아닌 '위턱'으로 쓴다.

윈도^{window}
발음은 [wɪndou]이다. 외래어 표기에서 [ou]는 '오'로 표기한다.

윗글	바로 위의 글. [예] 윗글을 읽고 물음에 답하여라.	
윗길	위쪽에 난 길. 웃길(×).	
윗넓이	물체의 윗면의 넓이. 웃넓이(×).	
윗녘	위가 되는 쪽. 웃녘(×).	
윗누이	나이가 더 많은 누이. 웃누이(×).	
윗눈썹	윗눈시울에 나 있는 속눈썹. 웃눈썹(×).	
윗니	윗잇몸에 난 이. 웃니(×). [국가직 7급 '12].	
윗대代	지금 세대 이전의 세대. 조상의 대. 웃대(×).	
윗도리	위에 입는 옷. 웃도리(×). [국회 8급 '11]	
윗돈(×)	'본래의 값에 덧붙이는 돈'은 '웃돈'이 올바른 말이다.	
윗동네洞	위쪽에 있는 동네. 웃동네(×).	
윗동아리	긴 물체의 위쪽 부분. 웃동아리(×).	
윗마을	한 마을의 위쪽이나 지대가 높은 데 있는 마을. 웃마을(×).	
윗목	온돌방에서 아궁이로부터 멀고 굴뚝에 가까운 방바닥. 웃목(×).	
윗몸	허리 윗부분의 몸. 웃몸(×).	
윗물	상류에서 흐르는 물. 웃물(×).	
윗방房	잇닿아 있는 두 방의 위쪽 방. 웃방(×).	
윗배	가슴 아래 배꼽 위에 있는 부분의 배. 웃배(×).	
윗변	사다리꼴에서 위의 변. 웃변(×).	
윗사람	자기보다 지위나 신분이 높은 사람. 웃사람(×).	
윗사랑舍廊	위채에 있는 사랑. 웃사랑(×).	
윗수염鬚髥	윗입술의 가장자리 위로 난 수염. 웃수염(×).	
윗어른(×)	'나이나 지위 등이 자기보다 높아 직접 간접으로 모셔야 할 어른'은 '웃어른'이 올바른 말이다.	
윗옷	위에 입는 옷. [예] 아이들은 찜통더위를 참지 못하고 윗옷을 벗어 던지고 아래옷만 입고 개울로 뛰어들었다.	
	✔오류노트 백화점에 가서 <u>웃옷</u> 두 벌과 아래옷 세 벌을 샀다. → 윗옷. [소방직 '22]	
윗입술	위쪽의 입술. 웃입술(×).	

윗글
'윗글'의 반대말은 '아랫글'이다.

윗길
'윗길'은 아래위의 대립이 있는 말이므로 '웃길'이 아닌 '윗길'로 써야 한다.

윗눈썹
'윗눈썹'은 아래위의 대립이 있는 말이므로 '웃눈썹'이 아닌 '윗눈썹'으로 써야 한다.

윗도리
'윗도리'는 아래위의 대립이 있는 말이므로 '웃도리'가 아닌 '윗도리'로 써야 한다.

윗목
만약 '아랫목'이란 말이 없다면 '웃목'이 맞는 표기이겠지만 '아궁이에 가까운 방바닥'이란 뜻의 '아랫목'이 있으므로 '윗목'으로 표기한다.

윗방房
'윗방'은 아래위의 대립이 있는 말이므로 '웃방'이 아닌 '윗방'으로 써야 한다.

윗사람
'윗사람'은 아래위의 대립이 있는 말이므로 '웃사람'이 아닌 '윗사람'으로 써야 한다.

'윗어른'으로 표기할 수 없는 이유
아래 위로 다 쓸 수 없는 말은 '웃-'을 쓴다. '어른'은 '아랫어른'이란 말은 없다. 따라서 '윗어른'이라고 표기할 수 없다.

윗옷
'아래옷'과 '윗옷' 모두 있는 말이므로 '윗옷'이 올바른 말이다.

윗집	위쪽으로 이웃해 있는 집. 또는 높은 곳에 있는 집. 웃집(×).
윗쪽(×)	'위가 되는 쪽'은 '위쪽'이 올바른 말이다.
윗층(×)	'이층 또는 여러 층 가운데 위쪽의 층'은 '위층'이 올바른 말이다.
윗터(×)	'위쪽의 터'은 '위터'이 올바른 말이다.
유기장이^{柳器-}	고리버들로 키나 고리짝 따위를 만들어 파는 일을 직업으로 하는 사람. 고리장이. 유기쟁이(×).
유기쟁이(×)	'고리버들로 키나 고리짝 따위를 만들어 파는 일을 직업으로 하는 사람'은 '유기장이'가 올바른 말이다.
유니트(×)	'투자 신탁에서, 나라마다 설정하는 일정한 금액'은 '유닛'이 올바른 말이다.
유닛^{unit}	투자 신탁에서, 나라마다 설정하는 일정한 금액. 유니트(×).
유림^{榆林}(×)	'중국 산시성^{陝西省} 북부에 있는 상업 도시. 중국 광시 좡족 자치구 광시좡 족 동남부에 있는 항구 도시'는 '위린'이 올바른 말이다.
유백승^{劉伯承}(×)	'국방 위원회 부주석 등을 지낸 중국의 군인·정치가(1892~1986)'는 '류보청'이 올바른 말이다.
유복^{劉復}(×)	'중국대자전을 편찬하고 국제 음표 기호에 의거 중국어 표기를 시행한 중국의 언어학자(1891~1934)'는 '류푸'가 올바른 말이다.
유전률(×)	'축전기에 유전체를 넣었을 때의 전기 용량과 넣지 않았을 때의 전기 용량의 비율'의 뜻으로 쓰이는 말은 '유전율'이 올바른 말이다.
유전율^{誘電率}	축전기에 유전체를 넣었을 때의 전기 용량과 넣지 않았을 때의 전기 용량의 비율. 유전률(×).
유조호^{柳條湖}(×)	'중국 랴오닝성^{遼寧省} 선양^{瀋陽} 북쪽에 있는 지역'은 '류타오후'가 올바른 말이다.
유주^{柳州}(×)	'중국 광시좡족^{廣西壯族} 자치구 중앙부에 있는 상공업 도시'는 '류저우'가 올바른 말이다.
유투브(×)	'유튜브사가 운영하는 세계 최대의 동영상 공유 서비스'는 '유튜브'가 올바른 말이다.

'윗층'으로 표기할 수 없는 이유
합성어에서 뒷말의 첫소리가 된소리나 거센소리일 때에는 사이시옷을 붙이지 않는다. '층'의 첫소리가 거센소리이므로 '위'로 적는다.

유기장이^{柳器-}
기술자에게는 '장이'가 붙는 형태를 표준어로 삼는다.

유전율^{誘電率}
앞말이 받침이 없거나 (모음) 'ㄴ' 받침 뒤에서는 '율'을 쓴다. 그 외에는 '률'을 쓴다.

유튜브^{You Tube}　유튜브사가 운영하는 세계 최대의 동영상 공유 서비스. 유투브(×).

육개장^{肉-醬}　쇠고기를 삶아서 알맞게 뜯어 넣고, 갖은 양념을 하여 얼큰하게 끓인 국. 육계장(×). [지방직 7급 '10]. [서울시 9급 '11]

육계장(×)　'쇠고기를 삶아서 알맞게 뜯어 넣고, 갖은 양념을 하여 얼큰하게 끓인 국'은 '육개장'이 올바른 말이다.

육모초(×)　'더위 먹은 데, 산모의 지혈, 이뇨제 등에 한약제로 쓰이는 꿀풀과의 두해살이풀'은 '익모초'가 올바른 말이다.

육자배기^{六字-}　남도 지방에서 널리 부르는, 잡가의 하나. 육자백이(×).

육자백이(×)　'남도 지방에서 널리 부르는, 곡조가 활발한 잡가의 하나'는 '육자배기'가 올바른 말이다.

윤슬　호수나 바다에 햇빛 혹은 달빛을 받아 반짝이는 잔물결.

윤활류(×)　'마찰을 덜기 위하여 쓰는 기름'은 '윤활유'가 올바른 말이다.

윤활유^{潤滑油}　마찰을 덜기 위하여 쓰는 기름. 윤활류(×).

융딩강^{永定江}　중국 닝우현^{寧武縣}에서 시작하여 보하이만^{渤海灣}으로 흐르는 강. 영정하(×).

-으나마　✓띄어쓰기 ㄹ 이외의 받침 있는 용언 어간이나 '-었-', '-겠-' 뒤에 붙어, 만족스럽지 않지만 참고 아쉬운 대로 함을 나타내는 말. 예 차가 있으면 좋겠으나마 자전거가 있으니 갈 수는 있을 거야.

-으니만큼　✓띄어쓰기 앞말이 뒷말의 원인이나 근거가 됨을 나타내는 연결 어미. 예 최선을 다했으니만큼 결과는 두렵지 않다.

으레　두말할 것 없이. 마땅히. 으례(×). [복지 9급 '11]. [지방직 9급 '21]

-으려고　ㄹ 이외의 받침 있는 동사의 어간에 붙어, 앞으로 하려는 의지나 욕망이 있음을 나타내는 말. 예 잃어버린 전자사전을 찾으려고 방을 샅샅이 뒤졌다. -을려고(×).

-으려야　ㄹ 이외의 받침 있는 동사 어간 뒤에 붙어, '-으려고 하여야'가 줄어든 말. 예 밥을 먹으려야 먹이지. / 강의 내용을 적으려야 메모지 한 장 없다. -을려야(×).

으례(×)　'두말할 것 없이. 틀림없이. 마땅히'의 뜻으로 쓰이는 말은 '으레'가 올바른 말이다.

육개장^{肉-醬}
'육개장'을 흔히 '육계장'으로 혼동하여 쓰기 쉬우므로 주의하자.

육자배기^{六字-}
[배기]로 발음되는 경우는 '배기'로 표기한다.

-으나마
어미 '-으나마'는 앞말과 붙여 쓴다.

-으니만큼
어미 '-으니만큼'은 앞말과 붙여 쓴다.

으로서	지위, 자격, 신분을 나타내는 조사. 예 학생으로서 당연히 해야 할 일을 했습니다./ 국회의원으로 당선된 공인으로서, 이전에 제기했던 소송은 모두 취하하기로 했다./ 부회장으로서 한마디 하겠습니다. [공사·공단 언어 능력]. [국회 8급 '11]

> **'으로서'가 지위나 자격, 신분을 나타내므로 사람에게만 쓰는 게 맞겠지?**
> '으로서'가 '지위. 자격, 신분'을 나타낸다고 하여, '사람'인 경우에만 '으로서'를 쓴다고 잘못 알기 쉬우나 반드시 그렇지는 않다. 사람이 아닌 경우에도 '으로서'가 붙을 수 있다. 예 이 질문은 지금으로서는(지금을 기준으로 말하면) 답해 줄 수 없어. / 군 의회가 의결기관으로서 하는 일을 알아보자.('군 의회'는 '의결기관'과 동격의 관계이다. 즉 동격의 자격을 갖는 경우에 '으로서'를 쓴다).

으로서
'으로서'는 'ㄹ' 이외의 받침 있는 체언 뒤에 붙어 쓰이고 '로서'는 받침 없는 체언이나 'ㄹ' 받침으로 끝나는 체언 뒤에 쓰인다.

으로써	어떤 일의 수단, 방법이나 도구, 어떤 물건의 재료나 원료를 나타내는 격 조사. 예 아군은 총으로써(수단) 적군을 제압했다./콩으로써(재료) 메주를 만들었다./ 동호회 활동에 적극적으로 참여함으로써(방법) 활기찬 조직문화 건설에 기여할 수 있다. [국어능력인증 '06]. [법원직 9급 '16]
으름장	말과 행동으로 위협하는 짓. 예 내일까지 오지 않으면 회원에서 제외하겠다고 으름장을 놓았다. 어름장(×).
-으리만큼	✔띄어쓰기 '~할 정도로'의 뜻을 나타내는 말. 죽도 못 먹으리만큼 가난했었다. -을이만큼(×).
-으매	ㄹ 이외의 받침 있는 어간이나 '-았(었)-', '-겠-' 뒤에 붙어, 앞말이 뒷말의 원인이나 근거가 됨을 나타내는 말. 예 됨됨이가 좋으매 주변에 사람이 많이 모여든다. -음에(×).
으뭉스럽다(×)	'겉으로는 어리석어 보이지만 속은 엉큼한 데가 있다'의 뜻으로 쓰이는 말은 '의뭉스럽다'가 올바른 말이다.
으스대다	어울리지 않게 우쭐거리며 뽐내다. 예 어린 동생이 형을 믿고 으스대고 있다. 으시대다(×).
으스름달	으슴푸레하게 비치는 달. 어스름달(×).
으스스하다	차고 싫은 기운이 몸에 닿아 소름이 끼치다. 으시시하다(×).

으로써
'ㄹ' 외의 받침으로 끝나는 체언 뒤에는 '으로써'가 쓰이고, '받침 없는 체언이나 'ㄹ' 받침으로 끝나는 체언 뒤에 '로써'가 쓰인다.

-으리만큼
어미 '-으리만큼'은 앞말과 붙여 쓴다.

으스대다
흔히 '으시대다'로 혼동하여 쓰기 쉬우므로 주의하자.

으스스하다
비슷한 발음의 몇 형태가 쓰일 경우, 그 의미에 아무런 차이가 없고, 그중 하나가 더 널리 쓰이면, 그 한 형태만을 표준어로 삼는다.

으슥하다	두려움이 느껴질 만큼 구석지고 조용하다. 어슥하다(×).
으슬으슬	소름이 끼칠 듯이 매우 차가운 느낌이 잇따라 드는 모양. 으실으실(×).
으시대다(×)	'어울리지 않게 우쭐거리며 뽐내다'의 뜻으로 쓰이는 말은 '으스대다'가 올바른 말이다.
으시시하다(×)	'차고 싫은 기운이 몸에 닿아 소름이 끼치다'의 뜻으로 쓰이는 말은 '으스스하다'가 올바른 말이다.
으실으실(×)	'소름이 끼칠 듯이 매우 차가운 느낌이 잇따라 드는 모양'의 뜻으로 쓰이는 말은 '으슬으슬'이 올바른 말이다.
으악새(×)	'건조한 산등성이에 주로 자라고 잎은 집을 이는 데나 마소의 먹이로 쓰는, 볏과의 여러해살이풀'은 '억새'가 올바른 말이다.
으젓하다(×)	'말이나 행동이 점잖고 무게가 있다'의 뜻으로 쓰이는 말은 '의젓하다'가 올바른 말이다.
윽박지르다	심하게 질책하여 기를 꺾다. 욱박지르다(×).
은닉隱匿	남의 물건이나 범죄인을 감춤. 은익(×).
은단銀丹	멀미가 나거나, 가슴이 쓰리거나 체했을 때 등에 먹는 향기가 나는 작은 알약. 인단(×).
은익(×)	'남의 물건이나 범죄인을 감춤'의 뜻으로 쓰이는 말은 '은닉'이 올바른 말이다.
-은즉(슨)	✔띄어쓰기 앞의 내용이 뒤의 근거나 이유임을 나타내는 말. 예 그 약을 한 달 동안 먹은즉 병이 나았다./학생들을 가르쳐 본즉슨 실력이 뛰어납디다.
-은(는/을)지	✔띄어쓰기 막연한 의문이 있는 채로 그것을 뒤 절의 사실이나 판단과 관련시키는 데 쓰는 연결 어미. 예 기분이 좋은지 싱글벙글 웃는다./왜 사는지 그 이유를 말해 보거라./그 친구가 내 충고를 들을지 모르겠다.
은연중隱然中	✔띄어쓰기 남이 모르는 가운데. 예 말은 그렇게 하였지만 은연중에 그의 속뜻을 드러내고 말았다.
은천銀川(×)	'중국 황허강黃河江 중류 인촨銀川 평원에 있는 도시'는 '인촨'이 올바른 말이다.
-을게	ㄹ 이외의 받침 있는 동사 어간에 붙어, 앞으로 어떻게 행동할 것임을 다짐하는 말. 예 앞으로는 조금씩만 먹을게. -을께(×).

은닉隱匿
'匿'은 '숨을 닉'이다. 단어의 첫머리에 올 때에는 '익'으로 표기하지만 둘째 음절 이하에 올 때에는 '닉'으로 표기한다.

-은즉(슨)
'-은즉(슨)'은 연결 어미로 앞말과 붙여 쓴다.

은연중
'은연중'은 한 단어이므로 붙여 쓴다.

-을게
흔히 '먹을께'처럼 된소리로 잘못 표기하는 경우가 있으므로 주의하자.

-을께(×)　'ㄹ 이외의 받침 있는 동사 어간에 붙어, 앞으로 어떻게 행동할 것임을 다짐하는 말'은 '-을게'가 올바른 말이다.

-을는지　ㄹ 이외의 받침 있는 용언의 어간이나 '-았(었)-' 등의 뒤에 붙어, 말하는 이의 의문이나 물음을 나타내는 말. 예 오늘은 운수가 좋을는지 아침부터 까치가 반갑게 울어 댄다. -을런지·-을른지(×). [서울 9급 '13]

> **'좋은 지'처럼 '-지'를 띄어 써도 될까?**
> '-은(는/을)지' 형태에서 '어미'로 쓰이는 '-지'를 '기분이 좋은 지', '왜 사는 지'처럼 잘못 띄어 쓰는 경우가 의외로 많다. 하지만 이때는 '좋은지', '사는지'처럼 붙여 써야 한다. 반면에 '친구를 만난 지 한 달이 되었다.'처럼 '지'가 시간을 나타낼 때는 의존 명사로 반드시 앞말과 띄어 써야 한다.

을러대다　위협적인 언동으로 을러서 남을 억누르다. 을러메다.

을러메다　위협적인 언동으로 을러서 남을 억누르다. 을러대다.

-을런지, -을른지(×)　'ㄹ 이외의 받침 있는 용언의 어간이나 '-았(었)-' 등의 뒤에 붙어, 말하는 이의 의문이나 물음을 나타내는 말'은 '-을는지'가 올바른 말이다.

-을려고(×)　'ㄹ 이외의 받침 있는 동사의 어간에 붙어, 앞으로 하려는 의지나 욕망이 있음을 나타내는 말'은 '-으려고'가 올바른 말이다.

-을려야(×)　'ㄹ 이외의 받침 있는 동사 어간 뒤에 붙어, -으려고 하여야'의 뜻으로 쓰이는 말은 '-으려야'가 올바른 말이다.

-을밖에　✔띄어쓰기 '-을 수밖에'의 뜻을 나타내는 말. 예 배가 고프니 음식을 가리지 않고 먹을밖에.

-을소냐(×)　'ㄹ 이외의 받침 있는 용언 어간에 붙어, 그렇지 않다고 강한 부정을 나타내는 말'은 '-을쏘냐'가 올바른 말이다.

-을손가(×)　'ㄹ 이외의 받침 있는 용언 어간이나 어미 '-었-' 뒤에 붙어, 앞의 말을 강하게 부인할 때 쓰는 말'은 '-을쏜가'가 올바른 말이다.

-을쏘냐　ㄹ 이외의 받침 있는 용언 어간에 붙어, 그렇지 않다고 강한 부정을 나타내는 말. 예 아무리 배고파도 거지가 주는 음식을 먹을쏘냐. -을소냐(×).

(우측 여백)
을러대다 '을러메다'와 함께 복수 표준어이다.

을러메다 '을러대다'와 함께 복수 표준어이다.

-을밖에 '-을밖에'는 종결 어미이므로 붙여 쓴다.

-을쏘냐 흔히 '먹을소냐'처럼 잘못 표기하는 경우가 있으므로 주의하자.

-을쏜가	ㄹ 이외의 받침 있는 용언 어간이나 어미 '-었-' 뒤에 붙어, 앞의 말을 강하게 부인할 때 쓰는 말. 예 바다가 깊다 한들 어머니 사랑보다 깊을쏜가. -을손가(×).
-을이만큼(×)	'ㄹ 이외의 받침 있는 어간에 붙어, '-을 정도로'의 뜻으로 쓰이는 말은 '-으리만큼'이 올바른 말이다.
음매	소나 송아지의 울음소리를 나타내는 말. 예 어미소는 연신 "음매" 하고 울음소리를 냈다. 엄매.
음산산맥陰山山脈(×)	'중국 네이멍구 자치구內蒙古自治區, 황허黃河강 북쪽에 있는 산맥'은 '인산산맥'이 올바른 말이다.
-음에(×)	'ㄹ 이외의 받침 있는 어간이나 '-았(었)-', '-겠-' 뒤에 붙어, 앞말이 뒷말의 원인이나 근거가 됨을 나타내는 말'은 '-으매'가 올바른 말이다.
-읍니까(×)	'ㄹ 이외의 받침 있는 용언의 어간 따위에 붙어, 현재의 동작이나 상태를 묻는 형식으로 나타내는 말'은 '-습니까'가 올바른 말이다.
-읍니다(×)	'ㄹ 이외의 받침 있는 어간 따위에 붙어, 현재의 동작이나 상태를 있는 그대로 나타내는 말'은 '-습니다'가 올바른 말이다.
-읍디까(×)	'ㄹ 이외의 받침 있는 용언의 어간에 붙어, 지난 일을 돌이켜 묻는 뜻을 나타내는 말'은 '-습디까'가 올바른 말이다.
-읍디다(×)	'ㄹ 이외의 받침 있는 용언의 어간에 붙어, 지나간 일을 돌이켜 말하는 뜻을 나타내는 말'은 '-습디다'가 올바른 말이다.
-읍죠(×)	'ㄹ 이외의 받침 있는 용언의 어간에 붙어, 확신하는 사실을 주장하거나 물음을 나타내는 말'은 '-습죠'가 올바른 말이다.
-읍지요(×)	'ㄹ 이외의 받침 있는 용언의 어간에 붙어, 확신하는 사실을 주장하거나 물음을 나타내는 말'은 '-습지요'가 올바른 말이다.
의견난(×)	'어떤 대상에 대하여 가지는 생각을 다룬 지면'은 '의견란'이 올바른 말이다.
의견란意見欄	어떤 대상에 대하여 가지는 생각을 다룬 지면. 예 신문의 의견란에 당신의 감정과 생각을 나타내 보세요. 의견난(×).

'-읍니까'로 쓰지 않는 이유
비슷한 발음의 몇 형태가 쓰일 경우, 그 의미에 아무런 차이가 없고 그중 하나가 더 널리 쓰이면, 그 한 형태만을 표준어로 삼는다. '-습니까'와 '-읍니까'의 의미 차이가 뚜렷하지 않고, '-습니까'가 더 널리 쓰이므로 '-습니까'를 표준어로 정했다.

'-읍니다'로 쓰지 않는 이유
비슷한 발음의 몇 형태가 쓰일 경우, 그 의미에 아무런 차이가 없고 그중 하나가 더 널리 쓰이면, 그 한 형태만을 표준어로 삼는다.

의견란意見欄.
'난'은 '구분된 지면'의 뜻으로 쓰이는데, '난' 앞에 한자어가 오면 '란'으로 표기하고, 고유어나 외래어가 오면 '난'으로 표기한다. '의견'이 한자어이므로 '의견난'이 아니라 '의견란'으로 표기된 예이다.

의뭉스럽다	겉으로는 어리석어 보이지만 속은 엉큼한 데가 있다. 으뭉스럽다(×).
의붓딸	남편의 전처가 낳은 딸. 또는 아내의 전 남편이 낳은 딸.

> **'의붓딸'은 틀리고 '의부딸'이 맞는 것이 아닐까?**
>
> '딸'의 첫소리가 된소리이므로 사잇소리 현상에 따라 '의붓딸'이 아니라 '의부딸'로 표기하는 것이 옳다고 생각하기 쉬우나 '의붓'은 '의부^{義父}'에 사이시옷이 들어간 말이 아니고 '의붓' 자체가 굳어진 말이다. 따라서 '의붓딸'로 표기해야 맞다.

의붓딸
'의붓'이 붙어 이루어진 말은 무엇이 있을까? 의붓아들, 의붓아버지, 의붓아범, 의붓아비, 의붓어머니, 의붓어멈, 의붓어미, 의붓자식

의심스럽다^{疑心-}	분명하게 알 수 없어서 믿지 못할 만하다.
의심쩍다^{疑心-}	분명하게 알 수 없어서 믿지 못할 만하다.
의젓이	말이나 행동이 점잖고 무게가 있게. 의젓히(×).
의젓하다	말이나 행동이 점잖고 무게가 있다. 으젓하다(×).
의젓히(×)	'말이나 행동이 점잖고 무게가 있게'의 뜻으로 쓰이는 말은 '의젓이'가 올바른 말이다.
의존 명사^{依存名詞}	'것, 데, 뿐, 듯'처럼 자립성이 없어 다른 말 아래에 기대어 쓰이는 명사. 예 아는 것이 힘이다./ 아픈 데 먹는 약./ 듣고만 있을 뿐 말 한마디 없다./ 자는 듯 눈을 감고 있다. [경찰대 '07]
의창^{宜昌}(×)	'중국 후베이성^{湖北省} 서부, 양쯔강 북쪽 기슭에 있는 항구 도시'는 '이창'이 올바른 말이다.
이곳	✔띄어쓰기 '여기'를 이르는 말. [서울시 7급 '11]. [소방직 '22]
이구려	'이다'의 어간이나 형용사 어간 따위에 붙어서, 말하는 사람이 새로 알게 된 사실에 주목함을 나타내는 말. 예 결국 성공이구려. 이구료(×).
이구료(×)	'이다'의 어간이나 형용사 어간 따위에 붙어서, 말하는 사람이 새로 알게 된 사실에 주목함을 나타내는 말'은 '이구려'가 올바른 말이다.
이구만(×)	'이다'의 어간이나 형용사 어간 따위에 붙어, 말하는 이가 새로 알게 된 사실에 주목함을 나타내는 말은 '이구먼'이 올바른 말이다.
이구먼	'이다'의 어간이나 형용사 어간 따위에 붙어, 말하는 이가 새로 알게 된 사실에 주목함을 나타내는 말. 예 또 시작이구먼. 이구만(×).

의심스럽다^{疑心-}
'의심쩍다'와 함께 복수 표준어이다.

의심쩍다^{疑心-}
'의심스럽다'와 함께 복수 표준어이다.

의젓이
부사의 끝음절이 분명히 '이'로만 소리 나므로 '이'로 표기한다.

의존 명사^{依存名詞}
의존 명사는 반드시 앞말과 띄어 써야 한다.

이곳
'이곳'은 한 단어이므로 붙여 쓴다.

이구려
'-구려'는 모음의 발음 변화를 인정하여, 발음이 바뀌어 굳어진 형태를 표준어로 삼은 말이다.

이구먼
'이구먼'은 '이군'의 본말이다.

이그러지다(×)   '물건이나 얼굴의 한쪽이 약간 비뚤어지다'의 뜻으로 쓰이는 말은 '일그러지다'가 올바른 말이다.

이기죽거리다   자꾸 밉살맞게 빈정거리다. 이주걱거리다(×).

이기죽이기죽   자꾸 밉살맞게 빈정거리는 모양. 이주걱이주걱(×).

이다   체언에 붙어서 사물을 지정하는 뜻을 나타내는 말. [예] 교장 선생님의 손자가 내 옆 짝꿍이다.

     오류노트 16세기 말 조선 수군은 세계 최강<u>이였다</u>. → 이었다.

> **이다**
> 조사 '이다'에 과거를 나타내는 선어말 어미 '-었-'과 어미 '-다'가 연결되면 '이었다'가 된다.

이다지   이러한 정도까지. [예] 옛 애인을 그리워하는 마음이 이다지도 깊은 줄은 정말 몰랐다. 이대도록(×).

이대도록(×)   '이러한 정도까지'의 뜻으로 쓰이는 말은 '이다지'가 올바른 말이다.

이덕전李德全(×)   '중화 인민 공화국 수립 후 위생부장 등을 지낸 중국의 정치가(1896~1972)'의 뜻으로 쓰이는 말은 '리더취안'이 올바른 말이다.

이던지(×)   '받침 있는 체언 또는 부사어 뒤에 붙어, 어떤 것이 선택되어도 차이가 없는 둘 이상의 일을 나열함을 나타내는 말'은 '이든지'가 올바른 말이다.

이든지   받침 있는 체언 또는 부사어 뒤에 붙어, 어떤 것이 선택되어도 차이가 없는 둘 이상의 일을 나열함을 나타내는 말. 이던지(×).

> **이든지**
> 받침 없는 말 뒤에서는 '든지'를 쓴다.

이등박문伊藤博文(×)   '을사조약을 강제로 체결한 일본인(1841~1909)'은 '이토 히로부미'가 올바른 말이다.

이따, 이따가   조금 지난 뒤에. [예] "자인아, 이따 봐." 하고 친구가 인사를 했다. 있다(×). [한국어교육검정 '06]. [기상 9급 '11]. [법원직 9급 '16]. [법원직 9급 '16]

> **이따가**
> '이따가'는 '조금 지난 뒤에'의 뜻으로 쓰는 말이다. "텔레비전을 보고 이따가(이따) 숙제할게요."와 같이 쓰고, '있다가'는 '있다'에 연결 어미 '-다가'가 붙은 말이다. "고향에 오래 있다가 서울로 갔다."처럼 쓴다.

이따금   조금씩 있다가. 가끔. [예] 여진이는 이따금 전화만 할 뿐 부모를 만나러 오지 않았다. 이따마큼(×).

이따마큼(×)   '조금씩 있다가. 가끔'의 뜻으로 쓰이는 말은 '이따금'이 올바른 말이다.

이때   **✓띄어쓰기** 바로 지금의 때.

> **이때**
> '이때'는 한 단어이므로 붙여 쓴다.

이러고저러고   **✓띄어쓰기** 이러하고 저러하고. [예] 이러고저러고 불평만 하지 말고 임무부터 하세요. 이러구저러구(×).

이러구저러구(×)	'이러하고 저러하고'의 뜻으로 쓰이는 말은 '이러고저 러고'가 올바른 말이다.
이렇다	이와 같다. '이러하다'의 준말. 예 그간 진행해 온 과정 을 설명하면 이렇다.

> **오류노트** [1]내가 작은아들을 특히 귀여워하는 이유는 <u>이 레</u>. → 이래. [2]군대에 가 본 적이 없는 친구가 군대가 <u>이렇 네 저렇네</u> 이야기하면 실감이 나지 않더라. → 이러네. 저 러네, 이렇네. 저렇네 모두 쓸 수 있다.

'이레'가 맞는 말 같은데?
어간 '이렇-'에 어미 '-어'가 붙은 말이므로 '이레'로 착각하 기 쉬우나 '이래, 저래' 등의 표기가 굳어진 것을 인정하여 이들 말을 표준으로 삼는다.

이르다	[1]무엇이라고 말하다. 예 맹견을 조심하라고 이르다. [2]윗 사람에게 잘못을 말하여 알게 하다. 예 동생의 잘못을 이르다. [3]더디지 않고 빠르다. 예 식사하기에 이른 시 간이다. 일르다(×).
이마배기(×)	'이마를 낮게 이르는 말'은 '이마빼기'가 올바른 말이다.
이마빼기	이마를 낮게 이르는 말. 예 이빠빼기는 훤하게 잘생겼 으면 뭐해. 철이 없는걸. 이마배기(×).
이마살(×)	'이마에 잡힌 주름살'은 '이맛살'이 올바른 말이다.
이만때(×)	'이만큼 된 때'의 뜻으로 쓰이는 말은 '이맘때'가 올바 른 말이다.
이말무지로(×)	'결과에 관계없이 헛일하는 셈 치고 한번 해보는 모양' 은 '에멜무지로'가 올바른 말이다.
이맘때	이만큼 된 때. 이만때(×).
이맛살	이마에 잡힌 주름살. 이마살(×).
이면수(×)	'한해성寒海性 어종으로 쥐노래미와 비슷한 바닷물고기' 는 '임연수어'가 올바른 말이다.
이몸(×)	'이뿌리를 둘러싸고 있는 살'의 뜻으로 쓰이는 말은 '잇 몸'이 올바른 말이다.
이부자리	이불과 요를 통틀어 이르는 말. 이브자리(×).
이브자리(×)	'이불과 요를 통틀어 이르는 말'은 '이부자리'가 올바른 말이다.

이렇다
'이렇다, 동그랗다, 조그맣다' 등과 같은 ㅎ불규칙용언이 종결 어미 '-네'와 결합할 때 는 'ㅎ'을 탈락시켜 '이 러네/동그라네/조그마 네'와 같이 썼으나, 불 규칙활용의 체계성과 현실의 쓰임을 반영하 여 '이렇네/동그랗네/ 조그맣네'와 같이 'ㅎ' 을 탈락시키지 않고 쓰 는 것도 인정하기로 하 였다.

이마빼기
[빼기]로 소리 나고, 앞 말이 형태를 밝힐 수 있는 것인 경우 '-빼 기'로 표기한다.

이맛살
순우리말로 된 합성 어로서 앞말이 모음 으로 끝난 경우, 뒷말 의 첫소리가 된소리 로 나는 것은 사이시 옷을 붙인다.

'이몸'으로 표기할 수 없는 이유
순우리말로 된 합성어 로서 앞말이 모음으로 끝난 경우, 뒷말의 첫 소리 'ㅁ' 앞에서 'ㄴ' 소리가 덧나는 것은 사이시옷을 붙인다.

이쁘다	사랑스러워 보기에 귀엽다. 예 친구는 이쁜 여동생을 데리고 왔다. 예쁘다.
이쁘장스럽다	꽤 예쁜 데가 있다. 예 이쁘장스러운 처녀.
이쁘장하다	제법 예쁘다. 예 이쁘장한 장갑.
이사짐(×)	'이사하는 집으로 옮기는 짐'은 '이삿짐'이 올바른 말이다.
이삭줍기	추수 후에 땅에 떨어진 이삭을 줍는 일. 이삭줏기(×).
이삭줏기(×)	'추수를 한 후에 땅에 떨어진 이삭을 줍는 일'은 '이삭줍기'가 올바른 말이다.
이산화질소	일산화질소가 산소에 접촉하여 생기는 적갈색의 기체. 과산화질소(×).
이삿짐移徙-	이사하는 집으로 옮기는 짐. 이사짐(×).
이상스럽다異常-	보기에 이상한 데가 있다. 예 이상스러운 행동. 요상스럽다(×).
이상하다異常-	정상적인 상태와 다르다. 예 오빠가 밤늦게까지 귀가하지 않는 것이 이상하다. 요상하다(×).
이속(×)	'이익이 있는 실속'은 '잇속'이 올바른 말이다.
이슥도록	밤이 깊을 때까지. 예 10년 만에 만난 오누이는 밤이 이슥도록 이야기꽃을 피웠다. 이슥토록(×).
이슥토록(×)	'밤이 깊을 때까지'의 뜻으로 쓰이는 말은 '이슥도록'이 올바른 말이다.
이슥하다	밤이 한창 깊다. 이윽하다(×).
이쌀(×)	'멥쌀을 보리쌀 따위의 잡곡이나 찹쌀에 상대하여 이르는 말'은 '입쌀'이 올바른 말이다.
이쏘시개(×)	'잇새에 낀 것을 쑤셔 파내는 데 쓰는 물건'은 '이쑤시개'가 올바른 말이다.
이쑤시개	잇새에 낀 것을 쑤셔 파내는 데 쓰는 물건. 이쏘시개(×).
이야기거리(×)	'이야기가 될 만한 자료'는 '이야깃거리'가 올바른 말이다.
이야기꾼	이야기를 아주 잘하는 사람. 이야깃군(×).
이야기장이(×)	'이야기를 항상 잘하는 사람. 이야기를 항상 늘어놓는 사람'의 뜻으로 쓰이는 말은 '이야기쟁이'가 올바른 말이다.

'이사짐'으로 표기할 수 없는 이유
한자어와 순우리말로 된 합성어로서 앞말이 모음으로 끝난 경우, 뒷말의 첫소리가 된소리로 나는 것은 사이시옷을 붙인다.

'이속'으로 표기할 수 없는 이유
한자어와 순우리말로 된 합성어로서 앞말이 모음으로 끝난 경우, 뒷말의 첫소리가 된소리로 나는 것은 사이시옷을 붙인다.

이슥도록
'이슥도록'은 '이슥하도록'에서 어간의 끝음절 '하'가 아주 줄 적에는 준 대로 표기한다는 원칙에 따른 것이다.

이야기꾼
'-꾼'은 '어떤 일을 잘하는 사람'을 뜻하는 말이다.

이야기쟁이 이야기를 항상 잘하는 사람. 이야기를 항상 늘어놓는 사람. 이야기장이(×).

이야기주머니(×) '재미있는 이야깃거리를 많이 알고 있는 사람'은 '이야깃주머니'가 올바른 말이다.

이야기판 여럿이 모여 이야기꽃을 피우는 판. 이야깃판(×).

이야깃거리 이야기가 될 만한 자료. 이야기거리(×).

이야깃군(×) '이야기를 아주 잘하는 사람'은 '이야기꾼'이 올바른 말이다.

이야깃주머니 재미있는 이야깃거리를 많이 알고 있는 사람. 이야기주머니(×).

이야깃판(×) '여럿이 모여 이야기꽃을 피우는 판'은 '이야기판'이 올바른 말이다.

이어요 체언의 뒤에 붙어, 설명, 의문, 명령, 청유의 뜻을 나타내는 말. 예 잘못을 저지른 사람은 종태이어요.

이어챠(×) '여럿이 기운을 돋우기 위해 함께 힘을 주어 내는 소리'는 '이여차'가 올바른 말이다.

이에요 체언의 뒤에 붙어, 설명, 의문, 명령, 청유의 뜻을 나타내는 말. 예 저것은 맹수이에요. 이어요.

이여차 여럿이 기운을 돋우기 위해 함께 힘을 주어 내는 소리. 이어차(×).

이외以外 ✔띄어쓰기 일정한 범위나 한도의 밖. 예 혈육 이외에 끝까지 돌봐줄 사람은 아무도 없다.

'이외以外'는 띄어쓰기도 하고 붙여 쓰기도 한다는데?

'이외'는 단어의 구성에 따라 붙여 쓰기도 하고 띄어쓰기도 한다. '혈육 이외에 돌봐줄 사람은 없다.'와 같이 '일정한 범위나 한도의 밖'이란 뜻의 명사로 쓰이면 '이외'로 붙여 쓴다. 반면에 '나는 서예와 꽃꽂이를 좋아한다. 이 외에 영화 감상을 좋아한다.'와 같이 지시대명사 '이'와 의존 명사 '외外'가 합쳐져 '이것 외에'의 뜻으로 쓰이면 띄어 쓴다. 붙여 쓰는 경우에는 '이'를 생략할 수 있지만 띄어 쓰는 경우에는 '이'를 생략할 수 없다.

이용률利用率 이용하거나 이용되는 비율. 이용율(×).

이용율(×) '이용하거나 이용되는 비율'은 '이용률'이 올바른 말이다.

어법·꿀팁

이야기쟁이
'이야기를 잘하는 사람'을 낮추어 이르는 말이다.

이야깃거리
순우리말로 된 합성어로서 앞말이 모음으로 끝난 경우, 뒷말의 첫소리가 된소리로 나는 것은 사이시옷을 붙인다.

이어요
'이어요'는 '이에요'와 함께 복수 표준어이다.

이에요
'이에요'는 '이어요'와 함께 복수 표준어이다.

이윤률(×)	'총자본에 대한 이윤의 비율'은 '이윤율'이 올바른 말이다.
이윤율利潤率	총자본에 대한 이윤의 비율. 이윤률(×).
이윽토록(×)	'밤이 깊을 때까지'의 뜻으로 쓰이는 말은 '이슥도록'이 올바른 말이다.
이윽하다(×)	'밤이 한창 깊다'의 뜻으로 쓰이는 말은 '이슥하다'가 올바른 말이다.
이음매	'두 물체의 이은 자리. 이음새(×).
이음새(×)	'두 물체의 이은 자리'의 뜻으로 쓰이는 말은 이음매'가 올바른 말이다.
이자국(×)	'이로 문 자국'은 '잇자국'이 올바른 말이다.
이자세利子稅	소득 이자에 매기는 세금. 이잣세(×).
이잣세(×)	'소득 이자에 매기는 세금'은 '이자세'가 올바른 말이다.

'이잣세'로 표기할 수 없는 이유

이자세는 '이자利子'와 '세稅'로 이루어진 말이다. 즉 '이자세'는 한자어로만 이루어진 합성어이므로 사이시옷을 붙이지 않는다.

이점利點	이로운 점. 잇점(×).
이제서야(×)	'지금에 이르러서 겨우'는 '이제야'가 올바른 말이다.
이제야	지금에 이르러서 겨우. 예 이제야 내가 좋아하는 사람을 만나게 되었구나. 이제서야(×).
이주걱거리다(×)	'자꾸 밉살맞게 빈정거리다'의 뜻으로 쓰이는 말은 '이기죽거리다'가 올바른 말이다.
이주걱이주걱(×)	'자꾸 밉살맞게 빈정거리는 모양'의 뜻으로 쓰이는 말은 '이기죽이기죽'이 올바른 말이다.
이즈러지다(×)	'한쪽 귀퉁이가 떨어져 나가 없어지다. 달 따위가 한쪽이 차지 않다'의 뜻으로 쓰이는 말은 '이지러지다'가 올바른 말이다.
이지러지다	¹한쪽 귀퉁이가 떨어져 나가 없어지다. 예 조개껍데기가 이지러져 있다. ²달 따위가 한쪽이 차지 않다. 예 이지러진 달이 동산에 걸쳐 있다. 이즈러지다(×).
이직률移職率	종사하던 직장을 옮기는 사람들의 비율. 이직율(×).

이윤율利潤率
'이윤+율/률率'의 형태. 앞말이 받침이 없거나(모음) 'ㄴ' 받침 뒤에서는 '율'을 쓴다. 그 외에는 '률'을 쓴다. '이윤'의 '윤'이 'ㄴ' 받침으로 끝나는 경우이므로 '율'을 써서 '이윤율'처럼 나타낸다.

이점利點
'이점'은 한자어로만 이루어진 합성어이므로 사이시옷을 붙이지 않는다.

이제야
'이제야'는 '이제'에 강조의 뜻을 나타내는 보조사 '야'가 붙은 말이다.

이직률移職率
'이직+율/률率'의 형태. 앞말이 받침이 없거나(모음) 'ㄴ' 받침 뒤에서는 '율'을 쓴다. 그 외에는 '률'을 쓴다. '이직'의 '직'이 'ㄱ' 받침으로 끝나는 경우이므로 '률'을 써서 '이직률'처럼 나타낸다.

이직율(×)	'종사하던 직장을 옮기는 사람들의 비율'은 '이직률'이 올바른 말이다.
이창宜昌	중국 후베이성湖北省 서부, 양쯔 강 북쪽 기슭에 있는 항구 도시. 의창(×).
이크	몹시 놀라거나 뜻밖의 상황을 접하였을 때 갑자기 나오는 소리. 이키.
이키	몹시 놀라거나 뜻밖의 상황을 접하였을 때 갑자기 나오는 소리. 이크.
이토 히로부미伊藤博文	을사조약을 강제로 체결한 일본인(1841~1909). 이등박문(×).
이튼날(×)	'어떤 일이 있고 난 그다음의 날'은 '이튿날'이 올바른 말이다.
이튿날	어떠한 일이 있고 난 그다음의 날. 이튼날(×). [국어능력인증 '06]
이틀날(×)	'어떠한 일이 있고 난 그다음의 날'은 '이튿날'이 올바른 말이다.
이티오피아(×)	'수도가 아디스아바바인 아프리카 동부에 있는 국가'는 '에티오피아'가 올바른 말이다.
이파리	나무나 풀의 살아 있는 낱 잎. 잎파리(×). [국어능력인증 '06]. [지방직 7급 '11]
이환률(×)	'어떤 기간 내의 평균 인구에 대한 질병 발생 건수의 비율'은 '이환율'이 올바른 말이다.
이환율罹患率	어떤 기간 내의 평균 인구에 대한 질병 발생 건수의 비율. 이환률(×).
익모초	더위 먹은 데, 산모의 지혈, 이뇨제 등에 한약제로 쓰이는 꿀풀과의 두해살이풀. 육모초(×).
익살군(×)	'익살을 잘 부리는 사람'의 뜻으로 쓰이는 말은 '익살꾼'이 올바른 말이다.
익살꾼	익살을 매우 잘 부리는 사람. 익살꾸러기. 익살군(×).
익살장이(×)	'익살을 많이 떠는 사람'의 뜻으로 쓰이는 말은 '익살쟁이'가 올바른 말이다.
익살쟁이	익살을 많이 떠는 사람. 익살장이(×).

이크 '이키'와 함께 복수 표준어이다.
이키 '이크'와 함께 복수 표준어이다
이튿날 '이틀'처럼 원래 'ㄹ' 받침이었던 것이 합성어가 되면서 'ㄷ'으로 변한 것은 'ㄷ'으로 적는다.
이파리 '-이' 이외의 모음으로 시작된 접미사가 붙어서 된 말은 그 명사의 원형을 밝히어 적지 아니한다.
익살꾼 '-꾼'은 어떤 일을 잘하는 사람'의 뜻을 더하는 말이다.

익숙하다	여러 번 해 보아 능란하다. 예 승희는 인물 드로잉 그림에 익숙하다. [세무직 9급 '07]. [국가 9급 '10]

❗오류노트 선생님께서 삼각건 매는 방법을 설명하라고 하셨다. 나는 <u>익숙치</u> 않은 솜씨로 시범을 보였다. → 익숙지.

-인^	**✔띄어쓰기** 사람. 예 한국인./일본인./네덜란드인./프랑스인.
인골(×)	'사람의 탈이나 겉모양'은 '인두겁'이 올바른 말이다.
인단(×)	'멀미가 나거나, 가슴이 쓰리거나 체했을 때 등에 먹는 향기 나는 작은 알약'은 '은단'이 올바른 말이다.
인두겁^	사람의 탈이나 겉모양. 인골(×).
인디안(×)	'아메리카 대륙의 원주민'은 '인디언'이 올바른 말이다.
인디언Indian	아메리카 대륙의 원주민. 인디안(×). [서울시 지방직 7급 '16]
인력거군(×)	'인력거 끄는 일을 직업으로 하는 사람'은 '인력거꾼'이 올바른 말이다.
인력거꾼^人力車-	인력거 끄는 일을 직업으로 하는 사람. 인력거군(×).
인마	'이놈아'가 줄어든 말. 임마(×).
인사말^人事-	인사로 하는 말. 인삿말(×). [지방직 9급 '19]. [군무원 9급 '22]
인산산맥陰山山脈	중국 네이멍구 자치구內蒙古自治區, 황허黃河강 북쪽에 있는 산맥. 음산산맥(×).
인삿말(×)	'인사로 하는 말'은 '인사말'이 올바른 말이다.
인상률引上率	봉급, 물건 값, 금리 따위가 오른 비율. 예 올해 물가 인상률은 3%라고 한다. 인상율(×).
인상율(×)	'봉급, 물건 값, 금리 따위가 오른 비율'은 '인상률'이 올바른 말이다.
인스탄트(×)	'즉석에서 바로 조리해 먹을 수 있는 식품이나 그렇게 만들어진 상태'의 뜻으로 쓰이는 말은 '인스턴트'가 올바른 말이다.
인스턴트instant	즉석에서 바로 조리해 먹을 수 있는 식품이나 그렇게 만들어진 상태. 인스탄트(×).
인즉(슨)	**✔띄어쓰기** '~으로 말하면', '~을 듣자면' 따위의 뜻을 나타내는 말. 예 제품인즉 최상품이다./말씀인즉슨 당연히 옳지요.

익숙하다
'-하-' 앞의 받침이 'ㄱ', 'ㄷ', 'ㅂ', 'ㅅ' 등일 경우는 '-하-' 전체가 줄어든다. '익숙하지'에서 '-하-' 앞의 받침이 'ㄱ'이므로 '-하-' 전체가 줄어 '익숙지'와 같은 형태가 된다.

-인^
'인^'은 접미사로 앞말과 붙여 쓴다. 외래어 다음에도 붙여 쓴다.

인력거꾼^人力車-
'-꾼'은 '어떤 일을 전문적으로 하는 사람'을 뜻하는 말이다.

인상률引上率
앞말이 받침이 없거나 (모음) 'ㄴ' 받침 뒤에서는 '율'을 쓴다. 그외에는 '률'을 쓴다. '인상'의 '상'이 모음도 아니고 'ㄴ' 받침으로 끝나는 경우도 아니므로 '률'을 써서 '인상률'처럼 나타낸다.

인즉(슨)
앞의 예처럼 '인즉(슨)'은 보조사로 앞말과 붙여 쓴다.

인촨銀川	중국 황허강黃河江 중류 인촨銀川 평원에 있는 도시. 은천(×).	
일구다	농사를 짓기 위하여 땅을 파서 일으키다. 예 황무지를 일구어 기름진 땅을 만들다. 일다·일우다(×).	**일구다** '일구다'는 '두더지 따위가 땅을 쑤시어 흙이 솟게 하다'의 뜻으로도 쓰인다.
일군(×)	'삯을 받고 남의 일을 하는 사람'은 '일꾼'이 올바른 말이다.	
일그러지다	물건이나 얼굴의 한쪽이 약간 비뚤어지다. 예 넘어져서 얼굴이 일그러졌다. 이그러지다(×).	
일깨다(×)	'모르는 것을 가르쳐 주거나 일러 주어 깨닫게 하다'의 뜻으로 쓰이는 말은 '일깨우다'가 올바른 말이다.	
일깨우다	모르는 것을 가르쳐 주거나 일러 깨닫게 하다. 일깨다(×).	
일꾼	¹삯을 받고 남의 일을 하는 사람. ²일의 계획이나 처리를 아주 잘하는 사람. 일군(×).	**일꾼** '어떤 일 때문에 모인 사람'의 뜻을 더하는 접미사는 '-꾼'이다.
일다, 일우다(×)	'농사를 짓기 위하여 땅을 파서 일으키다'의 뜻으로 쓰이는 말은 '일구다'가 올바른 말이다.	
일르다(×)	'무엇이라고 말하다. 윗사람에게 잘못을 알게 말하다. 더디지 않고 빠르다'의 뜻으로 쓰이는 말은 '이르다'가 올바른 말이다.	
일사분란(×)	'질서 정연하여 조금도 흐트러지지 아니함'은 '일사불란'이 올바른 말이다.	
일사불란一絲不亂	질서 정연하여 조금도 흐트러지지 아니함. 일사분란(×).	
일삯(×)	'품을 팔거나 산 대가로 주고받는 돈이나 물건'은 '품삯'이 올바른 말이다.	
일수돈(×)	'원금과 이자를 일정한 날짜로 나누어 날마다 갚아 나가는 돈'은 '일숫돈'이 올바른 말이다.	
일숫돈日收-	원금과 이자를 일정한 날짜로 나누어 날마다 갚아 나가는 돈. 일수돈(×).	**일숫돈**日收- '일숫돈'은 '일수'라는 한자어와 '돈'이라는 고유어가 어울려 이루어진 합성어로 뒷말의 첫소리가 된소리로 나므로 사이시옷을 붙인다.
일일이	일마다 낱낱이. 예 선생님은 문제를 못 푸는 친구들에게 일일이 자세하게 설명해 주셨다. 일일히(×).	**일일이** 부사의 끝음절이 분명히 '이'로만 소리 나므로 '이'로 표기한다.
일일히(×)	'일마다 낱낱이'의 뜻으로 쓰이는 말은 '일일이'가 올바른 말이다.	
일절一切	아주, 전혀, 결코의 뜻으로, 어떤 일을 부인하거나 금지할 때에 쓰는 말. 예 오늘부터 별도의 통보가 있을 때까지 당분간 외출을 일절 금한다./ 우리가 서로 좋아한다는 사실을 일절 외부에 알리지 말자. [경기도 9급 '07]. [국가직 7급 '07]	

일찌감치	조금 이르다고 할 정도로 얼른. [예] 일찌감치 기술 자격증을 땄다. 일찌거니.
일찌거니	조금 이르다고 할 정도로 얼른. 일찌감치.
일찌기(×)	'일정한 시간보다 이르게. 예전에'의 뜻으로 쓰이는 말은 '일찍이'가 올바른 말이다.
일찍이	¹일정한 시간보다 이르게. ²예전에. [예] 일찍이 없던 일이 발생하다. 일찌기(×). [서울시 9급 '11]
일체一切	모든 것. 온갖 사물. [예] 안주 일체./ 비난받을 일이 있으면 일체 내가 책임지겠다. [국어능력인증 '06]
잃어버리다	✔띄어쓰기 가졌던 물건이 없어져서 아주 갖지 아니하게 되다. [예] 지갑을 길에서 잃어버렸다.
임대賃貸	돈을 받고 자기의 물건을 남에게 빌려 줌. [예] 주택 임대 사업을 하다.

'임대賃貸**'와 '임차**賃借**'는 어떤 뜻의 차이가 있을까?**
'임대'는 돈을 받고 자기의 물건을 남에게 빌려 줄 때 쓰는 말이고, '임차'는 돈을 내고 남의 물건을 빌릴 때 쓰는 말이다.

임마(×)	'이놈아가 줄어든 말'은 '인마'가 올바른 말이다.
임서林紓(×)	'요몽妖夢', '형생전荊生傳' 따위를 저술한 중국 청나라 말기의 작가(1852~1924)는 '린수'가 올바른 말이다.
임어당林語堂(×)	'루쉰鲁迅과 함께 신문학新文學 운동을 벌였으며 '우리 국토', '우리 국', '북경 호일北京好日' 등의 작품을 저술한 중국의 작가(1895~1976)'는 말은 '린위탕'이 올바른 말이다.
임연수어林延壽魚	한해성寒海性 어종으로 쥐노래미와 비슷한 바닷물고기. 이면수(×).
임표林彪(×)	'중국 지원군 총사령관을 지냈으며 문화 혁명을 추진한 중국의 군인·정치가(1907~1971)'는 '린뱌오'가 올바른 말이다.
입때	지금까지. 아직까지. [예] 입때 일어나지 않고 잠을 자고 있다니.
입쌀	멥쌀을 보리쌀 따위의 잡곡이나 찹쌀에 상대하여 이르는 말. 이쌀(×).
입찬말	자기의 지위나 능력을 믿고 장담하는 말. [예] 어려운 부탁은 입찬말을 잘하는 김병오에게 맡기자.

일찌감치
'일찌감치'는 '일찌거니'와 함께 복수 표준어이다.

일찌거니
'일찌거니'는 '일찌감치'와 함께 복수 표준어이다.

일찍이
부사에 '-이'가 붙어서 역시 부사가 되는 경우에 그 어근이나 부사의 원형을 밝히어 적는다.

잃어버리다
한 단어로 굳어진 합성어이므로 붙여 쓴다.

입때
'입때'는 '여태'와 함께 복수 표준어이다.

입찬말
'입찬소리'와 함께 복수 표준어이다.

입찬소리 자기의 지위나 능력을 믿고 장담하는 말. [예] 입찬소리 잘하는 정태가 그 문제를 해결하기로 했다.

입찬소리
'입찬말'과 함께 복수 표준어이다.

잇달다 ¹움직이는 물체가 다른 물체의 뒤를 이어 따르다. [예] 월드컵 축구대회에서 우승한 우리나라 여자 대표 선수단이 지나가자 수많은 환영 인파가 잇달았다. ²어떤 사건이나 행동 따위가 이어 발생하다. [예] 행운이 잇달다. ³일정한 모양이 있는 사물을 다른 사물에 이어서 달다. [예] 객차 뒤에 식당차를 잇달다.

> (오류노트) 잇다른 추모 행렬이 거리를 뒤덮었다. → 잇단.
> [복지 9급 '11]

잇달다
'잇달다'는 '잇따르다'의 뜻 외에 '어떤 사물에 이어 다른 사물을 이어 달다'의 뜻이 더 있다. '잇달다'의 관형사형은 '잇단'이다.

잇따르다 ¹움직이는 물체가 다른 물체의 뒤를 이어 따르다. [예] 교황의 가두 행진에 보도 차량이 잇따랐다. ²어떤 사건이나 행동 따위가 이어 발생하다. [예] 복권 당첨이 잇따르다.

> (오류노트) 각계각층의 잇딴 성원이 소녀 가장에게 큰 희망을 주었다. → 잇따른.

잇따르다
'잇따르다'의 관형사형은 '잇따른'이다.

잇몸 이뿌리를 둘러싸고 있는 살. 이몸(×). [서울시 지방직 7급 '16]

잇속(利) 이익이 있는 실속. [예] 그 친구는 잇속이 없는 일에는 참여하지 않는 사람이다. 이속(×).

잇속(利)
'이익 있는 실속' 외에 이[齒]의 중심부의 연한 부분을 뜻할 때도 '잇속'을 쓴다.

잇솔(×) '이를 닦는 데 쓰는 솔'은 '칫솔'이 올바른 말이다.

잇자국 이로 문 자국. 이자국(×). [서울시 지방직 7급 '16]

잇자국
순우리말로 된 합성어로서 앞말이 모음으로 끝난 경우, 뒷말의 첫소리가 된소리로 나는 것은 사이시옷을 붙인다.

잇점(×) '이로운 점'은 '이점'이 올바른 말이다.

있다(×) '조금 지난 뒤에'는 '이따'가 올바른 말이다.

있다 어떤 장소에 존재하다. 어떤 상태를 계속 유지하다. [국가직 7급 '10]. [지방직 7급 '15]

> (오류노트) ¹푸짐한 선물이 준비되어 있슴 → 있음. ²할머니, 여분의 물 계시면 저 좀 주십시오. → 있으시면. ³그 두 사건은 서로 관계 있다. → 관계있다.

있다
'계시다'가 맞는지 확인하려면 부정의 말을 넣어서 자연스러운지 알아보면 된다. '물 안 계시면'은 어색하다. 따라서 '계시면'은 잘못된 표기이다.

'있다'는 어떻게 띄어쓰기를 할까?
'있다'가 합성어일 때는 앞말과 붙여 쓴다. [예] 가만있다, 값있다, 뜻있다, 맛있다, 멋있다, 상관있다, 재미있다 따위.
'있다'가 구(句)일 때는 앞말과 띄어 쓴다. [예] 균형 있다, 눈치 있다, 볼품 있다, 의미 있다, 실속 있다, 심도 있다, 쓸모 있다, 염치 있다, 자신 있다, 흥미 있다 따위. 요약하면 '있다'가 합성어이면 앞말과 붙여 쓴다. '있다'가 구이면 앞말과 띄어 쓴다.

있다가 '있다'의 어간에 연결 어미 '-다가'가 붙은 말로 '얼마의 시간이 흐르거나 시간을 보내다'라는 뜻. [예] 늦게까지 도서관에 있다가(있다) 집으로 돌아왔다.

있다가, 있다(×) '조금 지난 뒤에'의 뜻으로 쓰이는 말은 '이따가(이따)'가 올바른 말이다.

잉글리쉬(×) '영국의, 영어의'의 뜻으로 쓰이는 말은 '잉글리시'가 올바른 말이다.

잉글리시English 영국의, 영어의. 잉글리쉬(×). [한국어교육검정 '09].

잉어과(×) '잉어, 버들치 따위 조기강 잉어목의 한 과'는 '잉엇과'가 올바른 말이다.

잉어국(×) '잉어를 넣고 끓인 국'은 '잉엇국'이 올바른 말이다.

잉엇과科 잉어, 버들치 따위 조기강 잉어목의 한 과. 잉어과(×).

잉엇국 잉어를 넣고 끓인 국. 잉어국(×).

잉커우營口 기계, 섬유 공업이 발달한 중국 랴오닝성遼寧省 남부의 항구 도시. 영구(×).

잊어버리다 [✓띄어쓰기] 기억해 두어야 할 것을 어느 순간 생각해 내지 못하다. [예] 과제물을 잊어버리고 등교했다.

잎(×) '돈 따위를 세는 단위'는 '닢'이 올바른 말이다.

잎사귀 넓적하게 생긴 낱낱의 잎. 잎새. [국어능력인증 '06]

잎새 넓적하게 생긴 낱낱의 잎. 잎사귀.

잎파리(×) '나무나 풀의 살아 있는 낱 잎'은 '이파리'가 올바른 말이다.

잉글리시english
발음 [ɪŋɡlɪʃ]에서 [ʃ]는 '시'로 표기한다.

잉엇과科
순우리말과 한자어로 된 합성어로서 앞말이 모음으로 끝난 경우, 뒷말의 첫소리가 된소리로 나는 것은 사이시옷을 붙인다.

잊어버리다
한 단어로 굳어진 합성어이므로 붙여 쓴다.

잎새
'잎새'는 주로 문학적 표현에 쓰이는 말이다.

ㅈ 지읒.   - 한글 자모의 아홉째.

- 자음의 하나. 혓바닥을 입천장에 대었다가 터뜨릴 때 나는 소리이다.

- 받침으로 쓰일 때는 혀를 입천장에서 떼지 않고 소리 낸다.

자갈(×)　'말을 부리기 위해 입에 가로 물리는 쇠막대'는 '재갈'이 올바른 말이다.

-자고　해할 자리에 쓰여, 말하는 이의 생각이나 의견을 듣는 이에게 강조하여 일러 줌을 나타내는 말. 예 이슥아 같이 가자. 함께 가자고. -자구(×).

자공自貢(×)　'소금의 산출로 유명한 중국 쓰촨성四川省 남부 쯔류징自流井과 궁징貢井을 합친 도시'는 '쯔궁'이 올바른 말이다.

-자구(×)　'해할 자리에 쓰여, 말하는 이의 생각이나 의견을 듣는 이에게 강조하여 일러 줌을 나타내는 말'은 '-자고'가 올바른 말이다.

자구字句　문자와 어구를 아울러 이르는 말. 예 자구 해석./자구를 고치다. 자귀(×).

자구나무(×)　'잎은 깃 모양의 겹잎이며 실처럼 길고 붉은 꽃이 피는, 콩과의 낙엽 활엽 식물'은 '자귀나무'가 올바른 말이다.

자국　어떤 물체에 다른 물건이 닿아 생긴 자리. 예 손톱 자국이 나다. 자욱(×).

자귀(×)　'문자와 어구를 아울러 이르는 말'은 '자구'가 올바른 말이다.

자귀나무　잎은 깃 모양의 겹잎이며 실처럼 길고 붉은 꽃이 피는, 콩과의 낙엽 활엽 식물. 자구나무(×).

자그마치　예상보다 더 많이. 예 목사님의 자녀가 자그마치 8명이래. 자그만치(×).

자그만치(×)　'예상보다 더 많이'의 뜻으로 쓰이는 말은 '자그마치'가 올바른 말이다.

자급률自給率　필요한 물자를 스스로 공급하는 비율. 자급율(×).

자급율(×)　'필요한 물자를 스스로 공급하는 비율'은 '자급률'이 올바른 말이다.

자껴지다, 자쳐지다(×)　'물건의 밑쪽이나 안쪽이 겉으로 나와 드러나다'의 뜻으로 쓰이는 말은 '잦혀지다'가 올바른 말이다.

자꾸(×)　'서로 이가 맞는 금속 따위의 조각을 헝겊 테이프에 부착하고 두 줄로 박아 쇠고리를 밀고 당겨 여닫을 수 있게 만든 물건'은 '지퍼'가 올바른 말이다.

-자꾸나　어떤 행동을 함께 하자는 뜻을 나타내는 말.

자두　자두나무의 열매. 오얏(×). [국가직 7급 '07]

-자고
'-자고'는 빈정거리거나 거부하는 뜻을 나타내며 묻는 경우에도 쓰인다. 예 같이 그 어려운 일을 하자고?

자구字句
'구절', '구절풀이', '구점' 등 한자 '句'가 붙어서 이루어진 단어는 '귀'를 인정하지 아니하고 '구'로 통일하였다.

자국
'자국'이 맞고 '자욱'은 비표준어인 것처럼 '발자국'은 맞고 '발자욱'은 비표준어이다.

자그마치
'만치'는 '만큼'과 동의어의 관계이다. 즉 '나는 서진이만치 예쁘다'와 같이 쓰이는데 여기에서의 '만치'를 잘못 유추하여 '자그만치'가 맞는 말이라고 생각할 수 있으나 이것은 잘못된 말이다.

자급률自給率
'자급+율/률率'의 형태. 앞말이 받침이 없거나(모음) 'ㄴ' 받침 뒤에서는 '율'을 쓴다. 그 외에는 '률'을 쓴다. '자급'의 '급'이 'ㅂ' 받침으로 끝나는 경우이므로 '률'을 써서 '자급률'처럼 나타낸다.

-자꾸나
'-자꾸나'는 '함께 할 것을 권하다'의 뜻으로 쓰이는 종결 어미이다. '-자구나'로 혼동할 수 있으므로 주의하자.

자두
사어死語가 되어 안 쓰이는 말은 고어로 처리하고, 널리 사용되는 단어를 표준어로 삼는다.

자두나무	여름에 노랑 또는 자색의 핵과가 익는, 장미과의 낙엽 활엽 교목. 오얏나무(×).
자랑스럽다	자랑할 만하다.

> ✔️**오류노트** 자랑스런 우리 문화인 안동 하회마을과 경주 양동마을이 유네스코 세계문화유산에 등재됐다. → 자랑스러운.

자랑스럽다
'자랑스럽다'의 어간 '자랑스럽-' 뒤에 '-은'이 오면 어간 말음 'ㅂ'이 '우'로 변하므로, '자랑스러운'처럼 써야 된다.

자리값(×)	'자리를 빌려 쓰고 내는 돈'은 '자릿값'이 올바른 말이다.
자리세(×)	'자리를 빌려 쓰고 내는 돈'은 '자릿세'가 올바른 말이다.
자리수(×)	'일, 십, 백 등 십진법에 따른 자리의 숫자'는 '자릿수'가 올바른 말이다.
자리옷	잠잘 때 입는 옷. 잠자리옷(×). 잠옷.
자리점(×)	'수판에 수의 자리를 나타내기 위하여 표시한 점'은 '자릿점'이 올바른 말이다.
자릿값	자리를 빌려 쓰고 내는 돈. 자릿세. 자리값(×).
자릿세(貰)	자리를 빌려 쓰고 내는 돈. 자릿값. 예 자릿세를 내고 장사 터를 빌렸다. 자리세(×). [복지 9급 '11]. [국회 8급 '12]. [경찰직 1차 필기 '16]
자릿수(數)	일, 십, 백 등 십진법에 따른 자리의 숫자. 자리수(×).
자릿점(點)	수판에 수의 자리를 나타내기 위하여 표시한 점. 자리점(×).
-자마자	✔️**띄어쓰기** 어떤 동작이나 상태에 이어서 곧바로. 예 잘못을 저지른 동생은 나를 보자마자 도망쳤다.
자맥질	물속에 들어가 팔다리를 놀리며 떴다 잠겼다 하는 짓. 무자맥질. 자멱질(×).
자멱질(×)	'물속에 들어가 팔다리를 놀리며 떴다 잠겼다 하는 짓'은 '자맥질'이 올바른 말이다.
자문(諮問)	아랫사람에게 의견을 물음. 회사나 정부 등에서, 해당 분야의 전문가에게 의견을 물음.

> ✔️**오류노트** 대학교에 합격한 형에게 공부 잘하는 방법에 대해 자문을 구하려고 한다. → 자문하려고.

자물쇠	열고 닫게 된 물건을 잠그는 장치. 자물통.
자물통	열고 닫게 된 물건을 잠그는 장치. 자물쇠.

자리옷
'잠옷'과 함께 복수 표준어이다.

자릿세(貰)
순우리말로 된 합성어로서 앞말이 모음으로 끝난 경우, 뒷말의 첫소리가 된소리로 나는 것은 사이시옷을 붙인다.

-자마자
'-자마자'는 '앞의 일에 이어 바로 뒤의 일이 일어남'을 뜻하는 연결 어미이다. '-자마자'를 독립 단어로 띄어 쓰지 않도록 주의하자.

자문(諮問)
'자문'에 '의견을 구하다'의 뜻이 있으므로 중복하여 나타낼 필요가 없다. '자문을 하다'라면 완전한 표현이 된다.

자물통
'자물쇠'와 함께 복수 표준어이다.

자스민(×) ····· '특유한 향기가 나며 하얀 꽃이나 노란 꽃이 피는 물푸레나뭇과 재스민속 식물'은 '재스민'이 올바른 말이다.

자싱^{嘉興} ····· 중국 저장성^{浙江省} 북쪽에 있는 도시. 가흥(×).

자오수리^{趙樹理} ····· 문예의 대중화를 추진한 중국의 소설가(1906~1970). 조수리(×).

자옥이 ····· 연기나 안개 같은 것이 잔뜩 끼어 흐릿하게. 예 강가에 안개가 자옥이 끼었다. 자옥히(×).

자옥히(×) ····· '연기나 안개 같은 것이 잔뜩 끼어 흐릿하게'의 뜻으로 쓰이는 말은 '자옥이'가 올바른 말이다.

자욱(×) ····· '어떤 물체에 다른 물건이 닿아 생긴 자리'는 '자국'이 올바른 말이다.

자욱이 ····· 연기나 안개 같은 것이 잔뜩 끼어 흐릿하게. 자욱히(×).

자욱히(×) ····· '연기나 안개 같은 것이 잔뜩 끼어 매우 흐릿하게'의 뜻으로 쓰이는 말은 '자욱이'가 올바른 말이다.

자잘구레하다(×) ····· '여러 개가 모두 잘고 시시하여 대수롭지 않다'의 뜻으로 쓰이는 말은 '자질구레하다'가 올바른 말이다.

자잘못(×) ····· '잘함과 잘못함. 옳음과 그름'은 '잘잘못'이 올바른 말이다.

자장면 ····· 볶은 중국 된장과 고기, 채소 등을 섞어 비빈 국수. [지방직 7급 '15]

자전거^{自轉車} ····· 사람이 타고 두 발로 페달을 밟아 바퀴를 돌려서 앞으로 나아가게 만든 수레. 자전차(×).

자전차(×) ····· '사람이 타고 두 발로 페달을 밟아 바퀴를 돌려서 앞으로 나아가게 만든 수레'의 뜻으로 쓰이는 말은 '자전거'가 올바른 말이다.

자주^{磁州}(×) ····· '중국 허베이성^{河北省} 츠현^{磁縣} 펑청전^{彭城鎮}에 있는 도자기를 굽던 가마터'는 '츠저우'가 올바른 말이다.

자주빛(×) ····· '짙은 남빛에 붉은빛을 띤 빛'은 '자줏빛'이 올바른 말이다.

자줏빛^{紫朱-} ····· 짙은 남빛에 붉은빛을 띤 빛. 자주빛(×).

자질구레하다 ····· 여러 개가 모두 잘고 시시하여 대수롭지 않다. 자잘구레하다(×).

자켓(×) ····· '양복의 짧은 윗도리를 통틀어 이르는 말'은 '재킷'이 올바른 말이다.

자옥이
부사의 끝음절이 분명히 '이'로만 소리 나므로 '이'로 표기한다.

자욱이
부사의 끝음절이 분명히 '이'로만 소리 나므로 '이'로 표기한다.

자장면
'짜장면'과 함께 복수 표준어이다.

자줏빛^{紫朱-}
'자줏빛'은 '자주'라는 한자어와 '빛'이라는 고유어가 어울려 이루어진 합성어로 뒷말의 첫소리가 된소리로 나므로 사이시옷을 붙인다.

작다	부피, 길이, 넓이, 키 따위가 보통 정도에 못 미치다. [연습] 라디오가 왜 이렇게 (작냐, 작으냐)? → '작냐'와 '작으냐' 모두 쓸 수 있다.

> **'작냐'와 '작으냐' 모두 맞는 말일까?**
> '-냐'는 용언의 어간에 붙고, '-으냐'는 'ㄹ'을 제외한 받침
있는 형용사 어간 뒤에 붙는다. 즉, '-냐'가 쓰인 '작냐'도 쓸
수 있고, '-으냐'가 쓰인 '작으냐'도 쓸 수 있다.

작업량^{作業量}	일을 한 분량. 작업양(×).
작업양(×)	'일을 한 분량'은 '작업량'이 올바른 말이다.
작은집	✔띄어쓰기 ¹작은아버지의 집. ²첩 또는 첩의 집.
작품난(×)	'신문 따위에서 문예 작품을 다룬 지면'은 '작품란'이 올바른 말이다.
작품란^{作品欄}	신문 따위에서 문예 작품을 다룬 지면. 작품난(×).
잔치날(×)	'잔치하는 날'은 '잔칫날'이 올바른 말이다.
잔치상(×)	'잔치를 벌일 때 차리는 음식상'은 '잔칫상'이 올바른 말이다.
잔치집(×)	'잔치를 베푸는 집'의 뜻으로 쓰이는 말은 '잔칫집'이 올바른 말이다.
잔칫날	잔치하는 날. 잔치날(×).
잔칫상^床	잔치를 벌일 때 차리는 음식상. 잔치상(×).
잔칫집	잔치를 베푸는 집. 잔치집(×).
잔허리	허리의 뒤에 잘록하게 들어간 부분. 가는허리.
잗다듬다	잘고 곱게 다듬다. 잣다듬다(×).
잗다랗다	매우 잘다. 잘다랗다(×).
잘다랗다(×)	'매우 잘다'의 뜻으로 쓰이는 말은 '잗다랗다'가 올바른 말이다.
잘되다	✔띄어쓰기 ¹일 따위가 원하는 대로 이루어지다. [예] 올해 농사는 잘되었다. ²사람이 훌륭하게 되다. [예] 자손이 잘되기를 바라는 마음은 어느 부모나 똑같다. ³일정한 정도나 수준에 이르다. [예] 여러분 가운데 잘되어야 한 두 명만 통과할 수준이니 더욱 분발하세요. ⁴남의 좋지 않은 결과를 빈정대며 반어적으로 하는 말. [예] 온갖 방 정을 다 떨더니 그것 참 잘됐구나.

작업량^{作業量}
분량이나 수량을 나타
내는 '量'이 고유어나
외래어 뒤에 올 경우
는 '양'으로, 한자어 다
음에 올 때는 '량'으로
표기된다.

작은집
'작은집'으로 붙여 쓰면
'작은아버지의 집'이나
'첩 또는 첩의 집'이란
뜻이 된다. '작은 집'으
로 띄어 쓰면 '크기가 작
은 집'이란 뜻이 된다.

작품란^{作品欄}
'작품+난^欄'의 형태. '난'
은 '구분된 지면'의 뜻
으로 쓰이는데, '난' 앞
에 한자어가 오면 '란'
으로 표기하고, 고유어
나 외래어가 오면 '난'
으로 표기한다. '작품'
이 한자어이므로 '작품
난'이 아니라 '작품란'
으로 표기된 예이다.

잔칫날
순우리말로 된 합성어
로서 앞말이 모음으로
끝난 경우, 뒷말의 첫
소리 'ㄴ' 앞에서 'ㄴ'
소리가 덧나는 것은
사이시옷을 붙인다.

잔허리
'가는허리'와 함께 복
수 표준어이다.

잗다랗다
'잗다랗다'는 '잘다'의
어간 '잘-'과 '다랗다'
가 결합한 합성어이다.

잘되다
¹⁻⁴번의 '잘되다'는 한
단어로 인정하여 붙여
쓰는 경우이므로 잘
익혀 두자.

잘록이	물체의 잘록한 부분. 잘룩이(×).
잘록하다	긴 물체의 한 부분이 패어 오목하다. 예 개미허리처럼 잘록한 누나의 허리. 잘룩하다(×).
잘룩이(×)	'물체의 잘록한 부분'은 '잘록이'가 올바른 말이다.
잘룩하다(×)	'긴 물체의 한 부분이 패어 오목하다'의 뜻으로 쓰이는 말은 '잘록하다'가 올바른 말이다.
잘름발이	'다리를 잘름거리는 사람'을 낮잡아 이르는 말. 잘름뱅이(×).
잘름뱅이(×)	'다리를 잘름거리는 사람을 낮잡아 이르는 말'은 '잘름발이'가 올바른 말이다.
잘리다	물체가 날붙이 따위에 의해 베어져 도막이 나다. 잘리우다(×).
잘리우다(×)	'물체가 날붙이 따위에 의해 베어져 도막이 나다'의 뜻으로 쓰이는 말은 '잘리다'가 올바른 말이다.
잘못하다	¹올바르게 행동하지 못하다. ²일을 그릇되게 하다. ³실수하다. ⁴사리에 어그러진 일을 하다.

'잘못하다'와 '잘 못하다'는 어떻게 뜻이 다를까?

'잘못하다'처럼 붙여 쓰면 '그릇되거나 틀리게 하다'라는 뜻이 된다. 예 방법을 모르고 잘못하는 사람이 의외로 많구나. '잘 못하다'처럼 띄어 쓰면 '하기는 하는데 능숙하거나 익숙하게 하지 못하다'라는 뜻이 된다. 예 처음 하는 일이라 잘 못하기는 하지만 열심히 할 테니 잘 도와주세요.

잘살다	✔띄어쓰기 부유하게 살다. 예 가난한 게 한이다. 돈을 많이 벌어 남부럽지 않게 잘살고 싶다.
잘잘못	잘함과 잘못함. 옳음과 그름. 자잘못(×).
잘하다	✔띄어쓰기 ¹올바르게 하다. 예 그는 노부모에게 잘한다. ²남보다 뛰어나고 훌륭하게 하다. 예 반에서 공부를 제일 잘한다. ³막힘없이 익숙하고 능란하게 하다. 예 축구를 잘한다. ⁴버릇으로 자주 하다. 예 그녀는 웃기를 잘한다. ⁵음식 따위를 즐겨 먹다. 예 그는 술을 잘한다.
잠간(×)	'얼마 되지 않는 매우 짧은 동안'은 '잠깐'이 올바른 말이다.
잠고대(×)	'잠을 자면서 무의식중에 중얼거리는 헛소리'는 '잠꼬대'가 올바른 말이다.

잘록하다
'잘'의 'ㅏ'가 양성모음이므로 뒤에 양성모음인 'ㅗ'가 와서 '잘록하다'로 표기된다.

잘름발이
'잘름발이'보다 느낌이 큰말은 '절름발이'이다.

잘살다
'잘 살다'처럼 띄어 쓰면 '힘들고 어려운 일을 겪지 않고 행복하게 살다'의 뜻이 된다. 예 아들아, 너희 내외는 살면서 갈등이 생기더라도 서로가 참고 이겨 내어 잘 살기를 바란다.

잘잘못
'잘+잘못'은 '잘(함)+잘못(함)'의 구조이다.

잘하다
¹⁻⁵의 뜻으로 쓰일 때는 '잘하다'처럼 붙여 쓴다.

잠구다(×) ‘여닫는 물건을 자물쇠를 채우거나 하여 열지 못하도록 하다’의 뜻으로 쓰이는 말은 ‘잠그다’가 올바른 말이다.

잠그다 여닫는 물건을 자물쇠를 채우거나 하여 열지 못하도록 하다. 잠구다(×).

> ✏️ **오류노트** 외출할 때는 자물쇠를 반드시 <u>잠궈서</u> 물건이 분실되지 않도록 해라. → 잠가서. [경기도 9급 ’07]. [지방직 9급 ’12]. [국민연금 ’13]. [지방직 9급 ’16]. [지방직 9급 ’17]. [국가직 9급 ’17]. [국직 9급 ’17]

잠그다
‘잠그다’처럼 어간이 ‘으’로 끝나는 말에 ‘-아, -았-’ 등의 어미가 결합하면 ‘으’가 탈락해 ‘잠가, 잠갔다’ 등으로 활용한다.

잠깐 얼마 되지 않는 매우 짧은 동안. 잠간(×).

잠꼬대 잠을 자면서 무의식중에 중얼거리는 헛소리. 잠고대(×).

잠들다 잠을 자게 되다.

> ✏️ **오류노트** 사람들이 깊이 <u>잠들은</u> 새벽의 도시는 매우 평화로웠다. → 잠든.

잠들다
‘잠들다’는 ‘잠드니, 잠든’과 같이 활용하며 ‘ㄹ’이 탈락된다.

잠바 품이 넉넉하고 활동성이 좋은 서양식 웃옷.

잠방이 가랑이가 무릎까지 내려오도록 만든 짧은 홑바지. 잠뱅이(×).

잠뱅이(×) ‘가랑이가 무릎까지 내려오게 만든 짧은 홑바지’는 ‘잠방이’가 올바른 말이다.

잠바
이미 굳어진 외래어는 존중하되 그 범위와 용례는 따로 정한다는 규정에 따라 ‘점퍼’와 동의어로 쓰이는 말이다.

잠자리옷(×) ‘잠잘 때 입는 옷’은 ‘자리옷’이 올바른 말이다.

잠주정(×) ‘어린아이가 잠들기 전이나 잠 깬 후에 짜증을 내거나 우는 버릇’은 ‘잠투정’이 올바른 말이다.

잠투정 어린아이가 잠들기 전이나 잠 깬 후에 짜증을 내거나 우는 버릇. 잠주정(×).

잠투정
의미 차이가 없고 비슷한 발음의 몇 형태가 쓰일 경우, 그중 더 널리 쓰이는 한 형태만을 표준어로 삼는다.

잡아다니다(×) ‘잡아서 앞으로 끌다’의 뜻으로 쓰이는 말은 ‘잡아당기다’가 올바른 말이다.

잡아당기다 잡아서 앞으로 끌다. 예 줄다리기에서 줄을 힘껏 잡아당겼다. 잡아다니다(×).

잣다듬다(×) ‘잘고 곱게 다듬다’의 뜻으로 쓰이는 말은 ‘잔다듬다’가 올바른 말이다.

장가가다 남자가 여자와 혼인하다.

장가구張家口(×) ‘중국 허베이성河北省 서부에 있는, 교통의 요지이며 상업이 발달한 도시’의 뜻으로 쓰이는 말은 ‘장자커우’가 올바른 말이다.

장가가다
‘장가들다’와 함께 복수 표준어이다.

장가들다	남자가 여자와 혼인하다.	
장강長江	'양쯔강의 다른 이름'은 '창장강'이다.	
장고長鼓	오동나무로 만든 둥근 통의 양쪽 마구리에 말가죽을 팽팽하게 씌운 쇠줄을 대고 조임줄로 얽어 만든 타악기.	
장고잡이(×)	'농악이나 풍악에서 장구를 치는 사람'은 '장구재비'가 올바른 말이다.	
장광(×)	'장독을 놓아두기 위해 주변보다 높직하게 만든 대臺'는 '장독대'가 올바른 말이다.	
장광자蔣光慈(×)	'좌익 문학 단체를 결성하여 활약하였던 중국 프롤레타리아 문학의 지도자이며 시인·소설가(1901~1931)'는 '장광츠'가 올바른 말이다.	
장광츠蔣光慈	좌익 문학 단체를 결성하여 활약하였던 중국 프롤레타리아 문학의 지도자이며 시인·소설가(1901~1931). 장광자(×).	
장구	오동나무로 만든 둥근 통의 양쪽 마구리에 말가죽을 팽팽하게 씌운 쇠줄을 대고 조임줄로 얽어 만든 타악기. 장고.	
장구長句	한시의 칠언 구와 같이 자수字數가 많은 글귀를 이르는 말. 장귀(×).	
장구章句	글의 장과 구를 아울러 이르는 말. 장귀(×).	
장구잡이(×)	'농악이나 풍악에서 장구를 치는 사람'은 '장구재비'가 올바른 말이다.	
장구재비	농악이나 풍악에서 장구를 치는 사람. 장구잡이(×).	
장군(×)	'물건을 사고팔기 위해 장場에 모인 사람들'은 '장꾼'이 올바른 말이다.	
장귀(×)	'한시의 칠언 구와 같이 자수字數가 많은 글귀를 이르는 말'은 '장구'가 올바른 말이다.	
장귀(×)	'글의 장과 구를 아울러 이르는 말'은 '장구'가 올바른 말이다.	
장기長崎(×)	'조선, 철강 공업이 발달한 일본 나가사키현 남부에 있는 항구 도시'는 '나가사키'가 올바른 말이다.	
장꾼場-	물건을 사고팔기 위해 장場에 모인 사람들. 장군(×).	
장난감	인형 등 어린이들이 가지고 노는 물건. 놀잇감.	

장가들다
'장가가다'와 함께 복수 표준어이다.

장고長鼓
'장구'의 원말로 표준어이다.

장구
'장구'의 원말은 '장고'이다.

장구章句
한자 '句'가 붙어서 이루어진 단어는 '귀'를 인정하지 아니하고 '구'로 통일하였다.

장구재비
'재비'는 국악에서, 악기를 연주하거나 노래를 부르거나 춤을 추는 기능자를 뜻하는 말이다.

장꾼場-
'어떤 일 때문에 모인 사람'의 뜻을 더하는 말은 '-꾼'이다.

장난감
'놀이 또는 아동 교육 현장 따위에서 활용되는 물건이나 재료'의 뜻으로 쓰는 '놀잇감'도 표준어이다.

장난군(×)	'장난을 좋아하거나 잘하는 사람'은 '장난꾼'이 올바른 말이다.
장난꾼	장난을 좋아하거나 잘하는 사람. 장난군(×).
장난스럽다	장난하는 듯한 태도가 있다. 📝오류노트 선생님이 <u>장난스런</u> 표정으로 나를 바라보신다. → 장난스러운.
장농(×)	'옷 따위를 넣어 두는 자그마한 장'은 '장롱'이 올바른 말이다.
장단지(×)	'종아리 뒤의 살이 불룩하게 찐 부분'은 '장딴지'가 올바른 말이다.
장독대^{醬-臺}	장독을 놓아두기 위해 주변보다 높직하게 만든 대^臺. 장광(×).
장두	중국 장쑤성^{江蘇省}에 있는 현. 강도(×).
장딴지	종아리 뒤의 살이 불룩하게 찐 부분. 장단지(×). [국가직 9급 '16]
장롱^{欌籠}	옷 따위를 넣어 두는 자그마한 장. 장농(×).
장르^{genre}	문예 양식의 갈래. 쟝르(×).
장마비(×)	'장마 때에 오는 비'는 '장맛비'가 올바른 말이다.
장맛비	장마 때에 오는 비. 장마비(×). [한국어교육검정 '09]. [지방직 7급 '10]
장먼	중국 광둥성^{廣東省} 중부 주장^{珠江}강 삼각주 서쪽 끝에 있는 도시. 강문(×).
장미빛(×)	'장미꽃과 같은 빛깔'은 '장밋빛'이 올바른 말이다.
장밋빛^{薔薇-}	장미꽃과 같은 빛깔. 例 장밋빛 청사진을 내놓다. 장미빛(×). [법원직 9급 '07]
장병린^{章炳麟}(×)	'한^漢민족의 정권 회복을 위하여 광복회를 결성하여 활동한 중국 청나라 말기의 혁명가·학자(1868~1936)'는 '장빙린'이 올바른 말이다.
장본인^{張本人}	어떠한 일을 일으킨 바로 그 사람. 例 일을 이 지경으로까지 이르게 한 장본인은 바로 주인공의 아버지였다.
장빙린^{章炳麟}	한^漢민족의 정권 회복을 위하여 광복회를 결성하여 활동한 중국 청나라 말기의 혁명가·학자(1868~1936). 장병린(×).

장난스럽다
'장난스럽다'의 어간 '장난스럽-' 뒤에 '-은'이 오면 어간 말음 'ㅂ'이 '우'로 변하므로, '장난스러운'처럼 써야 된다.

장롱^{欌籠}
접두사처럼 쓰이는 한 자가 붙어서 된 말 또는 두 단어로 된 합성어에서는 두음 법칙에 따르나, '장롱^{欌籠}'은 이런 경우가 아니므로 '장농'으로 적지 않고 '籠'의 본음대로 '장롱'으로 적는다.

장맛비
'장마+비'는 순우리말로만 된 합성어로서 앞말이 모음으로 끝나고, 뒷말의 첫소리가 된소리로 나므로 사이시옷을 붙인다.

장본인^{張本人}
'장본인'은 '나쁜 일을 저지르거나 물의를 야기한 사람'을 이를 때 주로 쓰지만 긍정적 측면에서도 쓰는 경우가 있다.

장사^{長沙}(×)	'후난성^{湖南省}의 성도^{省都}로 중국 둥팅호^{洞庭湖} 남쪽에 있는 도시'는 '창사'가 올바른 말이다.
장사속(×)	'이익을 꾀하는 장사치의 속마음'은 '장삿속'이 올바른 말이다.
장사아치(×)	'장사하는 사람을 홀하게 이르는 말'은 '장사치'가 올바른 말이다.
장사치	장사하는 사람. 장사아치(×). [서울시 9급 '07]
장삿속	이익을 꾀하는 장사치의 속마음. 예 저 친구가 값싼 물건을 에누리해 주는 이유는 장삿속이 있기 때문이야. 장사속(×).
장수벌^{將帥-}	벌 사회의 우두머리로 알을 낳는 능력이 있는 암벌. 꿀벌에서는 한 떼에 한 마리만 있다. 여왕벌.
장쉐량^{張學良}	내전^{內戰}의 중단과 항일을 주장하여 장제스^{蔣介石}와 대립하여 시안^{西安} 사건을 일으킨 중국의 정치가·군인(1898~?). 장학량(×).
장액^{張掖}(×)	'난산산맥^{南山山脈}과 몽골 고원이 있는 중국 간쑤성^{甘肅省} 중부의 도시'는 '장예'가 올바른 말이다.
장예^{張掖}	난산산맥^{南山山脈}과 몽골 고원이 있는 중국 간쑤성^{甘肅省} 중부의 도시. 장액(×).
-장이	'그것과 관련된 기술을 가진 사람'의 뜻을 더하는 접미사. 석수장이/양복장이.
장인^{江陰}	중국 장쑤성^{江蘇省} 남부에 있는 도시. 강음(×).
장자커우^{張家口}	중국 허베이성^{河北省} 서부에 있는, 교통의 요지이며 상업이 발달한 도시. 장가구(×).
장작개비^{長斫-}	쪼갠 장작의 한 토막. 장작개피(×).
장작개피(×)	'쪼갠 장작의 한 토막'의 뜻으로 쓰이는 말은 '장작개비'가 올바른 말이다.
장작림^{張作霖}(×)	'펑톈 군벌^{奉天軍閥}의 총수로, 공화국 회복에 힘쓴 중국의 군인·정치가(1873~1928)'는 '장쭤린'이 올바른 말이다.
장진^{江津}	중국 충칭^{重慶} 직할시에 속한 도시. 강진(×).
장쭤린^{張作霖}	펑톈 군벌^{奉天軍閥}의 총수로, 공화국 회복에 힘쓴 중국의 군인·정치가(1873~1928). 장작림(×).
장쯔^{江孜}	중국 티베트 남부, 시짱 자치구^{西藏自治區}에 있는 도시. 강자(×).

장사치
'장사아치'는 본말이며 준말은 '장사치'이다. 준말이 더 많이 쓰이므로 준말인 '장사치'만을 표준어로 삼았다. '벼슬아치'가 올바른 말이므로 '장사'가 들어가는 말도 '장사아치'가 맞는 것으로 혼동하기 쉬우므로 주의하자.

장삿속
'장사+속'은 순우리말로만 된 합성어로서 앞말이 모음으로 끝나고, 뒷말의 첫소리가 된소리로 나므로 사이시옷을 붙인다.

장수벌^{將帥-}
'여왕벌'과 함께 복수표준어이다.

-장이
'그것이 나타내는 속성을 많이 가진 사람'의 뜻을 나타내는 말은 '-쟁이'이다.

장작개비^{長斫-}
'가늘게 쪼갠 나무토막이나 기름한 토막의 낱개'는 '개피'가 아닌 '개비'로 쓴다.

장춘長春	'철도 교통의 요충지로 중국 쑹화강松花江의 지류에 있는 도시'의 뜻으로 쓰이는 말.
장치長治(×)	'모직물, 양조업 따위가 발달한 중국 산시성山西省 남동부에 있는 도시'는 '창즈'가 올바른 말이다.
장칭	중국의 정치가(1913~1991). 강청(×).
장학량張學良(×)	'내전內戰의 중단과 항일을 주장하여 장제스蔣介石와 대립하여 시안西安 사건을 일으킨 중국의 정치가·군인'은 '장쉐량'이 올바른 말이다.
잦혀지다	물건의 밑쪽이나 안쪽이 겉으로 나와 드러나다. 자껴지다·자쳐지다(×).
재간동이(×)	'여러 가지 재간을 지닌 사람을 귀엽게 이르는 말'은 '재간둥이'가 올바른 말이다.
재간둥이才幹	여러 가지 재간을 지닌 사람을 귀엽게 이르는 말. 재간동이(×).
재갈	말을 부리기 위해 입에 가로 물리는 쇠막대. 자갈(×).
재담군(×)	'재담을 잘하는 사람'은 '재담꾼'이 올바른 말이다.
재담꾼才談	재담을 잘하는 사람. 재담군(×).
재더미(×)	'재를 쌓아 놓은 무더기. 불타서 폐허로 변한 자리'는 '잿더미'가 올바른 말이다.
재떨이	담뱃재를 떨어 놓는 도구. 재털이(×).
재롱동이(×)	'재롱을 잘 부리는 어린아이나 애완동물'은 '재롱둥이'가 올바른 말이다.
재롱둥이才弄	재롱을 잘 부리는 어린아이나 애완동물. 재롱동이(×).
재롱떨다才弄	어린아이 따위가 귀여운 짓을 하다. 재롱부리다.
재롱부리다才弄	어린아이 따위가 귀여운 짓을 하다. 재롱떨다.
재롱장이(×)	'재롱을 잘 부리는 어린아이'는 '재롱쟁이'가 올바른 말이다.
재롱쟁이才弄	재롱을 잘 부리는 어린아이. 재롱장이(×).
재비	국악에서, 악기를 연주하거나 춤을 추는 기능자 등을 이르는 말. 잽이(×).
재빛(×)	'재와 같은 빛깔'의 뜻으로 쓰이는 말은 '잿빛'이 올바른 말이다.

잦혀지다
'잦히다'의 피동은 '잦혀지다', '젖히다'의 피동은 '젖혀지다'이며 이 말들은 모두 '물건의 밑쪽이나 안쪽이 겉으로 드러나게 되다'라는 뜻을 가진 말로 어감의 차이만 있는 말이다.

재간둥이才幹
원래 '동이'는 '아이'를 뜻하는 '童'에 '-이'가 붙은 말이지만 '-동이'가 변한 말 '-둥이'를 표준어로 삼았다.

재떨이
흔히 '재털이'로 혼동하여 쓰는 경우가 있으나 이는 잘못이다.

재롱떨다才弄
'재롱부리다'와 함께 복수 표준어이다.

재스민^{jasmine} 특유한 향기가 나며 하얀 꽃이나 노란 꽃이 피는 물푸레나뭇과 재스민속 식물. 자스민(×).

재원才媛 재주가 뛰어난 젊은 여자.

> ✔오류노트 신랑은 인격과 능력을 고루 갖춘 훌륭한 <u>재원입니다.</u> → 예 청년입니다.

재원才媛
재원은 젊은 여자에게 쓰는 말이다. 남자에게는 쓰지 않는다.

재주꾼←才操- 재주가 뛰어난 사람. 재줏군(×).

재줏군(×) '재주가 뛰어난 사람'은 '재주꾼'이 올바른 말이다.

재주꾼←才操-
'어떤 사물이나 특성을 많이 가진 사람'의 뜻을 더하는 접미사는 '-꾼'이다.

재즈^{jazz} 19세기부터 미국의 흑인 음악에 클래식 따위가 섞여서 발달한 대중음악. 째즈(×). [서울시 지방직 7급 '16]

재크(×) '무거운 물건을 들어 올리는 기중기'는 '잭'이 올바른 말이다.

재킷^{jacket} 양복의 짧은 윗도리를 통틀어 이르는 말. 자켓(×). [지방직 9급 '13]. [서울시 9급 '13]

재털이(×) '담뱃재를 떨어 놓는 도구'는 '재떨이'가 올바른 말이다.

> **'재털이'로 쓸 수 없는 이유는 무엇일까?**
> '재털이'로 잘못 표기하는 경우가 많다. 하지만 '붙어 있는 것을 손으로 쳐서 떼어냄'의 뜻으로 쓰는 말은 '털다'가 아니라 '떨다'이다. 따라서 '떨다'의 형태가 있는 '재떨이'라고 써야 한다.

재활용률再活用率 헌옷, 폐품 따위를 가공하여 다시 쓰는 비율. 재활용율(×).

재활용율(×) '헌옷, 폐품 따위를 가공하여 다시 쓰는 비율'은 '재활용률'이 올바른 말이다.

재활용률再活用率
재활용+율/률率의 형태. 앞말이 받침이 없거나(모음) 'ㄴ' 받침 뒤에서는 '율'을 쓴다. 그 외에는 '률'을 쓴다. '재활용'의 '용'이 그 외의 경우이므로 '률'을 써서 '재활용률'처럼 나타낸다.

잭^{jack} 무거운 물건을 들어 올리는 기중기. 재크(×).

잽이(×) '국악에서, 악기를 연주하거나 춤을 추는 기능자 등을 이르는 말'은 '재비'가 올바른 말이다.

잿더미 재를 쌓아 놓은 무더기. 불타서 폐허로 변한 자리. 재더미(×).

잿더미
순우리말로 된 합성어로서 앞말이 모음으로 끝난 경우, 뒷말의 첫소리가 된소리로 나는 것은 사이시옷을 붙인다.

잿빛 재와 같은 빛깔. 회색. 재빛(×).

-쟁이 '그것이 나타내는 속성을 많이 가진 사람'의 뜻을 더하는 접미사. 고집쟁이./멋쟁이.

> ✔오류노트 삼촌은 <u>가구쟁이</u> 일을 오래 하여 돈을 많이 벌었다. → 가구장이.

쟝르(×)	'문예 양식의 갈래'의 뜻으로 쓰이는 말은 '장르'가 올바른 말이다.
저곳	✔띄어쓰기 '저기'를 이르는 말. 예 저곳에 가면 아름다운 꽃이 많이 피어 있다.
저껴지다, 젖겨지다(×)	'물건의 밑쪽이 겉으로 드러나다'의 뜻으로 쓰이는 말은 '젖혀지다'가 올바른 말이다.
저녁녁(×)	'저녁 무렵'이라는 뜻의 말은 '저녁녘'이 올바른 말이다.
저녁녘	저녁 무렵. 저녁녁(×).
저렇다	성질, 상태, 모양 따위가 저와 같다. 연습 모범생인 지혜가 모처럼 지각을 하니(이러네 저러네, 이렇네 저렇네) 말들도 많구나. → '이러네 저러네', '이렇네 저렇네' 모두 쓸 수 있다.

> **'이렇네', '저렇네'가 잘못된 말일까?**
> 형용사의 어간 끝 받침 'ㅎ'이 어미 '-네'나 모음 앞에서 줄어들면 준 대로 적는다. 또한, 불규칙활용의 체계성과 현실의 쓰임을 반영하여 '이렇네, 저렇네'와 같이 'ㅎ'을 탈락시키지 않고 쓰는 것도 인정하기로 하였다.

저리다	뼈마디나 살이 오래 눌려서 피가 못 통하여 감각이 둔하고 힘이 없다. 비교 절이다. [충북 9급 '07]
저만침(×)	'저만한 정도로'의 뜻으로 쓰이는 말은 '저만큼'이 올바른 말이다.
저만큼	저만한 정도로. 저만치. 저만침(×).
저물녁(×)	'날이 저물 무렵'의 뜻으로 쓰이는 말은 '저물녘'이 올바른 말이다.
저물녘	날이 저물 무렵. 저물녁(×).
저어지(×)	'젖소의 품종의 하나'의 뜻으로 쓰이는 말은 '저지'가 올바른 말이다.
저우산 군도舟山群島	중국 저장성浙江省 북동쪽 해안에 있는 섬의 무리. 주산 군도(×).
저우언라이周恩來	국공 합작에 힘썼고 국무원 총리를 지낸 중화 인민 공화국의 정치가(1898~1976). 주은래(×).
저우쭤런周作人	루쉰魯迅과 함께 신문학 운동을 이끌며 인도주의 문학을 제창한 중국의 문학가(1885~1967). 주작인(×).
저으기(×)	'다소. 약간. 조금'은 '적이'가 올바른 말이다.

저곳
'저곳'은 한 단어이므로 붙여 쓴다.

저녁녘
'저녁녘'이 올바른 말이다.

'저리다'와 '절이다'
소금, 식초 따위를 써서 채소나 생선이 배어들게 하는 것은 '절이다'라고 표기해야 하는데 '피가 못 통해서 감각이 둔하고 힘이 없다'의 '저리다'와 혼동하여 쓰는 경우가 있으므로 주의하자.

저만큼
'저만큼'은 '저만치'와 복수 표준어이다.

저장성浙江省	불교의 4대 명산 중 하나인 푸퉈산普陀山과 중국 최대의 어장인 선자먼沈家門이 있는, 중국 남동부의 동중국해 연안의 성. 절강성(×).	
저지Jersey	젖소의 품종의 하나. 저어지(×).	저지Jersey 외래어에서 장음으로 표기하지 않는다.
저지난(×)	'지난번의 바로 그 전'은 '지지난'이 올바른 말이다.	
저지난달(×)	'지난달의 전달'은 '지지난달'이 올바른 말이다.	
저지르다	잘못을 일으키거나 죄를 짓다. 예 큰 실수를 저지르고도 잘못으로 생각하지 않는 것이 문제야. 저질르다(×).	
저질르다(×)	'잘못을 일으키거나 죄를 짓다'의 뜻으로 쓰이는 말은 '저지르다'가 올바른 말이다.	
저축률貯蓄率	국민 소득에 대한 저축의 비율. 저축율(×).	저축률貯蓄率 '저축+율/률率'의 형태. 앞말이 받침이 없거나(모음) 'ㄴ' 받침 뒤에서는 '율'을 쓴다. 그 외에는 '률'을 쓴다. '저축'의 '축'이 'ㄱ' 받침으로 끝나는 경우이므로 '률'을 써서 '저축률'처럼 나타낸다.
저축율(×)	'국민 소득에 대한 저축의 비율'은 '저축률'이 올바른 말이다.	
적교(×)	'하천, 강 따위의 양쪽 언덕에 줄이나 쇠사슬 등을 건너질러 거기에 의지하여 매달아 놓은 다리'는 '조교'가 올바른 말이다.	
적봉赤峯(×)	'농산물 집산이 활발하며 교통의 요충지인 중국 러허성熱河省 중부의 도시'는 '츠펑'이 올바른 말이다.	
적이	다소. 약간. 조금. 예 여자 친구가 전학 간다는 말에 적이 놀랐다. 적히(×). [한국어교육검정 '08]	적이 '-하다'가 붙지 않는 용언 어간 뒤에서 '이'로 표기하는 말이다.
적잖다	적다고 할 수 없을 정도로 많다. 적쟎다(×). [국가직 7급 '07]. [국가직 7급 '12]. [서울시 지방직 7급 '16]	적잖다 어미 '-지' 뒤에 '않-'이 어울려 '-잖-'이 될 적에는 준 대로 적는다.(적지 않다→ 적잖다).
적잖다(×)	'적다고 할 수 없을 정도로 많다'의 뜻으로 쓰이는 말은 '적잖다'가 올바른 말이다.	
적중률的中率	화살 따위가 목표물에 맞는 비율. 적중율(×).	
적중율(×)	'화살 따위가 목표물에 맞는 비율'은 '적중률'이 올바른 말이다.	
전구全句	글귀 전체. 전귀(×).	전구全句 '구절', '구절풀이', '구점' 등 한자 '句'가 붙어서 이루어진 단어는 '귀'를 인정하지 아니하고 '구'로 통일하였다.
전귀(×)	'글귀 전체'의 뜻으로 쓰이는 말은 '전구'가 올바른 말이다.	
전기줄(×)	'전기가 통하도록 만든 도체의 금속선'은 '전깃줄'이 올바른 말이다.	
전깃줄電氣-	전기가 통하도록 만든 도체의 금속선. 전기선. 전기줄(×).	

전단傳單	광고나 선전을 위해 붙이거나 사람들에게 돌리는 종이. 삐라(×).
전당강錢唐江(×)	'중국 저장성浙江省 북부를 흐르는 강'은 '첸탕강'이 올바른 말이다.
전률(×)	'심한 두려움이나 분노 따위로 몸을 떪'은 '전율'이 올바른 말이다.
전모全貌	전체의 모습. 또는 전체의 내용.

> ✏️오류노트 드디어 3년간 감추어졌던 비밀 사건의 전모가 들어났다. → 드러났다.

전보줄(×)	'전신이나 통신을 목적으로 설치한 줄'은 '전봇줄'이 올바른 말이다.
전봇대電報-	전선, 또는 통신선을 늘여 맬 목적으로 세운 기둥. 전선대(×).
전봇줄電報-	전신이나 통신을 목적으로 설치한 줄. 전보줄(×).
전선대(×)	'전선, 또는 통신선을 늘여 맬 목적으로 세운 기둥'은 '전봇대'가 올바른 말이다.
전세값(×)	'전세를 얻을 때 그 부동산의 소유자에게 맡기는 돈의 액수'는 '전셋값'이 올바른 말이다.
전세방傳貰房	전세로 빌려 주는 방. 전셋방(×). [선관위 '08]. [경찰직 3차 필기 '15]. [경찰직 1차 필기 '16]
전세집(×)	'전세로 빌려 주거나 빌리는 집'은 '전셋집'이 올바른 말이다.
전셋값傳貰-	전세를 얻을 때 그 부동산의 소유자에게 맡기는 돈의 액수. 전세값(×).
전셋방(×)	'전세로 빌려 주는 방'의 뜻으로 쓰이는 말은 '전세방'이 올바른 말이다.

세를 내고 빌려 쓰는 방은 '셋방貰房'으로 표기하는데 전세로 빌려 주는 방도 '전셋방傳貰房'으로 표기해야 하지 않을까?

'전세방傳貰房'은 한자어로 이루어진 합성어이므로 사이시옷이 들어가지 않는다. 한자어로 이루어진 합성어 중 예외적으로 사이시옷을 붙이는 '셋방貰房'을 유추하여 전세방도 예외적으로 사이시옷을 붙이는 말로 혼동하기 쉬우나 '전세방'으로 표기해야 한다.

'전률'로 표기할 수 없는 이유 '전+율/률率'의 형태. 앞말이 받침이 없거나 (모음) 'ㄴ' 받침 뒤에서는 '율'을 쓴다. 그 외에는 '률'을 쓴다. '전'이 'ㄴ' 받침으로 끝나므로 '율'을 써서 '전율'로 나타낸다.

전봇대電報- 의미가 똑같은 형태가 몇 가지 있을 경우, 그 중 가장 널리 쓰이는 단어만을 표준어로 삼는다.

전셋값傳貰- 한자어와 순우리말로 된 합성어로서 앞말이 모음으로 끝난 경우, 뒷말의 첫소리가 된소리로 나는 것은 사이시옷을 붙인다.

전셋집^{傳貰-}	전세로 빌려 주거나 빌리는 집. 전세집(×). [경찰직 3차 필기 '15]. [경찰직 1차 필기 '16]
전율^{戰慄}	심한 두려움이나 분노 따위로 몸을 떪. 전률(×).
전자레인지	마이크로파의 성질을 이용하여 식품을 가열하는 조리 기구. 전자렌지(×).
전자렌지(×)	'마이크로파의 성질을 이용하여 식품을 가열하는 조리 기구'는 '전자레인지'가 올바른 말이다.
전장^{鎭江}	중국 장쑤성^{江蘇省} 남부에 있는 도시. 진강(×).
전장터(×)	'전쟁을 벌이는 장소'는 '전쟁터'가 올바른 말이다.
전쟁터^{戰爭-}	전쟁을 벌이는 장소. 전장터(×).
전현동^{錢玄同}(×)	'중국 고전을 비판하고 문자 개혁과 로마자 운동에 힘쓴 중화민국의 학자(1887~1939)'는 '쳰쉬안퉁'이 올바른 말이다.
전환률(×)	'일정 시간 안에 유출되거나 유입된 양과 현재 양과의 비율'은 '전환율'이 올바른 말이다
전환율^{轉換率}	일정 시간 안에 유출되거나 유입된 양과 현재 양과의 비율. 전환률(×).
전가락(×)	'나무나 막대기로 길게 만들어 음식을 집어 먹거나 물건을 집는 데 쓰는 기구'는 '젓가락'이 올바른 말이다.
절강성^{浙江省}(×)	'불교의 4대 명산 중 하나인 푸퉈산^{普陀山}과 중국 최대의 어장인 선자먼^{沈家門}이 있는, 중국 남동부의 동중국해 연안의 성'은 '저장성'이 올바른 말이다.
절구공이, 절굿대(×)	'나무나 쇠로 만들어서 절구에 곡식^{穀食}을 넣고 찧거나 빻는 데 쓰는 공이'의 뜻으로 쓰이는 말은 '절굿공이'가 올바른 말이다.
절굿공이	나무나 쇠로 만들어서 절구에 곡식^{穀食}을 넣고 찧거나 빻는 데 쓰는 공이. 절구공이·절굿대(×).
절다	¹푸성귀나 생선 따위에 소금이나 식초, 설탕 따위가 배어들다. 예 고등어가 소금에 절다. ²땀이나 기름 따위가 묻거나 끼어 찌들다. 예 옷이 기름때에 절었다. 오류노트 땀에 <u>절은</u> 옷에서 퀴퀴한 냄새가 난다. → 전. [지방직 9급 '12]
절대값(×)	'어떤 수에서 플러스 또는 마이너스 부호를 떼어 낸 값'은 '절댓값'이 올바른 말이다.

전셋집^{傳貰-} 한자어와 순우리말로 된 합성어로서 앞말이 모음으로 끝난 경우, 뒷말의 첫소리가 된소리로 나는 것은 사이시옷을 붙인다. '전세방'이 사이시옷이 안 들어가는 것을 유추하여 '전세집'으로 표기하면 안 된다.

'전장터'와 '전장' '전장터'는 잘못된 말이지만, '전장'은 '전쟁터'의 동의어로 올바른 말이다.

'전가락'은 잘못된 말 '밥이나 국물 따위를 떠먹는 기구'를 숟가락이라고 표기하는데 이 '숟가락'의 표기를 유추하여 '전가락'이라고 쓰기 쉽다. 하지만 '젓가락'이 올바른 말임에 주의하자.

절다 '절다'처럼 'ㄹ' 받침이 있는 동사 어간 뒤에, 과거를 나타내는 어미 '-ㄴ'이 오면 '전'과 같이 어간의 끝이 줄어든다.

절대절명絶對絶命(×) '몸도 목숨도 다 되었다는 뜻으로, 궁색한 상황에 처하여 어찌 할 수 없는 막다른 처지를 이르는 말'은 '절체절명'이 올바른 말이다.

절댓값絶對- 어떤 수에서 플러스 또는 마이너스 부호를 떼어 낸 값. 절대값(×).

절뚝발이 절뚝거리며 걷는 사람. 절뚝뱅이(×). [지방직 7급 '11]

절뚝뱅이(×) '절뚝거리며 걷는 사람'은 '절뚝발이'가 올바른 말이다.

절름발이 다리를 절름거리는 사람. 절름뱅이(×).

절름뱅이(×) '다리를 절름거리는 사람'은 '절름발이'가 올바른 말이다.

절이다 소금을 사용해서 절게 하다. 예 김장 배추를 절이다. [충북 9급 '07]

절체절명絶對絶命 몸도 목숨도 다 되었다는 뜻으로, 궁색한 상황에 처하여 어찌 할 수 없는 막다른 처지를 이르는 말. 절대절명(×).

점박이點- 몸이나 얼굴에 점이 있는 사람이나 짐승. 점배기(×).

점배기(×) '몸이나 얼굴에 점이 있는 사람이나 짐승'은 '점박이'가 올바른 말이다.

점잖다 언행이나 태도가 의젓하고 신중하다. 예 젊잖은 사람이 하는 짓은 철부지 아이와 같네. 점잖다(×). [공사·공단 언어 능력]

점장이(×) '남의 신수를 점쳐 주는 일을 직업으로 하는 사람'은 '점쟁이'가 올바른 말이다.

점쟁이占- 남의 신수를 점쳐 주는 일을 직업으로 하는 사람. 점장이(×). [서울시 7급 '11]. [국회 8급 '13]

점잖다(×) '언행이나 태도가 의젓하고 신중하다'의 뜻으로 쓰이는 말은 '점잖다'가 올바른 말이다.

점퍼jumper 품이 넉넉하고 활동성이 좋은 서양식 웃옷. 잠바. [한국어 교육검정 '07]

접속률接續率 인터넷이나 이동 전화 따위가 연결되는 비율. 접속율(×).

접속율(×) '인터넷이나 이동 전화 따위가 연결되는 비율'은 '접속률'이 올바른 말이다.

접수하다接受- 신청이나 신고 따위를 구두口頭나 문서로 받다.

✓오류노트 대학교 지원자가 원서를 <u>접수했다</u>. → 제출했다.

절댓값絶對- '절댓값'은 '절대'라는 한자어와 '값'이라는 고유어가 어울려 이루어진 합성어로 뒷말의 첫소리가 된소리로 나므로 사이시옷을 붙인다.

절뚝발이 명사 뒤에 '-이'가 붙어서 된 말은 그 명사의 원형을 밝히어 적는다.

절름발이 명사 뒤에 '-이'가 붙어서 된 말은 그 명사의 원형을 밝히어 적는다.

점박이點- '박다'의 뜻이 남아 있으면 '박이'가 되고 그렇지 않으면 '배기'가 된다.

점퍼jumper 이미 굳어진 외래어는 존중하되 그 범위와 용례는 따로 정한다는 규정에 따라 '잠바'와 동의어로 쓰이는 말이다.

접속률接續率 '접속+율/률率'의 형태. 앞말이 받침이 없거나 (모음) ㄴ 받침 뒤에서는 '율'을 쓴다. 그 외에는 '률'을 쓴다. '접속'의 '속'이 모음도 아니고 ㄴ 받침으로 끝나는 경우도 아니므로 '률'을 써서 '접속률'처럼 나타낸다.

접지르다(×)	'팔다리나 발목 따위가 충격으로 접혀서 삔 지경에 이르다'의 뜻으로 쓰이는 말은 '접질리다'가 올바른 말이다.
접질리다	팔다리나 발목 따위가 충격으로 접혀서 삔 지경에 이르다. 접지르다(×).

✏오류노트 동생은 얼음판에서 넘어져서 팔목을 <u>접질렀다.</u>
→ 접질렸다.

'접질렸다'가 맞고 '접질렀다'는 틀리는 이유는?
'팔다리를 삐다'는 '접질리다'가 맞는 말이다. '접질리다'는 '접질리고, 접질려서, 접질렸다'와 같이 활용한다. '접지르다'는 표준어로 인정하지 않는다. 따라서 이 말의 활용 형태인 '접지르고, 접지르니, 접질러서, 접질렀다'도 인정하지 않는다.

젓가락	나무나 막대기로 길게 만들어 음식을 집어 먹거나 물건을 집는 데 쓰는 기구. 젇가락(×). [한국어교육검정 '09]	
정결이(×)	'정조가 굳고 행실이 깨끗하게'의 뜻으로 쓰이는 말은 '정결히'가 올바른 말이다.	
정결히貞潔-	정조가 굳고 행실이 깨끗하게. 예 몸가짐을 정결히 해라. 정결이(×).	**정결히貞潔-** 부사의 끝음절이 '이'나 '히'로 소리 나는 것은 '히'로 표기한다.
정나미情-	어떤 상대에 대한 애착의 정. 예 정나미가 떨어지다. 정네미(×).	
정네미(×)	'어떤 상대에 대한 애착의 정'은 '정나미'가 올바른 말이다.	
정다웁다(×)	'사이가 가깝고 정이 도탑다'의 뜻으로 쓰이는 말은 '정답다'가 올바른 말이다.	
정답다情-	사이가 가깝고 정이 도탑다. 예 물 위를 헤엄치는 한 쌍의 청둥오리가 정다워 보인다. 정다웁다(×).	**정답다情-** '정다운', '정답고', '정다워' 등으로 활용하는 것도 아울러 알아 두자.
정령丁玲	'좌익 작가 연맹에 가입하여 항일 운동을 하였으며, '태양은 쌍간乾강을 비춘다' 등을 저술한 중국의 작가(1907~1986)'는 '딩링'이 올바른 말이다.	
정복판(×)	'복판의 중심이 되는 부분'의 뜻으로 쓰이는 말은 '한복판'이 올바른 말이다.	
정성스럽다精誠-	온갖 힘을 다하려는 참되고 성실한 마음이 있다.	**정성스럽다精誠-** '정성스럽다'의 어간 '정성스럽-' 뒤에 '-은'이 오면 어간 말음 'ㅂ'이 '우'로 변하므로, '정성스러운'처럼 써야 된다.

✏오류노트 어머니의 <u>정성스런</u> 보살핌 속에서 두 자녀는 무럭무럭 자랐다. → 정성스러운.

정신없다^{精神-}	✔️**띄어쓰기** 무엇에 놀라거나 경황이 없어 앞뒤를 생각하거나 사리를 분별할 여유가 없다. 예 고등학교 3학년 동안 정신없이 공부만 했다.	정신없다^{精神-} '정신없다'는 한 단어이므로 붙여 쓴다.
정안수(×)	'정성을 들이거나 약을 달이려고 이른 새벽에 길은 우물물'은 '정화수'가 올바른 말이다.	
정저우^{鄭州}	황허강^{黃河江} 남쪽 기슭에 위치한 중국 허난성^{河南省} 북부의 도시. 정주(×).	
정주^{鄭州}(×)	'황허강^{黃河江} 남쪽 기슭에 위치한 중국 허난성^{河南省} 북부의 도시'는 '정저우'가 올바른 말이다.	
정탐군(×)	'정탐하는 사람'의 뜻으로 쓰이는 말은 '정탐꾼'이 올바른 말이다.	
정탐꾼^{偵探-}	정탐하는 사람. 정탐군(×).	
정화수^{井華水}	정성을 들이거나 약을 달이려고 이른 새벽에 길은 우물물. 정안수(×).	
젖니	유아기에 사용한 뒤 갈게 되어 있는 이. 젖이(×).	젖니 '이^齒'가 합성어로서 '니' 또는 '리'로 소리 날 때에는 '니'로 적는다.
젖망울(×)	'젖이 잘 나오지 않아 젖에 서는 멍울'은 '젖멍울'이 올바른 말이다.	
젖멍울	젖이 잘 나오지 않아 젖에 서는 멍울. 젖망울(×).	
젖이(×)	'유아기에 사용한 뒤 갈게 되어 있는 이'는 '젖니'가 올바른 말이다.	
젖혀지다	물건의 밑쪽이 겉으로 드러나다. 저껴지다·젖겨지다(×).	
젖히다	¹안쪽이 겉으로 나오게 하다. 예 소맷자락을 젖히고 앉다. ²뒤로 기울게 하다. 예 고개를 뒤로 젖히다. 제끼다(×).	
제가끔	저마다 따로따로. 예 학생들은 제가끔 다른 의견을 내놓았다. 제각기.	제가끔 '제각기'와 함께 복수 표준어이다.
제각기^{各其}	저마다 따로따로. 예 한 사람에게 들은 말도 전달할 때는 제각기 다른 말을 한다. 제가끔.	제각기^{各其} '제가끔'과 함께 복수 표준어이다.
제기랄	기분이 언짢을 때 불평하며 내뱉는 말. 예 제기랄 한 달 동안 작업한 파일이 모두 삭제되고 말았네. 제길할(×).	
제길할(×)	'기분이 언짢을 때 불평하며 내뱉는 말'은 '제기랄'이 올바른 말이다.	
제끼다(×)	'거치적거리지 않게 처리하다. 일정한 대상이나 범위에서 빼다'의 뜻으로 쓰이는 말은 '제치다'가 올바른 말이다.	'제끼다'는 잘못된 말 '제치다'를 써야 할 때나 '젖히다'를 쓸 때에 '제끼다'로 잘못 쓰는 일이 없도록 주의하자.

제끼다(×) '안쪽이 겉으로 나오게 하다. 뒤로 기울게 하다'의 뜻으로 쓰이는 말은 '젖히다'가 올바른 말이다.

제남濟南(×) '중국 산둥성山東省에 있는 도시'의 뜻으로 쓰이는 말은 '지난'이 올바른 말이다.

제녕濟寧(×) '대운하와 철도가 연결되어 농산물 유통이 활발한, 중국 산둥성山東省 서남부의 도시'의 뜻으로 쓰이는 말은 '지닝'이 올바른 말이다.

제비초리 뒤통수나 이마에 뾰족하게 난 머리털. 제비추리(×).

제비초리(×) '소고기 안심에 붙어 있는 고기'의 뜻으로 쓰이는 말은 '제비추리'가 올바른 말이다.

제비추리(×) '뒤통수나 이마에 뾰족하게 난 머리털'의 뜻으로 쓰이는 말은 '제비초리'가 올바른 말이다.

> ✔오류노트 할아버지께서 가위로 <u>제비추리</u> 부근의 머리를 가지런하게 깎아 주셨다. → 제비초리.

제비추리 소고기 안심에 붙어 있는 고기. 제비초리(×).

제사날(×) '제사를 지내는 날'의 뜻으로 쓰이는 말은 '제삿날'이 올바른 말이다.

제사밥(×) '제사를 지내기 위하여 차려 놓은 밥'은 '제삿밥'이 올바른 말이다.

제사상祭祀床 제사를 지낼 때 제물을 벌여 놓는 상. 제삿상(×).

제삿날祭祀- 제사를 지내는 날. 제사날(×). [서울시 7급 '10]

제삿밥祭祀- 제사를 지내기 위하여 차려 놓은 밥. 제사밥(×).

제삿상(×) '제사를 지낼 때 제물을 벌여 놓는 상'은 '제사상'이 올바른 말이다.

제일가다第- ✔띄어쓰기 여럿 가운데서 가장 뛰어나다. 예 한국에서 제일가는 회사가 어디냐?

제치다 ¹거치적거리지 않게 처리하다. 예 이승우 선수가 최종 수비를 제치고 골을 넣다. ²일정한 대상이나 범위에서 빼다. 예 형을 제쳐 놓고 우리들끼리만 수박을 먹자./모범생 친구를 시기하여 제치는 것은 바람직한 자세가 아니다. 제끼다(×).

젠더建德 중국 저장성浙江省 중서부, 첸탕강錢塘江 상류에 있는 도시. 건덕(×).

제비초리
뒤통수나 이마에 난 머리털을 '제비추리'로 혼동해 쓰는 일이 없도록 하자.

제비추리
'소고기'를 뜻할 때는 '제비추리'가 맞지만, '머리털'을 뜻할 때는 '제비초리'가 맞으므로 이 둘을 혼동하지 않도록 주의하자.

제사상祭祀床
'제사상'은 한자어로 이루어진 합성어이므로 사이시옷이 들어가지 않는다.

제삿날
순우리말로 된 합성어로서 앞말이 모음으로 끝난 경우, 뒷말의 첫소리 'ㄴ' 앞에서 'ㄴ' 소리가 덧나는 것은 사이시옷을 붙인다.

제일가다
'제일가다'는 한 단어로 붙여 쓴다.

조개	좌우로 납작한 모양이며, 단단한 조가비로 몸을 둘러싸고 있는 연체동물.

오류노트 친구와 바닷가 모래밭에서 조개 <u>껍질</u>을 주웠다. → 껍데기.

'껍데기'와 '껍질'을 구별하는 조건은 무엇일까?

사물의 겉을 싸고 있는 물질은 '껍데기'와 '껍질'이 있는데, 조개나 달걀처럼 단단한 것은 '껍데기'라고 하고 사과와 귤과 같이 단단하지 않은 것은 '껍질'이라고 한다.

조개국(×)	'모시조개를 맹물에 삶아서 국물째 먹는 국'은 '조갯국'이 올바른 말이다.
조개볼(×)	'말하거나 웃을 때에 두 볼에 오목하게 들어가는 자국'은 '보조개'가 올바른 말이다.
조개살(×)	'조개의 살'의 뜻으로 쓰이는 말은 '조갯살'이 올바른 말이다.
조갯국	모시조개를 맹물에 삶아서 국물째 먹는 음식. 조개탕. 조개국(×).
조갯살	조개의 살. 조개살(×).
조교弔橋	하천, 강 따위의 양쪽 언덕에 줄이나 쇠사슬 등을 건너질러 거기에 의지하여 매달아 놓은 다리. 현수교. 적교(×).
조그마하다	조금 작거나 적다. 예 언덕 위에 조그마한 교회가 있다. 조그만하다·죄그맣다(×).
조그만치(×)	'아주 작거나 적게'의 뜻으로 쓰이는 말은 '조그만큼'이 올바른 말이다.
조그만큼	아주 작거나 적게. 예 여기에서 조그만큼 떨어진 장소에 별장이 있다. 조그만치(×).
조그만하다, 죄그맣다(×)	'조금 작거나 적다'의 뜻으로 쓰이는 말은 '조그마하다'가 올바른 말이다.
조르다	끈 따위로 단단하게 죄다. 예 허리띠를 조르다. 졸르다(×).
조리다	찌개 따위를 양념하여 간이 충분히 스며들게 국물을 바짝 끓이다.

생선을 끓이는 것은 '조리다'일까 '졸이다'일까?

생선을 양념하여 물이 적어질 때까지 끓이는 것은 '조리다' 이고, 국이나 찌개, 한약의 국물을 줄어들게 하는 것은 '졸이다'이다. [소방직 '20]

조갯국
순우리말로 된 합성어로서 앞말이 모음으로 끝난 경우, 뒷말의 첫소리가 된소리로 나는 것은 사이시옷을 붙인다.

조갯살
순우리말로 된 합성어로서 앞말이 모음으로 끝난 경우, 뒷말의 첫소리가 된소리로 나는 것은 사이시옷을 붙인다.

조그마하다
흔히 '조그만하다'로 잘못 쓰는 경우가 있으므로 주의하자.

조리다
'조리다'와 '졸이다'를 흔히 혼동하여 잘못 쓰므로 잘 익혀 두자.

조몰락거리다   작은 손놀림으로 연한 물건을 자꾸 주무르다. 조무락거리다·조물락거리다(×).

조무라기(×)   '자질구레한 물건. 어린아이들을 낮잡아 이르는 말'은 '조무래기'가 올바른 말이다.

조무락거리다, 조물락거리다(×)   '작은 손놀림으로 연한 물건을 자꾸 주무르다'의 뜻으로 쓰이는 말은 '조몰락거리다'가 올바른 말이다.

> **'조물락거리다'는 왜 잘못된 말일까?**
> '조물락거리다'는 '주물럭거리다'의 작은말이다. '조몰락거리다'는 양성 모음('ㅗ'와 'ㅏ')끼리 어울리고 '주물럭거리다'는 음성 모음('ㅜ'와 'ㅓ')끼리 어울리는 모음 조화 현상을 보여 주는 말이다. '조물락거리다'는 양성 모음과 음성 모음이 섞여 있는 말로 잘못된 표기이다.

조무래기   자질구레한 물건. 어린아이들을 낮잡아 이르는 말. 조무라기·쪼무래기(×).

조사助詞   체언, 부사, 어미 따위에 붙어 다른 말과의 관계를 나타내거나, 그 말의 뜻을 도와주는 품사.

조수리趙樹理(×)   '문예의 대중화를 추진한 중국의 소설가(1906~1970)'는 '자오수리'가 올바른 말이다.

조쌀(×)   '조의 열매를 찧은 쌀'의 뜻으로 쓰이는 말은 '좁쌀'이 올바른 말이다.

조용이(×)   '언행이나 성격 따위가 매우 얌전하게'의 뜻으로 쓰이는 말은 '조용히'가 올바른 말이다.

조용히   언행이나 성격 따위가 매우 얌전하게. 조용이(×).

조차   ✔띄어쓰기 체언에 붙어, 사실이 그러한데 또 더함을 뜻하는 보조사. 예 구구단을 8단은커녕 2단조차 못 외우는구나.

-족族   ✔띄어쓰기 민족. 그런 무리에 속하는 사람.

족집게   쇠로 만들어서 잔털 따위를 뽑는 데 쓰는 기구. 예 족집게로 겨드랑이의 털을 뽑다. 쪽집게(×).

존대말(×)   '사람이나 사물을 높여서 이르는 말'은 '존댓말'이 올바른 말이다.

존댓말尊待-   사람이나 사물을 높여서 이르는 말. 높임말에는 '직접 높임말', '간접 높임말', '객체 높임말'이 있다. 존대말(×).

조사助詞
'이', '가', '는', '에게', '을' 따위가 조사이다. 조사에는 격 조사(주격, 보격, 목적격, 관형격, 부사격, 호격, 서술격 조사)와 보조사('은', '는', '도', '만', '까지', '마저', '조차', '부터' 따위), 접속 조사('와', '과', '하고', '(이)나', '(이)랑' 따위)가 있다.

조용히
부사의 끝음절이 '이'나 '히'로 소리 나는 것은 '히'로 표기한다.

조차
보조사 '조차'는 앞말과 붙여 쓴다.

-족族
'-족族'은 접미사로 앞말과 붙여 쓴다. 외래어 다음에도 붙여 쓴다. 예 거란족./셈족./양체족.

존댓말尊待-
한자어와 우리말로 된 합성어로서 앞말이 모음으로 끝난 경우, 뒷말의 첫소리 'ㅁ' 앞에서 'ㄴ' 소리가 덧나므로 '존댓말'처럼 사이시옷을 붙인다.

졸르다(×)　'끈 따위로 단단하게 죄다'의 뜻으로 쓰이는 말은 '조르다'가 올바른 말이다.

졸리다　졸음이 오다. 졸립다(×).

> **'졸리고'가 맞을까 '졸립고'가 맞을까?**
> '졸음이 오다'의 뜻으로 쓰이는 말은 '졸리다'가 맞고 '졸립다'가 잘못된 말이므로 '졸립다'의 활용형 '졸립고, 졸리우니, 졸리워' 역시 잘못된 것이다. '졸리고, 졸리니, 졸려'로 표기한다.

졸립다(×)　'졸음이 오다'의 뜻으로 쓰이는 말은 '졸리다'가 올바른 말이다.

졸업 연도卒業年度　학생이 규정에 따라 소정의 교과 과정을 마친 연도. 졸업년도(×).

졸업년도(×)　'학생이 규정에 따라 소정의 교과 과정을 마친 연도'는 '졸업 연도'가 올바른 말이다.

졸이다　¹국이나 찌개, 한약의 국물을 줄어들게 하다. ²초조해하며 마음속을 태우다.

좀　좀목의 빈대좀, 서양좀, 돌벼룩좀 따위를 이르는 말. 좀벌레(×).

좀 더　✓띄어쓰기 '조금 더'를 줄인 말. [법원직 9급 '11]

> **'좀 더'를 붙여 쓰면 안 될까?**
> '좀'은 '조금'의 준말이므로 '좀 더'는 '조금 더'를 줄인 말이 된다. '조금 더'는 한 단어로 간주할 수 없다. 따라서 '좀 더'는 띄어 써야 한다. [군무원 9급 '22]

좀벌레(×)　'좀목의 빈대좀, 서양좀, 돌벼룩좀 따위를 이르는 말'은 '좀'이 올바른 말이다.

좀처럼　부정적 뜻을 가진 말과 호응하여, 여간하여서는. 좀체로(×). [국민연금 '13]

좀체로(×)　'부정적 뜻을 가진 말과 호응하여, 여간하여서는'의 뜻으로 쓰이는 말은 '좀처럼'이 올바른 말이다.

좁다랗다　너비나 공간이 썩 좁다. 좁따랗다(×).

좁따랗다(×)　'너비나 공간이 매우 좁다'의 뜻으로 쓰이는 말은 '좁다랗다'가 올바른 말이다.

좁쌀　조의 열매를 찧은 쌀. 조쌀(×).

졸업 연도卒業年度
한 단어가 아니므로 뒤 단어의 첫머리에 두음 법칙을 적용하여 '졸업 연도'로 표기한다.

ㅈ

좁다랗다
'-다랗다'와 '-따랗다'의 표기 ¹일반적으로는 '-다랗다'를 쓴다. [예] 가느다랗다, 걸다랗다, 곱다랗다, 굵다랗다, 기다랗다, 깊다랗다, 높다랗다, 커다랗다. ²어간의 받침이 'ㄼ'인 경우에는 '-따랗다'로 적되 'ㄼ' 받침은 'ㄹ'로 바꾸어 표기한다. 즉 '넓다, 얇다, 엷다, 짧다' 등에 '-따랗다'가 올 때는 다음과 같이 표기한다. [예] 널따랗다, 얄따랗다, 열따랗다, 짤따랗다.

좁쌀
두 말이 어울릴 적에 'ㅂ' 소리가 덧나는 것은 소리대로 적는다.

종가집(×)	'족보로 보아 한 문중에서 맏이로만 이어 온 집안'은 '종갓집'이 올바른 말이다.
종갓집^{宗家-}	족보로 보아 한 문중에서 맏이로만 이어 온 집안.예 어머니는 종갓집 맏며느리이시다. 종가집(×).
종결 어미^{終結語尾}	한 문장을 끝맺도록 하는 어말 어미.
종나기(×)	'종류나 종자 따위의 같거나 다름을 이르는 말'은 '종내기'가 올바른 말이다.
종남산^{終南山}(×)	'중국 산시성^{陝西省} 시안시^{西安市}의 동남쪽에 있는 산'은 '중난산'이 올바른 말이다.
종내기^{種-}	종류나 종자 따위의 같거나 다름을 이르는 말. 종나기(×).
종아리	무릎과 발목 사이의 뒤쪽 근육 부분. 아랫동강이(×).
종이장(×)	'종이의 낱장'의 뜻으로 쓰이는 말은 '종잇장'이 올바른 말이다.
종이조각(×)	'종이의 작은 조각'의 뜻으로 쓰이는 말은 '종잇조각'이 올바른 말이다.
종잇장	종이의 낱장. 종이장(×).
종잇조각	종이의 작은 조각. 종이조각(×).
좇다	¹복이나 이상, 목표 따위를 추구하다. 예 행복을 좇는 요즘 젊은이들/ 나는 누가 뭐라고 해도 내가 정한 목표를 좇아 매진할 것이다. ²남의 뜻이나 말을 따르다. 예 반장의 의견을 좇기로 했다. ³관습이나 규칙 따위를 지켜서 따르다. 예 우리 마을은 단옷날 창포에 머리 감기, 그네뛰기 등의 세시 풍속을 철저히 좇고 있다. ⁴눈여겨보거나 눈길을 보내다. 예 시선은 국군의 날 행사에어 쇼 묘기 연습을 하는 비행기를 좇고 있다.

'쫓다'와 '좇다'는 어떤 뜻의 차이가 있을까?
'도망치는 멧돼지를 쫓아갔다.'처럼 실제 행동으로 나타내는 말은 '쫓다'를 쓰고, '사람들의 시선은 공중의 비행기를 좇고 있다'처럼 어떤 물체를 향해 시선의 이동이 있더라도 실제 행동으로 나타내지 않는 말이면 '좇다'를 쓴다.

좋다	마음에 흐뭇하여 즐겁다. 연습 "아빠가 (좋냐, 좋으냐}"하고 묻는 것이 바람직하지는 않은 것 같다. → '좋냐, 좋으냐' 모두 올바른 표기이다.

종갓집^{宗家-}
한자어와 순우리말로 된 합성어로서 앞말이 모음으로 끝난 경우, 뒷말의 첫소리가 된소리로 나는 것은 사이시옷을 붙인다.

종결 어미^{終結語尾}
종결 어미에는 평서형(간다), 감탄형(가는구나!), 의문형(가느냐?), 명령형(가라.), 청유형(가자.)의 구별이 있다.

종잇장
'종이+장'은 순우리말로 된 합성어로서 앞말이 모음으로 끝나고 뒷말의 첫소리가 된소리로 나므로 사이시옷을 붙인다.

좋다
'좋다', '싫다'는 '-으냐'만 붙을 수 있어서 '좋으냐', '싫으냐'처럼 표기하는 것만 인정되었으나 '-냐'가 붙는 것도 옳은 표기로 인정하게 되었다. 즉 '좋으냐', '싫으냐'뿐 아니라 '좋냐, 싫냐'의 활용도 올바른 표기이다.

죄다	느슨하거나 헐거운 것을 바싹 잡아 단단하게 하다.
	✐오류노트 요괴의 공포가 사람들의 가슴을 <u>죄여</u> 왔다. → 죄어. [한국어교육검정 '06]. [국가직 9급 '12]
죄송스럽다罪悚-	죄스러울 정도로 황송한 데가 있다.
	✐오류노트 여러분께 폐를 끼쳐서 <u>죄송스런</u> 마음 금할 길이 없습니다. → 죄송스러운.
주主	**✓띄어쓰기** '일차적인', '주요한'의 뜻을 나타내는 말. 예 나의 주 업무는 청소이다.
주강珠江(×)	'윈난성雲南省 남부에서 시작하여 남중국해로 흘러드는, 중국 남부를 흐르는 큰 강'은 '주장강'이 올바른 말이다.
주검	죽은 사람의 몸.
주근깨	얼굴의 군데군데에 생기는 잘고 검은 점. 죽은깨(×). [선관위 '08]
주꾸미	모양은 낙지와 비슷하나 몸이 더 짧고 둥근 문어과의 연체동물. 쭈꾸미(×). [서울시 9급 '13]
주니어junior	청소년. 중급자. 주니여(×).
주더朱德	마오쩌둥毛澤東과 함께 중국 공농 홍군工農紅軍을 조직하여 총사령관을 지낸 중국의 정치가(1886~1976). 주덕(×).
주덕(×)	'마오쩌둥毛澤東과 함께 중국 공농 홍군工農紅軍을 조직하여 총사령관을 지낸 중국의 정치가(1886~1976)'는 '주더'가 올바른 말이다.
주라기(×)	'중생대를 셋으로 나누었을 때 가운데에 해당하는 지질 시대'는 '쥐라기'가 올바른 말이다.
주란사紗	주란사 실로 짠 피륙의 일종. 주란포(×).
주란포(×)	'주란사 실로 짠 피륙의 일종'은 '주란사'가 올바른 말이다.
주루룩(×)	'굵은 물줄기가 넓은 구멍이나 면을 빠르게 흐르다가 그치는 소리'는 '주르륵'이 올바른 말이다.
주룽九龍	중국 동남부 주룽 반도의 중심 도시. 구룡(×).
주르륵	굵은 물줄기가 넓은 구멍이나 면을 빠르게 흐르다가 그치는 소리. 주루룩(×).
주머니돈(×)	'주머니 안에 들어 있는 돈'은 '주머닛돈'이 올바른 말이다.

죄다
기본형이 '죄다'이므로 '죄니, 죄어, 죄고'로 활용한다. '죄이다'는 '죄다'의 피동형으로 '죄이니, 죄여, 죄이고'로 활용한다. 주어 요괴의 공포는 피동이 아니므로 '죄이다'의 활용형이 올 수 없다.

죄송스럽다罪悚-
'죄송스럽다'의 어간 '죄송스럽' 뒤에 '-은'이 오면 어간 말음 'ㅂ'이 '우'로 변하므로, '죄송스러운'처럼 써야 된다.

주主
'주'는 관형사로 뒤에 오는 말과 띄어 쓴다.

주검
어간에 '-이'나 '-음' 외의 모음으로 시작된 접미사가 붙어 명사로 바뀐 것으로 그 어간의 원형을 밝히어 적지 아니한다.

주니어junior
외래어 표기에서 이중모음 '져, 죠, 쥬, 챠, 츄'는 인정하지 않고 '저, 조, 주, 차, 추'로 표기한다.

주르륵
'굵은 물줄기나 빗물 따위가 빠르게 자꾸 흐르거나 내리는 소리. 또는 그 모양'의 뜻으로 쓰이는 '주룩주룩'을 유추하여 '주루룩'이 맞는 말이라고 생각하기 쉬우나 '주르륵'이 올바른 말이다.

주머닛돈	주머니 안에 들어 있는 돈. 주머니돈(×).
주무럭거리다(×)	'물건 따위를 자꾸 주무르다'의 뜻으로 쓰이는 말은 '주물럭거리다'가 올바른 말이다.
주물럭거리다	물건 따위를 자꾸 주무르다. 주무럭거리다(×).
주사바늘(×)	'주사기 끝에 꽂는 바늘'은 '주삿바늘'이 올바른 말이다.
주산 군도(×)	'중국 저장성^{浙江省} 북동쪽 해안에 있는 섬의 무리'는 '저우산 군도'가 올바른 말이다.
주삿바늘^{注射-}	주사기 끝에 꽂는 바늘. 주사바늘(×).
주스^{juice}	과실이나 야채에서 짜낸 액즙^{液汁}. 쥬스(×). [한국어교육검정 '09]. [서울시 7급 '11]. [경찰직 '21]
주은래^{周恩來}(×)	'국공 합작에 힘쓰고 국무원 총리를 지낸 중화 인민 공화국의 정치가(1898~1976)'는 '저우언라이'가 올바른 말이다.
주자청^{走自淸}(×)	'구어시^{口語詩} 창작 및 고전 문학의 연구에 힘쓴 중국의 시인·평론가(1898~1948)'는 '주쯔칭'이 올바른 말이다.
주작인^{周作人}(×)	'루쉰^{魯迅}과 함께 신문학 운동을 이끌며 인도주의 문학을 제창한 중국의 문학가(1885~1967)'는 '저우쭤런'이 올바른 말이다.
주장강^{珠江江}	윈난성^{雲南省} 남부에서 시작하여 남중국해로 흘러드는, 중국 남부를 흐르는 큰 강. 주강(×).
주저우^{株州}	석탄, 철 등 광공업이 발달한 중국 후난성^{湖南省} 동부의 도시. 주주(×).
주정군(×)	'술을 마시고 주정을 하는 사람'은 '주정꾼'이 올바른 말이다.
주정꾼	술을 마시고 주정을 하는 사람. 주정군(×).
주주^{株州}(×)	'석탄, 철 등 광공업이 발달한 중국 후난성^{湖南省} 동부의 도시'는 '주저우'가 올바른 말이다.
주쯔칭^{走自淸}	구어시^{口語詩} 창작 및 고전 문학의 연구에 힘쓴 중국의 시인·평론가(1898~1948). 주자청(×).
주착(×)	'일정한 주장 또는 판단력. 일정한 줏대가 없이 이랬다 저랬다 하는 행동'은 '주책'이 올바른 말이다.
주책	일정한 주장 또는 판단력. 일정한 줏대가 없이 이랬다 저랬다 하는 행동. 주착(×). [기상 7급 '11]

주머닛돈
'주머니+돈'은 순우리말로 된 합성어로서 앞말이 모음으로 끝나고 뒷말의 첫소리가 된소리로 나므로 사이시옷을 붙인다.

주삿바늘^{注射-}
'주사+바늘'은 한자어와 순우리말로 된 합성어로서 앞말이 모음으로 끝나고 뒷말의 첫소리가 된소리로 나므로 사이시옷을 붙인다.

주스^{juice}
외래어 표기에서 이중모음 '저, 죠, 쥬, 챠, 츄'는 인정하지 않고 '저, 조, 주, 차, 추'로 표기한다.

주정꾼
'어떤 일을 습관적으로 하는 사람' 또는 '어떤 일을 즐겨 하는 사람'의 뜻을 더하는 말은 '-꾼'이다.

주책
'주책'은 모음의 발음 변화를 인정하여, 발음이 바뀌어 굳어진 형태를 표준어로 삼은 말이다.

주책바가지	주책없는 사람을 놀림조로 이르는 말. 예 나잇살이나 먹은 젊은이가 여기 붙었다 저기 붙었다 주책바가지 노릇이나 하고 다닌다.	
주책없다	일정한 줏대가 없이 이랬다저랬다 하여 요량이나 분수가 없다. 주책이다. 주착없다(×). [국가직 7급 '07]	**주책없다** '주책없다'만 표준어였으나 '주책이다'도 표준어로 인정받게 되었다.
주책이다	일정한 줏대가 없이 이랬다저랬다 하여 요량이나 분수가 없다. 주책없다. [지방직 간호 8급 '22]	
주쳇덩어리	주체하기가 매우 어려운 일이나 사람. 예 불효자는 늙은 어머니를 주쳇덩어리로 생각하였다. 주쳇바가지(×).	
주쳇바가지(×)	'주체하기가 매우 어려운 일이나 사람'은 '주쳇덩어리'가 올바른 말이다.	
주초돌(×)	'주추로 쓰인 돌'의 뜻으로 쓰이는 말은 '주춧돌'이 올바른 말이다.	
주춧돌	주추로 쓰인 돌. 예 주춧돌이 튼튼해야 건물이 튼튼해진다. 주초돌(×).	**주춧돌** '주추+돌'은 순우리말로 된 합성어로서 앞말이 모음으로 끝나고 뒷말의 첫소리가 된소리로 나므로 사이시옷을 붙인다.
죽더기(×)	'통나무의 표면에서 잘라 낸 땔감용 널조각'은 '죽데기'가 올바른 말이다.	
죽데기	통나무의 표면에서 잘라 낸 땔감용 널조각. 예 죽데기로 불을 피워 추위를 이겼다. 죽더기(×).	
죽순竹筍	대의 땅속줄기에서 나오는 어린 싹. 댓순(×).	
죽은깨(×)	'얼굴의 군데군데에 생기는 잘고 검은 점'은 '주근깨'가 올바른 말이다.	
죽음	생명이 없어지는 현상 곧 죽는 일. 비교 주검.	
죽지	[1]팔과 어깨가 서로 이어져 있는 관절 부분. [2]새의 날개가 몸에 붙은 부분. 쭉지(×).	
준보다	원고와 교정지를 대조하여 오자나 탈자, 배열, 따위를 바로잡다.	**준보다** '교정보다'와 함께 복수 표준어이다.
줄곧	끊임없이 잇따라. 예 덕영이는 초등학교 때부터 대학을 졸업할 때까지 줄곧 1등을 했다. 줄창(×).	
줄꾼	가래질을 하거나 줄모를 심을 때, 줄을 잡는 사람.	**줄꾼** '줄잡이'와 함께 복수 표준어이다.
줄잡이	가래질을 하거나 줄모를 심을 때, 줄을 잡는 사람.	**줄잡이** '줄꾼'과 함께 복수 표준어이다.
줄창(×)	'끊임없이 잇따라'의 뜻으로 쓰이는 말은 '줄곧'이 올바른 말이다.	

중^中

✓띄어쓰기 ¹여럿 가운데. 예 우리 가족 중 키가 제일 큰 사람은 어머니이다. ²어떤 일을 하는 동안. 예 순찰 중./식사 중./회의 중에 전화가 왔다. ³어떤 상태에 있는 동안. 예 임신 중./재학 중에 해외로 유학 가다. ⁴어떤 시간의 한계를 넘지 않는 동안. 예 오늘 중으로 빌린 돈을 모두 갚아라. ⁵안이나 속. 예 공기 중에 있는 산소의 양.

> **중**^中**이 들어가는 말의 띄어쓰기**
>
> '중'이 붙어 다음과 같이 한 단어로 인정된 말은 붙여 쓴다.
> 예 그중, 허공중, 은연중, 한밤중, 부재중, 부지불식중, 부지중, 무심중, 무의식중, 무언중, 밤중.

중경^{重慶}(×)   '중국 쓰촨성^{四川省} 동부, 양쯔강^{揚子江}과 자링강^{嘉陵江}이 만나는 곳에 있는 도시'는 '충칭'이 올바른 말이다.

중난산^{終南山}   중국 산시성^{陝西省} 시안시^{西安市}의 동남쪽에 있는 산. 종남산(×).

중대가리   까까머리. 또는 그런 머리를 한 중.

중매^{仲媒}   결혼을 맺어 주기 위해 중간에서 소개하는 일.

중매장이(×)   '중매인을 낮잡아 이르는 말'은 '중매쟁이'가 올바른 말이다.

중매쟁이^{仲媒-}   중매인을 낮잡아 이르는 말. 중매장이(×).

중신^{中-}   결혼을 맺어 주기 위해 중간에서 소개하는 일.

중신아비^{中-}   남의 혼인을 중매하는 남자를 낮잡아 이르는 말. 중신애비(×).

중신애비(×)   '남의 혼인을 중매하는 남자를 낮잡아 이르는 말'은 '중신아비'가 올바른 말이다.

중웨이^{中衛}   가죽과 약재의 집산지인, 중국 닝샤후이족^{寧夏回族} 자치구 서부의 도시. 중위(×).

중위^{中衛}(×)   '가죽과 약재의 집산지인, 중국 닝샤후이족^{寧夏回族} 자치구 서부의 도시'는 '중웨이'가 올바른 말이다.

중크롬산 칼륨(×)   '다이크로뮴산 나트륨 용액에 칼륨 화합물의 염을 넣어 만든 주황색 결정'은 '다이크로뮴산 칼륨'이 올바른 말이다.

쥐과(×)   '전 세계에 폭넓게 분포하는 포유강 쥐목의 한 과'는 '쥣과'가 올바른 말이다.

중대가리
'까까중'과 함께 복수 표준어이다.

중매^{仲媒}
'중신'과 함께 복수 표준어이다.

중신^{中-}
'중매'와 함께 복수 표준어이다.

중신아비^{中-}
'혼인을 중매하는 여자'를 낮잡아 이르는 말은 '중신어미'이다.

쥐노래미과(×)	'임연수어, 노래미 따위 조기강 쏨뱅이목의 한 과'는 '쥐노래밋과'가 올바른 말이다.
쥐노래밋과^村	임연수어, 노래미 따위 조기강 쏨뱅이목의 한 과. 쥐노래미과(×).
쥐라기^{Jura紀}	중생대를 셋으로 나누었을 때 가운데에 해당하는 지질 시대. 주라기(×).
쥐락펴락	남을 마음대로 부리며 권력을 휘두르는 모양. 예 어젯 저녁 서울 시청앞 광장에서 열린 축제에서 가수 싸이 가 관중 3만 명을 쥐락펴락하며 즐거운 시간을 보냈다. 펴락쥐락(×).
쥐빛(×)	'쥐의 털빛처럼 짙은 재색'의 뜻으로 쓰이는 말은 '쥣 빛'이 올바른 말이다.
쥐박다(×)	'주먹으로 함부로 내지르듯 때리다'는 '쥐어박다'가 올 바른 말이다.
쥐어박다	주먹으로 함부로 내지르듯 때리다. 예 잘못을 저지른 동생의 머리를 쥐어박다. 쥐박다(×).
쥣과^村	전 세계에 폭넓게 분포하는 포유강 쥐목의 한 과. 쥐 과(×).
쥣빛	쥐의 털빛처럼 짙은 재색. 쥐빛(×).
쥬니어(×)	'청소년. 중급자'의 뜻으로 쓰이는 말은 '주니어'가 올바 른 말이다.
쥬스(×)	'과실이나 야채에서 짜낸 액즙'은 '주스'가 올바른 말 이다.
즈레(×)	'어떤 일이 일어나기 전 또는 어떤 기회나 때가 무르익 기 전에 미리'의 뜻으로 쓰이는 말은 '지레'가 올바른 말이다.
즈려밟다(×)	'위에서 내리눌러 밟다'의 뜻으로 쓰이는 말은 '지르밟 다'가 올바른 말이다.
즈봉(×)	'양복의 아랫도리'의 뜻으로 쓰이는 말은 '양복바지'가 올바른 말이다.
즐겁다	어떤 일이 마음에 들어 만족스럽고 유쾌하다.

✔오류노트 오늘은 수학여행 가는 날이라 매우 <u>즐거웁다.</u>
→ 즐겁다.

쥐노래밋과^村
'쥐노래미+과'는 순우 리말과 한자어로 된 합 성어로서 앞말이 모음 으로 끝나고 뒷말의 첫 소리가 된소리로 나므 로 사이시옷을 붙인다.

쥐락펴락
의미가 똑같은 형태가 몇 가지 있을 경우, 그 중 가장 널리 쓰이는 단어만을 표준어로 삼 는다.

ㅈ

'쥬스'가 아니고 '주스'
'juice'는 단모음으로 소리 나며 '주스'로 표 기한다.

즈려밟다
김소월의 시에 나오 는 '사뿐히 즈려밟고 가시옵소서'의 '즈려 밟고'는 시적인 표현 이다.

즐겁다
'우'를 넣어서 '즐겁다' 를 '즐거웁다'로 잘못 표기하지 않도록 주의 하자.

지	✔️띄어쓰기 ¹어떤 일이 있었던 때로부터 지금까지의 동안을 나타내는 말. [예] 김 선생님은 압구정동에 산 지가 20년이 넘었다. ²'아니하다', '못하다', '말다' 따위가 뒤에 와서, 어떤 동작이나 상태를 부정하거나 금지하는 뜻을 나타내는 말. [예] 나는 PC방에 가지 않았다./그는 나보다 힘이 세지 못하다./이 사과를 먹지 마라. [세무직 9급 '07]. [국가직 7급 '08]. [경찰대 '09]. [공사·공단 언어 능력]. [국민연금 '13]. [서울시 9급 '13]. [기상 9급 '13]. [경찰직 3차 필기 '15]. [경찰직 1차 필기 '16]. [사회복지직 9급 '16]. [사회복지직 9급 '17]. [국가직 9급 '18]. [경찰직 '20]. [소방직 '21]
지게꾼	지게로 짐 나르는 일을 직업으로 하는 사람. 지겟군(×). [서울시 7급 '11]
지겟군(×))	'지게로 짐 나르는 일을 직업으로 하는 사람'은 '지게꾼'이 올바른 말이다.
지그시	¹슬그머니 힘을 주는 모양. [예] 지그시 눈을 감고 사색에 빠졌다. ²조용히 참고 견디는 모양. [예] 살을 에는 듯한 아픔을 지그시 참았다. 징긋이(×). [지역농협 '12]
지급支給	돈이나 물품 따위를 미리 정한 몫만큼 내줌.
지긋이	나이가 비교적 많아 듬직하게. 지긋히(×). [한국어교육검정 '06]
지긋히(×)	'나이가 비교적 많아 듬직하게'의 뜻으로 쓰이는 말은 '지긋이'가 올바른 말이다.
지난濟南	중국 산둥성山東省에 있는 도시. 제남(×).
지난날	✔️띄어쓰기 지나온 과거의 날. [예] 영희는 지난날을 매우 그리워하고 있다.
지놈(×)	'생물의 생존을 위해 개개의 생물체가 가진 최소한도의 염색체 쌍'은 '게놈'이 올바른 말이다.
지닝濟寧	대운하와 철도가 연결되어 농산물 유통이 활발한, 중국 산둥성山東省 서남부의 도시. 제녕(×).
지닝集寧	베이징 서북쪽에 있는 중국 네이멍구內蒙古 자치구 동남부에 있는 도시. 집녕(×).
지랄장이(×)	'조리 없이 변덕스럽게 행동하는 사람을 낮잡아 이르는 말'은 '지랄쟁이'가 올바른 말이다.
지랄쟁이	조리 없이 변덕스럽게 행동하는 사람을 낮잡아 이르는 말. 지랄장이(×).

지
'누나와 헤어진 지도 꽤 오래되었다.'처럼 '지'가 시간을 나타내면 의존 명사이며 앞말과 띄어 쓴다. 반면에 '나는 절대로 양심을 속이지 않았다.'처럼 '-지'가 부정이나 금지를 나타내면 연결 어미이며 앞말과 붙여 쓴다.

지급支給
'지불'로 쓰는 경우가 있으나 이는 일본어투의 용어이므로 '지급'이나 '치름'으로 쓰도록 하자.

지긋이
'나이'와 관련 있는 '지긋이'와 '힘을 주거나 참는 모양'과 관련 있는 '지그시'를 잘 구별하여 쓰도록 하자.

지난날
'지난날'은 한 단어로 붙여 쓴다.

지랄쟁이
'-쟁이'는 '그것이 나타내는 속성을 많이 가진 사람'의 뜻을 더하는 말이다.

지레	어떤 일이 일어나기 전 또는 어떤 기회나 때가 무르익기 전에 미리. 예 적이 쳐들어오기도 전에 지레 겁을 먹고 도망가다. 즈레(×).
지레대(×)	'무거운 물건을 움직이는 데에 쓰는 막대기'는 '지렛대'가 올바른 말이다.
지렛대	무거운 물건을 움직이는 데에 쓰는 막대기. 예 지렛대로 바위를 옮겼다. 지레대(×).
지루하다	시간을 너무 오래 끌어 따분하고 싫증이 나다. 예 그해 겨울은 춥고도 지루했다. 지리하다(×). [공사·공단 언어 능력]. [서울시 9급 '10]
지룽基隆	대만 북부에 있는 항구 도시. 기륭(×)
지르밟다	위에서 내리눌러 밟다. 즈려밟다(×).
지리하다(×)	'시간을 너무 오래 끌어 따분하고 싫증이 나다'의 뜻으로 쓰이는 말은 '지루하다'가 올바른 말이다.
지새다(×)	'밤을 고스란히 새우다'의 뜻으로 쓰이는 말은 '지새우다'가 올바른 말이다.

밤을 '지새다'가 왜 잘못된 말일까?

'지새다'는 '달이 지며 밤이 새다'란 뜻의 자동사로, 목적어가 올 수 없다. 예 나는 밤이 지새는지도 모르고 창가에 앉아 있었다. '밤을 새우다'라는 뜻의 말은 '지새우다'이다. '지새우다'는 앞에 목적어가 온다. 따라서 '이틀 밤을 지새다'라는 말은 잘못되었다. '이틀 밤을 지새우다'로 고쳐야 옳다.

지새우다	밤을 고스란히 새우다. 예 부모는 밤을 지새워 가며 가출한 아들을 기다렸다. 지새다(×).
지속률持續率	어떤 상태가 오래 계속되는 비율. 지속율(×).
지속율(×)	'어떤 상태가 오래 계속되는 비율'은 '지속률'이 올바른 말이다.
지시鷄西	중국 헤이룽장성黑龍江省 무단강牡丹江 동북쪽에 있는 도시. 계서(×).
지신밟기	음력 정월 대보름날 농악대가 마을을 돌며 지신에게 연중 무사를 빌고 행하는 민속놀이의 하나. 마당밟기(×).
지안吉安	중국 장시성江西省 중부의 도시. 길안(×).

지렛대
'지레+대'는 순우리말로 된 합성어로서 앞말이 모음으로 끝나고 뒷말의 첫소리가 된소리로 나므로 사이시옷을 붙인다.

지루하다
'지루하다'는 모음의 발음 변화를 인정하여, 발음이 바뀌어 굳어진 형태를 표준어로 삼은 말이다.

지새우다
'지새우다'와 혼동하기 쉬운 '지새다'의 뜻을 잘 구별하자.

지속률持續率
'지속+율/률率'의 형태. 앞말이 받침이 없거나(모음), 'ㄴ' 받침 뒤에서는 '율'을 쓴다. 그 외에는 '률'을 쓴다. '지속'의 '속'이 'ㄱ' 받침으로 끝나는 경우이므로 '률'을 써서 '지속률'처럼 나타낸다.

지안輯安 광개토 대왕릉비 등 고구려 유적이 있는 중국 지린성^吉林省의 도시. 집안.

지에밥 약밥 따위를 만들 때 쓰기 위해 물에 쌀을 불려서 시루에 찐 밥. 고두밥(×).

지지난 지난번의 바로 그 전. 예 윤선이는 지지난 주말에 결혼하였다. 저지난(×).

지지난달 ✔️띄어쓰기 지난달의 전달. 예 지지난달 초하루가 내 생일이어. 저지난달(×).

지퍼zipper 서로 이가 맞는 금속 따위의 조각을 헝겊 테이프에 부착하고 두 줄로 박아 쇠고리를 밀고 당겨 여닫을 수 있게 만든 물건. 자꾸(×).

지푸라기 낱낱의 짚. 또는 부서진 짚의 부스러기. 지푸래기(×). [지방직 7급 '11]

지푸래기(×) '낱낱의 짚. 또는 부서진 짚의 부스러기'는 '지푸라기'가 올바른 말이다.

진강鎭江(×) '중국 장쑤성^{江蘇省} 남부에 있는 도시'는 '전장'이 올바른 말이다.

진급률進級率 계급, 등급, 학년 따위가 오르는 비율. 예 서울의 한 외국어고등학교 3학년의 진급률이 100%를 달성했다. 진급율(×).

진급율(×) '계급, 등급, 학년 따위가 오르는 비율'은 '진급률'이 올바른 말이다.

진도개(×) '전라남도 진도에서 나는 우리나라 재래 품종의 개'는 '진돗개'가 올바른 말이다.

진돗개珍島- 전라남도 진도에서 나는 우리나라 고유 품종의 개. 진도개(×).

진디물(×) '오이, 배추, 과수 등 원예 작물의 해충으로 작은 몸에 달걀 모양을 한 진딧물과의 곤충'은 '진딧물'이 올바른 말이다.

진딧물 오이, 배추, 과수 등 원예 작물의 해충으로 작은 몸에 달걀 모양을 한 진딧물과의 곤충. 진디물(×).

진력나다盡力- 힘이 다 빠지고 싫증이 나다. 예 나는 활력이 없는 도시 생활에 진력나서 고향으로 내려가기로 결심했다. 질력나다(×).

어법·꿀팁 (우측)

지지난달 '지지난달', '지난달'은 한 단어이므로 붙여 쓴다. '지지난 봄', '지지난 주말'은 구이므로 띄어 쓴다.

지푸라기 '-이' 이외의 모음으로 시작된 접미사가 붙어서 된 말은 그 명사의 원형을 밝히어 적지 아니한다.

진급률進級率 '진급+율/률率'의 형태. 앞말이 받침이 없거나(모음), 'ㄴ' 받침 뒤에서는 '율'을 쓴다. 그 외에는 '률'을 쓴다. '진급'의 '급'이 'ㅂ' 받침으로 끝나는 경우이므로 '률'을 써서 '진급률'처럼 나타낸다.

진돗개珍島- '진도+개'는 한자어와 우리말로 된 합성어로서 앞말이 모음으로 끝나고 뒷말의 첫소리가 된소리로 나므로 사이시옷을 붙인다.

진딧물 순우리말로 된 합성어로서 앞말이 모음으로 끝난 경우, 뒷말의 첫소리 'ㅁ' 앞에서 'ㄴ' 소리가 덧나는 것은 사이시옷을 붙인다.

진리값(×)	'명제나 명제 변수를 참과 거짓으로 나타낸 값'은 '진릿값'이 올바른 말이다.
진릿값^{眞理-}	명제나 명제 변수를 '참'과 '거짓'으로 나타낸 값. 진리값(×).
진무르다(×)	'피부 거죽이 상하여 문드러지다. 채소나 과일 따위가 무르거나 상해서 물크러지다'의 뜻으로 쓰이는 말은 '짓무르다'가 올바른 말이다.
진벌(×)	'땅이 질어 질퍽한 벌'은 '진펄'이 올바른 말이다.
진성^{陳誠}(×)	'중국 각 전구^{戰區}의 사령관을 지냈으며 공산군과의 내전에 공을 세운 군인·정치가(1897~1965)'는 '천청'이 올바른 말이다.
진작	좀 더 일찍이. 예 진작 용서를 구하지 그랬어. 진작에(×).
진작에(×)	'좀 더 일찍이'의 뜻으로 쓰이는 말은 '진작'이 올바른 말이다.
진저우^{錦州}	중국 랴오닝성^{遼寧省}의 공업 도시. 금주(×).
진저우만^{錦州灣}	중국 랴오닝반도^{遼寧半島}에 있는 만. 금주만(×).
진지상(×)	'어른의 밥상을 높여 이르는 말'은 '진짓상'이 올바른 말이다.
진짓상^{-床}	어른의 밥상을 높여 이르는 말. 진지상(×).
진창(×)	'싫증이 날 정도로 풍부하게'의 뜻으로 쓰이는 말은 '진탕'이 올바른 말이다.
진창	땅이 질어서 질퍽질퍽하게 된 곳. 진탕(×).

'진창'과 '진탕'은 모두 맞는 말이 될 수 있을까?

'진창'과 '진탕'이 의미에 따라 표준어도 되고 비표준어도 된다. '실컷'의 뜻은 '진탕'이고, '질퍽한 땅'은 '진창'이다. 다음 예문을 읽으며 뜻을 잘 구별해 보도록 하자. 예 잔칫집에 가서 음식을 진탕 먹고 돌아오는 길에 진창에 빠져 버렸네.

진척률^{進陟率}	공사 따위의 일이 목적한 방향대로 진행된 비율. 진척율(×).
진척율(×)	'공사 따위의 일이 목적한 방향대로 진행된 비율'은 '진척률'이 올바른 말이다.
진탕(×)	'땅이 질어서 질퍽질퍽하게 된 곳'은 '진창'이 올바른 말이다.

진릿값^{眞理-}
'진리+값'은 한자어와 우리말로 된 합성어로서 앞말이 모음으로 끝나고 뒷말의 첫소리가 된소리로 나므로 사이시옷을 붙인다.

진작
'진작'의 동의어로 '진즉'이 있다.

진짓상^{-床}
순우리말과 한자어로 된 합성어로서 앞말이 모음으로 끝난 경우, 뒷말의 첫소리가 된소리로 나는 것은 사이시옷을 붙인다.

진척률^{進陟率}
'진척+율/률'의 형태. 앞말이 받침이 없거나(모음) 'ㄴ' 받침 뒤에서는 '율'을 쓴다. 그 외에는 '률'을 쓴다. '진척'의 '척'이 'ㄱ' 받침으로 끝나는 경우이므로 '률'을 써서 '진척률'처럼 나타낸다.

진탕^沇	싫증이 날 정도로 풍부하게. 예 바닷가에 가서 회를 진탕 먹고 싶다. 진창(×).
진펄	땅이 질어 질퍽한 벌. 진벌(×).
진학률進學率	졸업생 중 상급 학교에 입학하는 비율. 예 우리 학교의 대학 진학률은 90%를 넘는다. 진학율(×).
진학율(×)	'졸업생 중 상급 학교에 입학하는 비율'은 '진학률'이 올바른 말이다.
진화金華	중국 저장성浙江省 중부에 있는 도시. 금화(×).
진황도秦皇島(×)	'중국 허베이성河北省 북동부에 있는 부동항의 항구 도시'는 '친황다오'가 올바른 말이다.
질력나다(×)	'힘이 다 빠지고 싫증이 나다'의 뜻으로 쓰이는 말은 '진력나다'가 올바른 말이다.
짐군(×)	'짐을 져 나르는 사람'의 뜻으로 쓰이는 말은 '짐꾼'이 올바른 말이다.
짐꾼	짐을 져 나르는 사람. 짐군(×).
집개(×)	'물건을 집는 데 쓰는 도구'는 '집게'가 올바른 말이다.
집게	물건을 집는 데 쓰는 도구. 집개(×). [서울시 7급 '11]
집구集句	옛사람들이 지은 글귀를 모아서 새 시를 만듦. 집귀(×).
집귀(×)	'옛사람들이 지은 글귀를 모아서 새 시를 만듦'의 뜻으로 쓰이는 말은 '집구'가 올바른 말이다.
집녕集寧(×)	'중국 네이멍구内蒙古 자치구 동남부에 있는 도시'는 '지닝'이 올바른 말이다.
집 밖	✔띄어쓰기 집의 바깥쪽.
집안	✔띄어쓰기 ¹가족이나 가까운 일가. 예 이번 일요일에 결혼할 예정인 누나는 집안 어른들을 일일이 찾아뵙고 인사를 드렸다. ²집의 안쪽. 예 집 안 청소를 깨끗이 해야만 한다.

> **'집안'은 띄어쓰기에 따라 뜻이 어떻게 달라질까?**
> '집안'으로 붙여 쓰면 '가족을 구성원으로 살림을 해 나가는 공동체'란 뜻이 된다. '집 안'으로 띄어 쓰면 '집의 바깥이 아니라 안쪽'이란 뜻이 된다.

집안輯安	'광개토 대왕릉비 등 고구려의 유적이 있는 중국 지린성吉林省의 도시'의 뜻으로 쓰이는 말. 지안.

진탕
'싫증이 날 정도로 풍부하게'의 뜻으로는 '진탕'이 올바르고 '땅이 질어서 질퍽질퍽하게 된 곳'은 '진창'이 올바르다.

짐꾼
'-꾼'은 '어떤 일을 전문적으로 하는 사람'의 뜻을 더하는 말이다.

집구集句
한자 '句'가 붙어서 이루어진 단어는 '귀'를 인정하지 아니하고 '구'로 통일하였다.

집 밖
'집 밖'은 한 단어가 아니므로 띄어 쓴다.

집어먹다	✔띄어쓰기 [1]남의 것을 가로채어 제가 가지다. 예 공급은 집어먹으면 절대 안 된다. [2]겁이나 두려움 따위를 가지게 되다. 예 송아지만 한 개가 다가오자 우리는 겁을 집어먹고 도망쳤다.	**집어먹다** '집어먹다'처럼 붙여 쓰는 경우와 '집어 먹다'처럼 띄어 쓰는 경우를 잘 구별하여 쓰도록 하자.

> **'집어먹다'는 띄어쓰기에 따라 뜻이 달라질까?**
> '물건을 가로채거나 겁을 먹다' 뜻으로 쓰일 때는 '집어먹다'처럼 붙여 쓴다. '손이나 젓가락으로 집어서 먹다.'의 뜻으로 쓰일 때는 '집어 먹다'처럼 띄어 쓴다.

집적거리다	[1]신중하지 못하게 여러 일에 손을 대거나 참견하다. 예 남의 일에 집적거리다. [2]까닭 없이 남을 건드려서 성가시게 하다. 예 어린아이를 집적거리다. 찔벅거리다(×).	
짓궂다	굳이 남을 귀찮게 하여 달갑지 아니하다. 짖궂다(×).	
짓무르다	피부 거죽이 상하여 문드러지다. 채소나 과일 따위가 무르거나 상해서 물크러지다. 진무르다(×).	**짓무르다** 의미 차이가 없고 비슷한 발음의 몇 형태가 쓰일 경우, 그중 더 널리 쓰이는 한 형태만을 표준어로 삼는다.
징긋이(×)	'슬며시 힘을 주는 모양. 조용히 참고 견디는 모양'은 '지그시'가 올바른 말이다.	
징기스칸(×)	'동서양에 걸친 대제국을 건설한 몽골 제국의 제1대 왕'은 '칭기즈칸'이 올바른 말이다.	
짖궂다(×)	'굳이 남을 귀찮게 하여 달갑지 아니하다'의 뜻으로 쓰이는 말은 '짓궂다'가 올바른 말이다.	
짚단	볏짚을 묶은 단. 짚뭇.	**짚단** '짚뭇'과 함께 복수 표준어이다.
짚뭇	볏짚을 묶은 단. 짚단.	**짚뭇** '짚단'과 함께 복수 표준어이다.
짚북더기, 짚북세기(×)	'엉클어진 볏짚의 북데기'는 '짚북데기'가 올바른 말이다.	**짚북데기** 의미 차이가 없고 비슷한 발음의 몇 형태가 쓰일 경우, 그중 더 널리 쓰이는 한 형태만을 표준어로 삼는다.
짚북데기	엉클어진 볏짚의 북데기. 집북더기·짚북세기(×).	
짚세기(×)	'볏짚으로 삼은 신'은 '짚신'이 올바른 말이다.	
짚신	볏짚으로 삼은 신. 짚세기(×).	
짜깁기	옷의 찢어진 부분을 흠이 나지 않게 짜서 깁는 일. 짜집기(×). [삼성직무적성 '08]	
짜장면	볶은 중국 된장과 고기, 채소 등을 섞어 비빈 국수. [국회 8급 '12]. [국회 8급 '13]. [서울시 9급 '13]	**짜장면** '자장면'과 함께 복수 표준어이다.
짜집기(×)	'옷의 찢어진 부분을 흠이 나지 않게 짜서 깁는 일'은 '짜깁기'가 올바른 말이다.	

ㅈ

짝궁(×) | '단짝인 짝을 재미있게 이르는 말'은 '짝꿍'이 올바른 말이다.

짝꿍 | 단짝인 짝을 재미있게 이르는 말. 짝궁(×).

짝짜기 | 양손에 들고 마주쳐서 짝짝 소리를 내는 물건. 예 학급 대항 체육대회에서 짝짜기를 써서 응원하였다. 비교 짝짝이.

짝짜꿍 | 젖먹이 아이가 손뼉을 치며 떠는 재롱. 짝짝꿍(×).

짝짝꿍(×) | '젖먹이 아이가 손뼉을 치며 떠는 재롱'은 '짝짜꿍'이 올바른 말이다.

짝짝이 | 서로 짝이 다른 것끼리 이루어진 한 벌. 예 짝짝이로 양말을 신었다.

짤끔 | 적은 양의 액체 따위가 조금 새어 흐르거나 나왔다 그치는 모양. 찔끔(×).

짤다랗다, 짧다랗다(×) | '생각보다 더 짧다'의 뜻으로 쓰이는 말은 '짤따랗다'가 올바른 말이다.

짤따랗다 | 생각보다 매우 짧다. 짤다랗다·짧다랗다(×).

짤짜리(×) | '채신없이 이리저리 싸다니는 사람을 놀려서 이르는 말'은 '짤짤이'가 올바른 말이다.

짤짤이 | 채신없이 이리저리 싸다니는 사람을 놀려서 이르는 말. 짤짜리(×).

짬짬이 | 짬이 나는 대로 그때그때. 짬짬히(×).

짬짬히(×) | '짬이 나는 대로 그때그때'의 뜻으로 쓰이는 말은 '짬짬이'가 올바른 말이다.

짭잘하다(×) | '감칠맛이 있게 약간 짜다'의 뜻으로 쓰이는 말은 '짭짤하다'가 올바른 말이다.

짭짤하다 | 감칠맛이 있게 약간 짜다. 짭잘하다(×). [수능 '11학년도]. [국회 8급 '12]

-째 | 명사 뒤에 붙어, '그대로'나 '전체'의 뜻을 나타내는 말. 예 뿌리째./씨째./껍질째. [경찰직 '20]

째즈(×) | '19세기부터 미국의 흑인 음악에 클래식 따위가 섞여서 발달한 대중음악'은 '재즈'가 올바른 말이다.

째째하다(×) | '너무 적거나 하찮아서 시시하고 신통찮다'의 뜻으로 쓰이는 말은 '쩨쩨하다'가 올바른 말이다.

짝꿍
'짝꿍'과 동의어로 '짝지'가 있다. 이 말은 '뜻이 맞거나 매우 친한 사람을 이르는 말'이다.

짝짝이
'짝짝이'는 '짝이 맞지 않는 것'을, '짝짜기'는 '소리를 내는 물건'을 뜻한다.

짤끔
'짤끔'은 '잘끔'보다 아주 센 느낌을 주는 말이다.

짤따랗다
'짤따랗다'는 겹받침(짧)의 끝소리가 드러나지 아니하므로 소리 나는 대로 '짤따랗다'로 적는다.

짬짬이
첩어 명사 뒤에는 '이'로 표기한다.

-째
'이미 있는 그대로'의 뜻으로 쓰이는 '채'와 혼동하기 쉬우므로 잘 구별해서 써야 한다.

짤끔(×)	'적은 양의 액체 따위가 조금 새어 흐르거나 나왔다 그치는 모양'의 뜻으로 쓰이는 말은 '짤끔'이 올바른 말이다.
쩔쩔매다	위기를 맞아 어찌할 바를 모르고 헤매다. 찔찔매다(×).
쩨쩨하다	너무 적거나 하찮아서 시시하고 신통찮다. 째째하다(×).
쪼구리다(×)	'부피를 작게 만들다. 몸을 작게 움츠리다'의 뜻으로 쓰이는 말은 '쪼그리다'가 올바른 말이다.
쪼그리다	부피를 작게 만들다. 몸을 작게 움츠리다. 쪼구리다(×).
쪼금	정도나 분량이 적게. 예 쪼금이라도 미안한 마음이 있으면 나를 좀 도와줘. 쬐금(×).
쪼끔	정도나 분량이 적게. 예 소리를 쪼끔만 줄여라. 쬐끔(×).
쪼로록(×)	'액체가 좁은 공간을 흐르다가 멎는 소리나 모양'은 '쪼르륵'이 올바른 말이다.
쪼르륵	액체가 좁은 공간을 흐르다가 멎는 소리나 모양. 예 하루 종일 굶었더니 배 속에서 쪼르륵 소리가 난다. 쪼로록(×).
쪼무래기(×)	'자질구레한 물건. 어린아이를 낮잡아 이르는 말'은 '조무래기'가 올바른 말이다.
쪽밤(×)	'한 껍데기 속에 두 쪽이 들어 있는 밤'은 '쌍동밤'이 올바른 말이다.
쪽집게(×)	'쇠로 만들어서 잔털 따위를 뽑는 데 쓰는 기구'는 '족집게'가 올바른 말이다.
쫀쫀이(×)	'피륙의 발이 곱고 고르게. 마음이 좁아 인색하고 치사하게'의 뜻으로 쓰이는 말은 '쫀쫀히'가 올바른 말이다.
쫀쫀히	¹피륙의 발이 곱고 고르게. ²마음이 좁아 인색하고 치사하게. 쫀쫀이(×).
쫓다	¹어떤 대상을 잡거나 만나려고 뒤를 따라 급하게 움직이다. 예 사슴을 쫓는 사냥꾼. ²어떤 자리에서 물러나도록 내몰다. 예 벌을 쫓다. ✏️ 오류노트 나이 어린 동생의 의견이지만 생각이 기발하고 내용이 타당하여 그 의견을 <u>쫓지</u> 않을 수가 없다. → 좇지.
쬐금	'정도나 분량이 적게'의 뜻으로 쓰이는 말은 '쪼금'이 올바른 말이다.
쬐끔(×)	'정도나 분량이 적게'의 뜻으로 쓰이는 말은 '쪼끔'이 올바른 말이다.

쩔쩔매다
'쩔쩔매다'는 '절절매다'보다 센 느낌을 주는 말이다.

쪼금
'쪼금'은 '조금'보다 센 느낌을 주는 말이다.

쪼끔
'쪼끔'은 '조금'보다 아주 센 느낌을 주는 말이다.

ㅈ

쫓다
물리적인 이동이나 움직임이 있는 경우에는 '쫓다'를, 남의 의견에 동의하는 경우는 '좇다'를 쓴다.

쭈구러지다(×)   '부피가 몹시 작아지다'는 '쭈그러지다'가 올바른 말이다.

쭈그러지다   부피가 몹시 작아지다. 예 아이들이 쭈그러진 깡통을 차고 다니고 있다. 쭈구러지다(×).

쭈꾸미(×)   '모양은 낙지와 비슷하나 몸이 더 짧고 둥근 문어과의 연체동물'은 '주꾸미'가 올바른 말이다.

쭈루룩(×)   '굵은 물줄기가 넓은 구멍이나 면을 빠르게 흐르다가 그치는 소리'는 '쭈르륵'이 올바른 말이다.

쭈르륵   굵은 물줄기가 넓은 구멍이나 면을 빠르게 흐르다가 그치는 소리. 쭈루룩(×).

쭉정이   곡식이나 과실의 알맹이가 들지 않은 열매. 예 벼 이삭이 쭉정이가 많아 올해 농사는 망쳤다. 쭉지(×).

쭉지(×)   '곡식이나 과실의 알맹이가 들지 않은 열매'는 '쭉정이'가 올바른 말이다.

> **'쭉지'가 맞는 말일 수 있을까?**
> '알맹이가 없는 열매'의 뜻으로는 '쭉정이'를 쓰고 '몸에 붙은 날개 부분'의 뜻으로는 '죽지'를 써야 한다. 즉 어떤 뜻으로도 '쭉지'라고는 표기하지 않는다.

쭉지(×)   '팔과 어깨가 서로 이어져 있는 관절 부분. 새의 날개가 몸에 붙은 부분'은 '죽지'가 올바른 말이다.

쯔궁自貢   소금의 산출로 유명한 중국 쓰촨성四川省 남부 쯔류징自流井과 궁징貢井을 합친 도시. 자공(×).

찌개   고기나 채소에 갖은 양념을 하여 바특하게 끓인 반찬. 찌게(×). [서울시 7급 '11]

찌게(×)   '고기나 채소에 갖은 양념을 하여 바특하게 끓인 반찬'은 '찌개'가 올바른 말이다.

찌들다   ¹오래 되거나 낡아서 때가 끼고 더럽게 되다. 예 먼지에 찌든 유리창. ²세상의 갖은 고생을 겪고 부대껴 지치다. 예 가난에 찌들다. ³좋지 않은 환경에 둘러싸여 더러워지다. 예 스모그에 찌들다. 찌들리다(×).

찌들리다(×)   '오래 되거나 낡아서 때가 끼고 더럽게 되다. 세상의 갖은 고생을 겪고 부대껴 지치다. 좋지 않은 환경에 둘러싸여 더러워지다'는 '찌들다'가 올바른 말이다.

찔찔매다(×)   '위기를 맞아 어찌할 바를 모르고 헤매다'의 뜻으로 쓰이는 말은 '쩔쩔매다'가 올바른 말이다.

'쭈꾸미'와 '주꾸미'
표준 발음은 [주꾸미]
이므로, '주꾸미'를 표준어로 정하였다.

쭈르륵
'쭈르륵'은 '주르륵'보다 센 느낌을 주는 말이다.

찌개
발음이 비슷한 여러 형태가 의미 차이가 없이 함께 쓰일 때에는, 그중 널리 쓰이는 한 가지 형태만을 표준어로 삼는다.

ㅊ 치읓.

- 한글 자모의 열째.
- 자음의 하나. 목젖으로 콧길을 막고 혓바닥을 경구개에 대었다가 뗄 때 나는 소리이다.
- 받침으로 쓰일 때에는 경구개에서 혀끝을 떼지 않고 소리 낸다.

차간(×) '기차나 버스 따위에서 사람이 타는 칸'은 '찻간'이 올바른 말이다.

> **'차간車間'으로 표기할 수 없는 이유는?**
> 한자어로 이루어진 합성어는 사이시옷을 붙이지 않는다. 하지만 곳간庫間, 셋방貰房, 숫자數字, 찻간車間, 툇간退間, 횟수回數 등 6개의 두 음절로 된 한자어는 예외적으로 사이시옷을 붙인다.

차갑다 온도가 내려가 매우 싸늘한 느낌이 들다. 차겁다(×).

> **오류노트** 입동이 지나자 날씨가 점점 더 <u>차가와진다.</u> → 차가워진다.

차겁다(×) '온도가 내려가 매우 싸늘한 느낌이 들다'의 뜻으로 쓰이는 말은 '차갑다'가 올바른 말이다.

차돌박이 쇠고기의 양지머리뼈 한복판에 붙은 기름지고 단단한 고기. 차돌배기(×).

차돌배기(×) '쇠고기의 양지머리뼈 한복판에 붙은 희고 단단한 고기'는 '차돌박이'가 올바른 말이다.

차삯(×) '차를 타는 데에 드는 비용'은 '찻삯'이 올바른 말이다.

차상(×) '차를 마실 때에 찻잔이나 찻종을 올려놓는 상'은 '찻상'이 올바른 말이다.

> **'차상茶床'이 한자어인데 왜 사이시옷을 붙일까?**
> '차茶'는 훈이 '차', 음이 '다'이므로, 한자어 '다茶'와 구별하기 위해 '차'를 순우리말로 간주한다. 그래서 '차茶'를 순우리말 '차'와 한자어 '잔'으로 이루어진 합성어로 간주하므로 '찻상'처럼 사이시옷을 넣어 표기한다.

차수수(×) '찰기가 있는 수수의 한 가지'는 '찰수수'가 올바른 말이다.

차숟갈(×) '차를 마실 때 쓰는 작은 숟가락'은 '찻숟갈'이 올바른 말이다.

차양遮陽 [1]처마 끝에 덧대는 지붕. [2]모자의 앞에 대는 조각. 채양(×).

차이다 발길로 참을 당하다. 채이다(×).

> **오류노트** 향순이는 내심 결혼 상대자로 점찍어 놓았던 남자 친구에게 <u>채였다고</u> 침통해하고 있다. → 차였다(채었다).

차갑다
'ㅏ, ㅗ'에 붙은 'ㅂ' 받침 뒤에 '-아'가 결합하는 경우에는 '워'로 적는다.(차갑+아 → 차가워, 가소롭+아 → 가소로워). 단 '곱다, 돕다'만 예외로 '도와, 고와'로 적는다.

차돌박이
'박다'의 뜻이 있는 경우 '박이'로, 그렇지 않으면 '배기'로 표기한다. 차돌은 흰 부위가 박혀 있으므로 '박이'의 뜻이 있다고 판단한다.

'차수수'가 아니고 '찰수수'가 옳은 말
'끈기가 있고 차진'의 뜻을 더하는 접두사 '찰-'에 '수수'가 붙어서 '찰수수'가 된 말이다.

차이다
'차이다'나 준말인 '채다'는 '차이고(채고), 차인(챈), 차이었다(채었다)'와 같이 활용한다. '채이다'는 잘못된 말이므로 활용형 '채였다'도 잘못된 말이다.

차이위안페이蔡元培 신해혁명에 참가하였으며 54 운동 때 학문의 독립과 언론의 자유를 주장한 중국의 학자(1868~1940). 채원배(×).

차잎(×) '차나무의 잎'의 뜻으로 쓰이는 말은 '찻잎'이 올바른 말이다.

차잔(×) '차를 따라 마시는 잔'은 '찻잔'이 올바른 말이다.

차장(×) '차와 찻잔 또는 과일 따위를 넣어 두는 자그마한 장'은 '찻장'이 올바른 말이다.

차조 찰기가 있는 조. 찰조(×).

차종(×) '차를 따라 마시는 종지'는 '찻종'이 올바른 말이다.

차주전자(×) '차를 끓이는 데에 쓰는 주전자'는 '찻주전자'가 올바른 말이다.

차지다 밥, 떡 따위가 끈기가 많다. 찰지다. [지방직 간호 8급 '22]

차집(×) '차를 파는 집'의 뜻으로 쓰이는 말은 '찻집'이 올바른 말이다.

차차 어떤 사물의 상태가 시간의 흐름에 따라 일정한 방향으로 조금씩 진행하는 모양.

차츰 어떤 사물의 상태가 시간의 흐름에 따라 일정한 방향으로 조금씩 진행하는 모양.

찰깍쟁이 매우 약고 인색한 사람을 이르는 말. 예 소영이는 남을 돕는 일에는 찰깍쟁이처럼 행동한다. 찰깍정이(×).

찰깍정이(×) '매우 약고 인색한 사람을 이르는 말'은 '찰깍쟁이'가 올바른 말이다.

찰나刹那 어떤 일이 일어나는 바로 그 순간. 예 조종사는 엔진 고장으로 비행기가 추락하는 찰나에 낙하산을 펴고 안전하게 대피했다. 찰라(×).

찰라(×) '어떤 일이 일어나는 바로 그 순간'은 '찰나'가 올바른 말이다.

찰수수 찰기가 있는 수수의 한 가지. 차수수(×).

찰조 '찰기가 있는 조'는 '차조'가 올바른 말이다.

찰지다 반죽이나 밥, 떡 따위가 끈기가 많다. 차지다.

참고난(×) '참고 사항을 적는 난'은 '참고란'이 올바른 말이다.

차조: 'ㅈ' 앞에서는 'ㄹ'이 탈락되어 '차조', '차좁쌀' 등과 같이 표기한다.

차지다: '찰지다'와 함께 복수 표준어이다.

차차: '차츰'과 함께 복수 표준어이다.

차츰: '차차'와 함께 복수 표준어이다.

찰깍쟁이: '깍쟁이'는 모음의 발음 변화를 인정하여, 발음이 바뀌어 굳어진 형태를 표준어로 삼은 말이다.

찰지다: '차지다'와 함께 복수 표준어이다.

참고란^{參考欄}	참고 사항을 적는 난.
참나무과(×)	'밤나무, 갈참나무 따위 쌍떡잎식물 갈래꽃류의 한 과'는 '참나뭇과'가 올바른 말이다.
참나뭇과^{-科}	밤나무, 갈참나무 따위 쌍떡잎식물 갈래꽃류의 한 과. 참나무과(×).
참다랑어	부푼 방추형으로 몸 옆구리에 가는 노란 줄이 있는 고등엇과의 바닷물고기. 참다랭이(×).
참다랭이(×)	'부푼 방추형으로 몸 옆구리에 가는 노란 줄이 있는 고등엇과의 바닷물고기'는 '참다랑어'가 올바른 말이다.
찻간^{車間}	기차나 버스 따위에서 사람이 타는 칸. 차간(×). [서울시 9급 '10]. [국가직 9급 '21]
찻삯^{車-}	차를 타는 데에 드는 비용. 차삯(×).
찻상^{茶床}	차를 마실 때에 찻잔이나 찻종을 올려놓는 상. 차상(×).
찻숟갈^{茶-}	차를 마실 때 쓰는 작은 숟가락. 차숟갈(×).
찻잎^{茶-}	차나무의 잎. 차잎(×).
찻잔^{茶盞}	차를 따라 마시는 잔. 차잔(×).
찻장^{茶欌}	차와 찻잔 또는 과일 따위를 넣어 두는 자그마한 장. 차장(×).
찻종^{茶鍾}	차를 따라 마시는 종지. 차종(×).
찻주전자^{茶酒煎子}	차를 끓이는 데에 쓰는 주전자. 차주전자(×).
찻집^{茶-}	차를 파는 집. 차집(×). [국가직 7급 '12]
창난	명태의 창자. 창란(×).
창난젓	명태 창자에 소금과 고춧가루를 쳐서 만든 젓. 창란젓(×). [서울시 9급 '13]
창능^{昌陵}(×)	'경기도 고양시에 있는 서오릉의 하나'는 '창릉'이 올바른 말이다.
창더^{常德}	중국 후난성^{湖南省} 북부 둥팅호^{洞庭湖}의 서쪽 기슭에 있는 도시. 상덕(×).
창란(×)	'명태의 창자'의 뜻으로 쓰이는 말은 '창난'이 올바른 말이다.
창란젓(×)	'명태의 창자에 소금과 고춧가루를 쳐서 만든 젓'은 '창난젓'이 올바른 말이다.

참고란^{參考欄}
'참고+난^欄'의 형태. '난'은 '구분된 지면' 뜻으로 쓰이는데, '난' 앞에 한자어가 오면 '란'으로 표기하고, 고유어나 외래어가 오면 '난'으로 표기한다. '참고'가 한자어이므로 '참고난'이 아니라 '참고란'으로 표기된 예이다.

참나뭇과^{-科}
'참나뭇과'는 순우리말과 한자어로 된 합성어로서 뒷말의 첫소리가 된소리로 나므로 사이시옷을 붙인다.

찻간^{車間}
예외적으로 사이시옷을 붙이는 두 음절로 된 한자어이다.

찻상^{茶床}
차^茶는 순우리말로 본다. 순우리말과 한자어로 된 합성어로서 앞말이 모음으로 끝난 경우, 뒷말의 첫소리가 된소리로 나는 것은 사이시옷을 붙인다.

찻잔^{茶盞}
차^茶는 순우리말로 본다. 순우리말과 한자어로 된 합성어로서 앞말이 모음으로 끝난 경우, 뒷말의 첫소리가 된소리로 나는 것은 사이시옷을 붙인다.

찻집^{茶-}
차^茶는 순우리말로 본다. 순우리말로 된 합성어로서 앞말이 모음으로 끝난 경우, 뒷말의 첫소리가 된소리로 나는 것은 사이시옷을 붙인다.

ㅊ

| 창릉^{昌陵} | 경기도 고양시에 있는 서오릉의 하나. 창능(×). |

창릉^{昌陵}
'릉^陵'이 단어의 처음에 오거나, 고유어나 외래어 뒤에 올 때는 '능'으로, 그 외는 '릉'으로 표기한다.

창밖^{窓-} ✔️띄어쓰기 창문의 밖. 예 창밖에는 밤새도록 비가 오고 있다. [서울시 9급 '17]

창밖^{窓-}
'창밖'은 한 단어이므로 붙여 쓴다.

창사^{長沙} 후난성^{湖南省}의 성도^{省都}로 중국 둥팅호^{洞庭湖} 남쪽에 있는 도시. 장사(×).

창장강^{長江江} 양쯔강의 다른 이름. 장강(×).

창저우^{常州} 양쯔강 남쪽에 있으며 농산물 거래가 활발한 중국 장쑤성^{江蘇省}의 도시. 상주(×).

창즈^{長治} 모직물, 양조업 따위가 발달한 중국 산시성^{山西省} 남동부에 있는 도시. 장치(×).

창춘^{長春} 철도 교통의 요충지로 중국 쑹화강^{松花江}의 지류에 있는 도시. 장춘.

창피스럽다^{猖披-} 체면이 깎이는 일이나 아니꼬운 일을 당한 데 대한 부끄러운 느낌이 있다.

⚠️오류노트 이 나이에 매일 오줌을 싸다니 창피스런 일이다. → 창피스러운.

창피스럽다^{猖披-}
'창피스럽다'의 어간 '창피스럽-' 뒤에 '-은'이 오면 어간 말음 'ㅂ'이 '우'로 변하므로, '창피스러운'처럼 써야 된다.

찾아보다 ✔️띄어쓰기 ¹어떤 사람을 찾아가서 만나다. 예 그 일에 적당한 사람이 있는지 찾아보자. ²원하는 것을 알기 위하여 검토하거나 조사하다. 예 지식을 함양하기 위해서는 먼저 좋은 책을 찾아보아야 한다. [경찰직 1차 필기 '16]

찾아보다
합성 동사로 한 단어로 간주하여 붙여 쓴다.

채 ✔️띄어쓰기 이미 있는 상태 그대로. 예 옷을 입은 채 호수로 뛰어들었다. [해사 '06]. [대전·충남 교행직 9급 '06]. [지역농협 '12]. [경찰직 '20]

채
의존 명사로 앞말과 띄어 쓴다. 예 공부하다 책상에 앉은 채 잠이 들었다.

채신머리 '채신'을 속되게 이르는 말. 체신머리(×).

채양(×) '처마 끝에 덧대는 지붕. 모자의 앞에 대는 조각'은 '차양'이 올바른 말이다.

채원배^{蔡元培}(×) '신해혁명에 참가하였으며 54 운동 때 학문의 독립과 언론의 자유를 주장한 중국의 학자(1868~1940)'는 '차이위안페이'가 올바른 말이다.

채이다(×) '발길로 참을 당하다'의 뜻으로 쓰이는 말은 '차이다'가 올바른 말이다.

책거리^{冊-} 서당 따위에서 학생이 책 한 권을 다 읽거나 다 베껴 쓴 뒤에 훈장과 동료들에게 한턱내던 일.

책거리^{冊-}
'책씻이'와 함께 복수 표준어이다.

大

책씻이^冊 서당 따위에서 학생이 책 한 권을 다 읽거나 다 베껴 쓴 뒤에 훈장과 동료들에게 한턱내던 일.

처가댁^{妻家宅} 남의 처가를 높여 이르는 말. 처갓댁(×).

> **'처가댁'은 사이시옷을 안 붙이고 '처갓집'은 붙이는 이유는?**
> '처가댁'은 한자어로만 이루어진 합성어이므로 사이시옷을 붙이지 않는다. '처갓집'은 한자어와 우리말로 이루어진 합성어로서 뒷말의 첫소리가 된소리로 나므로 사이시옷을 붙인다.

처가집(×) '아내의 친정'은 '처갓집'이 올바른 말이다.

처갓댁(×) '남의 처가를 높여 이르는 말'은 '처가댁'이 올바른 말이다.

처갓집^{妻家·} 아내의 친정. 처가집(×). [한국어교육검정 '08]

처럼 ✔띄어쓰기 두 대상이 비슷함을 나타내는 비교격 조사. 예 별처럼 아름다운 사랑이여. 마냥(×). [지방직 7급 '16년]

처먹다 욕심 사납게 마구 먹다. 쳐먹다(×).

처지다 ¹위에서 아래로 축 늘어지다. 예 눈꺼풀이 아래로 처졌다. ²감정 따위가 침체되고 잠겨 가라앉다. 예 시험에 낙방하여 의욕이 없고 기분이 처진다. ³뒤에 남게 되거나 뒤로 떨어지다. 예 달리기에서 열심히 뛰었지만 뒤로 처지고 말았다. 쳐지다(×).

척 그럴듯하게 꾸미는 거짓 태도나 모양.

척구^{隻句} 짧은 문구. 척귀(×).

척귀(×) '짧은 문구'는 '척구'가 올바른 말이다.

척하다 ✔띄어쓰기 그럴듯하게 거짓으로 꾸미는 행동을 하다. 체하다. 예 보고도 못 본 척하다.

천년^{千年} ✔띄어쓰기 ¹썩 오랜 세월. 예 천년의 금서^{禁書}. ²어느 세월. 예 매일 부모 속을 썩이는 네가 어느 천년에 효도하겠느냐?

> **'천년^{千年}'의 뜻과 띄어쓰기는 어떻게 다를까?**
> '천년 고도 부여를 여행하였다.'와 같이 '오랜 세월'이라는 뜻으로 쓰일 때는 '천년'으로 붙여 쓴다. '서기 천 년에 우리나라에서 일어난 일'과 같이 '백 년'의 열 배와 같이 구체적으로 수를 나타낼 때는 '천 년'과 같이 띄어 쓴다.

처지다
'처지다'가 맞고 '쳐지다'가 잘못된 것처럼 '뒤처지다'가 맞고 '뒤쳐지다'는 잘못된 말이다. 다만 '물건이 뒤집혀서 젖혀지다'의 뜻으로는 '뒤쳐지다'가 맞는 말이다.

척
'체'와 함께 복수 표준어이다.

척하다
'척하다'는 보조 용언으로, 앞말과 띄어 쓰는 것이 원칙이다. '보고도 못 본척 하다'처럼 잘못 띄어 쓰는 경우가 많으므로 주의하자.

천둥	벼락이나 번개가 칠 때 하늘이 울리며 나는 소리.
천룡산 석굴^{天龍山石窟}(×)	'중국 산시성^{山西省} 타이위안^{太原}시의 톈룽산에 있는 불교 유적'은 '톈룽산 석굴'이 올바른 말이다.
천산로^{天山路}(×)	'비단길의 주요 부분인, 중앙아시아 톈산산맥의 남북을 연결하는 교통로'는 '톈산로'가 올바른 말이다.
천상(×)	'이미 정해진 것처럼 어찌할 수 없이'의 뜻으로 쓰이는 말은 '천생'이 올바른 말이다.
천상(×)	'하늘로부터 타고남. 또는 그런 바탕'은 '천생'이 올바른 말이다.
천생^{天生}	하늘로부터 타고남. 또는 그런 바탕. 천상(×).
천생^{天生}	이미 정해진 것처럼 어찌할 수 없이. [예] 장마로 길이 끊겼으니 천생 걸어가야겠다. 천상(×).
천석군(×)	'천 석을 수확할 정도의 부자'는 '천석꾼'이 올바른 말이다.
천석꾼^{千石-}	천 석을 수확할 정도의 부자. 천석군(×).
천수^{天水}(×)	'중국 간쑤성^{甘肅省} 동남부 웨이수이^{渭水}강에 면하여 있는 도시'는 '톈수이'가 올바른 말이다.
천연덕스럽다^{天然-}	¹생긴 그대로 조금도 거짓이나 꾸밈이 없고 자연스러운 느낌이 있다. ²시치미를 떼고 아무렇지 않은 것처럼 행동하는 면이 있다.

오류노트 계집애는 <u>천연덕스런</u> 낯짝으로 아멘 하고 중얼거리면서 나를 보고 웃었다. → 천연덕스러운.

천연스럽다^{天然-}	¹생긴 그대로 조금도 거짓이나 꾸밈이 없고 자연스러운 느낌이 있다. ²시치미를 떼고 아무렇지 않은 것처럼 행동하는 면이 있다.
천장^{天障}	지붕의 안쪽. 천정(×). [법원직 9급 '12]. [국회 8급 '12]
천장부지(×)	'물가 따위가 내리지는 않고 한없이 오르는 것을 비유하여 이르는 말'은 '천정부지'가 올바른 말이다.
천정(×)	'지붕의 안쪽'의 뜻으로 쓰이는 말은 '천장'이 올바른 말이다.
천정부지^{天井不知}	물가 따위가 내리지 않고 한없이 오르는 것을 비유하여 이르는 말. 천장부지(×).
천주^{泉州}(×)	'중국 푸젠성^{福建省} 대만 해협에 있는 항구 도시'는 '취안저우'가 올바른 말이다.

천진^{天津}(×)	'화베이^{華北} 수운의 중심지인 중국 허베이성^{河北省}에 있는 도시'는 '톈진'이 올바른 말이다.
천천이(×)	'행동이나 성질이 급하지 아니하고 느리게'의 뜻으로 쓰이는 말은 '천천히'가 올바른 말이다.
천천히	행동이나 성질이 급하지 아니하고 느리게. 천천이(×).
천청^{陳誠}	중국 각 전구^{戰區}의 사령관을 지냈으며 공산군과의 내전에 공을 세운 군인·정치가(1897~1965). 진성(×).
천칭^{天秤}	양쪽 끝에 저울판을 달고 한쪽에 달 물건을 놓고 다른 쪽에 추를 놓아 평평하게 하여 물건의 무게를 다는 저울. 천평(×).
천태산^{天台山}(×)	'수나라 때에 지의가 천태종을 개설한 곳으로, 중국 저장성^{浙江省} 톈타이현^縣에 있는 산'은 '톈타이산'이 올바른 말이다.
천평(×)	'양쪽 끝에 저울판을 달고 한쪽에 달 물건을 놓고 다른 쪽에 추를 놓아 평평하게 하여 물건의 무게를 다는 저울'은 '천칭'이 올바른 말이다.
철따구니	사리를 분별할 수 있는 능력. 철때기(×). [서울시 7급 '11]
철딱서니	사리를 분별할 수 있는 능력.
철때기(×)	'사리를 분별할 수 있는 능력'은 '철따구니'가 올바른 말이다.
철령^{鐵嶺}	'중국 랴오닝성^{遼寧省} 랴오허^{遼河}강 동쪽에 있는 도시'는 '톄링'이 올바른 말이다.
철로둑(×)	'철도가 놓여 있는 둑'은 '철롯둑'이 올바른 말이다.
철롯둑^{鐵路-}	철도가 놓여 있는 둑. 철로둑(×).
첫돌	아기가 태어난 지 1년 되는 날. 또는 어떤 일이 일어난 후 1년 되는 날. 첫돐(×).
첫돐(×)	'아기가 태어난 지 1년 되는 날. 또는 어떤 일이 일어난 후 1년 되는 날'은 '첫돌'이 올바른 말이다.
첫물(×)	'곡식, 과일 따위를 수확할 때 그해 들어 제일 처음 거두어들인 것'은 '맏물'이 올바른 말이다.
청더^{承德}	중국 허베이성^{河北省} 북부 러허강^{熱河江} 서쪽 기슭에 있는 도시. 승덕(×).
청두^{成都}	중국 쓰촨^{四川} 분지 서부에 있는 도시. 성도(×).

大

천천히
'천천하다'처럼 '-하다'가 붙는 어근 뒤에서 '-히'가 오는 경우이다.

천칭^{天秤}
'천평칭^{天平秤}'과 동의어로 쓰인다.

철따구니
'철딱서니'와 함께 복수 표준어이다.

철딱서니
'철따구니'와 함께 복수 표준어이다.

철롯둑^{鐵路-}
한자어와 순우리말로 된 합성어로 앞말이 모음으로 끝나고, 뒷말의 첫소리가 된소리로 나므로 사이시옷을 붙인다.

청약률請約率	아파트나 택지 따위의 분양 계약금을 낸 사람들이 전체 물량에서 차지하는 비율. 청약율(×).
청약율(×)	'아파트나 택지 따위의 분양 계약금을 낸 사람들이 전체 물량에서 차지하는 비율'은 '청약률'이 올바른 말이다.
청자빛(×)	'청자의 빛깔과 같이 푸른 빛'은 '청잣빛'이 올바른 말이다.
청잣빛青瓷-	청자의 빛깔과 같이 푸른 빛. 청자빛(×).
청해성青海省(×)	'중국 서쪽, 티베트 고원 북동쪽에 있는 성'은 '칭하이성'이 올바른 말이다.
체	그럴듯하게 꾸미는 거짓 태도나 모양. 예 알면서도 모르는 체 딴전을 부리는 저 친구 좀 보게.
체바퀴(×)	'체의 몸이 되는 부분'은 '쳇바퀴'가 올바른 말이다.
체신머리(×)	'채신을 속되게 이르는 말'은 '채신머리'가 올바른 말이다.
체장이(×)	'기구로 목구멍을 쑤시거나 손으로 배를 문지르거나 하여 체증을 내리게 하는 일을 직업으로 하는 사람'은 '체쟁이'가 올바른 말이다.
체쟁이滯-	기구로 목구멍을 쑤시거나 손으로 배를 문지르거나 하여 체증을 내리게 하는 일을 직업으로 하는 사람. 체장이(×).
체하다	(✓띄어쓰기) 그럴듯하게 거짓으로 꾸미는 행동을 하다. 척하다. 예 몸이 아픈 체하다. [법원직 9급 '11]. [경찰직 '20]
첸쉬안퉁錢玄同	중국 고전을 비판하고 문자 개혁과 로마자 운동에 힘쓴 중화민국의 학자(1887~1939). 전현동(×).
첸탕강錢唐江	중국 저장성浙江省 북부를 흐르는 강. 전당강(×). [서울시 지방직 7급 '16]
쳇바퀴	체의 몸이 되는 부분. 체바퀴(×). [서울시 지방직 7급 '16]
쳐먹다(×)	'욕심 사납게 마구 먹다'는 '처먹다'가 올바른 말이다.
쳐지다(×)	'아래로 늘어지다. 감정이나 기분이 침체되다. 남보다 떨어지다'의 뜻으로 쓰이는 말은 '처지다'가 올바른 말이다.
초-	(✓띄어쓰기) 어떤 범위를 넘어선. 정도가 심한. 예 초고온./초만원.

청약률請約率
'청약+율/률率'의 형태. 앞말이 받침이 없거나(모음) 'ㄴ' 받침 뒤에서는 '율'을 쓴다. 그 외에는 '률'을 쓴다. '청약'의 '약'이 'ㄱ' 받침으로 끝나는 경우이므로 '률'을 써서 '청약률'처럼 나타낸다.

청잣빛青瓷-
한자어와 순우리말로 된 합성어로 앞말이 모음으로 끝나고, 뒷말의 첫소리가 된소리로 나므로 사이시옷을 붙인다.

체
'척'과 함께 복수 표준어이다.

체하다
'체하다'는 보조 용언으로, 앞말과 띄어 쓰는 것이 원칙이다. '몸이 아픈체 하다'처럼 잘못 띄어 쓰는 경우가 많으므로 주의하자.

쳇바퀴
순우리말로 된 합성어로서 앞말이 모음으로 끝난 경우, 뒷말의 첫소리가 된소리로 나는 것은 사이시옷을 붙인다.

초-
'초-'는 뒷말과 붙여 쓰는 접두사이다.

초가삼간草家三間	세 칸밖에 안 되는 초가라는 뜻에서, 아주 작은 집을 이르는 말. 초가삼칸(×).
초가삼칸(×)	'세 칸밖에 안 되는 초가라는 뜻에서, 아주 작은 집을 이르는 말'은 '초가삼간'이 올바른 말이다.
초가집	볏짚 따위로 지붕을 인 집. 초갓집(×).
초갓집草家(×)	'볏짚 따위로 지붕을 인 집'은 '초가집'이 올바른 말이다.
초국(×)	'초를 친 냉국이나 지나치게 신 음식'은 '촛국'이 올바른 말이다.
초기값(×)	'미분 방정식의 초기 조건에서, 지정된 풀이가 취해야 하는 값'은 '초깃값'이 올바른 말이다.
초깃값初期-	미분 방정식의 초기 조건에서, 지정된 풀이가 취해야 하는 값. 초기값(×).
초닷새날(×)	'그달의 다섯째 날'은 '초닷샛날'이 올바른 말이다.
초닷샛날初-	그달의 다섯째 날. 초닷새날(×).
초대장招待狀	초대하는 내용을 적은 글. 예 생일에 참석해 달라는 초대장을 받았다. 초댓장(×).
초댓장(×)	'초대하는 내용을 적은 글'은 '초대장'이 올바른 말이다.
초등학교初等學校	✔띄어쓰기 아동들에게 기본적인 교육을 실시하기 위한 학교.
초생달(×)	'초승에 뜨는 눈썹처럼 가는 모양의 조각달'은 '초승달'이 올바른 말이다.
초승달初▽生-	초승에 뜨는 눈썹처럼 가는 모양의 조각달. 초생달(×).
초점焦點	[1]빛이 들어와 반사, 굴절한 광선이 모이는 점. 예 초점이 흐려 사진이 잘 안 나왔다. [2]사람들의 관심이 모아지는 사물의 중심이나 문제점. 예 논란의 초점은 네가 너무 소극적으로 행동한다는 점이다. 촛점(×). [한국어교육검정 '06]. [삼성직무적성 '06]. [선관위 '08]. [지방직 9급 '10]. [공사·공단 언어 능력]
초점거리焦點-	볼록 렌즈나 구면경 따위의 중심에서 초점까지의 거리. 촛점거리(×).
초콜렛(×)	'향료, 버터, 설탕 따위를 코코아 가루와 섞고 굳혀서 만든 과자'의 뜻으로 쓰이는 말은 '초콜릿'이 올바른 말이다.

초가삼간草家三間
'초가삼간'의 '간'은 '間'의 원래 발음을 유지하고 있으므로 '간'으로 표기한다.

초깃값初期-
한자어와 순우리말로 된 합성어로 앞말이 모음으로 끝나고, 뒷말의 첫소리가 된소리로 나므로 사이시옷을 붙인다.

초대장招待狀
한자어로만 이루어진 합성어이므로 사이시옷을 붙이지 않는다.

초등학교初等學校
'초등학교'는 한 단어이므로 붙여 쓴다.

초승달
'초승달'은 '초생달'에서 비롯되었지만 널리 쓰이는 '초승달'을 표준어로 정하였다.

초점焦點
한자어로만 이루어진 합성어이므로 사이시옷을 붙이지 않는다.

초콜릿chocolate	향료, 버터, 설탕 따위를 코코아 가루와 섞고 굳혀서 만든 과자. 초콜렛(×). [대전·충남 교행직 9급 '06]. [서울시 9급 '10]. [지방직 9급 '13]. [지방직 7급 '16]. [경찰직 '20]
초하루날(×)	'그달의 첫째 날'은 '초하룻날'이 올바른 말이다.
초하룻날初-	그달의 첫째 날. 초하루날(×).
촉촉이	물기가 있어서 약간 젖은 듯하게. 촉촉히(×).
촉촉히(×)	'물기가 있어서 약간 젖은 듯하게'의 뜻으로 쓰이는 말은 '촉촉이'가 올바른 말이다.
촌데기(×)	'시골에 사는 사람을 낮잡아 이르는 말'은 '촌뜨기'가 올바른 말이다.
촌뜨기村-	시골에 사는 사람을 낮잡아 이르는 말. 촌데기(×).
촛국醋-	초를 친 냉국이나 지나치게 신 음식. 초국(×).
촛농-膿	초가 탈 때에 녹아서 흐르는 기름. 촛물(×).
촛물(×)	'초가 탈 때에 녹아서 흐르는 기름'은 '촛농'이 올바른 말이다.
촛점(×)	'빛이 들어와 반사, 굴절한 광선이 모이는 점. 사람들의 관심이 모아지는 사물의 중심이나 문제점'은 '초점'이 올바른 말이다. [KBS한국어 '07]
촛점거리(×)	'볼록 렌즈나 구면경 따위의 중심에서 초점까지의 거리'는 '초점거리'가 올바른 말이다.
총總	✔ **띄어쓰기** [1]'전체를 아우르는' 또는 '전체를 합한'의 뜻을 나타내는 접두사. 예 총공격/총인원. [2]모두 합하여 몇임을 나타내는 관형사. 예 시험에 응시한 어린이가 총 이백 명이다.
총각무總角-	무청이 달린 채로 김치를 담그는, 뿌리가 잔 어린 무. 알타리무(×).
총각미역(×)	'낱올로 된 것을 한 줌 안에 들어올 만큼씩 모아서 잡아맨 미역'은 '꼭지미역'이 올바른 말이다.
총잡이銃-	총을 잘 쏘는 사람. 총잽이(×).
총잽이(×)	'총을 잘 쏘는 사람'은 '총잡이'가 올바른 말이다.
최대값(×)	'실수 값을 취하는 함수가 그 정의구역 안에서 취하는 가장 큰 값'은 '최댓값'이 올바른 말이다.
최댓값最大-	실수 값을 취하는 함수가 그 정의구역 안에서 취하는 가장 큰 값. 최대값(×). [국회 8급 '12]

초하룻날初-
'초하룻날'의 '하룻-'과 같은 형태로 적는 단어에는 '하룻길, 하룻날, 하룻밤' 등이 있다.

촉촉이
'ㄱ' 받침 뒤에서 '이'로 적는 경우이다.

촌뜨기村-
'-뜨기'는 '부정적 속성을 가진 사람'의 뜻을 더하는 말이다.

촛농-膿
순우리말과 한자어로 된 합성어로서 뒷말의 첫소리 ㄴ 앞에서 'ㄴ' 소리가 덧나므로 사이시옷을 붙인다.

'촛점'이 잘못된 표기인 이유
'초점焦點'은 한자어로만 이루어진 합성어이므로 사이시옷이 들어가지 않는다.

총總
[1]처럼 접두사인 경우 뒷말과 붙여 쓰고, [2]처럼 관형사인 경우 뒷말과 띄어 쓴다.

총각무總角-
고유어 계열보다 한자어 계열의 단어가 널리 쓰이면 한자어 계열의 단어를 표준어로 삼는다.

최댓값最大-
한자어와 순우리말로 된 합성어로서 뒷말의 첫소리가 된소리로 나므로 사이시옷을 붙인다.

大

최소값(×) '실수 값을 취하는 함수가 그 정의구역 안에서 취하는 가장 작은 값'은 '최솟값'이 올바른 말이다.

최솟값^{最小} 실수 값을 취하는 함수가 그 정의구역 안에서 취하는 가장 작은 값. 최소값(×).

최저값(×) '최저 수준일 때의 값'은 '최젓값'이 올바른 말이다.

최젓값^{最低} 최저 수준일 때의 값. 최저값(×).

추고^{推敲}(×) '글을 지을 때 여러 번 생각하여 고치고 다듬음'의 뜻으로 쓰이는 말은 '퇴고'가 올바른 말이다.

추근거리다 조금 성가실 정도로 은근히 자꾸 귀찮게 굴다. [비교] 치근거리다.

추돌^{追突} 기차, 자동차 따위가 뒤에서 들이받음.

추스르다 ¹옷 따위를 추어올려서 다루다. [예] 바지춤을 추스르다. ²몸을 가누어 움직이다. [예] 어머니는 아들이 행방불명되었다는 소식에 일주일째 몸을 추스르지 못하고 있다. ³일을 바로잡아 처리하다. [예] 이번 사건을 잘 추스르면 너는 능력을 인정받아 크게 대우를 받을 것이다. 추스리다·추슬르다(×).

추스리다, 추슬르다(×) '옷 따위를 추어올려 다루다. 몸을 가누어 움직이다. 일을 바로잡아 처리하다'의 뜻으로 쓰이는 말은 '추스르다'가 올바른 말이다.

> [오류노트] 쌀가마니를 가볍게 추슬려 메다. → 추슬러.

'추스르다'의 활용형과 '추스리다'의 활용형의 차이점은?

'추스르다'는 어간 끝 음절 '르'가 어미 '-아, -어' 앞에서 'ㄹㄹ'로 바뀌는 '르' 불규칙 동사이다. 따라서 '추스르니, 추스르고, 추슬러' 등으로 활용한다. '추스리다'는 비표준어이므로 활용 형태인 '추스리니, 추스리고, 추스려'는 잘못된 표기이다. '추슬르다'도 비표준어이므로 활용 형태인 '추슬르니, 추슬르고, 추슬러' 역시 잘못된 표기이다.

추어올리다 ¹위로 끌어 올리다. ²정도 이상으로 칭찬하여 주다. [예] 일을 잘한다고 추어올렸더니 이제는 안하무인격으로 대한다. [지방직 9급 '10]

추켜세우다 위로 치올려 세우다. [예] 눈썹을 추켜세우다.

추켜올리다 위로 솟구어 올리다. [예] 흘러내리는 바지를 추켜올리다.

최솟값^{最小}
한자어와 순우리말로 된 합성어로서 뒷말의 첫소리가 된소리로 나므로 사이시옷을 붙인다.

최젓값^{最低}
한자어와 순우리말로 된 합성어로서 뒷말의 첫소리가 된소리로 나므로 사이시옷을 붙인다.

추근거리다
'추근거리다'는 새로 표준어로 지정된 말이다.

추돌^{追突}
'충돌'^{衝突}은 두 차가 서로 마주 보고 받는 것을, '추돌'은 뒤의 차가 앞의 차를 받는 것을 뜻한다.

'추스리다'와 '추슬르다'
'추스리다'와 '추슬르다'는 잘못된 말이므로 이들의 활용형도 잘못된 말이다.

축가다	일정한 수나 양에서 모자람이 생기다. 축나다.
축나다	일정한 수나 양에서 모자람이 생기다. 축가다.
출생률^{出生率}	전체 인구 중 일정 기간 동안 출생한 사람의 수가 차지하는 비율. 출생율(×).
출생율(×)	'전체 인구 중 일정 기간 동안 출생한 사람의 수가 차지하는 비율'은 '출생률'이 올바른 말이다.
출석률^{出席率}	출석해야 할 사람 중 실제로 출석한 사람의 비율. 출석율(×).
출석율(×)	'출석해야 할 사람 중 실제로 출석한 사람의 비율'은 '출석률'이 올바른 말이다.
충돌^{衝突}	서로 맞부딪침. 예 마주 오던 차가 서로 충돌하였다. 비교 추돌.
충산^{瓊山}	중국 하이난성^{海南省} 하이커우시^{海口市}의 구^區 이름. 경산(×).
충전률(×)	'어떤 공간의 입자 따위의 충전 정도를 나타내는 비율'은 '충전율'이 올바른 말이다.
충전율^{充塡率}	어떤 공간의 입자 따위의 충전 정도를 나타내는 비율. 충전률(×).
충칭^{重慶}	중국 쓰촨성^{四川省} 동부, 양쯔강^{揚子江}과 자링강^{嘉陵江}이 만나는 곳에 있는 도시. 중경(×).
취안저우^{泉州}	중국 푸젠성^{福建省} 대만 해협의 항구 도시. 천주(×).
취업률^{就業率}	취직해야 할 사람 중에서 취직한 사람의 비율. 취업율(×). [국가직 7급 '10]
취업율(×)	'취직해야 할 사람 중에서 취직한 사람의 비율'은 '취업률'이 올바른 말이다.
취푸^{曲阜}	중국 산둥성^{山東省} 서부 쓰수이^{泗水}강 남쪽 기슭에 있는 도시. 곡부(×).
취학률^{就學率}	학교에 다녀야 될 어린이 중 실제 취학한 어린이의 비율. 취학율(×).
취학율(×)	'학교에 다녀야 될 어린이 중 실제 취학한 어린이의 비율'은 '취학률'이 올바른 말이다.
츠저우^{磁州}	중국 허베이성^{河北省} 츠현^{磁縣} 펑청전^{彭城鎭}에 있는 도자기를 굽던 가마터. 자주(×).
츠펑^{赤峯}	농산물 집산이 활발하며 교통의 요충지인 중국 러허성^{熱河省} 중부의 도시. 적봉(×).

축가다
'축나다'와 함께 복수 표준어이다.

축나다
'축가다'와 함께 복수 표준어이다.

출석률^{出席率}
'출석+율/률^率'의 형태. 앞말이 받침이 없거나(모음) 'ㄴ' 받침 뒤에서는 '율'을 쓴다. 그 외에는 '률'을 쓴다. '출석'의 '석'이 'ㄱ' 받침으로 끝나는 경우이므로 '률'을 써서 '출석률'처럼 나타낸다.

취업률^{就業率}
'취업+율/률^率'의 형태. 앞말이 받침이 없거나(모음) 'ㄴ' 받침 뒤에서는 '율'을 쓴다. 그 외에는 '률'을 쓴다. '취업'의 '업'이 'ㅂ' 받침으로 끝나는 경우이므로 '률'을 써서 '취업률'처럼 나타낸다.

측^側

✓띄어쓰기 어떤 무리의 한쪽. 예 대회를 개최한 측./조합 측에서 동의를 할지 모르겠다./ 협회 측의 결정에 따르자.

치

✓띄어쓰기 일정한 몫이나 양. 예 한 달 치 월급.

치고

✓띄어쓰기 ¹'예외 없이 전부'의 뜻을 나타내는 말. 예 이 마을 사람치고 장수하지 않는 사람은 없다. ²'예외적으로'의 뜻을 나타내는 말. 예 어린아이치고는 제법 잘한다.

치근거리다

성가실 정도로 은근히 자꾸 귀찮게 굴다.

치다

차나 수레 따위가 사람을 강한 힘으로 부딪고 지나가다.

✏오류노트 노루가 차에 <u>치었으나</u> 다행히도 안 다쳤다. → 치였으나.

노루가 차에 '치다'일까 '치이다'일까?
'치다'는 주어 자신이 행하는 동작을 나타내는 동사로 '치고, 치니, 치어, 치었으니'와 같이 활용한다. 피동사 '치이다'는 '치이고, 치이니, 치이어(치여), 치였으니'와 같이 활용한다. 문맥으로 볼 때 노루가 차를 일부러 들이받은 것이 아니므로 '치다'가 아니라 '치이다'가 맞다.

치다꺼리

¹일을 치러 내는 일. 예 없는 집에서 손님들의 치다꺼리를 하는 일이 쉽지는 않다. ²남을 도와서 거들어 주는 일. 예 고소 사건의 치다꺼리를 맡다. 치닥거리(×).
[한국어교육검정 '10]

치닥거리(×)

'일을 치러 내는 일. 남을 도와서 거들어 주는 일'은 '치다꺼리'가 올바른 말이다.

치떠보다(×)

'눈을 치뜨고 노려보다'의 뜻으로 쓰이는 말은 '칩떠보다'가 올바른 말이다.

치레말(×)

'인사치레로 하는 말'은 '치렛말'이 올바른 말이다.

치렛말

인사치레로 하는 말. 예 치렛말을 일상적으로 쓰는 사람 치고 진실한 사람은 없다. 치레말(×).

치롄^{祁連}

중국 간쑤성^{甘肅省} 서쪽 치롄 산 지역. 기련(×).

치롄산^{祁連山}

중국 간쑤성^{甘肅省} 서쪽에 있는 산. 기련산(×).

치루다(×)

'남에게 주어야 할 돈을 내주다. 어떤 일을 겪어 내다'의 뜻으로 쓰이는 말은 '치르다'가 올바른 말이다.

측^側
'측'은 의존 명사로 앞말과 띄어 쓴다. 다만, '상대측', '서방측' 등은 한 단어로 보아 붙여 쓴다.

치
'치'는 의존 명사이므로 앞말과 띄어 쓴다.

치고
'치고'는 보조사이므로 앞말과 붙여 쓴다.

치근거리다
'추근거리다'보다 정도가 강한 것이 '치근거리다'이다. 추근거리다는 '조금 성가실 정도로 은근히 자꾸 귀찮게 굴다'의 뜻이 있다.

치다꺼리
비슷한 발음의 몇 형태가 쓰일 경우, 의미 차이가 없고 그중 하나가 더 널리 쓰이면, 그 한 형태만을 표준어로 삼는다는 규정에 따라 '치닥거리'를 버리고, '치다꺼리'를 표준어로 삼았다.

치렛말
순우리말로 된 합성어로서 앞말이 모음으로 끝난 경우, 뒷말의 첫소리 'ㅁ' 앞에서 'ㄴ' 소리가 덧나므로 '치렛말'처럼 사이시옷을 붙인다.

치르다

¹남에게 주어야 할 돈을 내주다. 예 물건 값을 치르다. ²어떤 일을 겪어 내다. 예 잔치를 치르다. 치루다(×).

⚠️오류노트 덕분에 아들 돌잔치를 무사히 <u>치뤘습니다.</u> → 치렀습니다. [지방직 9급 '08]. [경북교육 9급 '10]. [지방직 9급 '13]. [지방직 9급 '16]

'치르다'는 맞고 '치루다'는 틀리는 말
기본형이 '치르다'이므로 '치르+었+습니다' → '치렀습니다'로 표기되어야 한다. 기본형을 '치루다'로 잘못 생각하면 '치루+었+습니다' → '치뤘습니다'로 잘못 표기하기 쉬우므로 주의하자.

치마단(×)
'치마의 가장자리에 대는 옷단'은 '치맛단'이 올바른 말이다.

치마바람(×)
'여자의 드세고 적극적인 활동을 비유하는 말'은 '치맛바람'이 올바른 말이다.

치마아제^{zymase}
당류를 발효시켜 알코올과 이산화탄소를 만들 수 있는 효소. 찌마아제·찌메이스(×).

치마자락(×)
'치마폭의 늘어진 부분'은 '치맛자락'이 올바른 말이다.

치마주름(×)
'치마허리를 치마폭에 달 때 잡는 주름'은 '치맛주름'이 올바른 말이다.

치맛단
치마의 가장자리에 대는 옷단. 치마단(×).

치맛바람
여자의 드세고 적극적인 활동을 비유하는 말. 치마바람(×).

치맛자락
치마폭의 늘어진 부분. 치마자락(×).

치맛주름
치마허리를 치마폭에 달 때 잡는 주름. 치마주름(×).

치메이스^{zymase}
당류를 발효시켜 알코올과 이산화탄소를 만들 수 있는 효소. 찌마아제·찌메이스(×).

치산산^{岐山山}
중국 산시성^{陝西省}에 있는 산. 기산(×).

치양^{岐陽}
중국 산시성^{陝西省}의 치산산^{岐山山} 남쪽에 있는 지역. 기양(×).

치켜세우다
¹옷깃이나 눈썹 등을 위로 올리다. ²남을 칭찬하다. [서울시 9급 '16]

친친
꼭꼭 여러 번 감거나 동여매는 모양. 예 칡넝쿨이 밤나무를 친친 감고 올라갔다./다친 허리에 붕대를 친친 감았다. 칭칭.

치르다
흔히 '치루다'로 잘못 쓰기 쉬운 말이므로 주의하자.

치마아제^{zymase}
'치마아제'는 '치메이스'와 동의어로 쓰인다.

치맛바람
순우리말로 된 합성어로서 뒷말의 첫소리가 된소리로 나므로 사이시옷을 붙인다.

치메이스^{zymase}
'치메이스'는 '치마아제'와 동의어로 쓰인다.

치켜세우다
'위로 올리다'의 뜻으로는 '치켜세우다'와 '추켜세우다'를 모두 쓸 수 있다. 그러나 '남을 칭찬하다'의 뜻으로는 '치켜세우다'는 쓸 수 있지만 '추켜세우다'로 쓰면 틀린 말이된다.

친친
'칭칭'과 함께 복수 표준어이다.

친황다오秦皇島   중국 허베이성河北省의 항구 도시. 진황도(×).

칠삭동이(×)   '임신 후 일곱 달 만에 태어난 아이. 둔하고 바보 같은 사람을 조롱하여 이르는 말'은 '칠삭둥이'가 올바른 말이다.

칠삭둥이七朔-   [1]임신한 후 일곱 달 만에 태어난 아이. [2]둔하고 바보 같은 사람을 조롱하여 이르는 말. 칠삭동이(×).

칠장이漆-   칠하는 일을 직업으로 삼는 사람. 칠쟁이(×).

칠쟁이(×)   '칠하는 일을 직업으로 삼는 사람'은 '칠장이'가 올바른 말이다.

칠흑漆黑   옻칠처럼 검고 광택이 있음. 또는 그런 빛깔. 칠흙(×). [서울시 9급 '10]

칠흙(×)   '옻칠처럼 검고 광택이 있음. 또는 그런 빛깔'은 '칠흑'이 올바른 말이다.

칡범   몸에 칡덩굴 같은 무늬가 있는 범. 갈범(×).

침놓다   병을 다스리려고 침을 몸의 혈에 찌르다.

침장이(×)   '침의를 낮잡아 이르는 말'은 '침쟁이'가 올바른 말이다.

침쟁이鍼-   '침의鍼醫'를 낮잡아 이르는 말. 침장이(×). [서울시 7급 '11]

침주다   병을 다스리려고 침을 몸의 혈에 찌르다.

칩떠보다   눈을 치뜨고 노려보다. 예 화가 난 친구가 칩떠보고 있다. 치떠보다(×).

칫솔齒-   이를 닦는 솔. 잇솔(×).

칭기즈 칸 Chingiz Khan   동서양에 걸친 대제국을 건설한 몽골 제국의 제1대 왕. 징기스칸(×).

칭칭   꼭꼭 여러 번 감거나 동여매는 모양. 예 팔목에 붕대를 칭칭 감다. 친친.

칭하이성青海省   중국 서쪽, 티베트고원 북동쪽의 성. 청해성(×).

칠삭둥이七朔-
'-둥이'는 '그러한 성질이 있거나 그와 긴밀한 관련이 있는 사람'의 뜻을 더하는 말이다.

칠장이漆-
'그것과 관련된 기술을 가진 사람'의 뜻을 더하는 말은 '-장이'이다.

침놓다
'침주다'와 함께 복수 표준어이다.

침주다
'침놓다'와 함께 복수 표준어이다.

칫솔
고유어 계열보다 한자어 계열의 단어가 널리 쓰이면 한자어 계열의 단어를 표준어로 삼는다.

칭칭
'친친'과 함께 복수 표준어이다.

ㅋ **키읔.**

- 한글 자모의 열한째. 자음의 하나.
- 목젖으로 콧길을 막고 혀뿌리를 높여 연구개 뒤쪽에 붙여 입길을
  막았다 떼면서 거세게 나는 소리이다.
- 받침으로 쓰일 때는 혀뿌리를 떼지 않아 'ㄱ'과 같아진다.

카디건^{cardigan} 앞자락이 틔어 단추로 채우게 되어 있는 털로 짠 스웨터. 가디건(×).

카라(×) '양복이나 와이셔츠 따위의 깃'은 '칼라'가 올바른 말이다.

> ✏️ **오류노트** 와이셔츠는 <u>카라</u> 부분이 때가 타기 쉽다. →
> 칼라.

카렌다(×) '달력'의 뜻으로 쓰이는 말은 '캘린더'가 올바른 말이다.

카르복실기^{carboxyl基} COOH로 나타내는 일가^{一價}의 기^基.

카무플라주^{camouflage} 불리하거나 부끄러운 것을 고의로 꾸미거나 감추는 일. 캄푸라치·캄플라지(×).

카복시기^{carboxy基} COOH로 나타내는 일가^{一價}의 기^基. 카르복시기·카르복실기.

카세인^{casein} 포유류의 젖 속에 들어 있는 단백질의 80%를 차지하는 인단백질의 하나. 카제인(×).

카운셀링(×) '심리적인 문제나 고민이 있는 사람에게 실시하는 상담 활동'은 '카운슬링'이 올바른 말이다.

카운슬링^{counseling} 심리적인 문제나 고민이 있는 사람에게 실시하는 상담 활동. 카운셀링(×).

카제인(×) '포유류의 젖 속에 들어 있는 단백질의 80%를 차지하는 인단백질의 하나'는 '카세인'이 올바른 말이다.

카추샤(×) '미국 육군에 배속되어, 한국에 주둔하는 한국 군인'은 '카투사'가 올바른 말이다.

카타로그(×) '상품 안내용 소책자'는 '카탈로그'가 올바른 말이다.

카탈라아제^{Katalase} 과산화수소를 물과 산소로 분해하는 효소.

카탈레이스^{catalase} 과산화수소를 물과 산소로 분해하는 효소.

카탈로그^{catalog} 상품 안내용 소책자. 카타로그(×).

카텐(×) '빛을 가리거나 사생활 보호 따위의 목적으로 창이나 문 등에 치는 휘장'은 '커튼'이 올바른 말이다.

카톨릭(×) '가톨릭교나 가톨릭교회, 가톨릭교도'의 뜻으로 쓰이는 말은 '가톨릭'이 올바른 말이다.

카톨릭교(×) '그리스도의 정통 교의를 믿는 종교. 로마 가톨릭교와 그리스 정교로 나뉨'의 뜻으로 쓰이는 말은 '가톨릭교'가 올바른 말이다.

카디건
흔히 '가디건'으로 잘못 쓰기 쉬우므로 주의하자.

카르복실기^{carboxyl基}
'카복시기', '카르복시기'와 동의어로 쓰인다.

카세인^{casein}
'카제인'으로 잘못 쓰기 쉬우므로 주의하자.

카탈라아제^{Katalase}
'카탈레이스'와 동의어로 쓰인다.

카탈레이스^{catalase}
'카탈라아제'와 동의어로 쓰인다.

'카톨릭'으로 표기하지 않는 이유
원어가 catholic이므로 '카톨릭'이라고 생각하기 쉽지만, 전문 분야에서 쓰이는 관용을 인정하여 '가톨릭'으로 표기한다.

카투사^{KATUSA} 미국 육군에 배속되어, 한국에 주둔하는 한국 군인. 카추샤(×).

카페^{café} 커피나 술 혹은 가벼운 서양 음식을 파는 가게. 까페(×). [서울시 7급 '10]. [서울시 9급 '13]

카페트(×) '짐승의 털을 베실에 박아 짜서 실내의 바닥에 깔개로 쓰는 피륙'은 '카펫'이 올바른 말이다.

카펫^{carpet} 짐승의 털을 베실에 박아 짜서 실내의 바닥에 깔개로 쓰는 피륙. 양탄자. 카페트(×). [국회 8급 '12]

칸 건물이나 기차 안, 책장 따위의 일정한 규격으로 둘러막아 생긴 공간. 사방을 둘러막은 선의 안쪽. 집의 칸살의 수효를 세는 단위. 간(×).

칸막이 둘러싸인 공간을 가로질러 막음. 또는 막은 물건. 간막이(×).

칸살 일정한 간격으로 어떤 건물이나 물건에 사이를 갈라서 나누는 살. 간살(×).

칸수 집의 칸살의 수효. 간수(×).

칼라(×) '빛깔이 있는 것. 빛깔. 색깔'의 뜻으로 쓰이는 말은 '컬러'가 올바른 말이다.

칼라^{collar} 양복이나 와이셔츠 따위의 깃. 카라(×).

칼럼^{column} 신문, 잡지 따위의 특별 기고. 컬럼(×).

칼로리량(×) '칼로리의 양'은 '칼로리양'이 올바른 말이다.

칼로리양^{calorie量} 칼로리의 양. 칼로리량(×).

칼치(×) '갈칫과의 바닷물고기'는 '갈치'가 올바른 말이다.

캄푸라치, 캄플라지(×) '불리하거나 부끄러운 것을 고의로 꾸미거나 감추는 일'은 '카무플라주'가 올바른 말이다.

캉가루(×) '새끼를 암컷의 육아낭에 넣어 젖을 먹여 기르는 캥거루과의 포유동물'은 '캥거루'가 올바른 말이다.

캉딩^{康定} 중국 쓰촨성^{四川省} 서부에 있는 도시. 강정(×).

캉성^{康生} 산둥성^{山東省} 주석을 지냈으며, 1973년 공산당 부주석이 된 중국의 정치가. 강생(×).

캐러멜^{caramel} 우유, 초콜릿, 커피 따위에 향료를 넣고 고아서 굳힌 것으로, 네모나게 잘라 종이에 싸서 파는 과자. 캬라멜(×).

카페^{café}
외국어 표기 시 유성 파열음은 평음(ㄱ, ㄷ, ㅂ)으로, 무성 파열음은 격음(ㅋ, ㅌ, ㅍ)으로 표기한다. 그러므로 '까페'가 아니라 '카페'로 표기한다.

칸
'간'은 잘못된 표기이다. 따라서 '간막이'도 잘못된 표기이다.

칼라^{collar}
'칼라'가 '와이셔츠의 깃'의 뜻으로는 맞는 말이지만 '빛깔'이나 '색깔'의 뜻으로는 잘못된 말이므로 주의하자.

칼로리양^{calorie量}
분량이나 수량을 나타내는 '量'이 고유어나 외래어 뒤에 올 경우는 '양'으로, 한자어 다음에 올 때는 '량'으로 표기된다.

캐러멜^{caramel}
흔히 '캬라멜'로 잘못 쓰는 경우가 있으므로 주의하자.

캐러트(×)	'보석의 무게의 단위. 205mg이 1캐럿'은 '캐럿'이 올바른 말이다.
캐럴^{carol}	크리스마스에 부르는, 성탄 축하 노래. 캐롤(×). [서울시 9급 '10]
캐럿^{carat}	보석의 무게의 단위. 205mg이 1캐럿. 캐러트(×).
캐롤(×)	'크리스마스에 부르는, 성탄 축하 노래'는 '캐럴'이 올바른 말이다.
캐리커처^{caricature}	인물의 특징적인 표정을 희화하여 풍자한 글이나 그림. 캐리커쳐(×).
캐리커쳐(×)	'인물의 특징적인 표정을 희화하여 풍자한 글이나 그림'은 '캐리커처'가 올바른 말이다.
캐비넷(×)	'사무용 문서나 물품 따위를 보관하는 장'은 '캐비닛'이 올바른 말이다.
캐비닛^{cabinet}	사무용 문서나 물품 따위를 보관하는 장. 캐비넷(×).
캐치프레이스(×)	'광고, 선전 따위에서 남의 주의를 끌기 위한 문구나 표어'는 '캐치프레이즈'가 올바른 말이다.
캐치프레이즈^{catchphrase}	광고, 선전 따위에서 남의 주의를 끌기 위한 문구나 표어. 캐치프레이스(×).
캘린더^{calendar}	달력. 카렌다(×).
캥거루^{kangaroo}	새끼를 암컷의 육아낭에 넣어 젖을 먹여 기르는 캥거루과의 포유동물. 캉가루(×).
캬라멜(×)	'우유, 초콜릿 따위에 향료를 넣고 고아 굳힌 것으로, 네모나게 잘라 종이에 싸서 파는 과자'는 '캐러멜'이 올바른 말이다.
커녕	✔띄어쓰기 어떤 사실을 부정하는 말로, '그것은 고사하고 도리어'의 뜻을 나타내는 말. 예 잘못을 반성하기는커녕 원망하고 있었다./도움을 받은 후 감사는커녕 원망만 한다. [국가직 7급 '08]. [서울시 9급 '11]. [지방직 7급 '12]. [경찰직 1차 필기 '16]. [국가직 9급 '16]. [서울시 9급 '21]
커닝^{cunning}	시험을 칠 때 몰래 답을 보고 쓰거나 남의 것을 베끼는 일. 컨닝(×).
커다랗다	매우 크다. 아주 큼직하다. 크다랗다(×). [수능 '08학년도]
커뮤니케이션^{communication}	말이나 글 또는 몸짓 따위를 이용한 의사소통. 코뮤니케이션(×).

ㅋ

캐럴^{carol}
혼히 '캐롤'로 잘못 쓰는 경우가 있으므로 주의하자.

캐리커처^{caricature}
외래어 표기에서 이중모음 '져, 죠, 쥬, 챠, 츄' 등은 인정하지 않고 '저, 조, 주, 차, 추'로 표기한다.

커녕
'-ㄴ(은/는)커녕' 모두 앞의 사실을 부정하는 말로 앞말과 붙여 쓴다.

커텐(×)	'창이나 문에 치는 휘장'은 '커튼'이 올바른 말이다.	
커트^{cut}	¹전체 중 일부를 자름. ²머리카락을 자름. ³탁구 등에서, 공을 아래로 깎듯이 침. ⁴야구에서, 타자가 공을 살짝 대어 파울로 만듦.	
커튼^{curtain}	빛을 가리거나 사생활 보호 따위의 목적으로 창이나 문 등에 치는 휘장. 카텐·커텐(×). [공사·공단 언어 능력]	

커트^{cut}
'영화 필름, 삽화' 등을 뜻하는 '컷'과 혼동하지 않도록 하자.

커피샵(×)	'이야기하거나 쉬면서 커피 등 차를 마실 수 있도록 꾸며 놓은 가게'는 '커피숍'이 올바른 말이다.	
커피숍^{coffee shop}	이야기하거나 쉬면서 커피 등 차를 마실 수 있게 꾸며 놓은 가게. 커피샵(×). [지방직 9급 '08]. [지방직 9급 '13]	

커피숍^{coffee shop}
shop의 발음은 [ʃɔp]이며 [ɔ]는 '오'로 표기한다.

커닝(×)	'시험을 칠 때 몰래 답을 보고 쓰거나 남의 것을 베끼는 일'은 '커닝'이 올바른 말이다.	
컨버전^{conversion}	정보의 표현 양식을 다른 표현 양식으로 변환하는 것. 컨버젼(×).	
컨버젼(×)	'정보의 표현 양식을 다른 표현 양식으로 변환하는 것'은 '컨버전'이 올바른 말이다.	

컨버전^{conversion}
외래어 표기에서 이중모음 '져, 죠, 쥬, 챠, 츄' 등은 인정하지 않고 '저, 조, 주, 차, 추'로 표기한다.

컨셉(×)	'어떤 작품이나 제품, 공연, 행사 따위에서 드러내려고 하는 주된 생각'은 '콘셉트'가 올바른 말이다.	
컨테스트(×)	'용모, 기능, 실력 따위를 겨루기 위하여 열리는 대회'는 '콘테스트'가 올바른 말이다.	
컨테이너^{container}	화물 수송에 주로 쓰는, 쇠로 만들어진 큰 상자. 콘테이너(×).	
컨텐츠(×)	'문서 등의 내용 및 인터넷·컴퓨터 통신을 통하여 제공되는 각종 정보나 그 내용물'은 '콘텐츠'가 올바른 말이다.	
컨트롤^{control}	어떤 일을 통제하고 조절함. 콘트롤(×).	
컬러^{color}	빛깔이 있는 것. 빛깔. 색깔. 예 컬러 화면. 칼라(×). [서울시 9급 '10]	

컬러^{color}
흔히 '칼라'로 잘못 쓰는 경우가 있으므로 주의하자.

컬럼(×)	'신문, 잡지 따위의 특별 기고'는 '칼럼'이 올바른 말이다.	
컬렉션^{collection}	우표나 미술품, 화폐, 책, 골동품 따위 기호품을 취미 삼아 모으는 일. 또는 그렇게 수집된 물품. 콜렉션(×).	
컴마(×)	'문장 부호 (,)의 이름'은 '콤마'가 올바른 말이다.	
컴팩트(×)	'휴대용 화장 도구'의 뜻으로 쓰이는 말은 '콤팩트'가 올바른 말이다.	

ㅋ

컴퍼넌트(×)   '구성 요소나 부품, 작고 개별적인 동작의 단위'는 '컴 포넌트'가 올바른 말이다.

컴포넌트^{component}   [1]구성 요소나 부품. [2]작고 개별적인 동작의 단위. 컴퍼 넌트(×).

컴플렉스(×)   '현실적인 행동이나 지각에 영향을 미치는 무의식의 감정적 관념'의 뜻으로 쓰이는 말은 '콤플렉스'가 올바 른 말이다.

컷^{cut}   [1]한 번의 계속된 촬영으로 찍은 영화 필름. [2]촬영된 필 름이나 대본의 불필요한 부분을 삭제하는 일. [3]인쇄물 에 들어가는 삽화. [4]영화 촬영을 멈추라고 지시하는 말.

케이크^{cake}   밀가루, 달걀, 버터, 우유, 설탕 따위를 주 원료로 하여 구 워 만든 빵. 케익(×). [지방직 9급 '08]. [한국어교육검정 '11]. [국회 8급 '12]

케익(×)   '밀가루, 달걀, 버터, 우유, 설탕 따위를 주원료로 하여 구워 만든 빵'은 '케이크'가 올바른 말이다.

케챂(×)   '토마토 따위를 갈아서 거른 후 소금, 설탕, 식초, 감미 료, 향료 등을 섞어 졸여서 만든 소스'는 '케첩'이 올바 른 말이다.

케첩^{ketchup}   토마토 따위를 갈아서 거른 후 소금, 설탕, 식초, 감미 료, 향료 등을 섞어 졸여서 만든 소스. 케챂(×).

케케묵다   일이나 물건, 생각 등이 매우 오래 묵어서 별로 쓸모가 없다. 케케묵다(×). [지방직 9급 '11]

켜레(×)   '신이나 버선, 양말 따위의 두 짝을 한 벌로 하여 세는 단위'는 '켤레'가 올바른 말이다.

켤레   신이나 양말 따위의 두 짝을 한 벌로 하여 세는 단위. 켜레(×). [기상 9급 '13]

케케묵다(×)   '일이나 물건, 생각 등이 매우 오래 묵어서 별로 쓸모 가 없다'의 뜻으로 쓰이는 말은 '케케묵다'가 올바른 말이다.

코납자기(×)   '코가 납작한 사람을 놀려 이르는 말'은 '코납작이'가 올바른 말이다.

코납작이   코가 납작한 사람을 놀려 이르는 말. 코납자기(×)

코냑^{cognac}   프랑스 코냐크 지방에서 생산하는 고급 술. 꼬냑(×). [지방직 9급 '13]

'컷'과 '커트'
'운동에서 깎듯이 치 거나 파울로 만드는 일. 머리를 자름'의 뜻 으로 쓰이는 '커트'와 '컷'을 구별하여 쓰자.

케이크^{cake}
'cake'의 발음 [keik]에 서 [ei]는 중모음이므 로 무성 파열음 표기법 에 따라 '으'를 붙여 적 는다.

케케묵다
본래의 이중 모음이 단모음으로 발음되므 로 현실 발음을 인정 하여 '케케묵다'를 표 준어로 정하였다.

코납작이
'-하다' 혹은 '-거리다' 가 붙는 어근에 '-이'가 붙어서 명사가 된 것 은 그 원형을 밝혀 적 는다.

코르덴←corded velveteen	우단과 비슷한 골이 지게 짠 옷감. 골덴(×).
코르크cork	코르크나무의 겉껍질의 안쪽에 있는 두껍고 탄력 있는 조직. 콜크(×).
코리탑탑하다(×)	'행동이나 사고방식이 고리삭고 시원한 맛이 없이 몹시 따분하다'의 뜻으로 쓰이는 말은 '고리탑탑하다'가 올바른 말이다.
코맹녕이(×)	'코가 막혀서 소리를 잘 못 내는 사람. 또는 그러한 상태'의 뜻으로 쓰이는 말은 '코맹맹이'가 올바른 말이다.
코맹맹이	코가 막혀서 소리를 잘 못 내는 사람. 또는 그러한 상태. 코맹녕이(×).
코메디(×)	'인간 사회의 문제점을 경쾌하고 흥미 있게 다룬 연극이나 극 형식'은 '코미디'가 올바른 말이다.
코뮈니케communiqué	문서에 의한 외교상의 공문서, 정부의 공식 성명서. 코뮤니케(×).
코뮌commune	프랑스에서 11세기부터 13세기에 발달하였던 도시 자치 단체. 코뮨(×).
코뮤니케(×)	'문서에 의한 외교상의 공문서, 정부의 공식 성명서'는 '코뮈니케'가 올바른 말이다.
코뮤니케이션(×)	'말이나 글 또는 몸짓 따위를 이용한 의사소통'은 '커뮤니케이션'이 올바른 말이다.
코뮨(×)	'프랑스에서 11세기부터 13세기에 발달하였던 도시 자치 단체'는 '코뮌'이 올바른 말이다.
코미디comedy	인간 사회의 문제점을 경쾌하고 흥미 있게 다룬 연극이나 극 형식. 코메디(×). [법원 9급 '10]. [기상 9급 '13]
코방귀(×)	'코로 흥하고 내는 소리'는 '콧방귀'가 올바른 말이다.
코방아	엎어져서 코를 바닥에 부딪치는 일. 콧방아(×).
코병(×)	'코에 생기는 병'은 '콧병'이 올바른 말이다.
코보(×)	'코가 큰 사람을 놀림조로 이르는 말'은 '코주부'가 올바른 말이다.
코빼기	코를 낮잡아 이르는 말. 코배기(×). [경찰직 3차 필기 '15]
코뿌리(×)	'콧날 위에 약간 두드러진 부분'은 '콧부리'가 올바른 말이다.
코수염(×)	'코 아래에 난 수염'은 '콧수염'이 올바른 말이다.

코르덴
'코듀로이'와 동의어로 쓰인다.

코맹맹이
의미 차이가 없고 비슷한 발음의 몇 형태가 쓰일 경우, 그중 더 널리 쓰이는 한 형태만을 표준어로 삼는다.

코뮌commune
프랑스 '파리에서 일어난 민중봉기'를 이르는 말로도 쓰인다.

'코방귀'로 쓰지 않는 이유
순우리말로 된 합성어에서 앞말이 모음으로 끝나고 뒷말의 첫소리가 된소리로 나는 경우 사이시옷을 붙인다.

코빼기
[빼기]로 소리 나는 경우 앞말의 형태를 밝힐 수 있으면 '-빼기'로, 그렇지 않으면 '-배기'로 표기한다. '코'가 형태를 밝힐 수 있으므로 '-빼기'로 표기한다.

ㅋ

코숨(×)	'코로 쉬는 숨'은 '콧숨'이 올바른 말이다.
코주부	코가 매우 큰 사람을 놀림조로 이르는 말. 코보(×).
코털	콧구멍 속에 난 털. 콧털(×).
콘셉(×)	'어떤 작품이나 제품, 공연, 행사 따위에서 드러내려고 하는 주된 생각'의 뜻으로 쓰이는 말은 '콘셉트'가 올바른 말이다. [경찰직 '21]
콘셉트^{concept} — *(see reference below)*	어떤 작품이나 제품, 공연, 행사 따위에서 드러내려고 하는 주된 생각. 콘셉(×). [서울시 9급 '10]. [국회 8급 '12]
콘테스트^{contest}	용모, 기능, 실력 따위를 겨루기 위하여 열리는 대회. 컨테스트(×). [국회 8급 '12]. [서울시 9급 '16]
콘테이너(×)	'화물 수송에 주로 쓰는, 쇠로 만들어진 큰 상자'는 '컨테이너'가 올바른 말이다.
콘텐츠^{contents}	문서 등의 내용 및 인터넷·컴퓨터 통신을 통하여 제공되는 각종 정보나 그 내용물. 컨텐츠(×).
콘트롤(×)	'어떤 일을 통제하고 조절함'은 '컨트롤'이 올바른 말이다.
콜렉션(×)	'우표나 미술품, 화폐, 책, 골동품 따위 기호품을 취미 삼아 모으는 일. 또는 그렇게 수집된 물품'은 '컬렉션'이 올바른 말이다.
콜크(×)	'코르크나무의 겉껍질의 안쪽에 있는 두껍고 탄력 있는 조직'은 '코르크'가 올바른 말이다.
콤마^{comma}	문장 부호 ','의 이름. 컴마(×).
콤팩트^{compact}	휴대용 화장 도구. 컴팩트(×). [공사·공단 언어 능력]
콤플렉스^{complex}	현실적인 행동이나 지각에 영향을 미치는 무의식의 감정적 관념. 컴플렉스(×).
콧망울(×)	'코끝 양쪽으로 둥글게 방울처럼 내민 부분'은 '콧방울'이 올바른 말이다. [국가직 9급 '16]
콧방귀	코로 흥하고 내는 소리. 코방귀(×).
콧방아(×)	'엎어져서 코를 바닥에 부딪치는 일'은 '코방아'가 올바른 말이다.
콧방울	코끝 양쪽으로 둥글게 방울처럼 내민 부분. 콧망울(×).
콧배기(×)	'코를 낮잡아 이르는 말'은 '코빼기'가 올바른 말이다.

코주부
방언이던 '코주부'가 널리 쓰이고 표준어이던 '코보'가 안 쓰이게 되어 '코주부'를 표준어로 삼았다.

콘셉트^{concept}
흔히 '컨셉'으로 잘못 표기하기 쉬우므로 주의하자.

콘텐츠^{contents}
흔히 '컨텐츠'로 잘못 표기하기 쉬우므로 주의하자.

콧방귀
순우리말로 된 합성어로 앞말이 모음으로 끝난 경우, 뒷말의 첫소리가 된소리로 나는 것은 사이시옷을 붙인다.

콧병病	코에 생기는 병. 코병(×).
콧부리	콧날 위에 약간 두드러진 부분. 코뿌리(×).
콧수염-鬚髥	코 아래에 난 수염. 코수염(×).
콧숨	코로 쉬는 숨. 코숨(×).
콧털(×)	'콧구멍 속에 난 털'은 '코털'이 올바른 말이다.
콩깍지	콩을 털어 내고 남은 껍질. 콩깎지(×).
콩깎지(×)	'콩을 털어 내고 남은 껍질'은 '콩깍지'가 올바른 말이다.
콩깨묵(×)	'콩에서 기름을 짜내고 남은 찌끼'는 '콩깻묵'이 올바른 말이다.
콩깻묵	콩에서 기름을 짜내고 남은 찌끼. 콩깨묵(×).
콩댐	불린 콩을 갈아서 들기름 따위에 섞어 장판에 바르는 일. 콩풀(×).
콩쿠르concours	음악, 미술, 영화 등의 실력을 겨루기 위해 실시하는 경연 대회. 콩쿨(×).
콩쿨(×)	'음악, 미술, 영화 등의 실력을 겨루기 위해 실시하는 경연 대회'는 '콩쿠르'가 올바른 말이다.
콩태, 콩태기(×)	'팔을 옆으로 펼 때 볼이 아래로 처진 소매'는 '큰소매'가 올바른 말이다.
콩트Conte	[1]단편 소설보다 짧은 소설. [2]프랑스의 실증주의 작가.
콩풀(×)	'불린 콩을 갈아서 들기름 따위에 섞어 장판에 바르는 일'은 '콩댐'이 올바른 말이다.
쿠데타	무력으로 정권을 빼앗는 일. 쿠테타(×).
쿠션cushion	[1]소파 따위에 편히 앉도록 탄력이 생기게 만든 부분. [2]당구대 안쪽의 공이 부딪는 가장자리의 면. 쿠숀(×).
쿠숀(×)	'소파 따위에 편히 앉도록 탄력이 생기게 만든 부분. 당구대 안쪽의 공이 부딪는 가장자리의 면'은 '쿠션'이 올바른 말이다.
쿠처庫車	중국 신장웨이우얼 자치구에 있는 오아시스 지대. 고차(×).
쿠테타(×)	'무력으로 정권을 빼앗는 일'은 '쿠데타'가 올바른 말이다.
쿤밍昆明	중국 윈난성雲南省 중부, 뎬츠 북쪽 기슭에 있는 도시. 곤명(×).

콧병病
순우리말과 한자어로 된 합성어로 앞말이 모음으로 끝난 경우, 뒷말의 첫소리가 된소리로 나는 것은 사이시옷을 붙인다.

'콧털'로 표기할 수 없는 이유
합성어에서 뒤 단어의 첫소리가 된소리나 거센소리일 때에는 사이시옷을 붙이지 않는다. '털'의 첫소리가 거센소리이므로 '코털'로 적는다.

콩깻묵
순우리말로 된 합성어로서 앞말이 모음으로 끝난 경우, 뒷말의 첫소리 'ㅁ' 앞에서 'ㄴ' 소리가 덧나는 것은 사이시옷을 붙인다.

콩트Conte
'꽁트'처럼 된소리로 잘못 표기하지 않도록 주의하자.

쿠데타
흔히 '쿠테타'처럼 거센소리로 표기하는 경우가 있으나 이는 잘못이다.

쿵닥(×)   '절구나 방아를 찧을 때 나는 소리. 또는 그 모양'은 '쿵덕'이 올바른 말이다.

쿵더쿵   무거운 물건이 규칙적으로 떨어져 울리는 소리. 쿵덕쿵(×).

쿵덕   절구나 방아를 찧을 때 나는 소리. 또는 그 모양. 예 떡방아를 찧느라 "쿵덕" 소리가 난다. 쿵닥(×).

쿵덕쿵(×)   '무거운 물건이 규칙적으로 떨어져 울리는 소리'는 '쿵더쿵'이 올바른 말이다.

쿵푸(×)   '무기 없이 유연한 동작으로 손과 발을 이용하여 공격하는 중국식 권법'의 뜻으로 쓰이는 말은 '쿵후'가 올바른 말이다.

쿵후功夫   무기 없이 유연한 동작으로 손과 발을 이용하여 공격하는 중국식 권법. 쿵푸(×).

퀘퀘하다(×)   '비위에 거슬릴 정도로 냄새가 구리다'의 뜻으로 쓰이는 말은 '퀴퀴하다'가 올바른 말이다.

퀴즈quiz   정해진 질문에 대한 답을 알아맞히는 놀이 또는 그 질문의 총칭.
> ✏오류노트 친구 영주가 답을 많이 <u>맞추어</u> 퀴즈왕이 되었다. → 맞히어.

퀴퀴하다   비위에 거슬릴 정도로 냄새가 구리다. 예 장마철에는 집 안 곳곳에서 퀴퀴한 냄새가 난다. 퀘퀘하다(×).

크다랗다(×)   '매우 크다. 또는 아주 큼직하다'의 뜻으로 쓰이는 말은 '커다랗다'가 올바른 말이다.

크로바(×)   '잎은 세 쪽 겹잎이며 톱니가 있고 나비 모양의 흰 꽃이 꽃대 끝에 피는 콩과의 여러해살이풀'은 '클로버'가 올바른 말이다.

크리스찬, 크리스챤(×)   '기독교인'의 뜻으로 쓰이는 말은 '크리스천'이 올바른 말이다.

크리스천Christian   기독교인. 크리스찬·크리스챤(×).

크리스탈(×)   '무색투명한 석영의 하나'의 뜻으로 쓰이는 말은 '크리스털'이 올바른 말이다.

크리스털crystal   무색투명한 석영의 하나. 크리스탈(×).

쿵더쿵
'쿵더쿵'보다 느낌이 작은 말은 '콩다콩'이다.

쿵후功夫
관례적인 표기를 인정하여 '쿵후'로 표기한다.

퀴즈quiz
퀴즈에서 질문에 대한 정답을 알아내는 것은 '맞히다'나 '알아맞히다'라고 쓴다. '맞추다', '알아맞추다'는 잘못된 표기이다.

| 큰소리 | ✔️띄어쓰기 [1]목청을 돋우면서 야단치는 소리. 예 우리 옆집 아이들은 큰소리 한마디 없이도 자기들 스스로 일을 척척 해 나간다. [2]일의 성패와 무관하게 뱃심 좋게 장담하는 말. 예 일을 잘 처리하겠다고 큰소리만 치더니 막상 일이 시작되니 그림자도 안 보인다. [3]남 앞에서 당당하게 하는 말. 예 제 밑에는 아무도 없는 듯이 여러 사람 앞에서 하는 큰소리는 정말 못 보아 주겠구나. |

✏️오류노트 큰소리를 지르면 유리컵이 깨지는 것도 과학의 원리라고 한다. → 큰 소리. [서울시 9급 '11]

'큰소리'와 '큰 소리'는 어떤 차이가 있을까?

'큰소리'처럼 붙여 쓰면 야단치거나 장담하거나 남 앞에서 당당하게 말하는 소리를 뜻한다. 즉 '큰소리' 표제어 1~3번의 '큰소리'가 이에 해당한다. '우리 할머니는 귀가 잘 들리지 않아 큰 소리로 말해야 알아들으신다'에서처럼 '큰 소리'를 띄어서 표기하면 '소리를 크게 하여 말하는 것'을 뜻한다.

큰소매	팔을 옆으로 펼 때 볼이 아래로 처진 소매. 콩태·콩태기(×).
큰아버지	✔️띄어쓰기 둘 이상의 아버지의 형 가운데 맏이가 되는 형을 이르는 말.
큰어머니	✔️띄어쓰기 아버지 형의 아내. 맏어머니(×).
큰일	✔️띄어쓰기 큰 잔치 또는 예식을 치르는 일. 중대한 일. 예 막내딸을 여위었으니 큰일은 다 마친 셈이다.
큰집	✔️띄어쓰기 [1]한 집안의 맏이가 사는 집. [2]분가하여 나간 집에서 그 원집을 이르는 말. 종가. [3]본부인이나 그 자손이 사는 집.

✏️오류노트 지금은 가난하나 큰집에서 살 날이 분명히 오겠지. → 큰 집. [공사·공단 언어 능력].

큰 집	✔️띄어쓰기 규모가 큰 집.
클렌징	얼굴의 화장을 깨끗이 닦아 내는 일. 클린징(×).
클로버clover	잎은 세 쪽 겹잎이며 톱니가 있고 나비 모양의 흰 꽃이 꽃대 끝에 피는 콩과의 여러해살이풀. 크로바(×).
클린징(×)	'얼굴의 화장을 깨끗이 닦아 내는 일'은 '클렌징'이 올바른 말이다.

ㅋ

큰아버지
결혼을 하지 않았어도 아버지의 형을 부르는 말은 '큰아버지'이다. 아버지의 동생은 '작은아버지'라고 부르지만, 결혼하지 않았을 경우에는 '삼촌'이라고 부른다.

큰어머니
'큰어머니'는 한 단어이므로 붙여 쓴다.

큰일
'큰일'은 한 단어이므로 붙여 쓴다.

큰집
'큰집'으로 붙여 쓰면 '큰아버지가 사는 집'의 뜻이 된다.

큰 집
'큰 집'으로 띄어쓰면 '규모가 큰 집'의 뜻이 된다.

키값(×)　　'자란 키에 걸맞게 하는 행동을 낮잡아 이르는 말'은 '킷값'이 올바른 말이다.

키다리병(×)　　'벼, 보리 따위 곡식의 줄기 부분이 정상보다 길게 자라는 병'은 '키다릿병'이 올바른 말이다.

키다릿병·病　　벼, 보리 따위 곡식의 줄기 부분이 정상보다 길게 자라는 병. 키다리병(×).

키로(×)　　'미터의 천 배, 그램의 천 배'의 뜻으로 쓰이는 말은 '킬로'가 올바른 말이다.

킬로kilo　　미터의 천 배, 그램의 천 배. 키로(×).

킷값　　자란 키에 걸맞게 하는 행동을 낮잡아 이르는 말. 키값(×).

키다리　　키가 큰 사람을 놀림조로 이르는 말. 키장다리(×).

키장다리(×)　　'키가 큰 사람을 놀림조로 이르는 말'은 '키다리'가 올바른 말이다.

키다릿병·病
순우리말과 한자어로 된 합성어로서 앞말이 모음으로 끝난 경우, 뒷말의 첫소리가 된소리로 나는 것은 사이시옷을 붙인다.

ㅋ

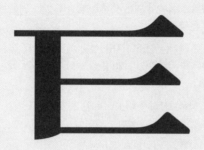

ㅌ 티읕.

- 한글 자모의 열두째. 자음의 하나.
- 목젖으로 콧길을 막고 혀끝을 윗잇몸에 대어 숨을 불어 내면서 혀끝을 뗄 때 나는 소리이다.
- 받침으로 쓰일 때는 혀끝을 떼지 않아 'ㄷ'과 같아진다.

타^他	✔️띄어쓰기 다른. 예 타 지방에서 온 사람.	타^他 '타'는 관형사로 뒤에 오는 말과 띄어 쓴다.
타게트(×)	'어떤 일이나 공격 따위의 대상이나 목표. 사격 따위의 과녁. 표적'은 '타깃'이 올바른 말이다.	
타깃^{target}	¹어떤 일이나 공격 따위의 대상이나 목표. ²사격 따위의 과녁. ³표적. 타게트(×). [지방직 9급 '13]. [서울시 9급 '20]	
타닌	오배자 따위 식물에서 얻은 액체를 증발해 만든 떫은 맛이 나는 황색 가루.	타닌 '탄닌'과 동의어로 쓰인다.
타부(×)	'신성하다고 여기는 장소나 사물·행위 따위에 관해 접촉이나 사용을 금지하거나 꺼리는 습속'은 '터부'가 올바른 말이다.	
타올(×)	'무명실이 보풀보풀하게 나오도록 짠 천. 또는 그것으로 만든 수건'은 '타월'이 올바른 말이다.	
타원률(×)	'타원의 이심률'은 '타원율'이 올바른 말이다.	
타원율^{楕圓率}	타원의 이심률. 타원률(×).	타원율^{楕圓率} '타원+율/ 률^率'의 형태. 앞말이 받침이 없거나 (모음) 'ㄴ' 받침 뒤에 서는 '율'을 쓴다. 그 외 에는 '률'을 쓴다. '타 원'의 '원'이 'ㄴ' 받침 으로 끝나는 경우이므 로 '율'을 써서 '타원율' 처럼 나타낸다.
타월^{towel}	무명실이 보풀보풀하게 나오도록 짠 천. 또는 그것으로 만든 수건. 타올(×).	
타이난^{臺南}	대만 남서쪽에 있는 대만 최고^{最古}의 도시. 대남(×).	
타이둥^{臺東}	대만 타이둥현^{臺東縣}에 있는 제당 공업이 발달한 도시. 대동(×).	
타이베이^{臺北}	대만^{臺灣} 북쪽에 있는 도시로 대만의 수도. 대북(×).	
타이위안^{太原}	제철, 기계 공업이 발달한 중국 펀허^{汾河} 강 상류에 있는 도시. 태원(×).	
타이중^{臺中}	대만^{臺灣} 중서부에 있는 농업과 상업이 발달한 도시. 대중(×).	
타이항산맥^{太行山脈}	철, 석탄 등 지하자원이 풍부한 중국 화베이^{華北}, 산시성^{山西省}과 허베이성^{河北省} 사이를 남북으로 뻗은 산맥. 태행산맥(×).	
타이후호^{太湖}	70여 개의 섬으로 이루어진, 중국 장쑤성^{江蘇省}과 저장성^{浙江省} 사이에 있는 호수. 태호(×).	
탄닌^{tannin}	오배자 따위 식물에서 얻은 액체를 증발해 만든 떫은 맛이 나는 황색 가루.	탄닌^{tannin} '타닌'과 동의어로 쓰인다.
탄성률^{彈性率}	탄성체가 탄성한계 내에서 가지는 응력과 변형의 비. 탄성율(×).	

탄성율(×) '탄성체가 탄성한계 내에서 가지는 응력과 변형의 비'는 '탄성률'이 올바른 말이다.

탈구脫句 글 중에서 빠진 글귀. 탈귀(×).

탈귀(×) '글 중에서 빠진 글귀'는 '탈구'가 올바른 말이다.

탈락률脫落率 시험이나 경쟁 따위에서 합격하지 못하고 떨어진 사람의 비율. 탈락율(×).

탈락율(×) '시험이나 경쟁 따위에서 합격하지 못하고 떨어진 사람의 비율'은 '탈락률'이 올바른 말이다.

탈렌트(×) '재능의 뜻에서, 연예인이나 텔레비전 드라마에 출연하는 연기자'는 '탤런트'가 올바른 말이다.

탐닉耽溺 어떤 일을 몹시 즐겨서 빠짐. 탐익(×).

탐스럽다貪- 마음이 몹시 끌리도록 보기에 소담스러운 데가 있다.

> **✔오류노트** 과수원에 <u>탐스런</u> 사과가 주렁주렁 열렸다. → 탐스러운.

탐익(×) '어떤 일을 몹시 즐겨서 빠짐'의 뜻으로 쓰이는 말은 '탐닉'이 올바른 말이다.

탐탁하다 하는 일이나 생김새 따위가 마음에 들어 흐뭇하다.

> **✔오류노트** [1]왜 배달집들은 쿠폰 10장을 모아 공짜로 먹으려 하면 별로 <u>탐탁치</u> 않아 할까요. → 탐탁지. [2]부모님은 내 남자 친구를 <u>탐탁찮게</u> 여기셨으나 시간이 흐를수록 그런 마음이 점점 줄어들었다. → 탐탁잖게.

탕사오이唐紹儀 위안스카이袁世凱의 직계 관료로 쑨원의 호법 운동護法運動에 참가하였으며, 중화민국 국무원 총리를 지낸 중국의 정치가(1860~1938). 당소의(×).

탕산唐山 중국 허베이성河北省 동북부에 있는 광공업 도시. 당산(×).

태껸 우리나라 고유의 전통 무예 가운데 하나. 유연한 동작을 취하며 움직이다가 순간적으로 손질 발질을 하여 그 탄력으로 상대편을 제압하고 자기 몸을 방어한다.

태능(×) '서울특별시 노원구에 있는 조선 중종의 계비 문정 왕후文定王后의 능'은 '태릉'이 올바른 말이다.

태릉泰陵 서울특별시 노원구에 있는 조선 중종의 계비 문정 왕후文定王后의 능. 태능(×). [기상 9급 '11]

탈락률脫落率
'탈락+율/률率'의 형태. 앞말이 받침이 없거나(모음), 'ㄴ' 받침 뒤에서는 '율'을 쓴다. 그 외에는 '률'을 쓴다. '탈락'의 '락'이 'ㄱ' 받침으로 끝나는 경우이므로 '률'을 써서 '탈락률'처럼 나타낸다.

탐스럽다貪-
'탐스럽다'의 어간 '탐스럽-' 뒤에 '은'이 오면 어간 말음 'ㅂ'이 '우'로 변하므로, '탐스러운'처럼 써야 된다.

탐탁하다
'-하' 앞의 받침이 'ㄱ', 'ㄷ', 'ㅂ', 'ㅅ' 등일 경우는 '-하-' 전체가 줄어들고, 받침이 없는 모음이나, 'ㄴ', 'ㄹ', 'ㅇ'일 경우에는 'ㅏ'만 줄어든다. '탐탁하지'에서 '-하-' 앞의 받침이 'ㄱ'이므로 '-하-' 전체가 줄어 '탐탁지'와 같은 형태가 된다. 또 '탐탁하지 않은'에서 '-하-' 전체가 줄면 '탐탁지 않은 → 탐탁잖은'이 된다.

태껸
'택견'과 함께 복수 표준어이다.

태릉泰陵
'릉陵'이 단어의 처음에 오거나, 고유어나 외래어 뒤에 올 때는 '능'으로, 그 외는 '릉'으로 표기한다.

태복시^{大僕寺} 예전에 궁중의 수레와 말을 관리하는 일을 보던 관청. 대복시(×).

태원^{太原}(×) '제철, 기계 공업이 발달한, 중국 펀허^{汾河}강 상류에 있는 도시'는 '타이위안'이 올바른 말이다.

태줄(×) '태아의 배꼽과 태반^{胎盤}을 잇고 있는 줄'은 '탯줄'이 올바른 말이다.

태평소^{太平簫} 나무 관^管에 여덟 개의 구멍이 있고, 아래 끝에는 깔때기 모양의 구리를 달았으며, 윗부리에 갈대로 만든 겹혀를 끼운 나팔 모양의 우리나라 고유의 관악기. 호적(×).

태행산맥^{太行山脈}(×) '철, 석탄 등 지하자원이 풍부한 중국 화베이^{華北}, 산시성^{山西省}과 허베이성^{河北省} 사이를 남북으로 뻗은 산맥'은 '타이항산맥'이 올바른 말이다.

태호^{太湖}(×) '70여 개의 섬으로 이루어진, 중국 장쑤성^{江蘇省}과 저장성^{浙江省} 사이에 있는 호수'는 '타이후호'가 올바른 말이다.

택견 우리나라 고유의 전통 무예 가운데 하나. 유연한 동작을 취하며 움직이다가 순간적으로 손질 발질을 하여 그 탄력으로 상대편을 제압하고 자기 몸을 방어한다.

택내(×) '남의 집안을 높여 이르는 말'은 '댁내'가 올바른 말이다.

탤런트^{talent} 재능의 뜻에서, 연예인이나 텔레비전 드라마에 출연하는 연기자. 탈렌트(×). [기상 9급 '13]

탯줄^{胎-} 태아의 배꼽과 태반을 이어 주는 줄. 삼줄·태줄(×).

터 ✔️띄어쓰기 ¹예정, 추측 등의 뜻을 나타내는 말. 예 저녁에 어머니가 오실 터이니 청소를 깨끗이 해라./힘들 터인데 작업을 끝내자. ²처지, 형편 등의 뜻을 나타내는 말. 예 그 친구와는 10년 이상을 사귀어 온 터다./제 할 일도 못하는 터에 남을 도와줄 수 있을까? [한국어교육검정 '09]

터러기(×) '사람이나 길짐승의 몸에 난 길고 굵은 털. 작거나 사소한 것을 비유하여 이르는 말'의 뜻으로 쓰이는 말은 '터럭'이 올바른 말이다.

터럭 사람이나 길짐승의 몸에 난 길고 굵은 털. 작거나 사소한 것을 비유하여 이르는 말. 터러기(×).

터마당(×) '타작할 때에 공동으로 쓰려고 닦은 마당'은 '텃마당'이 올바른 말이다.

태평소^{太平簫}
'태평소'는 '대평소'와 동의어로 쓰인다.

택견
'태껸'과 함께 복수 표준어이다.

탯줄^{胎-}
한자어와 순우리말로 된 합성어로서 앞말이 모음으로 끝난 경우, 뒷말의 첫소리가 된소리로 나는 것은 사이시옷을 붙인다.

터
'터'는 의존 명사이며 앞말과 띄어 쓴다. '힘들 터인데 작업을 끝내자.'에서 '터인데'가 줄어서 된 '텐데'도 앞말과 띄어 쓴다.

'터마당'으로 표기할 수 없는 이유
순우리말로 된 합성어로서 앞말이 모음으로 끝난 경우, 뒷말의 첫소리 'ㅁ' 앞에서 'ㄴ' 소리가 덧나는 것은 사이시옷을 붙인다.

터부^{taboo}	신성하다고 여기는 장소나 사물·행위 따위에 관해 접촉이나 사용을 금지하거나 꺼리는 습속. 타부(×).
터세^{-勢}(×)	'먼저 자리 잡은 사람이 뒤에 들어오는 사람을 업신여기는 짓'은 '텃세'가 올바른 말이다.
터우리(×)	'먼저 낳은 아이와 다음에 낳은 아이와의 나이 차이'는 '터울'이 올바른 말이다.
터울	먼저 낳은 아이와 다음에 낳은 아이와의 나이 차이. 터우리(×).
터주대감(×)	'한 지역 구성원 중 가장 오래되어 터주 격이 된 사람을 농으로 이르는 말'은 '터줏대감'이 올바른 말이다.
터주자리(×)	'터주를 모신 신단'은 '터줏자리'가 올바른 말이다.
터줏대감 ^{主大監}	한 지역 구성원 중 가장 오래되어 터주 격이 된 사람을 농으로 이르는 말. 터주대감(×).
터줏자리 ^{主-}	터주를 모신 신단. 터주자리(×).
터키	'튀르키예' 국가의 이전 이름.
턱마루(×)	'산의 등줄기'는 '산등성이'가 올바른 말이다.
턱받기(×)	'헝겊으로 만들어 어린아이가 흘리는 침이나 음식물이 옷에 묻지 않게 턱 아래에 대어 주는 물건'은 '턱받이'가 올바른 말이다.
턱받이	헝겊으로 만들어 어린아이가 흘리는 침이나 음식물이 옷에 묻지 않게 턱 아래에 대어 주는 물건. 턱받기(×).
털래털래(×)	'힘없이 건들거리며 걷거나 행동하는 모양'은 '털레털레'가 올바른 말이다.
털레털레	힘없이 건들거리며 걷거나 행동하는 모양. 털래털래(×).
털보숭이(×)	'몸에 털이 많이 난 것'은 '털북숭이'가 올바른 말이다.
털북숭이	몸에 털이 많이 난 것. 털보숭이(×).
털어먹다	✔띄어쓰기 재산이나 금전 등을 함부로 써서 다 없애다. 떨어먹다(×). [서울시 9급 '16]
털이개(×)	'먼지를 떨어내는 기구'는 '먼지떨이'가 올바른 말이다.
텁수룩이	배게 난 수염 따위가 더부룩하게 뒤덮여. 텁수룩히(×).
텁수룩히(×)	'배게 난 수염 따위가 더부룩하게 뒤덮여'의 뜻으로 쓰이는 말은 '텁수룩이'가 올바른 말이다.

터울
흔히 '터우리'로 잘못 쓰는 말이므로 주의하자.

터줏대감^{主大監}
순우리말과 한자어로 된 합성어로서 앞말이 모음으로 끝난 경우, 뒷말의 첫소리가 된소리로 나는 것은 사이시옷을 붙인다.

턱받이
'턱받이'는 '턱이 진 곳'의 뜻으로도 쓰인다.

털레털레
'털레털레'는 '탈래탈래'보다는 큰 느낌을 주고, '덜레덜레'보다 거센 느낌을 주는 말이다.

털어먹다
'털어먹다'는 한 단어이므로 붙여 쓴다.

텃마당   타작할 때에 공동으로 쓰려고 닦은 마당. 예 텃마당에서 암탉이 뛰어놀고 있다. 터마당(×).

텃세勢   먼저 자리 잡은 사람이 뒤에 들어오는 사람을 업신여기는 짓. 터세(×). [서울시 9급 '10]. [국회 8급 '12]

테이프tape   ¹헝겊이나 종이 따위로 만든 가늘고 긴 오라기. ²전선에 감아서 절연하는 데 쓰는 헝겊. 테입·테잎(×).

테입, 테잎(×)   '헝겊이나 종이 따위로 만든 가늘고 긴 오라기. 전선에 감아서 절연하는 데 쓰는 헝겊'은 '테이프'가 올바른 말이다.

테크놀러지(×)   '인간의 욕구에 적합하도록 주어진 대상을 과학적으로 변화시키는 모든 인간적 행위'는 '테크놀로지'가 올바른 말이다.

테크놀로지technology   인간의 욕구에 적합하도록 주어진 대상을 과학적으로 변화시키는 모든 인간적 행위. 테크놀러지(×).

텔레비전television   전파로 영상과 소리를 받아서 재현하는 장치. 또는 그 수상기. 텔레비젼(×). [경북 지방직 9급 '06]. [서울시 7급 '11]

텔레비젼(×)   '전파로 영상과 소리를 받아서 재현하는 장치. 또는 그 수상기'는 '텔레비전'이 올바른 말이다. [서울시 9급 '20]

템스강Thames江   영국 잉글랜드 남부를 흐르는 강. 템즈강(×).

템즈강(×)   '영국 잉글랜드 남부를 흐르는 강'은 '템스강'이 올바른 말이다.

톄링鐵嶺   중국 랴오닝성遼寧省 랴오허遼河강 동쪽에 있는 도시. 철령(×).

톈룽산 석굴天龍山石窟   중국 산시성山西省 타이위안太原시의 톈룽 산에 있는 불교 유적. 천룡산 석굴(×).

톈산로天山路   비단길의 주요 부분인, 중앙아시아 톈산산맥의 남북을 연결하는 교통로. 천산로(×).

톈수이天水   중국 간쑤성甘肅省 동남부 웨이수이渭水강에 면하여 있는 도시. 천수(×).

톈진天津   화베이華北 수운의 중심지인 중국 허베이성河北省에 있는 도시. 천진(×).

톈타이산天台山   수나라 때에 지의가 천태종을 개설한 곳으로, 중국 저장성浙江省 톈타이현隣에 있는 산. 천태산(×).

토기장이土器-   토기 만드는 일을 직업으로 하는 사람. 토기쟁이(×).

텃세勢
순우리말과 한자어로 된 합성어로서 앞말이 모음으로 끝난 경우, 뒷말의 첫소리가 된소리로 나는 것은 사이시옷을 붙인다.

테이프tape
어말과 자음 앞의 [p, t, k]는 'ㅇ'를 붙인다는 규정에 따라 'tape[teip]'는 '테이프'로 표기한다.

텔레비전television
외래어 표기에서 이중 모음 '져, 쪄, 쥬, 챠, 츄' 등은 인정하지 않고 '저, 조, 주, 차, 추'로 표기한다.

토기장이土器-
'그것과 관련된 기술을 가진 사람'의 뜻을 더하는 말은 '-장이'이다.

토기쟁이(×)	'토기 만드는 일을 직업으로 하는 사람'은 '토기장이'가 올바른 말이다.
토담	흙으로 쌓아 만든 담. 흙담.
토란대	토란의 줄거리. 고운대.
토마토^{tomato}	여름에 붉은 열매가 열리는 가짓과의 한해살이풀. 도마도(×).
토박이^{土-}	대대로 그 땅에서 사는 사람. 토배기(×).
토배기(×)	'대대로 그 땅에서 사는 사람'은 '토박이'가 올바른 말이다.
토지 이용률^{土地利用率}	경지 면적 중 실지 경작한 면적의 비율. 토지 이용율(×).
토지 이용율(×)	'경지 면적 중 실지 경작한 면적의 비율'은 '토지 이용률'이 올바른 말이다.
톱장이	톱질을 직업으로 하는 사람. 톱쟁이(×).
톱쟁이(×)	'톱질을 직업으로 하는 사람'은 '톱장이'가 올바른 말이다.
통메다(×)	'나무쪽을 맞추어서 테를 끼우다'의 뜻으로 쓰이는 말은 '통메우다'가 올바른 말이다.
통메우다^{桶-}	나무쪽을 맞추어서 테를 끼우다. 통메다(×).
통소(×)	'아래위로 통하는 소^簫'라는 데서 유래된, 가는 대로 만든 목관 악기'는 '퉁소'가 올바른 말이다.
통신난(×)	'신문 따위에서, 여러 곳에서 들어온 통신을 싣는 지면'은 '통신란'이 올바른 말이다.
통신란^{通信欄}	신문 따위에서, 여러 곳에서 들어온 통신을 싣는 지면. 통신난(×).
통조림^{桶-}	고기나 과일 따위의 음식을 양철통에 넣고 멸균 처리한 뒤 밀봉하여 오래 보관하게 만든 식품. 통졸임(×). [선관위 '08]
통졸임(×)	'고기나 과일 따위의 음식을 양철통에 넣고 멸균 처리한 뒤 밀봉하여 오래 보관하게 만든 식품'은 '통조림'이 올바른 말이다.
통째	나누지 않고 덩어리 그대로. 통채(×). 예 낙지 한 마리를 통째 입에 넣었다. [대전·충남 교행직 9급 '06]

토담
'흙담'과 함께 복수 표준어이다.

토란대
'고운대'와 함께 복수 표준어이다.

토박이^{土-}
'박다'의 뜻이 살아 있으면 '박이'가 되고 그렇지 않으면 '배기'가 된다.

토지 이용률^{土地利用率}
'토지 이용+율/률^率'의 형태. 앞말이 받침이 없거나(모음) 'ㄴ' 받침 뒤에서는 '율'을 쓴다. 그 외에는 '률'을 쓴다. '토지 이용'의 '용'이 그 외의 경우이므로 '률'을 써서 '토지 이용률'처럼 나타낸다.

통신란^{通信欄}
'난'은 '구분된 지면'의 뜻으로 쓰이는데, '난' 앞에 한자어가 오면 '란'으로 표기하고, 고유어나 외래어가 오면 '난'으로 표기한다. '통신'이 한자어이므로 '통신난'이 아니라 '통신란'으로 표기된 예이다.

통채(×)	'나누지 않고 덩어리 그대로'의 뜻으로 쓰이는 말은 '통째'가 올바른 말이다.
통털어(×)	'있는 대로 모두 합하여'의 뜻으로 쓰이는 말은 '통틀어'가 올바른 말이다.
통틀어	있는 대로 모두 합하여. 통털어(×). [지방직 7급 '11]
퇴간(×)	'안둘렛간 밖에다 딴 기둥을 세워 만든 칸살'은 '툇간'이 올바른 말이다.
퇴고推敲	글을 지을 때 여러 번 생각하여 고치고 다듬음. 추고(×).
퇴마루(×)	'원래의 칸살 밖에 달아 낸 마루'는 '툇마루'가 올바른 말이다.
퇴주잔退酒盞	제사 때, 올린 술을 물린 술잔. 퇴줏잔(×).
퇴줏잔(×)	'제사 때, 올린 술을 물린 술잔'은 '퇴주잔'이 올바른 말이다.
퇴짜退字	바치는 물건을 물리치는 일. 또는 그 물건. 예 사장은 부장이 작성해 올린 결재 서류를 퇴짜 놓았다. 툇자(×).
퇴퇴(×)	'침이나 입 안에 든 것을 자꾸 뱉는 소리'는 '퉤퉤'가 올바른 말이다.
툇간退間	안둘렛간 밖에다 딴 기둥을 세워 만든 칸살. 퇴간(×). [삼성직무적성 '06]
툇돌	집채의 낙숫물이 떨어지는 곳 안쪽으로 돌려 가며 놓은 돌.
툇마루退-	원래의 칸살 밖에 달아 낸 마루. 퇴마루(×). [서울시 지방직 7급 '16]
툇자(×)	'바치는 물건을 물리치는 일. 또는 그 물건'은 '퇴짜'가 올바른 말이다.
투套	✓띄어쓰기 버릇처럼 굳어진 일. 일의 법식. 예 편지 투./한문 투./말하는 투가 얄밉다.
투고난(×)	'신문 따위에서 독자가 투고한 글을 다룬 지면'은 '투고란'이 올바른 말이다.
투고란投稿欄	신문 따위에서 독자가 투고한 글을 다룬 지면. 투고난(×).
투먼圖們	중국 지린성吉林省 옌볜延邊 조선족 자치주에 있는 도시. 도문.
투미하다	어리석고 둔하다. 티미하다(×).

통틀어
'있는 것을 모두 내놓다'의 뜻인 '털다'를 떠올려서 '통털어'가 맞는 말이라고 혼동하는 경우가 많다. 올바른 말은 '통틀어'이므로 주의하여 쓰자.

퇴주잔退酒盞
한자어로만 이루어진 합성어이므로 사이시옷을 붙이지 않는다.

퇴짜退字
상납하는 포목布木의 품질이 낮아 '退' 자가 찍혀 도로 물려 나온 물건에서 유래한 말이다.

툇돌
'댓돌'과 함께 복수 표준어이다.

'퇴마루'로 표기할 수 없는 이유
한자어와 순우리말로 된 합성어로 앞말이 모음으로 끝난 경우, 뒷말의 첫소리 'ㅁ' 앞에서 'ㄴ' 소리가 덧나는 것은 사이시옷을 붙인다.

투套
'투'는 의존 명사이므로 앞말과 띄어 쓴다.

투고란投稿欄
'난'은 '구분된 지면'의 뜻으로 쓰이는데, '난' 앞에 한자어가 오면 '란'으로 표기하고, 고유어나 외래어가 오면 '난'으로 표기한다. '투고'가 한자어이므로 '투고난'이 아니라 '투고란'으로 표기된 예이다.

투서난(×)	'신문·잡지 따위에서, 투서를 싣는 난'은 '투서란'이 올바른 말이다.
투서란投書欄	신문·잡지 따위에서, 투서를 싣는 난. 투서난(×).
-투성이	✔띄어쓰기 명사 뒤에 붙어서 그 명사가 뜻하는 것이 매우 많거나 더러워진 상태나 모양. 예 먼지투성이.
투여량投與量	의사가 환자에게 주는 약의 양. 투여양(×).
투여양(×)	'의사가 환자에게 주는 약의 양'은 '투여량'이 올바른 말이다.
투전군(×)	'투전 노름을 일삼는 사람'는 '투전꾼'이 올바른 말이다.
투전꾼	투전 노름을 일삼는 사람. 투전군(×).
툰시屯溪	중국 안후이성安徽省 동남쪽 경계에 있는 도시. 둔계(×).
퉁관潼關	중국 산시성陝西省 동쪽 끝에 있는 현. 동관(×).
퉁런銅仁	중국 구이저우성貴州省 동북부에 있는 도시. 동인(×).
퉁소	아래위로 통하는 소簫라는 데서 유래된, 가는 대로 만든 목관 악기. 통소(×).
퉤퉤	침이나 입 안에 든 것을 자꾸 뱉는 소리. 퇴퇴(×).
튀기	혈통이 다른 두 종족 사이에서 태어난 자식. 트기(×).
튀르키예	'터키' 국가에서 바뀐 이름.
튜울립(×)	'잎은 넓은 피침형에 백색이며, 땅속에는 비늘줄기가 있는 백합과의 여러해살이풀'은 '튤립'이 올바른 말이다.
튤립tulip	잎은 넓은 피침형에 백색이며, 땅속에는 비늘줄기가 있는 백합과의 여러해살이풀. 튜울립(×).
트기(×)	'혈통이 다른 두 종족 사이에서 태어난 새끼나 아이'는 '튀기'가 올바른 말이다.
트름(×)	'먹은 음식이 위에서 잘 소화되지 아니하여서 생긴 가스가 입으로 복받쳐 나옴'의 뜻으로 쓰이는 말은 '트림'이 올바른 말이다.
-트리다	강조의 뜻을 나타내는 접미사. 예 깨트리다.
트림	먹은 음식이 위에서 잘 소화되지 아니하여서 생긴 가스가 입으로 복받쳐 나옴. 트름(×).
트집장이(×)	'정당한 이유 없이 트집만 자꾸 잡는 사람'은 '트집쟁이'가 올바른 말이다.

-투성이
'투성이'는 접미사이므로 앞말과 붙여 쓴다.

'투여양'으로 표기할 수 없는 이유
분량이나 수량을 나타내는 '量'이 고유어나 외래어 뒤에 올 경우는 '양'으로, 한자어 다음에 올 때는 '량'으로 표기된다.

튀기
'튀기'는 모음의 발음 변화를 인정하여, 발음이 바뀌어 굳어진 형태를 표준어로 삼은 말이다.

-트리다
'-뜨리다'와 함께 복수 표준어이다.

트집쟁이	정당한 이유 없이 트집만 자꾸 잡는 사람. 트집장이(×).
튼실하다	튼튼하고 실하다. 예 튼실하게 생긴 송아지를 한 마리 샀다. 틈실하다(×).
틀니	잇몸에 끼웠다 떼었다 할 수 있도록 해 박은 이. 틀이(×).
틀다	솜틀로 솜을 타다.

> ✔오류노트 면화로 <u>틀은</u> 솜이 질이 좋다. → 튼. [공사·공단 언어 능력]

틀니
'이齒'가 합성어나 이에 준하는 말에서 '니' 또는 '리'로 소리날 때에는 '니'로 적는다.

틀리다 사실이나 셈 따위가 그르게 되거나 어긋나다. 예 너의 계산은 틀렸다.

> ✔오류노트 내 생각은 너의 생각과는 약간 <u>틀려</u>. → 달라. [국어능력인증 '06]. [지방직 7급 '10]. [국가직 9급 '13]. [국가직 9급 '22]

틀리다
'비교가 되는 두 대상이 서로 같지 아니하다'의 뜻으로 쓰이는 말은 '다르다'가 올바른 말이다.

틀이(×) '잇몸에 끼웠다 떼었다 할 수 있도록 해 박은 이'는 '틀니'가 올바른 말이다.

틈실하다(×) '튼튼하고 실하다'의 뜻으로 쓰이는 말은 '튼실하다'가 올바른 말이다.

틈틈이 겨를이 있을 때마다. 예 나는 공부하는 틈틈이 운동도 열심히 한다. 틈틈히(×). [한국어교육검정 '11]

틈틈이
부사의 끝음절이 분명히 '이'로만 소리 나므로 '이'로 표기한다.

틈틈히(×) '겨를이 있을 때마다'의 뜻으로 쓰이는 말은 '틈틈이'가 올바른 말이다.

티각태각(×) '서로 뜻이 안 맞아 시비를 벌이는 모양'의 뜻으로 쓰이는 말은 '티격태격'이 올바른 말이다.

티격태격 서로 간에 뜻이 안 맞아 시비를 벌이는 모양. 티각태각(×). [지방직 9급 '08]

티미하다(×) '어리석고 둔하다'는 '투미하다'가 올바른 말이다.

티베트Tibet 중심 도시는 라사Lhasa로 1965년 자치구가 된 중국 남서부의 고원 지대. 티벳(×).

티베트tibet
'Tibet'의 외래어 표기는 '티베트'로 정하였다.

티벳(×) '중심 도시는 라사Lhasa로 1965년 자치구가 된 중국 남서부의 고원 지대'는 '티베트'가 올바른 말이다.

팀워크 팀이 협동하여 행하는 동작이나 그들 상호 간의 연대. 팀웍(×).

팀웍(×) '팀이 협동하여 행하는 동작이나 그들 상호 간의 연대'는 '팀워크'가 올바른 말이다.

ㅍ 피읖.

- 한글 자모의 열셋째. 자음의 하나.
- 목젖으로 콧길을 막고 입술을 다물어 숨을 막았다가 뗄 때에 거세게
  나는 무성 파열음이다.
- 받침으로 쓰일 때는 입술을 떼지 않아 'ㅂ'과 같아진다.

파다닥(×)	'작은 새나 물고기 따위가 날개나 꼬리를 힘차게 치는 소리나 모양'의 뜻은 '파드닥'이 올바른 말이다.
파드닥	작은 새나 물고기 따위가 날개나 꼬리를 힘차게 치는 소리나 모양. 파다닥(×).
파딱(×)	'무슨 생각이 갑자기 뚜렷하게 떠오르는 모양. 빛 또는 물체가 갑자기 나타나는 모양'의 뜻으로 쓰이는 말은 '파뜩'이 올바른 말이다.
파뜩	[1]무슨 생각이 갑자기 뚜렷하게 떠오르는 모양. 예 좋은 생각이 파뜩 떠올랐다. [2]빛 또는 물체가 갑자기 나타나는 모양. 예 집 뒤에서 파뜩 검은 물체가 나타났다가 사라졌다. 파딱(×).
파라다이스^{paradise}	걱정이나 근심 없이 행복을 누릴 수 있는 곳. 패러다이스(×).
파라독스(×)	'역설'의 뜻으로 쓰이는 말은 '패러독스'가 올바른 말이다.
파랗다	깊은 바다처럼 밝고 선명하게 푸르다. [지방직 9급 '17]

파드닥
'파드닥'은 작은 새나 물고기의 소리나 모양을 흉내 내는 말이고, '퍼드덕'은 큰 새나 물고기의 소리나 모양을 흉내 내는 말이다.

파랗다
활용형은 '파랗네', '파라네' 모두 올바른 말이다.

> **오류노트** [1]소연아 하늘을 봐. 태풍이 물러간 후 서울 하늘은 언제 그랬냐는 듯 너무나 <u>파레.</u> → 파래. [2]멍든 얼굴이 매우 <u>퍼레.</u> → 퍼레.

'파랗다'는 어떻게 활용할까?
[1]'파랗다'의 어간의 끝 음절 모음 'ㅏ'가 어미 '-아'와 결합하여 '파랗+아'가 '파래'로 된다. [2]'파랗다'는 불규칙 활용을 하는 용언으로 어간의 끝 'ㅎ'이 줄어지면 준 대로 '파라니'와 같이 표기한다. '파랗니'와 같이 'ㅎ'을 탈락시키지 않고 쓰는 것도 인정한다.

파래국(×)	'파래를 넣고 끓인 맑은 국'의 뜻으로 쓰이는 말은 '파랫국'이 올바른 말이다.
파랫국	파래를 넣고 끓인 맑은 국. 파래국(×).
파랭이꽃(×)	'여름에 홍백색 꽃이 피고 꽃은 약재로 쓰는, 석죽과의 여러해살이풀'은 '패랭이꽃'이 올바른 말이다.
파리^{Paris}	프랑스의 수도. 빠리(×). [경찰직 '20]
파묻이다(×)	'파묻음을 당하다'의 뜻으로 쓰이는 말은 '파묻히다'가 올바른 말이다.

파랫국
순우리말로 된 합성어로서 앞말이 모음으로 끝난 경우, 뒷말의 첫소리가 된소리로 나는 것은 사이시옷을 붙인다.

Ⅱ

파묻히다 파묻음을 당하다. 파묻이다(×).

> **오류노트** 시간이 흐름에 따라 그 사건은 미궁에 <u>파묻히게 되었다.</u> → 파묻혔다.

파생어派生語 실질 형태소와 형식 형태소(접미사, 접두사)가 모여 한 단어를 이루는 말. [국가직 7급 '08]

파수군(×) '주변을 경계하고 살피며 지키는 일을 하는 사람'은 '파수꾼'이 올바른 말이다.

파수꾼把守- 주변을 경계하고 살피며 지키는 일을 하는 사람. 파수 군(×).

파이다 ¹구멍이나 구덩이가 만들어지다. 예 폭우로 땅이 파였다. ²그림이나 글씨가 새겨지다. 예 비석에는 선조의 공적 내용이 파여 있었다. ³천이나 종이 따위의 한 부분을 도려내다. 예 전신 수영복의 표면은 V자형 홈이 파여 있다.

> **오류노트** 오랫동안 많은 고생을 한 듯 두 볼은 깊게 <u>패여</u> 있었다. → 파여 또는 패어. [한국어교육검정 '07]

'파이다'가 옳은 말일까 '패이다'가 옳은 말일까?
'구덩이가 만들어지거나 글씨가 새겨지거나 천의 한 부분을 도려 내다'의 뜻으로 쓰이는 말은 '파이다'이며 준말은 '패다'이다. '파이다'는 '파이어, 파이고, 파이니, 파였다'와 같이 활용하고, '패다'는 '패어, 패고, 패니, 패었다'와 같이 활용한다. 흔히 '패이다'를 '파이다'와 같은 뜻으로 사용하는 경우가 있는데 이는 잘못된 말이다. 그러므로 '패이다'의 활용형인 '패이어, 패이고, 패이니, 패였다' 역시 잘못된 말이다.

파이팅fighting 선수들이 잘 싸우자는 뜻으로 외치는 소리. 화이팅(×). [서울시 9급 '10]. [기상 9급 '13]. [경찰직 '20]. [소방직 '21]

파일file 서류철 또는 컴퓨터에서 하나의 단위로 처리되는 관련 레코드의 집합. 화일(×).

파자쟁이 한자의 자획을 나누거나 합하여 길흉을 점치는 사람.

파토(×) '장수 부족, 순서의 뒤바뀜 등이 일어나서 판이 무효가 되는 화투 놀이'는 '파투'가 올바른 말이다.

파투破鬪 장수 부족, 순서의 뒤바뀜 등이 일어나서 판이 무효가 되는 화투 놀이. 파토(×).

파묻히다
피동의 뜻으로 쓰이는 접미사 '-히-'가 있는데 이중으로 피동의 뜻으로 쓰이는 '되다'가 들어가서 어색하다.

파생어派生語
'개살구, 새파랗다, 치뜨다, 휘둥그렇다, 공부하다, 선생님' 따위가 파생어이다. '개-, 새-, 치-, 휘-, -하다, -님'은 접사이다.

파수꾼把守-
'어떤 일을 전문적으로 하는 사람'의 뜻을 더하는 말은 '-꾼'이다.

파이팅fighting
외래어 표기는 발음을 기준으로 하는데 'fighting'은 '파이팅'으로 표기한다.

파자쟁이
'해자쟁이'와 함께 복수 표준어이다.

판넬(×)	'벽널 따위의 건축용 널빤지. 화판에 그린 그림. 배심원'의 뜻으로 쓰이는 말은 '패널'이 올바른 말이다.
판다^{panda}	자이언트 판다와 레서판다를 통틀어 이르는 말. 팬더(×).
판대기(×)	'널빤지'를 속되게 이르는 말'은 '판때기'가 올바른 말이다.
판때기^{板-}	'널빤지'를 속되게 이르는 말. 판대기(×).
판자때기^{板子-}	'판자'를 낮잡아 이르는 말. 판잣대기(×).
판자집(×)	'판자로 허술하게 지은 집'은 '판잣집'이 올바른 말이다.
판잣대기(×)	'판자를 낮잡아 이르는 말'은 '판자때기'가 올바른 말이다.
판잣집^{板子-}	판자로 허술하게 지은 집. 판자집(×).
판타지^{fantasy}	환상곡. 환타지(×).
팔굽, 팔뒤꿈치(×)	'팔의 아래위 마디가 있는 관절의 바깥쪽'은 '팔꿈치'가 올바른 말이다.
팔꿈치	팔의 아래위 마디가 있는 관절 바깥쪽. 팔굽·팔뒤꿈치(×).
팔뚝시계, 팔목시계(×)	'손목에 차는 작은 시계'는 '손목시계'가 올바른 말이다.
팔레트(×)	'지게차로 하역 작업을 할 때에 쓰는 화물을 쌓는 틀이나 대^臺'의 뜻으로 쓰이는 말은 '팰릿'이 올바른 말이다.
팔삭동이(×)	'임신 후 여덟 달 만에 낳은 아이. 똑똑하지 못한 사람을 놀려 이르는 말'은 '팔삭둥이'가 올바른 말이다.
팔삭둥이^{八朔-}	임신 후 여덟 달 만에 낳은 아이. 똑똑하지 못한 사람을 놀려 이르는 말. 팔삭동이(×).
팔아먹다	✔️띄어쓰기 대가를 받고 물건의 소유권을 남에게 넘겨 버리다. 예 낡은 책상을 싼 값에 팔아먹다.
팔장(×)	'두 손을 각각 다른 쪽 소매 속에 마주 넣거나, 두 팔을 마주 끼어 손을 두 겨드랑이 밑으로 두는 일'은 '팔짱'이 올바른 말이다.
팔짱	두 손을 각각 다른 쪽 소매 속에 마주 넣거나, 두 팔을 마주 끼어 손을 두 겨드랑이 밑으로 두는 일. 팔장(×).
팜플렛(×)	'광고, 홍보, 선전 따위를 위하여 얄팍하게 만든 소책자'는 '팸플릿'이 올바른 말이다.

판자때기^{板子-}
'-때기'는 속되게 이르는 말이다.

판잣집^{板子-}
한자어와 순우리말로 된 합성어로서 앞말이 모음으로 끝난 경우, 뒷말의 첫소리가 된소리로 나는 것은 사이시옷을 붙인다.

팔삭둥이^{八朔-}
'-둥이'는 '그러한 성질이 있거나 그와 긴밀한 관련이 있는 사람'의 뜻을 더하는 말이다.

팔아먹다
'팔아먹다'는 한 단어로 굳어진 합성어이므로 붙여 쓴다.

팡파르^{fanfare}	모임의 개회나 축하 의식에 쓰이는 트럼펫의 신호. 빵파레(×).
패널^{panel}	¹벽널 따위의 건축용 널빤지. ²화판에 그린 그림. ³배심원. 판넬(×).
패다	구멍이나 구덩이가 생기다. 예 장맛비가 지나간 뒤 도로가 푹 패었다. 팽기다(×).
패랭이꽃	여름에 홍백색 꽃이 피고 과실은 삭과이며 꽃은 약재로 쓰는, 석죽과의 여러해살이풀. 파랭이꽃(×).
패러다이스(×)	'걱정이나 근심 없이 행복을 누릴 수 있는 곳'은 '파라다이스'가 올바른 말이다.
패러독스^{paradox}	역설. 파라독스(×).
패트병(×)	'음료를 담는 일회용병'의 뜻으로 쓰이는 말은 '페트병'이 올바른 말이다.
팩터링^{factoring}	회사의 외상 매출 채권이나 어음을 매입하여 관리하고 회수함. 팩토링(×).
팩토링(×)	'회사의 외상 매출 채권이나 어음을 매입하여 관리하고 회수함'의 뜻으로 쓰이는 말은 '팩터링'이 올바른 말이다.
팬더(×)	'자이언트 판다와 레서판다를 통틀어 이르는 말'은 '판다'가 올바른 말이다.
팬터마임^{pantomime}	말은 하지 않고 몸짓과 표정으로만 하는 연극. 펜터마임(×).
팰릿^{pallet}	지게차로 하여 작업을 할 때에 쓰는 화물을 쌓는 틀이나 대^臺. 팔레트(×).
팸플릿^{pamphlet}	광고, 홍보, 선전 따위를 위하여 얄팍하게 만든 소책자. 팜플렛(×). [한국어교육검정 '08]. [국가직 7급 '10].[서울시 9급 '11]. [지방직 9급 '13]. [서울시 9급 '21]
팽기다(×)	'구멍이나 구덩이가 생기다'의 뜻으로 쓰이는 말은 '패다'가 올바른 말이다.
팽창률^{膨脹率}	물체가 온도가 1℃ 상승할 때마다 증가하는 길이 또는 체적과, 그 본디 길이 또는 체적의 비. 팽창율(×).
팽창율(×)	'물체가 온도가 1℃ 상승할 때마다 증가하는 길이 또는 체적과, 그 본디 길이 또는 체적의 비'는 '팽창률'이 올바른 말이다.

패다
'패다'의 본말은 '파이다'이다. 이와 관련하여 '패이다'는 어법에 맞지 않는 말임을 알아두자.

패러독스^{paradox}
흔히 '파라독스'로 잘못 쓰는 말이므로 정확한 표기를 잘 익히자.

ㅍ

팬터마임^{pantomime}
'팬터마임'은 '무언극'과 동의어로 쓰인다.

팽창률^{膨脹率}
'팽창+률^率'의 형태. 앞말이 받침이 없거나 (모음) 'ㄴ' 받침 뒤에서는 '율'을 쓴다. 그 외에는 '률'을 쓴다.

퍼더덕(×)	'큰 새나 물고기 따위가 날개나 꼬리를 힘차게 치는 소리나 모양'의 뜻으로 쓰이는 말은 '퍼드덕'이 올바른 말이다.
퍼드덕	큰 새나 물고기 따위가 날개나 꼬리를 힘차게 치는 소리나 모양. 예 인기척에 놀란 황새가 맞은편 산 위로 퍼드덕 달아났다. 퍼더덕(×).
퍼뜩	어떤 생각이 갑자기 아주 순간적으로 떠오르는 모양. 푸뜩(×).
퍼래지다(×)	'퍼렇게 되다'의 뜻으로 쓰이는 말은 '퍼레지다'가 올바른 말이다.
퍼렇다	다소 짙고 어둡게 푸르다. [지방직 9급 '17]

✔ 오류노트 밑으로 내려갈수록 바닷물이 점점 퍼래. → 퍼레

퍼레지다	퍼렇게 되다. 퍼래지다(×).
펀뜻(×)	'갑자기 생각이나 기억 따위가 떠오르는 모양'의 뜻으로 쓰이는 말은 '언뜻'이 올바른 말이다.
펑즈 전쟁奉直戰爭	1920년대 영국과 일본의 지원을 각각 받은 중국 군벌軍閥 사이에 벌어진 전쟁. 봉직 전쟁(×).
펑크puncture	고무 튜브 따위에 구멍이 나서 터지는 일. 빵구·빵꾸(×).
페달pedal	자전거의 발걸이처럼 발로 밟거나 눌러서 기계류를 작동시키는 부품. 페달(×).
페이수이 싸움淝水-	중국 전진前秦과 동진東晉이 페이수이에서 383년에 벌인 싸움. 비수 싸움(×).
페트병PET瓶	음료를 담는 일회용병. 패트병(×).
펜치	손에 쥐고 철사를 끊거나 구부리거나 하는 데에 쓰는 공구. 뻰찌(×).
펜터마임(×)	'말은 하지 않고 몸짓과 표정으로만 하는 연극'은 '팬터마임'이 올바른 말이다.
펩타이드peptide	한쪽 아미노산의 아미노기와 다른 아미노산의 카복시기가 물 분자를 잃으면서 축합하여 이루는 아마이드.
펩티드peptide	한쪽 아미노산의 아미노기와 다른 아미노산의 카복시기가 물 분자를 잃으면서 축합하여 이루는 아마이드.
펴락쥐락(×)	'남을 마음대로 부리며 권력을 휘두르는 모양'의 뜻으로 쓰이는 말은 '쥐락펴락'이 올바른 말이다.

퍼드덕
'작은 새나 물고기 따위가 날개나 꼬리를 힘차게 치는 소리나 모양'을 뜻하는 말은 '파드닥'이다.

퍼렇다
'퍼렇다'의 어간의 끝 음절 모음 'ㅓ'가 어미 '-어'와 결합하여 '퍼렇-+-어'가 '퍼레'로 된다

퍼레지다
'퍼레지다'는 음성 모음끼리 어울린 모음 조화에 따른 표기이다. '퍼레지다'보다 느낌이 작은 말은 '파래지다'이다.

펩타이드peptide
'펩티드'와 동의어로 쓰인다.

펩티드peptide
'펩타이드'와 동의어로 쓰인다.

평균률(×)   '음률 체계를 정할 때, 옥타브를 등분한 단위를 음정 구성의 기초로 삼는 것'은 '평균율'이 올바른 말이다.

평균율平均率   음률 체계를 정할 때, 옥타브를 등분한 단위를 음정 구성의 기초로 삼는 것. 평균률(×).

폐달(×)   '자전거의 발걸이처럼 발로 밟거나 눌러서 기계류를 작동시키는 부품'은 '페달'이 올바른 말이다.

평야平野   ✔️띄어쓰기 기복이 매우 작고, 지표면이 평평하고 너른 들.

폐렴肺炎   폐에 생기는 염증. 폐염(×).

폐염(×)   '폐에 생기는 염증'은 '폐렴'이 올바른 말이다.

> **왜 '폐염'이 아니고 '폐렴**肺炎**'으로 써야 할까?**
> 동일한 한자가 때로는 본음이나 속음으로 소리 날 때, 속음으로 나는 것은 속음으로 적는다. '肺炎'의 '炎'은 본음이 '염'이나 '폐렴'으로 소리 나므로 '폐렴'으로 적는다.

포스타(×)   '광고나 선전을 위해 길거리나 통행이 많은 곳에 붙이는 전단'은 '포스터'가 올바른 말이다.

포스터poster   광고나 선전을 위해 길거리나 통행이 많은 곳에 붙이는 전단. 포스타(×).

포악스럽다暴惡-   보기에 사납고 악한 데가 있다. 예 봉순이는 욕설과 포악스러운 행동을 거두어 준 것만도 다행이라 생각했으나 이젠 넌더리가 난다.

> ⚠️오류노트 감히 어느 안전에서 <u>포악스런</u> 행패를 부리느냐. → 포악스러운.

포일foil   금, 알루미늄 따위의 금속을 종이와 같이 얇게 편 것. 호일(×).

포장재包裝材   공업 제품이나 농산물 따위를 포장하는 데 쓰는 재료. 포장제(×).

포장제(×)   '공업 제품이나 농산물 따위를 포장하는 데 쓰는 재료'는 '포장재'가 올바른 말이다.

폭발爆發   불이 일어나며 갑작스럽게 터짐. 폭팔(×).

폭팔(×)   '불이 일어나며 갑작스럽게 터짐'의 뜻으로 쓰이는 말은 '폭발'이 올바른 말이다.

표대(×)   '목표로 삼아 세우는 대'의 뜻으로 쓰이는 말은 '푯대'가 올바른 말이다.

평균율平均率
'평균+율/률率'의 형태. 앞말이 받침이 없거나 (모음), 'ㄴ' 받침 뒤에서는 '율'을 쓴다. 그 외에는 '률'을 쓴다. '평균'의 '균'이 'ㄴ' 받침으로 끝나는 경우이므로 '율'을 써서 '평균율'처럼 나타낸다.

평야(平野)
'평야'는 앞말과 붙여 쓴다. 외래어가 올 때도 붙여 쓴다. 예 김해평야./나주평야./화베이평야.

포악스럽다暴惡-
'포악스럽다'의 어간 '포악스럽-' 뒤에 '-은'이 오면 어간 말음 'ㅂ'이 '우'로 변하므로, '포악스러운'처럼 써야 된다.

포장재包裝材
'材'는 '재료'의 뜻이므로 '제'가 아닌 '재'로 써야 한다.

ㅍ

표말(×)	'표로 박아 세우는 말뚝'은 '푯말'이 올바른 말이다.
표식(×)	'어떤 사물을 다른 것과 구별하게 하는 표시'는 '표지'가 올바른 말이다.
표준어標準語	한 나라의 공용어로 쓰는 규범으로서의 언어.
표지標識	어떤 사물을 다른 것과 구별하게 하는 표시. [예] 위험물 접근 금지 표지. 표식(×).
푯대標·	목표로 삼아 세우는 대. 표대(×).
푯말標·	표로 박아 세우는 말뚝. 표말(×).
푸기	'세상사에 어둡고 사람의 마음을 모르는 어리석은 사람'은 '부기'가 올바른 말이다.
푸나무(×)	'새나무, 풋장, 갈잎나무 따위를 통틀어 이르는 말'은 '푿나무'가 올바른 말이다.
푸두둑(×)	'큰 새나 물고기 따위가 날개나 꼬리를 힘차게 치는 소리나 모양'의 뜻으로 쓰이는 말은 '푸드덕'이 올바른 말이다.
푸드덕	큰 새나 물고기 따위가 날개나 꼬리를 힘차게 치는 소리나 모양. 푸두둑(×).
푸뜩(×)	'어떤 생각이 갑자기 아주 순간적으로 떠오르는 모양'의 뜻으로 쓰이는 말은 '퍼뜩'이 올바른 말이다.
푸르다	맑은 하늘이나 깊은 바다 또는 풀빛처럼 밝고 선명하다. [공사·공단 언어 능력]
	✔ 오류노트 설악산 천년송이 눈 내린 겨울에도 <u>푸르름</u>을 자랑하고 있다. → 푸름, 푸르름 모두 쓸 수 있다.
푸르락붉으락(×)	'화가 잔뜩 나거나 흥분했을 때 얼굴빛이 붉거나 푸르게 변하는 모양'의 뜻으로 쓰이는 말은 '붉으락푸르락'이 올바른 말이다.
푸서기(×)	'단단하지 못하고 부스러지기 쉬운 물건. 실속이 없고 매우 무르게 생긴 사람'의 뜻으로 쓰이는 말은 '푸석이'가 올바른 말이다.
푸석이	단단하지 못하고 부스러지기 쉬운 물건. 실속이 없고 매우 무르게 생긴 사람. [예] 아내는 푸석이인지라 항상 감기를 몸에 달고 다녔다. 푸서기(×).
푸성내(×)	'푸성귀나 풋나물 따위로 만든 음식에서 나는 풀 냄새'는 '풋내'가 올바른 말이다.

'표말'로 쓸 수 없는 이유
한자어와 우리말로 된 합성어로 앞말이 모음으로 끝난 경우, 뒷말의 첫소리 'ㅁ' 앞에서 'ㄴ' 소리가 덧나므로 '푯말'처럼 사이시옷을 붙인다.

표지標識
'識'은 '알다'란 뜻의 '식'으로 많이 쓰이지만 여기에서는 '적다, 기록하다'란 뜻의 '지'로 쓰였다.

푸드덕
'작은 새가 조금 가볍고 빠르게 날개를 치는 소리나 모양'은 '포드닥'이다.

푸르다
'푸르르다'가 '푸르다'와 별개의 표준어로 인정됨에 따라 '푸르름'도 쓸 수 있다.

푸석이
'-하다'나 '-거리다'가 붙는 어근에 '-이'가 붙어서 명사가 된 것은 그 원형을 밝히어 적는다.

푸순撫順	중국 최대의 코크스탄 산지로 랴오닝성遼寧省 동쪽에 있는 도시. 무순(×).
푸신阜新	화력 발전소 중심의 광공업이 발달한 중국 랴오닝성遼寧省에 있는 도시. 부신(×).
푸저우福州	차, 목재 따위의 수송이 활발한 중국 푸젠성福建省의 항구 도시. 복주(×).
푸젠성福建省	성도省都는 푸저우福州이며 대만 해협에 면하여 있는 중국 남동부에 있는 성. 복건성(×).
푸주간(×)	'소나 돼지 따위 짐승을 잡아서 그 고기를 파는 가게'는 '푸줏간'이 올바른 말이다.
푸줏간間	소나 돼지 따위 짐승을 잡아서 그 고기를 파는 가게. 푸주간(×). [국가직 9급 '11]
푼	비율을 나타내는 단위로, 1할의 10분의 1을 뜻하는 말. 예 메이저리그에서 활동하는 김 선수의 올해 타율은 3할 8푼 5리이다. 부(×).
푼꾼(×)	'경험이 없어서 일에 서투른 사람'은 '풋내기'가 올바른 말이다.
푼돈	많지 아니한 몇 푼의 돈. 예 푼돈 몇 푼 벌자고 일하다가 몸에 병을 얻었다. 푼전(×).
푼수데기	생각이 모자라고 어리석은 사람을 낮잡아 이르는 말.
푼자(×)	'아가리는 넓고 밑은 좁은 너부죽한 사기그릇'은 '푼주'가 올바른 말이다.
푼전(×)	'많지 아니한 몇 푼의 돈'의 뜻으로 쓰이는 말은 '푼돈'이 올바른 말이다.
푼주	아가리는 넓고 밑은 좁은 너부죽한 사기그릇. 예 질동이, 놋동이와 바가지, 대야, 양푼, 푼주, 성안에 있는 그릇이란 그릇은 모조리 쏟아져 나온다. 푼자(×).
푼침(×)	'시계에서 분을 가리키는 긴 바늘'은 '분침'이 올바른 말이다.
푼푼이	한 푼씩 한 푼씩. 예 적은 돈이지만 푼푼이 모았더니 목돈이 되었다. 푼푼히(×).
푼푼히(×)	'한 푼씩 한 푼씩'의 뜻으로 쓰이는 말은 '푼푼이'가 올바른 말이다.

'푸주간'으로 쓸 수 없는 이유
순우리말과 한자어로 된 합성어로서 앞말이 모음으로 끝난 경우, 뒷말의 첫소리가 된소리로 나는 것은 사이시옷을 붙인다.

푸줏간間
'고깃간'과 함께 복수 표준어로 쓰인다.

푼돈
'적은 액수로 나뉜 돈'의 뜻으로도 쓰인다.

'푼푼히'가 맞는 말이 될 수도 있을까?
'모자람이 없이 넉넉하게'의 뜻으로 쓰일 때는 '푼푼히'가 맞는 표기이다. 예 가난해서 쌀밥도 푼푼히 먹지 못하던 시절이 있었다.

푿소	여름에 생풀만 먹고 자란 소. 풀소·풋소(×).

'풀을 먹고 자란 소'가 왜 '푿소'로 표기될까?
'끝소리가 'ㄹ'인 말과 딴 말이 어울릴 적에 'ㄹ' 소리가 'ㄷ' 소리로 나는 것은 'ㄷ'으로 적는다는 한글맞춤법 규정에 따른 것이다. 이 규정에 따라 표기할 수 있는 말들은 다음과 같은 것이 있다. '반짇고리(바느질+고리), 사흗날(사흘+날), 삼짇날(삼질+날), 섣달(설+달), 섣부르다(설+부르다), 숟가락(술+가락), 이튿날(이틀+날), 잗다듬다(잘+다듬다), 잗다랗다(잘+다랗다), 잗주름(잘+주름), 푿소(풀+소)

푿소고기	여름에 생풀만 먹고 자란 소의 고기. 풀소고기(×).
풀룻(×)	'부드럽고 청신한 음색이 특징이며 옆으로 쥐고 구멍에 입김을 불어넣어 소리를 내는 관악기'는 '플루트'가 올바른 말이다.
풀소, 풋소(×)	'여름에 생풀만 먹고 자란 소'는 '푿소'가 올바른 말이다.
풀소고기(×)	'여름에 생풀만 먹고 자란 소의 고기'는 '푿소고기'가 올바른 말이다.
품삯	품을 팔거나 산 대가로 주고받는 돈이나 물건. 일삯(×).
품새	태권도에서, 공격과 방어의 기본 기술을 연결한 연속 동작. 품세.
품세	태권도에서, 공격과 방어의 기본 기술을 연결한 연속 동작. 품새.
품팔이꾼	품팔로 살아가는 사람. 품팔잇꾼(×).
품팔잇꾼(×)	'품팔로 살아가는 사람'은 '품팔이꾼'이 올바른 말이다.
풋나기(×)	'경험이 없어서 일에 서투른 사람'은 '풋내기'가 올바른 말이다.
풋나무	새나무, 풋장, 갈잎나무 따위를 통틀어 이르는 말. 푸나무(×).
풋내	푸성귀나 풋나물 따위로 만든 음식에서 나는 풀 냄새. 푸성내(×).
풋내기	경험이 없어서 일에 서투른 사람. 풋꾼·풋나기(×).[서울시 9급 '11]
풍각장이(×)	'거리에서 노래를 부르거나 악기를 연주하며 돈을 구하는 사람'은 '풍각쟁이'가 올바른 말이다.

푿소
'풀소'로 혼동하여 쓰지 않도록 주의하자.

품새
'품세'와 함께 복수 표준어이다.

품세
'품새'와 함께 복수 표준어이다.

풋나무
순우리말로 된 합성어로서 앞말이 모음으로 끝난 경우, 뒷말의 첫소리 'ㄴ' 앞에서 'ㄴ' 소리가 덧나는 것은 사이시옷을 붙인다.

풋내기
'풋내기'는 '냄비/동댕이치다'와 같이 'ㅣ' 역행 동화 현상을 인정하여 표준어로 삼은 말이다.

풍각쟁이^{風角-}	거리에서 노래를 부르거나 악기를 연주하며 돈을 구하는 사람. 풍각장이(×).
풍비박산^{風飛雹散}	사방으로 날아 흩어짐. 예 작은집은 사업 실패로 풍비박산이 되었다. 풍지박산(×). [법원직 9급 '08]. [지방직 7급 '10]
풍신수길(×)	'임진왜란을 일으킨 일본의 무장·정치가(1536~1598)'는 '도요토미 히데요시'가 올바른 말이다.
풍지박산(×)	'사방으로 날아 흩어짐'의 뜻으로 쓰이는 말은 '풍비박산'이 올바른 말이다.
퓨즈^{fuse}	과전류 보호 장치의 하나로 단락 전류 및 과부하 전류를 자동적으로 차단하는 부품. 휴즈(×).
프라이	음식을 기름에 지지거나 튀기는 일. 또는 그렇게 만든 음식. 후라이(×).
프라이팬^{frypan}	고기, 생선 따위를 튀기거나 지지는 데 쓰는 넓적한 냄비. 후라이팬(×). [국가직 9급 '10]
프러포즈^{propose}	제안. 청혼. 프로포즈(×).
프레뷰(×)	'영화를 개봉하기 전에 관계자들이 미리 보는 일'은 '프리뷰'가 올바른 말이다.
프레젠테이션^{presentation}	컴퓨터나 기타 멀티미디어를 이용하여 사용자 또는 대상자에게 각종 정보를 전달하는 행위. 프리젠테이션(×). [국가직 9급 '16]
프로포즈(×)	'제안. 청혼'의 뜻으로 쓰이는 말은 '프러포즈'가 올바른 말이다.
프리뷰^{preview}	영화를 개봉하기 전에 관계자들이 미리 보는 일. 프레뷰(×).
프리젠테이션(×)	'컴퓨터나 기타 멀티미디어를 이용하여 사용자 또는 대상자에게 각종 정보를 전달하는 행위'는 '프레젠테이션'이 올바른 말이다.
플래시^{flash}	손전등. 후레시(×). [국어능력인증 '07]. [국가직 9급 '16]. [서울시 9급 '16]. [경찰직 '20]
플래카드^{placard}	긴 천에 슬로건 따위를 써서 양쪽 끝을 장대에 맨 표지물. 플랭카드(×). [광주 소방직 '06]. [지방직 9급 '10]. [서울시 9급 '10]. [서울시 7급 '11]
플랫포옴(×)	'역이나 정거장의 타고 내리는 곳'은 '플랫폼'이 올바른 말이다.

퓨즈^{fuse}
'fuse'는 '휴즈'가 아닌 '퓨즈'로 표기한다.

프라이팬^{frypan}
'frypan'은 '후라이팬'이 아닌 '프라이팬'으로 표기한다.

프레젠테이션^{presentation}
'프레젠테이션'은 영국식 발음 [pre-]를 따른 표기이다.

Ⅱ

플래시^{flash}
'flash'는 '후레시'가 아닌 '플래시'로 표기한다.

플랫폼^{platform}　역이나 정거장의 타고 내리는 곳. 플랫포옴(×).

플랭카드(×)　'긴 천에 슬로건 따위를 써서 양쪽 끝을 장대에 맨 표지물'은 '플래카드'가 올바른 말이다.

플루트^{flute}　부드럽고 청신한 음색이 특징이며 옆으로 쥐고 구멍에 입김을 불어넣어 소리를 내는 관악기. 풀룻(×). [한국어교육검정 '10]. [지방직 9급 '13]

피기(×)　'피부에 감도는 불그스레한 피의 기운'은 '핏기'가 올바른 말이다.

피난^{避難}　재난을 피하여 다른 데로 옮겨 감. 예 마을 사람들은 홍수가 나자 피난을 떠났다. 비교 피란.

피납(×)　'납치를 당함'의 뜻으로 쓰이는 말은 '피랍'이 올바른 말이다.

피다(×)　'불 따위를 피게 하다. 어떤 행동이나 태도를 나타내다. 난봉, 소란 등을 부리다. 담배에 불을 붙여 연기를 빨아 입이나 코로 내보내다. 냄새나 먼지 따위를 퍼뜨리거나 일으키다'의 뜻으로 쓰이는 말은 '피우다'가 올바른 말이다.

피대(×)　'노여운 감정'의 뜻으로 쓰이는 말은 '핏대'가 올바른 말이다.

피덩이(×)　'피가 엉겨 이루어진 덩어리'는 '핏덩이'가 올바른 말이다.

피라미　몸은 길고 납작하며 몸빛은 등이 청색을 띤 갈색이고, 배와 옆구리는 은백색인 잉엇과의 민물고기. 피래미(×).

피란^{避亂}　난리를 피하여 다른 데로 옮김.

피랍^{被拉}　납치를 당함. 피납(×).

피래미(×)　'몸은 길고 납작하며 몸빛은 등이 청색을 띤 갈색이고, 배와 옆구리는 은백색인 잉엇과의 민물고기'는 '피라미'가 올바른 말이다.

피마^{-馬}　다 자란 암말. 피말(×).

피말　'다 자란 암말'은 '피마'가 올바른 말이다.

피빛(×)　'피의 빛깔과 같이 새빨간 빛'은 '핏빛'이 올바른 말이다.

피아르^{PR}　선전, 홍보 따위를 위해 널리 알리는 일. 피알(×).

피알(×)　'선전, 홍보 따위를 위해 널리 알리는 일'은 '피아르'가 올바른 말이다.

플루트^{flute}
단모음 다음의 [p], [t], [k]는 받침으로 적고, [fluːt]처럼 장모음 다음의 [p], [t], [k]는 '으'를 붙여 적는다.

'피기'로 표기할 수 없는 이유
순우리말과 한자어로 된 합성어로서 앞말이 모음으로 끝난 경우, 뒷말의 첫소리가 된소리로 나는 것은 사이시옷을 붙인다.

피난
전쟁은 물론 지진, 홍수 등의 재난을 피해 옮겨 가는 것을 두루 이른다.

피다
'피다'는 '연탄이나 숯 따위에 불이 일어나 스스로 타다', '꽃봉오리 따위가 벌어지다' 등의 뜻으로 쓰인다.

피란
'피난'과 달리 전쟁에 한정하여 이르는 말이다.

피아르^{PR}
알파벳의 열여덟째 자모 이름은 '아르^R'이다.

피에로^{pierrot}　　프랑스의 무언극에 나오는 어릿광대. 삐에로(×).

피우다　　¹불 따위를 피게 하다. 예 숯불을 피우다. ²어떤 행동이나 태도를 나타낸다. 예 재롱을 피우다. ³난봉, 소란 등을 부리다. 예 거드름을 피우다. ⁴담배에 불을 붙여 연기를 빨아 입이나 코로 내보내다. 예 궐련을 피우다. ⁵냄새나 먼지 따위를 퍼뜨리거나 일으키다. 예 향기를 피우다. 피다(×). [지방직 9급 '08]. [한국어교육검정 '09]. [지방직 7급 '15]

> ⚠️오류노트 실내에서는 담배를 <u>피지</u> 마세요. → 피우지.

피자국(×)　　'피가 묻어서 난 흔적'은 '핏자국'이 올바른 말이다.

피자집^{pizza-}　　피자를 파는 가게. 피잣집(×).

피잣집(×)　　'피자를 파는 가게'는 '피자집'이 올바른 말이다.

피제수^{被除數}　　어떤 수를 다른 수로 나눌 때, 어떤 수에 해당되는 수. 20/4=5에서 20이 해당함. 피젯수(×).

피젯수(×)　　'어떤 수를 다른 수로 나눌 때, 어떤 수에 해당되는 수. 20/4=5에서 20이 해당함'은 '피제수'가 올바른 말이다.

피처^{pitcher}　　투수. 피쳐(×).

피쳐(×)　　'투수'의 뜻으로 쓰이는 말은 '피처'가 올바른 말이다.

필름^{film}　　투명 물질에 감광제를 칠한 사진 감광판의 하나. 영화용 음화나 양화. 필림(×). [지방직 9급 '08]

필림(×)　　'투명 물질에 감광제를 칠한 사진 감광판의 하나. 영화용 음화나 양화'는 '필름'이 올바른 말이다.

필요하다^{必要-}　　반드시 요구되는 바가 있다.

> ⚠️오류노트 이 일은 남의 도움이 필요하지 <u>않는다</u>. → 않다.

핏기^氣　　피부에 감도는 불그스레한 피의 기운. 피기(×). [국가직 7급 '08]

핏대　　노여운 감정. 예 두 사람이 길거리에서 핏대를 올리며 싸우고 있다. 피대(×)

핏덩이　　피가 엉겨 이루어진 덩어리. 피덩이(×).

핏빛　　피의 빛깔과 같이 새빨간 빛. 피빛(×).

핏자국　　피가 묻어서 난 흔적. 피자국(×).

피에로^{pierrot}
무성 파열음(p, t, k)은 거센소리(ㅍ, ㅌ, ㅋ)로 적는다.

피우다
'피다'는 자동사이므로 '담배를'처럼 목적어가 올 수 없는 말이다. '피우다' ¹⁻⁵번은 모두 목적어가 필요한 말이므로 '피다'를 쓸 수 없다.

피자집^{pizza-}
외래어가 포함된 합성어의 경우에는 사이시옷을 넣지 않는다.

피처^{pitcher}
외래어 표기에서 이중모음 '져, 죠, 쥬, 챠, 쳐' 등은 인정하지 않고 '저, 조, 주, 차, 처'로 표기한다.

필요하다^{必要-}
형용사는 '-는다' 형태로 활용하지 않는다.

ㅍ

'사람'을 나타내는 말

가哥 어떤 성씨 혹은 그 성씨를 가진 사람. 예 박가. 정가. 최가.

가家 전문적으로 혹은 직업으로 하는 사람. 능한 사람. 많이 가진 사람. 특성을 지닌 사람. 예 건축가. 문학가. 사교가. 자본가. 낙천가. 모략가.

개 사람의 뜻을 더하는 말. 오줌싸개. 예 칠랑개. 코흘리개.

객客 사람, 손님의 뜻으로 쓰이는 말. 예 가객. 추모객.

공工 기술직 노동자. 예 견습공. 기능공.

관官 공적인 직책을 맡은 사람. 예 경찰관. 이사관.

꾸러기 빚을 많이 진 사람. 예 빚꾸러기. 심하거나 많은 사람. 예 심술꾸러기. 잠꾸러기. 장난꾸러기.

내기 다루기 쉬운 사람을 놀림조로 이르는 말. 예 수월내기. 지역 특성을 지니고 있는 사람. 예 서울내기. 시골내기. 그런 특성을 지닌 사람. 예 풋내기. 뜨내기. 새내기.

네 같은 처지의 사람. 예 남정네. 아낙네. 그 사람이 속한 무리. 예 우리네. 철수네.

단團 단체를 뜻하는 말. 예 소년단. 청년단.

데기 관련된 일을 하거나 그런 성질을 가진 사람. 예 부엌데기. 소침데기. 소박데기.

둥이 그러한 성질이 있거나 그와 긴밀한 관련이 있는 사람. 예 검둥이. 바람둥이. 쌍둥이. 칠삭둥이. 칠푼이.

딱지 얼굴이 몹시 얽은 사람. 예 곰보 딱지.

뜨기 부정적 속성을 가진 사람. 예 사팔뜨기. 시골뜨기. 촌뜨기.

민民 사람, 백성, 민족의 뜻으로 쓰이는 말. 예 피난민. 이재민.

배輩 무리를 이룬 사람. 예 간신배. 폭력배. 무뢰배.

배기 그 나이를 먹은 아이. 그런 물건. 예 나이배기.

뱅이 그것을 특성으로 가진 사람이나 사물. 예 가난뱅이. 주정뱅이. 앉은뱅이. 장돌뱅이. 거렁뱅이.

범犯 죄를 지은 사람. 예 교사범. 절도범. 정치범.

보 그러한 특징을 지닌 사람. 예 털보. 꾀보. 느림보. 뚱뚱보.

보補 보좌하는 직책. 예 주사보. 차관보.

붙이 같은 겨레. 예 겨레붙이. 일가붙이.

사師 그것을 직업으로 하는 사람. 예 사진사. 약사. 전도사.

사士 직업의 뜻으로 쓰이는 말. 예 변호사. 세무사. 회계사.

상商 상인의 뜻으로 쓰이는 말. 예 잡화상. 포목상.

생生 학생의 뜻으로 쓰이는 말. 예 독학생. 낙제생. 실습생.

수手 그것을 직업으로 하는 사람. 예 목수. 무용수. 소방수.

수囚 죄수의 뜻으로 쓰이는 말. 예 기결수. 미결수.

아치 그 일에 종사하는 사람. 벼슬아치. 예 동냥아치. 장사아치.

인人 사람의 뜻으로 쓰이는 말 예 광고인. 사회인. 문화인. 사회인.

자者 사람의 뜻으로 쓰이는 말. 예 과학자. 근로자. 인솔자.

잡이 무엇을 다루는 사람. 예 총잡이. 칼잡이.

장長 책임자, 우두머리의 뜻으로 쓰이는 말. 예 과장. 국장. 학교장.

장이 그것과 관련된 기술을 가진 사람. 예 간판장이. 미장이. 양복장이.

쟁이 그것이 나타내는 속성을 많이 가진 사람. 예 개구쟁이. 멋쟁이. 점쟁이.

조祖 조상의 뜻으로 쓰이는 말. 예 삼대조. 오대조.

주主 주체, 소유주의 뜻으로 쓰이는 말. 예 가구주. 소유주. 건물주.

지기 지키는 사람. 예 산지기. 등대지기.

짜리 그런 차림을 한 사람. 예 양복짜리. 장옷짜리.

층層 능력이나 수준이 비슷한 무리. 예 청년층. 부녀층.

통이 그런 태도나 성질을 가진 사람. 예 미련퉁이. 심술퉁이.

ㅎ 히읗.

- 한글 자모의 열넷째. 자음의 하나.
- 목청을 좁혀 숨을 내쉴 때 그 가장자리를 마찰하여 나오는 소리이다.
- 받침으로 쓰일 때는 입천장을 막고 떼지 않으므로 'ㄷ'과 같아진다.

-하^下	✔띄어쓰기 그것과 관련된 조건이나 환경을 나타내는 말. 예 그 선수는 전문가의 지도하에 하루가 다르게 실력이 향상되고 있다.	-하^下 '-하'는 접미사이므로 앞말과 붙여 쓴다.

-하^下 · ✔띄어쓰기 그것과 관련된 조건이나 환경을 나타내는 말. 예 그 선수는 전문가의 지도하에 하루가 다르게 실력이 향상되고 있다.

-하^下 '-하'는 접미사이므로 앞말과 붙여 쓴다.

하고 · ✔띄어쓰기 다른 것과 비교하거나 기준으로 삼는 대상임을 나타내는 조사. 예 승재는 너하고는 비교할 수 없는 사람이다. [지방직 7급 '16]

하고하다 · ✔띄어쓰기 많고 많다. 예 하고한 것 중에서 왜 이 물건을 골랐을까? 하고많다.

하고많다 · ✔띄어쓰기 많고 많다. 하고하다.

하교길(×) · '하교하는 길'은 '하굣길'이 올바른 말이다.

하굣길^{下校-} · 하교하는 길. 예 하굣길에 오래전에 전학 간 친구를 만나 이야기를 나누었다. 하교길(×). [지방직 9급 '19]

하굣길^{下校-} 하굣길은 한자어 '下校'와 고유어 '길'이 어울려 이루어진 말로 '길'이 [낄]로 발음되므로 사이시옷을 붙인다.

하구둑(×) · '강어귀의 수심을 일정하게 유지하거나 바닷물이 침입하는 것을 막기 위하여 강어귀 부근에 쌓은 댐'은 '하굿둑'이 올바른 말이다.

하굿둑^{河口-} · 강어귀의 수심을 일정하게 유지하거나 바닷물이 침입하는 것을 막기 위하여 강어귀 부근에 쌓은 댐. 하구둑(×).

하나님 · '하느님'을 개신교에서 이르는 말.

하남성^{河南省}(×) · '옛 한족^{漢族}의 중심지였던 중국 동부의 성'은 '허난성'이 올바른 말이다.

하눌타리 · 여름에 자색꽃이 잎겨드랑이에 피며, 과실은 타원형이고 덩이뿌리와 씨는 약용하며 열매는 공 모양으로 누렇게 익는 박과의 여러해살이 덩굴풀. 하늘타리(×).

하느님 · ¹우주를 창조하고 주재하며 초월적인 힘으로 화복을 내린다는 초자연적인 절대자. ²가톨릭에서 신봉하는 유일신.

하느님 '개신교'에서는 '하나님'이라고 이른다.

하늘타리(×) · '여름에 자색꽃이 피며, 과실은 타원형이고 덩이뿌리와 씨는 약용하는 박과의 여러해살이 덩굴풀'은 '하눌타리'가 올바른 말이다.

하늬바람 · 서쪽에서 부는 바람. 예 하늬바람에 흔들리는 나뭇가지에서 가끔 눈가루가 날린다. 하니바람(×). [공사·공단 언어 능력]

하늬바람 자음을 첫소리로 가지고 있는 음절의 'ㅢ'는 'ㅣ'로 소리 나는 경우가 있어도 'ㅢ'로 적는다.

하니바람(×) · '서쪽에서 부는 바람'의 뜻으로 쓰이는 말은 '하늬바람'이 올바른 말이다.

ㅎ

하다	[1]의식적 또는 무의식적으로 어떤 목적을 위하여 움직이다. 예 공부를 하다. [2]명사 뒤에 붙어 동사나 형용사를 만드는 말. 예 운동하다. 순수하다.

✔오류노트 [1]<u>하느라고</u> 한 것이 결국 이 모양밖에 되지 않아 부끄럽다. → 하노라고. [2]앞으로는 더욱더 <u>절약할 게</u>. → 절약할게. [3]집을 <u>마련할려고</u> 저축을 하고 있다. → 마련하려고. [4]고은이는 밝고 <u>명랑함으로</u> 사람들에게 사랑을 받는다. → 명랑하므로. [5]그는 열심히 <u>공부하므로</u> 부모님의 은혜에 보답한다. → 공부함으로.

'하다'와 관련된 어법
표제어 '하다'에서 [1]의도나 목적을 나타내는 말은 '-노라고'이다. [2]'할께'로 된소리로 표기하거나 '게'를 의존 명사로 착각하여 띄어 쓰는 경우가 있으나 '할게'로 표기한다. '-ㄹ게'는 어떤 행동을 할 것을 약속하는 말이다. [3]'하다'의 어간에 의도를 나타내는 말 '-려고'가 붙으면 '하려고'가 된다. [4]앞의 내용이 뒤의 내용의 '원인이나 이유'가 되므로 '하므로'가 알맞다. [5]'수단이나 방법'을 나타내는 말은 '함으로'이다.

하루	**✔띄어쓰기** 낮과 밤이 한 번 지나는 동안.
하루강아지(×)	'태어난 지 얼마 안 되는 어린 강아지'는 '하룻강아지'가 올바른 말이다.
하루길(×)	'하루에 걸어서 갈 수 있는 거리'는 '하룻길'이 올바른 말이다.
하루날(×)	'매달 첫째 날'은 '하룻날'이 올바른 말이다.
하루밤(×)	'해가 지고 나서 다음 날 해가 뜰 때까지의 동안'은 '하룻밤'이 올바른 말이다.
하루볕(×)	'하루 동안 쬐는 햇볕'은 '하룻볕'이 올바른 말이다.
하룻강아지	태어난 지 얼마 안 되는 어린 강아지. 하루강아지(×).
하룻길	하루에 걸어서 갈 수 있는 거리. 하루길(×).
하룻날	매달 첫째 날. 초하룻날. 하루날(×). [국어능력인증 '06]
하룻밤	해가 지고 나서 다음 날 해가 뜰 때까지의 동안. 하루밤(×).
하룻볕	하루 동안 쬐는 햇볕. 하루볕(×).
하릴없이	달리 어찌할 도리가 없이. 예 아버지가 사업을 실패하여 온가족이 하릴없이 쫄쫄 굶는 수밖에 없다. 할일없이(×).

하루
'하루' 뒤에 '동안', '만에'가 올 때 '하룻동안', '하룻만에'와 같이 사이시옷을 받치어 쓰는 경우가 있으나, 이들은 각각 별개의 단어이므로 '하루 동안', '하루 만에'로 표기해야 한다.

'하루강아지'로 표기할 수 없는 이유
순우리말로 된 합성어로서 앞말이 모음으로 끝난 경우, 뒷말의 첫소리가 된소리로 나는 것은 사이시옷을 붙인다.

하룻날
순우리말 '하루'와 '날'로 된 합성어로서 앞말이 모음으로 끝나고, 뒷말의 첫소리 'ㄴ' 앞에서 'ㄴ' 소리가 덧나므로 사이시옷을 붙인다.

하릴없이
'하릴없이'는 '조금도 틀림이 없이'의 뜻으로도 쓰인다.

하마터면	자칫 잘못하였더라면. 하마트면(×).
하마트면(×)	'자칫 잘못하였더라면'의 뜻으로 쓰이는 말은 '하마터면'이 올바른 말이다.
하문廈門(×)	'중국 푸젠성福建省 남부, 샤먼섬에 있는 항구 도시'는 '샤먼'이 올바른 말이다.
하미哈密	중국 신장 웨이우얼新疆維吾爾 자치구 동쪽에 있는 오아시스 도시. 합밀(×).
하바네라habanera	쿠바에서 유래하여 에스파냐에서 유행한, 탱고와 비슷한 4분의2 박자의 민속 춤곡. 아바네라(×).
하북河北(×)	'중국 황허강黃河江 북쪽 지역'은 '허베이'가 올바른 말이다.
하양	하얀 빛깔이나 물감.

> **✔오류노트** <u>하양색</u> 옷이 깨끗해 보인다. → 하양, 하얀색.

하얗다	매우 희다.

> **✔오류노트** 언니는 피부가 <u>하예지는</u> 방법을 연구하고 있다. → 하얘지는.

하여튼	어떠하든. 어떻게 되어 있든. 하옇든(×).
하옇든(×)	'어떠하든. 어떻게 되어 있든'의 뜻으로 쓰이는 말은 '하여튼'이 올바른 말이다.
하용賀龍(×)	'홍군紅軍을 지휘하였으며, 국무원 부총리를 지낸 중국의 군인·정치가(1895~1975)'는 '허룽'이 올바른 말이다.
하이라이트highlight	연극, 스포츠 따위에서 가장 흥미 있는 부분이나 장면. 하일라이트(×).
하이애나(×)	'야행성으로 몸은 개와 비슷하며 성질이 사납고 죽은 짐승의 고기를 먹는, 하이에나과의 동물'은 '하이에나'가 올바른 말이다.
하이에나hyena	야행성으로 몸은 개와 비슷하며 성질이 사납고 죽은 짐승의 고기를 먹는, 하이에나과의 동물. 하이애나(×).
하일라이트(×)	'연극, 스포츠 따위에서 가장 흥미 있는 부분이나 장면'은 '하이라이트'가 올바른 말이다.
하지날(×)	'하지가 되는 날'은 '하짓날'이 올바른 말이다.
하짓날夏至-	하지가 되는 날. 하지날(×).

하양
'하양'에 '색'의 뜻이 있으므로 '색'을 빼고 '하양'이라고 하든지 '하얀색'이라고 표기해야 한다.

하얗다
'하얗다'의 어간에 '-어지다'가 연결된 것이므로 '하얘지다'가 된다.

하이라이트highlight
모음 앞에 ㅣ이 왔지만 관용을 인정하여 '하이라이트'로 표기한다.

하짓날夏至-
한자어 '하지'와 순우리말 '날'로 된 합성어로서 앞말이 모음으로 끝나고 뒷말의 첫소리 'ㄴ' 앞에서 'ㄴ' 소리가 덧나므로 사이시옷을 붙인다.

하찮다 대수롭지 아니하다. 예 너희들은 하찮은 일로 다투고 있구나. 하챦다(×).

하챦다(×) '대수롭지 아니하다'의 뜻으로 쓰이는 말은 '하찮다'가 올바른 말이다.

하처^{下處}(×) '손님이 길을 가다가 묵음'의 뜻으로 쓰이는 말은 '사처'가 올바른 말이다.

하택^{荷澤}(×) '중국 산둥성^{山東省} 서부에 있는 도시'는 '허쩌'가 올바른 말이다.

하하^{夏河}(×) '중국 간쑤성^{甘肅省} 서남부에 있는 도시'는 '샤허'가 올바른 말이다.

학생난(×) '신문 따위에서 학생의 글을 싣는 지면'은 '학생란'이 올바른 말이다.

학생란^{學生欄} 신문 따위에서 학생의 글을 싣는 지면. 학생난(×).

학습난(×) '배우고 익힐 수 있도록 마련해 둔 자리'는 '학습란'이 올바른 말이다.

학습란^{學習欄} 배우고 익힐 수 있도록 마련해 둔 자리. 학습난(×).

학예난(×) '신문 따위에서 학문과 예능에 관한 글을 싣는 지면'은 '학예란'이 올바른 말이다.

학예란^{學藝欄} 신문 따위에서 학문과 예능에 관한 글을 싣는 지면. 예 학예란에 내가 쓴 동시가 실렸다. 학예난(×).

한가닥 '어떤 방면에서 썩 훌륭한 재주나 솜씨'는 '한가락'이 올바른 말이다.

한가락 어떤 방면에서 썩 훌륭한 재주나 솜씨. 한가닥(×). 예 이번 LPGA 골프대회에는 한가락 하는 태극 낭자들이 모두 출전했다.

한가운데 ✔띄어쓰기 공간이나 시간, 상황 따위의 바로 가운데. 예 상동 호수공원의 한가운데에 작은 섬이 있다.

한가위날(×) '우리나라 명절의 하나인 음력 팔월 보름날'은 '한가윗날'이 올바른 말이다.

한가윗날 우리나라 명절의 하나인 음력 팔월 보름날. 한가위. 한가위날(×).

한갓 고작하여야 다른 것 없이 겨우. 예 한갓 헛된 꿈만 꾸고 살아오다. 한갖(×).

학생란^{學生欄}
'학생+난^欄'의 형태. '난'은 '구분된 지면'의 뜻으로 쓰이는데, '난' 앞에 한자어가 오면 '란'으로 표기하고, 고유어나 외래어가 오면 '난'으로 표기한다. '학생'이 한자어이므로 '학생난'이 아니라 '학생란'으로 표기된 예이다.

학예란^{學藝欄}
'학예+난^欄'의 형태. '학예'가 한자어이므로 '학예난'이 아니라 '학예란'으로 표기된 예이다.

한가운데
'한가운데'는 한 단어이므로 붙여 쓴다.

ㅎ

한갓(×)   '고작하여야 다른 것 없이 겨우'의 뜻으로 쓰이는 말은 '한갓'이 올바른 말이다.

한걸음   ✓띄어쓰기 쉬지 아니하고 단번에 내쳐 걷는 걸음이나 움직임. 예 고시 합격 소식을 듣고 가슴이 벅찬 나머지 한걸음에 집으로 달려갔다.

> **'한걸음'은 뜻에 따라 띄어쓰기가 어떻게 달라질까?**
> '한 걸음, 두 걸음 가까이 다가갔다.'처럼 '한 발 두 발 옮겨 놓는 횟수'를 뜻할 때는 '한 걸음'으로 띄어 쓰고, '한걸음에 달려갔다'처럼 '단숨에 서둘러서 움직임'을 뜻할 때에는 '한걸음'으로 붙여 쓴다.

한걸음
'두 발을 번갈아서 옮겨 놓는 횟수를 세는 단위'를 이를 때에는 '한 걸음'처럼 띄어 쓴다. 예 아픈 몸을 이끌고 한 걸음 두 걸음 앞으로 나아갔다.

한계 이익률限界利益率   매출액에 대한 한계 이익의 비율. 한계 이익율(×).

한계 이익율(×)   '매출액에 대한 한계 이익의 비율'은 '한계 이익률'이 올바른 말이다.

한계 이익률限界利益率
'한계 이익+율/률率'의 형태. 앞말이 받침이 없거나(모음) 'ㄴ' 받침 뒤에서는 '율'을 쓴다. 그 외에는 '률'을 쓴다. '한계 이익'의 '익'이 'ㄱ' 받침으로 끝나는 경우이므로 '률'을 써서 '한계 이익률'처럼 나타낸다.

한곳   ✓띄어쓰기 같은 장소. 일정한 장소. 예 운동장 한곳에 모여 있지 말고 골고루 벌려서 있어라./한곳에 있으면 위험하니 사방으로 퍼져라.

> **'한곳', '한 곳'은 뜻에 따라 띄어쓰기가 어떻게 달라질까?**
> '지방 선거 개표 결과 B정당의 우세한 지역이 한 곳 두 곳 늘어나기 시작했다'에서의 '한 곳'은 수량을 뜻하는 관형사이므로 띄어 쓴다. 그러나 '한곳에서 오래 근무했다'와 같이 '같은, 일정한'을 뜻하는 접두사로 쓰일 때는 붙여 쓴다.

한구漢口(×)   '중국 후베이성湖北省 동쪽, 한수이漢水강과 양쯔강揚子江이 합류하는 북쪽 기슭에 있는 도시'는 '한커우'가 올바른 말이다.

한군데   ✓띄어쓰기 일정한 곳. 예 한군데에만 모여 있지 말고 흩어져 있어라.

> **'한군데'는 뜻에 따라 띄어쓰기가 어떻게 달라질까?**
> '학생들의 시선이 한군데로 쏠렸다'처럼 '일정한 곳'의 뜻일 때는 붙여 쓰고, '한 군데, 두 군데'처럼 '낱낱의 곳을 세는 단위'의 뜻일 때는 띄어 쓴다.

한군데
'낱낱의 곳을 세는 단위'의 뜻으로 쓸 때는 '한 군데'처럼 띄어 쓴다. 예 성한 곳이 한 군데, 곪은 곳이 두 군데 있다.

한난寒暖   '한란(추움과 따뜻함을 아울러 이르는 말)'의 원말. 예 우리나라는 연중 한난의 차가 그리 크지 않다.

한날한시時   ✓띄어쓰기 같은 날 같은 시각. 예 한날한시에 태어나다.

한날한시時
'한날한시'는 한 단어이므로 붙여 쓴다.

한냉(×)	'날씨 따위가 춥고 참'은 '한랭'이 올바른 말이다.	
한눈	**✔띄어쓰기** ¹한 번 봄. 또는 잠깐 봄. 예 한눈에 알아보다./한눈에 반하다. ²마땅히 볼 데를 보지 아니하고 딴 데를 보는 눈. 예 한눈을 팔지 마라.	한눈 '한눈'은 한 단어이므로 붙여 쓴다.
한랭寒冷	날씨 따위가 춥고 참. 한냉(×).	
한마디	**✔띄어쓰기** 짧은 말. 또는 간단한 말. 예 인생이란 한마디로 끝없는 나그넷길이라고 할 것이다. 비교 한 마디. [국민연금 '13] **✎오류노트** ¹손가락 한마디쯤 될까 말까 한 개구리를 보았다. → 한 마디. ²악보에서 한마디가 두 개 있는 것을 '동기'라고 한다. → 한 마디.	한마디 ¹'한 마디'는 수량을 나타낼 때는 띄어 쓴다. ²악보의 한 마디는 1개의 마디라는 뜻이므로 띄어 쓴다. ³'짧은 말'이라는 뜻으로 쓰일 때는 '한마디'처럼 붙여 쓴다.
한밤중·中	**✔띄어쓰기** 깊은 밤.	한밤중·中 '한밤중'은 한 단어이므로 붙여 쓴다.
한번	**✔띄어쓰기** ¹어떤 일을 시험 삼아 시도함. 예 되나 안 되나 한번 해 보자. ²과거의 어느 특정한 때. 예 글쎄 한번은 이런 우스운 일도 있었다. ³기회가 있는 어떤 때. 예 언제 한번 시간을 내서 방문해 주세요. **✎오류노트** ¹평생 누구에게도 구차한 소리 한번 하지 않고 살아왔다. → 한 번. ²그물을 칠 때마다 한번에 10마리 이상의 물고기가 잡혔다. → 한 번. ³언젠가 한 번은 초등학교 때의 담임선생님을 만난 적이 있었지. → 한번. [공사·공단 언어 능력]. [경찰직 2차 필기 '16]. [지방직 9급 '19]. [군무원 9급 '22]	한번 ¹'한 번'은 '차례'나 '횟수'를 나타낼 때는 띄어 쓴다. ²횟수를 나타내므로 띄어 쓴다. ³과거의 어느 특정한 때이므로 붙여 쓴다.
한복판	복판의 중심이 되는 부분. 정복판(×).	한손잡이 '외손잡이'와 함께 복수 표준어이다.
한손잡이	두 손 가운데 어느 한쪽 손만 능하게 쓰는 사람.	
한잔·盞	**✔띄어쓰기** 한차례 간단히 마시는 술.	한잔·盞 간단히 마시는 술은 '한잔'으로 붙여 쓰지만, '한 잔 두 잔 따랐다'처럼 잔이 수량을 나타낼 때는 띄어 쓴다.
한잠	**✔띄어쓰기** 깊이 든 잠. 예 한잠 자고 일어났더니 벌써 어두워졌다. 대잠(×).	한잠 '한잠'은 한 단어이므로 붙여 쓴다.
한쪽	**✔띄어쓰기** 여럿으로 나눌 때 어느 하나의 편 혹은 쪽. 예 한쪽 귀가 들리지 않는다.	한쪽 '한쪽'은 한 단어이므로 붙여 쓴다.
한차례·次例	**✔띄어쓰기** 어떤 일이 한바탕 일어남. 예 한차례 폭우가 쏟아졌다./한차례 할아버지의 불호령이 있었다.	한차례·次例 '한차례'는 한 단어이므로 붙여 쓴다.
한참때(×)	'기운이나 의욕 따위가 가장 왕성한 때'는 '한창때'가 올바른 말이다.	

ㅎ

한창때	기운이나 의욕 따위가 가장 왕성한 때. 한참때(×). [사회복지직 9급 '16]
한커우漢口	중국 후베이성湖北省 동쪽, 한수이漢水강과 양쯔강揚子江이 합류하는 북쪽 기슭에 있는 도시. 한구(×).
할리우드Hollywood	영화 제작으로 유명한, 미국 캘리포니아주 로스앤젤레스 북서쪽의 지역. 헐리우드(×). [서울시 9급 '13]
할인률(×)	'어음을 할인할 때 빼는 이율'은 '할인율'이 올바른 말이다.
할인율割引率	어음 할인할 때 빼는 이율. 할인률(×). [선관위 '08]
할일없이(×)	'달리 어찌할 도리가 없이'의 뜻으로 쓰이는 말은 '하릴없이'가 올바른 말이다.
할퀴다	손톱이나 날카로운 물건으로 긁어서 생채기를 내다. 할키다(×).
할키다(×)	'손톱이나 날카로운 물건으로 긁어서 생채기를 내다'의 뜻으로 쓰이는 말은 '할퀴다'가 올바른 말이다.
함족Ham族	노아의 아들인 함의 자손이라 전하는 민족. 햄족(×).
함께하다	✔띄어쓰기 서로 어떤 뜻이나 행동 따위를 동일하게 가지다. 같이하다. 예 미연이는 마침내 인생을 함께할 진실한 동반자를 만났다. [지방직 9급 '11]. [경찰직 2차 필기 '16]
함빡	물이 쪽 내배도록 젖은 모양. 홈빡(×).
함수값(×)	'독립 변수의 값에 대응하는 종속 변수의 값'은 '함숫값'이 올바른 말이다.
함숫값函數-	독립 변수 값에 대응하는 종속 변수의 값. 함수값(×).
함양咸陽(×)	'중국 산시성陝西省 중심부, 웨이수이渭水강의 북쪽 연안에 있는 도시'는 '셴양'이 올바른 말이다.
함주(×)	'복대기나 감흙을 일어 금을 잡는 데에 쓰는, 함지박 비슷한 그릇'은 '함지'가 올바른 말이다.
함지	복대기나 감흙을 일어 금을 잡는 데에 쓰는, 함지박 비슷한 그릇. 함주(×).
합격률合格率	시험의 지원자 수에 대한 합격자 수의 비율. 합격율(×). [선관위 '08]. [국가직 7급 '08]. [서울시 9급 '13]
합격율(×)	'지원자 수에 대한 합격자 수의 비율'은 '합격률'이 올바른 말이다.

할인율割引率
'할인+률率'의 형태. 앞말이 받침이 없거나(모음) 'ㄴ' 받침 뒤에서는 '율'을 쓴다. 그 외에는 '률'을 쓴다.

함께하다
부사 '함께'를 동사로 만들어 주는 접미사 '-하다'가 붙은 것이므로 붙여 쓴다.

함숫값函數-
함숫값은 한자어 '函數'와 순우리말 '값'이 어울려 이루어진 말로 '값'이 [깝]으로 발음되므로 사이시옷을 붙인다.

합격률合格率
'합격+률率'의 형태. 앞말이 받침이 없거나(모음) 'ㄴ' 받침 뒤에서는 '율'을 쓴다. 그 외에는 '률'을 쓴다.

합계난(×)	'장부에서 합계를 적는 곳'은 '합계란'이 올바른 말이다.
합계란^{合計欄}	장부에서 합계를 적는 곳. 합계난(×).
합밀^{哈密}(×)	'중국 신장 웨이우얼^{新疆維吾爾} 자치구 동쪽에 있는 오아시스 도시'는 '하미'가 올바른 말이다.
합바지(×)	'솜을 두어 지은 바지. 무식하고 어리석은 사람을 낮잡아 이르는 말'은 '핫바지'가 올바른 말이다.
합성 동사^{合成動詞}	둘 이상의 말이 합쳐져서 이루어진 동사.
합성어^{合成語}	둘 이상의 실질 형태소가 결합하여 하나의 단어가 된 말.
합주기(×)	'이가 빠져서 볼이 우므러진 사람을 낮잡아 이르는 말'은 '합죽이'가 올바른 말이다.
합죽이	이가 빠져서 볼이 우므러진 사람을 낮잡아 이르는 말. 합주기(×).
핫바지	솜을 두어 지은 바지. 무식하고 어리석은 사람을 낮잡아 이르는 말. 합바지(×).
해^海	✔️띄어쓰기 바다.
해꼬지(×)	'남을 해치려고 하는 짓'은 '해코지'가 올바른 말이다.
해님	해를 의인화하여 이르는 말. 햇님(×). [국어능력인증 '06]. [한국어교육검정 '11]
해당난(×)	'어떤 사항에 바로 들어맞는 난'은 '해당란'이 올바른 말이다.
해당란^{該當欄}	어떤 사항에 바로 들어맞는 난. 해당난(×).
해땅콩	그해에 새로 난 땅콩. 햇땅콩(×).
해머^{hammer}	물건을 두드리기 위한, 쇠로 된 대형 망치. 햄머(×).
해무리(×)	'햇빛이 공기 중의 수증기에 비치어 해의 둘레에 둥글게 나타나는 빛깔이 있는 테두리'는 '햇무리'가 올바른 말이다.
해방동이(×)	'우리나라가 일본으로부터 해방된 1945년에 태어난 사람'은 '해방둥이'가 올바른 말이다.
해방둥이^{解放-}	우리나라가 일본으로부터 해방된 1945년에 태어난 사람. 해방동이(×).
해볕(×)	'해에서 내리쬐는 뜨거운 기운'은 '햇볕'이 올바른 말이다.

합계란^{合計欄}
'합계+난^欄'의 형태. '난'은 '구분된 지면'의 뜻으로 쓰이는데, '난' 앞에 한자어가 오면 '란'으로 표기하고, 고유어나 외래어가 오면 '난'으로 표기한다.

합성 동사^{合成動詞}
'알아보다', '살펴보다', '찾아보다' 따위를 이른다.

합성어^{合成語}
'방안', '툇마루' 따위를 이른다.

해^海
'해^海'가 고유어나 한자어와 연결될 때는 앞말과 붙여 쓴다. 외래어 다음에도 붙여 쓴다. 예 다도해./에게해.

해보다	✔띄어쓰기 대들어 서로 겨루며 싸우다. 예 우리 누가 센지 한번 해볼까.
해수(×)	'해의 수'의 뜻으로 쓰이는 말은 '햇수'가 올바른 말이다.
해쌀(×)	'그해에 새로 난 쌀'은 '햅쌀'이 올바른 말이다.
해쑥	그 해에 새로 난 쑥. 햇쑥(×).
해우차(×)	'기생 따위와 관계를 가지고 그 대가로 주는 돈'은 '해웃값'이 올바른 말이다.
해웃값	기생 따위와 관계를 가지고 그 대가로 주는 돈. 해우차(×).
해웃돈	기생 따위와 관계를 가지고 그 대가로 주는 돈.
해자장이(×)	'한자의 자획을 나누거나 합하여 길흉을 점치는 사람'은 '해자쟁이'가 올바른 말이다.
해자쟁이	한자의 자획을 나누거나 합하여 길흉을 점치는 사람.
해지다	닳아서 떨어지다. 헤지다(×).
해코지	남을 해치려고 하는 짓. 예 그 친구는 남이 잘되면 꼭 해코지를 하려고 한다. 해꼬지(×).
해콩	그 해에 새로 난 콩. 햇콩(×). [국어능력인증 '06]. [한국어교육검정 '07]. [한국어교육검정 '11]
해태海苔	'홍조류 보라털과의 조류'는 '김'이 올바른 말이다.
해팥	그 해에 새로 난 팥. 햇팥(×).
핼쑥하다	얼굴에 핏기가 없고 파리하다. 예 사랑하는 사람과 헤어지더니 얼굴이 많이 핼쑥해졌구나. 핼쓱하다(×). [서울시 7급 '11]. [국회 8급 '13]
핼쓱하다(×)	'얼굴에 핏기가 없고 파리하다'의 뜻으로 쓰이는 말은 '핼쑥하다'가 올바른 말이다.
햄머(×)	'물건을 두드리기 위한, 쇠로 된 대형 망치'는 '해머'가 올바른 말이다.
햄버거hamburger	쇠고기나 돼지고기를 잘게 다져 빵가루와 달걀 따위를 넣고 둥글게 뭉쳐 구운 서양 요리. 햄버그(×).
햄버그(×)	'쇠고기나 돼지고기를 잘게 다져 빵가루와 달걀 따위를 넣고 둥글게 뭉쳐 구운 서양 요리'는 '햄버거'가 올바른 말이다.

해보다
'맞겨루어 싸우다'의 뜻일 때는 한 단어이므로 반드시 붙여 쓴다. '일의 원인을 생각해 보다'에서, '생각해'와 '보다'는 각각 본용언과 보조 용언이므로 띄어 쓰는 것이 원칙이나 붙여 쓸 수 있다.

해웃값
'해웃돈'과 함께 복수 표준어이다.

해웃돈
'해웃값'과 함께 복수 표준어이다.

해자쟁이
'파자쟁이'와 함께 복수 표준어이다.

'해지다'와 '헤지다'
'사람들이 흩어지거나 서로 갈라서다'의 뜻으로 '해지다'로 잘못 쓰는 경우가 많다. 이때는 '헤지다'라고 써야 한다.

해팥
'그해에 난'의 뜻을 더하는 접두사는 '해-'와 '햇-'을 들 수 있는데 '팥'의 첫소리가 거센소리이므로 앞에 '해-'가 온다.

햄버거hamburger
'햄버그'로 잘못 쓰는 경우가 있으므로 주의하자.

햄족(×)   '노아^{Noah}의 아들인 함의 자손이라 전하는 민족'은 '함 족'이 올바른 말이다.

햅곡식(×)   '그해에 새로 난 곡식'은 '햇곡식'이 올바른 말이다.

햅쌀   그 해에 새로 난 쌀. 햇쌀·해쌀(×). [국어능력인증 '06]. [서울시 9급 '11]

햇곡식^{穀食}   그해에 새로 난 곡식. 햅곡식(×).

햇님(×)   '해를 의인화하여 이르는 말'은 '해님'이 올바른 말이다.

> ### '햇님'으로 표기할 수 없는 이유는 무엇일까?
> 사이시옷은 자립적인 말끼리 합쳐질 때 붙인다. 즉 합성어일 때에만 사이시옷을 붙이고 파생어(접사가 들어가는 말)일 때는 붙이지 않는다. 그런데 '해'는 자립적인 말이지만 '-님'은 접미사로 자립적인 말이 아니므로 '햇님'과 같이 쓰일 수는 없다.

햇땅콩(×)   '그해에 새로 난 땅콩'의 뜻으로 쓰이는 말은 '해땅콩'이 올바른 말이다.

햇무리   햇빛이 공기 중의 수증기에 비치어 해의 둘레에 둥글게 나타나는 빛깔이 있는 테두리. 해무리(×).

햇볕   해에서 내리쬐는 뜨거운 기운. 해볕(×)

햇빛   해에서 비추는 밝은 빛.

> 🖋 **오류노트** 봄날의 **햇빛**이 따사롭다. → 햇볕. [국어능력인증 '06]

햇수^數   해의 수. 해수(×). [국회 8급 '12]

햇쌀(×)   '그 해에 새로 난 쌀'은 '햅쌀'이 올바른 말이다.

햇쑥(×)   '그 해에 새로 난 쑥'은 '해쑥'이 올바른 말이다.

> ### '햇쑥'과 '햇콩'처럼 표기하면 안 될까?
> 합성어에서 뒤 단어의 첫소리가 된소리나 거센소리일 때에는 사이시옷을 붙이지 않는다. '쑥'이 된소리이므로 '햇-'처럼 사이시옷이 올 수 없다. 따라서 '해쑥'으로 적는다. '콩'은 거센소리이므로 '햇-'처럼 사이시옷이 올 수 없다. 따라서 '해콩'으로 적는다.

햇콩(×)   '그 해에 새로 난 콩'은 '해콩'이 올바른 말이다.

햇팥(×)   '그 해에 새로 난 팥'은 '해팥'이 올바른 말이다.

햅쌀
두 말이 어울릴 적에 'ㅂ' 소리가 덧나는 것은 소리대로 적는다.

햇곡식^{穀食}
'햇-'은 '그해에 난'의 뜻을 더하는 접두사이다.

햇볕
순우리말로 된 합성어로서 앞말이 모음으로 끝난 경우, 뒷말의 첫소리가 된소리로 나는 것은 사이시옷을 붙인다.

햇빛
'햇빛'은 해의 밝은 빛을 뜻하고, '햇볕'은 해에서 내리쬐는 따뜻한 기운을 뜻한다.

햇수^數
순우리말과 한자어로 된 합성어로서 앞말이 모음으로 끝난 경우, 뒷말의 첫소리가 된소리로 나는 것은 사이시옷을 붙인다.

ㅎ

행가래(×)	'여러 사람이, 기쁜 일을 맞은 사람을 축하해 주기 위해 그의 네 활개를 번쩍 들어 던져 올렸다 받았다 하는 일'은 '헹가래'가 올바른 말이다.
향그럽다(×)	'향기가 있다'의 뜻으로 쓰이는 말은 '향기롭다'가 올바른 말이다.
향기롭다香氣·	향기가 있다. 상그럽다·향그럽다(×).
허광평許廣平(×)	'상하이上海의 항일 구국 운동에 참여한 중국의 사회 운동가(1898~1968)'는 '쉬광핑'이 올바른 말이다.
허공중虛空中	✔띄어쓰기 텅 빈 공중.
허구하다	날이나 세월이 매우 오래다. [지방직 9급 '15]. [지방직 9급 '17] ❗오류노트 그는 <u>허구헌</u> 날 술만 마신다. → 허구한.
허난성河南省	옛 한족漢族의 중심지였던 중국 동부의 성. 하남성(×).
허드래(×)	'별로 중요하지 않고 허름하여 마음대로 쓸 수 있는 물건'은 '허드레'가 올바른 말이다.
허드랫물(×)	'별로 중요하지 않은 일에 쓰는 물'은 '허드렛물'이 올바른 말이다.
허드랫일(×)	'별로 중요하지 않고 허름한 일'은 '허드렛일'이 올바른 말이다.
허드레	별로 중요하지 않고 허름하여 마음대로 쓸 수 있는 물건. 허드래(×).
허드레꾼	허드렛일을 하는 사람. 허드렛꾼(×).
허드렛꾼(×)	'허드렛일을 하는 사람'은 '허드레꾼'이 올바른 말이다.
허드렛물	별로 중요하지 않은 일에 쓰는 물. 허드랫물(×).
허드렛일	그다지 중요하지도 않고 아주 허름한 일. 허드랫일(×). [서울시 9급 '07]
허룽賀龍	홍군紅軍을 지휘하였으며, 국무원 부총리를 지낸 중국의 군인·정치가(1895~1975. 하용(×).
허리힘(×)	'허리의 힘'은 '허릿심'이 올바른 말이다.
허릿심	허리의 힘. 허리힘(×).
허물다	헐어서 무너지게 하다. ❗오류노트 담을 <u>허물은</u> 자리에 어린 나무를 심었다. → 허문.

향기롭다香氣·
'향기롭다'는 '향기로운, 향기로워'처럼 활용한다.

허공중虛空中
'허공중'은 한 단어이므로 붙여 쓴다.

허구하다
'허구하다'는 '허구한'의 꼴로 쓰인다.

허드레꾼
'어떤 일을 전문적으로 하는 사람'의 뜻으로 쓰이는 말은 '-꾼'이다.

허드렛일
순우리말로 된 합성어 '허드레+일'이 뒷말의 첫소리 모음 앞에서 'ㄴㄴ' 소리가 덧나므로 사이시옷을 붙인다.

허물다
'허물다'의 어간에 '-은'이 결합되면 받침 'ㄹ'이 탈락하여 '허문'으로 된다.

허방	땅바닥이 움푹 패어 빠지기 쉬운 구덩이. 호방(×).
허베이河北	중국 황허강黃河江 북쪽 지역. 하북(×).
허섭스레기	좋은 것을 고르고 난 뒤의 허름한 물건. [서울시 9급 '13]
허수룩하다(×)	'옷차림이 허름하다. 수염 따위가 텁수룩하다'의 뜻으로 쓰이는 말은 '헙수룩하다'가 올바른 말이다.
허얘지다(×)	'허옇게 되다'의 뜻으로 쓰이는 말은 '허예지다'가 올바른 말이다.
허예지다	허옇게 되다. 허얘지다(×). [국가직 7급 '08]
허우대	겉모양이 보기 좋은 풍채가 있는 몸집. 허위대(×).
허우적허우적	위험 속에서 벗어나려고 손과 발을 내두르는 모양. 허위적허위적(×).
허위대(×)	'겉모양이 보기 좋은 풍채가 있는 몸집'은 '허우대'가 올바른 말이다. [광주 소방직 '06]
허위적허위적(×)	'위험 속에서 벗어나려고 손과 발을 내두르는 모양'의 뜻으로 쓰이는 말은 '허우적허우적'이 올바른 말이다.
허점虛點	허술하거나 불충분한 점. 헛점(×). [KBS한국어 '07]
허접쓰레기	좋은 것을 고르고 난 뒤의 허름한 물건.
허쩌荷澤	중국 산둥성山東省 서부에 있는 도시. 하택(×).
허창許昌(×)	'담배 재배로 유명한 중국 허난성河南省의 도시'는 '쉬창'이 올바른 말이다.
허초점虛焦點	평행 광선이 반사될 때에 렌즈나 거울의 뒷면에서 모이는 가상적인 초점. 헛초점(×).
허탕	아무 소득이 없음. 헛탕(×).
허톈和闐	중국 신장웨이우얼 자치구의 타림 분지 남쪽 끝에 있는 오아시스 도시. 화전(×).
허풍장이(×)	'허풍을 잘 떠는 사람'은 '허풍쟁이'가 올바른 말이다.
허풍쟁이虛風-	허풍을 잘 떠는 사람. 허풍장이(×).
헌출하다(×)	'키가 크고 늘씬하다'의 뜻으로 쓰이는 말은 '헌칠하다'가 올바른 말이다.
헌칠하다	키가 크고 늘씬하다. 헌출하다(×).
헐리우드(×)	'영화 제작으로 유명한, 미국 캘리포니아주 로스앤젤레스 북서쪽의 지역'은 '할리우드'가 올바른 말이다.

허섭스레기
'허접쓰레기'와 함께 복수 표준어이다.

허예지다
'허예지다'는 음성모음끼리 어울린 말이다. '허예지다'의 작은말은 '하얘지다'이다. '하얘지다'는 양성모음끼리 어울린 말이다.

허접쓰레기
'허섭끄레기'와 함께 복수 표준어이다.

허초점虛焦點
'허초점'은 한자어로만 이루어진 말이므로 사이시옷을 붙이지 않는다.

헌칠하다
'길고 미끈하다', '막힘 없이 깨끗하고 시원스럽다'의 뜻으로 쓰이는 말은 '훤칠하다'이다.

험집(×)	'흠이 난 자리나 흔적'은 '흠집'이 올바른 말이다.	
헙수룩하다	옷차림이 허름하다. 수염 따위가 텁수룩하다. 허수룩하다(×).	
헷갈리다	여러 가지가 뒤섞여 갈피를 잡을 수 없다.	**헷갈리다** '헛갈리다'와 함께 복수 표준어이다.
헷눈(×)	'다른 곳을 보는 눈'의 뜻으로 쓰이는 말은 '딴눈'이 올바른 말이다.	
헛되이	아무런 보람이나 실속이 없이. 헛되히(×).	**헛되이** 부사의 끝음절이 분명히 '이'로만 나므로 '-이'로 표기한다.
헛되히(×)	'아무런 보람이나 실속이 없이'의 뜻으로 쓰이는 말은 '헛되이'가 올바른 말이다.	
헛점(×)	'허술하거나 불충분한 점'은 '허점'이 올바른 말이다.	
헛초점(×)	'평행 광선이 반사될 때에 렌즈나 거울의 뒷면에서 모이는 가상적인 초점'은 '허초점'이 올바른 말이다.	
헛탕(×)	'아무 소득이 없음'은 '허탕'이 올바른 말이다.	'헛탕'으로 쓸 수 없는 이유 거센소리 앞에서는 사이시옷을 붙이지 않는다.
헝산산衡山山	중국 오악五嶽 중 남쪽에 있는 산. 형산(×).	
헝양衡陽	방직, 기계 공업이 발달한, 중국 후난성湖南省 남부의 도시. 형양(×).	
헤르쯔(×)	'1초 동안의 진동 횟수를 나타내는 진동수의 국제단위'는 '헤르츠'가 올바른 말이다.	
헤르츠Hertz	1초 동안의 진동 횟수를 나타내는 진동수의 국제단위. 헤르쯔(×).	**헤르츠**hertz 흔히 '헤르쯔'로 잘못 쓰기 쉽다. 외래어의 무성파열음은 된소리로 표기하지 않는다.
헤매다	[1]목표물을 찾아다니다. [2]마음이 불안하여 갈피를 못 잡다. 헤매이다(×).	

✓오류노트 길을 잃고 <u>헤매이는</u> 노루 한 마리를 발견했다. → 헤매는.

헤매이다(×)	'목표물을 찾아다니다. 마음이 불안하여 갈피를 못 잡다'의 뜻으로 쓰이는 말은 '헤매다'가 올바른 말이다.	'헤매이다'의 활용형은? '헤매이다'는 잘못된 말이다. 따라서 활용형태인 '헤매이어, 헤매이는, 헤매였다'도 잘못된 말이다. '헤매어, 헤매는, 헤매었다'로 바꾸어야 한다.
헤번덕거리다(×)	'눈을 크게 뜨고 흰자위를 자꾸 움직이다'의 뜻으로 쓰이는 말은 '희번덕거리다'가 올바른 말이다.	
헤번덕헤번덕(×)	'눈을 크게 뜨고 흰자위를 자꾸 움직이는 모양'의 뜻으로 쓰이는 말은 '희번덕희번덕'이 올바른 말이다.	
헤이룽강黑龍江	몽골의 오논 강에서 나와 타타르 해협으로 들어가는, 러시아와 중국의 국경을 흐르는 강. 흑룡강.	

표제어	설명	어법·꿀팁

헤지다
¹모인 사람들이 흩어지다. ²사귐이나 정을 끊고 갈라서다. '헤어지다'의 준말.

> ✏️오류노트 우리는 <u>해진</u> 지 얼마 되지 않아서 다시 만나서 친분을 쌓았다. → 헤진.

헬리꼽터(×)
'회전 날개를 돌려서 생기는 양력과 추진력으로 나는 항공기'는 '헬리콥터'가 올바른 말이다.

헬리콥터helicopter
회전 날개를 돌려서 생기는 양력과 추진력으로 나는 항공기. 헬리꼽터(×).

헬메트(×)
'공사장의 노동자, 야구 선수 등이 충격으로부터 머리를 보호하기 위하여 쓰는 모자'는 '헬멧'이 올바른 말이다.

헬멧helmet
공사장의 노동자, 야구 선수 등이 충격으로부터 머리를 보호하기 위하여 쓰는 모자. 헬메트(×).

헷갈리다
여러 가지가 뒤섞여 갈피를 잡을 수 없다. 예 영순이와 동생이 닮아서 누가 누군지 아주 헷갈린다.

헹가래
여러 사람이, 기쁜 일을 맞은 사람을 축하하기 위해 그의 네 활개를 번쩍 들어 던져 올렸다 받았다 하는 일. 행가래(×).

혀바늘(×)
'혓바닥에 좁쌀처럼 작게 돋아 오르는 붉은 살'은 '혓바늘'이 올바른 말이다.

혀바닥(×)
'입천장으로 향한 혀의 윗면'은 '혓바닥'이 올바른 말이다.

혀소리(×)
'ㄴ, ㄷ, ㄸ, ㅌ 등 혀를 움직여 내는 자음'은 '혓소리'가 올바른 말이다.

혀짜른소리(×)
'혀가 짧아 ㄹ 받침소리를 분명하게 내지 못하는 말소리'는 '혀짤배기소리'가 올바른 말이다.

혀짤배기소리
혀가 짧아 ㄹ 받침소리를 분명하게 내지 못하는 말소리. 혀짜른소리(×).

혁대革帶
가죽으로 만든 띠. 혁띠(×).

혁띠(×)
'가죽으로 만든 띠'는 '혁대'가 올바른 말이다.

협잡군(×)
'협잡질을 잘하는 사람'은 '협잡꾼'이 올바른 말이다.

협잡꾼
협잡질을 잘하는 사람. 협잡군(×).

혓바늘
혓바닥에 좁쌀처럼 작게 돋아 오르는 붉은 살. 혀바늘(×). [한국어교육검정 '06]. [복지 9급 '11]. [국회 8급 '12]

ㅎ

혓바닥	입천장으로 향한 혀의 윗면. 혀바닥(×).
혓소리	ㄴ, ㄷ, ㄸ, ㅌ 등 혀를 움직여 내는 자음. 혀소리(×).
형산衡山(×)	'중국 오악五嶽 중 남쪽에 있는 산'은 '헝산산'이 올바른 말이다.
형식 형태소形式形態素	어미나 조사와 같이 실질 형태소에 붙어 말과 말 사이의 관계를 표시하는 형태소.
형양衡陽(×)	'방직, 기계 공업이 발달한, 중국 후난성湖南省 남부의 도시'는 '헝양'이 올바른 말이다.
호남성湖南省(×)	'안티몬, 납의 산지로 유명한 중국 후베이성湖北省 남쪽에 있는 성'은 '후난성'이 올바른 말이다.
호도胡桃(×)	'호두나무의 열매'의 뜻으로 쓰이는 말은 '호두'가 올바른 말이다.
호두	호두나무의 열매. 호도(×).
호란呼蘭(×)	'중국 헤이룽장성黑龍江省의 하얼빈 부근에 있는 도시'는 '후란'이 올바른 말이다.
호래자식子息	배운 데 없이 제풀로 자라 교양이 없는 사람을 낮잡아 이르는 말. 호로새끼·호로자식(×).
호로새끼, 호로자식(×)	'배운 데 없이 제풀로 자라 교양이 없는 사람을 낮잡아 이르는 말'은 '호래자식'이 올바른 말이다.
호루라기	호각이나 꿩 사냥 때 부는 물건. 호루루기(×). [경북교육 9급 '10]
호루루기(×)	'호각이나 꿩 사냥 때 부는 물건'은 '호루라기'가 올바른 말이다.
호박고지	애호박을 얇게 썰어 말린 찬거리. 예 호박고지를 보노라니 저절로 자기 혼자 풍성해지는 기분이었다. 호박꼬지(×).
호박꼬지(×)	'애호박을 얇게 썰어 말린 찬거리'는 '호박고지'가 올바른 말이다.
호방(×)	'땅바닥이 움푹 패어 빠지기 쉬운 구덩이'는 '허방'이 올바른 말이다.
호북성湖北省(×)	'수륙 교통의 요충지로 중국 중심부에 있는 성'은 '후베이성'이 올바른 말이다.
호악(×)	'좋음과 싫음'의 뜻으로 쓰이는 말은 '호오'가 올바른 말이다.

형식 형태소形式形態素
'밥을 먹었다'에서 '을', '-었-', '-다' 따위가 형식 형태소이다.

'호도'로 표기할 수 없는 이유
양성 모음이 음성 모음으로 바뀌어 굳어진 형태가 표준어가 된 예이다.

호루라기
'호루라기'는 모음의 발음 변화를 인정하여, 발음이 바뀌어 굳어진 형태를 표준어로 삼은 말이다.

호박고지
'고지'는 '호박, 박, 가지, 고구마 따위를 납작납작하거나 잘고 길게 썰어 말린 것'을 말한다.

호오^{好惡}	좋음과 싫음. 호악(×).
호요방^{胡耀邦}(×)	'당 총서기 겸 정치국 상무위원을 지낸 중국의 정치가 (1915~1988)'는 '후야오방'이 올바른 말이다.
호일(×)	'금, 알루미늄 따위의 금속을 종이 같이 얇게 편 것'은 '포일'이 올바른 말이다.
호적^{胡適}(×)	'문학 혁명을 주도하고 백화 문학을 제창하여 문학 현대화에 힘쓴 중국의 문학자·사상가(1891~1962)'는 '후스'가 올바른 말이다.
호적^{胡笛}(×)	'나무 관^管에 여덟 개의 구멍이 있고, 아래 끝에는 깔때기 모양의 구리를 달았으며, 윗부리에 갈대로 만든 겹혀를 끼운 나팔 모양의 우리나라 고유의 관악기'는 '태평소'가 올바른 말이다.
호청(×)	'요나 이불 따위의 겉에 씌우는 홑겹으로 된 껍데기'는 '홑청'이 올바른 말이다.
호풍^{胡風}(×)	'일본 유학 후 좌익 작가 동맹에 참가한 중국의 문예 이론가(?1904~1985)'는 '후펑'이 올바른 말이다.
혼구멍나다(×)	'혼나다를 속되게 이르는 말'은 '혼꾸멍나다'가 올바른 말이다.
혼꾸멍나다^{魂-}	혼나다를 속되게 이르는 말. 예 시계를 고장내서 형한테 혼꾸멍났다. 혼구멍나다(×).
혼돈^{混沌}	마구 뒤섞여 있어 갈피를 잡을 수 없음. 예 정치적 혼돈에 빠지다. 비교 혼동.
혼동^{混同}	구별하지 못하고 뒤섞어서 생각함. 예 용기와 만용을 혼동하다. 비교 혼돈.
혼사길(×)	'혼인할 기회나 자리'의 뜻으로 쓰이는 말은 '혼삿길'이 올바른 말이다.
혼삿길^{婚事-}	혼인할 기회나 자리. 예 이 횃불싸움에서 이기면 그해에 풍년이 들고, 동네 청년들의 혼삿길이 환히 트인다. 혼사길(×).
혼슈^{本州}	수도 도쿄와 게이힌^{京濱} 등의 공업 지대가 있는, 일본 열도 중 가장 큰 섬. 본주(×).
혼자되다	부부 중 한쪽을 여의어 홀로 남다. 예 젊어서 혼자된 하나밖에 없는 누이가 집일을 돌보아 주어 그런대로 좀 마음을 놓았었다.

호오^{好惡}
'惡'은 주로 '악할 악'으로 쓰이지만, 여기에서는 '미워할 오'로 쓰였다.

혼꾸멍나다^{魂-}
'혼꾸멍'은 '혼구멍'에서 유래한 것이나 굳어진 형태를 인정하여 '혼꾸멍'으로 표기한다.

'혼사길'로 표기할 수 없는 이유
'혼삿길'은 한자어 '婚事'와 고유어 '길'이 합쳐져 이루어진 말로 '길'이 [낄]로 발음되므로 사이시옷을 붙인다.

혼자되다
'홀로되다'와 함께 복수 표준어이다.

ㅎ

혼자말(×)	'상대가 없이 혼자서 하는 말'은 '혼잣말'이 올바른 말이다.
혼잣말	상대가 없이 혼자서 하는 말. [예] 부모님으로부터 꾸중을 들은 강용이는 밖에 나와 혼잣말로 무어라 지껄여 댔다. 혼자말(×). [한국어교육검정 '08]
혼잣몸(×)	'배우자나 형제가 없는 사람'의 뜻으로 쓰이는 말은 '홀몸'이 올바른 말이다.
홀로되다	부부 중 한쪽을 여의어 홀로 남다.
홀몸	배우자나 형제가 없는 사람. 혼잣몸(×). [국회 8급 '10]

혼잣말
순우리말로 된 합성어로서 앞말이 모음으로 끝난 경우, 뒷말의 첫소리 'ㅁ' 앞에서 'ㄴ' 소리가 덧나므로 '혼잣말'처럼 사이시옷을 붙인다.

홀로되다
'혼자되다'와 함께 복수 표준어이다.

'홀몸'과 '홑몸'은 같은 뜻의 말일까?

그렇지 않다. '홀몸'은 배우자나 형제가 없이 혼자 사는 사람을 뜻한다. '홑몸'은 배우자나 형제 외에 부양가족이 없는 사람뿐만 아니라, 임신하지 않은 사람을 뜻한다. [예] 그는 처자식이 없는 홑몸이라 자유롭게 살아간다.

홀아비	상처(喪妻)하고 혼자 지내는 남자. [예] 방에는 홀아비 냄새가 풍풍 났다. 홀애비(×).
홀애비(×)	'상처(喪妻)하고 혼자 지내는 남자'는 '홀아비'가 올바른 말이다.
홀쪽이(×)	'몸이 가냘프거나 볼에 살이 빠져 여윈 사람'은 '홀쭉이'가 올바른 말이다.
홀쭈기(×)	'몸이 가냘프거나 볼에 살이 빠져 여윈 사람'은 '홀쭉이'가 올바른 말이다.
홀쭉이	몸이 가냘프거나 볼에 살이 빠져 여윈 사람. 홀쪽이·홀쭈기(×). [국회 8급 '11]
홈빡(×)	'물이 쪽 내배도록 젖은 모양'의 뜻으로 쓰이는 말은 '함빡'이 올바른 말이다.
홍구 공원 사건(虹口公園事件)(×)	'1932년 4월 29일에 윤봉길이 중국 상하이 훙커우 공원에서 일본군 시라카와 요시노리(白川義則) 대장 등을 폭살한 사건'은 '훙커우 공원 사건'이 올바른 말이다.
홍심(洪深)(×)	'신극 운동에 적극 참여하였으며 중국 최초의 발성 영화를 만든 중국의 극작가·연출가·영화감독(1893~1955)'은 '훙선'이 올바른 말이다.
홍택호(紅澤湖)(×)	'중국 장쑤성(江蘇省)과 안후이성(安徽省) 경계의 호수'는 '훙쩌호'가 올바른 말이다.

홀아비
'애비'는 잘못된 말이며 '아비'가 올바른 말이다.

홀쭉이
'-하다'나 '-거리다'가 붙는 어근에 '-이'가 붙어서 명사가 된 것은 그 원형을 밝혀 적는다.

홑몸	[1]딸린 사람이 없는 혼자의 몸. 예 그는 가족 없이 홑몸으로 자랐다. [2]아이를 배지 아니한 몸. 예 누나는 임신 4개월이 되어 이제 홑몸이 아니다. [법원행정처 9급 '07]
홑실	단 한 올로 된 실.
홑청	요나 이불 따위의 겉에 씌우는 홑겹으로 된 껍데기. 호청(×).
화냥질	남편 있는 여자가 다른 남자와 정을 통하는 일.
화로가(×)	'화로의 옆'의 뜻으로 쓰이는 말은 '화롯가'가 올바른 말이다.
화로불(×)	'화로에 담은 불'의 뜻으로 쓰이는 말은 '화롯불'이 올바른 말이다.
화롯가火爐-	화로의 옆. 화로가(×).
화롯불火爐-	화로에 담은 불. 화로불(×).
화병火病	울분을 삭이지 못해 생기는 병. 예 어머니는 아버지의 노름이 계속되자 화병에 걸렸다. 홧병(×). [국가직 9급 '21]
화이난淮南	중국 화이허강淮河江, 양쯔강揚子江 이북 지역을 이르는 말. 회남(×).
화이수이강淮水江	중국 화중華中 지방을 흐르는 강. 회수(×).
화이팅(×)	'선수들이 잘 싸우자는 뜻으로 외치는 소리'는 '파이팅'이 올바른 말이다.
화일(×)	'서류철 또는 컴퓨터에서 하나의 단위로 처리되는 관련 레코드의 집합'은 '파일'이 올바른 말이다.
화전(×)	'중국 신장웨이우얼 자치구의 타림 분지 남쪽 끝에 있는 오아시스 도시'는 '허톈'이 올바른 말이다.
화제거리(×)	'화제가 될 만한 거리'의 뜻으로 쓰이는 말은 '화젯거리'가 올바른 말이다.
화젯거리話題-	화제가 될 만한 거리. 화제거리(×).
화투짝花鬪-	화투의 낱장. 화툿짝(×).
화툿짝(×)	'화투의 낱장'의 뜻으로 쓰이는 말은 '화투짝'이 올바른 말이다.
확률確率	일정한 조건에서 어떤 사건이 일어날 확실성의 정도. 확율(×). [공사·공단 언어 능력]

홑몸
'홑몸'과 '배우자나 형제가 없는 사람'라는 뜻의 '홀몸'의 뜻의 차이를 잘 익히자.

홑실
'외겹실', '외올실'과 함께 복수 표준어이다.

화냥질
'서방질'과 함께 복수 표준어이다.

화병火病
'화병'은 한자어로만 이루어진 합성어이므로 사이시옷을 붙이지 않는다.

'화이팅'으로 표기할 수 없는 이유
외래어 표기법의 '국제음성기호와 한글 대조표'에 따라 [f]는 모음 앞에서 'ㅍ'로 표기한다.

'화일'로 표기할 수 없는 이유
외래어 표기법의 '국제음성기호와 한글 대조표'에 따라 [f]는 모음 앞에서 'ㅍ'로 표기한다.

화젯거리話題-
한자어와 순우리말로 된 합성어로서 앞말이 모음으로 끝난 경우, 뒷말의 첫소리가 된소리로 나는 것은 사이시옷을 붙인다.

확율(×)	'일정한 조건에서 어떤 사건이 일어날 확실성의 정도'는 '확률'이 올바른 말이다.
환률(×)	'자국의 화폐와 타국의 화폐의 교환 비율'은 '환율'이 올바른 말이다.
환산량換算量	한 단위나 척도로 된 것을 다른 단위나 척도로 바꾸어 헤아린 분량. 환산양(×).
환산률(×)	'한 단위나 척도를 다른 단위나 척도로 고치어 헤아리는 비율'은 '환산율'이 올바른 말이다.
환산양(×)	'한 단위나 척도로 된 것을 다른 단위나 척도로 바꾸어 헤아린 분량'은 '환산량'이 올바른 말이다.
환산율換算率	한 단위나 척도를 다른 단위나 척도로 고치어 헤아리는 비율. 환산률(×).
환율換率	자국의 화폐와 타국의 화폐의 교환 비율. 환률(×).
환타지(×)	'환상곡'은 '판타지'가 올바른 말이다.
활개짓(×)	'두 팔을 힘차게 내어 저으며 걷는 걸음걸이. 새가 두 날개를 치는 짓'은 '활갯짓'이 올바른 말이다.
활갯짓	[1]두 팔을 힘차게 내어 저으며 걷는 걸음걸이. [2]새가 두 날개를 치는 짓. 활개짓(×).
활용活用	용언의 어미 따위가 여러 가지로 바뀌어 시제, 서법 등 문법적 관계를 나타내는 일. 예를 들어 '먹다'의 어간에 '-었-', '-는', '-겠-'이 붙으면 각각 과거, 현재, 미래를 나타낸다.
활터	활을 쏘기 위한 시설을 갖추어 놓은 곳. 궁터(×).
홧병(×)	'울분을 삭이지 못해 생기는 병'은 '화병'이 올바른 말이다.
황녹색(×)	'누런빛을 띤 초록색'은 '황록색'이 올바른 말이다.
황록색黃綠色	누런빛을 띤 초록색. 황녹색(×).
황싱	신해혁명을 지도하고 난징南京 임시 정부의 육군 총장을 지낸 중국의 혁명가(1874~1916). 황흥(×).
황토길(×)	'누르고 거무스름한 흙으로 이루어진 길'은 '황톳길'이 올바른 말이다.
황톳길黃土	누르고 거무스름한 흙으로 이루어진 길. 황토길(×).
황흥黃興(×)	'신해혁명을 지도하고 난징南京 임시 정부의 육군 총장을 지낸 중국의 혁명가(1874~1916)'는 '황싱'이 올바른 말이다.

환산량換算量
분량, 수량을 나타내는 '量'이 고유어나 외래어 뒤에 오면 '양'으로, 한자어 다음에 올 때는 '량'으로 표기된다.

환산율換算率
'환산+율/률率'의 형태. 앞말이 받침이 없거나 (모음), 'ㄴ' 받침 뒤에서는 '율'을 쓴다. 그 외에는 '률'을 쓴다. '환산'의 '산'이 'ㄴ' 받침으로 끝나는 경우이므로 '율'을 써서 '환산율'처럼 나타낸다.

활갯짓
순우리말로 된 합성어로서 앞말이 모음으로 끝난 경우, 뒷말의 첫소리가 된소리로 나는 것은 사이시옷을 붙인다.

'홧병'으로 표기할 수 없는 이유
한자어로만 결합된 말이므로 사이시옷을 붙이지 않는다.

황록색黃綠色
'황록색'은 '황+녹색'의 구조가 아닌 '황록+색'의 구조로 이루어진 말이다.

황톳길黃土
한자어와 순우리말로 된 합성어로서 앞말이 모음으로 끝난 경우, 뒷말의 첫소리가 된소리로 나는 것은 사이시옷을 붙인다.

홰불(×)	'홰에 켠 불'의 뜻으로 쓰이는 말은 '횃불'이 올바른 말이다.
횃불	홰에 켠 불. 홰불(×).
회가루(×)	'산화칼슘을 일상적으로 이르는 말'은 '횟가루'가 올바른 말이다.
회계 연도會計年度(×)	회계상의 편의에 의해 설정한 일 년의 기간. 회계년도 (×). [세무직 9급 '07]
회계년도(×)	'회계상의 편의에 의해 설정한 일 년의 기간'은 '회계 연도'가 올바른 말이다.
회남淮南(×)	'중국 화이허강淮河江, 양쯔강揚子江 이북 지역을 이르는 말'은 '화이난'이 올바른 말이다.
회배(×)	'배 속의 회충으로 일어나는 병'은 '횟배'가 올바른 말이다.
회수(×)	'되풀이되는 일이나 차례의 수효'는 '횟수'가 올바른 말이다.
회수(×)	'중국 화중華中 지방을 흐르는 강'은 '화이수이강'이 올바른 말이다.
회전률(×)	'회전하는 비율이나 정도'의 뜻으로 쓰이는 말은 '회전율'이 올바른 말이다.
회전율回轉率	회전하는 비율이나 정도. 회전률(×).
횟가루灰-	산화칼슘을 일상적으로 이르는 말. 회가루(×).
횟배蛔-	배 속의 회충으로 일어나는 병. 회배(×).
횟수回數	되풀이되는 일이나 차례의 수효. 회수(×). [선관위 '08]. [서울시 9급 '10]. [국회 8급 '12]. [경찰 1차 필기 '17]
횡격막橫膈膜	포유류의 가슴과 배 사이에 있는 막. 횡경막(×). [지방직 7급 '12]
횡경막(×)	'포유류의 가슴과 배 사이에 있는 막'은 '횡격막'이 올바른 말이다.
횡빈(×)	'철강, 화학 따위의 공업이 발달한 일본 간토關東 지방의 항만 도시'는 '요코하마'가 올바른 말이다.
후꾸오까(×)	'일본 후쿠오카현縣 서북부의 도시'는 '후쿠오카'가 올바른 말이다.

회계 연도會計年度
'年度'는 '편의상 구분한 일 년의 기간'의 뜻으로 두음법칙을 적용하여 '연도'로 쓴다. 앞에 '회계'가 붙으면 '회계 연도'로 띄어 쓰는 것이 원칙이다.

'회수'로 표기할 수 없는 이유
한자어로 이루어진 합성어는 사이시옷을 붙이지 않으나 '횟수回數' 등 6개의 두 음절로 된 한자어는 예외적으로 사이시옷을 붙인다.

회전율回轉率
'회전+율/률'의 형태. 앞말이 받침이 없거나 (모음) 'ㄴ' 받침 뒤에서는 '율'을 쓴다. 그 외에는 '률'을 쓴다.

횟배蛔-
'거위배'와 함께 복수 표준어이다. 한자어와 순우리말로 된 합성어로 앞말이 모음으로 끝나고, 뒷말의 첫소리가 된소리로 나므로 사이시옷을 붙인다.

'후꾸오까'로 표기할 수 없는 이유
무성 파열음(p, t, k)은 거센소리(ㅍ, ㅌ, ㅋ)로 적는다.

후난성^{湖南省}　중국 후베이성^{湖北省} 남쪽에 있는 성. 호남성(×).

후날(×)　'앞으로 다가올 날'은 '훗날'이 올바른 말이다.

후덥지근하다　열기가 차서 조금 답답할 정도로 더운 느낌이 있다. 예 날씨가 후덥지근하여 옷이 땀으로 젖었다.

후두둑(×)　'콩 따위를 볶을 때에 나는 소리. 검불 따위가 탈 때 나는 소리. 빗방울 따위가 떨어질 때 나는 소리'는 '후드득'이 올바른 말이다.

후둘후둘(×)　'몸이나 팔다리가 자꾸 크게 떨리는 모양'은 '후들후들'이 올바른 말이다.

후드득　¹콩 따위를 볶을 때에 나는 소리. ²검불 따위가 탈 때 나는 소리. 후두둑(×).

후들후들　몸이나 팔다리가 자꾸 크게 떨리는 모양. 후둘후둘(×).

후라이(×)　'음식을 기름에 지지거나 튀기는 일. 또는 그렇게 만든 음식'은 '프라이'가 올바른 말이다.

후라이팬(×)　'고기, 생선 따위를 튀기거나 지지는 데 쓰는 넓적한 냄비'는 '프라이팬'이 올바른 말이다.

후란^{呼蘭}　중국 헤이룽장성^{黑龍江省}의 하얼빈 부근에 있는 도시. 호란(×).

후래자식(×)　'배운 데 없이 제풀로 자라 교양이 없는 사람을 낮잡아 이르는 말'은 '후레자식'이 올바른 말이다.

후레시(×)　'손전등'은 '플래시'가 올바른 말이다.

후레자식^{子息}　배운 데 없이 제풀로 자라 교양이 없는 사람을 낮잡아 이르는 말. 후래자식(×).

후려치다　주먹 따위를 휘둘러 세게 갈기다. 후리치다(×).

후루루(×)　'새 따위가 날아가거나 종이나 검불 따위가 탈 때 나는 소리나 모양'은 '후르르'가 올바른 말이다.

후루룩　국물 따위를 야단스럽게 빨리 들이마시는 소리나 모양. 후르륵(×).

후르르　새 따위가 날아가거나 종이나 검불 따위가 탈 때 나는 소리나 모양. 후루루(×).

후르륵(×)　'국물 따위를 야단스럽게 빨리 들이마시는 소리나 모양'은 '후루룩'이 올바른 말이다.

후덥지근하다
'조금 불쾌할 정도로 끈끈하고 무더운 기운이 있다'의 뜻으로 쓰이는 '후텁지근하다'와 의미를 잘 구별하자.

후드득
'후드득'보다 느낌이 작은 말은 '호드득'이다.

프라이팬^{frypan}
'frypan'은 '후라이팬'이 아닌 '프라이팬'으로 표기한다.

'후레시'로 표기할 수 없는 이유
외래어 표기법의 '국제성기호와 한글 대조표'에 따라 [f]는 모음 앞에서 'ㅍ'로 표기한다.

후루룩
'후루룩'보다 느낌이 작은 말은 '호로록'이다.

후르르
'작은 새 따위가 날개를 가볍게 치며 날아가는 소리'는 '호르르'이다.

후리치다(×) '주먹 따위를 휘둘러 세게 갈기다'의 뜻으로 쓰이는 말은 '후려치다'가 올바른 말이다.

후미지다 매우 구석지고 으슥하다. 예 후미진 곳은 위험하니 가급적 가지 말아라. 휘미지다(×).

후베이성湖北省 수륙 교통의 요충지로 중국 중심부에 있는 성. 호북성(×).

후스胡適 문학 혁명을 주도하고 백화 문학을 제창하여 문학 현대화에 힘쓴 중국의 문학자·사상가(1891~1962). 호적(×).

후야오방胡耀邦 당 총서기 겸 정치국 상무위원을 지낸 중국의 정치가(1915~1988). 호요방(×).

후일(×) '어떤 일이 있은 뒤에 생기거나 일어날 일'은 '훗일'이 올바른 말이다.

후지산富士山 일본 시즈오카현静岡縣 북동부와 야마나시현山梨縣 남부에 걸쳐 있는 일본에서 가장 높은 산(높이는 3,776미터). 부사산(×).

후추가루(×) '후추를 갈아서 만든 가루'는 '후춧가루'가 올바른 말이다.

후춧가루 후추를 갈아서 만든 가루. 후추가루(×).

후쿠오카福岡 일본 후쿠오카현縣 서북부의 도시. 복강·후꾸오까(×).

후텁지근하다 조금 불쾌할 정도로 끈끈하고 무더운 기운이 있다. 예 후텁지근한 날씨가 일주일째 계속되니 숨이 막힐 정도이다.

후펑胡風 일본 유학 후 좌익 작가 동맹에 참가한 중국의 문예 이론가(?1904~1985). 호풍(×).

훗날後- 앞으로 다가올 날. 뒷날. 예 훗날 좋은 인연으로 다시 만나기를 기원한다. 후날(×). [서울시 7급 '10]

훗일後- 어떤 일이 있은 뒤에 생기거나 일어날 일. 예 고등학교 3년 동안을 편하게 지냈으니 훗일이 몹시 걱정되는구나. 후일(×). [서울시 지방직 7급 '16]

훙선洪深 신극 운동에 적극 참여하였으며 중국 최초의 발성 영화를 만든 중국의 극작가·연출가·영화감독(1893~1955). 홍심(×).

훙쩌호紅澤湖 중국 장쑤성江蘇省과 안후이성安徽省 경계의 호수. 홍택호(×).

훙커우 공원 사건虹口公園事件 1932년 4월 29일에 윤봉길이 중국 상하이 훙커우 공원에서 일본군 시라카와 요시노리白川義則 대장 등을 폭살한 사건. 홍구 공원 사건(×).

후미지다
'물가나 산길이 휘어서 굽어 들어간 곳이 매우 깊다'의 뜻으로도 쓰인다.

'후일'로 표기할 수 없는 이유
한자어와 순우리말로 된 합성어로서 앞말이 모음으로 끝난 경우, 뒷말의 첫소리 모음 앞에서 'ㄴㄴ'소리가 덧나므로 사이시옷을 붙인다.

후춧가루
순우리말로 된 합성어로서 앞말이 모음으로 끝난 경우, 뒷말의 첫소리가 된소리로 나는 것은 사이시옷을 붙인다.

후텁지근하다
'열기가 차서 조금 답답할 정도로 더운 느낌이 있다'의 뜻으로 쓰이는 '후덥지근하다'와 뜻을 잘 구별하자.

훗날後-
한자어와 순우리말로 된 합성어로서 앞말이 모음으로 끝난 경우, 뒷말의 첫소리 'ㄴ' 앞에서 'ㄴ' 소리가 덧나는 것은 사이시옷을 붙인다.

훤출하다(×) '길고 미끈하다. 막힘없이 깨끗하고 시원스럽다'의 뜻으로 쓰이는 말은 '훤칠하다'가 올바른 말이다.

훤칠하다 ¹길고 미끈하다. ²막힘없이 깨끗하고 시원스럽다. 훤출하다(×).

훼방군(×) '남의 일을 방해하는 사람'은 '훼방꾼'이 올바른 말이다.

훼방꾼毀謗- 남의 일을 방해하는 사람. 훼방군(×).

휘늘어지다 풀기가 없이 밑으로 축 휘어져 늘어지다. 흐늘어지다(×).

휘둥그렇다 놀라거나 두려워서 크게 뜬 눈이 둥그렇다.

> ⚠️오류노트 떨어지는 모래알이 바닥에 쌓이면서 원뿔 모양의 모래 더미가 만들어지자 모두들 눈이 <u>휘둥그래졌다.</u> → 휘둥그레졌다.

휘미지다(×) '매우 구석지고 으슥하다'는 '후미지다'가 올바른 말이다.

휘발류(×) '석유의 휘발 성분을 이루는 무색의 투명한 액체'는 '휘발유'가 올바른 말이다.

휘발유揮發油 석유의 휘발 성분을 이루는 무색의 투명한 액체. 휘발류(×).

휘어들다 어떤 범위 안으로 끌려 들어오다. 휘여들다(×).

휘여들다(×) '어떤 범위 안으로 끌려 들어오다'의 뜻으로 쓰이는 말은 '휘어들다'가 올바른 말이다.

휘파람 입술을 오므리고 혀끝으로 입김을 불어서 내는 소리. 휫파람(×).

휫파람(×) '입술을 오므리고 혀끝으로 입김을 불어서 내는 소리'는 '휘파람'이 올바른 말이다.

휭하니 도중에 지체하지 않고 곧장 빠르게 가는 모양. 예 동생은 휭하니 나가버렸다.

휭허케 '휭하니'의 예스러운 표현.

휴게소休憩所 길을 가는 사람들이 잠시 머물러 쉴 수 있도록 마련된 장소. 휴계소(×).

휴게실休憩室 잠시 머물러 쉴 수 있게 마련해 놓은 방. 휴계실(×).

휴계소(×) '길을 가는 사람들이 잠시 머물러 쉴 수 있도록 마련된 장소'는 '휴게소'가 올바른 말이다.

훼방꾼毀謗-
'-꾼'은 '어떤 일을 즐겨 하는 사람'의 뜻을 더하는 말이다.

휘둥그렇다
'휘둥그레, 휘둥그러니'와 같이 활용하며 '휘둥그레지다'가 올바른 말이다.

휘발유揮發油
'휘발유'는 [휘발뉴]의 'ㄴ'이 자음동화하여 [휘발류]로 발음되지만 표기는 '휘발유'로 해야 한다.

휘파람
합성어에서 뒷말의 첫소리가 거센소리일 경우에는 사이시옷을 붙이지 않는다.

휴게실休憩室
'休憩室'의 '憩'는 본음에 따라 '게'로 적는다.

휴게실(×)	'잠시 머물러 쉴 수 있게 마련해 놓은 방'은 '휴게실'이 올바른 말이다.
휴즈(×)	'과전류 보호 장치의 하나로 단락 전류 및 과부하 전류를 자동적으로 차단하는 부품'은 '퓨즈'가 올바른 말이다.
흉내 내다	✔띄어쓰기 남이 하는 말이나 행동을 그대로 옮겨서 따라 하다.
흉내말	어떤 사물이나 현상의 소리나 모양, 움직임 따위를 흉내 내는 말.
흉내장이(×)	'남의 흉내를 잘 내는 사람'은 '흉내쟁이'가 올바른 말이다.
흉내쟁이	남의 흉내를 잘 내는 사람. 흉내장이(×).
흉물스럽다	모양이 흉하고 괴상한 데가 있다. 예 흉물스러운 표정을 짓다. 숭물스럽다(×).
흉측凶測	성질이 악하고 모짊. 흉칙(×).
흉측스럽다凶測-	몹시 흉악한 데가 있다. 흉칙스럽다(×).
	✔오류노트 어쩌면 그렇게 <u>흉측스런</u> 생각을 가지고 있었을까? → 흉측스러운.
흉측하다凶測-	성질이 악하고 모질다. 흉칙하다(×).
흉칙(×)	'성질이 악하고 모짊'은 '흉측'이 올바른 말이다.
흉칙스럽다(×)	'몹시 흉악한 데가 있다'의 뜻으로 쓰이는 말은 '흉측스럽다'가 올바른 말이다.
흉칙하다(×)	'성질이 악하고 모질다'의 뜻으로 쓰이는 말은 '흉측하다'가 올바른 말이다.
흐늘어지다(×)	'풀기가 없이 밑으로 축 휘어져 늘어지다'의 뜻으로 쓰이는 말은 '휘늘어지다'가 올바른 말이다.
흐리멍덩하다	¹정신이 맑지 못하고 흐리다. ²하는 일이 매우 흐릿하여 분명하지 아니하다. 예 잠을 충분히 잤는 데도 아직 정신이 흐리멍덩하다. 흐리멍텅하다(×).
흐리멍텅하다(×)	'정신이 맑지 못하고 흐리다. 하는 일이 매우 흐릿하여 분명하지 아니하다'의 뜻으로 쓰이는 말은 '흐리멍덩하다'가 올바른 말이다.
흐트리다(×)	'물건 따위를 사방으로 흩어지게 하다. 태도, 마음, 옷차림 따위를 바르게 하지 못하다'의 뜻으로 쓰이는 말은 '흩뜨리다'가 올바른 말이다.

'휴즈'로 표기할 수 없는 이유
외래어 표기법의 '국제 음성기호와 한글 대조표'에 따라 [f]는 모음 앞에서 'ㅍ'으로 표기한다.

흉내 내다
'흉내 내다'는 한 단어가 아니므로 띄어서 쓴다.

흉내말
'시늉말'과 함께 복수 표준어이다.

흉측凶測
'흉측'은 '흉악망측'과 동의어로 쓰인다.

흉측스럽다凶測-
'흉측스럽다'의 어간 '흉측스럽-' 뒤에 '-은'이 오면 어간 말음 'ㅂ'이 '우'로 변하므로, '흉측스러운'처럼 써야 된다.

흐리멍덩하다
흔히 '흐리멍텅하다'로 혼동하여 쓰는 경우가 있으므로 주의하자.

'흐트리다'와 '흩트리다'
'흐트리다'는 잘못된 말이지만 '흩트리다'는 맞는 표기이다.

ㅎ

흑룡강黑龍江(×) '몽골의 오논 강에서 나와 타타르 해협으로 들어가는, 러시아와 중국의 국경을 흐르는 강'의 뜻으로 쓰이는 말이다. 헤이룽강.

흑사리(×) '화투에서, 검은 싸리를 그린 화투장'은 '흑싸리'가 올바른 말이다.

흑싸리黑- 화투에서, 검은 싸리를 그린 화투장. 흑사리(×).

흑지 바둑돌의 검은 알. 검지(×).

흘러보내다(×) '흘러가는 것을 그냥 내버려 두다'의 뜻으로 쓰이는 말은 '흘려보내다'가 올바른 말이다.

흘려보내다 흘러가는 것을 그냥 내버려 두다. 예 시간을 흘려보내면 나중에 반드시 후회하게 된다. 흘러보내다(×).

흙담 흙으로 쌓아 만든 담.

흠欠 어떤 물건의 이지러지거나 깨어지거나 상한 자국. 기스(×).

흠가다欠- 흠이 생기다. 예 흠간 사과는 상품 가치가 떨어진다.

흠나다欠- 흠이 생기다. 예 이 물건은 흠난 곳이 너무 많다.

흠지다欠- 흠이 생기다.

흠집 흠이 난 자리나 흔적. 예 흠집이 난 과일은 바로 상하기 쉽다. 험집(×).

흡습률吸濕率 습기를 빨아들이는 수증기량을 나타내는 비율. 흡습율(×).

흡습율(×) '습기를 빨아들이는 수증기량을 나타내는 비율'은 '흡습률'이 올바른 말이다.

흥겹다興- 매우 흥이 나서 즐겁다.

흥경興京(×) '중국 랴오닝성遼寧省 동쪽에 있던 옛 현縣'은 '싱징'이 올바른 말이다.

흥미거리(×) '흥미를 일으킬 만한 일'의 뜻으로 쓰이는 말은 '흥밋거리'가 올바른 말이다.

흥밋거리興味- 흥미를 일으킬 만한 일. 예 그 기자는 흥밋거리 찾기에 온 힘을 다 쏟고 있다. 흥미거리(×).

흥안興安 '중국 산시성陝西省 동남부에 있는 도시'는 '싱안'이 올바른 말이다.

흑싸리黑- '흑싸리'는 '남의 일에 훼방을 잘 놓는 사람을 낮잡아 이르는 말'의 뜻으로도 쓰인다.

흙담 '토담'과 함께 복수 표준어이다.

흠가다欠- '흠나다', '흠지다'와 함께 복수 표준어이다.

흠나다欠- '흠가다', '흠지다'와 함께 복수 표준어이다.

흠지다欠- '흠가다', '흠나다'와 함께 복수 표준어이다.

흥겹다興- '흥겹다'에 '우'를 넣어서 '흥겨웁다'로 표기하는 일이 있는데 이는 잘못이다.

흥밋거리興味- 한자어와 순우리말로 된 합성어로서 앞말이 모음으로 끝난 경우, 뒷말의 첫소리가 된소리로 나는 것은 사이시옷을 붙인다.

흥정군(×)	'물건 매매를 알선하는 사람'은 '흥정꾼'이 올바른 말이다.
흥정꾼	물건 매매를 알선하는 사람. 흥정군(×).
흩뜨리다	[1]물건 따위를 사방으로 흩어지게 하다. [2]태도, 마음, 옷차림 따위를 바르게 하지 못하다. 예 성냥으로 높게 쌓아 올린 탑을 흩뜨려버리다. 흐트리다(×).
희끗희끗	빛깔이 여러 군데에 많이 나타나 있는 모양. 히끗히끗(×).
희노애락(×)	'기쁨과 노여움과 슬픔과 즐거움'은 '희로애락'이 올바른 말이다.
희로애락^{喜怒哀樂}	기쁨과 노여움과 슬픔과 즐거움. 예 인생을 살다 보면 희로애락을 여러 번 겪게 마련이다. 희노애락(×). [경찰직 2차 필기 '16]
희번덕거리다	눈을 크게 뜨고 흰자위를 자꾸 이리저리 움직이다. 헤번덕거리다(×).
희번덕희번덕	눈을 크게 뜨고 흰자위를 자꾸 움직이는 모양. 헤번덕헤번덕(×).
희안하다	'매우 드물거나 신기하다'의 뜻으로 쓰이는 말은 '희한하다'가 올바른 말이다.
희한하다^{稀罕-}	매우 드물거나 신기하다. 희안하다(×).
흰동이(×)	'털빛이 흰 짐승'의 뜻으로 쓰이는 말은 '흰둥이'가 올바른 말이다.
흰둥이	털빛이 흰 짐승. 흰동이(×).
흰말	털빛이 흰 말. 백말(×).
히끗히끗(×)	'흰 빛깔이 여러 군데에 많이 나타나 있는 모양'은 '희끗희끗'이 올바른 말이다.
히죽이	만족스러운 듯 한차례 슬쩍 웃는 모양. 히죽히(×). 부사에 '-이'가 붙어서 역시 부사가 되는 경우에 그 어근이나 부사의 원형을 밝히어 적는다.
히죽히(×)	'만족스러운 듯 한차례 슬쩍 웃는 모양'은 '히죽이'가 올바른 말이다.
히히닥거리다(×)	'실없이 웃으면서 조금 작은 소리로 계속 이야기하다'의 뜻으로 쓰이는 말은 '시시닥거리다'가 올바른 말이다.
힐난^{詰難}	트집을 잡아 거북할 만큼 따지고 듦. 예 약속 시간에 늦게 왔다고 자꾸 힐난한다. 힐란(×).

흩뜨리다
'흩뜨리다'는 '흩트리다'와 동의어로 쓰인다.

희로애락^{喜怒哀樂}
'희로애락'은 속음으로 소리 나므로 소리에 따라 '희로애락'으로 표기한다.

흰말
'백마'와 함께 복수 표준어이다.

히죽이
'히죽이'는 부사어 뒤에서 '이'로 적는 말이다.

ㅎ

힐란(×)	'트집을 잡아 거북할 만큼 따지고 듦'의 뜻으로 쓰이는 말은 '힐난'이 올바른 말이다.
힘겨웁다(×)	'힘이 달려 당하여 어떤 일을 해내기 어렵다'의 뜻으로 쓰이는 말은 '힘겹다'가 올바른 말이다.
힘겹다	힘이 달려 당하여 어떤 일을 해내기 어렵다. 힘겨웁다(×).

힘겹다
'힘겹다'의 어간 '힘겹-' 뒤에 '-은'이 오면 어간 말음 'ㅂ'이 '우'로 변하므로, '힘겨운'처럼 활용한다. 그런데 '힘겨운'의 어간 말음이 '우'로 변하는 것을 생각하여 기본형을 '힘겨웁다'로 표기하기 쉬우나 이는 잘못이다.

잘못 읽기 쉬운 한자어

항목	한자어
ㄱ	苛斂(가렴) 恪別(각별) 看做(간주) 姦慝(간특) 間歇(간헐) 減殺(감쇄) 勘案(감안) 甘蔗(감자) 降雨(강우) 狡猾(교활) 交驩(교환) 句讀(구두) 拘碍(구애) 狗吠(구폐) 救恤(구휼) 詭辯(궤변) 龜鑑(귀감) 規矩(규구) 龜裂(균열) 琴瑟(금슬) 旗幟(기치) 喫煙(끽연) 滑稽(골계) 汨沒(골몰) 誇示(과시) 官衙(관아) 刮目(괄목) 乖離(괴리) 魁首(괴수) 攪亂(교란) 教唆(교사)
ㄴ	儺禮(나례) 懦弱(나약) 內人(나인) 裸體(나체) 拿捕(나포) 烙印(낙인) 難澁(난삽) 捺印(날인) 濫觴(남상) 拉致(납치) 狼藉(낭자) 內帑(내탕) 內訌(내홍) 鹿茸(녹용) 賂物(뇌물) 牢約(뇌약) 漏泄(누설) 訥辯(눌변) 凜然(늠연)
ㄷ	茶菓(다과) 團欒(단란) 簞食(단사) 端倪(단예) 曇天(담천) 踏襲(답습) 遝至(답지) 撞着(당착) 對峙(대치) 島嶼(도서) 陶冶(도야) 淘汰(도태) 瀆職(독직) 獨擅(독천) 動悸(동계) 冬眠(동면) 登攀(등반)
ㅁ	滿腔(만강) 萬朵(만타) 媒介(매개) 罵倒(매도) 魅力(매력) 邁進(매진) 驀進(맥진) 萌芽(맹아) 明澄(명징) 木瓜(모과) 牧丹(모란) 木鐸(목탁) 蒙昧(몽매) 杳然(묘연) 巫覡(무격) 毋論(무론) 拇印(무인) 彌滿(미만) 未洽(미흡)
ㅂ	撲滅(박멸) 剝奪(박탈) 反駁(반박) 半截(반절) 頒布(반포) 潑剌(발랄) 拔萃(발췌) 拔擢(발탁) 跋扈(발호) 幇助(방조) 拜謁(배알) 背馳(배치) 胚胎(배태) 反田(번전) 範疇(범주) 兵站(병참) 菩提(보리) 報酬(보수) 布施(보시) 補塡(보전) 敷衍(부연) 分泌(분비) 不朽(불후) 沸騰(비등) 飛翔(비상) 否塞(비색) 匕首(비수) 譬喩(비유) 頻數(빈삭) 嚬蹙(빈축) 憑藉(빙자)
ㅅ	詐欺(사기) 些少(사소) 社稷(사직) 奢侈(사치) 索莫(삭막) 數數(삭삭) 撒布(살포) 三昧(삼매) 芟除(삼제) 商賈(상고) 相殺(상쇄) 省略(생략) 逝去(서거) 棲息(서식) 先塋(선영) 星宿(성수) 洗滌(세척) 遡及(소급) 塑像(소상) 甦生(소생) 掃灑(소쇄) 騷擾(소요) 贖罪(속죄) 殺到(쇄도) 睡眠(수면) 數爻(수효) 馴致(순치) 猜忌(시기) 柴糧(시량) 示唆(시사) 十月(시월) 諡號(시호) 辛辣(신랄) 迅速(신속)
ㅇ	齷齪(악착) 軋轢(알력) 斡旋(알선) 謁見(알현) 哀悼(애도) 隘路(애로) 冶金(야금) 惹起(야기) 惹鬧(야료) 掠奪(약탈) 濾過(여과) 役割(역할) 恬然(염연) 厭惡(염오) 領袖(영수) 圄圉(영어) 誤謬(어류) 嗚咽(오열) 惡寒(오한) 訛傳(와전) 渦中(와중) 瓦解(와해) 歪曲(왜곡) 猥濫(외람) 窯業(요업) 凹凸(요철) 聳動(용동) 容喙(용훼) 遊說(유세) 流暢(유창) 隱匿(은닉) 吟味(음미) 凝結(응결) 罹患(이환) 溺死(익사) 湮滅(인멸) 一括(일괄) 一切(일체) 孕胎(잉태)
ㅈ	孜孜(자자) 藉藉(자자) 綽綽(작작) 箴言(잠언) 這間(저간) 沮喪(저상) 詛呪(저주) 積阻(적조) 塡充(전충) 傳播(전파) 點睛(점정) 正鵠(정곡) 稠密(조밀) 造詣(조예) 措置(조치) 躊躇(주저) 駐箚(주차) 蠢動(준동) 浚渫(준설) 櫛比(즐비) 憎惡(증오) 支撐(지탱) 眞摯(진지) 桎梏(질곡) 叱責(질책) 斟酌(짐작) 執拗(집요)
ㅊ	斬新(참신) 懺悔(참회) 擅斷(천단) 闡明(천명) 喘息(천식) 穿鑿(천착) 鐵槌(철퇴) 尖端(첨단) 涕泣(체읍) 憔悴(초췌) 忖度(촌탁) 攝影(촬영) 追悼(추도) 醜態(추태) 秋毫(추호) 贅言(췌언) 衷心(충심) 熾烈(치열) 蟄居(칩거) 稱頌(칭송)
ㅌ	綻露(탄로) 彈劾(탄핵) 耽讀(탐독) 攄得(터득) 慟哭(통곡) 洞察(통찰) 推敲(퇴고)
ㅍ	派遣(파견) 破綻(파탄) 辦得(판득) 稗官(패관) 覇權(패권) 敗北(패배) 沛然(패연) 膨脹(팽창) 平坦(평탄) 閉塞(폐색) 襃賞(포상) 暴惡(포악) 捕捉(포착) 輻輳(폭주) 標識(표지) 分錢(분전) 風靡(풍미) 跛立(피립)
ㅎ	虐政(학정) 汗衫(한삼) 割引(할인) 陜川(합천) 行列(항렬) 肛門(항문) 降伏(항복) 降將(항장) 偕老(해로) 楷書(해서) 解弛(해이) 諧謔(해학) 享樂(향락) 絢爛(현란) 孑孑(혈혈) 嫌惡(혐오) 荊棘(형극) 豪宕(호탕) 渾身(혼신) 忽然(홀연) 花瓣(화판) 廓然(확연) 滑走(활주) 恍惚(황홀) 賄賂(회뢰) 灰燼(회신) 膾炙(회자) 橫暴(횡포) 嚆矢(효시) 嗅覺(후각) 薨去(훙거) 毀損(훼손) 麾下(휘하) 恤兵(휼병) 欣快(흔쾌) 屹然(흘연) 恰似(흡사) 洽足(흡족)

잘못 쓰기 쉬운 한자어

항목	음	한자	훈	한자어	혼동되는 한자
ㄱ	가	佳	아름다울	가인(佳人)	住 살 주, 주택(住宅) · 往 갈 왕, 왕래(往來)
	각	刻	새길	조각(彫刻)	核 씨 핵, 핵심(核心) · 該 그 해, 해당(該當)
		閣	누각	누각(樓閣)	閤 쪽문 합, 수합(守閤)
		殼	껍질	패각(貝殼)	穀 곡식 곡, 곡식(穀食) · 毅 굳셀 의, 의연(毅然)
	간	干	방패	간성(干城)	于 어조사 우, 우선(于先)
		幹	줄기	기간(基幹)	斡 구를 알, 알선(斡旋)
	감	減	덜	감소(減少)	滅 멸망할 멸, 멸망(滅亡)
	갑	甲	첫째천간	갑을(甲乙)	申 펼 신, 신고(申告) · 由 말미암을 유, 이유(理由) · 田 밭 전, 전답(田畓)
	강	鋼	굳셀	강철(鋼鐵)	綱 벼리 강, 강령(綱領) · 網 그물 망, 어망(魚網)
		腔	빈속	복강(腹腔)	控 당길 공, 공제(控除)
	갱	坑	구덩이	갱도(坑道)	抗 겨룰 항, 저항(抵抗)
	건	建	세울	건축(建築)	健 건강할 건, 건강(健康)
		件	물건	요건(要件)	伴 짝 반, 동반(同伴)
	검	儉	검소할	검소(儉素)	險 험할 험, 모험(險難) · 檢 검사할 검, 점검(點檢)
	견	犬	개	맹견(猛犬)	大 큰 대, 대장(大將) · 丈 어른 장, 방장(方丈) · 太 클 태, 태극(太極)
		堅	굳을	견실(堅實)	竪 세울 수, 수립(竪立)
	결	決	결단할	결정(決定)	快 쾌할 쾌, 호쾌(豪快)
	경	競	다툴	경쟁(競爭)	兢 삼갈 긍, 긍계(兢戒)
		境	경계	종경(終境)	意 뜻 의, 사의(謝意)
		更	고칠	변경(變更)	吏 벼슬 이, 이방(吏房) · 曳 끌 예, 예인(曳引)
		頃	잠깐	경각(頃刻)	頂 정수리 정, 정상(頂上) · 項 목덜미 항, 항목(項目)

항목	음	한자	훈	한자어	혼동되는 한자
ㄱ	계	計	셈할	계산(計算)	訃 부음 부, 부음(訃音)
		戒	경계할	경계(警戒)	戎 병기 융, 융거(戎車)
		季	철	계절(季節)	李 자두 리, 행리(行李) · 秀 빼어날 수, 우수(優秀)
		階	섬돌	계단(階段)	陸 뭍 육, 육지(陸地)
	고	苦	괴로울	고난(苦難)	若 만약 약, 만약(萬若)
		孤	외로울	고독(孤獨)	狐 여우 호, 백호(白狐)
	곤	困	곤할	피곤(疲困)	囚 가둘 수, 수인(囚人) · 因 인할 인, 인연(因緣)
	골	汨	빠질	골몰(汨沒)	泊 쉴 박, 숙박(宿泊)
	공	攻	칠	공격(攻擊)	切 끊을 절, 절단(切斷) · 巧 공교로울 교, 기교(技巧)
	과	寡	적을	다과(多寡)	裏 속 리, 표리(表裏) · 囊 주머니 낭, 행낭(行囊)
		科	과정	과목(科目)	料 헤아릴 료, 요량(料量)
		瓜	오이	모과(木瓜)	爪 손톱 조, 조아(爪牙)
	괴	壞	무너질	파괴(破壞)	壤 흙 양, 토양(土壤)
	구	拘	잡을	구속(拘束)	抱 안을 포, 포옹(抱擁)
	권	勸	권할	권선(勸善)	權 권세 권, 권리(權利)
	귀	貴	귀할	부귀(富貴)	責 꾸짖을 책, 책망(責望)
	근	斤	근	근량(斤量)	斥 물리칠 척, 배척(排斥)
	급	汲	물 길을	급수(汲水)	吸 마실 흡, 호흡(呼吸)
	긍	肯	즐길	긍정(肯定)	背 등 배, 배신(背信)
	기	棄	버릴	기아(棄兒)	葉 잎 엽, 낙엽(落葉)
		己	몸	자기(自己)	已 이미 이, 이왕(已往)
ㄴ	난	難	어려울	곤란(困難)	離 떠날 리, 이별(離別)
	납	納	들일	납입(納入)	紛 어지러울 분, 분쟁(紛爭)
	노	奴	종	노예(奴隸)	如 같을 여, 여일(如一)

항목	음	한자	훈	한자어	혼동되는 한자
ㄷ	단	短	짧을	단검(短劍)	矩 법 구, 구보(矩步)
		端	단정할	단정(端正)	瑞 상서로울 서, 서광(瑞光)
		旦	일찍	원단(元旦)	且 또 차, 차치(且置)
	대	代	대신할	대용(代用)	伐 칠 벌, 토벌(討伐)
		待	기다릴	기대(期待)	侍 모실 시, 시녀(侍女)
		貸	빌릴	전대(轉貸)	賃 품삯 임, 임금(賃金)
		戴	일	부대(負戴)	載 실을 재, 적재(積載)
	도	都	도읍	수도(首都)	部 나눌 부, 부분(部分)
		徒	걸어다닐	도보(徒步)	徙 옮길 사, 이사(移徙)
		蹈	밟을	무도(舞蹈)	踏 밟을 답, 답습(踏襲)
ㄹ	란	卵	알	계란(鷄卵)	卯 토끼 묘, 묘시(卯時)
	랄	剌	고기뛰는소리	발랄(潑剌)	刺 찌를 자, 자극(刺戟)
	련	憐	가련할	연민(憐憫)	隣 이웃 린, 인근(隣近)
	령	領	거느릴	수령(首領)	頒 나눌 반, 반포(頒布)・頌 칭송할 송, 송가(頌歌)
	륜	輪	바퀴	윤회(輪廻)	輸 실어낼 수, 수출(輸出)
	리	理	다스릴	윤리(倫理)	埋 묻을 매, 매장(埋葬)
	률	栗	밤	율목(栗木)	粟 조 속, 속두(粟豆)
ㅁ	막	漠	사막	사막(沙漠)	模 법 모, 모범(模範)
		幕	장막	천막(天幕)	墓 무덤 묘, 묘지(墓地)・暮 저물 모, 일모(日暮)・募 모을 모, 모집(募集)・慕 사모할 모, 사모(思慕)
	말	末	끝	말로(末路)	未 아닐 미, 미래(未來)・昧 어두울 매, 삼매(三昧)・味 맛 미, 미각(味覺)
	면	免	면할	면제(免除)	兎 토끼 토, 토피(兎皮)
		眠	쉴	수면(睡眠)	眼 눈 안, 안목(眼目)
	명	鳴	울	비명(悲鳴)	嗚 탄식할 오, 오열(嗚咽)
	모	侮	업신여길	모욕(侮辱)	悔 뉘우칠 회, 후회(後悔)

항목	음	한자	훈	한자어	혼동되는 한자
ㅁ	모	母	어미	모정(母情)	毋 말 무, 무론(毋論)
	목	沐	목욕할	목욕(沐浴)	休 쉴 휴, 휴식(休息)
	무	戊	다섯째천간	무시(戊時)	戍 수자리 수, 수루(戍樓)·戌 개 술, 갑술년(甲戌年)
	미	微	작을	미소(微笑)	徵 부를 징, 징집(徵集)
ㅂ	박	拍	손뼉칠	박수(拍手)	栢 잣나무 백, 동백(冬栢)
		迫	핍박할	핍박(逼迫)	追 쫓을 추, 추억(追憶)
		薄	엷을	박명(薄明)	簿 장부 부, 장부(帳簿)
		博	넓을	박사(博士)	傅 스승 부, 사부(師傅)·傳 전할 전, 전수(傳受)
	반	飯	밥	백반(白飯)	飮 마실 음, 음료(飮料)
	방	倣	본뜰	모방(模倣)	做 지을 주, 간주(看做)
	번	番	차례	번호(番號)	審 살필 심, 심사(審査)
	벌	罰	벌줄	벌금(罰金)	罪 죄 죄, 범죄(犯罪)
	벽	壁	벽	토벽(土壁)	璧 둥근옥 벽, 완벽(完璧)
	변	變	변할	변화(變化)	燮 화할 섭, 섭리(燮理)
		辨	분별할	변명(辨明)	辦 힘쓸 판, 판공비(辦公費)
	보	普	넓을	보통(普通)	晉 나라 진, 진주(晉州)
	빈	貧	가난할	빈약(貧弱)	貪 탐할 탐, 탐욕(貪慾)
	봉	奉	받들	봉양(奉養)	奏 아뢸 주, 연주(演奏)
	분	奮	떨칠	흥분(興奮)	奪 빼앗을 탈, 탈취(奪取)
	빙	氷	얼음	해빙(解氷)	永 길 영, 영구(永久)
ㅅ	사	士	선비	신사(紳士)	土 흙 토, 토지(土地)
		仕	벼슬	봉사(奉仕)	任 맡길 임, 임무(任務)
		使	부릴	사용(使用)	便 편할 편, 간편(簡便)
		師	스승	은사(恩師)	帥 장수 수, 장수(將帥)

항목	음	한자	훈	한자어	혼동되는 한자
人	사	思	생각할	사상(思想)	惠 은혜 혜, 은혜(恩惠)
		捨	버릴	취사(取捨)	拾 주을 습, 습득(拾得)
		社	모일	회사(會社)	祀 제사 사, 제사(祭祀)
		唆	부추길	시사(示唆)	悛 고칠 전, 개전(改悛)
		査	조사할	조사(調査)	杳 아득할 묘, 묘연(杳然)
	살	撒	뿌릴	살포(撒布)	徹 관철할 철, 관철(貫徹)
	상	象	코끼리	상아(象牙)	衆 무리 중, 중생(衆生)
	새	塞	변방	요새(要塞)	寒 찰 한, 한식(寒食)
	생	牲	희생	희생(犧牲)	姓 일가 성, 성씨(姓氏)
	서	書	글	서방(書房)	晝 낮 주, 주야(晝夜)·畵 그림 화, 화가(畵家)
		棲	살	서식(棲息)	捷 이길 첩, 대첩(大捷)
		恕	용서할	용서(容恕)	怒 성낼 노, 노기(怒氣)
	석	析	쪼갤	분석(分析)	折 꺾을 절, 절지(折枝)
		晳	밝을	명석(明晳)	哲 밝을 철, 철학(哲學)
		惜	아낄	석별(惜別)	借 빌 차, 차용(借用)
	선	宣	베풀	선전(宣傳)	宜 마땅할 의, 편의(便宜)
		旋	돌	선율(旋律)	施 베풀 시, 실시(實施)
	설	雪	눈	잔설(殘雪)	雲 구름 운, 운무(雲霧)
	섭	涉	건널	간섭(干涉)	陟 오를 척, 삼척(三陟)
	속	俗	속될	속세(俗世)	裕 넉넉할 유, 여유(餘裕)
	손	損	덜	결손(缺損)	捐 기부 연, 의연금(義捐金)
	송	送	보낼	방송(放送)	迭 바꿀 질, 경질(更迭)
	쇠	衰	쇠할	쇠퇴(衰退)	衷 속마음 충, 충심(衷心)·哀 슬플 애, 애석(哀惜)·表 드러날 표, 표현(表現)
	수	粹	순수할	정수(精粹)	碎 부술 쇄, 분쇄(粉碎)

항목	음	한자	훈	한자어	혼동되는 한자
ㅅ	수	授	줄	수수(授受)	援 구원할 원, 구원(救援)
		遂	이룩할	완수(完遂)	逐 쫓을 축, 구축(驅逐)
		須	반드시	필수(必須)	順 순할 순, 순종(順從)
	슬	膝	무릎	슬하(膝下)	勝 이길 승, 승리(勝利) · 騰 오를 등, 등락(騰落)
	식	識	알	식견(識見)	織 짤 직, 직물(織物) 職 맡을 직, 직위(職位)
	신	伸	펼	신장(伸張)	仲 버금 중, 중추절(仲秋節)
	실	失	잃을	실패(失敗)	矢 화살 시, 효시(嚆矢) · 夭 일찍 죽을 요, 요절(夭折)
	심	深	깊을	야심(夜深)	探 더듬을 탐, 탐구(探究)
ㅇ	아	雅	우아할	우아(優雅)	稚 어릴 치, 유치(幼稚)
	알	謁	아뢸	알현(謁見)	揭 들 게, 게시(揭示)
	앙	仰	우러를	신앙(信仰)	抑 누를 억, 억제(抑制)
	액	厄	재앙	액운(厄運)	危 위태할 위, 위험(危險)
	야	冶	쇠불릴	도야(陶冶)	治 다스릴 치, 정치(政治)
	여	與	줄	수여(授與)	興 일어날 흥, 흥망(興亡)
	연	延	끌	연기(延期)	廷 조정 정, 조정(朝廷)
		沿	좇을	연혁(沿革)	治 다스릴 치, 정치(政治)
		緣	인연	인연(因緣)	綠 초록빛 록, 초록(草綠)
	염	鹽	소금	염전(鹽田)	監 볼 감, 감독(監督)
	영	營	경영할	경영(經營)	螢 반딧불 형, 형광(螢光)
	예	譽	명예	명예(名譽)	擧 들 거, 거사(擧事)
	오	汚	더러울	오염(汚染)	汗 땀 한, 한증(汗蒸)
	와	瓦	기와	와해(瓦解)	互 서로 호, 상호(相互)
	욕	浴	목욕할	욕실(浴室)	沿 좇을 연, 연혁(沿革)
	우	宇	집	우주(宇宙)	字 글자 자, 문자(文字)

항목	음	한자	훈	한자어	혼동되는 한자
ㅇ	웅	熊	곰	웅담(熊膽)	態 태도 태, 세태(世態)
	원	園	동산	정원(庭園)	圍 주위 위, 주위(周圍)
	위	威	위엄	위력(威力)	咸 다 함, 함흥차사(咸興差使)
	유	惟	생각할	사유(思惟)	推 밀 추, 추진(推進)
		遺	남길	유물(遺物)	遣 보낼 견, 파견(派遣)
		幼	어릴	유년(幼年)	幻 허깨비 환, 환상(幻想)
	옥	玉	구슬	주옥(珠玉)	王 임금 왕, 제왕(帝王) · 壬 북방 임, 임진(壬辰)
ㅈ	응	凝	엉길	응결(凝結)	疑 의심할 의, 의심(疑心)
	잉	剩	남을	과잉(過剩)	乘 탈 승, 승차(乘車)
	자	子	아들	자손(子孫)	孑 외로울 혈, 혈혈(孑孑)
		姿	모양	자태(姿態)	恣 방자할 자, 방자(放恣)
	잠	暫	잠시	잠시(暫時)	漸 점점 점, 점차(漸次)
	장	杖	지팡이	단장(短杖)	枚 낱 매, 매거(枚擧)
	재	齋	방	서재(書齋)	齊 같을 제, 일제(一齊)
	적	籍	서적	호적(戶籍)	藉 빙자할 자, 빙자(憑藉)
	정	亭	정자	정자(亭子)	享 누릴 향, 향락(享樂) · 亨 형통할 형, 형통(亨通)
		睛	눈동자	안정(眼睛)	晴 갤 청, 청천(晴天)
	제	帝	임금	제왕(帝王)	常 항상 상, 상식(常識)
	조	兆	조짐	전조(前兆)	北 북녘 북, 북극(北極)
		早	일찍	조기(早起)	旱 가물 한, 한해(旱害)
		照	비출	조명(照明)	熙 빛날 희, 희소(熙笑)
		潮	조수	조류(潮流)	湖 호수 호, 호반(湖畔)
		措	둘	조처(措處)	借 빌 차, 차관(借款)
	존	尊	높을	존경(尊敬)	奠 드릴 전, 석전(釋奠)

항목	음	한자	훈	한자어	혼동되는 한자
ㅈ	좌	佐	도울	보좌(補佐)	佑 도울 우, 천우(天佑)
	즙	汁	진액	과즙(果汁)	什 열사람 십, 십장(什長)
ㅊ	착	捉	잡을	포착(捕捉)	促 재촉할 촉, 독촉(督促)
	책	責	꾸짖을	책망(責望)	靑 푸를 청, 청사(靑史)
	총	忽	바쁠	총총(忽忽)	忽 소홀히 할 홀, 소홀(疏忽)
	추	追	따를	추구(追究)	退 물러갈 퇴, 퇴진(退進)
		推	밀	추천(推薦)	堆 쌓을 퇴, 퇴비(堆肥)·椎 쇠몽둥이 추, 추골(椎骨)
	축	蓄	쌓을	저축(貯蓄)	畜 기를 축, 가축(家畜)
	충	充	가득할	충만(充滿)	允 허락할 윤, 윤허(允許)
		衝	부딪칠	충돌(衝突)	衡 저울 형, 균형(均衡)
	췌	萃	모을	발췌(拔萃)	卒 군사 졸, 졸병(卒兵)
	측	側	곁	측근(側近)	測 헤아릴 측, 측량(測量)·惻 슬퍼할 측, 측은(惻隱)
	칙	飭	삼갈	근칙(謹飭)	飾 꾸밀 식, 장식(裝飾)
	침	浸	적실	침투(浸透)	沈 빠질 침, 침묵(沈默)·沒 빠질 몰, 몰입(沒入)
ㅌ	탄	坦	평평할	평탄(平坦)	但 다만 단, 단지(但只)
	탕	湯	끓일	탕약(湯藥)	渴 목마를 갈, 갈증(渴症)
ㅍ	폐	弊	폐단	폐단(弊端)	幣 비단 폐, 폐백(幣帛)·蔽 가릴 폐, 은폐(隱蔽)
	폭	爆	터질	폭발(爆發)	瀑 폭포 폭, 폭포(瀑布)
ㅎ	한	恨	한탄할	원한(怨恨)	限 한정할 한, 한계(限界)
	항	肛	똥구멍	항문(肛門)	肝 간 간, 간장(肝腸)
	행	幸	다행할	행복(幸福)	辛 매울 신, 신랄(辛辣)
	호	護	보호할	보호(保護)	穫 거둘 확, 수확(收穫)·獲 얻을 획, 획득(獲得)
	회	會	모을	회담(會談)	曾 일찍 증, 증조(曾祖)
		悔	뉘우칠	회개(悔改)	梅 매화나무 매, 매화(梅花)
	흡	吸	마실	호흡(呼吸)	吹 불 취, 고취(鼓吹)·次 버금 차, 차석(次席)

나의 국어 어법 실력 향상 정도 테스트하기

이 사전을 다 보셨다면 당신의 실력이 얼마나 늘었는지 확인해 보세요.

* 다음 문장을 읽고 틀린 부분을 찾아 고쳐 보세요.

1. 그건 질이 낮은 술이라 뒷끝이 깨끗치 못하다고 들었다.

( )

2. 새 언니는 쭈굴쭈굴하고 못 생긴 얼굴에 성깔도 있어 가슴이 섬뜩했다.

( )

3. 냄비에 두 사람 분의 쌀을 앉혔다.

( )

4. 왜가 군사를 일으켜 성진을 침략합니다. 원컨데 장수들에게 명하여 빼앗긴 국토를 탈환할 수 있게 하옵소서.

( )

5. 날이 추워서 잠바 위에 또 윗옷을 걸쳐 입었다.

( )

6. 신입 사원을 적재적소에 배치시켜야 한다.

( )

7. 아마 철수가 먼저 갈 걸./내가 먼저 사과할 걸 그랬어.

( )

8. 자신의 재능에 걸맞는 직업을 찾아라.

( )

9. '인생'이란 한 마디로 끝없는 나그넷길이라고 할 것이다.

( )

10. 기회가 주어지면 절대 놓치지 않겠다.

( )

11. 벼껍질이 그대로 있는 낱알을 가마니에 넣어서 정미소로 보냈다.

( )

12. 업무에 항상 최선을 다하는 병후에게 내가 무엇을 준들 아까울쏘냐?

( )

13. 공부는 게을리하는 친구가 넌센스 퀴즈는 잘 맞추네.

( )

14. 다음 글을 읽고, 빈 칸에 알맞지 않는 것을 찾아라.

( )

15. 돌이켜 생각컨대 해발 육천 척에 다시 신장 오 척을 가하고 오연히 저립해서, 만학천봉을 발 아래 꿇어 엎드리게 하였으면 그만이지, 더 이상의 바램이 무엇이랴.

( )

16. 주인은 평생을 도와준 하인에게 한밑천을 쥐어 주었다.

( )

17. 무심히 문밖을 내다보고 있던 그녀는 턱 끝을 치켜들며 눈을 가늘게 떠서 촛점을 모으고 있었다.

( )

18. 병후는 정릉에서 산 지가 20년 여가 되었는데 이제 다른 동네로 이사를 할 지도 모른다.
(   )

19. 사향고양이는 사향고양이과의 동물이다. 살쾡이를 길들인 것으로, 턱과 송곳이가 발달해서 육식을 주로 한다.
(   )

20. 왕방울만 한 숙영이의 눈이 깜짝 놀라 눈이 휘둥그래진다.
(   )

21. 이 요리는 잡지 가정난에 있는 요리법을 따라 해 본 거야.
(   )

22. 나는 그의 제안이 탐탁치 않아 단도직입적으로 거절했다.
(   )

23. 도구를 않쓸 때는 도구함에 넣으라.
(   )

24. 근로 능력 없는 장애율 40% 이상자
(   )

25. 고대 그리스의 철학자 탈레스는 일식을 예언하고 피라밋의 높이를 측정하였다.
(   )

26. 나는 떳떳치 못한 행동은 절대 하지 않았다.
(   )

27. 언젠가 한 번은 그 사람과 우연히 마주친 일이 있었어.
(   )

28. 고등어는 고등어과의 바닷물고기이다. 몸은 기름지고 통통하며 등에 녹색을 띈 검은색 물결무늬가 있고 배는 은백색이다.
(   )

29. 미국에서 5년 동안이나 있었는데 영어를 못한다는 사실에 모두가 놀랬다.
(   )

30. '진부'는 '낡고 헒'이라는 뜻이다.
(   )

31. 깊은 산 골짜기에 선전 삐라가 흩날리고 있다.
(   )

32. 전화기 속에서 낭낭한 전화 교환수 목소리가 들려왔다.
(   )

33. 진경이의 입술은 앵도처럼 붉다.
(   )

34. 패러드는 전기 용량의 단위이다. 영국의 물리학자 패러데이의 이름에서 유래하였다. 기호는 F로 쓴다.
(   )

35. 피오르드는 해안 빙하의 침식으로 생성된 골짜기에 빙하가 없어진 후 바닷물이 들어와 생긴 좁고 긴 만이다.
(   )

36. 은연중에 비춘 뜻을 알아차렸으면 빨리 가 보는 게 좋을 거라고 넌즈시 권했다.
(   )

37. 이번 인사에는 총 9명이 승진돼 임명장을 수여받았다.
(   )

38. 안개가 자욱이 낀 날 그는 담배 연기를 폐부 깊숙히 빨아들였다.
(   )

39. 불티같은 수유(須臾)의 이해에 연연하여 아귀처럼 각축하다 힘없이 꺼져 버리는 인간보다 나무잎은 얼마나 으젓한가!
(   )

40. 시장끼를 느끼던 참에 제경이가 사 온 가다랭이 포를 맛있게 먹었다.

( )

41. 부모님으로부터 꾸중을 들은 예슬이는 밖에 나와 혼자말로 무어라 지껄여 댔다.

( )

42. 소리개가 지나간 후에 풀섶에 숨었던 새들이 하나 둘 고개를 들었다.

( )

43. 그 음악은 팬터지 형식의 제약을 받지 아니하고 악상의 자유로운 전개에 의하여 작곡한 낭만적인 악곡이다.

( )

44. 꽃 피는 삼월이라 삼짓날에 강남 갔던 제비가 돌아오는구나.

( )

45. 돌맹이로 단단한 호두 껍질을 찧으니 부드러운 알맹이가 드러났다.

( )

46. 미미는 완두 꼬투리를 후벼서 완두와 빈 깍지를 갈라 놓았다.

( )

47. 칠만이는 그날부터 째보네 주막에서 허드렛꾼으로 빌붙어 살기 시작했다.

( )

48. 조명 속에는 밑동이 짤린 선인장 한 그루가 누워 있었다.

( )

49. 핏줄로써는 내 손위사람이 한 명도 남지 않게 되었다는 생각이 들었다.

( )

50. 사람들은 날이 궂을 징조라면서 그런 궂은 짓거리 끝에 만일 비라도 촉촉히 내려만 준다면 종술이를 업어 주겠노라고 헐거운 우스개를 주고받기도 했다.

( )

51. 그는 자신의 행동이 멋적은 지 뒷머리를 긁적이며 웃어 보였다.

( )

52. 낙지의 뱃속에 든 검은 물을 '고락'이라고 한다.

( )

53. 그 사람 배 속을 도무지 알 수가 없다.

( )

54. 아뿔사! 이건 참 꿈에도 생각치 못했던 일이었다.

( )

55. 징기스칸(Chingiz Khan)은 몽골 제국의 제1대왕(?1167~1227)이다. 본명은 테무친이며 몽골족을 통일하고 이 칭호를 받아 몽골 제국의 칸이 되었다.

( )

56. 여인은 목아지가 잘룩한 망태기를 쓰고 등어리가 잘룩하게 들어간 은회색 코트를 입고 단발머리에 갈색 모자를 썼다.

( )

57. 천정에 그으름이 까맣게 꼈다.

( )

58. 그녀는 슬며시 발판에 발을 딛었다.

( )

59. 조 영감은 한때 민요섭이 무슨 특수한 임무를 띄고 온 간첩이 아닌가 의심도 했으나 데리고 있다 보니 수상쩍은 점은 차츰 줄어들었다.

( )

60. 비가 올른지 낙엽 덮힌 언덕에도 습한 바람이 불기 시작했다.

( )

61. 유통업계는 다점포 출점 전략을 바꿔 성공율이 높은 점포만을 선별하여 출점하기로 하였다.

( )

62. 아내는 비뚜로 나가는 남편 때문에 속을 썩히다가 홧병을 얻었다.

( )

63. 나는 태수의 대답하는 내용이나 태도가 아니꼬왔으나 지긋이 눈을 감고 참았다.

( )

64. 그런거라면 (너 못지않게/너 못지 않게/너못지 않게) 나도 할 수 있다.

( )

65. 어제 저녁에 은행에서 (수십억 원/수십 억 원/수 십억 원)의 금괴를 도난당했다.

( )

66. 여보. 어림없는 소리 작작 하오. 누가 우리와 같은 가난한 집에 돈을 꾸어주겠오.

( )

67. 내가 자세히 뒷조사해 보니 그는 가진 게 하나도 없대.

( )

68. 그는 집에 가는 길에 술집에 들려 한 잔했다.

( )

69. 실향민들은 갈래야/갈려야/가려야 갈 수 없는 고향을 눈 앞에 두고 하염없이 눈물을 흘렸다.

( )

70. 그는 쫓기는 몸이라 한 곳에 오래 머물어 숨어 지냈다.

( )

71. 풋나기 중이 암자로 걸어 들어간다.

( )

72. 그렇게 충고를 했건만 마이동풍으로 흘려 버리더니, 값비싼 댓가를 치뤘다고 생각해라.

( )

73. 상대 선수의 가공스런 펀치를 맞고 쓰러졌다.

( )

74. 한의사의 말로 이 보약은 아무리 먹어도 뒷탈이 없데.

( )

75. 금 두 냥 석 돈과 감초 서 냥만 남았다.

( )

76. 이 집은 마루가 널직해서 시원해 보인다.

( )

77. 나는 평생 누구에게도 구차한 소리 한번 하지 않고 살아왔다.

( )

78. 문어는 문엇과의 연체동물이다. 몸의 길이는 발끝까지 3미터 정도이며, 붉은 갈색이고 연한 빛깔을 띤 그물 모양의 무늬가 있고 몸빛이 환경에 따라 변한다.

( )

79. 갓김치를 김치냉장고에 넣어 한달 간 삭이니 새콤한 맛이 일품이다.

( )

80. 시험공부를 하느라 밤을 꼬박 샜다.

( )

종합평가 해답

1. 뒤끝, 깨끗지 2. 쭈글쭈글, 못생긴 3. 앉혔다 4. 원컨대 5. 웃옷

6. 배치해야 7. 갈걸 8. 걸맞은 9. 한마디 10. 기회가 오면

11. 낟알 12. 맞는 문장 13. 난센스, 맞히네 14. 빈칸, 않은 15. 생각건대, 발아래, 바람

16. 쥐여 17. 초점 18. 20년여, 할지 19. 사향고양잇과, 송곳니 20. 휘둥그레진다

21. 가정란 22. 탐탁지 23. 안 쓸 24. 근로 능력이 없으며 장애율이 40%인 사람 25. 피라미드

26. 떳떳지 27. 한번은 28. 고등엇과의, 띤 29. 놀랐다 30. 헒

31. 산골짜기, 전단이 32. 낭랑한, 전화 교환원 33. 앵두 34. 패럿은 35. 피오르, 바닷물

36. 넌지시 37. 임명장을 받았다 38. 깊숙이 39. 나뭇잎, 의젓한가 40. 시장기, 가다랑어

41. 혼잣말 42. 솔개, 풀숲 43. 판타지 44. 삼짇날 45. 돌멩이, 호두 껍데기, 알맹이

46. 깍지 47. 허드레꾼 48. 잘린 49. 핏줄로서는, 손윗사람 50. 촉촉이

51. 멋쩍은지 52. 배 속 53. 뱃속 54. 아뿔싸, 생각지 55. 칭기즈칸

56. 모가지, 잘록한, 등허리, 잘록하게 57. 그을음 58. 디뎠다 59. 띠고 60. 올는지, 덮인

61. 성공률 62. 썩이다가, 화병 63. 아니꼬웠으나, 지그시 64. 그런 거라면, 너 못잖게 65. 어젯저녁, 수십억 원

66. 꿰어주겠소 67. 없데 68. 들러, 한잔했다 69. 가려야, 눈앞에 70. 한곳, 머물러

71. 풋내기 72. 대가, 치렀다고 73. 가공스러운 74. 뒤탈, 없대 75. 서 돈, 석 냥

76. 널찍해서 77. 한 번 78. 문어과 79. 한 달간, 삭히니 80. 새웠다

평가 결과

구분	맞힌 개수	수준
최상	72개 이상	대단히 뛰어납니다
상	64개~71개	뛰어납니다
중	56개~63개	잘하였습니다
하	55개 미만	이 사전을 다시 정독하세요

나의 점수

나의 점수	/80개	수준 :

"

나라를 보존하고 일으키는 길은
나라의 바탕을 굳세게 하는 데 있고,
나라의 바탕을 굳세게 하려면
나라의 말과 글을 존중하여 쓰는 것이
가장 중요하다.

국어학자 주시경(1876~1914)

"

헷갈리고 잘 틀리는 우리말 바로쓰기

우리말 어법 사전 (소장용)

2023년 12월 15일 초판 1쇄 발행

지은이 겸

펴낸이 김종욱

교정·교열 조은영

디자인 정나영(@warmbooks_)

마케팅 백인영, 송이솔

영 업 김진태, 이예지

주 소 경기도 파주시 회동길 325-22 세화빌딩

신고번호 제 382-2010-000016호

대표전화 032-326-5036

구입문의 032-326-5036 / 010-6471-2550 / 070-8749-3550

팩스번호 031-360-6376

전자우편 mimunsa@naver.com

ISBN 979-11-87812-36-4 (01710)